TRAITÉ
THÉORIQUE ET PRATIQUE
DE
DROIT CIVIL

DU CONTRAT DE LOUAGE

PAR

[illegible]-LACANTINERIE
[illegible] PROFESSEUR DE DROIT CIVIL
[illegible] DE DROIT DE BORDEAUX

Albert WAHL
PROFESSEUR A LA FACULTÉ DE DROIT
DE LILLE

TOME DEUXIÈME

PARIS
[illegible] DU RECUEIL Gal DES LOIS ET DES ARRÊTS
ET DU JOURNAL DU PALAIS
ANCIENNE Mon L. LAROSE & FORCEL
22, RUE SOUFFLOT, 22
L. LAROSE, DIRECTEUR DE LA LIBRAIRIE
1898

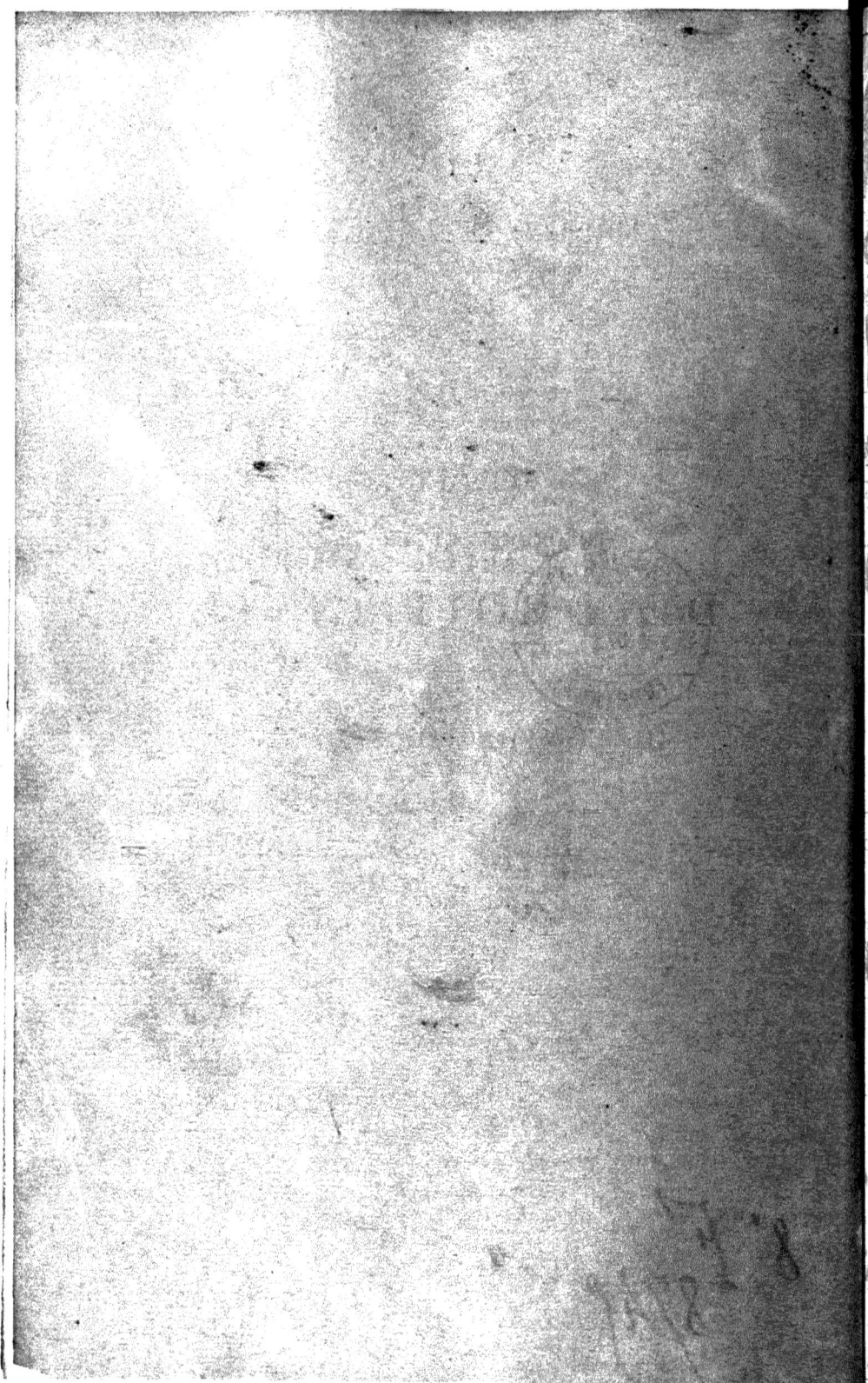

TRAITÉ
THÉORIQUE ET PRATIQUE
DE DROIT CIVIL

DU CONTRAT DE LOUAGE

II

TRAITÉ
THÉORIQUE ET PRATIQUE
DE
DROIT CIVIL

DU CONTRAT DE LOUAGE

PAR

G. BAUDRY-LACANTINERIE
DOYEN ET PROFESSEUR DE DROIT CIVIL
A LA FACULTÉ DE DROIT DE BORDEAUX

Albert WAHL
PROFESSEUR A LA FACULTÉ DE DROIT
DE LILLE

TOME ~~PREMIER~~ II

PARIS
LIBRAIRIE DE LA SOCIÉTÉ DU RECUEIL Gal DES LOIS ET DES ARRÊTS
ET DU JOURNAL DU PALAIS
ANCIENNE Mon L. LAROSE & FORCEL
22, RUE SOUFFLOT, 22
L. LAROSE, DIRECTEUR DE LA LIBRAIRIE
1898

Bordeaux, Y. Cadoret, impr., rue Montméjan, 17.

CHAPITRE XVI

DE LA SITUATION DU PRENEUR QUI RESTE EN POSSESSION APRÈS L'EXPIRATION DU BAIL ET DE LA TACITE RECONDUCTION.

SECTION PREMIÈRE

SITUATION DU PRENEUR QUI RESTE EN POSSESSION APRÈS L'EXPIRATION DU BAIL

1053. Le bail une fois expiré, le locataire a, en certains lieux, un délai pour déménager et remettre l'immeuble loué en état.

Loisel disait déjà (1) que le locataire a huit jours pour vider les lieux; Laurière ajoutait que le locataire d'une maison entière ou d'une boutique a quinze jours.

Aujourd'hui, à Paris, le locataire a quinze jours si le prix du bail est de plus de 400 fr. et huit jours dans le cas contraire (2).

Si le dernier jour du délai est férié le locataire doit avoir vidé les lieux la veille (3).

Il va sans dire que si le locataire a opéré le déménagement avant le délai, il ne peut garder les clefs de l'immeuble jusqu'à son expiration.

Aucun loyer n'est dû pour ce délai de faveur (4).

1054. Une fois le bail terminé, le preneur ne peut prétendre à rester en jouissance jusqu'à règlement de son compte avec le bailleur (5).

1055. Si, après le délai du congé, le preneur reste en

(1) Loisel, liv. III, tit. VI, sect. II.
(2) Guillouard, II, n. 498.
(3) Duvergier, II, n. 68; Guillouard, II, n. 498.
(4) V. *supra*, n. 655.
(5) Bordeaux, 18 mars 1895, *Rec. Bordeaux*, 95. 1. 250.

jouissance, il peut être expulsé et condamné à des dommages-intérêts.

Toutefois si une force majeure est la cause de cette continuation de jouissance, le preneur ne peut être tenu que du loyer de l'immeuble pendant le temps qu'il l'habite, puisque l'inexécution de son obligation provient d'une cause qui ne lui est pas imputable (arg. C. civ. art. **1147**) (1).

1056. Dans le cas où, malgré le maintien en possession du preneur, le bail se sera terminé par l'expiration de sa durée, la continuation de la possession ne sera pas gratuite (2); il ne peut être entré dans la pensée d'aucune des parties que le preneur ait pu jouir sans indemnité de la chose du bailleur.

On admet généralement que l'indemnité doit être égale au montant des loyers ou fermages stipulés pour la même période (3).

Cette solution ne nous paraît pas pouvoir être admise d'une manière absolue. Le preneur a commis un quasi-délit en s'emparant d'une chose qui ne lui appartenait pas, la réparation de ce quasi-délit sera déterminée par les tribunaux. En général, ils prendront pour base le prix de la location, mais ils n'y seront pas obligés. Dans le cas, par exemple, où il s'agirait d'un immeuble rural, que l'ancien fermier aurait continué à cultiver, sans avoir eu le temps de percevoir les récoltes, il serait injuste de lui faire payer un fermage considérable. De même, si le preneur a dû rester en possession pour faire les réparations, et que ces réparations aient été entravées par le bailleur, c'est un fait dont les juges tiendront compte (4).

Il peut même arriver que le fermier ait voulu faire l'affaire

(1) Trib. civ. Seine, 30 juin 1893, *Pand. franç.*, 94. 2. 36. — Si, par exemple, une maladie a forcé un voyageur à rester dans un hôtel après le congé, il ne doit aucune indemnité à l'hôtelier, sauf le payement d'un loyer. — Paris, 8 fév. 1895, *Pand. franç.*, 96. 2. 143. — Pour l'indemnité relative à la diminution de clientèle et à la désinfection, V. *supra*, n. 708 et le renvoi.

(2) Guillouard, I, n. 425. — V. sur la nature de l'indemnité, ce qui est dit de l'indemnité due après le congé, *infra*, n. 1072.

(3) Cass., 7 avril 1857, S., 58. 1. 51. — Cass., 3 août 1876, S., 77. 1. 311. — Guillouard, I, n. 425.

(4) Cass. req., 7 nov. 1894, S., 96. 1. 124.

du bailleur et lui ait rendu un service sans compensation pour lui-même; en ce cas il se sera formé un quasi-contrat de gestion d'affaires et le tribunal pourra condamner l'ancien bailleur au remboursement des dépenses faites par l'ancien preneur. On n'objectera pas qu'il n'y a pas de gestion d'affaires quand le gérant a agi contre la volonté du maître. Si le bailleur a manifesté la volonté de mettre fin au bail, il n'a pas manifesté celle de mettre fin à la possession du preneur; son seul but a été d'empêcher que le maintien du preneur en possession ne fût considéré comme une continuation du bail.

Le preneur, condamné à une indemnité représentative de la jouissance, pourra être également condamné à des dommages-intérêts, si sa jouissance a causé un préjudice particulier au bailleur [1].

Ce sera le cas, par exemple, si le preneur a détérioré l'immeuble; notons que les dommages-intérêts pourront être beaucoup plus étendus que si la détérioration avait eu lieu *au cours de la jouissance*. Il s'agit ici d'une matière délictuelle et non d'une matière contractuelle : or, les limitations que la loi met au montant des dommages-intérêts en matière de contrats ne s'appliquent pas en matière de délits.

Le juge du fait fixe arbitrairement le chiffre de la somme due au bailleur [2].

SECTION II

DE LA TACITE RECONDUCTION

§ 1. *Principes. Baux dans lesquels la tacite reconduction est possible.*

1057. Si, à l'expiration du temps fixé, le preneur reste en possession et que le bailleur l'y laisse sans protester, il se forme, en vertu d'un accord tacite entre les parties, un nouveau bail appelé *tacite reconduction* (de *re conducere*, prendre de nouveau à bail). C'est ce que dit l'art. 1738, ainsi conçu : « *Si,*

[1] Cass., 9 fév. 1875, S., 75. 1. 158, D., 76. 1. 27. — Guillouard, I, n. 425.
[2] Cass. req., 7 nov. 1894, précité.

» *à l'expiration des baux écrits, le preneur reste et est laissé* » *en possession, il s'opère un nouveau bail dont l'effet est* » *réglé par l'article relatif aux locations faites sans écrit* ».

Ce caractère de la tacite reconduction était déjà admis par Pothier : « La reconduction, disait-il, est un contrat de louage d'une chose, contrat qu'on présume être tacitement intervenu entre le locateur et le conducteur, lorsqu'après l'expiration du temps d'un précédent bail, le conducteur a continué de jouir de la chose, et que le locateur l'a souffert. Cette reconduction n'est point le précédent bail qui continue, mais un nouveau bail formé par une nouvelle convention tacite des parties, lequel succède au précédent ». D'autres auteurs s'exprimaient en sens contraire ([2]).

L'art. 1759 reproduit, pour les baux à loyer, l'art. 1736 en disant : « *Si le locataire d'une maison ou d'un apparte-* » *ment continue sa jouissance après l'expiration du bail par* » *écrit, sans opposition de la part du bailleur, il sera censé les* » *occuper aux mêmes conditions, pour le terme fixé par l'usage* » *des lieux, et ne pourra plus en sortir, ni en être expulsé* » *qu'après un congé donné suivant le délai fixé par l'usage* » *des lieux* ».

De même, pour les biens ruraux, l'art. 1776 dispose : « *Si* » *à l'expiration des baux ruraux écrits, le preneur reste et est* » *laissé en possession, il s'opère un nouveau bail dont l'effet* » *est réglé par l'article 1774* ».

Le mot *écrits* est de trop dans ce dernier article, car tous les baux de biens ruraux sont écrits *hoc sensu*, puisque la durée en est toujours fixée par la convention expresse ou légalement présumée des parties ; tous par conséquent sont susceptibles de la tacite reconduction ([3]) et pour tous la durée est régie par l'art. 1774 ([4]). Le nouveau bail cessera de plein

([1]) N. 342.

([2]) Argou, liv. III, ch. XXVII, II, p. 289.

([3]) Bruxelles, 15 mars 1808, S. chr. — Rouen, 17 mai 1811, S. chr. — Bruxelles, 22 juin 1817, S. chr. — Duranton, XVII, n. 216 ; Troplong, II, n. 776 ; Duvergier, II, n. 212 ; Guillouard, II, n. 602.

([4]) Mêmes autorités. — La durée d'un an est également admise en Allemagne pour les biens ruraux. Eck, v° *Pachtvertrag*. — En Prusse, un an, ou, si la durée du premier bail a été fixée, la même durée, ou enfin, s'il s'agit d'immeubles ruraux, la

droit après cette durée [1]. A moins qu'on ne dise que cette épithète a été employée pour exclure le cas où il aurait été expressément convenu entre les parties que le bail durera indéfiniment, jusqu'à ce que l'une des parties ait donné congé à l'autre ; on peut soutenir cependant que la tacite reconduction pourrait s'opérer même dans cette hypothèse [2].

1058. Les règles de la tacite reconduction s'appliquent évidemment au bail à colonage partiaire [3]. Du reste, l'art. 13 de la loi du 10 juillet 1889 porte : « Les dispositions de la section première du titre *Du louage,* contenues dans les art. 1736 à 1741 inclusivement, sont applicables aux baux à colonat partiaire ».

1059. Les règles de la tacite reconduction sont applicables aux baux de biens domaniaux [4].

1060. La tacite reconduction est-elle applicable aux baux de meubles? Non, d'après l'opinion générale [5]; on admet que le locataire ou le propriétaire peuvent, à toute époque, mettre fin au bail des meubles.

C'était déjà la solution de Pothier [6] et les motifs sur lesquels il la fondait sont reproduits par les auteurs modernes. Il disait qu' « il y a certains temps auxquels il est d'usage que commence le temps des baux de maison et qu'il est difficile de trouver à les louer en sur-terme, au lieu que le louage des meubles commence en tout temps ».

Nous reconnaissons qu'il n'existe pour les meubles aucun terme fixé par l'usage des lieux; mais ce n'est pas une raison pour permettre à chaque partie de mettre fin à la location sans congé signifié d'avance; cette exigence est fournie par le bon sens et les art. 1738 et 1759 sont assez généraux pour être appliqués aux meubles. Quant à la durée du congé, elle sera fixée par le juge.

période nécessaire à la récolte. — Le C. civ. allemand ne contient rien de particulier sur ce point.

[1] V. *infra*, n. 1078.

[2] V. *infra*, n. 1063.

[3] Guillouard, II, n. 630.

[4] Sol. Régie, 3 mai 1888, *Rev. de l'Enreg.*, n. 63, p. 218.

[5] Troplong, II, n. 461; Duvergier, II, n. 234; Guillouard, II, n. 685; Valéry, *op. cit.*, p. 18, n. 38.

[6] N. 371.

1061. Le bail consenti par acte écrit est tout autant susceptible de tacite reconduction que le bail verbal ; le contraire a été cependant décidé [1].

1062. La tacite reconduction était déjà reconnue en droit romain [2].

L'ancien droit l'admettait également ; elle s'opérait comme aujourd'hui par la volonté tacite des deux parties et non pas, ainsi que le prétendait Treilhard au conseil d'Etat [3], par le seul fait du preneur.

Toutefois une déclaration du 20 juillet 1764 interdit la tacite reconduction dans les généralités de Soissons, Amiens et Châlons [4].

La loi des 28 sept.-6 oct. 1791 (tit. I, sect. 2, art. 4) dispose : *La tacite reconduction n'aura plus lieu à l'avenir du » bail à ferme ou à loyer des biens ruraux* ». Cette solution fut encore défendue au Conseil d'Etat par Tronchet [5], par le motif que le propriétaire de biens ruraux a pu ignorer, après l'expiration du bail, que son fermier était resté en possession. On lui répondit avec raison que dans une législation qui admettait le bail non écrit, la tacite reconduction ne pouvait être rejetée et que, du reste, la possession fictive du fermier ne pourrait jamais être considérée comme une tacite reconduction.

§ II. *Conditions nécessaires pour qu'il y ait tacite reconduction.*

1063. Les conditions suivantes sont nécessaires pour qu'il y ait tacite reconduction.

1° Il faut d'abord que le bail soit terminé.

Il n'est pas nécessaire d'ailleurs qu'il soit terminé par l'arrivée du temps fixé ; si la loi suppose le contraire, c'est qu'elle envisage le cas le plus usuel ; mais les raisons de

(1) Douai, 3 déc. 1894, *Gaz. Pal.*, 95. 1. 387.
(2) L. 13 et 14, D., *loc cond.*, 19. 2.
(3) Fenet, XIV, p. 244.
(4) Denisart, v° *Tacite reconduction*, n. 13.
(5) Fenet, XIV, n. 240 et s.

décider sont les mêmes, quelle que soit la cause de la cessation du bail.

Il peut y avoir, par exemple, tacite reconduction en cas de résiliation du bail par la vente de la chose louée ou par l'expropriation de cette chose pour cause d'utilité publique.

De là il suit que la tacite reconduction, quoiqu'étant surtout fréquente à la suite d'un bail fait pour une certaine durée est également possible quand le bail a été fait sans durée, déterminée [1]. C'est en envisageant l'hypothèse la plus usuelle que la loi a été amenée à ne parler que du premier cas.

Cependant, en principe, et si l'on envisage la tacite reconduction comme la continuation d'un bail terminé par l'expiration du temps fixé, elle n'est possible que pour les *baux écrits*, c'est-à-dire pour ceux qui, ayant une durée déterminée par la convention expresse ou légalement présumée des parties, prennent fin de plein droit à l'expiration du terme fixé. Il est manifeste, à ce point de vue, qu'il ne peut pas être question de tacite reconduction pour les baux *sans écrit*, dont la durée est indéfinie et qui ne prennent fin que par un congé. En effet, de deux choses l'une : ou il n'a pas été donné congé, et alors le bail continue toujours ; ou il a été donné congé, et dans ce cas un nouveau bail ne peut pas se former par le consentement tacite des parties, puisque l'une d'elles a manifesté expressément une volonté contraire.

1064. 2° Il faut que le preneur « reste en possession » [2] ; cette condition est formellement indiquée par l'art. 1738, et les art. 1739 et 1759 la reproduisent; il est facile de la justifier; à défaut de convention faite avec le bailleur, la volonté du preneur ne peut se manifester que par son maintien en possession.

1065. 3° Il faut, aux termes du même art. 1738, que le preneur « soit laissé en possession », c'est-à-dire que le bailleur ait consenti à son maintien en possession; en effet, la tacite

[1] V. cep. Guillouard, II, n. 501.
[2] Argou, p. 289.

reconduction repose aussi bien sur la volonté du bailleur que sur celle du preneur (1).

Le bailleur ne sera pas réputé avoir laissé le preneur en possession :

Si cette possession n'a pas duré assez longtemps pour que la volonté du bailleur soit certaine ; nous verrons, en effet, que le congé qui empêche la tacite reconduction peut être donné même après l'entrée en jouissance du preneur (2) ;

Si le bailleur était trop éloigné de la situation de la chose pour savoir que le preneur était resté en jouissance (3), ou s'il a ignoré ce maintien en jouissance (4).

Le preneur, également, n'est pas réputé avoir consenti au renouvellement du bail, si son maintien en possession n'a duré que peu de temps ou s'explique par d'autres raisons (5).

Le maintien en possession des sous-preneurs suffit pour que la tacite reconduction s'opère, si, en fait, le bailleur n'a pas entendu considérer les sous-preneurs comme étant désormais devenus directement ses locataires (6).

Il en est autrement dans le cas contraire (7).

1066. Des actes étrangers à leurs relations réciproques peuvent également manifester chez les parties l'intention de ne pas continuer le bail.

Ainsi en est-il de la relocation consentie par le bailleur à un tiers (8) ou (selon les circonstances) de la location faite par le preneur d'un autre appartement ou d'une autre ferme (9).

(1) Trib. civ. Perpignan, 12 juil. 1893, *Gaz. Pal.*, 93. 2. 634. — Guillouard, I, n. 410 et II, n. 502 et 600.

(2) V. *infra*, n. 1070.

(3) Cass., 9 fév. 1875, S., 75. 1. 158, D., 76. 1. 27. — Guillouard, I, n. 410.

(4) Caen, 26 août 1880, *Rec. de Caen*, 1881, p. 175. — Guillouard, I, n. 410.

(5) Trib. civ. Bordeaux, 16 avril 1894, *Rec. Bordeaux*, 94. 2. 95 (garde des clés pendant trois ou quatre jours s'il a été convenu que les parties visiteraient ensemble l'appartement). — Trib. civ. Lyon, 8 mai 1894, *Mon. jud. Lyon*, 18 oct. 1894 (le preneur a cinq jours pour quitter l'immeuble, d'après les usages de Lyon). — V. *supra*, n. 1053.

(6) V. cep. Alger, 6 fév. 1886, *Rev. algér.*, 88. 84.

(7) Alger, 6 fév. 1886, précité.

(8) Guillouard, I, n. 418.

(9) Guillouard, I, n. 418.

Mais les faits auxquels l'autre partie est étrangère ne lui sont opposables et n'empêchent la continuation du bail que si cette partie en a connaissance [1]. En vain dit-on que la tacite reconduction suppose le consentement des parties et non pas seulement le consentement de l'une des parties et sa croyance dans le consentement de l'autre. La vérité est que le bailleur, en laissant le preneur en possession, ou le preneur, en restant en possession, manifestent l'un vis-à-vis de l'autre leur intention de continuer le bail; cette volonté ne peut être contredite par une volonté contraire manifestée à des tiers et qui, vis-à-vis du bailleur ou du preneur, n'est autre chose qu'une restriction mentale dépourvue de toute portée.

1067. 4° A l'idée que la tacite reconduction exige le consentement du bailleur se rattache l'art. 1739, d'après lequel : « *Lorsqu'il y a un congé signifié, le preneur, quoiqu'il ait* » *continué sa jouissance, ne peut invoquer la tacite reconduc-* » *tion* ». Le congé dont il s'agit ici n'est pas le même que celui dont parle l'art. 1736 [2]. Ce dernier a pour but de mettre fin à un bail dont la durée est illimitée, tandis que le congé auquel fait allusion l'art. 1739 (on l'appelle quelquefois *congé-avertissement*) est destiné à empêcher la tacite reconduction. Ordinairement il est donné par le bailleur qui, voyant le preneur continuer à occuper les lieux loués après que le bail a pris fin par l'expiration du terme assigné à sa durée ou prévoyant qu'il les occupera pendant un certain temps, lui fait savoir que, s'il veut bien ne pas l'expulser immédiatement, il n'entend pas pour cela consentir un nouveau bail; le bailleur proteste ainsi contre l'induction qu'on pourrait tirer plus tard contre lui de son silence, au point de vue de la tacite reconduction. Quant au preneur, le meilleur moyen pour lui de manifester sa volonté est de quitter les lieux loués. Le *congé-avertissement* peut aussi être donné par le preneur au cas où, se voyant forcé d'occuper les lieux loués pendant un certain temps après la cessation du bail, il craint

[1] Colmet de Santerre, VII, n. 185 *bis*. — *Contra* Laurent, XXV, n. 344; Guillouard, I, n. 418.

[2] V. *supra*, n. 922 s.

que le bailleur ne lui oppose la tacite reconduction [1].

1068. Malgré les termes formels de l'art. 1739, on a prétendu que la tacite reconduction aura lieu si, après le congé donné, le bailleur change de volonté, et à condition que ce changement résulte de faits dont le sens ne soit pas douteux [2].

Cette solution nous paraît des plus douteuses [3]; d'une part, elle méconnaît le texte impératif de la loi, d'autre part, elle n'est pas moins contraire à la nature de la tacite reconduction, qui est la continuation *sans aucune interruption* du bail expiré. Le congé manifestant chez le bailleur l'intention de ne pas continuer le bail au moment de son expiration, la volonté contraire ne peut évidemment se manifester qu'ensuite. Un nouveau bail se formera sans doute alors, si le preneur y consent lui-même, mais ce nouveau bail n'aura rien de commun avec l'ancien, dont il ne sera pas la suite; en conséquence, le prix du bail sera fixé suivant les moyens du droit commun, loin d'être identique au prix du premier bail.

1069. Mais le preneur a droit au remboursement des dépenses qu'il a faites sur la chose louée après le congé, par exemple des labours et des ensemencements [4]. On fonde généralement cette solution sur l'art. 555 et on assimile le fermier au possesseur de mauvaise foi [5]. Cela n'est pas facile à justifier, car l'art. 555 s'applique aux travaux qui peuvent être enlevés.

La véritable raison de décider est que le fermier a agi dans l'intérêt du bailleur et qu'il a ainsi une action dans les limites de l'enrichissement de ce dernier. Il suit de ce fondement que le fermier ne peut demander le remboursement intégral de ces dépenses [6].

(1) Guillouard, I, n. 417.

(2) Duvergier, I, n. 23 et 504; Aubry et Rau, IV, p. 499, § 369, note 22; Guillouard, I, n. 417 et II, n. 600.

(3) Amiens, 17 janv. 1822, S. chr. — Lyon, 23 juil. 1874, S., 75. 2. 70. — Duranton, XVII, n. 120 et 123.

(4) Bruxelles, 6 janv. 1823, S. chr. — Guillouard, II, n. 601. — *Contra* Bruxelles, 17 juin 1817, S. chr.

(5) Guillouard, II, n. 601.

(6) Guillouard, II, n. 601.

1070. Le congé, en principe, doit être donné avant l'entrée en jouissance. Toutefois, comme il est destiné à empêcher la tacite reconduction, il peut être donné même après l'entrée en jouissance tant que la tacite reconduction ne s'est pas produite (1). Il en est ainsi surtout dans les baux ruraux, puisque le fermier reste en possession d'une partie des biens loués. Evidemment le point de savoir si la jouissance n'est pas assez avancée pour que le congé soit devenu impossible est une question de fait (2). En toute hypothèse, il n'y a pas lieu d'appliquer l'art. 1736, d'après lequel le congé doit être donné « en observant les délais fixés par l'usage des lieux ».

Mais l'usage des lieux peut fixer le congé dont il est ici question comme celui de l'art. 1736 (3).

Pothier rapporte (4) que, dans certaines coutumes (5), la continuation de la possession pendant un seul instant donnait lieu à la tacite reconduction et empêchait le congé. On a pensé que cette solution est inexacte (6), l'art. 1759 exigeant que le preneur reste en jouissance *après* l'expiration du bail ; mais nous ne voyons pas comment ces deux idées seraient inconciliables.

Dans d'autres coutumes, le congé devait, d'après Pothier, précéder l'expiration du bail de six mois (Saint-Flour), de quinze jours (Auxerre). Ces usages sont encore valables aujourd'hui (7).

Ailleurs, le congé devait être donné un mois (Lille, cinquante-huit jours) (Orléans) ou cinq jours (Reims) après l'entrée en jouissance. Ces usages encore sont valables (8).

Toutefois, ces usages ne sont imposés par aucun texte au juge ; il peut donc, en fait, se dispenser de les suivre (9).

(1) Pothier, n. 349 s. ; Troplong, II, n. 776 ; Duvergier, I. n. 505 et II, n. 213 et 214 ; Aubry et Rau, IV, p. 499, § 369, note 20 ; Laurent, XXV, n. 338 ; Guillouard, I, n. 411 et 416 et II, n. 600.

(2) Douai, 3 déc. 1894, D., 96. 2. 273 (le bailleur peut encore signifier le congé le troisième jour qui suit l'expiration du bail. — Guillouard, I, n. 411.

(3) Guillouard, I, n. 416.

(4) N. 353.

(5) Bourbonnais, chap. III, art. 124.

(6) Guillouard, II, n. 502 ; Duvergier, II, n. 75.

(7) *Contra* Duvergier, II, n. 75 ; Guillouard, II, n. 502

(8-9) Duvergier, II, n. 76 ; Guillouard, II, n. 503.

1071. La forme et la preuve du congé donné pour éviter la tacite reconduction sont les mêmes que celles du congé donné pour mettre fin au bail sans écrit [1]. La loi n'ayant réglementé ni l'un ni l'autre, ils sont tous deux régis par le droit commun et les raisons qui ont décidé la jurisprudence et la doctrine à abandonner le droit commun sur certaines questions soulevées par le second de ces congés s'appliquent également au premier.

1072. Si, malgré le congé, le preneur reste en possession, le bailleur a droit à une indemnité [2].

Mais cette indemnité ne lui donne pas les mêmes droits que la créance d'un bail [3]. Elle ne permet ni de saisir-gager les meubles du locataire [4], ni de s'opposer à leur enlèvement [5].

Cette indemnité peut être équivalente au prix du bail [6].

§ III. *Entre quelles personnes peut avoir lieu la tacite reconduction.*

1073. La tacite reconduction étant la continuation de l'ancien bail, ne peut être faite entre personnes autres que les anciens contractants ou leurs représentants.

Elle peut avoir lieu entre l'une des parties et les héritiers de l'autre ou entre les héritiers des deux parties.

Elle peut avoir également lieu entre l'acquéreur de la chose et l'ancien preneur.

Elle peut avoir lieu entre le bailleur et le sous-locataire ou cessionnaire du bail, alors même, pensons-nous, que la cession ou la sous-location avaient été interdites par le bailleur.

Mais il n'est pas nécessaire que toutes les anciennes parties

(1) Duvergier, I, n. 503; Laurent, XXV, n. 339; Guillouard, I, n. 416.

(2) Trib. civ. Seine, 11 avril 1895, *Mon. jud. Lyon*, 20 août 1895.

(3) Cpr. cep. Dijon, 27 fév. 1893 (motifs), *Rev. bourguignonne de l'enseign. sup.*, III, 1893, p. 831. — V. *supra*, n. 1056.

(4) Trib. civ. Seine, 11 avril 1895, précité.

(5) Trib. civ. Seine, 11 avril 1895.

(6) Dijon, 27 fév. 1893, précité. — Trib. civ. Perpignan, 12 juill. 1893, *Gaz. Pal.*, 93. 2. 634. — Décidé qu'à Paris, les locations se faisant par trimestre, le preneur doit un trimestre tout entier parce que le bailleur sera dans l'impossibilité de louer pendant ce trimestre. Paris, 11 déc. 1895, D., 96. 2. 193.

consentent au maintien en possession ou soient maintenues en possession.

Ainsi, dans le cas où le bail aurait été consenti par plusieurs propriétaires indivis, la tacite reconduction peut avoir lieu si un seul des copropriétaires consent au maintien en possession, mais seulement dans la mesure où il a le droit de louer la chose indivise.

Réciproquement, si le bail a été consenti à plusieurs copreneurs, la tacite reconduction s'opèrera au profit de celui ou de ceux d'entre eux qui seront restés en possession (1).

Si même les preneurs sont solidaires, le bail ne sera continué qu'au profit de ceux d'entre eux qui seront restés en possession (2). En effet on ne peut dire que les preneurs restés en possession représentent leurs copreneurs ; la représentation réciproque des copreneurs a disparu, avec la solidarité elle-même, par l'expiration du bail ; en outre, cette représentation, qui permet à chacune des parties solidaires d'exercer les droits des autres et d'ajouter à ces droits, ne leur permet pas d'ajouter à leurs obligations.

Il arrivera même que, quoique les preneurs solidaires soient restés en possession, la tacite reconduction ne s'opèrera qu'au profit de l'un d'eux ; si le bail a été consenti au profit du mari et de la femme solidairement, le maintien en possession des époux n'opèrera généralement tacite reconduction qu'au profit du mari (3). Le mari est le seul qui, en restant en possession, ait manifesté d'une manière évidente la volonté de continuer le bail ; quant à la femme, son maintien en possession peut s'expliquer par un autre motif : l'obligation que lui impose l'art. 214 d'habiter avec son mari.

Il en serait toutefois autrement si en fait le maintien de la femme en possession personnelle était démontré, par exemple par des actes consentis avec le mari sur la chose louée (4).

(1) Caen, 21 mars 1859, S., 59. 2. 446. — Bruxelles, 20 avril 1819, S. chr. — Guillouard, I, n. 413.

(2) Caen, 21 mars 1859, précité. — Bruxelles, 20 avril 1819, précité. — Guillouard, I, n. 413.

(3) Caen, 21 mars 1859, précité. — Guillouard, I, n. 413.

(4) Guillouard, I, n. 413.

1074. La tacite reconduction peut avoir lieu au profit d'un ou plusieurs héritiers du preneur comme au profit d'un ou plusieurs des preneurs.

Si elle a lieu au profit de tous les héritiers, on décide qu'ils sont tenus comme preneurs dans la même proportion et pour leur part virile, sans, par conséquent, que le bailleur ait à tenir compte des proportions dans lesquelles ils ont succédé (1). La raison serait que, le bail étant expiré, il se forme une convention nouvelle où les héritiers contractent non pas en cette qualité, mais en leur nom personnel.

Cette opinion ne nous paraît pas exacte; pour que la tacite reconduction s'opère, il faut nécessairement que les héritiers aient continué le bail consenti au défunt et soient restés en possession; comme la tacite reconduction est censée reproduire les clauses du bail, les héritiers jouiront dans la même proportion qu'autrefois. Les auteurs dont nous combattons la doctrine admettent bien que la solidarité des anciens preneurs persiste pour l'exécution du nouveau bail : si les preneurs solidaires restent preneurs dans les mêmes conditions qu'auparavant, comment en serait-il autrement des héritiers?

1075. Si les preneurs solidaires restent tous en jouissance, la solidarité persiste entre eux (2). On a dû, pour soutenir le contraire, considérer la solidarité comme une de ces sûretés qui, aux termes de l'art. 1740, ne se transmettent pas au nouveau bail tacitement consenti. La solidarité n'est pas une sûreté, c'est-à-dire une garantie de l'exécution des obligations; c'est un lien qui unit les parties, une clause déterminant la manière dont les preneurs sont tenus, en un mot une des conditions du bail; or toutes les conditions du bail primitif persistent malgré la tacite reconduction.

On objecte à tort que la solidarité a besoin d'être expressément stipulée (C. civ., art. 1201); la stipulation formelle a eu lieu dans le bail primitif, et il n'en faut pas davantage.

Si de plusieurs preneurs solidaires, certains seulement restent en possession, nous croyons encore que la solidarité

(1) Bourges, 11 déc. 1830, S., 31. 2. 205. — Guillouard, I, n. 414.
(2) Guillouard, I, n. 422. — *Contra* Laurent, XXV, n. 347.

existe entre ces derniers; aucun obstacle juridique ne s'y oppose; et l'on sait que, si l'un des débiteurs solidaires est dégagé de l'obligation, la solidarité persiste entre les autres.

1076. Comme la tacite reconduction est un bail nouveau, il faut, pour qu'elle puisse s'opérer, que les parties soient toutes deux capables, le bailleur de consentir un bail et le preneur de prendre la chose à bail [1], c'est déjà ce que disait Pothier [2].

Ce n'est pas à dire que si l'une des parties est incapable, la tacite reconduction soit impossible; mais il faut alors les autorisations et consentements qui seraient nécessaires pour faire un bail exprès [3]. Ainsi, si l'une des parties est interdite, le consentement du tuteur est seul exigé [4].

1077. Comme la tacite reconduction repose sur le consentement des parties, il semblerait juste de décider qu'elle est impossible si une clause du bail primitif porte que la tacite reconduction ne sera pas admise et que le bail ne pourra continuer sans la rédaction d'un nouvel écrit.

Cette opinion ne serait pas entièrement exacte.

Sans doute, comme le remarquait déjà Pothier [5], en présence de la volonté énergiquement manifestée par le bailleur de reprendre, à l'expiration du bail, la possession de la chose, on devra difficilement admettre la tacite reconduction [6]. Elle n'a rien cependant de juridiquement impossible [7], car rien n'empêche le bailleur de revenir sur sa volonté première, et il ne peut lui-même enchaîner sa liberté alors que l'engagement de reprendre possession de la chose n'est contracté au profit de personne. Pothier le disait également : « Les parties qui ne voulaient pas, au temps du bail, qu'il y eût de reconduction, n'ont pu ni voulu, par cette clause, s'interdire la liberté de changer de volonté. Le propriétaire doit surtout être non recevable à prétendre, sous le prétexte de cette

(1) Trib. civ. Nancy, 13 août 1895 (motifs), *Gaz. Pal.*, 95. 1. 564. — Duvergier, I, n. 24; Laurent, XXV, n. 336; Guillouard, I, n. 412.
(2) N. 345.
(3) Guillouard, I, n. 412.
(4) Guillouard, I, n. 412.
(5) N. 355.
(6) Duvergier, I, n. 23 ; Guillouard, I, n. 415.
(7) Duvergier, I, n. 23; Guillouard, I, n. 415.

clause, expulser le fermier, lorsqu'il a laissé passer tout le temps des risques sur les fruits et qu'il a attendu la veille d'une récolte abondante à expulser le fermier » (¹).

§ IV. *Durée et effets de la tacite reconduction.*

1078. A Rome, la durée de la tacite reconduction était égale à celle du bail primitif si cette dernière était fixée par écrit. Dans le cas contraire, les textes disposaient que « *prout usque habitaverit, ita et obligatur* » (²); on explique généralement ces mots par l'idée que le nouveau bail dure jusqu'au prochain terme de payement des loyers.

Dans l'ancien droit, la durée de la tacite reconduction variait suivant les coutumes; mais généralement cette durée était fixe (un an, trois mois, etc.).

Aujourd'hui, suivant les termes de l'art. 1738, le bail consenti par tacite reconduction est, au point de vue de sa durée, considéré comme un bail fait sans durée indiquée. Il y aura donc lieu de lui appliquer les art. 1758, 1759, 1760, et les développements que nous avons donnés à propos des baux faits sans écrit (³).

Toutefois, nous avons vu qu'une règle spéciale est adoptée en matière de baux ruraux (⁴).

D'autre part, il peut être convenu que dans le cas où le preneur resterait en jouissance après l'expiration du bail, le bail continuerait pour une période déterminée (⁵).

1079. En ce qui concerne les baux à loyer, le nouveau contrat ne peut prendre fin que par un congé donné suivant l'usage des lieux, l'art. 1759 le dit formellement. Le congé sera donc donné dans les délais que nous avons indiqués à propos des baux faits sans écrit (⁶) et aucun usage des lieux ne pourra prévaloir contre sa nécessité (⁷).

(¹) N. 353.
(²) L. 13, § 11, D., *loc. cond.*, 19. 2.
(³) V. *supra*, n. 922.
(⁴) V. *supra*, n. 1057.
(⁵) Trib. civ. Lyon, 21 novembre 1886, *Mon. jud. Lyon*, 4 février 1887.
(⁶) Guillouard, II, n. 504.
(⁷) Guillouard, II, n. 504 ; Troplong, II, n. 618 et 619.

L'art. 1759 abroge ainsi certaines coutumes (Orléans, Montargis) qui n'exigeaient pas de congé, et adopte la solution contraire des coutumes de Paris et de Sens.

Quant aux baux à ferme, comme ils ont une durée fixe, ils cesseront de plein droit à l'expiration de cette durée [1].

On a cependant appliqué pour la durée des baux à colonage l'usage des lieux [2].

1080. Pour les meubles, Pothier soutenait que la tacite reconduction cesse au jour où l'une des parties met fin au bail [3]; cette opinion est encore adoptée aujourd'hui [4]. Il est préférable de laisser au juge le soin de régler ce point, en se basant sur la volonté présumée des parties [5].

1081. A tous les autres points de vue, on doit appliquer à la tacite reconduction les règles du bail primitif [6]; les parties ayant voulu continuer le bail, il est naturel de supposer qu'elles ont voulu le continuer dans ses conditions primitives. Pothier était en ce sens [7]. On ne peut objecter en sens contraire que d'après l'art. 1739 l' « effet » du nouveau bail est « réglé par l'article relatif aux locations faites sans écrit », car l'art. 1759 s'exprime en notre sens.

Ainsi le prix de l'ancien bail doit être également le prix du nouveau bail [8]. Il ne peut être question de faire fixer ce prix par experts. C'était également la solution de Pothier [9].

Il en concluait que si un pot-de-vin avait été stipulé dans le premier bail, il pouvait être également exigé lors de la tacite reconduction. Cette solution est également admise par les auteurs modernes [10]; elle nous paraît douteuse, car il s'agit de savoir si les parties ont entendu fixer le pot-de-vin une

[1] Bruxelles, 15 mars 1808, S. chr. — Metz, 1er avril 1818, S. chr. — Guillouard, II, n. 603.
[2] Cass. civ., 21 octobre 1889, S., 89. 1. 453, D., 90. 1. 124.
[3] N. 371.
[4] Besançon, 10 mars 1845, P., 47. 2. 192. — Guillouard, II, n. 685.
[5] Valéry, *op. cit.*, p. 39, n. 19.
[6] Guillouard, I, n. 419.
[7] N. 363.
[8] Caen 23 mai 1842, D. *Rép.*, v° *Louage*, n. 584. — Laurent, XXV, n. 345; Guillouard, I, n. 419.
[9] *Loc. cit.*
[10] Rennes, 21 nov. 1889, S., 92. 2. 35 (motifs). — Guillouard, I, n. 419.

fois pour toutes ou seulement pour la durée du bail primitif. Or, c'est là une question de fait. Cependant nous admettons, en principe, la solution commune.

Il en est, sur cette question, du prix du bail de meubles comme de celui du bail d'immeubles ([1]).

Toutefois on a proposé de décider que le prix des marchandises serait fixé par leur valeur au jour de la tacite reconduction, parce que l'on ne peut imputer à l'une des parties l'intention de faire une perte ([2]). Cette restriction nous paraît difficile à admettre, les parties ne peuvent avoir eu l'intention de faire naître entre elles des contestations au sujet de la détermination du prix des marchandises louées.

Il va sans dire qu'une clause contraire peut intervenir sur ce point.

1082. L'ancien bail fixera également les autres obligations des parties ([3]), notamment le mode de paiement, la question de savoir si les loyers sont payables d'avance, celle de savoir quelles réparations incomberont au preneur, etc.

Les conventions relatives aux constructions élevées par le preneur sont maintenues ([4]).

Les cas de résiliation insérés dans l'ancien bail seront censés avoir été maintenus.

Ainsi, la clause contenue dans le bail primitif et portant que le bail sera résilié si le preneur est obligé, à raison de ses fonctions, de changer de résidence, s'étend à la tacite reconduction ([5]).

Toutes ces solutions sont exactes, alors même que le nouveau bail n'a été consenti qu'avec une diminution de loyer ([6]).

1083. Aux termes de l'art. 1740 : « *Dans le cas des deux articles précédents, la caution donnée pour le bail ne s'étend pas aux obligations résultant de la prolongation* ». Le bail a pris fin de plein droit par l'expiration du terme assigné à sa

([1]) Valéry, *op. cit.*, p. 39, n. 19.
([2]) Valéry, *loc. cit.*
([3]) Douai, 12 mars 1892, D., 92. 2. 380.
([4]) Douai, 12 mars 1892, précité.
([5]) Rouen, 11 janv. 1849, S., 50. 2. 31. — Guillouard, I, n. 420.
([6]) Douai, 12 mars 1892, précité.

durée, donc aussi l'engagement de la caution qui a garanti ce bail. Un nouveau consentement de sa part serait nécessaire pour qu'elle fût tenue de l'exécution du nouveau bail qui se forme par le consentement tacite des parties. C'était la règle posée par l'ancien droit (²) et le droit romain (¹).

La solution est la même, et à plus forte raison encore, en ce qui concerne l'hypothèque donnée pour garantir l'exécution des obligations résultant du bail primitif (³) ; la décision contraire du droit romain (⁴) ne peut plus être admise. Comme le dit Pothier (⁵), « l'hypothèque ne peut être produite que par les actes devant notaires, par les sentences ou par la loi; la convention seule n'est pas capable de la produire. Si, par la loi 13 *locati*, les biens d'un débiteur hypothéqués au bail demeurent hypothéqués à la reconduction, c'est que, par le droit romain, la seule convention suffisait pour produire l'hypothèque ».

Mais, comme nous l'avons montré, la solidarité entre preneurs persiste dans la tacite reconduction (⁶).

1083 *bis.* Dans tous les cas, si on admet que l'hypothèque subsiste, elle ne prend rang pour les obligations résultant de la tacite reconduction et vis-à-vis des tiers qui ont acquis depuis le bail des droits sur l'immeuble hypothéqué, que du jour de la tacite reconduction (⁷).

(¹) Bretonnier sur Argou, II, p. 291.
(²) L. 7 et 16, C., *loc. cond.*
(³) Duvergier, I, n. 508; Guillouard, I, n. 421. — *Contra* Riom, 19 juil. 1890, *Gaz. Trib.*, 12 oct. 1890.
(⁴) L. 13, § 11, D., *loc. cond.*, 19. 2.
(⁵) N. 367. — Dans le même sens Argou, II, p. 290. — *Contra* Bretonnier sur Argou, II, p. 290 (qui se fonde sur ce que le nouveau bail est la continuation du premier).
(⁶) V. *supra*, n. 1075.
(⁷) Arrêt, 22 août 1604, rapporté par Louet, let. H, ch. XXII. — Arrêt, 27 fév. 1606, rapporté par Brodeau sur Louet, *loc. cit.*, et *Cout. de Paris*, art. 161, n. 18 — *Contra* Bretonnier sur Argou, *loc. cit.*

CHAPITRE XVII

PRESCRIPTION DES ACTIONS DU BAILLEUR ET DU PRENEUR

1084. D'après l'art. 12 de la loi du 19 juillet 1889, « toute action résultant du bail à colonat partiaire se prescrit par cinq ans, à partir de la sortie du colon ».

En dehors de cette disposition, on applique le droit commun à la prescription des actions des parties. Nous avons dit quelques mots de la prescription de l'action en paiement des loyers (1).

CHAPITRE XVIII

DES RÈGLES PARTICULIÈRES AUX BAUX A LOYER OU A FERME. — DES BAUX A MÉTAYAGE OU A COLONAGE PARTIAIRE.

1085. Au chapitre du *Louage des choses*, les sect. 2 et 3 contiennent des règles particulières, soit aux baux à loyer, soit aux baux à ferme. Quelques-unes de ces règles ne sont que la répétition ou l'application des règles plus générales posées pour toutes les espèces de baux par la section Ire. La plupart des autres partent des principes qui, en réalité, sont communs à tous les baux. Aussi avons-nous fondu l'explication des articles contenus dans cette section avec nos développements antérieurs. Nous nous contentons de rappeler ici l'objet de ces dispositions et la place où on trouvera leur explication.

Les règles particulières aux baux à loyer sont les suivantes :

Art. 1752. Obligation de garnir imposée au preneur (n. 537 et s.).

Art. 1753. Rapports du sous-locataire avec le bailleur principal (n. 851 et s.).

(1) V. *supra*, n. 681 s.

Art. 1754-1755-1756. Réparations locatives et autres (n. 621 et s.).

Art. 1757. Durée d'un bail de meubles (n. 931 et s.).

Art. 1758. Durée du bail d'un appartement meublé (n. 934 et s.).

Art. 1759. Tacite reconduction (n. 1057 et s.).

Art. 1760. Effets de la résiliation par la faute du locataire (n. 259 et s.).

Art. 1761. Le bailleur ne peut, par sa volonté, résoudre le bail (n. 921).

Art. 1762. Effets de la clause contraire (n. 921).

Voici maintenant les règles particulières aux baux à ferme :

Art. 1763 et 1764. Défense de céder ou de sous-louer imposée au preneur à colonage partiaire (n. 817 et s.).

Art. 1765. Effets de l'erreur sur la contenance (n. 201 et s.).

Art. 1766. Obligation de garnir imposée au preneur (n. 537 et s.).

Art. 1767. Obligation d'engranger (n. 553).

Art. 1768. Obligation d'avertir des usurpations (n. 421 et s.).

Art. 1769-1770-1771. Droits du preneur en cas de perte de récoltes (n. 284 et s.).

Art. 1772-1773. Stipulations mettant les cas fortuits à la charge du fermier (n. 284 et s.).

Art. 1774-1775. Durée du bail (n. 926 et s.).

Art. 1776. Tacite reconduction (n. 1057 et s.).

Art. 1777-1778. Rapports entre le fermier entrant et le fermier sortant (n. 802 et s.).

1086. Les règles des baux à loyer et celles des baux à ferme étant quelquefois très différentes, il y a un grand intérêt à savoir dans quels cas les baux rentrent dans la première ou dans la seconde catégorie.

La base de la distinction est donnée par le rapport de Mouricault au Tribunat [1]. « Le louage d'un bien rural, c'est-à-dire d'un fonds produisant des fruits naturels ou industriels, est appelé bail à ferme. Le louage d'une maison ou d'un bâtiment qui produit des fruits civils ou loyers est appelé bail à

[1] Fenet, XIV, p. 322.

loyer ». Denisart [1] s'exprimait presque dans les mêmes termes. Les auteurs modernes adoptent la même solution [2].

Le bail est donc à loyer non seulement lorsqu'il porte sur une maison, sur un appartement, mais encore quand il a pour objet une usine [3] ;

un moulin [4] ;

un chantier [5] ;

un terrain à bâtir ;

une maison de campagne même avec un jardin [6].

1087. Il peut arriver que le bail soit pour partie à ferme et pour partie à loyer. Ainsi le bail d'une ferme est un bail à loyer pour la maison et un bail à ferme pour les terres.

Dans ce cas, le bail sera considéré comme bail à ferme ou à loyer suivant l'importance plus ou moins grande des immeubles ruraux et des maisons [7], car il serait contraire à l'intention des parties de régler la durée du bail différemment pour les diverses parties de l'immeuble ; nous avons fait une application de cette solution au congé.

Mais les règles des baux à loyer et à ferme seront appliquées distributivement quand on pourra le faire sans méconnaître les intentions des parties ; nous avons fait application de cette idée aux réparations locatives.

1088. Le code civil distingue deux espèces de bail à ferme : *le bail à ferme ordinaire,* dont le prix consiste en une somme d'argent ou en une quantité fixe de denrées, cent hectolitres de froment par exemple, et le *bail à colonat partiaire* ou *colonage partiaire,* que la loi appelle aussi quelquefois *bail à métairie* (art. 1829) et qu'on nomme également *bail à métayage,* dans lequel les fruits se partagent, ordinairement par moitié, entre le bailleur et le colon.

Le législateur du code civil n'avait consacré au colonage partiaire que deux articles relatifs à la sous-location.

[1] V° *Bail à ferme et à loyer.*
[2] Guillouard, II, n. 451.
[3] Guillouard, II, n. 451.
[4] Guillouard, II, n. 451.
[5] Guillouard, II, n. 451.
[6] Trib. civ. Marseille, 12 août 1887, *Rec. d'Aix,* 88. 159.
[7] Guillouard, II, n. 453.

Ces dispositions étaient insuffisantes. De nombreuses controverses s'étaient élevées sur la nature du colonage partiaire, sur les droits du bailleur, sur les causes de cessation du contrat, sur la durée du bail fait sans écrit. Une loi du 10 juillet 1889, intitulée : *Loi sur le code rural* (*Titre IV.— Bail à colonat partiaire*), est venue résoudre presque toutes ces difficultés. La plupart des questions qu'elle soulève ont déjà été étudiées.

L'art. 1er définit le bail à colonat partiaire.

Art. 2. Partage des fruits.

Art. 3. Obligations du bailleur. Réparations.

Art. 4. Obligations du preneur (usage, responsabilité des dégradations, de la perte et de l'incendie; obligation de se servir des bâtiments et d'y résider).

Art. 5. Droit de surveillance et de direction attribué au bailleur. Réserve du droit de chasse et de pêche.

Art. 6. Effet de la mort des parties sur l'acte.

Art. 7. Effet de la vente de l'immeuble loué.

Art. 8. Résiliation en cas de perte.

Art. 9. Effets de la perte des récoltes.

Art. 10. Privilège du bailleur.

Art. 11. Règlement annuel des comptes.

Art. 12. Prescription.

Art. 13. Application des art. 1718, 1736 à 1741, 1766, 1777 et 1778 et de l'usage des lieux.

1089. L'art. 1er de cette loi est ainsi conçu : « *Le bail à colonat partiaire ou métayage est le contrat par lequel le possesseur d'un héritage rural le remet pour un certain temps à un preneur qui s'engage à le cultiver sous la condition d'en partager les produits avec le bailleur* ».

Le bail à colonat partiaire peut être consenti, non seulement par le propriétaire, mais encore par l'usufruitier, ou même par le fermier d'un domaine qui en donne une partie à exploiter à des métayers, ainsi que nous l'avons vu.

Nous avons vu que le bail à colonat partiaire est un contrat consensuel. Nous avons vu également qu'aucun bail ne peut être perpétuel.

Le bailleur n'a pas, dans le bail à colonat partiaire, de nom spécial.

Le preneur s'appelait en droit romain *colonus partiarius* (1). Aujourd'hui on lui donne le nom de *métayer*, parce qu'ordinairement il a droit à la moitié des fruits.

1090. Quelle est la nature du bail à colonat partiaire ? Est-ce un louage ? Est-ce une société ? Ou bien un contrat *sui generis ?* La question est très importante au point de vue des règles à appliquer à notre contrat. Elle divisait, comme nous le verrons, les auteurs et la jurisprudence.

Le législateur de 1889 a voulu supprimer la controverse ancienne, en tranchant toutes les questions qu'il a cru pouvoir se présenter et, pour éviter tout emprunt soit aux règles du contrat de louage, soit à celles de la société, on a terminé la loi (art. 13, al. 2) en disant : « Ces baux sont en outre régis, pour le surplus, par l'usage des lieux ».

Malgré les déclarations du législateur, il est essentiel de déterminer si, en principe, le métayage est soumis aux règles du bail ou à celles de la société, car il y a plusieurs questions que la loi nouvelle n'a pas tranchées. Nous citerons celles relatives aux droits d'enregistrement, et d'autres que nous indiquerons plus loin.

Il nous semble que la loi nous fournit sur ce point des indications précieuses. Elle se résume dans deux sortes de dispositions : les unes toutes spéciales au colonat partiaire, les autres empruntées au louage de choses. Aucune n'est empruntée au contrat de société, et les solutions données sur la garantie du bailleur, sur les réparations *locatives* sont inconciliables avec la société. Ajoutons que la loi prononce constamment les mots de *bail, bailleur, preneur, chose louée*.

Cette solution était, du reste, dominante avant la loi de 1889 (2) et elle se fondait sur des arguments sérieux. Aujour-

(1) L. 25, § 6, D., *loc. cond.*, 19. 2.

(2) Cass., 8 fév. 1875, S., 75. 1. 182, D., 75. 1. 169. — Nîmes, 14 août 1850, S., 50. 2. 477, D., 51. 2. 144. — Angers, 13 mai 1868, D., 71. 2. 176. — Pau, 5 avril 1884, S., 84. 2. 186, D., 86. 2. 1. — Riom, 19 nov. 1884, S., 85. 2. 125, D., 86. 2. 1. — Trib. civ. Chambéry, 23 avril 1884, D., 86. 2. 1.— Duvergier, II, n. 99 ; Aubry et Rau, IV, § 371, note 16 ; Laurent, XXV, n. 477 et 478 ; Colmet de Santerre, VII, n. 213 *bis* I et II ; Guillouard, II, n. 615 ; Planiol, *Rev. crit.*, XIX, 1890, p. 341. — Cpr. Rérolle, *Du colon. partiaire*, p. 255 et s (ce serait un contrat innommé). — *Contra*

d'hui elle n'est plus discutée (¹), quoique sur certains points les caractères spéciaux au bail à colonage puissent cependant conduire à des solutions contraires. Nous renvoyons aux développements qui concernent la sanction de l'erreur sur la personne.

L'ancien droit ne fournit aucun élément de solution de la question.

D'après Cujas (²) et d'autres auteurs (³), le métayage est une société, parce que les contractants se partagent les fruits.

D'après Favre (⁴) il a : « *sans être un bail, une affinité et une ressemblance considérables avec le bail beaucoup plutôt qu'avec la société* ».

D'autres auteurs lui reconnaissaient, au contraire, une sérieuse affinité avec la société (⁵).

L'argument décisif en notre sens, outre le parti que nous avons tiré de la loi de 1889, est que les art. 1763 et 1764, qui sont consacrés au colonage partiaire, sont placés au titre du louage et qu'ils emploient l'expression de « bail » et de « baux ».

On a formulé contre cet argument une objection. On a dit que le cheptel à moitié, lui aussi, est placé au titre du louage, quoique l'art. 1818 le qualifie formellement de *société*. L'objection est loin d'être sérieuse, car si l'art. 1818 a pris soin de décider que le cheptel est une société, c'est précisément parce qu'à défaut de cette indication l'art. 1818 aurait nécessairement conduit les interprètes à la solution contraire.

Limoges, 21 fév. 1839, S., 39. 2. 406. — Limoges, 6 juill. 1840, S., 41. 2. 167. — Agen, 7 fév. 1850, S., 50. 2. 108. — Bordeaux, 28 juin 1854, S., 55. 2. 21. — Grenoble, 20 mars 1863, S., 63. 2. 108. — Limoges, 18 mai 1887, sous Cass. civ., 21 oct. 1889, S., 89. 1. 453, D., 90. 1. 124. — Limoges, 26 juill. 1888, D., 90. 2. 91. — Duranton, XVII, n. 76; Troplong, II, n. 637 s ; Méplain, *Tr. du bail à portion de fruits*, n. 3 s.; Larombière, I, art. 1110, n. 15 et art. 1122, n. 32.

(¹) Cons. d'Et., 14 fév. 1891, D., 92. 3. 84. — Trib. civ. Gannat, 8 juill. 1892, *Rec. procéd.*, 94. 2. 21 (qui en conclut que le contrat ne peut être résilié pour mésintelligence entre les parties). — Guillouard, 4ᵉ éd., II, n. 633 *bis* et *Tr. du cont. de soc.*, n. 12; Planiol, *loc. cit.* — Cependant la cour de Limoges (30 avril 1894, S., 95. 2. 45, D., 95. 2. 293) a décidé que dans le Limousin et la Marche, le colonage partiaire est une société civile.

(²) Sur la loi 12, *de praescr.*

(³) Argou, liv. III, ch. XXVII, p. 285.

(⁴) Fabre, *Ad Pand.*, sur la loi 25, § 6, *loc. cond.*

(⁵) Guy Coquille, *Cout. de Nivernais*, p. 191 et *Quest.*, p. 261.

Du reste, le colonage partiaire a évidemment le même but que le bail, puisqu'il confère au preneur la jouissance d'une chose moyennant un prix variable et payable en nature.

Plusieurs de ses règles fondamentales sont inconciliables avec l'idée de société : ainsi les pertes de l'exploitation sont à la charge du fermier seul, alors que, dans la société l'art. 1855 déclare nulles les stipulations qui dispensent l'un des associés de contribuer aux pertes. En outre l'exécution des contrats que passe le colon partiaire ne peut être demandée qu'à lui seul. Or les actes passés par un associé engagent la société.

D'autres solutions auraient été inutiles à donner s'il s'était agi de société ; ainsi il aurait été superflu d'interdire au colon la cession de ses droits, car un associé ne peut se faire remplacer par un tiers.

On a à tort soutenu que le prix du bail doit nécessairement consister en argent; nous avons montré le contraire.

C'est également à tort qu'on a voulu trouver dans les travaux préparatoires la consécration de la doctrine contraire. Galli, dans l'exposé des motifs fait au corps législatif [1], et Mouricault, dans son rapport au Tribunat [2], disent bien que le bail à colonage partiaire est « *une espèce* de société » et le colon « *une sorte* d'associé », mais n'est-ce pas précisément reconnaître que la forme particulière de ce bail justifie un rapprochement avec la société, et rien de plus?

Nous n'attachons pas plus d'importance au changement introduit dans les art. 1767 et 1768, qui parlaient primitivement du « fermier d'un bien rural » et qui finalement ont embrassé « tout preneur » dans le but d'émettre une solution applicable au bail à colonage partiaire [3]. L'expression de « fermier d'un bien rural » aurait pu être interprétée dans le sens de *fermier moyennant un fermage payable en argent*, car c'est uniquement de ce fermier qu'il est, en principe, question dans la rubrique du *bail à ferme;* il est naturel que la loi ait voulu éviter cette interprétation.

[1] Fenet, XIV, p. 317.
[2] Fenet, XIV, p. 335.
[3] Fenet, XIV, p. 285.

La loi de 1889 a, il est vrai, et nous l'avons dit, évité de donner au colonage partiaire la qualification de louage ; mais la raison en est surtout, comme l'indiquent les travaux préparatoires, qu'on a voulu éviter de l'assujettir à la nécessité d'une déclaration de location verbale, par application de la loi du 23 août 1871.

1091. Il n'est, en tout cas, pas possible d'admettre une solution éclectique qui a été proposée (¹) et d'après laquelle le métayage serait un contrat *innommé*, auquel s'appliqueraient tantôt les règles du louage, tantôt celles de la société. Sans doute le métayage est un contrat, non pas innommé (car il est au contraire désigné par la loi, et il l'était déjà dans le code civil), mais spécial, et se distinguant de tous les autres ; les travaux préparatoires de la loi de 1889 le montrent. Mais il ne suffit pas qu'un contrat soit différent des autres pour qu'on lui applique les solutions empruntées à des contrats divers. Il faut rechercher quel est le contrat dont le métayage se rapproche le plus et lui appliquer les règles de ce contrat (²).

Il n'est pas davantage permis aux tribunaux de décider que, d'*après les usages de certaines contrées*, le métayage est une société (³).

1092. Le conseil d'Etat a tiré une conséquence intéressante de la distinction qu'il y a lieu d'établir entre le métayage et la société, en décidant que le bailleur à colonage n'est pas considéré comme un associé à l'exploitation soumis à la patente (⁴).

On en peut tirer une autre conséquence au sujet du point de savoir si le colon qui dispose du croît commet un abus de confiance.

D'autre part, le prix des fournitures faites au colon pour l'exploitation ne peut être demandé au bailleur (⁵).

(¹) Limoges, 26 août 1848, S., 49. 2. 321, D., 49. 2. 173. — Trib. civ. Moulins, 2 déc. 1886, *Mon. jud. Lyon*, 12 avril 1887. — Hérolle, *loc. cit.*

(²) Guillouard, II, n. 612.

(³) *Contra* Limoges, 30 avril 1894, S., 95. 2. 45, D., 95. 2. 293 (usages du Limousin et de la Marche).

(⁴) Cons. d'Etat, 14 fév. 1891, D., 92. 3. 84.

(⁵) Alger, 20 mars 1888, *Rev. algér.*, 92. 448.

La mésintelligence entre le propriétaire et le colon n'est pas une cause de résiliation du bail ([1]).

1093. La loi de 1889 ne s'applique pas aux contrats antérieurs à cette loi ([2]). Rien ne prouve, en effet, qu'elle ait un caractère rétroactif.

CHAPITRE XIX

DE QUELQUES BAUX SPÉCIAUX A DURÉE PERPÉTUELLE

SECTION PREMIÈRE

BAUX HÉRÉDITAIRES ET PERPÉTUELS. — EMPHYTHÉOSE

1894. A propos de la durée du bail, nous avons parlé des baux héréditaires et des baux perpétuels ([3]).

Quant à l'emphytéose, son étude rentre dans la théorie des biens ([4]).

SECTION II

BAIL A CONVENANT OU A DOMAINE CONGÉABLE

§ 1. *Historique et nature du bail à convenant.*

1095. Le bail à convenant ou à domaine congéable est un contrat portant bail d'un terrain et vente des *édifices et superfices* ou *droits réparatoires* (arbres, labours, ensemencements, constructions, etc.) de ce terrain avec la clause que le propriétaire du sol pourra mettre fin au bail et redevenir propriétaire des édifices et superfices en remboursant le prix de ces derniers. C'est cette dernière clause qui distingue le bail à convenant du contrat de superficie.

Le bailleur s'appelle foncier ou propriétaire foncier.

Le preneur s'appelle colon ou domanier.

([1]) Bordeaux, 9 mai 1890, *Rec. Bordeaux*, 90. 1. 446. — Trib. civ. Gannat, 8 juil. 1892, précité.

([2]) *Contra* Planiol, *Rev. crit.*, XIX, 1890, p. 343.

([3]) V. *supra*, n. 903 s.

([4]) V. Baudry-Lacantinerie et Chauveau, *Des biens*, n. 189.

Le prix des édifices et superfices payé par le domanier s'appelle deniers d'entrée.

Le *bail* ou la *baillée* est une convention assurant au domanier une période déterminée de jouissance, généralement neuf ans.

La manifestation de volonté du propriétaire de reprendre possession de la chose s'appelle congément.

La prolongation de la convention s'appelle baillée de renouvellement.

La cession par le foncier du droit de congédier le colon s'appelle baillée de congément.

Le prix du renouvellement ou de la cession s'appelle commissions ou nouveautés.

L'expertise pour évaluer les édifices et superfices s'appelle prisage et la seconde expertise s'appelle revue.

Les arbres destinés à être abattus et à faire de la planche, propres à *merrain*, comme on disait autrefois, s'appellent bois *fonciers*.

Les arbres dits *puinais*, sont les saulx, morsaulx, épines, sureaux, aulnes, genêts, genévriers, ronces, coudriers, houx et bouleaux, les bois taillis avec souches [1].

L'exponse, comme nous le verrons, est l'abandon par le domanier, dans le but d'éviter la tacite reconduction, des édifices et superfices.

1096. Dans l'ancien droit, le bail à convenant était régi par divers usages locaux ou usements, qui avaient été approuvés lors de la réforme des coutumes en 1580.

Le décret des 7 juin-6 août 1791 maintint le bail à convenant, en supprimant toutefois tous ceux des droits du foncier qui paraissaient avoir un caractère féodal et en accordant au domanier le droit, que jusqu'alors le propriétaire avait seul, de mettre fin au bail. Il sembla à l'assemblée constituante que, malgré la suppression des anciennes tenures, le bail à congément, ainsi devenu temporaire, n'avait pas d'inconvénients.

Le décret des 27 août-7 septembre 1792 le supprima,

[1] Baudoin, *Institutions convenancières*, n. 304; Aulanier, n. 298; Guillouard, II, n. 663.

comme étant empreint de féodalité, et déclara que les fermiers seraient propriétaires des fonds, mais à charge de payer au propriétaire la rente promise; cette rente fut elle-même supprimée par le décret du 29 floréal an II.

La loi du 9 brumaire an VI fait revivre pour l'avenir le décret de 1791.

Quoique le code civil ne parle pas du bail à convenant, on l'a toujours considéré comme valable ([1]), car il contient, comme nous le verrons, deux conventions reconnues par le code. Du reste, l'art. 9 de la loi du 23 avril 1831, qui détermine le cens nécessaire pour être électeur, reconnaît expressément la validité du bail à convenant, en déterminant dans quelles conditions le foncier et le domanier sont électeurs. Enfin est intervenue la loi du 8 février 1897, qui réglemente à nouveau le domaine congéable sur certains points, notamment en ce qui concerne le droit d'exponse, tout en maintenant la loi de 1791 en tant que la loi nouvelle ne lui est pas contraire (art. 13 de la loi de 1897). Ce sont donc aujourd'hui le décret de 1791 et la loi de 1897 qui règlent le domaine congéable.

1097. Le bail à convenant n'est guère aujourd'hui encore usité que dans les Côtes-du-Nord, le Finistère et le Morbihan ([2]).

Son utilité est de permettre à un propriétaire qui veut s'absenter de s'affranchir des frais d'entretien et surtout de provoquer les défrichements des terres incultes : le domanier jouit de la culture pendant la durée du bail, et il n'a pas à craindre un congé trop brusquement donné par le propriétaire, car ce dernier ne peut donner congé sans rembourser la plus value procurée à son fonds par le travail du domanier.

Cette utilité a disparu par suite de l'insertion, dans tous les baux à domaine congéable, d'une clause interdisant au preneur les améliorations ([3]); les propriétaires évitent ainsi la

([1]) Guillouard, II, n. 638; Baudry-Lacantinerie et de Loynes, *Tr. du nantis., des priv. et hyp.*, II, n. 935.

([2]) Le nombre des domaniers s'élèverait à plus de 20,000; Denisse, *op. cit. infra*, p. 168.

([3]) L. Denisse, *De la nullité d'une clause actuellement insérée dans les baux*

difficulté qu'à raison de l'obligation de trouver les fonds nécessaires au remboursement, ils rencontreraient à rentrer en possession de l'immeuble. En outre, les baux ne manquaient jamais de stipuler que le domanier renonce à son droit de congément, de sorte qu'il était entièrement laissé à la discrétion du propriétaire (1). Nous verrons que la loi de 1897 a fait disparaître cet inconvénient.

1098. La nature juridique du bail à convenant résulte de la définition que nous en avons donnée : c'est un bail de l'immeuble avec une vente des superfices (2). C'est par erreur qu'on y voit uniquement un bail (3), sous prétexte que le contrat ne peut être décomposé. Quelle raison juridique empêche cette décomposition et comment qualifier de bail la convention, en ce qui concerne les édifices que le domanier fait construire à ses frais, pour lesquels il ne paye rien au propriétaire et dont, à l'expiration de sa jouissance, le prix lui sera remboursé !

C'est également par erreur qu'on considère le bail à convenant comme une vente du sol faite moyennant une rente perpétuelle (4).

Les règles du bail doivent donc être appliquées au sol, les règles de la vente aux édifices et superfices. C'est à tort qu'on a prétendu que les règles du bail sont applicables à toute la convention. Le nom traditionnel du *bail* à convenant ne prouve rien; car s'il en résulte que le bail à convenant contient un bail, on ne peut en conclure qu'il ne contient pas autre chose.

Nous n'admettons pas davantage l'objection tirée de ce que l'art. 16 du décr. du 7 juin 1891 dispose que les conventions relatives au domaine congéable seront subordonnées aux lois

à domaine congéable en Bretagne, *Rev. crit.*, 1893, p. 166. — Convert, *Rapport sur les concours des prix culturaux dans le Morbihan*, Paris 1892, p. 11.

(1) Denisse, *op. cit.*, p. 168.

(2) Trib. civ. Saint-Brieuc, 26 juill. 1893, *Journ. de l'Enreg.*, n. 24610. — Garsonnet, *Histoire des locat. perpét.*, p. 394 s.; Guillouard, II, n. 642; Rivière, *Rev. crit.*, XXXV, 1869, p. 195.

(3) Denisse, *op. cit.*, p. 176 s.

(4) Aussi la cour de cassation a-t-elle exactement décidé que le fait du domanier ne peut constituer une servitude par destination du père de famille, le domanier n'étant pas propriétaire du sol. — Cass. civ., 8 mai 1895, D., 96. 1. 11.

générales établies ou à établir relativement aux baux à ferme. Cette disposition ne s'entend évidemment que des conventions relatives au *sol loué*, l'opinion contraire conduirait à l'absurde.

1099. Les conditions du bail à convenant dépendent surtout de la nature de cet acte et des conventions. Le décret de 1791 (art. 13) dit que les parties peuvent disposer comme elles l'entendront sur la durée du bail, la nature et la quotité des prestations, l'étendue des droits du domanier.

Les seules stipulations interdites sont celles qui seraient de la nature des droits féodaux supprimés par le décret du 7 août 1789 ou qui empêcheraient la cession du droit du domanier aux édifices et superfices (art. 2, 3 et 15) ou contiendraient renonciation à l'exponse.

Donc les usements anciens sont abrogés [1]. Mais cette abrogation signifie seulement que les usements ne doivent être consultés qu'à défaut de stipulation [2], qu'ils n'ont, en d'autres termes, aucun caractère d'ordre public, car l'art. 7 du décret décide que les droits des parties se règlent « d'après les stipulations portées aux baux ou baillées et, à défaut de stipulations, *d'après les usements*, tels qu'ils sont observés dans les lieux où les fonds sont situés ».

§ II. *Capacité en matière de bail à convenant.*

1100. On décide souvent que le bail à congément est un acte d'administration pour le bailleur [3]. C'est une erreur : car il contient vente des constructions existantes; c'est donc au premier chef un acte d'aliénation.

Au contraire, la cession du bail par le bailleur, quoiqu'elle emporte la cession du droit de congément, c'est-à-dire du droit de se rendre acquéreur d'immeubles, est un acte d'administration, car elle n'engage pas les capitaux du bailleur. Mais de la part du cessionnaire ce n'est pas un acte d'administration [4].

[1] Guillouard, II, n. 645.
[2] Guillouard, II, n. 645.
[3] Guillouard, II, n. 654.
[4] *Contra* Guillouard, II, n. 654; Aulanier, n. 171.

Enfin celui qui exerce le congément doit être capable d'acquérir (1).

1101. Le domanier qui demande, à la fin du bail, le remboursement des édifices et superfices doit avoir la capacité d'aliéner (2), car cette demande emporte aliénation.

On admet généralement que la capacité exigée est celle d'aliéner les immeubles (3), parce que les édifices et superfices consistent en immeubles. Il nous paraît plus juridique d'exiger simplement la capacité d'aliéner les meubles, car, dans les rapports entre le foncier et le domanier, les édifices et superfices sont des meubles.

§ III. *Forme du bail à convenant.*

1102. Le bail à convenant doit, suivant le décret du 7 juin 1791 (art. 14), être « rédigé par écrit ». Il résulte de ces expressions que l'écriture est exigée non pas seulement comme moyen de preuve, mais pour donner l'existence à l'acte. A défaut d'écrit, le bail est donc nul (4).

Il va sans dire que l'écrit peut être authentique aussi bien que sous seing privé (5).

§ IV. *Droits et obligations des parties.*

1103. Le propriétaire conserve la propriété des bois fonciers.

Il en est ainsi que ces bois croissent naturellement ou qu'ils soient plantés par le propriétaire ou le domanier (6).

Au contraire, les bois puinais appartiennent au colon (7).

Il en est de même des arbres fruitiers (8). Le décret de 1791 (art. 8) assimile aux arbres fruitiers les châtaigniers et noyers, sauf ceux qui sont plantés en avenues, masses ou bosquets.

(1) *Contra* Aulanier, n. 171; Guillouard, II, n. 654.
(2) Aulanier, n. 360 s.; Guillouard, II, n. 670.
(3) Aulanier, n. 360 s.; Guillouard, II, n. 670.
(4) Guillouard, II, n. 643.
(5) Aulanier, *Tr. du domaine congéable*, n. 17; Guillouard, II, n. 643.
(6) Baudoin, n. 51 s.; Aulanier, n. 43.
(7) Baudoin, n. 304; Aulanier, n. 298; Guillouard, II, n. 647 et 663.
(8) Baudoin, n. 304; Aulanier, n. 298; Guillouard, II, n. 648 et 663.

1104. Les obligations du domanier varient suivant qu'il s'agit du sol ou des édifices.

Pour le sol, le domanier est un simple fermier soumis à toutes les obligations du fermier [1].

Il doit jouir en bon père de famille [2] et ne peut épuiser les terres par la culture [3].

Il ne peut ouvrir des carrières [4] même pour exploiter les édifices [5].

Il ne peut défricher, en principe, comme nous le verrons. Il ne peut détruire les vignes, à moins que ce ne soit pour échapper au phylloxéra [6].

1105. Le domanier peut cultiver les terres [7], les engraisser [8], les ensemencer [9].

Il ne peut défricher les landes et les bois [10], car nous verrons qu'il ne peut rendre le congément plus onéreux; en vain dit-on que les défrichements augmenteront la valeur du sol; les améliorations n'augmentent-elles pas également la valeur des constructions?

De même il ne peut dessécher les marais [11].

Dans tous les cas le domanier ne peut laisser incultes les terres qu'il a défrichées [12].

1106. Le colon n'a que le droit d'émonder les arbres qui appartiennent au propriétaire [13].

Il ne peut pas même émonder les arbres plantés en avenues ou bosquets, ou les arbres plantés sur les clôtures et qui, d'après l'usage, ne peuvent être émondés [14].

(1) Baudoin, n. 251; Aulanier, n. 296; Guillouard, II, n. 657.
(2) C'est évidemment par inadvertance qu'on a permis au domanier « d'abandonner les terres sans culture ». — Guillouard, II, n. 665.
(3) Baudoin, *loc. cit.;* Aulanier, *loc. cit.;* Guillouard, II, n. 657.
(4) Baudoin, *loc. cit.;* Aulanier, *loc. cit.;* Guillouard, *loc. cit.*
(5) Baudoin, *loc. cit.;* Aulanier, *loc. cit.;* Guillouard, *loc. cit.*
(6) Comp. Trib. civ. Fontenay-le-Comte, 15 mars 1893, *Gaz. Pal.*, 94. 1. 252.
(7) Guillouard, II, n. 666.
(8) Guillouard, II, n. 666.
(9) Guillouard, II, n. 666.
(10) *Contra* Guillouard, II, n. 666.
(11) *Contra* Guillouard, II, n. 666.
(12) Baudoin, n. 251; Aulanier, n. 296; Guillouard, II, n. 657.
(13) Guillouard, II, n. 649.
(14) Guillouard, II, n. 649.

1107. Les édifices et superfices sont tous les travaux d'une espèce quelconque faits sur la chose louée [1].

Ils comprennent donc :

Les bâtiments construits sur l'immeuble [2];

Les aires à battre, les murs, les talus, les fossés, les barrières, les puits, les fontaines, les réservoirs d'eau pour laver ou pour rouir le lin, les chemins pratiqués pour le service particulier de la ferme [3];

Le premier défrichement des terres, les labours et engrais, le tissu des prairies, les canaux d'irrigation [4].

Ils comprennent aussi, comme nous l'avons vu, certains arbres.

1108. Sur les édifices et superfices, le domanier a le droit d'un propriétaire; il peut, comme nous le dirons, les aliéner ou les hypothéquer [5].

Il peut aussi laisser les édifices et superfices périr sans les réparer [6], à moins toutefois, comme nous l'avons vu, que le payement de la rente convenancière ne soit ainsi mis en danger.

Il a le droit de faire aux édifices et superfices toutes les améliorations qu'il juge utiles [7], à plus forte raison reconstruire les immeubles [8]ou les réparer [9].

Mais il ne peut rien faire qui rende le congément plus difficile à exercer, c'est-à-dire qui en augmente le prix [10].

Ainsi il ne peut ajouter des murs ou des bâtiments [11], agrandir les bâtiments existants [12].

Les édifices et superfices sont des immeubles par nature;

[1] Cpr. Guillouard, II, n. 663; Baudoin, n. 304; Aulanier, n. 298.
[2] Baudoin, *loc. cit.;* Aulanier, *loc. cit.;* Guillouard, *loc. cit.*
[3] Baudoin, *loc. cit.;* Aulanier, *loc. cit.;* Guillouard, *loc. cit.*
[4] Baudoin, *loc. cit.;* Aulanier, *loc. cit.;* Guillouard, *loc. cit.*
[5] Baudry-Lacantinerie et de Loynes, *Tr. du nantiss., des priv. et hyp.*, II, n. 935, et les autorités qu'ils citent.
[6] Baudoin, n. 247; Aulanier, n. 307; Guillouard, II, n. 665.
[7] Aulanier, n. 314 s.; Guillouard, II, n. 665.
[8] Aulanier, *loc. cit.;* Guillouard, *loc. cit.*
[9] Aulanier, *loc. cit.;* Guillouard, *loc. cit.*
[10] Aulanier, *loc. cit.;* Guillouard, *loc. cit.*
[11] Aulanier, *loc. cit.;* Guillouard, *loc. cit.*
[12] Aulanier, *loc. cit.;* Guillouard, *loc. cit.*

le domanier qui en est propriétaire doit donc être considéré comme propriétaire d'immeubles.

Cependant, tout en adoptant cette solution d'une manière générale, le décret du 7 juin 1791 (art. 9), la rejette dans les rapports entre le foncier et le domanier : « Dans toutes les successions directes ou collatérales qui s'ouvriront à l'avenir, les édifices et superfices des domaniers seront partagés comme immeubles. Il en sera de même pour le douaire des veuves des domaniers, pour les sociétés conjugales et pour tous les autres cas, *les édifices et superfices n'étant réputés meubles qu'à l'égard des propriétaires fonciers* ». Cette restriction est, du reste, impossible à justifier. Nous avons montré que les constructions élevées par le locataire sur le terrain loué sont des immeubles à tous les points de vue, même si le propriétaire du terrain devient propriétaire des constructions; il en devrait être de même à plus forte raison quand le propriétaire du terrain loué abandonne les constructions au locataire.

Quoi qu'il en soit, la distinction admise par la loi conduit aux solutions suivantes :

La vente des constructions faite au propriétaire foncier ne donne lieu qu'aux droits de mutation mobilière [1]. Faite en justice au profit du foncier, elle ne bénéficie pas de l'exemption d'impôt accordée par la loi du 23 octobre 1884 à certaines ventes judiciaires d'immeubles [2];

Faite à un tiers, elle donne lieu au droit de mutation immobilière, qu'elle provienne du domanier [3] ou du foncier rentré en possession [4].

Le domanier peut aliéner et hypothéquer les constructions [5]; mais nous verrons que l'aliénation et l'hypothèque sont résolubles.

1109. Le foncier a le droit d'abattre les arbres qui restent

[1] Guillouard, II, n. 642.
[2] Trib. civ. Quimper, 10 nov. 1891, *Rép. périod. de l'Enreg.*, 1892, n. 7899.
[3] Cass., 13 nov. 1826, S. chr. — Guillouard, II, n. 642.
[4] Cass., 28 fév. 1832, S., 32. 1. 264. — Guillouard, II, n. 642.
[5] Troplong, I, n. 61; Pont, *Tr. des priv. et hyp.*, I, n. 392; Guillouard, II, n. 664.

sa propriété, à condition d'indemniser le colon du dommage causé par leur abattage [1].

Ceux de ces arbres que le vent fait tomber appartiennent au propriétaire [2].

Il a le droit de remplacer ceux qu'il abat ou qui tombent [3].

Il a également le droit d'en planter de nouveaux, à condition de ne pas porter préjudice au domanier [4].

1110. Les modifications faites sans droit par le domanier peuvent être détruites sur la demande du propriétaire [5]. En effet, le domanier a manqué à une obligation de ne pas faire et le droit commun conduit à cette solution.

Mais le propriétaire peut, s'il le préfère, se contenter de demander des *lettres de non préjudice* [6], c'est-à-dire une reconnaissance écrite du domanier, constatant que les innovations n'étaient pas autorisées et qu'aucun remboursement ne sera exigé en ce qui les concerne.

Si le propriétaire garde pendant longtemps le silence au sujet des innovations, il est réputé les avoir acceptées et il doit les payer [7].

1111. La rente convenancière est un fermage augmenté d'une fraction de prix de vente, elle s'applique en effet tant au fermage de l'immeuble qu'à la vente des édifices et superfices existants.

Nous ne voyons donc pas pourquoi on a dit [8] que la rente convenancière est ordinairement plus faible que ne le serait un fermage, à cause des avances considérables que le domanier doit faire pour l'achat des édifices.

1112. Il peut être convenu que le domanier payera, en outre du prix, des redevances en denrées ou graines [9] ou des prestations en journées d'homme, ou de voitures ou de bêtes [10].

(1) Aulanier, n. 47 s.; Guillouard, II, n. 649.
(2) Aulanier, n. 47 s.; Guillouard, II, n. 649.
(3) Aulanier, n. 47 s.; Guillouard, II, n. 649.
(4) Aulanier, n. 47 s.; Guillouard, II, n. 649.
(5) Baudoin, n. 265; Aulanier, n. 323 s.; Guillouard, II, n. 667.
(6) Baudoin, *loc. cit.;* Aulanier, *loc. cit.;* Guillouard, *loc. cit.*
(7) Baudoin, *loc. cit.;* Aulanier, *loc. cit.;* Guillouard, *loc. cit.*
(8) Guillouard, II, n. 658.
(9) Guillouard, II, n. 659.
(10) Guillouard, II, n. 659.

Les prestations en journées ne s'arréragent pas; elles ne peuvent être exigées qu'en nature, à moins que la convention n'ait fixé un abonnement (déc. 1791, art. 4).

1113. En outre, le bailleur stipule généralement une *commission* ou *nouveauté* [1].

Cette somme fait partie du prix [2]; elle se rapproche du pot de vin stipulé en matière de bail. En effet, si elle était primitivement le prix de la promesse faite au colon qu'il ne serait pas renvoyé avant un délai déterminé, ce n'est pas là autre chose qu'un supplément de prix.

Nous déduirons de là un important effet en ce qui concerne la tacite reconduction.

1114. L'impôt foncier est, d'après l'art. 10 du décret de 1791, à la charge du domanier; mais ce texte l'autorise à imputer une part proportionnelle de l'impôt sur la rente qu'il paye au propriétaire.

1115. S'il y a plusieurs colons auxquels le bail a été consenti indivisément, chacun d'eux n'est tenu que pour sa part du prix et des autres prestations; car il n'y a pas de solidarité entre eux.

Il devrait en être de même pour les divers héritiers du preneur.

Mais l'art. 3 du décret de 1791 décide qu'ils sont solidairement responsables du paiement des redevances.

1116. Conformément aux principes, la rente convenancière et les redevances en denrées devraient être payées au domicile du débiteur, c'est-à-dire du domaine.

Aucun texte n'a dérogé à cette règle pour la rente ellemême.

Mais, en ce qui concerne les prestations en grains et denrées, le domanier doit les porter au lieu indiqué par le pro-

(1) Rennes, 21 nov. 1889, S., 92. 2. 35, D., 90. 2. 120. — Rennes, 6 fév. 1893, S., 95. 2. 130, D., 93. 2. 129. — Aulanier, n. 141; de Villeneuve, *Du domaine congéable*, n. 3; Baudoin, *Institutions convenancières*, p. 1118; Garsonnet, *op. cit.*, p. 395.

(2) Rennes, 21 nov. 1889, précité. — Aulanier, *loc. cit.* — *Contra* Rennes, 6 fév. 1893, précité. — Rennes, 28 juin 1888, *Droit*, 12 août 1888. — V. en ce dernier sens Proposition Guieysse, *Journ. off. Doc. parl.*, 1891, p. 1529. *Rapp. somm. du même, Ibid.*, p. 2967.

priétaire foncier jusqu'à trois lieues de distance de la tenue (décr. 1791, art. 5).

1117. Les arrérages de la rente convenancière sont prescriptibles par 5 ans [1], conformément à l'art. 2277.

Dans l'ancien droit ils ne se prescrivaient que par 30 ans.

1118. Les édifices et superfices servent de garantie au paiement de la rente ; si donc le domanier les laisse dans un tel état que le paiement de la rente ne soit pas suffisamment garanti, le domanier peut être inquiété [2].

1119. D'après les art. 24 et 25 du décr. de 1791, si le domanier ne paie pas la rente convenancière ou les redevances et prestations dont il est tenu, le propriétaire foncier peut faire saisir les meubles, grains et denrées qui lui appartiennent, et cela en vertu de son bail, s'il est en la forme authentique ; mais il devra suivre des formes prescrites par le code de procédure pour la vente des meubles.

Il pourra même faire saisir et vendre, en cas d'insuffisance du mobilier, les édifices et superfices, mais alors le bail, même exécutoire, n'est plus suffisant, et il lui faut un jugement de condamnation ou de résiliation du bail.

L'art. 26 du décr. de 1791 permet au domanier, pour échapper à la vente des meubles, de *faire exponse,* c'est-à-dire d'abandonner au bailleur les édifices et superficies.

Dans l'ancien droit, l'abandon ne libérait le colon que des intérêts à échoir, aujourd'hui il le libère même des intérêts échus [3].

Le droit d'abandon est d'ordre public [4] ; les parties ne pourront donc décider qu'il ne sera pas possible.

§ V. *Durée du bail à convenant.*

1120. A défaut d'une convention, la durée du bail à convenant est fixée par l'usage [5]. Après ce délai, le bail conti-

(1) Guillouard, II, n. 658.
(2) Baudoin, n. 247 ; Aulanier, n. 307 ; Guillouard, II, n. 665.
(3) Guillouard, II, n. 661.
(4) Aulanier, n. 334 et 342 ; Guillouard, II, n. 661.
(5) Guillouard, II, n. 650 et 651 ; Rivière, *op. cit.*, p. 169.

nue, mais avec la faculté pour le bailleur d'y mettre fin [1]; le délai fixe, appelé *baillée d'assurance*, n'est que le temps pendant lequel le preneur est assuré de ne pas être congédié [2].

L'usage est généralement que le congément ne peut être donné avant neuf ans de jouissance [3]. C'est l'objet d'une convention appelée baillée.

L'art. 22 du décret porte que le congément ne peut être donné que pour la Saint-Michel, à quelque époque que la jouissance ait commencé.

S'il y a plusieurs propriétaires, ils doivent s'entendre au sujet du congément, car il ne peut être exercé que pour le tout [4].

Le congément peut être exercé soit par le bailleur, soit par un cessionnaire.

Le congément a pour effet de résoudre l'aliénation ou l'hypothèque des superfices, consenties par le domanier [5].

1121. Le congément n'est pas d'ordre public; le bailleur peut donc y renoncer [6]. Cela était admis dans l'ancien droit.

On a objecté à tort l'art. 16 du décret de 1791, qui subordonne les conventions des parties aux lois générales établies dans l'intérêt de l'agriculture relativement aux baux à ferme, car, si le bail ne peut être perpétuel, le bail à convenant, en ce qui concerne les édifices, n'est pas, comme nous l'avons vu, un bail. Seulement nous ne voyons pas pourquoi certains auteurs [7], tout en approuvant cette solution, prétendent que les règles du bail sont toutes applicables au bail à convenant; il y à là une évidente erreur. Encore moins peut-

[1] Rennes, 28 juin 1888, *Droit*, 22 août 1888.

[2] Rivière, *loc. cit.*

[3] Argentré, *Des lods et ventes*, cité par Merlin, *Rép.*, v° *Baillée;* Aulanier, n. 160; Guillouard, II, n. 651; Rivière, *loc. cit.*

[4] Guillouard, II, n. 654.

[5] Troplong, I, n. 61; Pont, *Tr. des priv. et hyp.*, I, n. 392; Guillouard, II, n. 664.

[6] Cass., 26 nov. 1829, S. chr. — Cass., 5 mars 1851, S., 51. 1. 250, D. *Rép.*, v° *Louage à domaine congéable*, n. 330. — Duvergier, I, n. 230; Troplong, I, n. 61; Guillouard, II, n. 650. — *Contra* L. Denisse, *op. cit.*, p. 172 s.

[7] Guillouard, II, n. 650.

on baser sur l'art. 13 de la loi de 1891, qui autorise les contractants à faire relativement à la durée des baux, les conventions qu'ils jugent convenables. Mais en vain essaye-t-on de montrer que la perpétuité est interdite non seulement dans les baux, mais dans tous les contrats obligeant une personne à une redevance envers une autre; aucun texte ne donne cette solution, sauf les décrets des 11 août 1789 et 18-29 décembre 1790, qui, en effet, interdisent « toutes les rentes foncières perpétuelles quelle que soit leur origine ». Mais le texte qui autorise le bail à convenant est postérieur et il a été entendu que ce bail restait valable malgré la suppression des rentes perpétuelles et, en conséquence, par dérogation à cette suppression. Du reste, en fût-il autrement que notre solution ne serait pas moins exacte; car la renonciation au congément fait du bail à domaine congéable une vente de la superficie.

La renonciation peut avoir lieu même d'avance [1].

1122. Le propriétaire ne peut rentrer en possession qu'après avoir remboursé le prix des édifices et superfices.

Nous verrons que, si le colon reste en jouissance faute de payement de ce prix, une tacite reconduction s'opère.

Ce prix peut être fixé par la convention de bail [2]; cela n'a rien d'illicite.

S'il n'est pas fixé par le bail, une expertise, appelée prisage, doit être provoquée six mois avant l'expiration du bail et doit être terminée lors de l'expiration (décr. 7 juin 1891, art. 21).

Les experts sont choisis par les parties ou nommés par le juge de paix du lieu, sauf aux parties à se pourvoir en cas de contestation devant le tribunal (art. 17).

A la suite du prisage, chacune des parties peut demander la revue (art. 18).

L'estimation des édifices et superfices a lieu d'après leur *vraie valeur* à l'époque de l'estimation qui en sera faite (art. 19).

[1] Cass., 5 mars 1851, précité.
[2] Aulanier, n. 235; Guillouard, II, n. 654.

En ce qui concerne les édifices et superfices établis en dehors de la convention, il y a lieu d'appliquer l'art. 3 de la loi du 8 fév. 1897, qui règle leur sort en cas d'exponse; le 2e alinéa de cet article dit : « *La présente disposition sera » applicable au cas de congément comme au cas d'exponse* ».

1123. La convention fixe librement la partie qui payera les frais de la prisée (art. 18).

A défaut de convention, les frais incombent au bailleur [1]. D'abord le prisage est fait dans son intérêt, ensuite le propriétaire joue le rôle d'acquéreur et on sait que, d'après les principes, les frais d'expertise destinés à établir le prix de la vente sont à la charge de l'acquéreur. Enfin c'était la solution admise dans l'ancien droit, et l'art. 18 du décret la donne expressément pour les baux à convenant antérieurs à sa promulgation.

Quant aux frais de la revue, ils sont, d'après l'art. 18, à la charge de la partie qui l'a demandée.

Si, en cas de demande en remboursement, le prix de la prisée n'est pas payé au domanier, ce dernier peut vendre les édifices et superfices et, en cas d'insuffisance, le fonds (décr. 1791, art. 23). Mais le bailleur peut empêcher la vente en abandonnant au colon la propriété du fonds et la rente convenancière (même art.).

1124. La renonciation faite par le domanier au droit d'exiger le remboursement en cas de congément exercé par le propriétaire est-elle valable?

Elle l'est certainement si elle est temporaire [2], car elle se réduit alors à un consentement à prolongation du bail.

Mais elle ne l'est pas moins si elle est perpétuelle [3]. On a à tort fondé cette opinion sur l'art. 13 du décret qui accorde aux parties toute liberté au sujet du bail à convenant, car cette liberté est restreinte par les solutions admises en matière de bail. La véritable raison de décider est que la renonciation au remboursement n'est pas autre chose que le retour

(1) Guillouard, II, n. 654.

(2) Guillouard, II, n. 669.

(3) Rennes, 10 août 1835, D. *Rép.*, vo *Louage à domaine congéable*, n. 33. — Guillouard, II, n. 669. — *Contra* Aulanier, n. 356 s.; L. Denisse, *op. cit.*, p. 172 s.

au droit commun : le domanier propriétaire des superfices ne devrait pas pouvoir obliger le bailleur à acquérir cette propriété; s'il renonce au remboursement, il rend seulement définitive sa propriété.

On a objecté que cette solution revient à rendre perpétuelle la rente convenancière, contrairement à l'art. 530. C'est une erreur, car la rente est en majeure partie le fermage du bail et ce bail n'est pas perpétuel.

D'autres objections ont été faites, identiques à celle que nous avons réfutées en parlant de la renonciation du propriétaire.

1125. Dans l'ancien droit, le domanier n'avait pas le droit de remboursement; mais, s'il voulait échapper à la tacite reconduction, il devait faire *exponse,* c'est-à-dire abandonner sans indemnité ses édifices et superfices.

L'art. 11 du décret de 1791 a voulu remédier aux inconvénients que cette situation présentait pour le colon qui exploite lui-même en lui permettant de se retirer à l'expiration des baillées, moyennant le remboursement des édifices et superfices.

Mais le décret n'ayant pas prohibé la renonciation du colon à son droit de remboursement et cette renonciation devenant de style, la loi de 1897 dispose : « *Tout domanier » exploitant par lui-même une tenue à domaine congéable, » s'il a renoncé au droit de provoquer le congément, aura le » droit de faire exponse dans les formes et aux époques pres- » crites pour le congément et sous les conditions établies ci- » après* (art. 1er).

» *Le domanier qui fait exponse reçoit du foncier une in- » demnité égale à la plus-value procurée à l'immeuble par » l'existence des édifices et superfices* (art. 2).

» *Cette plus-value est constatée et déterminée par des ex- » perts nommés et fonctionnant dans les mêmes conditions » que pour le congément. — Les experts estimeront la valeur » vénale de l'immeuble recouvert, puis supposé dépouillé de » ses édifices et superfices, la différence entre les deux esti- » mations constituera la plus-value, sous réserve de la dispo- » sition édictée par l'art. 4 ci-après. — Le chiffre de cette » plus-value ne pourra jamais être supérieur à la valeur des*

» *droits édificiers telle qu'elle serait fixée en cas de congé-* » *ment* (art. 3). — *Les édifices et superfices qui auraient été* » *établis en dehors des titres et conventions n'entraîneront* » *pas un compte dans les estimations; le domanier aura le* » *choix soit de les enlever, soit de les abandonner, sans qu'il* » *y ait lieu à indemnité de part ni d'autre; le foncier pourra* » *toujours les retenir en remboursant la valeur des matériaux* » *et de la main d'œuvre* (art. 4).

» *Le foncier aura, pour solder sans intérêts au domanier* » *l'indemnité de plus-value, un délai de six mois à partir du* » *29 septembre, date de sa rentrée en jouissance. — Les édi-* » *fices et superfices et, en cas d'insuffisance, le fonds seront* » *affectés par privilège à la garantie de la créance du doma-* » *nier. Faute de paiement du terme ci-dessus fixé, le doma-* » *nier pourra exercer les droits établis par l'art. 23 de la loi* » *du 6 août 1791 pour le cas de congément* (art. 5).

» *Le procès-verbal d'estimation devra être notifié avant le* » *29 septembre, sous peine de nullité de l'instance; un délai* » *n'excédant pas un mois pourra être accordé par le juge de* » *paix pour le procès-verbal d'ensouchement* (art. 6).

» *Le foncier retient par compensation sur l'indemnité de* » *plus-value et l'ensouchement toute créance qu'il peut avoir* » *contre le domanier à raison du bail du domaine congéable* » (art. 7).

» *Les frais de l'exponse sont à la charge du domanier* » (art. 8).

» *Est nulle de plein droit et réputée non écrite, toute clause* » *par laquelle le domanier renoncerait à perpétuité ou pour* » *une période plus longue que la durée totale du bail au droit* » *d'exponse tel qu'il est réglementé par la présente loi* (art. 9).

» *Avant toute désignation d'experts, le foncier aura la* » *faculté de faire ajourner la demande d'exponse en concé-* » *dant pour dix ans au moins une baillée dont la redevance* » *et la commission seront fixées par voie d'expertise. — A* » *l'expiration de cette baillée, le domanier aura le droit d'exi-* » *ger qu'il soit donné suite à sa demande d'exponse, sans* » *autre mise en demeure qu'un avertissement par lettre* » *recommandée. L'exponse pourra être encore ajournée si le*

» *foncier concède à nouveau des baillées successives dont la* » *redevance et la commission seront à nouveau fixées par* » *experts* ».

1126. « *En cas de congément, d'exponse ou de vente sur* » *bannies, les créanciers hypothécaires du domanier auront* » *un droit de préférence sur les sommes attribuées à ce der-* » *nier, d'après le rang de leurs inscriptions, sans aucun pré-* » *judice des droits du foncier. — Sera nul tout paiement* » *effectué par le foncier à l'encontre de ce droit de préfé-* » *rence. — Le congément, l'exponse et la vente sur bannies* » *rendront exigibles les créances hypothécaires consenties par* » *le domanier sur ses droits convenanciers* » (art. **11**).

§ VI. *De la tacite reconduction.*

1127. Si le preneur reste après le congément en jouissance, faute de paiement du prix des édifices et superfices, ou après la fin du bail, il s'opère une tacite reconduction, d'après le décret du 7 juin 1891 (art. 14).

Ce décret fixe la durée de la tacite reconduction à deux ou trois ans suivant l'usage adopté dans le pays pour l'exploitation des terres.

Les parties peuvent aussi faire une *baillée de renouvellement* ou *d'assurance;* elle doit être rédigée par écrit comme le bail primitif (décret 1891, art. 14).

1128. Comme en matière de bail, le prix de la tacite reconduction est le prix primitif [1].

On se demandait s'il fallait y ajouter le montant de la commission ou nouveauté; comme elle constitue un supplément de prix, l'affirmative semblait devoir être admise [2]. Mais la loi du 8 fév. 1897, qui est faite au profit du domanier, dispose, dans son art. 12, qu' « *en cas de tacite reconduction, aucun* » *prorata de la commission payée à l'occasion de la dernière* » *baillée, ne pourra s'ajouter à la rente convenancière telle* » *que celle-ci résulte du texte de ladite baillée* ».

[1] Rennes, 21 nov. 1889, S., 92. 2. 35, D., 90. 2. 120.

[2] Rennes, 21 nov. 1889, précité. — *Contra* Rennes, 28 juin 1888, *Droit*, 22 août 1888. — Rennes, 6 fév. 1893, S., 95. 2. 130, D., 93. 2. 129.

SECTION III

BAIL A COMPLANT

1129. Le bail à complant est encore assez usité dans le ressort de l'ancienne coutume du Poitou et de la Rochelle (1).

Dans les anciens textes, il prenait le nom de *medium plantum* (2).

Dans le ressort de l'ancien comté de Nantes, il s'appelle *bail à devoir, de tiers ou de quart.*

Son but est de favoriser la culture de la vigne (3).

1130. Dans l'ancien droit le bail à complant revêtait deux formes différentes : il était ou temporaire et révocable, ou perpétuel et irrévocable.

Dans le premier cas, il n'était autre chose qu'un bail fait à charge de construire et, par conséquent, le complantaire n'avait qu'un droit personnel (4).

Les caractères du bail à complant perpétuel variaient suivant les régions.

Dans le ressort de la coutume de la Rochelle, le complantaire devenait propriétaire de l'immeuble (5).

Dans le pays nantais, le bailleur restait propriétaire (6), quoique le preneur eût un droit réel sur l'immeuble (7).

1131. Les lois abolitives de la féodalité n'ont atteint le bail à complant que dans le cas où il est entaché de féodalité (8).

1132. Le bail à complant est un contrat par lequel le bail-

(1) V. Lefort, *Note Pand. franç.*, 96. 1. 161 et les autorités qu'il cite.

(2) Surville, *Note*, S., 94. 2. 201.

(3) Surville, *loc. cit.*

(4) Garsonnet, *op. cit.*, p. 393; Baudry-Lacantinerie et de Loynes, *op. cit.*, II, n. 937.

(5) Cass. civ., 10 oct. 1808, S. chr., D., *Rép.*, v° *Propriété féodale*, n. 227. — Valin, *Cout. de la Rochelle*, sur l'art. 6; Merlin, *Rép.*, v° *Vignes*, § 2; Garsonnet, *op. cit.*, p. 423.

(6) Avis cons. d'Etat, 4 therm. an VIII, D. *Rép.*, v° *Louage à complant et à champart*, n. 4. — Cass. civ., 7 août 1837, S., 37. 1. 864, D. *Rép.*, v° *Louage à complant et à champart*, n. 4.

(7) Cass. civ., 9 mars 1870, S., 70. 1. 196, D., 70. 1. 279.

(8) Surville, *loc. cit.*

leur cède au fermier ou colon un terrain, à la charge de le planter ou, s'il est implanté, d'en continuer la culture, d'y entretenir une exploitation déterminée, de partager les fruits dans des proportions également déterminées [1].

1133. Le bail à complant est un bail véritable [2], puisque, comme nous le verrons, le complanteur est tenu en vertu d'une action personnelle et quoiqu'il puisse délaisser l'immeuble comme il lui plaît.

1134. Les obligations respectives du bailleur et du colon sont réglées comme dans le bail ordinaire [3], car nous allons voir que le bail à complant ne confère, comme le bail ordinaire, que des droits personnels et non des droits réels; les auteurs qui décident le contraire partent de l'idée erronée que le bail à complant confère des droits réels.

On invoque encore en ce dernier sens la jurisprudence d'après laquelle le bailleur n'a pas d'action possessoire contre le complantaire, par la raison que la redevance due n'est pas un droit réel; c'est notre solution, au contraire, qu'adopte implicitement cette jurisprudence.

Le bailleur reste tenu de l'impôt foncier, en vertu d'une tradition constante [4].

Le complanteur est tenu en vertu d'une action personnelle et non pas comme tiers détenteur [5]. L'ancienne coutume du Poitou, dont on objecte les termes, ne dit pas le contraire, elle permet simplement au bailleur de reprendre l'immeuble en cas de mauvaise culture [6], ce qui est son droit dans tout bail.

[1] Le colon se voit attribuer suivant les cas, la moitié, les deux tiers, etc... de la récolte en raison; on dit que la vigne est *à devoir* de moitié, du tiers, etc..., en un mot de la part laissée au propriétaire.

[2] Poitiers, 19 fév. 1894, S., 94. 2. 201, D., 94. 2. 383. — V. aussi Trib. civ. Nantes, 4 déc. 1893, S., 94. 2. 315 (c'est un contrat d'une nature particulière). — *Contra* Cass. req., 11 fév. 1896, S., 97. 1. 10, D., 96. 1. 239 (pour la Vendée).

[3] Cass. req., 11 fév. 1896, S., 97. 1. 10, D., 96. 1. 239. — Poitiers, 19 fév. 1894, précité. — *Contra* Poitiers, 18 avril 1806 sous Cass., 10 oct. 1808, S. chr. — Merlin, *Rép.*, v° *Vignes*, § 2; Troplong, I, n. 59; Surville, *loc. cit.*

[4] Poitiers, 19 fév. 1894, S., 94. 2. 201, D., 94. 2. 383. — Trib. civ. Nantes, 4 déc. 1893, précité.

[5] Poitiers, 19 fév. 1894, précité. — *Contra* Trib. civ. La Roche-sur-Yon, 27 juil. 1893, sous Poitiers, 19 fév. 1894, S., 94. 2. 201, D., 94. 2. 383. — Surville, *loc. cit.*

[6] « Si aucun détenteur tient de son seigneur de fief, vignes qui sont tenues à

Aussi le bailleur n'a-t-il pas d'action possessoire contre le complantaire (¹).

Réciproquement ce n'est pas un droit réel que le preneur a sur la chose (²).

A plus forte raison n'est-ce pas un droit de propriété (³). On tire à tort argument en sens contraire, pour le cas au moins où le bail est perpétuel, du droit qu'a le complantaire de céder son bail malgré le bailleur; car on ne réfléchit pas suffisamment, d'une part que c'est également là le droit d'un preneur ordinaire, d'autre part qu'il n'y a aucun rapport entre cette faculté de cession et le caractère réel du droit d'un complantaire, puisqu'un créancier, tout autant qu'un propriétaire, peut céder son droit.

C'est également à tort qu'on objecte le droit de délaissement accordé au complantaire; c'est là un droit qui existe dans les baux à durée illimitée, dans les sociétés perpétuelles, en un mot dans tous les contrats pour lesquels il n'a pas été établi de terme final.

En tout cas, dans le ressort de l'ancien comté nantais, le bailleur garde son droit de propriété (⁴). Cela a été reconnu par un avis interprétatif du conseil d'Etat ayant force de loi (⁵). Mais un autre avis du 13 messidor an X, malgré la demande de bailleurs du Maine-et-Loire et de la Vendée, refusa d'étendre cette solution à ces deux départements.

complant, et elles sont demeurées à tailler et de serpe jusqu'aux fruits, ledit seigneur les peut de son autorité prendre, et les fruits d'icelles, sans y appeler le détenteur, et icelles vignes tenir à son domaine, et les bailler qu'il soit de faire » (art. 61).

(¹) Cass., 16 ou 26 janv. 1826, S. chr., D. *Rép.*, *Action possessoire*, n. 38. — Cass., 29 juil. 1828, S. chr., D. *Rép.*, v° *cit.*, n. 503. — Cass., 9 août 1831, S., 31. 1. 387, D. *Rép.*, v° *cit.*, n. 538. — Cass., 11 fév. 1833, S., 33. 1. 183.

(²) Duvergier, I, n. 189; Hérold, *Rev. prat.*, III, 1857, p. 364 s. — *Contra* Trib. civ. La Roche-sur-Yon, 27 juil. 1893, précité.

(³) Poitiers, 19 fév. 1894, précité. — Duvergier, I, n. 189; Hérold, *Rev. prat.*, III, 1857, p. 364. — Cpr. Trib. civ. Fontenay-le-Comte, 20 déc. 1867, sous Cass., 9 mars 1870, S., 70. 1. 196, D., 70. 1. 279. — *Contra* Cass. civ., 16 ou 26 janv. 1826, S. chr., D. *Rép.*, v° *Action possessoire*, n 38. — Cass. civ., 29 juil. 1828, S. chr., D. *Rép.*, *verb. cit.*, n. 503. — Cass. civ., 9 août 1831, S., 31. 1. 387, D. *Rép.*, *eod. verb.*, n. 538. — Merlin, *Rép.*, v° *Vignes*, § 2; Troplong, I, n. 59; Bourbeau, *De la justice de paix*, n. 124; Surville, *loc. cit.*; Rivière, *op. cit.*, p. 200.

(⁴) Cass., 7 août 1837, S., 37. 1. 864. — Trib. com. Nantes, 4 déc. 1893, précité.

(⁵) Arr. cons. d'Etat, 4 therm. an VIII.

Le bailleur a donc seul le droit d'hypothéquer ([1]).

1135. C'est au bailleur qu'incombe le soin d'entretenir les chemins d'exploitation ([2]).

Le bailleur, en revanche, a droit à tous les produits autres que ceux de la vigne ([3]).

1136. Le complanteur peut céder son droit librement et même si le bailleur s'y oppose ([4]).

Mais le preneur ne peut changer le mode de culture ([5]).

1137. Le preneur est tenu de payer au bailleur une redevance annuelle qu'on appelle *complanterie* ([6]).

1138. Le bail à complant est perpétuel et dure tant que la vigne dure elle-même ([7]), à moins de clause contraire ([8]).

1139. La perte de la chose met fin au bail ([9]).

Par suite, en cas de destruction des vignes par le phylloxéra (en admettant que ce soit une cause de cessation d'un bail), le bailleur peut exiger la restitution de la chose sans que le colon ait le droit de la garder jusqu'au moment où il l'aura replantée ([10]), ni même en la replantant immédiatement ([11]).

Il en est ainsi même dans le cas très usuel où le terrain a été livré nu au complantaire à charge de le planter en vignes ([12]). Nous avons justifié cette solution en parlant du bail.

1140. Le complantaire peut délaisser la chose quand cela lui convient ([13]). C'est déjà ce que lui permettait l'art. 59 de

([1]) Trib. com. Nantes, 4 déc. 1893, précité.
([2]) Trib. com. Nantes, 4 déc. 1893, précité.
([3]) Trib. com. Nantes, 4 déc. 1893, précité (arbres et haies).
([4]) Trib. civ. La Roche-sur-Yon, 27 juill. 1893, précité.
([5]) Denisart, v° *Complant*, n. 2 et 3.
([6]) Troplong, I, n. 59.
([7]) Poitiers, 19 fév. 1894, précité. — Trib. civ. Nantes, 4 déc. 1893, précité (motifs) (qui cite des jugements du même Trib., 16 juill. 1846, 2 mars 1892 et 20 mars 1893 et Poullain-Duparc). — Sibille, *Usages locaux*, p. 302.
([8]) Surville, *loc. cit.*
([9]) Cass. req., 11 fév. 1896, précité. — Poitiers, 19 fév. 1894, précité.
([10]) Cass. req., 11 fév. 1896, précité. — Poitiers, 19 fév. 1894, précité. — Trib. civ. Nantes, 4 déc. 1893, précité.
([11]) Trib. civ. Nantes, 6 déc. 1893, précité (motifs).
([12]) Poitiers, 19 fév. 1894 (impl.). — *Contra* Surville, *loc. cit.*
([13]) Trib. civ. La Roche-sur-Yon, 27 juil. 1893, précité. — Surville, *loc. cit.*

la coutume du Poitou « en laissant les choses en valeur et en état suffisant ».

1141. Le preneur peut racheter le bail à complant de même que tout débiteur de rentes foncières peut en opérer le rachat [1].

Dans l'ancien comté nantais, le complantaire ne peut forcer le bailleur au rachat ; cela résulte expressément d'un avis interprétatif, ayant force de loi, rendu par le Conseil d'Etat, le 4 thermidor an VIII.

1142. A supposer que le complantaire ait un droit personnel, il peut agir en garantie contre le bailleur dans les mêmes cas que tout autre preneur [2].

SECTION IV

BAIL A RENTE PERPÉTUELLE

1143. Le bail à rente perpétuelle n'est autre chose qu'une concession perpétuelle d'un immeuble moyennant une rente également perpétuelle, il consiste donc dans la constitution d'une rente foncière perpétuelle.

SECTION V

CHAMPART

1144. Le champart est le transport de la propriété ou de la jouissance d'un fonds moyennant une redevance en nature prise sur les fruits et récoltes [3]. On l'appelait encore, suivant les provinces, *agrier* [4], *terrage* (Flandre et Lorraine),

[1] V. L. 15-28 mars 1790, tit. 3. — L. 18-29 déc. 1790, tit. 5, art. 3. — Surville, *loc. cit.*

[2] Cass. req., 11 février 1896, S., 97. 1. 10, D., 96. 1. 239 (en Vendée, le preneur, ayant un droit personnel, peut recourir contre le bailleur en cas de perte fortuite, par exemple en cas de destruction des vignes par le phylloxéra).

[3] Rivière, *Rev. crit.*, XXXV, 1869, p. 193.

[4] Sur le blé (Cout. de la Marche, art. 331. Cout. de Saint-Jean-d'Angély, art. 21. Cout. de Bordeaux, art. 86, 102 et 103).

percière [1], *cartible* [2], *quart ou cinquain,* ou même *complant* (ce dernier nom était usité dans les coutumes du Maine, d'Anjou, de Saint-Jean-d'Angély) [3].

En principe, le preneur devenait propriétaire et le bailleur n'avait qu'un droit réel sur l'immeuble [4]. Mais, il arrivait aussi que le preneur était un simple fermier [5].

La loi des 18-29 décembre 1790 considère le champart comme une vente ; le champartier peut donc aliéner et hypothéquer l'immeuble [6]. La redevance due par lui n'est pas susceptible d'hypothèque [7].

Il en est de même de la redevance due en matière de terrage en Flandre [8] et de percière en Auvergne [9].

SECTION VI

BAIL A COLONAGE PERPÉTUEL OU A MÉTAIRIE PERPÉTUELLE

1145. Ce bail est encore usité dans les anciennes limites de la Marche et du Limousin.

Le bailleur y conserve la propriété de ses biens et le preneur n'acquiert aucun droit réel [10], et on en conclut que le

[1] En Auvergne, Chabrol, *Cout. d'Auvergne*, III, p. 23 ; Grenier, *Comment. sur l'Edit de 1771*, 2e éd., p. 128 ; Rivière, *op. cit.*, p. 196.

[2] Dans le Forez.

[3] Rivière, *loc. cit.*, p. 193 et 196.

[4] Cout. d'Amiens, art. 196. — Henrion, *Dissertations féodales*, v° *Champart*, §§ 1 et 5 ; Rivière, *op. cit.*, p. 198. — V. cep. Chabrol, *op. cit.*, III, p. 69 (le seigneur serait copropriétaire).

[5] Pothier, *Tr. des champarts*, art. 2, § 1 ; Rivière, *op. cit.*, p. 198.

[6] Baudry-Lacantinerie et de Loynes, *Tr. du nantiss., des priv. et hypp.*, II, n. 936.

[7] Baudry-Lacantinerie et de Loynes, *loc. cit.*

[8] Cass. civ., 28 juin 1854, S., 54. 1. 465, D., 54. 1. 220. — Baudry-Lacantinerie et de Loynes, *loc. cit.*

[9] Cass. civ., 27 janvier 1868 (2 arrêts) et 10 mars 1868 (2 arrêts), S., 68. 1. 105, D., 68. 1. 200. — Baudry-Lacantinerie et de Loynes, *loc. cit.*

[10] Cass. req., 14 germinal an IX, D. *Rép.*, v° *Louage à colon. perpétuel*, n. 4.— Cass. civ., 11 août 1840, S., 40. 1. 673, D. *Rép.*, *verb. cit.*, n. 4. — Cass. civ., 30 mars 1842, S., 42. 1. 617, D. *Rép.*, *verb. cit.*, n. 4. — Cass. req., 23 déc. 1862, S., 63. 1. 96, D., 63. 1. 173. — Limoges, 9 fév. 1839, S., 40. 1. 673 (en note). — Bastia, 26 nov. 1861, S., 62. 2. 173. — Duvergier, I, n 200 ; Troplong, I, n. 56 ; Championnière et Rigaud, *Tr. des dr. d'enreg.*, IV, n. 3062 ; Baudry-Lacantinerie

bail n'est pas devenu rachetable par l'effet de la loi des 18-27 déc. 1890 ([1]).

SECTION VII

BAIL A LOCATAIRERIE PERPÉTUELLE. BAIL A CULTURE PERPÉTUELLE

1146. Le bail à locatairerie perpétuelle était surtout usité dans le Midi.

Dans le ressort du parlement de Toulouse, le bailleur conservait la propriété des biens affermés ([2]). Il en était autrement en Provence ([3]).

L'art. 2 de la loi des 18-29 déc. 1790 a déclaré rachetables les redevances dues par les preneurs, et a, par conséquent, admis le caractère perpétuel du bail ; on reconnaît aujourd'hui qu'il transfère au preneur le domaine utile ([4]) et que la propriété pleine n'existera à son profit que s'il exerce le rachat ([5]). Cependant certains auteurs pensent qu'il faut, comme dans l'ancien droit, distinguer entre les régions ([6]).

Au sujet des baux à culture perpétuelle, le décret du 2 prairial an II contient une solution semblable à celle qui précède.

1147. On considère le bail à locatairerie perpétuelle comme une vente ([7]), conférant le privilège du vendeur ([8]).

et de Loynes, *op. cit.*, II, n. 938; Rivière, *op. cit.*, p. 194 et 200. — V. cep. Cass., 2 mars 1835, S., 35. 2. 394, qui paraît confondre le bail à métairie perpétuelle avec le bail à locatairerie perpétuelle.

([1]) Mêmes arrêts et auteurs.

([2]) Arrêt du parlement de Toulouse du 14 août 1705. — Boutaric, *Inst.*, liv. III, tit. XXV, § 3 et *Tr. des dr. seigneuriaux*, ch. XIV, n. 1; Fonmaur, *Tr. des lods et ventes*, n. 536; Rivière, *op. cit.*, p. 200.

([3]) Julien, *Statuts de Provence*, p. 269 ; Rivière, *op. cit.*, p. 200.

([4]) Cass. civ., 7 ventôse an XIII, S. chr. — Cass. civ., 30 mars 1808, D. *Rép.*, v° *Enreg.*, n. 3148. — Cass. civ., 5 oct. 1808, S. chr., D. *Rép.*, v° *Enreg.*, n. 3057. — Cass. civ., 29 juin 1883, S. chr., D. *Rép.*, v° *Propr. féodale*, n. 207. — Nîmes, 25 mai 1852, S., 52. 2. 529, D., 55. 2. 262. — Agen, 1er juil. 1859, S., 60. 2. 316. — Agen, 24 mai 1876, D., 79. 5. 265. — Merlin, *Quest.*, v° *Locatairerie perpétuelle*, § 1; Duvergier, I, n. 195 ; Demolombe, IX, n. 505; Aubry et Rau, II, p. 449, § 224.

([5]) Nîmes, 25 nov. 1895, D., 96. 2. 388, qui en conclut que l'art. 7 de la loi du 23 mars 1855 n'est pas applicable.

([6]) Rivière, p. 200.

([7]) Trib. civ. Mende, 19 déc. 1894, *Gaz. Trib.*, 9 janv. 1895.

([8]) Trib. civ. Mende, 19 déc. 1894, précité.

CHAPITRE XX

COMPÉTENCE EN MATIÈRE DE BAIL

SECTION PREMIÈRE

COMPÉTENCE « RATIONE MATERIÆ »

§ I. *Compétence des tribunaux administratifs.*

1148. Les difficultés nées d'un bail domanial sont de la compétence des tribunaux civils et non pas des tribunaux administratifs, car il s'agit d'un contrat du droit commun [1].

La loi du 15 avril 1829 (art. 4) attribue, par application de cette solution, compétence aux tribunaux civils pour « l'interprétation et l'exécution des baux et adjudications en matière de pêche ».

Il en est de même pour un bail communal [2].

Le bail fait à l'Etat est également de la compétence des tribunaux civils [3].

Cependant, d'après l'art. 9 du décret du 17 mai 1809, la juridiction administrative a la connaissance des contestations entre les communes et les fermiers des octrois sur le sens des baux [4].

[1] Trib. conflits, 24 mai 1884, *Journ. de l'Enreg.*, n. 23781. — Trib. conflits, 29 nov. 1884, S., 86. 3. 41. — Trib. conflits, 21 mars 1891 (et non 1892), S., 93. 3. 41. — Cons. d'Etat, 26 oct. 1888, D., 89. 3. 119 (concession du service d'un bac). — Cons. d'Etat, 13 juin 1890, S., 92. 3. 113 (chasse). — Cass. req., 23 juin 1887, S., 88. 1. 358. — Cass. civ., 18 fév. 1895, D., 95. 1. 168. — Lyon, 12 nov. 1886, S., 87. 2. 20. — Laferrière, *Tr. de la jurid. admin.*, I, p. 536; Féraud-Giraud, *Rapport* sous Cass., 23 juin 1887, précité, S., 88, 1. 358. — Et cela même s'il s'agit de troubles causés par l'Etat comme puissance publique. Cass. req., 23 juin 1887, précité (impl.). — Féraud-Giraud, *loc. cit.* — V. *infra*, n. 1151.

[2] Cons. d'Etat, 29 janv. 1892, S., 93. 3. 152. — Cons. d'Etat, 26 déc. 1885, S., 87. 3. 40. — Cons. d'Etat, 8 juin 1888, *Journ. dr. adm.*, 88. 464. — Grenoble, 24 juin 1887, *Rec. Grenoble*, 87. 248.

[3] Limoges, 12 mars 1890, D., 91. 2. 350.

[4] Cette compétence doit être écartée sur les autres questions, par exemple celle de la légalité d'un arrêté pris par le maire, et qui diminue les recettes de l'octroi. Cons. d'Etat, 17 avril 1891, *Loi*, 23 avril 1891.

On applique ce texte aux baux des droits de place dans les halles, foires et marchés [1].

Le droit commun reprend son empire si le conflit relatif à ces baux spéciaux concerne non pas leur sens, mais un autre objet, comme leur exécution [2].

En vertu d'une autre exception, l'arrêt consulaire du 3 floréal an VIII dispose, pour les baux d'établissements thermaux appartenant à l'Etat : « à défaut de payement du prix du bail ou d'exécution des clauses y contenues, le bail pourra être résilié par le conseil de préfecture ».

1149. L'action dirigée par le preneur contre l'administration pour les dommages causés par l'exécution des travaux publics doit être portée, conformément à la loi du 28 pluviôse an VIII, devant les tribunaux administratifs [3].

1150. Les questions relatives à la responsabilité du propriétaire pour les contributions du locataire sont de la compétence du conseil de préfecture [4].

1151. La compétence en matière de bail appartient aux tribunaux ordinaires, même si l'action dirigée par le preneur contre le bailleur dérive du trouble causé par un acte administratif [5], ou si le preneur forme une action en résiliation à la suite d'une expropriation pour cause d'utilité publique [6] ; car, non seulement c'est l'interprétation des textes et des principes du droit civil qui est en jeu, mais le procès s'engage entre particuliers.

Il en est ainsi même si le bailleur appelle l'autorité administrative en garantie ; le recours en garantie seul sera jugé par les tribunaux administratifs [7].

[1] Cons. d'Etat, 8 avril 1852, S., 52. 2. 471, D., 53. 3. 1. — Cons. d'Etat, 2 déc. 1858, S., 59. 2. 392, D., 59. 3. 38. — Cons. préf. Tarn, 15 mars 1887, *Mém. des percept.*, 87. 386. — Trib. civ. Dreux, 1er déc. 1891, *Gaz. Pal.*, 92. 1. 22.

[2] Grenoble, 24 juin 1887, *Rec. Grenoble*, 87. 248.

[3] Paris, 1er déc. 1864, S., 65. 2. 136. — Guillouard, I, n. 155.

[4] Cons. d'Etat, 9 juill. 1886, S., 88. 3. 24. — Cons. d'Etat, 26 janv. 1889, S., 91. 3. 7.

[5] Cass. req., 23 juin 1887, précité. — Paris, 15 juill. 1857, S., 57. 2. 500. — Paris, 24 nov. 1858, S., 59. 2. 343. — Paris, 11 janvier 1866, S., 66. 2. 150. — Guillouard, I, n. 155.

[6] Cass., 15 août 1859, S., 60. 1. 453. — Guillouard, I, n. 155.

[7] Cons. d'Etat, 10 avril 1872, S., 73. 2. 30. — Guillouard, I, n. 155.

1152. La clause qui attribuerait aux tribunaux administratifs la connaissance des difficutés relatives aux baux des biens domaniaux serait nulle [1].

1153. Lorsque le bail se rattache comme accessoire à un contrat dont l'interprétation appartient aux tribunaux administratifs, les difficultés qu'il soulève sont également de la compétence de ces tribunaux [2].

§ II. *Compétence des tribunaux répressifs.*

1154. Il va sans dire que, les obligations du preneur et du bailleur étant fondées sur un contrat, les actions engagées entre eux ne peuvent être portées devant les tribunaux répressifs que si elles concernent un fait prévu par la loi criminelle.

Le preneur qui se prétend lésé par l'exercice du droit de chasse réservé au bailleur ou cédé à un tiers, doit donc agir devant les tribunaux civils; il ne peut agir devant les tribunaux de l'ordre criminel [3].

Toutefois le preneur peut agir devant le tribunal correctionnel, accessoirement à l'action publique intentée contre le bailleur pour délit de chasse, si le dommage causé constitue un élément ou une circonstance aggravante au délit [4]; en ce cas le dommage aux récoltes se confond avec le délit.

1155. L'action intentée par le preneur contre les tiers qui font subir à la chose louée un trouble de fait peut être intentée devant les tribunaux répressifs, accessoirement à l'action du ministère public, si l'auteur du trouble a commis un crime ou un délit réprimé par la loi pénale [5].

Dans le cas contraire, le preneur agira devant les tribunaux civils [6].

S'il s'agit d'un préjudice causé aux champs, fruits ou ré-

[1] Cons. d'Etat, 5 juin 1813; 18 octobre 1833; 25 avril 1834; 19 fév. 1868.
[2] Cons. d'Etat, 29 nov. 1851, Perriquet, *Des contrats de l'Etat*, n. 211.
[3] Guillouard, I, n. 286.
[4] Cass., 5 avril 1866, S., 66. 1. 402. — Guillouard, I, n. 286.
[5] Guillouard, I, n. 161.
[6] Guillouard, I, n. 161.

coltes, la compétence appartient au juge de paix ([1]), conformément à l'art. 5, n. 1 de la loi du 25 mai 1838.

L'action en réintégrande est également intentée devant le juge de paix (C. proc., art. 23).

§ III. *Compétence des tribunaux de commerce.*

1156. La location d'immeubles n'a jamais ni pour le bailleur, ni pour le preneur le caractère commercial, soit quand elle est faite avec intention d'occuper l'immeuble ([2]), soit quand elle est faite avec intention de le sous-louer ([3]) ou d'y exercer un commerce ([4]). La jurisprudence, en effet, et la majorité des auteurs n'admettent pas que les opérations relatives aux immeubles puissent constituer des actes de commerce. Il résulte de là que le tribunal de commerce n'est pas compétent pour statuer sur les difficultés relatives aux baux d'immeubles.

Toutefois, lorsque la cession d'un bail ou un sous-bail fait partie de la cession d'un fonds de commerce, les difficultés nées du bail entre les parties sont du ressort des tribunaux de commerce ([5]); car on admet, en vertu de la théorie de

([1]) Cass., 9 déc. 1817, S. chr. (rendu par interprétation de la loi des 16-24 août 1790, dont la loi de 1838 a reproduit les termes). — Guillouard, I, n. 161.

([2]) Aix, 27 déc. 1855, D., 56. 2. 208. — Paris, 13 juil. 1861, D., 61. 5. 9. — Alger, 29 juil. 1889, *Gaz. Pal.*, 90. 1. 125. — Rouen, 16 juin 1892, *Gaz. Pal.*, 93. 1. 2e p., 42 (donc le bailleur ne peut provoquer la faillite du preneur). — Garsonnet, *Rev. crit.*, XXXV, 1869, p. 350, n. 17. — Décidé que les difficultés entre un preneur et l'agence de publicité à laquelle il a concédé le droit d'affichage sur le mur loué sont du ressort du tribunal civil. — Trib. com. Marseille, 24 mars 1891, *Rec. de Marseille*, 91. 1. 126.

([3]) *Contra* Garsonnet, *loc. cit.*

([4]) Bordeaux, 2 juil. 1847, S., 48. 2. 247. — Amiens, 5 août 1890, *Rec. Amiens*, 90. 2. 40. — Alger, 10 janv. 1895, *Rev. algér.*, 95. 149. — Trib. com. Havre, 16 fév. 1887, *Rec. Havre*, 87. 159. — Trib. com. Marseille, 16 mai 1892, *Rec. Marseille*, 92. 1. 223. — Trib. com. Seine, 13 oct. 1893, *Journ. Trib. com.*, 95. 68. — Trib. com. Nantes, 12 mai et 21 nov. 1894, *Rec. Nantes*, 95. 1. 112. — Gand, 24 juin 1896, *Pasicr.*, 96. 2. 97. — Lyon-Caen et Renault, *Tr. de dr. com.*, I, n. 121 et 172. — *Contra* Paris, 12 janv. 1856, D., 56. 2. 83. — Rennes, 7 mai 1889, *Rec. Nantes*, 90. 1. 222. — Garsonnet, *loc. cit.*

([5]) Cass. req., 29 janv. 1883, S., 85. 1. 482. — Cass. req., 21 mars 1892, S., 93. 1. 229 (bail d'un établissement thermal avec théâtre, casino et cercle). — Trib. com. Marseille, 20 mai 1890, *Rec. de Marseille*, 90. 1. 262. — Trib. com. Nantes,

l'accessoire, que le bail d'immeubles devient commercial quand il se rattache à une vente ou à toute opération commerciale.

1157. D'autre part le tribunal de commerce est seul compétent pour les actions fondées sur l'art. 450 C. com., par exemple pour la demande en dommages-intérêts formée contre le syndic qui a opté pour la résiliation du bail [1].

1158. Quant au bail de meubles, il est commercial et le tribunal de commerce est compétent pour en connaître, s'il est fait dans un but de spéculation commerciale [2] et vis-à-vis de la partie qui fait cette spéculation.

§ IV. *Compétence des juges de paix et des tribunaux civils.*

1159. Les développements précédents ont eu pour objet de montrer dans quels cas la juridiction civile est compétente pour statuer sur les difficultés résultant des baux. Il reste à délimiter les attributions respectives des deux juridictions de cette nature, à savoir des tribunaux civils et des juges de paix.

En règle générale, le juge de paix est compétent, dans les actions dérivant du bail comme dans toutes les actions personnelles, jusqu'à 100 fr. en dernier ressort et jusqu'à 200 fr., à charge d'appel devant le tribunal civil [3]. Au delà de ce dernier chiffre, la compétence appartient au tribunal civil. Cette compétence se règle d'après le chiffre de la demande [4].

Il en est ainsi pour les actions relatives aux dégradations

12 mai et 21 nov. 1894, précités. — Trib. civ. Termonde (Belgique), 30 sept. 1893, *Gaz. Pal.*, 93. 2, *Suppl.* 24. — V. cep. Alger, 16 janv. 1895, *Mon. jud. Lyon*, 24 juin 1895.

[1] Trib. civ. Périgueux, 5 août 1887, *Journ. des faill.*, 87. 444.

[2] Rennes, 1er mai 1877, S., 78. 2. 326 (grues pour décharger des pierres). — Dijon, 6 juill. 1888, *Gaz. Trib.*, 24 oct. 1888 (location d'une machine à battre dans un but de spéculation). — Paris, 9 mai 1893, D., 93. 2. 337 (location d'une machine destinée aux travaux publics). — Rennes, 26 fév. 1895, *Rec. Nantes*, 95. 1. 70 (bail d'une cabane formée de matériaux mobiles pour servir de café concert). — Nancy, 22 fév. 1896, D., 96. 2. 351 (manège de vélocipède). — Lyon-Caen et Renault, *op. cit.*, I, n. 121 et 171.

[3] V. aussi *supra*, n. 1155.

[4] C'est, pensons-nous, par inadvertance que M. Valéry (*Ann. dr. comm.*, IX, 1895, p. 37, n. 14, note 1) dit que, pour déterminer la compétence du juge de paix, il y a lieu de rechercher le chiffre total du loyer pendant toute la durée du bail.

dont la réparation ne rentre pas dans les réparations locatives [1],

pour les actions en restitution de choses détournées par le preneur [2],

pour les actions relatives aux baux de meubles [3].

Le juge de paix n'a de même aucune compétence, au delà des limites ordinaires de sa compétence, en cas de jouissance sans droit, c'est-à-dire sans convention de bail; il ne peut notamment ordonner l'expulsion de l'occupant [4].

Pour la même raison, il ne peut ordonner l'expulsion du preneur d'une maison de tolérance [5], puisque, d'après la jurisprudence, le bail est inexistant.

1160. La loi du 25 mai 1838 (art. 3) donne au juge de paix compétence sur certaines actions relatives aux baux « lorsque les locations verbales ou par écrit n'excèdent pas annuellement 400 fr. ».

Elle indique dans les termes suivants la manière de fixer le prix du bail. « Si le prix principal consiste en denrées ou prestations en nature appréciable d'après les mercuriales, l'évaluation sera faite sur celles du jour de l'échéance lorsqu'il s'agira de fermages. Dans tous les autres cas, elle aura lieu suivant les mercuriales du mois qui aura précédé la demande. Si le prix principal du bail consiste en prestations non appréciables d'après les mercuriales, ou s'il s'agit de baux à colons partiaires, le juge de paix déterminera la compétence en prenant pour base du revenu de la propriété le principal de la contribution foncière de l'année courante multiplié par cinq ».

Pour fixer le chiffre du loyer, qui détermine la compétence ou l'incompétence du juge de paix, il ne faut pas ajouter au

[1] Trib. civ. Rouen, 10 mai 1892, *Gaz. Pal.*, 92. 2. 70. — Trib. civ. Seine, 6 juil. 1893, *Gaz. Pal.*, 94. 1. 145.

[2] Trib. civ. Seine, 6 juil. 1893, précité.

[3] Trib. paix Paris, 15 juin 1887, *Mon. jud. Lyon*, 6 octobre 1887.

[4] Chambéry, 15 déc. 1885, S., 92. 2. 249 (sous note). — Tissier, *Note*, S., 92. 2. 249. — Décidé qu'il a compétence si l'indemnité de jouissance fixée par lui ne dépasse pas les limites ordinaires de sa compétence. Trib. civ. Blaye, 3 avril 1889, *Rec. Bordeaux*, 89. 2. 65. — V. *infra*, n. 1161.

[5] Trib. civ. Châlons sur-Marne, 12 nov. 1889, *Loi*, 25 nov. 1889.

prix du bail les charges qui, de plein droit, incombent au locataire, même si le bail les lui impose expressément. Tels sont l'impôt des portes et fenêtres [1], la taxe de balayage si l'on décide qu'elle est de plein droit à la charge du preneur [2], les sommes que le preneur peut être tenu de payer au propriétaire pour les eaux [3], l'éclairage [4]; on décide de même pour les gages du concierge [5].

Mais il faut ajouter les denrées et autres prestations que le bail impose au preneur [6]. Elles constituent en effet un supplément du prix du bail; quelques auteurs [7] n'admettent cette solution que pour l'hypothèse, très exceptionnelle, où les charges sont d'une valeur supérieure au prix du bail : la loi, disent-ils, n'écarte la compétence du juge de paix que si *le prix principal* consiste en prestations en nature supérieure

[1] Orléans, 23 mars 1892, S., 93. 2. 257, D., 93. 2. 262. — Riom, 11 avril 1895, *Mon. jud. Lyon*, 17 juil. 1895. — Trib. paix Paris, 30 mai 1895, *Loi* 8 juil. 1895. — Foucher, *Comm. de la loi du 25 mai 1838*, n. 236; Guillouard, *Tr. prat de la comp. des juges de paix*, n. 207; Bourbeau, *De la just de paix*, n. 233; Leconte, *Tr. de la compét. des juges de paix*, n. 14; Carré, *Compét. jud. des juges de paix*, I, n. 232; Bioche, *Dict. des juges de paix*, v° *Compét. des trib. de paix*, n. 290; Rousseau et Laisney, *Dict. de proc.*, v° *Compét. des trib. de paix*, n. 234.

[2] Orléans, 23 mars 1892, précité, donne cette solution, mais sans entrer dans l'examen de la question à laquelle nous la rattachons, par le seul motif qu'il s'agit d'un « accessoire habituel des baux et de très faible importance ».

[3] Bioche, *Dict. des juges de paix*, v° *cit.*, n. 217.

[4] Benech, *Compét. des juges de paix*, I, p. 158; Allain et Carré, *Manuel des juges de paix*, II, n. 1374; Poux-Lagier et Pialat sur Curasson, *Tr. de la compét. des juges de paix*, I, p. 385, note *a*; Rousseau et Laisney, *loc. cit.* — *Contra* Trib. civ., Lyon, 5 mai 1888, *Mon. jud. Lyon*, 16 juil. 1888, précité.

[5] Benech, *loc. cit.*; Allain et Carré, *loc. cit.*; Poux-Lagier et Pialat, *loc. cit.*; Rousseau et Laisney, *loc. cit.* — *Contra* Trib. civ. Lyon, 5 mai 1888, précité.

[6] Foucher, *Comment de la loi du 25 mai 1838*, n. 236; Deffaux, *Comment. de la loi sur la just. de paix*, p. 73; Benech, *Compét. des juges de paix*, I, p. 159; Guilbon, *Tr. prat. de la compét. civ. des juges de paix*, n. 207; Bourbeau, *De la just de paix*, n. 133; Jay, *Tr. de la compét. gén. des juges de paix*, n. 217; Allain et Carré, *Manuel des juges de paix*, II, n. 1374; Carré, *Compét. jud. des juges de paix*, I, n. 233; Poux-Lagier et Pialat sur Curasson, *Tr. de la compét. des juges de paix*, 4e éd., n. 249, p. 384 et 385, note *a*; Jay, *Dict. des just. de paix*, v° *Louage*, n. 5; Bioche, *Dict. des juges de paix*, v° *Comp. des trib. de paix*, n. 289; Bioche, *Dict. de proc.*, *eod. v°*, n. 226; Rousseau et Laisney, v° *Compét. des trib. de paix*, n. 324.

[7] Brossard, *Tr. de la jurid. des juges de paix*, p. 441; Vaudoré, *Le dr. civ. usuel*, III, v° *Loyers et fermages*, n. 34; Curasson, *Tr. de la compét. des juges de paix*, 4e éd., I, n. 249.

à 400 fr. Cette argumentation est sans aucune valeur : car le passage auquel ces auteurs font allusion vise l'hypothèse où le prix consiste en denrées et autres prestations; du reste, le terme de *prix principal* s'explique si l'on songe que la loi n'a voulu tenir aucun compte, comme nous l'avons vu, de *certaines* prestations accessoires. Il faut ajouter que l'opinion à laquelle nous venons de faire allusion ne trouve, en raison, aucune justification.

De même, il faut ajouter le pot-de-vin ou denier à Dieu, qui, quoique payable d'avance, fait partie du prix [1] et dont le montant doit, pour déterminer le prix du bail, être réparti sur les diverses années.

Il faut également tenir compte de l'impôt foncier imposé au locataire, car il n'en est pas tenu de plein droit [2]. En vain dit-on que la loi ne s'inquiète que du prix principal. Nous avons déjà dit ce qu'il faut, à notre avis, entendre par là ; l'opinion contraire est, du reste, fort singulière, car, en réalité, l'impôt foncier imposé au preneur constitue un supplément de prix.

Nous admettons la même solution, quoique l'opinion générale soit en sens contraire, pour ce qu'on appelle vulgairement les *faisances*, c'est-à-dire les charrois, faibles prestations en denrées, etc... qui sont imposées au fermier [3].

1161. L'art. 3 de la loi du 25 mai 1838 porte que « les juges de paix connaissent sans appel jusqu'à la valeur de

[1] Bost, *Encycl. des juges de paix*, v° *Bail à ferme*, n. 3. — *Contra* Benech, *op. cit.*, I, p. 158 ; Guilbon, *op. cit.*, n. 207 ; Foucher, *op. cit.*, n. 136 ; Jay, *Compét. des juges de paix*, n. 217 et *Dict. des just. de paix*, v° *Louage*, n. 5 ; Allain et Carré, *op. cit.*, n. 1374 ; Poux-Lagier et Pialat, sur Curasson, *loc. cit.* ; Bioche, *Dict. des juges de paix*, v° *cit.*, n. 287 et *Dict. de procéd.*, v° *cit.*, n. 224. — D'autres auteurs ne tiennent compte que du pot de vin égal au moins à un an de loyer ; Leconte, *loc. cit.* ; Carré, *op. cit.*, n. 233.

[2] Guilbon, *op. cit.*, n. 207 ; Bioche, *Dict. des juges de paix*, v° *cit.*, n. 290. — *Contra* Foucher, *loc. cit.* ; Bourbeau, *loc. cit.* ; Carré, *op. cit.*, n. 223 ; Leconte, *loc. cit.* ; Poux-Lagier et Pialat, *loc. cit.*

[3] Deffaux, *op. cit.*, p. 72 ; Foucher, *op. cit.*, n. 136. — *Contra* Benech, *op. cit.* ; Guilbon, *op. cit.* ; Bourbeau, *op. cit.* ; Jay, *Comp. des juges de paix*, *loc. cit.*, et *Dict. des juges de paix*, v° *Louage*, n. 5 ; Allain et Carré, *loc. cit.* ; Carré, *loc. cit.* ; Poux-Lagier et Pialat, *loc. cit.* ; Carou, *Jurid. civ. des juges de paix*, I, n. 171 ; Leconte, *loc. cit.* ; Bost, *loc. cit.* ; Bioche, *Dict. des juges de paix*, v° *cit.*, n. 288 et *Dict. de proc.*, v° *cit.*, n. 225 ; Rousseau et Laisney, *loc. cit.*

100 fr. et à charge d'appel à quelque valeur que la demande puisse s'élever, ... des demandes en résiliation de baux fondées sur le seul défaut de payement des loyers ou fermages; le tout lorsque les locations verbales ou par écrit n'excèdent pas annuellement 400 fr. ».

Il résulte expressément de là que la demande en résiliation pour toute autre cause ne peut être portée devant le juge de paix, quelque modique que soit le prix de la location (1).

Il en est ainsi de la demande en résiliation fondée sur ce que le mobilier qui garnit la chose louée n'est pas suffisant (2), ou sur l'art. 684 C. pr. civ.) (3), ou sur la convention (4), ou sur la déconfiture du preneur (5), ou à la fois sur le défaut de payement des loyers et sur d'autres causes (6).

Parmi les demandes au sujet desquelles le juge de paix est compétent, figurent encore les actions en « paiement de loyers » (7).

Le juge de paix cesse d'être compétent sur ces demandes si elles nécessitent l'interprétation du contrat (8) et, à plus

(1) Foucher, *Comment. de la loi du 25 mai 1838*, n. 130 s.; Bourbeau, *De la just. de paix*, n. 157; Carou, *Jurid. des juges de paix*, n. 191; Allain et Carré, *Manuel des juges de paix*, II, n. 1400; Jay, *Compét. des juges de paix*, n. 244, et *Dict. des just. de paix*, v° *Louage*, n. 34; Deffaux, *Comment. de la loi sur les just. de paix*, p. 69; Curasson, *Tr. de la compét. des juges de paix*, 4e édit., I, n. 303; Leconte, *Tr. de la compét. des just. de paix*, n. 14; Carré, *Compét. jud. des juges de paix*, I, n. 259; Bost, *Encycl. des juges de paix*, v° *Bail à ferme*, n. 20; Bioche, *Dict. des juges de paix*, v° *Compét. des trib. de paix*, n. 253; Bioche, *Dict. de proc.*, v° *Compét. des trib. de paix*, n. 193; Rousseau et Laisney, v° *Compét. des trib. de paix*, n. 363; Garsonnet, *Tr. de proc.*, I, p. 668, § 157, note 25.

(2) Bordeaux, 11 juil. 1861, D., 63. 5. 79. — Orléans, 23 mars 1892, S., 93. 2. 257, D., 93. 2. 262. — Foucher, *loc. cit.*; Leconte, *loc. cit.*; Bioche, *Dict. des juges de paix*, v° *cit.*, n. 255, et *Dict. de procéd.*, v° *cit.*, n. 194; Rousseau et Laisney, v° *cit.*, n. 364; Curasson, *loc. cit.*; Garsonnet, *loc. cit.* — V. cep. Bost, *loc. cit.*

(3) Trib. paix Limonest, 26 avril 1894, *Mon. jud. paix*, 95. 12.

(4) Trib. civ. Bazas, 4 déc. 1894, *Rec. Bordeaux*, 95. 25.

(5) Trib. paix Chartres, 10 nov. 1894, *Mon. just. paix*, 95. 63.

(6) Trib. paix Paris (11e arrond.), 3 sept. 1890, *Gaz. Pal.*, 90. 2. 444.

(7) Jugé que l'action en remboursement de l'impôt des portes et fenêtres rentre dans cette catégorie. — Riom, 14 avril 1894, S., 96. 2. 313. — V. aussi Cass., 23 mars 1869 (motifs), S., 69. 1. 241, D., 70. 1. 104.

(8) Par exemple, le locataire assigné en paiement de l'impôt des portes et fenêtres soutient que son bail ne lui impose pas ce paiement. — Cass. req., 23 mars 1869, S., 69. 1. 241, D., 70. 1. 104. — Même solution pour les frais de vidange. — Trib. civ. Seine, 28 janv. 1891, *Gaz. Pal.*, 91. 1. 745.

forte raison, si le preneur, pour échapper au paiement des loyers, prétend être propriétaire de l'immeuble [1].

On ne peut considérer comme une demande de ce genre la demande en paiement d'une indemnité d'occupation, s'il n'est pas intervenu entre les deux parties un contrat de location; le juge de paix n'est donc compétent que dans les limites ordinaires [2].

Enfin le juge de paix est compétent, dans les limites fixées par l'art. 3 de la loi de 1838, sur « les demandes en validité de congé » [3].

Il l'est, par conséquent, sur les objections qui, en cas de congé dans un bail à durée illimitée, consistent à prétendre que le bail est, en réalité, à durée limitée [4].

Peu importe que le fond du droit soit contesté [5].

1162. Lorsque le bail excède 400 fr., le juge de paix n'a même plus sa compétence ordinaire dans les actions visées par l'art. 3 de la loi de 1838; il cesse, en d'autres termes, d'être compétent même si la demande n'excède pas 200 fr. [6].

[1] Cass. civ., 1er déc. 1890, S., 91. 1. 116. — Trib. civ. Calvi, 8 fév. 1892, sous Cass. req., 29 oct. 1894, S., 96. 1. 219. — Curasson, *Compét. des juges de paix*, I, n. 268; Carré, *Compét. jud. des juges de paix*, I, n. 218.

[2] Trib. paix Paris, 29 juill. 1891, *Gaz. Trib.*, 21 août 1891. — V. *supra*, n. 1159.

[3] Trib. civ. Marseille, 12 août 1887, *Rec. d'Aix*, 1888, p. 159. — Trib. civ. Cognac, 15 juin 1891, *Rec de Bordeaux*, 93. 3. 1.

[4] Trib. civ. Cognac, 15 juin 1891, précité.

[5] Trib. civ. Marseille, 12 août 1887, précité. — Carou, *op. cit.*, I, n. 188; Bost, *op. cit.*, v° *Bail à loyer*, n. 6. — Bioche, *op. cit.*, v° *Compét. des trib. de paix*, n. 250; Guilbon, *op. cit.*, n. 238; Allain et Carré, *op. cit.*, I, n. 1398; Carré, *op. cit.*, n. 255. — *Contra* Foucher, *op. cit.*, n. 124 s. — En tout cas, le juge de paix est compétent si la contestation n'est pas sérieuse. — Cass. req., 15 nov. 1886, S., 87. 1. 464.

[6] Bordeaux, 12 déc. 1851, S., 52. 2. 47. — Dijon, 12 août 1893, *Gaz. Pal.*, 93. 2. 367 (indemnité de résiliation). — Riom, 14 avril 1894, S., 96. 2. 313, D., 95. 2. 397 (pour les demandes en payement de l'impôt des portes et fenêtres). — Trib. civ. Bordeaux, 30 avril 1890, *Rec. de Bordeaux*, 90. 3. 110 (demande de loyers). — Trib. civ. Seine, 28 janv. 1891. *Gaz. Pal.*, 91. 1. 745 (frais de vidange). — Trib. civ. Seine, 25 mars 1893, *Gaz. Pal.*, 93. 2. 35 (payement de loyers). — Trib. civ. Bordeaux, 3 janv. 1894, *Rec. de Bordeaux*, 94. 3. 28 (payement des eaux). — Carou, *Jurid. civ. des juges de paix*, I, n. 180; Carré, *Compétence des juges de paix*, I, n. 222. — *Contra* Trib. civ. Bordeaux, 24 juin 1889, *Rec. de Bordeaux*, 89. 2. 111. — Rodière, *Cours de compétence et de proc.*, I, p. 55 s.; Garsonnet, *Traité de proc.*, I, p. 669, § 157, note 31; Leconte, *Traité de la compétence des juges de paix*, n. 14.

Les termes précis de la loi imposent cette solution. Il est vrai que la loi de 1838 a voulu élever la compétence du juge de paix et que la solution que nous donnons aboutit, en certains cas, à l'abaisser ; mais n'en est-il pas de même en beaucoup d'autres cas, également visés par la loi de 1838, et notamment pour les actions possessoires, que les juges de paix tranchent sans limites en premier ressort, mais sur lesquelles ils ne statuent jamais en dernier ressort ?

1163. L'art. 2 de la loi du 25 mai 1838 attribue compétence au juge de paix sans appel jusqu'à 200 fr. et à charge d'appel jusqu'à 1,500 pour les contestations entre hôteliers ou logeurs en garni et voyageurs ou locataires.

Cela s'applique :

Aux pensionnaires d'un hôtel [1] et à ceux qui ont cautionné le prix de la pension si le cautionnement est solidaire [2] ;

Aux locataires en garni d'une personne qui ne loue en garni qu'une petite partie de son appartement [3].

On a appliqué le même texte aux personnes étrangères à la ville, qui, sans loger dans un hôtel, y apportent des effets ou y conduisent des animaux [4].

1164. L'art. 4 de la loi du 25 mai 1838 dispose : « Les juges de paix connaissent, sans appel jusqu'à la valeur de 100 fr. et, à la charge d'appel, jusqu'au taux de la compétence en dernier ressort des tribunaux de première instance, — 1° des indemnités réclamées par le locataire ou fermier pour non-jouissance provenant du fait du propriétaire, lorsque le droit à une indemnité n'est pas contesté ; — 2° des dégradations et pertes dans les cas prévus par les art. 1732 et 1735 C. civ. — Néanmoins, le juge de paix ne connaît des pertes causées par incendie ou inondation que dans les limites posées par l'art. 1er de la présente loi » (100 fr. en dernier ressort, 200 fr. à charge d'appel).

(1) Trib. civ. Libourne, 30 déc. 1892, *Rec. Bordeaux*, 93. 3. 17. — *Contra* Grenoble, 1er mars 1895, *Rec. Grenoble*, 95. 177.

(2) Trib. civ. Libourne, 30 déc. 1892, précité.

(3) Trib. civ. Saint-Lô, 23 janv. 1889, *Gaz. Pal.*, 89. 1. 387.

(4) Trib. civ. Orange, 5 déc. 1890, *Rec proc. civ.*, 91. 154.

Il peut s'élever des difficultés de fait sur le sens du mot *dégradations* (1).

1165. Il résulte de l'art. 4 que le juge de paix est incompétent pour statuer sur les suites du défaut de jouissance, s'il lui faut interpréter le contrat (2) ou que le droit à l'indemnité soit contesté (3).

Il faut, pour qu'il y ait lieu à sa compétence exceptionnelle, que le défaut de jouissance provienne du propriétaire et non d'un colocataire (4).

Mais le juge de paix ne peut ordonner la confection des travaux nécessaires pour assurer la jouissance du locataire (5).

Il n'est pas compétent davantage sur l'action en résiliation du preneur pour les vices de la chose louée (6), ni sur la validité d'un congé (7).

1166. D'après la loi du 25 mai 1838 (art. 5, n. 2) (8), « les juges de paix connaissent sans appel, jusqu'à la valeur de 100 fr. et à charge d'appel, à quelque valeur que la demande

(1) Décidé qu'on doit considérer comme dégradations, les divertissements de foins et pailles par le fermier. — Trib. civ. La Réole, 25 nov. 1891, *Rec. Bordeaux*, 92. 3. 18. — L'action dirigée contre un fermier pour avoir diverti les foins et pailles, ou pour avoir pratiqué une excavation dans la terre, ou pour avoir fait pâturer l'herbe par ses bestiaux au lieu de la faire faucher, est de la compétence du juge de paix. — Trib. civ. Charolles, 13 janv. 1893, *Gaz. Pal.*, 93. 1. 349. — Décidé cependant que l'action en divertissement de pailles, fourrages et engrais, n'est pas une action en dégradation rentrant dans la compétence du juge de paix. — Trib. civ. Lyon, 31 juil. 1889, *Mon. jud. Lyon*, 10 sept. 1889.

(2) Trib. civ. Bordeaux, 30 oct. 1893, *Rec. Bordeaux*, 94. 3. 31.

(3) Trib. civ. Bordeaux, 2 sept. 1887, *Rec. Bordeaux*, 88. 2. 18. — Décidé que le droit doit être réputé contesté par cela seul que le bailleur fait défaut devant le juge de paix. — Trib. civ. Seine, 31 déc. 1886, *Gaz. Pal.*, 87. 1. 243.

(4) Trib. civ. Bordeaux, 2 sept. 1887, précité.

(5) Trib. civ. Bordeaux, 30 oct. 1893, précité. — *Contra* Trib. civ. Rouen, 10 mai 1892, précité.

(6) Trib. paix Lille, 1er avril 1895, *Rev. just. de paix*, 95. 313 (existence de punaises).

(7) Trib. paix Paris, 17 avril 1895, *Gaz. Trib.*, 20 avril 1895.

(8) Pour la Belgique, v. Alb. Joly, *Rev. de dr. belge*, 1894, p. 465 s. Loi de 1876. — Pour les baux ruraux, on a proposé d'accorder une compétence spéciale (sans appel jusqu'à 1,500 fr., au delà appel devant le tribunal civil) à un conseil de prudhommes formé dans chaque canton de quatre personnes choisies par moitié par les propriétaires et possesseurs et par les preneurs. — Proposition Rey et Lachièze, chambre, 1894, annexe à la séance du 17 mai 1894, n. 62. V. pour la critique de cette proposition, Ch. Roussel, *Rev. dr. public*, III, 1895, p. 79.

puisse s'élever... 2° des réparations locatives des maisons ou fermes mises par la loi à la charge du locataire ». Cette dérogation doit être attribuée soit au peu d'importance de ces réparations [1], soit à la connaissance que les juges de paix ont ordinairement de l'usage des lieux, soit à l'urgence.

Il résulte de ce texte que les règles ordinaires de compétence reprennent leur empire s'il s'agit de réparations mises *par la convention* à la charge du locataire [2]. Il en serait cependant autrement si la convention était sur ce point d'accord avec la loi.

Quant aux réparations mises à la charge du locataire par l'usage des lieux, elles doivent être assimilées à celles que la loi met à sa charge; l'usage des lieux est en effet confirmé par la loi et le texte de l'art. 1754 montre que la loi ne fait sur ce point que reproduire l'usage des lieux.

De même, si le preneur prétend que la convention l'a déchargé des réparations locatives que le bailleur veut l'obliger à faire, le juge de paix reste compétent [3]. Il s'agit ici encore en effet de réparations imposées par la loi; on objecte en vain, devant le texte formel de la loi de 1838, que le juge de paix n'a jamais compétence pour interpréter une convention ; c'est une erreur certaine, car cette compétence appartient au juge de paix d'après le droit commun quand le litige ne dépasse pas 200 fr. et même au-delà dans certaines hypothèses. L'opinion contraire a le grave inconvénient de supprimer pour ainsi dire l'art. 5, n. 2, de la loi de 1838, car le preneur qui refuse de faire des réparations locatives manque rarement de soutenir que la convention l'en dispense.

Le juge de paix n'est pas compétent pour les réparations autres que les locatives mises à la charge du preneur en raison de sa faute [4].

En admettant que l'obligation de faire les réparations au cours du bail soit subordonnée à l'urgence, le juge de paix

(1) Guillouard, I n. 212.
(2) Trib. civ. Seine, 30 nov. 1895, *Gaz. Pal.*, 96. 1. 122. — Guillouard, I, n. 211.
(3) *Contra* Carou, *De la jurid. civ. des juges de paix*, n. 326; Guillouard, I, n. 213.
(4) Trib. paix Paris, 19 mars 1890, *Gaz. Trib.*, 27 mai 1890.

est compétent sur le point de savoir s'il y a urgence [1]. C'est en effet, une action relative aux réparations locatives; la loi ne limite pas la compétence du juge de paix à l'action intentée par le bailleur après la fin du bail. Au reste, les motifs qu'on peut attribuer à la compétence du juge de paix gardent ici toute leur valeur.

1167. Le juge de paix n'a pas en principe le droit d'interpréter le bail [2] lorsque la somme en litige excède le taux ordinaire de sa compétence.

1168. Le juge de paix n'est pas compétent en dehors du droit commun pour statuer sur la contestation relative à un état des lieux [3]. L'état des lieux sert bien de base à la fixation du montant des sommes dues à raison de réparations locatives; mais la contestation soulevée au sujet de l'état des lieux ne concerne pas directement les réparations locatives. Du reste, l'état des lieux a d'autres objets que celui qui vient d'être indiqué; il sert de base à la fixation du montant des réparations non locatives, à la restitution d'objets annexés à la chose louée, etc.

1169. Sur les baux qui sont de sa compétence, le juge de paix peut ordonner les mêmes mesures que le juge des référés; car il a, en cas d'urgence, les pouvoirs du juge des référés pour les baux [4].

1170. La compétence exceptionnelle accordée au juge de paix par les art. 3, 4 et 5-2° de la loi de 1830 s'applique non seulement aux baux d'immeubles, mais encore à ceux de meubles [5].

Elle s'applique également aux baux à colonage partiaire;

[1] Guillouard, I, n. 212. — *Contra* Carou, *De la jurid. civ. des juges de paix*, *loc. cit.*

[2] Trib. civ. Chartres, 5 juill. 1894, *Gaz. Trib.*, 3 oct. 1894 (défaut de fumure). — Trib. paix, Gaillon, 21 nov. 1893, *Rev. just. paix*, 94. 246 (étendue et importance de la chose).

[3] Guillouard, I, n. 240. — *Contra* Vaudoré, *Dr. rural*, II, n. 552; Agnel, n. 148.

[4] Bazot, *Ord. sur référé*, p. 253; de Madre, *Gaz. des Trib.*, 27 avril 1889.

[5] Trib. civ. Foix, 27 déc. 1882, *Gaz. Pal.*, 83. 2. 128. — Bourbeau, *De la justice de paix*, n. 125, 140 et 141; Curasson, *Compét. des juges de paix*, n. 255; Valéry, *Ann. dr. comm.*, IX, 1895, p. 37, n. 14, note 1. — *Contra* Poux-Lagier et Pialat sur Curasson, *loc. cit.*; Foucher, *Comment. des lois de 1838*, n. 113.

le loyer qui ne doit pas excéder 400 fr. est alors la valeur de la portion de fruits due par le colon au bailleur [1].

1171. Au sujet des difficultés relatives aux comptes d'exploitation annuels entre le bailleur et le colon partiaire, l'art. 11 de la loi du 10 juill. 1889 s'exprime ainsi : « *Le juge de paix prononce sur les difficultés relatives aux articles du compte, lorsque les obligations résultant du contrat ne sont pas contestées, sans appel lorsque l'objet de la contestation ne dépasse pas le taux de sa compétence générale en dernier ressort, et à charge d'appel à quelque somme qu'il puisse s'élever* ».

Cela comprend même les comptes pour les travaux faits par le colon au cours du bail dans l'intérêt du propriétaire et dont il demande le remboursement [2], ou pour des malfaçons ou autres abus de jouissance [3], ou pour une privation de jouissance [4].

En outre, quoique l'art. 11 prévoie le compte *d'une année,* la compétence du juge de paix s'étend aux comptes portant sur plusieurs années ou sur toute l'exploitation [5] ; la loi s'est placée en face du cas le plus ordinaire, celui où un compte aurait lieu tous les ans.

Mais, le compte une fois arrêté entre les parties, l'action au payement du reliquat obéit aux règles ordinaires de compétence [6].

§ V. *Compétence du juge des référés.*

1172. Le juge des référés (il s'agit, comme nous le verrons, du juge de la situation) peut être sollicité de prendre les mesures urgentes et provisoires [7], à condition de ne pas

[1] Trib. civ. Sarlat, 23 mars 1888, *Rec. Bordeaux*, 88. 2. 95.
[2] *Contra* Trib. civ. Agen, 26 juin 1891, *Gaz. Pal.*, 91. 2. 66.
[3] Trib. civ. Périgueux, 13 juin 1891, *Lois nouvelles*, 93. 2. 35, *Gaz. Pal.*, 91. 2. 454.
[4] *Contra* Trib. civ. Agen, 26 juin 1891, précité.
[5] Agen, 8 juil. 1891, *Lois nouvelles*, 92. 2. 23, *Gaz. Pal.*, 92. 1. 30.
[6] Trib. civ. Charolles, 9 févr. 1893, *Lois nouvelles*, 93. 2. 88, *Gaz. Pal.*, 93. 1. 561.
[7] V. les autorités citées aux notes suivantes.

toucher au fond, conformément aux art. 806 et 807 C. pr. civ., qui attribuent cette compétence au juge des référés en termes généraux, s'il y a titre exécutoire.

Ainsi on pourra solliciter du juge des référés les mesures nécessaires pour la conservation de la chose [1]; la constatation de dégradations [2];

L'expulsion d'un locataire qui occupe l'immeuble d'une manière scandaleuse [3], notamment qui a ouvert, à l'insu du propriétaire, une maison de tolérance [4];

L'expulsion de femmes de mauvaise vie introduites par le locataire dans l'immeuble [5];

Les réparations urgentes [6], suivant la procédure que nous étudierons ;

L'expulsion d'un locataire qui n'a pas accompli les conditions stipulées [7], par exemple faute de garnir suffisamment ou pour avoir dégarni la chose louée [8];

[1] Paris, 13 juin 1868, S., 69. 2. 16. — Guillouard, I, n. 30.

[2] Trib. civ. Seine, 17 décembre 1889, *Gaz. Pal.*, 90. 2, *Suppl.*, 5.

[3] Paris, 8 mai 1895, S., 95. 2. 408, D., 95. 2. 328.

[4] De Belleyme, *Ord.*, II, p. 150 ; Bazot, *Ord.*, p. 259 ; Bertin, *Ord. sur référé* n. 790 ; Guillouard, *loc. cit.*

[5] Paris, 27 août 1878, S., 79. 2. 16. — Guillouard, *loc. cit.*

[6] Lyon, 2 février 1892, *Mon. jud. Lyon*, 23 août 1892. (Même dans le cours d'une instance en résiliation). — Bruxelles, 7 décembre 1895, *Pasicr.*, 96. 2. 121 (nomination d'experts). — De Belleyme, *Ord.*, II, n. 163 ; Guillouard, I, n. 30 et 168. — Mais il ne peut déterminer à qui incombent les réparations. Bruxelles, 7 décembre 1895, précité.

[7] Paris, 11 février 1874, S., 74. 2. 197. — Paris, 10 décembre 1881, *Fr. jud.*, 1881-82, p. 267. — Bordeaux, 9 mars 1890, *Rec. Bordeaux*, 90. 1. 194 (payement de loyers). — Paris, 29 juillet 1896, D., 97. 2. 31. — Trib. civ. Marseille, 21 octobre 1889, *Rec. d'Aix*, 90. 2. 46 (changement de destination). — De Belleyme, I, p. 574 ; Guillouard, I, n. 440 ; Tissier, *op. cit. infra*, § 2 *b* ; Tailliar, *op. et loc. cit. infra*, n. 3 ; Gérard, *op. cit. infra*, p. 117 ; Moreau, *op. cit. infra*, n. 327 ; Rousseau et Laisney, v° *Référé*, n. 97. — *Contra* Dutruc, *Suppl.* à Carré et Chauveau, v° *Référé*, n, 92 *bis*

[8] Paris, 21 avril 1860, S., 62. 2. 164. — Paris, 12 janvier 1867, S., 67. 2. 36. — Paris, 10 mars 1873, D., 78. 2. 177. — Paris, 12 mars 1874, D., 78. 2. 177. — Paris, 22 mai 1874, D., 78. 2. 177. — Paris, 13 juillet 1874, D., 78. 2. 177. — Paris, 2 mars 1875, D., 78. 2. 177. — Paris, 21 avril 1877, D., 78. 2. 177. — Paris, 22 février 1878, D., 78. 2. 177. — Bordeaux, 7 mars 1890, *Rec. Bordeaux*, 90. 1. 194. — Orléans, 23 mars 1892, S., 93. 2. 257, D., 93. 2. 262. — Bordeaux, 26 juillet 1888, S., 92. 2. 249 (sous note), D., 90. 2. 94 (même si les loyers ont été payés d'avance). — De Belleyme, *Ord. sur req. et référé*, II, p. 137 ; Bertin, *Ord. sur req.*, II, n. 809 ; Bazot, *op. cit.*, p. 254 ; Gérard, *Des référés sur placets*,

L'expulsion du locataire qui cause du scandale dans l'immeuble ([1]), ou qui n'use pas de l'immeuble suivant sa destination ([2]), ainsi que l'ordre de rendre à l'immeuble sa destination ([3]) ;

La cessation d'un fait qui menace la sécurité de l'immeuble ([4]) ;

L'expulsion d'un locataire qui a reçu congé ([5]) ;

L'apposition d'un écriteau indiquant que l'appartement est à louer ([6]), ainsi que la fixation des jours et des heures pendant lesquels il pourra être visité ([7]).

1173. Le juge du référé ne peut expulser le locataire pour défaut de paiement du loyer ([8]). Cette expulsion équivaut à résilier le bail, c'est-à-dire à prendre une mesure définitive. En vain dit-on que l'expulsion est provisoire et le fond réservé ; il n'y aurait plus alors aucune mesure que ne pût, en cas d'urgence, prononcer le juge du référé.

L'opinion générale est contraire.

Toutefois, on dénie toute compétence au juge des référés, s'il s'agit d'interpréter une clause du bail donnant lieu à une contestation sérieuse ([9]), par exemple si le preneur prétend

p. 116 ; Moreau, *Ibid.*, n. 327 ; Dutruc, *Suppl.* à Carré et Chauveau, v° *Référé*, n. 85 ; Rousseau, et Laisney, *op. cit.*, n. 89 ; Agnel, 6e édit., n. 1130 ; Guillouard, II, n. 467 ; Tailliar, *Dict. de législ.*, v° *Référé*, n. 3; Tissier, *Note*, S., 92. 2. 251, § 2 c. — Pour le bail à ferme, v. en sens contraire Paris, 10 décembre 1851, S., 52. 2. 192. — Guillouard, II, n. 517.

([1]) Paris, 15 janv. 1878, D., 78. 2. 180. — Paris, 8 février 1883, D., 84. 2. 32. — Lyon, 14 juin 1893. *Mon. jud. Lyon*, 23 décembre 1893 (motifs). — Guillouard, II, n. 467 ; Tissier, *loc. cit.*

([2]) Lyon, 14 juin 1893, précité. — Guillouard, II, n. 467 ; Tissier, *loc. cit.*

([3]) Aix, 25 novembre 1886, *Bull. d'Aix*, 87. 206.

([4]) Paris, 9 mai 1892, *Gaz. Pal.*, 92. 2, *Suppl.*, 25 (dépôt de matières inflammables, notamment d'objets en celluloïd).

([5]) Grenoble, 4 novembre 1891, *Rec. Grenoble*, 92. 1. 38, — Paris, 1er août 1890, *Gaz. Pal.*, 90. 2. 443.

([6]) Trib. civ. Marseille, 27 mai 1891, *Rec. d'Aix*, 91. 2. 202.

([7]) Trib. civ. Marseille, 27 mai 1891, précité.

([8]) Paris, 18 juin 1891, S., 92. 2. 249. — Bazot, *op. cit.*, p. 255. — *Contra* Paris, 21 avril 1860, S., 62. 2. 164. — Paris, 12 janv. 1867, S., 67. 2. 36. — Gérard, *op. cit.*, p. 117 ; Tailliar, *op. et* v° *cit.*, n. 3; Guillouard, I, n. 467; Tissier, *Note*, S., 92. 2. 251, § 2 *e*.

([9]) Tissier, *loc. cit.*

que le bailleur n'a pas exécuté ses obligations [1] ou oppose une créance en compensation au bailleur [2].

1174. En cas de clause de résiliation de plein droit pour défaut de paiement, le juge des référés peut ordonner l'expulsion [3].

Dans tous les cas, le juge des référés est obligé de prononcer l'expulsion et ne peut renvoyer les parties au principal, s'il a été stipulé qu'à défaut de paiement des loyers, une ordonnance de référé suffirait pour expulser les locataires [4].

1175. Un certain nombre d'autorités, qui admettent le droit d'expulsion du juge des référés, pour défaut de payement du loyer, en cas de bail verbal, le lui refusent en cas de bail écrit [5]. Cette distinction ne peut, en tout cas, se justifier [6].

Cependant, lorsque le bail écrit contient une clause de résiliation de plein droit, on permet, même en ce cas, au juge des référés l'expulsion [7].

Il ne peut ordonner, après l'expiration du bail, l'expulsion du locataire, si ce dernier prétend jouir en vertu d'une tacite reconduction [8].

1176. En admettant que le juge du référé puisse ordonner l'expulsion du locataire pour défaut de payement du loyer, le peut-il encore si le tribunal est saisi d'une demande en paiement ou en résiliation? La question rentre dans une question plus générale, celle de savoir si le juge des référés peut être saisi quand le tribunal l'est également [9].

[1] Rouen, 3 mars 1880, S., 80. 2. 334. — Trib. civ. Gand, 31 déc. 1894, *Pasicr.*, 95. 3. 162. — Tissier, *loc. cit.*

[2] Moreau, *op. cit.*, n. 344; Tissier, *loc. cit.*

[3] Paris, 29 nov. 1893, *Loi*, 11 avril 1894. — *Contra* Paris, 18 juin 1891, précité.

[4] Paris, 7 juin 1894, *Gaz. Pal.*, 1894, 1er sem., *Table*, v° *Bail*, n. 28.

[5] Paris, 9 juill. 1832, P. chr. — Paris, 31 déc. 1864, S., 65. 2. 132. — Paris, 13 janv. 1886, S., 92. 2. 249 (sous-note), D., 89. 2. 233. — Paris, 12 janv. 1887, *Mon. jud. Lyon*, 22 avril 1887. — Agnel, n. 1130.

[6] Lyon, 14 juin 1893, *Mon. jud. Lyon*, 23 déc. 1893. — Tissier, *op. cit.*, p. 251, § 2, n. 2 *e*.

[7] Paris, 9 déc. 1886; 10 fév. 1888; 24 fév. 1888 et 6 avril 1889, S., 92. 2. 249 (sous-note), D., 89. 2. 233. — Bazot, *op. cit.*, p. 256; Gérard, *op. cit.*, p. 112. — *Contra* Paris, 18 juin 1891, précité.

[8] Paris, 5 mai 1894, *Gaz. Pal.*, *Table*, 1er sem. 1894, v° *Référé*, n. 12.

[9] Aff. Bertin, *op. cit.*, I, n. 172 s.; Bazot, *op. cit.*, p. 313; Moreau, *op. cit.*, n. 336 et 389; Tissier, *loc. cit.* — *Contra* Gérard, *op. cit.*, p. 288 s.

1177. Le juge du référé peut ordonner l'expulsion du locataire soit après l'échéance du terme [1], soit après le congé donné par le bailleur [2].

1178. Si les faits sont contestés, le juge des référés ne peut prononcer l'expulsion du locataire [3].

Si donc le congé est contesté, le juge du référé ne peut statuer : il empièterait sur le fond.

Peu importe même que le juge du référé considère la contestation comme étant sans portée [4].

Nous avons décidé de même que si, après l'expiration du terme, le locataire prétend qu'il lui a été consenti une tacite reconduction, le juge du référé ne peut statuer.

1179. Le juge des référés est incompétent lorsque la contestation soulève une question d'interprétation du contrat [6], ou lorsque l'expulsion est demandée pour l'inexécution d'une obligation contractée par le preneur, mais dont ce dernier prétend avoir été déchargé [7].

1180. Le juge des référés peut ordonner l'expulsion d'une personne qui jouit d'un immeuble illicitement [8].

(1) Bertin, *op. cit.*, II, n. 800 ; Gérard, *op. cit.*, p. 115 et 118 ; Rousseau et Laisney, v° *Référé*, n. 101 s. ; Tissier, *Note*, S., 92. 2. 251, § 3 *d*.

(2) Paris, 8 mars 1870, S., 70. 2. 101. — Paris, 18 sept. 1871, S., 72. 2. 187. — Grenoble, 4 nov. 1891, S., 92. 2. 268. — Autorités précitées.

(3) Cass. civ., 15 janv. 1894, D., 94. 1. 396 (contestation sur les conditions du bail, notamment sur sa durée). — Lyon, 14 juin 1893, *Mon. jud. Lyon*, 23 déc. 1893.

(4) Paris, 18 sept. 1871, précité. — Bourges, 13 août 1889, *Loi*, 28 août 1889. — Grenoble, 4 nov. 1891, précité (motifs). — Bertin, *op. cit.*, II, n. 799 ; Tailliar, *op. et verb. cit.*, n. 7 ; Moreau, *op. cit.*, n. 334 ; Gérard, *op. cit.*, p. 119 ; Rousseau et Laisney, *loc. cit.*

(5) *Contra* Paris, 8 mars 1870, précité. — Tissier, *loc. cit.*

(6) Paris, 9 mai 1892, *Gaz. Pal.*, 92. 2, *Suppl.*, 25 (contestation sur la destination de la chose). — Paris, 21 mars 1894, *Gaz. Pal.*, *Table*, 1er semestre 1894, v° *Référé*, n. 7 et 8 (il ne peut prononcer l'expulsion du locataire qui a cédé ses droits par acte sous seing privé alors que le bail exigeait un acte authentique, si le sous-locataire prétend que cette clause a été insérée dans l'intérêt du propriétaire seul et non du locataire principal). — Trib. civ. Seine, 17 déc. 1889, *Gaz. Pal.*, 90. 2, *Suppl.*, 5 (contestation sur la propriété des constructions).

(7) Lyon, 3 nov. 1891, *Mon. jud. Lyon*, 30 janv. 1892.

(8) Cass., 23 oct. 1888, S., 91. 1. 155, D., 89. 2. 190. — Chambéry, 15 déc. 1885, S., 92. 2. 249 (sous-note). — Paris, 21 janv. 1891, S., 92. 2. 249. — Bazot, *Ord sur req.*, p. 256 ; Tissier, *Note*, S., 92. 2. 249, § 1 et § 2 *a*. — Vainement, l'occupant invoquerait une promesse de bail (Paris, 21 janv. 1891, précité. — Tissier,

1181. On soutient que le juge des référés est incompétent pour expulser le preneur qui ne garantit pas suffisamment la *ferme* louée [1]; comme, dit-on, les récoltes répondent, aussi bien que les meubles garnissant, des loyers, il faut estimer les récoltes, ce qui est plus long que d'estimer les meubles; en outre, la célérité de l'expulsion faite de cette manière est incompatible avec les nécessités d'une exploitation agricole qui ne peut être brusquement abandonnée.

1182. Il peut autoriser le preneur à déménager en cas d'urgence et pour des motifs rendant l'habitation impossible, sous la seule justification des loyers échus [2].

1183. Le juge des référés ne peut statuer sur la nature d'un bail et ses conséquences au point de vue de la tacite reconduction, car il entrerait dans le fond du procès [3].

Il ne peut déterminer si un acte constitue une vente ou un bail [4].

1184. Le juge des référés n'a jamais aucune compétence si le prix annuel du bail est inférieur à 400 francs [5], car ce cas rentre dans la compétence du juge de paix et on admet que le juge des référés ne peut prendre des mesures provisoires que dans les contestations destinées à être tranchées par le tribunal civil; il serait, en effet, singulier qu'une décision rendue à titre provisoire, par le juge des référés, pût être modifiée par le juge de paix, lequel lui est hiérarchiquement inférieur. Enfin la juridiction des référés n'aurait ici aucun intérêt, le juge de paix pouvant statuer aussi rapidement que le juge des référés.

op. cit., § 2 *a*) ou aurait-il même engagé une instance en résiliation de cette promesse (Tissier, *loc. cit.*)

[1] Paris, 10 déc. 1851, S., 52. 2. 192, D., 53. 2. 16. — Guillouard, II, n. 517.

[2] Paris, 3 juil. 1886, *Gaz. Trib.*, 31 oct. 1887.

[3] *Contra* Paris, 1er août 1890, S., 92. 2. 249. — Tissier, *Note*, S., 92. 2. 249, § 1.

[4] Paris, 21 fév. 1894, *Gaz. Pal.*, *Table*, 1er semestre, 1894, v° *Référé*, n. 9.

[5] Paris, 14 nov. 1884, S., 92. 2. 249 (sous note). — Chambéry, 15 déc. 1885, S., 92. 2. 249 (sous note). — Lyon, 3 juil. 1888, *Gaz. Pal.*, 89. 1. 352. — Paris, 30 juil. 1888, *Gaz. Pal.*, 89. 1. 142. — Trib. civ. Marseille, 7 janv. 1889, *Rec. d'Aix*, 90. 2. 34. — Tailliar, *Dict. de législ. et de jurispr. concernant les aubergistes*, etc., v° *Référé*, n. 7; Tissier, *Note*, S., 92. 2. 249, § 1.

Il en est de même, pour la même raison, en cas de réparations locatives (1).

1185. La question de savoir si le juge des référés peut ordonner le séquestre des meubles du locataire, rentre dans le commentaire du titre *du dépôt et du séquestre.*

Il peut nommer un expert sur les difficultés qui séparent le bailleur et le preneur (2), car l'avis de l'expert ne s'imposera pas au tribunal.

La procédure suivante est employée pour les réparations.

Le juge des référés nomme des experts qui constatent si les travaux sont nécessaires (3). Dans le cas d'extrême urgence, on autorise même les experts à faire faire immédiatement les travaux qu'ils jugeront nécessaires (4).

1186. Le juge des référés peut ordonner une expertise en cas de demande d'expulsion du locataire pour avoir garni insuffisamment la chose louée, dans le but de s'assurer si cette insuffisance existe réellement (5), mais nous avons vu que l'expertise n'est pas indispensable.

Il peut également ordonner une expertise pour s'assurer si le fermier est dans les conditions requises pour demander une indemnité à raison de la perte partielle de ses récoltes (6).

1186 *bis*. Nous ne pensons pas que le juge des référés puisse ordonner la vente des meubles du locataire (7), car c'est là une mesure définitive et en outre le code de procédure la

(1) Trib. paix Pantin, 9 août 1889, *Loi*, 31 août 1889. — Trib. paix Lonjumeau, 29 avril 1891, *Gaz. Pal.*, 91. 2. 41.

(2) Paris, 15 déc. 1892, *Gaz. Pal.*, 93. 2e p., 20 (question de savoir à qui incombent certaines dépenses).

(3) Lyon, 2 fév. 1894, *Mon. jud. Lyon*, 29 mars 1894. — De Belleyme, *Ord.*, II, p. 163 s.; Guillouard, I, n. 108.

(4) De Belleyme, *loc. cit.*; Guillouard, *loc. cit.*

(5) Guillouard, II, n. 467.

(6) Guillouard, II, n. 571.

(7) Paris, 10 nov. 1871, D., 72. 5 379. — Paris, 23 déc. 1872, *Gaz. Trib.*, 17 janvier 1873. — Paris, 7 fév. 1873, S., 76. 2. 313. — Paris, 11 mai 1874, S., 76. 2. 313. — Paris, 22 mai 1894, *Gaz. Trib.*, 29 et 30 juin 1874. — Paris, 13 janv. 1886, S., 92. 2. 249 (sous note), D., 89. 2. 233. — Paris, 21 janv. 1891, S., 92. 2. 249. — Tailliar, vo *Référés;* Dutruc, *Suppl.* à Carré et Chauveau, vo *Référé*, n. 89 s.; Bazot, *op. cit*, p. 261 s.; Rousseau et Laisney, vo *Référés*, n. 95; Gérard, *Des référés sur placets*, p. 121; Tissier, *Note*, S., 92. 2. 252, § 4. — V. cep. (pour le cas où les meubles sont peu importants), Paris, 2 mars 1875, S., 76. 2. 33. — *Contra*

soumet à des formes spéciales, celles de la saisie-gagerie, qui ne peuvent être éludées. Enfin on ne conçoit pas que cette mesure soit urgente. La pratique est souvent en sens contraire.

SECTION II

COMPÉTENCE « RATIONE PERSONÆ »

1187. La compétence *ratione personæ* varie suivant le caractère qu'on attribue au droit du preneur [1].

Si le droit du preneur est réel, le droit de juger ces contestations n'appartient pas toujours, comme on pourrait le croire, mais dans la plupart des cas, au tribunal du lieu de la situation. Ce tribunal sera compétent pour toutes les actions qui tendront à la reconnaissance du droit du preneur et des conséquences qui en découlent [2] : action du preneur contre le bailleur en délivrance de la chose, en garantie, en réparations, etc.; action du bailleur contre le preneur en réparation des dommages causés par sa faute. Mais l'action en paiement des loyers est, quelle que soit la nature du droit du preneur, une action personnelle qui doit être intentée devant le tribunal du domicile de ce dernier.

Si, avec nous, on admet que le preneur n'a qu'un droit personnel, le tribunal compétent est, aussi bien dans les instances dirigées par le bailleur contre le preneur que dans les instances dirigées par le preneur contre le bailleur, le tribunal du domicile du défendeur; cette solution l'emporte [3].

Si enfin on attribue au preneur un droit réel et un droit personnel, l'action sera mixte (sauf dans les cas où elle a certainement, comme nous l'avons montré, un caractère per-

Paris, 6 juin 1872, *Gaz. Trib.*, 21 juin 1872. — Paris, 11 mai 1874, *Gaz. Trib.*, 17 mai. — Paris, 13 juill. 1874, *Gaz. Trib.*, 8 août. — Paris, 12 janv. 1887, *Mon. jud. Lyon*, 22 août 1887.

[1] Guillouard, I, n. 21.

[2] En ce sens Rouen, 30 juill. 1855, S., 56. 2. 565. — Paris, 12 mai 1858, S., 58. 2. 263.

[3] Cass., 14 nov. 1832, S., 33. 1. 32. — Cass., 21 fév. 1865, S., 65. 1. 113. — Cass., 17 déc. 1867, S., 68. 1. 26. — Caen, 24 janv. 1848, S., 49. 2. 533. — Bourges, 27 fév. 1852, S., 52. 2. 638. — Lyon, 1er juil. 1881, S., 83. 2. 212. — Trib. civ. Gray, 13 mars 1891, *Gaz. Trib.*, 8 avril 1891. — Guillouard, I, n. 21 et 29.

sonnel) et pourra être portée indifféremment, comme toutes les actions mixtes, devant le tribunal de la situation des lieux ou devant le tribunal du domicile du défendeur.

1187 *bis*. Ainsi, dans notre opinion, le tribunal du domicile du bailleur peut seul connaître :

De l'action en délivrance [1];

De l'action en démolition d'une construction élevée par le bailleur [2].

Le tribunal du domicile du preneur peut seul connaître de l'action en exécution des réparations locatives [3].

1187 *ter*. Ces solutions sont applicables au colonage partiaire si on y voit un bail.

Faut-il attribuer compétence au juge de paix du lieu où le bail s'exerce, c'est-à-dire de la situation des immeubles, si on y voit une société? Cette opinion a été soutenue [4], mais elle nous paraît inexacte, les art. 50 et 59 C. pr., qui fixent cette compétence, ne concernant pas les sociétés civiles dépourvues de personnalité.

1188. Par exception, pour les mesures urgentes, le juge de référé compétent est celui de la situation des lieux [5]. Lui seul peut apprécier avec la célérité nécessaire en pareil cas l'état de l'immeuble et l'opportunité des mesures à prendre; comme, du reste, le juge des référés ne peut prononcer que des mesures provisoires, on peut trouver un argument d'analogie dans l'art. 554 C. pr., d'après lequel les difficultés relatives à l'exécution des jugements ou actes requérant célérité sont provisoirement tranchées par le tribunal du lieu, qui renvoie au tribunal d'exécution la connaissance du fond.

1188 *bis*. D'un autre côté, la demande en validité de la saisie-gagerie pratiquée par le bailleur sur les meubles du

(1) Guillouard, I, n. 95.

(2) Décidé cependant que cette action est mixte et que le preneur peut, à son choix, l'intenter devant le tribunal du domicile du bailleur ou devant le tribunal de la situation des lieux. — Trib. civ. Pontoise, 10 déc. 1886, *Loi*, 24 déc. 1886.

(3) Guillouard, I, n. 211.

(4) Limoges, 30 avril 1894, S., 95. 2. 45, D., 95. 2. 293. — *Note*, S., 95. 2. 45.

(5) Cass., 20 nov. 1867, S., 68. 1. 85. — Chauveau sur Carré, *Lois de la procédure*, n. 2764 *bis*; Bioche, *Dict. de procéd.*, v° *Référé*, n. 235; de Belleyme, *Ord.*, I, p. 400; Guillouard, I, n. 30.

preneur et la demande en condamnation au payement des loyers ou fermages intentée accessoirement à la première sont jugées par le tribunal de la situation [1], car les art. 584, 608 et 609 C. pr. attribuent compétence à ce tribunal, en matière de saisie-exécution, pour les demandes en nullité de la saisie et des revendications faites par des tiers ; et, outre que la saisie-gagerie a le même but que la saisie-exécution, l'art. 825 C. pr. applique à la saisie-gagerie toutes les règles de la saisie-exécution.

1188 *ter*. Le recours du bailleur contre l'un de ses preneurs pour trouble causé à l'autre preneur, étant fondé sur la garantie, peut avoir lieu, conformément à l'art. 181 C. Proc., devant le tribunal saisi de l'action du preneur troublé contre le bailleur, alors même que le tribunal est incompétent *ratione personæ* [2].

CHAPITRE XXI

DU LOUAGE DE CHOSES EN DROIT INTERNATIONAL

1189. La capacité des parties, dans le bail comme dans tout autre contrat, est régie par leur loi personnelle, c'est-à-dire leur loi nationale.

Il en est de même des questions qui se rattachent à cette capacité. Ainsi les limites dans lesquelles le tuteur et le mari peuvent donner à bail les biens du pupille et de la femme, ou renouveler un bail, ainsi que la sanction des restrictions qui leur sont imposées, sont tranchées par la loi nationale du mineur et de la femme [3].

1190. La question de savoir quels objets peuvent être

[1] Caen, 10 mars 1881, *Rec. Caen*, 1881, p. 25. — Caen, 22 nov. 1882, *Rec. Caen*, 1883, p. 270. — Trib. civ. Yvetot, 18 janv. 1866, *Journ. des avoués*, XCI, p. 346 — Trib. civ. Caen, 21 déc. 1881, *Rec. Caen*, 1881, p. 193. — Carré et Chauveau, VI, quest. 2811 ; Rodière, *Compét. et proc.*, I, p. 107 ; Guillouard, I, n. 31. — *Contra* Trib. civ. Seine, 29 oct. 1875, *Journ. des avoués*, XCI, p. 42 ; Le Gost, *Rev. crit.*, 1882, p. 621 s.

[2] Cass., 16 nov. 1881, S., 82. 1. 225, D., 82. 1. 121. — Pascaud, *Rev. crit.*, XII, 1883, p. 182.

[3] Albéric Rolin, *Princip. de dr. int. privé*, III, n. 1221.

donnés à bail est tranchée, s'il s'agit d'immeubles, par la loi de leur situation, la possession et la détention de ces immeubles étant régies par cette loi. Ainsi la location d'une maison de jeu en France est nulle, même si le bail est passé à l'étranger et entre étrangers.

Mais la location, faite en France, d'une maison de jeu située dans un pays où cette location n'est pas nulle, n'est-elle pas elle-même frappée de nullité comme contraire à l'ordre public ? Une question analogue se pose pour la société, et la solution que nous lui donnerons dans notre *Traité de la Société* pourra être reproduite ici.

Nous appliquerons également aux meubles la règle d'après laquelle la validité du bail est régie par la loi de la situation des biens (¹). Si, considérés en bloc, les meubles suivent la personne de leur propriétaire et sont réputés être situés au domicile de ce dernier, ils ont, considérés individuellement, une situation matérielle, et c'est la loi du lieu de cette situation qui doit régir les actes accomplis sur eux.

1191. La forme d'un bail est réglée par la loi du lieu où la convention est passée et non par la loi du lieu de situation de l'immeuble (²).

Mais on admet que, si la forme d'un acte est régie par la loi du pays où l'acte est passé (*locus regit actum*), cette règle n'est pas obligatoire, en dehors des cas où il s'agit d'actes authentiques, et que les parties peuvent recourir aux formes du pays auquel elles appartiennent si elles sont de même nationalité.

Si donc deux Français font un bail à l'étranger, ils peuvent, pour la forme de l'acte, se conformer à la loi française (³).

On admet même quelquefois que les parties peuvent recourir aux formes du lieu de la situation. Par suite le bail d'im-

(¹) Rolin, III, n. 1219.

(²) Trib. civ. Tunis, 8 et 30 juin 1884, 4 et 15 janvier 1892, 12 juillet 1893, cités par Berge, *Bull. Soc. lég. comp.*, XXVI, 1895, p. 543. — Rolin, III, n. 1220. — V. cep. Haute-Cour Angleterre, *Div. du Banc de la Reine*, 20 février 1883, *Journ. dr. int.*, XI, 1884, p. 82 (le bail de chasse, qui, d'après la loi anglaise, doit être fait par écrit et sous sceau, comme tout transfert d'un droit de chasse, peut être fait sans ces formalités en Angleterre, s'il s'agit d'immeubles situés en Ecosse).

(³) Audinet, *Princ. élément. du dr. int. privé*, n. 364 ; Rolin, III, n. 1220.

meubles situés en France pourrait être verbal, même s'il était fait dans un pays qui subordonnerait la validité du bail à un écrit ([1]).

1192. Les moyens de preuve susceptibles d'être invoqués se rattachent à la forme, et doivent être recherchés en consultant la loi applicable à la forme ([2]).

Il n'en résulte pas que si les parties sont toutes deux françaises, la preuve du bail doive être faite suivant les art. 1715 et 1716 C. civ., quoique l'acte soit passé en pays étranger ([3]). Car, à supposer que le bail soit valable quant à la forme d'après les lois étrangères, rien ne permet de supposer que les parties aient entendu se référer à la loi française, et on doit appliquer le principe d'après lequel la forme et la preuve sont régies par la loi du lieu où est passé l'acte.

Il faudrait cependant rejeter cette solution si, avec quelques auteurs, on considérait les art. 1715 et 1716 comme étant d'ordre public international; il faudrait même décider, dans cette opinion, que les tribunaux français ne peuvent admettre d'autres preuves que celles des art. 1715 et 1716, alors même que l'acte aurait été passé entre étrangers et concernerait des biens étrangers ([4]).

Mais on n'a pu, pour essayer de justifier ce caractère des art. 1715 et 1716 et les conséquences qu'on en fait découler, qu'invoquer le but de ces dispositions, à savoir le peu d'importance du litige et la crainte des procès; mais, outre que ces considérations législatives n'ont pas, en réalité, grande valeur ([5]), elles ne suffiraient pas, fussent-elles irréprochables, à écarter l'application des principes. Tous les textes relatifs à la preuve sont fondés sur des considérations d'ordre public, et on admet, en conséquence, que les parties ne peuvent pas y déroger. Il en est sur ce point des textes généraux (art. 1341 et s.) aussi bien que des textes spéciaux; mais les dispositions de cette nature n'ont cependant, en droit international, qu'une

([1]) Audinet, *loc. cit.*
([2]) Rolin, III, n. 1220.
([3]) *Contra* Rolin, *loc. cit.*
([4]) En ce sens Rolin, *loc. cit.*
([5]) V. *supra*, n. 153.

application restreinte et l'ordre public international n'en commande pas l'application absolue; ce qui est vrai, ainsi que tout le monde l'admet, des textes généraux, doit l'être également des textes spéciaux.

1193. Il est de principe que, les effets de tout contrat dépendant de la volonté présumée des parties (sauf ceux sur lesquels cette volonté, même exprimée, n'a pas de prise), on doit appliquer à ces effets, en droit international, la loi du lieu où le contrat est passé, sauf cependant dans l'hypothèse où les deux parties appartiendraient à la même nationalité; dans ce dernier cas, c'est leur loi nationale qui doit être appliquée. Il semble que ces principes doivent être admis en particulier pour le contrat de bail.

1194. On décide cependant souvent qu'en droit international toutes les règles relatives aux effets du bail d'immeubles doivent être empruntées à la loi du lieu de la situation (¹). On se fonde sur ce que le bail suppose la possession de l'immeuble, sur ce que le juge de la situation ne connaît que rarement les lois et surtout les usages du lieu où est fait le contrat, sur ce que, si le contrat est passé ailleurs qu'au lieu de la situation, c'est par un simple accident.

Il est à peine besoin de dire que nous n'acceptons pas ces arguments. En droit, ils pourraient, s'ils étaient exacts, être invoqués également pour toutes espèces de contrats. En fait, ils ne conduisent pas à un résultat désirable : car, les actions intentées entre les parties étant des actions personnelles, c'est le juge du domicile du défendeur et non pas le juge de la situation des lieux qui est appelé à en connaître. Or le juge du domicile n'a pas plus de facilités pour connaître les lois et usages du lieu de situation que ceux de tout autre lieu.

1195. Les motifs sur lesquels se basent les principes que nous avons admis ne comportent aucune distinction entre le bail de meubles et celui d'immeubles. Pour le premier com-

(¹) Demangeat sur Fœlix, *Dr. int.*, I, p. 250; Story, *Comm. on intern. law* (5ᵉ édit., Boston, 1857), §§ 270 et 364; Von Bar, *Th. und Praxis des internationalen Privatrechts* (2ᵉ édit., Hanovre, 1889), II, p. 108, n. 284; Brocher, *Précis de dr. intern. privé*, II, p. 212, 214 s.; Laurent, *Princ. de dr. intern. privé*, VIII, n. 164 s.; Rolin, *op. cit.*, III, n. 1222 et 1223.

me pour le second, la volonté des parties est vraisemblablement de s'attacher, suivant les cas, à la loi du contrat ou à leur loi nationale.

Les partisans mêmes de l'opinion qui appliquent aux baux d'immeubles la loi de la situation reviennent au droit commun pour les baux de meubles en se fondant sur ce que, leur situation étant mobile et temporaire, on n'a aucune raison de supposer que les parties se soient écartées des principes généraux (1). Toutefois, pour les baux de meubles fournis pour garnir un immeuble, ils se réfèrent à la loi de la situation de ce dernier, les meubles se localisant au lieu où sont situés les immeubles (2). Ce sont là des distinctions dépourvues de base et impossibles à justifier.

1195 *bis*. Ainsi les obligations tant du bailleur que du preneur sont réglées, suivant la distinction que nous avons faite, soit par la loi du lieu où le contrat a été passé, soit par la loi nationale des parties, elles ne le sont jamais par la loi de la situation des lieux (3).

Toutefois, comme aucune de ces obligations n'est d'ordre public et qu'elles reposent toutes sur la volonté des parties, celles-ci, par une disposition expresse de la convention, peuvent appliquer la loi qui leur convient.

1196. Nous n'admettons pas davantage que les conditions de la réduction du prix de fermage soient réglées par la loi du lieu de situation (4).

1197. Les conditions dans lesquelles le preneur peut consentir une cession de bail ou une sous-location rentrent dans les effets du contrat et dépendent, comme tous ces effets, de la volonté présumée des parties ; il y a donc lieu d'appliquer les principes généraux que nous avons rappelés (5).

Toutefois, lorsqu'une loi interdit d'une manière absolue la cession du bail ou la sous-location sans que les parties puissent déroger à cette interdiction (tel n'est pas le cas pour la

(1) Brocher, II, p. 217 ; Rolin, III, n. 1236.
(2) Brocher, II, p. 215 ; Rolin, III, n. 1233.
(3) *Contra* Rolin, III, n. 1225 à 1227, 1231 s. ; Brocher, II, p. 214.
(4) V. cep. *Contra* Von Bar, *op. cit.*, II, p. 108, n. 284.
(5) Rolin, III, n. 1222.

défense faite par la loi française au métayer), cette loi s'inspire de considérations d'ordre public et est applicable à tous les biens situés sur le territoire qu'elle régit.

La même solution devrait être admise pour une loi qui autoriserait impérativement les cessions et sous-locations, sans permettre aux parties de les interdire.

1198. C'est encore le droit commun que nous appliquerons aux effets de la cession et de la sous-location, notamment dans les rapports entre le bailleur et le cessionnaire ou sous-locataire (1).

1199. Les modes d'extinction du contrat dérivent de la volonté présumée des parties, puisqu'il appartient aux contractants de les modifier en décidant, par exemple, que la perte de la maison louée ne mettra pas fin au bail et que la maison sera reconstruite ou, en sens inverse, que le bail se terminera par le changement de résidence du preneur. Ici donc encore il faudra appliquer tantôt la loi nationale, tantôt la loi du contrat (2).

1200. En se basant sur une théorie que nous avons réfutée (3), on est allé jusqu'à soutenir que la forme, les conditions et les effets du congé, dans le bail d'immeubles, sont régis par la loi du lieu de situation (4). Pour les conditions et les effets du congé, nous nous bornons à dire qu'ils dépendent de la volonté des parties, et qu'il y a lieu, par suite, d'appliquer tantôt la loi nationale, tantôt la loi de la situation. Mais, quant à la forme, il faut en tout cas appliquer les principes généraux sur la forme des actes en droit international, principes que tous les auteurs invoquent quand il s'agit de déterminer la forme du bail lui-même (5).

1201. On admet aussi que les conditions de la tacite

(1) On applique généralement la loi de la situation. Brocher, II, p. 214; Rolin, III, n. 1232.

(2) Les auteurs que nous avons réfutés appliquent logiquement la loi de la situation. Rolin, III, n. 1230, — et cela notamment en ce qui concerne l'influence de la vente de l'immeuble loué sur le contrat. Rolin, *loc. cit.*

(3) V. *supra*, n. 1194.

(4) Von Bar, *op. cit.*, II, p. 108, n. 284; Rolin, III, n. 1228.

(5) V. *supra*, n. 1191.

reconduction sont réglées par la loi du lieu de situation [1]. Ici encore nous nous référons aux principes que nous avons rappelés.

Et nous en dirons autant pour les effets de la tacite reconduction.

Il y a lieu de mettre à part celui de ces effets qui concerne la durée de l'engagement de la caution (C. civ., art. 1740). Les partisans de l'opinion que nous avons combattue conviennent eux-mêmes que, le cautionnement formant un contrat indépendant du bail, ce n'est plus la loi de la situation, mais la loi régissant les effets de la généralité des contrats qu'il faut consulter [2].

1202. Dans le droit international aussi bien que dans le droit interne, c'est le tribunal du domicile du défendeur qui est chargé de régler les contestations en matière de bail [3].

Il a été décidé cependant qu'en droit international, les contestations relatives à un bail d'immeubles doivent être portées devant le tribunal du lieu de la situation [4].

1203. Le traité franco-suisse du 15 juin 1869 (art. 4, § 2) porte que le juge de la situation des lieux connaît des actions « concernant la propriété ou la jouissance d'un immeuble ».

Il suit de ces termes généraux que, contrairement au droit commun, les actions entre propriétaires et locataires sont de la compétence du juge de la situation des lieux [5].

Ce texte est également applicable dans les rapports entre principal locataire et sous-locataire [6].

(1) Von Bar, II, p. 108, n. 284; Rolin, III, n. 1228.

(2) Rolin, III, n. 1229.

(3) Trib. sup. Vienne (Autriche), 13 juil. 1887, *Pand. franc.*, 89. 5. 16, *Journ. dr. int.*, 1895, p. 1096.

(4) Trib. Alexandrie, 5 fév. 1877, *Journ. dr. int.*, V, 1878, p. 175.

(5) Trib. civ. Marseille, 18 nov. 1874, *Journ. dr. int.*, 1875, p. 432. — Vincent, *Le traité franco-suisse du 15 juin 1869*, *Rev. prat. dr. int.*, I, 1890-91, p. 95, n. 76.

(6) Genève, 28 janv. 1889, Vincent, *Dict. de dr. int.*, *Rev. de 1889*, vº *Compétence*, n. 40. — Vincent, *loc. cit.*

TITRE II

DU LOUAGE D'OUVRAGE OU D'INDUSTRIE

CHAPITRE PREMIER

DÉFINITIONS. — DISTINCTION AVEC D'AUTRES CONTRATS. — DIVERSES ESPÈCES DE LOUAGES D'OUVRAGES

1204. L'art. 1710 nous a déjà appris que le caractère distinctif du louage d'ouvrage est d'être un contrat par lequel l'une des parties s'engage à faire quelque chose pour l'autre, moyennant un prix (1).

Comme dans le louage de choses, le *locateur* est celui qui fournit ce qui lui appartient, c'est-à-dire son travail, et le *locataire* celui qui profite de cette prestation et en paye le prix.

C'est donc le maître qui est locataire, c'est le domestique, l'ouvrier, l'employé, l'architecte, l'entrepreneur, qui est le locateur (2). Cette observation n'est pas seulement importante pour la rectitude des idées; elle peut servir, en certaines circonstances, à déterminer la nature du contrat (3).

1205. C'est par la nature de la prestation promise que le louage d'ouvrage se distingue du louage de choses (4).

C'est par la nature de la rémunération qu'il se distingue de la société : si le travail, au lieu d'être rémunéré par une somme fixe, l'était par une part dans les bénéfices de l'entreprise, il n'y aurait plus louage d'ouvrage, mais apport d'industrie dans une société. Toutefois nous montrerons plus loin que l'employé intéressé dans les bénéfices n'en reste pas moins un locateur d'ouvrage (5).

1206. Le louage de services se distingue du dépôt par le

(1) V. *supra*, n. 3.
(2) Laurent, XXV, n. 485; Guillouard, II, n. 687.
(3) V. *infra*, pour les concessions d'entreprises théâtrales, chap. IV.
(4) V. à propos du louage de services, *infra*, n. 1210.
(5) V. *infra*, ch. II, sect. IV, § II, V.

caractère onéreux du premier et gratuit du second. Ainsi l'acte par lequel une personne est chargée d'entretenir un animal appartenant à une autre moyennant un prix est un louage d'ouvrage et non un dépôt [1].

Toutefois, comme le dépôt comporte une faible rémunération aux termes formels de la loi, et devient alors le dépôt salarié, on se demande si, en ce cas, il se transforme en un louage d'ouvrage, et c'est une question très délicate [2]. Ajoutons qu'il n'est pas toujours facile de distinguer le dépôt du contrat de transport [3].

1207. Il n'y a aucune difficulté à distinguer le louage d'ouvrage du commodat, qui, comme le louage de choses, suppose la livraison d'un objet et non pas d'un travail, et qui, en outre, est gratuit. Cependant la question suivante doit être posée.

Le contrat par lequel le maître s'engage à loger un domestique, un ouvrier, un clerc ou un concierge est-il un commodat? On l'a affirmé [4], complètement à tort. Il n'y a rien de gratuit dans le contrat dont nous parlons, et il est évident que le maître n'est pas mû par une pensée de libéralité, mais qu'il entend rémunérer en partie, par l'octroi du logement, les services rendus et qu'il paye ainsi une portion des salaires; le logement est donc une partie du prix du travail, il s'unit indivisiblement au louage d'ouvrage et en fait partie.

A raison de cette indivisibilité, nous n'admettons pas davantage que la concession du logement, dans les conditions que nous avons fixées, soit un bail.

1208. Mais c'est surtout avec le mandat qu'il est délicat et important de distinguer le louage d'ouvrage ; nous nous occuperons de cette question dans notre *Traité du mandat*.

Nous nous occuperons à ce propos de la nature des services :

De l'agent d'affaires;

(1) *Contra* Caen, 14 nov. 1887, *Rec. Caen*, 88. 57 (entretien et dressage d'un cheval).
(2) V. notre *Tr. du dépôt*.
(3) *Infra*, ch. III, et notre *Tr. du dépôt*.
(4) Trib. paix Branne (Gironde), 22 janv. 1891, *Lois nouvelles*, 91. 2. 203.

De l'employé de commerce et de l'agent d'assurances ;

De l'employé de chemins de fer.

Nous étudierons également, à propos du mandat, le caractère de la convention intervenue entre un particulier et une personne exerçant une profession libérale.

1209. Aux termes de l'art. 1779 : « *Il y a trois espèces » principales de louage d'ouvrage et d'industrie : — 1° Le » louage des gens de travail qui s'engagent au service de quel» qu'un ; — 2° Celui des voituriers, tant par terre que par eau, » qui se chargent du transport des personnes ou des marchan» dises ; — 3° Celui des entrepreneurs d'ouvrages par suite de » devis ou marchés* ».

Cette division est, d'ailleurs, très incomplète, ou du moins il faudrait en rectifier le dernier terme : il existe un nombre indéfini de locateurs d'ouvrages, dont nous indiquerons les principaux, et qui, sans être des *entrepreneurs d'ouvrages,* fournissent comme ces derniers leur travail moyennant un prix et, comme eux, n'ont à fournir que ce travail sans être dans un lien de subordination vis-à-vis du maître.

CHAPITRE II

DU LOUAGE DE SERVICES OU LOUAGE DES DOMESTIQUES, OUVRIERS ET EMPLOYÉS

SECTION PREMIÈRE

DES CAS OU IL Y A LOUAGE DE SERVICES

1210. Le louage d'ouvrage dont parle l'art. 1779-1°, celui des *gens de travail,* est quelquefois appelé, et très exactement, *contrat de travail* (¹). Il se distingue, comme nous le verrons, par le caractère de subordination qu'il attribue à l'ouvrier et à l'employé, non pas seulement du louage d'entrepreneur d'ouvrage dont parle l'art. 1779-3°, mais de tous les autres louages d'ouvrage ou d'industrie.

(¹) Sauzet, *Le livret obligatoire des ouvriers, Rev. crit.*, XIX, 1890, p. 26, n. 5. — Dans l'ancien droit, on lui donnait souvent le nom de bail à loyer. — Argou, liv. III, ch. XXVII (II, p. 270).

1211. Les mots « domestiques et ouvriers » employés par l'art. 1779 ne sont pas assez larges, car la loi règle ici tous les services qui peuvent être loués [1], sauf peut-être ceux des personnes ayant des professions libérales.

Il faut donc appliquer les règles de ce titre :
aux employés de commerce ou commis [2];
au gérant d'une maison de commerce [3];
à l'artiste dramatique [4];
au jardinier [5];
à l'employé de chemin de fer;
aux rédacteurs d'un journal;
aux agents d'assurances;
au concierge [6].

1212. L'acte par lequel l'État ou une commune confère une fonction ou un emploi est un louage d'ouvrage; on y trouve, en effet, tous les traits caractéristiques de ce contrat et la seule différence qui sépare cet acte des autres louages d'ouvrage, c'est que les services sont rendus à l'État ou à la commune au lieu d'être rendus à un simple particulier [7].

L'opinion générale est contraire : on dit que l'acte de nomination d'un fonctionnaire est un acte de la puissance publique, ce qui est évident, mais ce qui n'empêche pas l'acte de constituer, de la part de l'État ou de la commune, la manifestation de la volonté de prendre à bail les services d'un tiers. On dit aussi que notre opinion tend à désorganiser les services en restreignant le droit de révocation; cet argument dévoile la véritable raison d'être de l'opinion de nos adversaires, laquelle a pour but d'autoriser la révocation arbitraire des fonctionnaires administratifs. Mais encore faudrait-il un

(1) Guillouard, II, n. 698.
(2) Ruben de Couder, *Dict. de dr. comm.*, v° *Commis*, n. 11 s.; Guillouard, II, n. 698. — V. notre *Tr. du mandat.*
(3) Rouen, 10 juil. 1843, S., 44. 2. 34. — Guillouard, II, n. 698.
(4) Trib. com. Le Havre, 17 août 1892, *Rec. du Havre*, 92. 1. 196. — Ruben de Couder, v° *Théâtre*, n. 1180 s.; Guillouard, II, n. 698. — V. *infra*, n. 1277 s.
(5) Guillouard, II, n. 698.
(6) Guillouard, II, n. 698 (ailleurs, I, n. 165, cet auteur voit là un mandataire).
(7) Perriquet, *Contrats de l'État*, 2e édit., p. 473 et 909; Gautier, *Rev. crit.*, 1882, p. 22; Brémond, *Rev. crit.*, 1891, p. 132.

texte pour soustraire à ce point de vue l'État au droit commun et si ce texte est jugé nécessaire (ce qui n'est pas notre avis, les fonctionnaires ayant tout autant besoin que les employés privés d'être protégés contre l'arbitraire de leurs chefs), rien n'est plus facile que de le voter.

On objecte en troisième lieu que les relations d'un fonctionnaire avec l'emploi occupé sont celles d'un possesseur avec la chose possédée et que la nomination d'un fonctionnaire se rapproche ainsi d'une concession sur le domaine public, l'emploi étant dans le domaine public [2]. Nous ne voyons pas pourquoi un fonctionnaire est, plutôt que tout autre employé, réputé possesseur de ses fonctions; les fonctions, insusceptibles de propriété (puisque le fonctionnaire ne peut en disposer), le sont, par là même, de possession. D'autre part, il est singulier de ranger dans le domaine public, qui comprend les *biens* de la collectivité, les fonctions publiques, qui n'ont pour l'État aucune valeur pécuniaire.

Ce qui achève de condamner la doctrine que nous combattons, c'est que, comme nous le verrons à propos du droit de révocation, elle admet que l'acte de nomination cesse d'être un acte de la puissance publique, pour devenir un contrat de louage d'ouvrage, si une convention formelle a été passée entre l'Etat et l'employé. Or, en dehors d'une convention formelle, n'y a-t-il pas, ainsi que nous l'avons montré, un accord de volontés non moins certain?

1213. La question a une très grande importance non pas seulement au point de vue du droit de révocation de l'Etat, mais encore au point de vue de la juridiction compétente pour apprécier la révocation [3].

1214. Il y a d'ailleurs intérêt, à des points de vue nombreux, à distinguer entre eux les domestiques, ouvriers et employés.

Les ouvriers seuls étaient soumis à l'obligation du livret

(1) Cons. d'État, 1er juil. 1885, S., 87. 3. 18. — Cons. d'État, 28 mars 1890, S., 92. 3. 65. — Hauriou, *Note*, S., 92. 3. 17 et les autorités citées *infra*, à propos du droit de révocation.

(2) Hauriou, *loc. cit.*

(3) V. *infra*, sect. VII, § I.

avant la suppression de cette obligation par la loi du 2 juillet 1890 [1].

L'art. 1781 C. civ., avant son abrogation, ne s'appliquait qu'aux ouvriers et domestiques [2].

Les règles de compétence ne sont pas les mêmes pour tous les locateurs de services [3].

Les règles de la prescription diffèrent également.

Il en est de même du point de savoir si le salaire est garanti par un privilège.

Les règles de la saisie-arrêt des salaires diffèrent également [4].

Il est donc indispensable de distinguer les trois catégories de locateurs de services.

1215. Les domestiques sont les locateurs de services qui, au lieu d'être attachés à un commerce ou à une industrie, comme les employés et les ouvriers, sont attachés à la personne ou aux propriétés ; tels sont, outre les domestiques de maison (valets de chambre, cuisiniers, servantes, etc.), les jardiniers, concierges, régisseurs ou intendants. Cependant, dans la pratique, il semble qu'on considère plutôt les régisseurs ou intendants comme des employés.

Les ouvriers sont tous ceux qui font un travail manuel dans un commerce ou une industrie, quels que soient leurs appointements [5].

1216. Le mot *employés* désigne tous ceux qui, sans être chargés d'un travail manuel (comme les ouvriers) ou d'un service vis-à-vis de la personne (comme les domestiques), s'engagent à aider un commerçant ou un industriel, auquel ils sont unis par un lien de dépendance, dans son commerce ou son industrie [6] ; leur travail, en un mot, est intellectuel.

[1] V. *infra*, n. 1237.
[2] V. *infra*, n. 1221 et s.
[3] V. *infra*, sect. VII.
[4] V. *infra*, n. 1454 et s.
[5] Trib. comm. Seine, 9 oct. 1888, *Ann. de com.*, IX, 1889, *Jurispr.*, p. 97 (le coupeur aux appointements de 6.000 fr. par an est un ouvrier justiciable du conseil de prudhommes). — Trib. comm. Seine, 9 mars 1889, cité *infra*, (correcteur d'imprimerie). — V. dans le même sens les auteurs cités à la note suiv.
[6] Trib. comm. Seine, 9 oct. 1888, *Ann. de com.*, III, 1889, *doctr.*, p. 97. — Cons.

1217. Il y a louage d'ouvrage entre l'entrepreneur de voitures et le cocher qui, moyennant un salaire fixe, conduit les voyageurs dans les voitures de l'entrepreneur.

1218. Il en est de même si le cocher est engagé à la *moyenne* (¹) c'est-à-dire s'il perçoit pour son compte les sommes payées par des voyageurs et, quelles que soient ces sommes en fait, paye à l'entrepreneur une somme fixée à forfait, au commencement de chaque journée, pour la journée qui suit, d'après les bases fournies par les sommes habituellement encaissées chaque jour. On ne peut dire qu'en pareil cas le cocher prenne à bail la voiture de l'entrepreneur moyennant une somme fixe (²); en effet, le fait que le cocher a été choisi par l'entrepreneur pour conduire sa voiture, prouve que le premier est le préposé du second et le mode de payement du salaire du cocher ne saurait changer la nature du contrat; la fixation de la moyenne revient à donner au cocher un salaire variable, consistant dans la différence entre la somme perçue et la moyenne. L'opinion contraire conduirait à décider que l'entrepreneur n'est pas responsable du fait du cocher, ce qui serait inique (³), et que le cocher est

prudhommes Seine, 16 oct. 1871, D., 72. 3. 72. — Ruben de Couder, *Dict. de dr. com.*, v° *Ouvrier*, n. 7; Laurin, *Cours de dr. com.*, n. 29 et 1044; Boistel, *Précis de dr. com.*, n. 66. — Ainsi sont employés : le commis-voyageur, Paris, 26 mai 1894, D., 95. 2. 189, — Le coureur engagé par un fabricant de vélocipèdes. Trib. com. Seine, 8 nov. 1893, *Gaz. Pal.*, 94. 1. 103, — Le traducteur attaché à un journal. Trib. com. Seine, 9 mars 1889, *Ann. de com.*, III, 1889, *Jurispr.*, p. 199 (alors même qu'il corrige les épreuves des articles qu'il traduit; ce jugement est rendu à propos de la compétence). — Certaines décisions paraissent considérer que le mode de payement des salaires sert à distinguer l'employé de l'ouvrier et que la personne payée chaque mois est un employé. Lyon, 1er août 1895, *Gaz. Pal.*, 96. 1. 138.

(¹) Trib. civ. Seine, 14 janv. 1891, D., 93. 2. 59 (ce jugement dit que le cocher est « préposé ou *mandataire* de son *patron* », ce qui est étrange, l'existence d'un patron supposant un louage d'ouvrage; mais, en rendant le patron responsable du fait du cocher, conformément à l'art. 1384, le jugement reconnaît implicitement qu'un louage d'ouvrage s'est effectué). — Trib. civ. Seine, 7 mars 1895, *Droit*, 2 avril 1895. — Bomboy, *Concl.* sous Trib. Seine, 14 janv. 1891, précité. — *Contra* C. d'appel d'Angleterre, 20 juin 1889, *Law Times Rep.*, LXI, p. 34, *Anal. Journ. dr. int.*, XVII, 1890, p. 505.

(²) Bomboy, *loc. cit.*

(³) *Contra* C. d'appel Angleterre, 20 juin 1889, précité (cet arrêt admet bien la responsabilité du locateur, mais il la déclare contraire au droit commun et s'appuie pour l'accepter sur une loi anglaise, la loi 6 et 7 Vict., c. 86, d'après laquelle, *au*

tenu de faire à la voiture les réparations d'entretien, ce qui ne le serait pas moins. Enfin, le fait qu'en général le nom de la compagnie de transports est indiqué sur la voiture, manifeste chez cette compagnie l'intention de faire admettre par les tiers le cocher comme son préposé.

SECTION II

CARACTÈRES, FORMES, PREUVE, CONDITIONS D'EXISTENCE ET DE VALIDITÉ DU CONTRAT.

§ I. *Caractères, forme et preuve du louage de services.*

1219. Le louage de services est un contrat synallgmatique.

D'autre part, le louage de services est un contrat à titre onéreux.

Enfin, c'est un contrat consensuel.

1220. La forme du contrat de louage des services n'est pas réglée par la loi.

Il peut donc être fait par écrit ou verbalement [1]. C'était déjà la solution du droit romain. Elle est également admise dans les pays étrangers [2]

S'il est fait par acte sous seing privé, il doit être rédigé en double, à raison de son caractère synallagmatique.

1220 *bis*. Dans le silence de la loi, on doit appliquer à la preuve du louage d'ouvrage les règles du droit commun et non pas les solutions données pour le louage de choses.

Donc la preuve par témoins est admise jusqu'à 150 fr. [3], mais pas au-delà, sauf avec un commencement de preuve par écrit [4].

regard du public, le cocher d'une voiture de place est toujours regardé comme le préposé du loueur).

(1) Guillouard, II, n. 700.

(2) En ce sens pour le contrat d'apprentissage, Trib. com. Nantes, 25 avril 1894, *Rec. Nantes*, 94. 1. 305. — Allemagne, Eck, Holtzendorff's *Rechtslexikon*, v° *Dienstmiethe*. — V. cep. Code gén. prussien, I, 11, § 870 s.

(3) Peaucellier, *Des conséquences de l'abrogation de l'art. 1781 C. civ.*, *Rev. crit.*, XXXIV, 1869, p. 516; Guillouard, II, n. 700.

(4) En ce sens pour le contrat d'apprentissage, Trib. comm. Nantes, 21 avril 1894, précité. — Il a été décidé que celui qui fait quelques courses et commissions

Le chiffre de la contestation se détermine par le total des annuités qui seront dues pendant la durée du contrat [1] et non par le montant de la somme réclamée par le domestique ou l'ouvrier [2]. Si, ainsi que cela arrive habituellement, la durée du contrat est indéterminée, cette règle cesse d'être matériellement applicable, et il semble qu'on doit tenir compte des sommes sur lesquelles porte la contestation.

1220 *ter*. Comme en matière de vente, et par argument de l'art. 1590, les arrhes ne démontrent pas la conclusion du contrat ; les contractants peuvent rompre le contrat, celui qui les a données en les perdant et celui qui les a reçues en restituant le double [3].

1221. L'art. 1781 du C. civ., dont la disposition était empruntée à la jurisprudence des Parlements et du Châtelet, portait : « *Le maître est cru sur son affirmation, — Pour la » quotité des gages ; — Pour le paiement du salaire de l'année » échue ; — Et pour les à-comptes donnés pour l'année cou- » rante* ».

Ce texte contenait une double dérogation au droit commun : 1° il interdisait au domestique le droit de recourir à la preuve testimoniale, même en matière n'excédant pas 150 fr., pour établir la quotité de ses gages ou l'importance des paiements à lui faits par le maître ; 2° le maître en était cru sur son affirmation qui, d'après la plupart des interprètes, devait être une affirmation sous serment, pour la quotité des gages et pour le paiement des salaires de l'année échue et des acomptes donnés sur l'année courante ; le juge ne pouvait en aucun cas déférer le serment au domestique sur l'un ou l'autre point. On essayait de justifier cette préférence accordée au maître, en disant qu'il devait inspirer plus de confiance que le domestique [4], parce qu'il était plus instruit et doué par cela même, on devait le supposer, d'une plus grande mora-

et qui est ainsi un locateur d'ouvrage, peut prouver par tous moyens le contrat, parce qu'il n'a pu se procurer une preuve par écrit. — Trib. civ. Saint-Affrique, 3 avril 1895, *Mon. trib. Midi*, 28 juill. 1895.

[1] Trib. paix Lille, 22 avril 1894, *Mon. jud. Lyon*, 24 août 1895.

[2] Troplong, II, n. 851 ; Duvergier, II, n. 282 ; Guillouard, II, n. 700.

[3] *Contra* Peaucellier, *loc. cit.*

[4] Trib. civ. Avignon, 23 fév. 1888, *Gaz. Pal.*, 88. 2, *Suppl.* 4 (nourrice).

lité, plus riche aussi et par conséquent moins intéressé à trahir la vérité dans un débat où il s'agit en général d'une faible somme (¹).

L'art. 1781 a été abrogé par la loi du 2 août 1868, comme blessant le principe d'égalité proclamé par la constitution politique, et la preuve des faits indiqués par l'art. 1781 se trouve ainsi ramenée au droit commun.

Or voici la situation que le droit commun fait ici aux parties :

1° Le domestique doit prouver qu'il est créancier du salaire dont il réclame le paiement (arg. art. 1315 al. 1) (²). Pour cela, il est obligé de démontrer l'existence du contrat de louage de services et le prix moyennant lequel il a été conclu (³). Nous avons déjà établi quelles sortes de preuves on peut apporter. Il en résulte que si le salaire total excède 150 fr., on est dans la même situation que sous l'empire de l'art. 1781, le domestique en est réduit à l'aveu du maître (⁴), la preuve par témoins est interdite s'il n'y a pas un commencement de preuve par écrit. Si même les gages n'excèdent pas 150 fr., comme le chiffre des gages est ordinairement convenu hors de l'assistance des témoins, la situation du domestique n'est pas améliorée (⁵).

Le principe de l'indivisibilité de l'aveu devrait d'ailleurs recevoir son application au cas où le maître, en avouant l'existence du contrat, déclarerait avoir payé une partie des gages. La créance du domestique ne sera donc prouvée que jusqu'à concurrence de la somme dont le maître se reconnaît actuellement débiteur (⁶), à moins qu'il ne prouve la fausseté de la déclaration du maître (⁷).

Toutefois le juge peut, jusqu'à 150 fr., à titre de présomption, tenir compte des salaires moyens de la région (⁸).

(¹) Treilhard, Fenet, XIV, p. 255.
(²) Peaucellier, *op. cit.*, p. 517.
(³) Peaucellier, *loc. cit.*
(⁴) Trib. paix Lille, 22 avril 1895, D., 97. 2. 187.
(⁵) Peaucellier, *op. cit.*, p. 517
(⁶) Peaucellier, *op. cit.*, p. 517.
(⁷) Peaucellier, *op. cit.*, p. 521.
(⁸) Peaucellier, *op. cit.*, p. 523.

On décide aussi que le domestique peut également déférer au maître le serment décisoire sur le point de savoir si l'aveu du maître, relativement au payement, est exact (¹).

2° Une fois que le domestique aura établi l'existence et le montant de sa créance, si le maître prétend s'être libéré en tout ou en partie par un paiement, il devra en fournir la preuve (arg. art. 1315 al 2) (²), et il ne sera admis à prouver par témoins que les paiements ne dépassant pas le chiffre de 150 fr. (³). Au delà de cette limite, le maître, à moins d'avoir un commencement de preuve par écrit, se trouvera à la discrétion du domestique, en ce sens qu'il en sera réduit à la preuve résultant de l'aveu de celui-ci ou du serment qu'il lui déférera, car, quoiqu'il ne soit pas, en ces matières, d'usage de réclamer une quittance, on ne peut dire que le maître ait été dans l'impossibilité de l'obtenir (⁴) ; ainsi, dans cette hypothèse, la situation que l'art. 1781 faisait au maître se trouve renversée, mais au préjudice de l'équité ; car on impose au maître une preuve qu'il lui est impossible de faire ; le paiement des gages se fait ordinairement, comme nous venons de le dire, sans écrit ni témoins (⁵) ou en présence de témoins qui ne peuvent être entendus (conjoints ou enfants) ou sont reprochables (domestiques, ouvriers, etc.) ; les livres du maître ne peuvent, en principe, inspirer au juge une confiance suffisante (⁶).

1222. Pour toutes ces raisons, les auteurs sont d'accord à

(¹) Peaucellier, *op. cit.*, p. 525.
(²) Trib. civ. Seine, 2 août 1888, *Gaz. Pal.*, 88. 2. 357. — Peaucellier, *op. cit.*, p. 517.
(³) Guillouard, II, n. 706.
(⁴) Guillouard, II, n. 706. — *Contra* Trib. civ. Nogent-le-Rotrou, 8 mars 1895 D., 96. 2. 275 (pour les gages des domestiques). — V. aussi Trib. civ. Seine, 8 juil. 1893, *Droit*, 4 août 1893 (concierge).
(⁵) On n'a d'ailleurs maintenu le droit commun qu'à titre provisoire, en raison de dissentiments qui s'étaient élevés entre les membres de la commission, et on avait recommandé au gouvernement de trancher la question lors de la réforme, alors en élaboration, du code de procédure ; rapport Mathieu, S., *Lois annotées de 1868*, p. 330.
(⁶) Peaucellier, *op. cit.*, p. 519. — V. cep. Trib. civ. Bordeaux, 21 nov. 1893, *Rec. de Bordeaux*, 94. 3. 46 (jusqu'à 150 fr. ; le jugement paraît ainsi tirer des livres du maître une présomption judiciaire).

blâmer l'innovation de la loi de 1868 [1]. Peut-être aurait-il mieux valu se fier à l'affirmation du maître, généralement moins intéressé que le domestique à travestir la vérité, sauf à admettre la preuve contraire [2].

1223. L'art. 2 de la loi du 2 juil. 1890 dont l'objet est *d'abroger les dispositions relatives aux livrets d'ouvriers*, s'exprime ainsi : « *Le contrat de louage d'ouvrage entre les chefs ou directeurs d'établissements industriels et leurs ouvriers est soumis aux règles du droit commun et peut être constaté dans les formes qu'il convient aux parties contractantes d'adopter* ».

§ II. *Capacité des parties.*

1224. Nous n'avons rien à dire de la capacité du maître; en principe, le maître qui engage des domestiques, ouvriers et employés fait un acte d'administration, car il obtient de celui qu'il engage des services. Toute personne capable d'administrer son patrimoine peut donc remplir le rôle de locataire. Il y a lieu cependant d'appliquer au mineur émancipé l'art. 484 C. civ., d'après lequel les engagements du mineur émancipé sont réductibles en cas d'excès.

1225. Quant au locateur, il ne fait également qu'un acte d'administration, le louage d'ouvrage ne pouvant avoir aucune conséquence préjudiciable à son patrimoine; toutefois, comme on va le voir, notamment à propos de la femme mariée, d'autres considérations entrent ici en ligne de compte.

Le mineur non émancipé ne peut louer ses services sans l'autorisation de son père administrateur légal ou de son tuteur [3].

Ce n'est pas, comme on le dit généralement, parce que le louage de services peut entraîner pour le mineur un préjudice moral qu'il n'est pas en état d'apprécier, c'est plutôt

[1] Peaucellier, *Rev. crit.*, 1869, p. 513 s.; Colmet de Santerre, n. 232 *bis*, III et X; Guillouard, II, n. 704 à 706.

[2] Peaucellier, p. 513 et 527.

[3] Trib. civ. Seine, 25 oct. 1894, *Gaz. Pal.*, 94. 2. 587 (père, pour l'engagement théâtral). — Demolombe, VII, n. 799; Guillouard, II, n. 702. — L'autorisation peut être implicite, elle résulte de ce que le père a connu le contrat et accompagné son fils aux représentations. — Trib. civ. Seine, 25 oct. 1894, précité.

parce que le mineur n'a pas la capacité nécessaire pour accomplir un acte quelconque de la vie civile.

Cette considération paraîtrait, il est vrai, devoir conduire à décider que l'engagement est pris par le tuteur sans la participation du mineur lui-même, ce dernier représentant entièrement son pupille. Mais, comme il s'agit ici d'une promesse dont l'exécution exige le travail personnel du mineur, il est nécessaire que ce dernier consente à la fournir.

Ainsi le contrat d'apprentissage est passé par le mineur autorisé du tuteur. Le tuteur ne peut seul le passer [1].

De même, si le mineur est placé sous l'administration légale de son père, il passe le contrat d'apprentissage avec l'autorisation de son père [2].

L'engagement théâtral est également passé par le mineur avec l'agrément du tuteur et non par le tuteur seul [3].

1226. Le mineur non émancipé ne peut promettre un dédit pour le cas où il romprait un louage d'ouvrage (par exemple un engagement théâtral). Si son consentement est exigé pour le contrat de louage d'ouvrage, c'est, comme nous l'avons montré, que l'exécution de ce contrat nécessite son concours personnel et que le tuteur ne représente le mineur que pour la solution des questions pécuniaires. Or, il s'agit ici d'une question purement pécuniaire.

Le tuteur fixe donc le dédit sans le concours de son pupille.

1227. L'engagement comme instituteur est passé, d'après l'art. 14 du décret du 2 juillet 1866, par le mineur avec l'autorisation de son père.

On conclut de là que le mineur qui rompt son engagement est personnellement tenu de rendre à l'Etat ou au département le prix de la pension dont il a joui gratuitement comme boursier à l'école normale. C'est d'ailleurs ce que paraît dire l'art. 17 du même décret.

(1) Harel, *Rev. étrang.*, XIV, p. 309, n. 22. — *Contra* Bertin, *Chambre du conseil*, 3e éd., I, n. 490.

(2) Harel, *loc. cit.*

(3) Paris, 5 janvier 1878, cité par Bertin, *loc. cit. infra.* — Trib. civ. Seine, 25 oct. 1894, précité. — Demolombe, VII, n. 800; Vivien et Blanc, *Tr. de la législ. des théâtres*, n. 213; Lacan et Paulmier, *Ibid.*, I, n. 239; Dubosc et Goujon, *L'engag. théâtral*, p. 23; Bertin, *op. cit.*, I, n. 490; Agnel, *Code man. des artistes dramatiques*, n. 66. — *Contra* Paris, 27 juin 1889, S., 89. 2. 159.

1228. Le mineur émancipé contracte un engagement sans l'assistance du curateur, car il ne fait ainsi qu'un acte d'administration.

Cette solution est notamment exacte pour le contrat d'apprentissage [1].

1229. La femme mariée ne peut louer ses services sans l'autorisation de son mari [2].

Cette autorisation peut-elle être remplacée par celle de justice? La question est très discutée.

L'affirmative nous paraît résulter des principes [3]; c'est de la manière la plus absolue, dans les termes les plus généraux que l'art. 218 autorise le tribunal à remplacer le mari. Il a, du reste, obéi à des motifs impérieux qui ne souffrent aucune distinction; le refus du mari ne s'explique souvent que par le désir de nuire à la femme; or, s'il est important que ces intentions puissent être déjouées, c'est surtout en matière de louage d'ouvrage que le refus d'autorisation du mari doit pouvoir être suppléé; la femme qui veut louer ses services a généralement besoin d'exercer une profession pour vivre et il ne faut pas que le mari l'empêche de gagner ses moyens d'existence.

Nous sommes surpris de voir objecter que, dans des contrats de ce genre, les intérêts moraux de la femme, l'honneur de sa famille, surpassent ces intérêts pécuniaires et que le tribunal ne peut se rendre juge du caractère de la femme, des soupçons que peut faire naître une situation déterminée.

D'une part, il est certains louages d'ouvrage qui mettent exclusivement en jeu les intérêts pécuniaires de la femme et n'ont rien à faire avec la dignité de son existence. La femme qui s'engage à faire de la peinture ou de la tapisserie peut-elle donc compromettre les intérêts moraux de sa famille?

D'autre part, nous ne voyons pas pourquoi les tribunaux

[1] Mollot, *Du contrat d'apprentissage*, n. 14; Harel, *op. cit.*, p. 309, n. 22.

[2] Appliqué à l'engagement théâtral. — Trib. civ. Seine, 12 juil. 1888, *Gaz. Pal.*, 88. 2. 155. — Il y a, par application du droit commun, exception pour le cas où la femme se serait fait frauduleusement passer pour célibataire. — Trib. civ. Marseille, 24 janv. 1888, *Rec. Marseille*, 88. 152.

[3] Beudant, *Cours de dr. civ.*, I, n. 332. — *Contra* Guillouard, II, n. 702 et les arrêts cités *infra*.

ne seraient pas juges des intérêts moraux de la femme et de la famille et ne seraient pas en état d'examiner si le contrat projeté profite ou non à ces intérêts. Si le mari a des raisons sérieuses de refuser son autorisation, est-il empêché de les faire valoir devant le tribunal? Ce dernier n'a-t-il pas, en beaucoup d'autres matières, le droit d'examiner le côté moral des questions qui lui sont soumises?

Enfin et surtout les prétendues considérations morales qu'invoquent nos adversaires rendent leur système le plus immoral qu'on puisse imaginer. Qu'arrivera-t-il si la femme, empêchée par le refus du mari de gagner honnêtement sa vie, n'a pas le droit de demander au tribunal l'autorisation de le faire? C'est qu'elle exercera des métiers moins honnêtes et la femme qui ne pourra pas contracter un engagement théâtral se lancera dans la prostitution. La moralité y gagne-t-elle?

Ce qui condamne encore davantage l'opinion que nous discutons, c'est que ses partisans se sentent obligés d'admettre une exception à leur doctrine pour le cas où le mari « abandonne sa femme et ses enfants ». La femme alors, pour subvenir « à ses besoins et à ceux de ses enfants », peut, pourvu qu'elle le fasse honorablement, louer ses services avec l'autorisation de justice [1]. Le tribunal aurait seulement à rechercher si la femme veut exercer un métier compatible avec sa dignité [2]. On fonde cette solution sur l'idée que le mari a donné à sa femme l'autorisation tacite de subvenir à ses besoins [3].

Mais si cette autorisation est donnée tacitement, pourquoi exiger encore l'autorisation de justice? Et si le rôle du tribunal n'est pas d'examiner la moralité de l'acte projeté, pourquoi, par exception, ce rôle est-il ici différent?

1230. Ainsi, dans notre opinion, la femme peut, avec l'autorisation de justice, contracter un engagement théâtral [4].

[1] Cass., 6 août 1878, S., 79. 1. 65, D., 79. 1. 400. — Paris, 23 août 1851, D. 52. 2. 10. — Rouen, 4 fév. 1878, D., 78. 2. 258. — Guillouard, II, n. 702.
[2] Guillouard, II, n. 702.
[3] Guillouard, *loc. cit.*
[4] Trib. civ. Seine, 3 janv. 1868, S., 68. 2. 65, D., 68. 2. 28. — Trib. civ. Seine,

1231. On a décidé, comme nous l'avons dit, que la femme, en l'absence du mari, peut être réputée avoir reçu de lui l'autorisation tacite de louer ses services pour suffire à ses besoins et à ceux de ses enfants. Cette solution est contraire à la règle que l'autorisation doit être expresse (C. civ., art. 217). Aussi a-t-on dû dire qu'en l'espèce il y a mandat (¹); cela est certainement inexact, car le mandat donné exclusivement dans l'intérêt du mandataire est nul et, d'autre part, l'acte du mari qui permet à sa femme de faire un acte personnel à cette dernière répond à la définition de l'autorisation.

1232. Des lois de police interdisent le louage d'ouvrage entre certaines personnes.

La loi du 8 août 1893 sur le séjour des étrangers en France, après avoir obligé (art. 1er) tout étranger arrivant en France à faire une déclaration de résidence, à la suite de laquelle un certificat d'immatriculation lui est délivré, dispose que « toute personne qui emploiera sciemment un étranger non muni du certificat d'immatriculation sera passible des peines de simple police » (art. 2) (²).

1233. L'art. 7 de la loi du 17 juil. 1880 défend au débitant de boissons qui a encouru l'une des condamnations prévues dans l'art. 6 « d'être employé à un titre quelconque dans l'établissement qu'il exploitait, comme attaché au service du tiers auquel il a vendu ou loué, ou par qui il fait gérer cet établissement, ni dans l'établissement qui serait exploité par son conjoint même séparé » (³).

1234. Diverses propositions de loi ont été déposées aux

16 mai 1891, *Pand. franç.*, 94. 2. 56. — *Contra* Constant, *Code des théâtres*, p. 262; Demolombe, IV, n. 248 *bis*; Lacan et Paulmier, *Tr. de la législ. et de la jurispr. des théâtres*, n. 240; Ruben de Couder, v° *Théâtre*, n. 125 s.; Laurent, III, n. 135; Aubry et Rau, V, p. 144, § 472; Dutruc, *Dict. du contentieux comm.*, v° *Femme mariée*, n. 10; Guillouard, II, n. 702; Delalande, *Rev. prat.*, 1879, p. 192; Huc, II, n. 263.

(¹) Cass., 6 août 1878, S., 79. 1. 65, D., 79. 1. 400. — Rouen, 4 fév. 1878, D., 78. 2. 258. — Bertin, *Chambre du conseil*, 3e édit., II, n. 829.

(²) Décidé qu'il y a infraction à ce texte de la part de la personne qui emploie à son service une fois par semaine, régulièrement et à jour fixe, une personne étrangère. Trib. police Paris, 14 avril 1894, S., 94. 2. 181.

(³) V. sur l'application de ce texte, Cass. crim., 20 fév. 1890, S., 91. 1. 235.

Chambres pour interdire directement ou indirectement aux patrons l'emploi d'ouvriers étrangers ou les obliger à en limiter le nombre ([1]).

1235. D'après l'art. 2, al. 1 de la loi du 2 nov. 1892, les enfants ne peuvent être employés « dans les usines, manufactures, mines, minières et carrières, chantiers, ateliers et leurs dépendances, même lorsque ces établissements ont un caractère d'enseignement professionnel ou de bienfaisance » avant « l'âge de 13 ans révolus ». Les enfants munis du certificat d'études primaires peuvent être employés à partir de 12 ans (art. 2, al. 2). Les enfants âgés de moins de 16 ans doivent être munis d'un certificat d'aptitude physique délivré conformément à cette loi (art. 2, al. 3).

Cette loi fixe aussi le nombre d'heures pendant lesquelles les enfants pourront être employés.

Un décret du 13 mai 1893 fixe les industries auxquelles ne peuvent être employés les enfants avant 13, 16 ou 18 ans.

1236. D'autre part les tribunaux peuvent interdire à un patron de prendre des employés qui ont appartenu à un autre commerçant s'il veut les prendre dans le but de faire à ce dernier une concurrence déloyale, ou lui imposer des dommages-intérêts pour les avoir pris ([2]).

1237. On a interdit pendant longtemps aux patrons de recevoir des ouvriers qui ne seraient pas porteurs d'un livret constatant l'acquit de leurs engagements envers leur ancien patron.

([1]) 7 déc. 1893, Proposition Jules Brice établissant une taxe mensuelle (5 francs, réduite à moitié pour la femme), sur les ouvriers étrangers, dont les patrons seraient responsables. *Doc. parl.*, Chambre, n. 125, *J. O.*, p. 153; 30 janvier 1894. Rapport sommaire Rameau, *Doc. parl.*, Chambre, n. 333; 18 déc. 1893, Proposition Richard obligeant les patrons à payer une taxe de 5 p. 100 du salaire journalier des ouvriers étrangers. *Doc. parl.*, Chambre, n. 190, *J. O.*, p. 235; 30 janv. 1894, Rapport sommaire Rameau, *Doc. parl.*, Chambre, n. 334; 20 janv. 1894, Proposition Richard établissant une taxe journalière de 50 centimes sur les patrons étrangers et de 25 centimes sur les ouvriers étrangers, ladite taxe réductible à 1 franc par mois après trois années de séjour.

([2]) Paris, 21 décembre 1892, *Gaz. Pal.*, 93. 1. 2e p., 30. — Paris, 18 novembre 1893, *Gaz. Pal.*, 94. 1. 10. — Trib. com. Seine, 3 novembre 1892, *Gaz. Pal.*, 93. 1. 72. — Mais en principe le fait de prendre ces employés est licite. — Douai, 15 juillet 1887, *Ann. prop. industr.*, 91. 306.

L'art. 12 de la loi du 22 germinal an XI, portait : « Nul ne pourra, sous peine de dommages-intérêts envers son maître, recevoir un ouvrier, s'il n'est porteur d'un livret portant le certificat d'acquit de ses engagements, délivré par celui de chez qui il sort ». L'art. 13 renvoyait au gouvernement le soin de déterminer la forme des livrets ; elle fit l'objet d'un arrêté du 9 frimaire an XII (¹).

Mais la loi du 2 juin 1890 (art. 2) a supprimé toutes les dispositions relatives au livret des ouvriers.

§ III. *Consentement et vices du consentement.*

1238. Il n'y a lieu ici que d'appliquer le droit commun. L'absence de consentement entraîne la nullité absolue du contrat. Les vices du consentement, — dol, violence et erreur —, entraînent sa nullité relative.

Le dol, commme en toute matière, doit, pour donner ouverture à l'action en nullité, émaner du co-contractant ; la jurisprudence n'en offre pas d'exemple. On peut citer les manœuvres frauduleuses pratiquées par le patron vis-à-vis d'un employé intéressé pour exagérer les bénéfices de l'entreprise, les manœuvres frauduleuses pratiquées par un ouvrier ou un employé pour faire illusion au patron sur ses mérites.

1239. La violence est encore plus rare. On a décidé avec raison que l'ouvrier ne peut se plaindre d'avoir contracté sous l'empire de la violence, par cela seul que le patron a subordonné l'engagement à la participation de l'ouvrier à une association de secours, d'ailleurs organisée dans l'intérêt des sociétaires (²).

1240. Quant à l'erreur, elle n'entraîne la nullité, toujours par application du droit commun, que si elle porte sur la substance de la chose ou sur la personne dans le cas où la considération de la personne aurait amené la formation du contrat (C. civ., art. 1110).

Ainsi le patron qui a cru trouver en son employé des capa-

(¹) V. Sauzet, Le Livret obligatoire des ouvriers, *Rev. crit.*, XIX, 1890, p. 216 s., n. 78.

(²) Trib. civ. Seine, 30 déc. 1892, *Loi*, 4 juill. 1893.

cités exceptionnelles qui lui font défaut ne peut, pour cette seule raison, demander la nullité du contrat (1), en dehors de manœuvres frauduleuses de ce dernier.

§ IV. *Objet du contrat.*

1241. L'objet du contrat de travail, comme de tout autre contrat, doit être licite.

Ainsi l'engagement en vue de services de domesticité à rendre dans une maison de tolérance et pour aider à son exploitation est nul (2).

Il en est de même du contrat passé par une agence de paris avec un agent chargé de recevoir les paris (3).

1242. Il est admis en jurisprudence que la gérance d'une officine de pharmacie ne peut être confiée par le titulaire à un tiers, même muni du diplôme de pharmacien (4).

De même le pharmacien pourvu du diplôme ne peut être le simple prête-nom d'un tiers non pourvu du diplôme (5).

A plus forte raison le pharmacien qui exploite lui-même une officine ne peut confier l'exploitation d'une seconde officine à un gérant même muni des diplômes nécessaires (6).

1243. Le contrat de gérance ou de gestion d'un office ministériel, par lequel le titulaire confie la gestion à un tiers auquel il alloue des appointements fixes ou s'engage à le gérer moyennant des appointements fixes pour le compte de ce tiers (en attendant, par exemple, que ce dernier ait accompli les conditions requises pour l'acquisition de l'office), était autorisé dans l'ancien droit (7).

(1) Trib. féd. suisse, 26 mars 1892, *Ann. dr. com.*, VII, 1893, p. 143.

(2) Cass. req., 11 nov. 1890, S., 91. 1. 319 (pas d'action en justice pour le payement des salaires).

(3) Trib. civ. Bruxelles, 12 oct. 1896, *Pasicr.*, 96. 3. 350.

(4) Cass., 22 avril 1880, S., 80. 1. 434. — Cass., 17 juin 1880, S., 80. 1. 435. — Cass., 13 août 1888, S., 88. 1. 415. — Cass., 8 janv. 1891, S., 91. 1. 559. — Paris, 17 févr. 1891, S., 94. 2. 52. — Lyon, 29 nov. 1894, *Loi*, 12 mars 1895.

(5) Paris, 29 déc. 1893, *Mon. jud. Lyon*, 6 avril 1894.

(6) Trib. com. Troyes, 31 janv. 1894, *Gaz. Pal.*, 94. 2. 439. — Cela se rattache à une jurisprudence constante qui interdit, en se basant sur l'art. 25 de la loi du 21 germinal an XI, à un pharmacien de posséder deux officines.

(7) Loyseau, *Tr. des offices*, liv. III, ch. X, n. 9; Wahl, *Note*, S., 94. 2. 289, § 1, n. 1.

Aujourd'hui il est nul [1], pour les mêmes raisons que le louage d'un office ou la société relative à un office : L'art. 91 de la loi du 28 avril 1816 n'autorise qu'un seul contrat relatif aux offices, la vente, et la loi du 25 juin 1841 ne vise également que la transmission d'un office.

Du reste, la chancellerie refuse de valider les contrats de ce genre [2].

SECTION III

MODALITÉS DU CONTRAT

1244. Le contrat de louage d'ouvrage peut être soumis aux mêmes modalités que toute autre convention [3]. La plus importante de ces modalités est celle qui subordonne l'engagement à un travail de quelques jours, fait par l'ouvrier et jugé satisfaisant par le patron. Ce dernier est alors arbitrairement juge de la valeur du travail de l'ouvrier et ce dernier, qui s'est confié au jugement du patron, ne peut déférer aux tribunaux la décision de ce dernier.

1245. En pratique, il est souvent stipulé que l'engagement d'un acteur est subordonné à l'agrément du public lors de ses débuts [4]. Dans ce cas, l'acteur peut exiger que ses débuts aient lieu [5].

SECTION IV

OBLIGATIONS DES PARTIES

1246. Les obligations des parties, comme nous le dirons, ne

[1] Rennes, 15 avril 1886, S., 86. 2. 213 (courtier). — Grenoble, 11 déc. 1891, S., 94. 2. 289 (office de notaire). — Wahl, *Note*, S., 94. 2. 290, § 2, n. 4.

[2] Wahl, *loc. cit.*

[3] Pour la condition résolutoire, v. *infra*, sect. V, § I.

[4] Vivien et Blanc, *Tr. de la législ. des théâtres*, n. 272 s.; Lacan et Paulmier, I, n. 302 s.; Guichard, *Législ. des théâtres*, n. 121; Constant, *Code des théâtres*, p. 98; Dubosc et Goujon, *L'engagement théâtral*, p. 65 s.

[5] Cass., 6 août 1866, S., 66. 1. 391. — Rouen, 23 janv. 1867, S., 67. 2. 218. — Constant, *loc. cit.* — D'où le droit pour l'acteur de réclamer des dommages-intérêts ou, s'il y a lieu, le montant de la clause pénale, alors même que la faillite ou la déconfiture du directeur a empêché les débuts. Cass., 6 août 1866, précité. — Rouen, 23 janv. 1867, précité. — Cependant jugé que, si l'insuffisance de l'artiste a été constatée dans des auditions privées, l'artiste, malgré toute stipulation, ne peut exiger ses débuts publics. Bordeaux, 29 avril 1891, S., 91. 2. 230.

sont pas déterminées spécialement par la loi ; elles résultent des principes généraux et, sauf les restrictions assez nombreuses que nous aurons l'occasion d'indiquer, elles peuvent être modifiées par la convention. Dans ces limites, les règlements d'atelier, affichés dans les ateliers, qui déterminent les droits et les obligations des ouvriers, sont opposables à ces derniers (1). Mais il faut pour cela qu'ils en aient eu connaissance et les aient acceptés (2).

§ I. *Obligations du domestique, ouvrier ou employé.*

1247. La loi ne détermine pas les obligations du locateur de services ; quoiqu'elles dérivent, en conséquence, exclusivement du droit commun, elles donnent lieu à quelques observations.

En dehors de l'obligation de rester au service du patron pendant tout le temps fixé par la convention, obligation dont la portée et la sanction seront déterminées plus tard (3), le locateur de services a une double série d'obligations : pendant la durée de son engagement et après la fin de cet engagement.

I. *Obligations pendant la durée de l'engagement.*

1248. L'obligation principale du locateur de services, pendant la durée de son engagement, est d'obéir aux ordres du maître et des préposés, librement choisis par le maître, dans les limites où il s'est engagé à leur obéir, c'est-à-dire pour tout ce qui concerne le métier qu'il a accepté de remplir ; cette obligation d'obéissance dérive du lien de subordination qui rattache le locateur de services au patron, et est sanctionnée par le droit accordé à ce dernier de réclamer des dommages-intérêts au locateur, et même de le renvoyer sans avoir à observer les délais fixés par l'art. 1780 C. civ. (4).

(1) Trib. com. Seine, 17 nov. 1894, *Gaz. Pal.*, 95. 1. 8.

(2) Trib. com. Nantes, 9 fév. 1889, *Gaz. Pal.*, 90. 1, *Suppl.*, 39 (ce jugement paraît même exiger que l'ouvrier ait signé le règlement).

(3) V. *infra*, sect. V, § I.

(4) V. *infra*, sect. V, § II.

1249. Toutefois, il va sans dire que des ordres immoraux ou illégaux ne s'imposent aucunement aux domestiques, employés ou ouvriers [1].

1250. De ce que l'ouvrier est engagé moyennant un salaire mensuel, il ne résulte pas que le patron ne puisse l'obliger à travailler aux pièces [2], mais ce travail doit être combiné de manière que l'ouvrier ne touche pas moins que le salaire mensuel fixé [3].

1251. L'ouvrier, d'autre part, est responsable des dégâts qu'il commet au préjudice de son patron et par sa faute.

Il est notamment responsable des malfaçons provenant de sa faute [4]. Cependant, souvent on ne punit que sa faute lourde [5], mais cette dernière solution est impossible à justifier.

Il convient en tous cas de noter que les malfaçons ne proviennent pas de la faute de l'ouvrier si elles sont le résultat de son inexpérience connue du patron [6].

1252. L'employé chargé de veiller sur d'autres employés est responsable envers le patron des détournements commis par ces derniers et qu'une surveillance plus étroite aurait pu éviter [7].

1253. L'employé est également responsable du préjudice que, par son imprudence, les agissements d'un tiers causent au patron [8].

1254. L'ouvrier n'est, d'ailleurs, pas responsable envers son patron dans les conditions fixées par les art. 1792 et

[1] Il a été jugé qu'un comptable peut se refuser à passer des écritures irrégulières, mais qu'il ne peut inscrire sur les livres, à l'insu du patron, une mention constatant l'irrégularité des écritures. — Trib. com. Seine, 2 nov. 1895, *Gaz. Pal.*, 95. 2 731.

[2] Lyon, 5 mars 1890, *Mon. jud. Lyon*, 5 avril 1890.

[3] Lyon, 5 mars 1890, précité.

[4] Cass. req., 15 fév. 1892, S., 92. 1. 143.

[5] Trib. com. Marseille, 16 janv. 1888, *Rec. Marseille*, 88. 1. 140.

[6] Cass. req., 15 fév. 1892, précité.

[7] Trib. com. Le Havre, 9 janv. 1893, *Rec. du Havre*, 93. 1. 30 (caissier qui omet de se faire remettre tous les jours par les employés auxquels il a confié des fonds les quittances des sommes payées).

[8] Ainsi l'employé qui est, par un vol à l'américaine, dépouillé de fonds appartenant à son patron, doit compter à ce dernier les fonds volés. — Trib. civ. Lille, 1er fév. 1894, *Gaz. Pal.*, 94. 1. 550.

1799 C. civ. ([1]). Ces derniers textes sont spéciaux au locateur d'industrie, qui n'a pas une situation dépendante vis-à-vis du patron.

1255. L'employé ou l'ouvrier ne peut, sans être passible de dommages-intérêts envers le patron, révéler les procédés de fabrication de la maison.

En outre, il peut tomber sous l'application de l'art. 418 C. pén., qui punit « tout directeur, commis, ouvrier de fabrique, qui aura communiqué ou tenté de communiquer... les secrets de la fabrique où il aura été employé » ([2]).

Mais il ne tombe pas sous l'application de l'art. 379 C. pén. qui punit le vol ([3]).

1256. L'employé ou l'ouvrier qui use à son profit personnel des secrets de la fabrique est passible de dommages-intérêts.

Mais il ne tombe pas sous le coup de l'art. 418 C. pén. ([4]).

1256 *bis*. L'employé intéressé a des obligations spéciales, qui seront examinées à propos du salaire ([5]).

II. *Obligations après la fin de l'engagement.*

1257. L'application du droit commun voudrait, à ce qu'il semble, qu'après la fin du contrat l'employé, l'ouvrier ou le domestique fût entièrement dégagé vis-à-vis du patron et pût exercer la profession qui lui conviendrait et de la manière qui lui conviendrait. Il faut cependant faire la part d'une double idée; c'est d'abord qu'il n'est permis à personne de nuire avec intention et en vertu d'un simple dol à autrui; c'est ensuite que la convention peut, dans certaines limites, entraver la liberté du locateur de services.

De là, les questions suivantes : Un employé peut-il s'engager dans un commerce similaire à celui qu'il quitte? Peut-il y faire usage des procédés qu'il a appris chez son patron? Peut-il faire part au public de la situation qu'il occupait chez

([1]) Cass., 12 fév. 1868, S., 68. 1. 208. — Rennes, 18 juil. 1882, S., 83. 2. 248.
([2]) Trib. correct. Seine, 6 juil. 1893, *Gaz. Trib.*, 19 août 1893.
([3]) Trib. correct. Marseille, 11 fév. 1893, *Droit*, 13 juil. 1893.
([4]) Trib. correct. Seine, 6 juil. 1893, *Gaz. Trib.*, 19 août 1893.
([5]) V. *infra*, n. 1403 s.

ce dernier? Peut-il exercer la profession similaire partout où il lui convient de le faire?

1258. En premier lieu, il n'est pas douteux que l'employé qui a quitté son patron a le droit de participer à un commerce similaire (1), en dehors d'une convention contraire. Le principe de la liberté individuelle suffit à justifier cette solution, que la morale impose également.

1259. Quant à l'emploi des procédés et innovations qui lui ont été enseignés dans la maison qu'il quitte, il semble également devoir être autorisé au profit de l'ancien locateur de services. A la vérité, s'il s'agit de secrets de fabrication ou d'autres inventions que protègent des brevets, la propriété qui appartient au patron empêche toute personne, y compris l'ex-employé, d'en user, de même qu'il est interdit à ce dernier de faire usage de la marque de fabrique de son patron (2). Mais si ces secrets et inventions n'ont pas été brevetés, il appartient au contraire à toute personne d'en user, et l'employé ne peut, à cet égard, être dans une situation plus défavorable que les tiers. S'il s'agit enfin de simples procédés d'exécution qui ne soient pas susceptibles d'être brevetés, le patron n'a sur eux aucune propriété, et l'employé, dégagé par la fin de son contrat de toute obligation envers lui, peut user de ce qu'il a appris (3).

1260. La question de savoir dans quelles limites l'ex-employé peut faire part au public de sa situation ancienne chez le patron qu'il a quitté est plus délicate, parce qu'elle comporte, suivant les circonstances, des solutions diverses.

On ne peut, selon nous, empêcher l'employé, devenu patron, d'indiquer sur son enseigne, sur ses circulaires, ou sur des annonces la maison d'où il est sorti et d'informer ainsi (ou même d'informer directement) le public qu'il a quitté son patron, ni interdire la même faculté à l'employé

(1) Trib. com. Seine, 5 janv. 1888, *Loi*, 17 janv. 1888. — Cela est admis explicitement ou implicitement par toutes les décisions relatives aux questions de savoir si l'employé peut recevoir défense de s'établir et s'il peut indiquer le nom de son patron à ses clients.

(2) Trib. com. Seine, 20 déc. 1891, *Mon. jud. Lyon*, 9 janv. 1892.

(3) V. en ce sens, Paris, 22 nov. 1894, S., 95. 2. 159.

entré au service d'un autre patron. Il n'y a là qu'une connaissance donnée au public de faits qui se sont réellement passés et un moyen pour l'ex-employé de se faire connaître des acheteurs et de s'attirer leur confiance en indiquant les raisons qui justifient cette confiance. L'employé peut sans doute ainsi nuire à son patron, mais il ne le fera qu'en usant de son droit. Il nous est impossible de voir là, comme on l'a quelquefois jugé, un acte de concurrence déloyale, puisque la concurrence déloyale suppose une fraude et que, nous le répétons, il n'y a pas fraude à rappeler des faits exacts. Nous n'admettons pas davantage qu'il y ait lieu à l'application de la règle d'après laquelle on ne peut user d'un nom de personne sans l'assentiment du propriétaire de ce nom, car cette règle s'applique exclusivement au cas où une personne usurpe et s'approprie le nom d'autrui. Ainsi l'ex-employé agit ici légitimement (1).

Nous ne ferons même pas d'exception pour le cas où l'employé ne serait pas resté assez longtemps au service de son ancien patron pour avoir acquis une expérience susceptible d'être utile aux clients qu'il recherche (2); il ne se vante

(1) Cass. req., 23 juin 1891, S., 92. 1. 116, D., 91. 1. 361. — Paris, 5 mars 1839, S., 39. 2. 389, D. *Rép.*, v° *Brevet d'invention*, n. 195. — Paris, 27 mars 1889, *Ann. de la propr. industr.*, 89. 179. — Paris, 4 août 1890, *Gaz. Pal.*, 90. 2. 446. — Paris, 4 janv. 1893, *Gaz. Pal.*, 93. 1. 2e p., 33. — Paris, 22 nov. 1894, S., 95. 2. 159. — Paris, 3 mars 1896, S., 97. 2. 31. — Trib. com. Reims, 15 janv. 1892, *Gaz. Pal*, 92. 1. 195. — Trib. com. Marseille, 28 mars 1892, *Rec. de Marseille*, 92. 1. 172. — Trib. com. Le Havre, 30 mai 1892, *Rec. Havre*, 92. 1. 132. — Trib. civ. Lyon, 15 déc. 1893, *Gaz. Pal.*, 94. 1. 313. — Trib. com. Seine, 18 mai 1894. *Gaz. Pal.*, 94. 2. 11. — Allart, *Tr. théor. et prat. de la concurr. déloyale*, I, n. 69 s.; Calmels, *De la propriété et de la contrefaçon*, n. 193; Ruben de Couder, *Dict. de dr. comm.*, v° *Enseigne*, n. 56 s. — *Contra* Rouen, 7 août 1888, *Rec. Rouen*, 88. 1. 241. — Trib. com. Seine, 18 juill. 1845, *Gaz. Trib.*, 19 juill. 1845. — Trib. com. Seine, 27 déc. 1863, *Ann. de la propr. industr.*, 64. 143. — Trib. com. Seine, 9 janv. 1868, *Ann. de la propr. industr.*, 68. 295. — Trib. com. Seine, 30 mars 1876, *Ann. de la propr. industr.*, 76. 111. — Trib. com. Seine, 4 août 1887, *Gaz. Pal.*, 87. 2. 407. — Trib. com. Seine, 15 nov. 1887, *Gaz. Pal.*, 88. 1. 160. — Trib. com. Seine, 22 nov. 1888, *Gaz. Pal.*, 89. 1, *Suppl.* 14. — Trib. com. Marseille, 4 juin 1888, *Rec. Marseille*, 88. 1. 315. — Trib. com. Marseille, 20 déc. 1889, *Rec. Marseille*, 90. 1. 98. — Trib. comm. Toulouse, 5 janv. 1891, *Gaz. Trib. Midi*, 18 janv. 1891. — Pouillet, *Tr. des marques de fabrique et de la concurr. déloyale*, n. 542 s.

(2) *Contra* Trib. féd. suisse, 29 juin 1894, *Ann. de dr. comm.*, 1895, *Doctr.*, p. 147.

aucunement de cette expérience, il constate un fait réel ; et, d'ailleurs, l'insertion de son ancienne qualité dans les documents émanés de lui peut avoir pour but très légitime de justifier de son honorabilité par ses antécédents.

A plus forte raison (mais là-dessus il n'y a plus guère de controverse) faut-il admettre que l'ex-employé peut annoncer au public sa qualité d'ancien élève ou d'apprenti, lorsqu'il a fourni gratuitement son travail à son ancien patron [1] ; la compensation de cette gratuité est précisément, en grande partie, suivant l'intention commune des parties, dans les bénéfices que l'employé, après avoir quitté son patron, tirera des enseignements de ce dernier.

A plus forte raison encore, l'employé peut-il lier des relations avec les clients de son ancien patron et profiter pour cela de la connaissance des affaires de ce dernier [2]; il peut, dans ce but, adresser à ces mêmes clients les circulaires dont nous venons de parler [3]; il peut encore détourner la clientèle en vendant ses marchandises à des prix moins élevés que son ancien patron [4].

1261. La liberté de l'employé est loin cependant d'être absolue. Tout d'abord il n'userait pas de son droit et ferait, vis-à-vis de son ancien patron, un acte de concurrence déloyale, s'il rapportait inexactement les faits, par exemple s'il exagérait le rôle qu'il a rempli dans la maison d'où il sort [5]

[1] Paris, 5 mars 1839, précité. — Trib. com. Seine, 13 oct. 1841, D. *Rép.*, v° *Industrie*, n. 360. — Trib. com. Seine, 1er juin 1855, D., 55. 5. 275. — Calmels, *op. cit.*, n. 169; Pouillet, *op. cit.*, n. 537. — *Contra* Blanc, *Tr. de la contrefaçon*, n. 215 ; Huard, *Tr. de la propr. industr.*, n. 169.

[2] Paris, 20 déc. 1890, *Gaz. Pal.*, 91. 2. 202. — Toulouse, 3 fév. 1894, *Gaz. Trib. Midi*, 4 mars 1894, *Ann. propr. indust.*, 95. 82. — Trib. corr. Moulins, 27 juill. 1889, *Droit*, 29 août 1889 (agent d'assurances). — Trib. comm. Bordeaux, 9 nov. 1891, *Loi*, 22 fév. 1892. — *Contra* Montpellier, 15 nov. 1893, *Gaz. Trib.*, 9 fév. 1894.

[3] *Contra* Trib. com. Seine, 27 nov. 1891, *Gaz. Pal.*, 92. 1. 58. — Trib. com. Seine, 18 mai 1894, *Gaz. Pal.*, 94. 2. 11.

[4] Toulouse, 3 fév. 1894, précité. — Paris, 22 nov. 1894, S., 95. 2. 159. — Cpr. cep. Trib. com. Seine, 10 septembre 1891, *Gaz. Pal.*, 91. 2. 497.

[5] Paris, 24 avril 1834, D. *Rép.*, v° *Industrie*, n. 82. — Paris, 4 mars 1863, *Ann. propr. industr.*, 63. 173. — Bordeaux, 10 fév. 1886, D., 87. 2. 103 (l'employé ne peut s'attribuer à tort les travaux de la maison). — Paris, 3 mars 1896, précité. — Trib. civ. Seine, 23 janv. 1857, *Rev. dr. com.*, 58. 2. 91. — Trib. com. Seine,

ou s'il attribuait à son séjour dans cette maison une durée supérieure à sa durée réelle.

De même l'ex-employé ne peut user de procédés qui puissent faire naître une confusion entre sa maison et celle de son ancien patron [1] ou entre les produits des deux maisons [2], user de son droit d'une manière inopportune [3], attirer directement ou indirectement la suspicion sur la loyauté de son ancien patron [4] ou la valeur de son industrie [5], faire croire que ce dernier a cessé son commerce [6].

1262. Il va d'ailleurs sans dire que l'employé peut valablement s'engager envers son patron à ne pas dévoiler dans ses circulaires, s'il vient à exercer un commerce, sa qualité d'ancien employé de ce patron [7], ou à ne pas visiter la clientèle de la maison [8].

1263. Le droit pour l'ex-employé de s'établir partout où

21 mars 1850, *Rev. dr. com.*, 50. 2. 206. — Trib. com. Seine, 10 mars 1869, *Ann. propr. indust.*, 69. 122. — Trib. com. Seine, 8 janv. 1887, *Loi*, 19 janv. 1887 (un ancien employé ne peut se dire *ex-intéressé*).

(1) Par exemple en imprimant son nom en petits caractères et celui de son ex-patron en gros caractères. — V. Cass. req., 23 juin 1891, S., 92. 1. 116. — Paris, 4 mars 1863, *Ann. de la propr. indust.*, 63. 173. — Paris, 26 août 1864, *Ann. de la propr. indust.*, 64. 415. — Trib. com. Seine, 11 janv. 1836, *Gaz. Trib.*, 20 janv. 1836. — Trib. com. Seine, 13 oct. 1841, D. *Rép.*, v° *Indust.*, n. 360. — Trib. com. Bordeaux, 7 janv. 1851, *Rev. de dr. com.*, 52. 2. 232. — Trib. com. Seine, 27 oct. 1863, *Ann. de la propr. indust.*, 64. 187. — Trib. com. Seine, 6 mai 1885, *Journ. Trib. comm.*, 86. 137 (usage des factures de son ancienne maison). — Trib. com. Lyon, 8 juill. 1889, D., 91. 3. 7. — Trib. com. Toulouse, 5 janv. 1891, *Gaz. Trib. Midi*, 18 janv. 1891 (fait d'imiter la griffe et de copier la forme et la couleur des enveloppes de son ancienne maison). — Trib. com. Seine, 17 fév. 1892, *Gaz. Pal.*, 92. 1, *Suppl.* 37. — Trib. com. Seine, 15 nov. 1893, *Journ. trib. com.*, 95. 94.

(2) Trib. com. Seine, 4 avril 1894, *Loi*, 17 avril 1894.

(3) Décidé qu'il ne peut choisir pour prendre sa qualité le moment où la maison changeait de mains. — Paris, 4 mars 1863, précité.

(4) Paris, 7 août 1893, *Ann. dr. com.*, 94. 129. — Paris, 17 nov. 1893, D., 94. 2. 522. — Trib. corr. Moulins, 27 juill. 1889, précité. — Trib. com. Seine, 7 oct. 1893, *Loi*, 14 déc. 1893. — Trib. civ. Lyon, 15 déc. 1893, *Gaz. Pal.*, 94. 1. 313.

(5) Toulouse, 3 fév. 1894, *Gaz. Trib. Midi*, 4 mars 1894. — Trib. com. Bordeaux, 9 nov. 1891, *Loi*, 22 fév. 1892.

(6) Paris, 3 mars 1896, précité. — Trib. civ. Lyon, 15 déc. 1893, *Gaz. Pal.*, 94. 1. 313.

(7) Cass. req., 23 juin 1891, S., 92. 1. 116, D., 91. 1. 361 (motifs). — Ruben de Couder, *Dict. de dr. com.*, v° *Commis*, n. 50.

(8) Trib. com. Seine, 20 août 1889, *Droit*, 1er septembre 1889.

il lui convient, pour faire concurrence à son patron, est certain.

La clause par laquelle l'employé s'engage à ne jamais exercer l'industrie à laquelle il participe, en aucun endroit, est même nulle, comme portant atteinte à la liberté du travail [1]. La jurisprudence est constante sur ce point.

L'employé qui méconnaît cette clause n'est donc passible d'aucuns dommages-intérêts [2] ; mais si, à raison de la promesse qu'il a faite, des salaires supérieurs à la valeur de son travail lui avaient été alloués, il ne peut désobéir à son engagement sans restituer l'excédent [3]. On ne peut objecter que la demande en restitution repose sur une cause immorale ; car il n'y a rien d'immoral à décider, par l'allocation de salaires élevés, un employé à ne pas aider de son travail un concurrent de son patron.

1264. La clause par laquelle l'employé s'engage à payer une somme déterminée au patron s'il vient jamais à entrer dans une maison similaire est également nulle [4], car elle ne diffère aucunement de celle qui lui interdit purement et simplement d'entrer dans une maison similaire; cette dernière clause, en effet, à la supposer valable, ne pourrait également être sanctionnée que par des dommages-intérêts.

1265. La clause portant que l'employé qui, après sa mise à la retraite et la réception d'une somme que lui remettra

(1) Cass., 11 mai 1858, S., 58. 1. 747, D., 58. 1. 219. — Cass., 25 mai 1869, S., 69. 1. 307. — Metz, 26 juillet 1856, S., 58. 2. 37, D., 58. 2. 87. — Amiens, 3 août 1888, *Rec. Amiens*, 88. 206. — Trib. com. Nantes, 6 novembre 1889, *Rec. Nantes*, 89. 1. 316. — Trib. com. Seine, 27 février 1892, *Loi*, 18 mars 1892. — Trib. féd. suisse, 3 juin 1893, S., 93. 4. 32. — Guillouard, II, n. 733 ; Larombière, art. 1133, n. 21 ; Duranton, XVII, n. 126 ; Marcadé, art. 1780, n. 2 ; Duvergier, II, n. 284 s. ; Troplong, II, n. 856 s. ; Massé et Vergé, IV, p. 497, § 707, notes 4 et 5. — Trib. civ. Gand, 22 novembre 1893, *Pasicr.*, 94. 3. 83. — Trib. sup. Empire Allemagne, 31 octobre 1876, *Entsch.*, XXI, n. 85, p. 362, *Journ. dr. int.*, VI, 1879, p. 189. — Cons. féd. suisse, 1881, *Feuille féd.*, 82. 2. 726, de Salis, *Le dr. féd. suisse* (Trad. Borel), II, n. 536 *a*. — En Russie on décide le contraire. Sénat, 27 mars 1873, *Pratiq. du trib. de comm.*, 1873, p. 32, *Anal. journ. dr. intern.*, II, 1875, p. 159. — En Angleterre, la Chambre des lords a également décidé le contraire, *Ann. dr. comm.*, IX, 1895, *Doctr.*, p. 207.

(2) Mêmes autorités.

(3) Trib. féd. suisse, 3 juin 1893, précité.

(4) *Contra* Trib. com. Seine, 17 janv. 1888, *Gaz. Pal.*, 88. 1. 257.

alors la caisse de prévoyance, ne pourra engager ses services à une autre société sans avoir à restituer cette somme, est-elle valable?

On a soutenu que cette clause est nulle comme enchaînant à perpétuité la liberté de l'employé; mais a-t-on dit, la réception de la somme ayant eu pour cause cet engagement, c'est-à-dire ayant eu une cause illicite, la somme devra néanmoins être restituée (1).

Il serait, on l'avouera, très singulier que l'annulation d'un contrat illicite laissât entières et obligatoires toutes les clauses d'un contrat. Le raisonnement que nous venons de résumer conduirait à cette conséquence inadmissible que si l'employé s'engage, au cas où il procurerait ses services à autrui, à rendre une portion des salaires reçus, alors que ces salaires n'excèderaient pas la valeur du travail, cette clause serait valable. Ce serait un moyen indirect et sûr d'échapper à toute prohibition.

Du reste, ce raisonnement est faux en lui-même. D'une part la question de savoir si la restitution d'une somme reçue en vertu d'un contrat illicite peut être exigée est très discutée. D'autre part, il n'est pas exact que la réception de la somme ait pour cause l'engagement contracté; elle a pour cause la rupture de cet engagement, laquelle n'a rien d'illicite.

Nous arrivons au même résultat en considérant les conventions de ce genre comme valables. S'engager à restituer une somme qu'on a touchée *à titre de gratification*, pour le cas où on servirait autrui, ce n'est pas s'interdire de servir autrui, mais seulement perdre dans cette hypothèse les profits de la convention passée avec le premier maître.

1266. L'employé d'un commerce ou d'une industrie peut s'engager soit à ne jamais exercer ce commerce ou cette industrie dans un rayon déterminé (2) ou dans une maison

(1) Cass., 2 mai 1882, S., 83. 1. 21. — Guillouard, II, n. 733.

(2) Cass., 24 janv. 1866, S., 66. 1. 43, D., 66. 1. 81. — Cass., 6 août 1878, S., 79. 1. 65, D., 79. 1. 400. — Douai, 31 août 1864, S., 64. 2. 264, D., 66. 1. 81. — Paris, 26 janv. 1867, S., 67. 2. 153. — Paris, 22 juin 1882, S., 83. 2. 13. — Toulouse, 22 août 1882, S., 83. 2. 64. — Paris, 11 fév. 1887, D., 87. 2. 140. — Amiens, 3 août 1888, *Rec. d'Amiens*, 88. 206. — Caen, 16 janv. 1895, *Mon. jud. Lyon*, 17 avril 1895. — Trib. civ. Gand, 22 nov. 1893, précité. — Trib. sup. com. Empire Allemagne,

déterminée ([1]), soit à ne l'exercer en aucun endroit pendant un temps déterminé ([2]), soit, à plus forte raison, à ne pas l'exercer dans un endroit et pendant un temps déterminé ([3]), soit enfin à ne pas l'exercer dans la clientèle du patron ([4]).

L'employé ou l'ouvrier peut, aussi bien pendant la durée du contrat qu'après son expiration, s'engager à ne pas exercer la même profession pour un temps et un lieu déterminés ([5]), ou pour un temps déterminé, ou pour un lieu déterminé.

1267. Ces engagements sont valables alors même que le patron s'était réservé de rompre le contrat à son gré ([6]). En vain dit-on que l'engagement de l'ouvrier devient sans cause en cas de rupture du contrat ; il n'est pas sans cause, puisqu'il a été contracté en échange de l'obligation, prise par le patron, de rémunérer l'ouvrier tant qu'il serait à son service. En tout cas notre solution ne fait plus de doute depuis que le patron n'a plus le droit, en dépit de toute clause contraire, de renvoyer l'ouvrier sans cause légitime.

1268. Toutes les clauses de ce genre doivent être interprétées restrictivement dans l'intérêt de l'employé ([7]).

22 déc. 1875, *Entsch.*, XIX, n. 46, p. 136, *Anal. journ. dr. intern.*, IV, 1877, p. 546. — Trib. sup. com. Empire Allemagne, 31 oct. 1876, précité. — Guillouard, II, n. 733.

([1]) Cons. féd. suisse, 1881, précité.

([2]) Cass. req., 20 janv. 1891, S., 91. 1. 440. — Paris, 11 fév. 1887, D., 87. 2. 140. — Amiens, 3 août 1888, précité. — Angers, 17 oct. 1893, *Gaz. Trib.*, 17 déc. 1893 (agent d'assurances). — Bordeaux, 22 mai 1894, *Rec. Bordeaux*, 94. 1. 240. — Bruxelles, 18 déc. 1875, *Pasicr.*, 76. 2. 215, *Anal. journ. dr. int.*, 1876, p. 472. — Trib. sup. com. Empire Allemagne, 31 oct. 1876, précité. — Haute-Cour Angleterre, div. Chancellerie, 23 fév. 1880, *Law Times Rep.*, N. S., XLII, p. 679, *Anal. journ. dr. int.*, VII, 1880, p. 600. — Guillouard, II, n. 733.

([3]) Amiens, 6 août 1887, *Rec. d'Amiens*, 87. 215. — Paris, 20 mai 1890, *Gaz. Pal.*, 90. 2. 171. — Angers, 17 oct. 1893, *Rev. Soc.*, 94. 1. 133. — Trib. sup. Emp. Allemagne, 27 avril 1880, *Annalen*, II, p. 69, *Anal. journ. dr. int.*, IX, 1882, p. 345. — Trib. sup. Emp. Allemagne, 4 avril 1889, *Annalen*, X, p. 289, *Anal. journ. dr. int.*, XII, 1885, p. 326.— Trib. féd. suisse, 8 mai 1891, *Ann. dr. com.*, VI, 1892, *Jurispr.*, p. 89. — Trib. féd. suisse, 15 juin 1895, *Ann. dr. com.*, X, 1896, p. 39.

([4]) Paris, 11 fév. 1887, précité.

([5]) Grenoble, 12 avril 1889, *Rec. Grenoble*, 89. 1. 193. — Rennes, 1er déc. 1890, *Rec. Nantes*, 91. 1. 297. — Bruxelles, 2 nov. 1876, *Pasicr.*, 77. 2. 96, *Anal. journ. dr. int.*, IV, 1877, p. 565, — et les autorités précitées.

([6]) *Contra* Trib. civ. Bruxelles, 17 mai 1893, *Pasicr.*, 94. 3. 35.

([7]) Trib. féd. suisse, 15 juin 1896, *Ann. dr. com.*, X, 1896, p. 39.

Ainsi on doit supposer que l'employé ne s'est engagé que pour le cas où le contrat cesserait régulièrement et non pas pour celui où le patron y mettrait fin brusquement et sans motif légitime (1).

1269. L'employé qui méconnaît cette stipulation doit être condamné à des dommages-intérêts (2) ou au montant de la clause pénale prévue (3).

On peut aussi le condamner à des dommages-intérêts pour le cas où il continuerait à agir ainsi dans l'avenir (4).

On peut également ordonner la fermeture de l'établissement qu'il a ouvert (5). En vain objecte-t-on que les obligations de faire ou de ne pas faire ne peuvent être exécutées par la force, si cette exécution entraîne une contrainte sur la personne. Il ne s'agit pas ici de contrainte sur la personne.

1270. La clause par laquelle l'employé s'engage à n'exercer aucune profession dans un rayon déterminé est nulle (6).

1271. Si l'engagement de l'employé a été contracté sous une condition qui ne s'est pas réalisée, cet engagement peut être méconnu (7).

1272. D'autre part, l'employé est dégagé de cette obligation si le patron n'exécute pas les siennes, par exemple ne lui paie pas son traitement (8).

1273. Les clauses de ce genre peuvent être invoquées non

(1) Trib. com. Marseille, 8 mai 1891, *Rec. Marseille*, 91. 1. 195. — Trib. civ. Mayenne, 3 mars 1892, *Gaz. Pal.*, 92. 2. 120.

(2) Guillouard, II, n. 733.

(3) Ce montant ne peut être réduit par le juge. — Caen, 16 janv. 1895, *Mon. jud. Lyon*, 17 avril 1895.

(4) Guillouard, II, n. 733.

(5) Trib. com. Emp. Allemagne, 22 déc. 1875, précité. — *Contra* Ortlieb, *Journ. dr. int.*, IV, 1877, p. 546.

(6) Haute Cour, chancellerie, 28 mai 1888, *Law Times Rep.*, LXIX, N. S., 361, *Anal. Journ. dr. int.*, XVI, 1889, p. 698. — Alf. Michel, *Journ. dr. int.*, XVI, 1889, p. 699.

(7) Cass. req., 1er mai 1889, S., 92. 1. 372 (l'employé qui s'est engagé à ne pas se replacer dans la région à la condition qu'on lui donnerait un emploi déterminé dans un délai fixé peut se replacer si cet emploi ne lui a pas été offert, car son engagement est devenu sans cause ; on ne peut l'obliger à demander auparavant la résolution de son engagement).

(8) Trib. com. Seine, 1er déc. 1892, *Journ. Trib. comm.*, 1894, p. 60. — Trib. sup. Emp. Allemagne (par interprétation du droit français), 4 avril 1884, *Journ. dr. int.*, XII, 1885, p. 327. — F. Daguin, *Journ. dr. int.*, XII, 1885, p. 327.

pas seulement par le patron qui les a stipulées, mais par son successeur, si l'employé a continué d'exercer ses fonctions auprès de ce dernier en vertu de son traité primitif (1).

1274. L'employé condamné à cesser le commerce à l'aide duquel il a fait une concurrence déloyale à son ancien patron peut céder son fonds à un tiers (2) et rien n'empêche que ce tiers se donne comme successeur de l'ex-employé (3).

1275. Il est à peine utile de dire que l'employé doit, après la fin du contrat, restituer au patron tout ce qui lui a été confié par ce dernier (4).

1275 *bis*. Les parties peuvent fixer d'avance l'indemnité que devra payer l'ouvrier au patron en cas de faute, par exemple au moyen d'un règlement d'atelier (5).

Il est également permis de stipuler que ces indemnités seront retenues sur les salaires (6). D'ailleurs le patron peut, même sans stipulation, opérer cette retenue, en vertu des principes de la compensation.

§ II. *Obligations du patron.*

1276. Le Code est muet sur les obligations du patron aussi bien que sur les obligations de l'ouvrier ; elles dérivent de quelques textes spéciaux et de l'application des règles du droit commun.

I. *Obligations relatives au travail de l'ouvrier, domestique ou employé.*

1277. Le patron ne peut faire faire à son employé un service autre que celui pour lequel il a été engagé (7).

(1) Amiens, 6 août 1887, *Rec. d'Amiens*, 87, 215.

(2) Rouen, 7 juillet 1886, *Rec. Rouen*, 86. 213.

(3) V. cep. Rouen, 7 juillet 1886, précité.

(4) Ainsi décidé : 1° pour les carnets d'échantillons des commis-voyageurs. — Paris, 7 août 1893, *Ann. dr. comm.*, 94. 129 ; — 2° Pour des cartes d'abonnement aux chemins de fer délivrées aux employés. — Trib. com. Seine, 22 février 1894, *Loi*, 31 mars 1894.

(5) Trib. com. Seine, 17 nov. 1894, *Gaz. Pal.*, 95. 1. 8.

(6) Trib. com. Seine, 17 nov. 1894, précité.

(7) Il en est ainsi, par exemple, de l'apprenti. Harel, *Rev. dr. franç. et* IV, p. 313, n. 38.

L'application de cette solution a été surtout faite aux artistes dramatiques [1].

1278. Le patron doit donner à l'employé l'espèce d'ouvrage qu'il lui a promise privativement et ne peut donner cet ouvrage à un autre.

Cette solution a été souvent proclamée dans les rapports entre les directeurs de théâtre et leurs acteurs; quand l'engagement porte que l'acteur remplira les rôles de tel emploi *en chef et sans partage,* l'emploi ne peut être confié à un tiers [2]. Mais, dans le cas contraire ou s'il est dit que l'acteur remplira tel emploi *en chef et en partage* [3] ou qu'il ne pourra être tenu de remplir tout autre emploi [4], le directeur peut conférer les rôles de cet emploi à un tiers.

Une fois le rôle confié à l'artiste, il ne peut lui être retiré même si l'acteur ne pouvait pas exiger que ce rôle lui fût confié [5]. En tout cas, il en est ainsi après que le nom de l'acteur a été rendu public [6] ou après une répétition [7].

Toutefois il en est autrement si l'acteur était dans l'impossibilité de jouer le rôle, par exemple à raison d'une maladie [8].

[1] Ainsi l'acteur employé pour jouer les chefs d'emploi ne peut être contraint de remplir les seconds rôles. Nancy, 19 fév. 1874, S., 74. 2. 269. — Paris, 25 fév. 1891, *Gaz. Pal.*, 91. 1. 399. — Constant, *Code des théâtres*, p. 110; Dubosc et Goujon, *L'engag. théâtral*, p. 89; Ruben de Couder, v° *Théâtre*, n. 144. — De même un chef d'orchestre ne peut être employé comme sous-ordre. Trib. comm. Seine, 20 janv. 1896, *Gaz. Pal.*, 96. 1. 272. — Alors qu'un acteur, engagé comme jeune premier, s'est engagé à jouer tous les rôles qui lui seront confiés, cela ne s'entend que des rôles de son emploi; il ne peut donc être tenu de figurer dans les chœurs d'une féerie. Rouen, 14 mars 1888, S., 88. 2. 174. — V. aussi Douai, 7 déc. 1855, S., 57. 2. 279. — Un acteur ne peut être tenu de rester dans le théâtre, si le genre exploité est modifié et devient d'un ordre moins relevé (théâtre transformé en concert promenade). Paris, 25 fév. 1891, précité.

[2] Angers, 7 avril 1891, S., 93. 2. 178, D., 93. 2. 315 (motifs). — Constant, *Code des théâtres*, p. 110; Dubosc et Goujon, *L'engag. théâtral*, p. 89; Ruben de Couder, v° *Théâtre*, n. 144.

[3] Aix, 6 mai 1891, S., 93. 1. 178, D., 93. 2. 315. — Constant, *loc. cit.*

[4] Angers, 7 avril 1891, précité. — Agnel, *Code manuel des artistes dram.*, n. 173; Constant, *op. cit.*, p. 110; Dubosc et Goujon, *op. cit.*, p. 89; Ruben de Couder, *loc. cit.*, n. 144.

[5] V. cep. Aix, 6 mai 1891, précité.

[6] Aix, 6 mai 1891, précité.

[7] Aix, 6 mai 1891, précité.

[8] Aix, 6 mai 1891, précité.

1279. Le patron doit, si l'employé ou l'ouvrier est payé d'après les résultats de son travail, lui fournir du travail. Cela a été décidé pour les commis voyageurs [1].

1280. La question de savoir quelles sortes de travaux le patron peut imposer à l'ouvrier, domestique ou employé est d'ailleurs une question de fait ou d'usage.

Il en est ainsi, par exemple, de la question de savoir si le travail aux pièces peut être substitué au travail à la journée [2] ou réciproquement.

1280 *bis*. En ce qui concerne l'employé intéressé, le patron a des obligations spéciales qui seront indiquées plus loin [3].

II. *Responsabilité du patron relativement aux outils et effets de l'ouvrier, domestique ou employé.*

1281. Il arrive fréquemment que les outils des ouvriers ou certains vêtements des employés soient confiés au patron en dehors des heures de travail. D'autre part, les domestiques, qui logent habituellement chez leur maître, y introduisent leurs effets, qui se trouvent ainsi dans l'immeuble occupé par le patron. Il se forme en ce cas un contrat tacite de dépôt entre le patron et ses subordonnés, le premier recevant gratuitement les effets des seconds, et s'engageant implicitement à les restituer au moment où ils lui seront réclamés.

Le patron est donc, comme tout dépositaire, responsable des effets qui lui sont ainsi confiés, à moins qu'il ne fasse preuve d'un cas fortuit. Si, par exemple, dans le cours d'un incendie, les effets des domestiques sont détruits par le feu, le patron doit en payer la valeur, à moins qu'il ne démontre que l'incendie a été allumé sans sa faute [4] ou que le domestique

[1] Paris, 26 mai 1894, D., 95. 2. 189 (si le patron est juge de l'époque et du nombre des voyages, il ne peut les supprimer complètement, même temporairement).

[2] Décidé qu'il faut, pour cela, un avertissement donné au moins un mois à l'avance, et confirmé par une lettre missive, sinon l'ouvrier peut se considérer comme congédié et réclamer une indemnité égale à un mois de salaires. — Lyon, 6 nov. 1894, *Mon. jud. Lyon*, 20 avril 1895.

[3] V. *infra*, n. 1403 s.

[4] Trib. com. Seine, 16 août 1892, *Gaz. Pal.*, 92. 2. 319. — Trib. civ. Trévoux, 7 déc. 1893, *Loi*, 2 mars 1894, *Mon. jud. Lyon*, 2 mars 1894. — Il ne lui suffira donc

aurait pu, s'il n'avait pas été négligent, sauver ses effets. La solution est la même pour les effets confiés par les ouvriers au patron ou laissés par eux dans les ateliers de ce dernier, en vertu d'une obligation qui leur est imposée.

Il n'y a pas lieu en tout cas d'assimiler le patron à l'aubergiste (C. civ., art. 1952) (1) ni à un dépositaire nécessaire (2).

1282. Le patron peut stipuler qu'il ne sera pas responsable des effets ou outils qui lui ont été confiés par l'ouvrier (3).

1283. Nous admettrons ces diverses solutions pour le cas également où les effets n'auraient été laissés par les ouvriers qu'en vertu de l'autorisation ou de la tolérance du patron ; dès lors qu'ils n'ont pas été laissés à l'insu de ce dernier, il en a accepté la garde (4).

1283 ***bis.*** L'hypothèse où les effets de l'ouvrier sont détruits ou détériorés pendant que ce dernier en fait usage, se confond avec celle où l'ouvrier subit un dommage corporel, et doit être tranchée de la même manière; le patron n'est plus alors mis en possession des outils et effets ; il s'agit, comme dans ce dernier cas, de se demander si le patron a assumé un engagement contractuel de veiller sur l'ouvrier, et, quelle que soit la solution de cette question, qui, comme nous le verrons, influe surtout sur la preuve, le patron est responsable exclusivement de sa faute.

III. *Responsabilité du patron relativement à la personne du préposé.*

1284. La responsabilité du patron en cas d'accidents corporels causés à ses domestiques, à ses employés, et surtout à ses ouvriers, est, depuis d'assez longues années, celle de toutes les questions relatives au louage de services qui a

pas de prouver l'incendie. Mêmes jugements. — V. cep. Trib. civ. Lyon, 12 juil. 1892, *Gaz. Pal.*, 92. 2. 579.

(1) Trib. civ. Lyon, 12 juil. 1892, précité.

(2) *Contra* Trib. com. Seine, 16 août 1892, précité.

(3) Décidé, à propos de l'engagement des gens de mer, que cette clause renverse seulement la preuve. — Trib. comm. le Havre, 2 juin 1890, *Rec. du Havre*, 90. 1. 158.

(4) *Contra* Trib. comm. Seine, 28 mars 1890, *Ann. dr. comm.*, IV, 1890, *Jurispr.*, p. 111.

donné lieu au plus grand nombre de difficultés. En droit, son fondement a soulevé de graves controverses ; en fait, le point de savoir si un accident est dû à la faute de l'ouvrier, à un cas fortuit ou à la faute du patron, a suscité d'innombrables décisions judiciaires, dont un certain nombre seulement seront signalées ici. Enfin, la nature et les effets juridiques de l'assurance contractée par le patron, pour le cas d'accidents causés aux ouvriers, et qui se rattachent directement à notre sujet, sont pleins d'obscurités.

A. *Hypothèses dans lesquelles la responsabilité du patron est engagée.*

1285. Pour déterminer les conditions juridiques auxquelles est subordonnée la responsabilité du patron en cas d'accidents corporels causés aux ouvriers, on ne peut avoir autre chose à faire qu'à se référer au droit commun.

Si l'on appuie la responsabilité du patron sur le contrat qu'il a passé avec l'ouvrier, sur l'engagement qu'il a implicitement pris envers ce dernier de le sauvegarder, on dira, conformément à l'art. 1137 C. civ., et à l'interprétation qui en est généralement donnée, que le patron est responsable de tout accident qui est la conséquence directe ou indirecte de sa faute, même légère, et qu'au contraire il n'est pas responsable d'un accident occasionné soit par cas fortuit ou force majeure, soit même par la faute de l'ouvrier.

Si, au contraire, on attribue à la responsabilité du patron le caractère délictuel, on arrivera encore à la même conclusion : le patron est responsable de son fait, de sa faute ou de sa négligence, mais il n'est pas responsable en d'autres circonstances.

En un mot, le fondement de la responsabilité ne nous paraît être ici, sauf le cas de faute par omission (¹), d'aucune importance; un seul principe doit être appliqué : c'est que chacun est responsable de sa faute, et que le cas fortuit nuit exclusivement à ceux qui en sont les victimes. C'est en partant de là qu'on peut poser les règles qui vont suivre.

(¹) V. *infra*, n. 1330.

On a prétendu cependant que si la faute est délictuelle, le patron répond de sa faute la plus légère, et qu'au contraire, si elle est contractuelle, il est tenu seulement de se comporter en bon père de famille [1]. Nous ne croyons pas cette différence exacte, car le bon père de famille est précisément celui qui ne commet aucune faute, même très légère.

1286. Le patron, en tout cas, est responsable de sa faute ou de sa négligence [2].

1287. Le patron n'est pas responsable du cas fortuit, c'est-à dire qu'il ne répond pas du risque professionnel [3].

Ainsi l'employé qui, dans l'exercice de ses fonctions, est blessé ou tué par un tiers ou par un objet quelconque, n'a droit à aucune indemnité, car il est la victime d'un cas fortuit et l'art. 2000, qui, en pareil cas, ouvre le droit à une indemnité et qui décide que le mandant est responsable de toutes les suites de la gestion du mandataire, n'est pas applicable au locateur d'ouvrage [4].

Il en est ainsi du garde-champêtre tué ou blessé en arrêtant un délinquant [5], de l'employé de chemin de fer tué ou blessé en arrêtant un voyageur [6], ou par un tiers en accomplissant ses fonctions [7]. Ce ne sont pas là des mandataires.

(1) Mongin, *Rev. bourguignonne de l'enseignement sup.*, IV, 1894, p. 441.

(2) Larombière, art. 1384, n. 9; Aubry et Rau, IV, p. 760, § 447, note 21; Guillouard, II, n. 734.

(3) Nimes, 22 fév. 1886, *Rec. Nîmes*, 87. 5. — Lyon, 24 mars 1886, *Mon. jud. Lyon*, 11 sept. 1886. — Amiens, 20 oct. 1886, *Rec. d'Amiens*, 87. 103. — Nîmes, 15 mars 1887, *Rec. Nîmes*, 87. 144. — Douai, 27 juin 1888, *Le droit industr.*, 88. 611. — Rouen, 29 juin 1888, S., 89. 2. 140 (chauffeur de locomotive atteint d'ophtalmie par suite des poussières de chaux). — Rouen, 8 juill. 1889, *Rec. Rouen*, 89. 231 (faux pas de l'ouvrier). — Nancy, 8 fév. 1896, D., 97. 2. 110. — Trib. civ. Die, 10 fév. 1887, *Rec. Grenoble*, 87. 165. — Trib. civ. Marseille, 15 juin 1887, *Rec. d'Aix*, 88. 86. — Trib. civ. Seine, 22 juin 1887, *Gaz. Pal.*, 87. 2. 428. — Trib. civ. Chambéry, 2 mai 1888, *Mon. jud. Lyon*, 23 juin 1888. — Trib. civ. Les Andelys, 24 juil. 1888, *Loi*, 5 sept. 1888 (incendie fortuit). — Trib. civ. Lille, 26 juin 1890, *Gaz. Pal.*, 90. 2. 165 (chemin de fer). — Trib. civ. Seine, 27 nov. 1891, *Gaz. Pal.*, 92. 1. 19 (rupture de la cheville ouvrière qui reliait l'avant-train au corps d'une voiture). — Trib. civ. Seine, 30 déc. 1892, *Droit*, 4 janv. 1893. — Cass. belge, 8 janv. 1886, S., 86. 4. 25. — Trib. civ. Charleroi, 17 avril 1889, *Rec. de Nîmes*, 90. 63 (chute d'un rocher). — Labbé, *Note*, S., 86. 4. 27.

(4) Charvériat, *Ann. dr. comm.*, II, 1888, *Doctr.*, p. 12.

(5) Nancy, 29 avril 1893, S., 93. 2. 120, D., 93. 2. 527.

(6) Cass. civ., 14 avril 1886, S., 87. 1. 76.

(7) Cass., 24 janv. 1882, S., 82. 1. 209. — Grenoble, 10 janv. 1883, S., 83. 2. 55.

1288. Cette solution est, à plus forte raison, applicable à l'ouvrier, qui, plus certainement encore, est un locateur d'ouvrage et non un mandataire [1].

1289. L'éboulement dans une mine est un cas fortuit [2], à moins qu'il ne soit causé par une mauvaise exploitation [3].

1290. Le patron n'est pas responsable d'une maladie de l'ouvrier [4], à moins que cette maladie ne soit la conséquence de la faute ou de l'imprudence du patron [5].

Le patron n'est pas davantage responsable des suites d'une épidémie régnant dans une localité où il a envoyé ses ouvriers, à la condition que ces ouvriers aient connu l'épidémie [6] et que le patron ait pris les précautions nécessaires pour les en préserver [7].

L'infirmité ou la maladie contractée par un ouvrier à la suite de l'exercice normal de son métier ne donne pas lieu à une action contre le patron [8].

1290 *bis*. Cependant, suivant un arrêté du ministre des travaux publics du 15 octobre 1848 [9], l'entrepreneur de travaux publics doit établir des ambulances sur les ateliers si l'importance et la situation de ces ateliers, la nature des travaux rendent cette mesure nécessaire. Les ouvriers atteints

[1] Rouen, 2 mars 1891, S., 94. 2. 243 (blessure lors de la descente d'un échafaudage). — Lyon, 2 janv. 1894, *Mon. jud. Lyon*, 13 mars 1894 (chute subite d'un bloc encastré dans une faille). — Trib. civ. Saint-Etienne, 24 nov. 1893, *Lég. des mines*, 1893, p. 370. — Sauzet, *Rev. crit.*, XII, 1883, p. 684, n. 75. — *Contra* Trib. civ. Seine, 14 fév. 1895, *Gaz. Pal.*, 95. 1. 344 (responsabilité, mais atténuée, si l'ouvrier est blessé par cas fortuit dans un service commandé, par exemple si un sommelier perd l'œil à la suite de la rupture d'un siphon. — V. aussi *supra*, note 3, p. 119.

[2] Cass. req., 5 avril 1894, S., 97. 1. 229, D., 94. 1. 479. — Lyon, 2 avril 1889, *Mon. jud. Lyon*, 22 oct. 1889. — Lyon, 9 fév. 1893, *Loi*, 26 mai 1893.

[3] Cass. req., 5 avril 1894, précité. — Lyon, 9 fév. 1893, précité.

[4] Trib. civ. Nontron, 29 nov. 1893, *Rec. Bordeaux*, 94. 3. 41 (et le patron qui fait donner des secours médicaux à l'ouvrier ne reconnaît pas sa responsabilité).

[5] Rennes, 25 avril 1892, *Gaz. Pal.*, 92. 2. 254 (industrie insalubre, contre les effets de laquelle le patron n'a pas pris les soins nécessaires).

[6] Trib. com. le Havre, 22 fév. 1893, *Rec. du Havre*, 94. 1. 5.

[7] Trib. com. le Havre, 22 fév. 1893, précité.

[8] Rouen, 29 juin 1888, S., 89. 2. 140 (ophtalmie contractée par un mécanicien de chemin de fer). — Gand, 18 juin 1887, S., 89. 4. 1 (maladie d'un serre-frein par suite de l'exercice de ses fonctions). — Labbé, *Note*, S., 89. 4. 1.

[9] Duvergier, *Collection des lois*, 1848, p. 742.

de blessures ou de maladies causées par les travaux doivent être soignés gratuitement à l'hôpital ou à domicile; ils reçoivent la moitié de leur salaire pendant l'interruption forcée de leur travail. Si l'accident les rend impropres au travail de leur profession, ils reçoivent la moitié de leur salaire pendant un an à partir de l'accident. Si l'ouvrier est tué, ou meurt des blessures ou de la maladie contractées à la suite des travaux, la veuve ou la famille qu'il faisait vivre ont droit à une indemnité de 300 fr. Ces secours peuvent être augmentés par décisions spéciales du ministre.

Pour subvenir à ces charges, une retenue variable, aujourd'hui de 1 p. 100, est faite sur le prix de l'adjudication [1]; si la retenue dépasse les besoins, l'excédent est restitué à l'entrepreneur; si elle reste au-dessous, le Trésor parfait la différence.

1291. La convention passée entre l'entrepreneur et ses ouvriers, par laquelle le premier se décharge de ses obligations, est valable, sauf les sanctions administratives [2].

Il en est de même de la convention par laquelle l'entrepreneur fait, pour subvenir à ses charges, une retenue sur le salaire de l'ouvrier [3]; à supposer même que la convention précédente soit nulle, celle-ci est valable ; elle ne déroge aucunement aux prescriptions administratives qui exigent, dans un but d'humanité, l'organisation complète de secours. Au surplus, le patron arriverait au même résultat en diminuant les salaires, ce que personne ne peut lui interdire.

1292. Il va sans dire, conformément au droit commun, que le patron est responsable d'un cas fortuit causé par sa faute [4].

[1] Christophle et Auger, *Tr. des tr. publ.*, I, n. 718 et 719.

[2] V. cep. Christophle et Auger, *op. cit.*, I, n. 719. — Lyon-Caen, *Note*, S., 95. 1. 433.

[3] Cass. civ., 29 avril 1895, S., 95. 1. 433 (impl.). — Grenoble, 16 avril 1888, *Rec. Grenoble*, 88. 159. — Trib. civ. Limoges, 28 février 1894, *Gaz. Pal.*, 94. 1. 577. — Lyon-Caen, *loc. cit.*

[4] Lyon, 3 août 1892, D., 93. 2. 320 (le directeur de théâtre est responsable de l'accident causé à son employé par la chute d'un décor pendant le transport, quoique cette chute provienne du vent, si le directeur ne s'est pas conformé à l'usage, qui est de faire accompagner la voiture par des hommes chargés de maintenir les décors à l'aide de cordes). — La plupart des espèces citées dans les notes qui suivent sont relatives à des cas de ce genre.

En pareille hypothèse, l'accident dérive réellement de la faute du patron.

1293. De même, le patron est responsable de l'accident causé à l'un de ses ouvriers ou employés, par la faute d'un autre ouvrier ou employé, parce qu'il est responsable de leur fait (C. civ., art. 1384) [1], sauf cependant si cette faute n'est pas commise par ces derniers dans l'exercice de leurs fonctions [2].

1294. La difficulté est de savoir dans quels cas il y aura faute du patron.

Il est certain que le patron doit prendre les mesures de sécurité habituelles [3].

Ainsi le patron est responsable de l'accident causé à un ouvrier par un travail dangereux, alors qu'il n'a pas pris les précautions nécessaires pour éviter le danger [4].

[1] Aix, 13 mai 1866, S., 66. 2. 386. — Dijon, 23 avril 1869, S., 69. 2. 148. — Caen, 15 juil. 1885, *Mon. jud. Lyon*, 13 oct. 1885. — Nîmes, 18 mai 1887, *Rec. Nîmes*, 87. 153. — Paris, 1er juil. 1887, *Droit*, 31 juil. 1887. — Rouen, 5 août 1887, *Rec. Rouen*, 87. 223. — Caen, 21 janv. 1888, *Rec. Caen*, 88. 21. — Nancy, 16 mai 1889, *Rec. Nancy*, 88-89. 123. — Rouen, 7 déc. 1889, *Rec. Rouen*, 89. 232. — Alger, 20 avril 1891, *Droit*, 3 oct. 1891. — Lyon, 6 août 1891, *Gaz. Pal.*, 91. 2. 661. — Rouen, 3 nov. 1891, *Rec. Rouen*, 91. 1. 250. — Lyon, 9 nov. 1894, *Mon. jud. Lyon*, 21 mars 1895. — Trib. com. Marseille, 18 juil. 1888, *Rec. assur.*, 88. 168. — Trib. civ. Marseille, 10 nov. 1891, *Rec. d'Aix*, 92. 2. 101 (acteur blessé sur la scène par un projectile que manie un autre acteur). — Trib. civ. Marseille, 25 mai 1888, *Loi*, 11 nov. 1888. — Trib. sup. Empire Allemagne (par interprétation du droit français), 6 nov. 1883, *Journ. de dr. int.*, XII, 1885, p. 335. — Demolombe, XXXI, n. 628 ; Guillouard, II, n. 734. — V. cep. Trib. civ. Liège, 26 nov. 1895, *Pas.*, 96. 3. 25 (effroi causé à un ouvrier par un outil jeté devant une porte).

[2] Liège, 13 fév. 1895, *Pas.*, 95. 2. 211 (discussion entre ouvriers pendant leur repas dans un charbonnage). — Trib. civ. Seine, 9 mars 1887, *Droit*, 18 mai 1887 (querelle entre deux ouvriers).

[3] Aix, 17 juil. 1888, *Rec. d'Aix*, 89. 1. 27. — Amiens, 26 fév. 1890, *Rec. d'Amiens*, 90. 128. (engins explosifs), — Bordeaux, 8 août 1890, *Rec. de Bordeaux*, 90. 1. 449. — Aix, 15 mai 1891, *Rec. d'Aix*, 92. 1. 105. — Trib. civ. Lyon, 13 janv. 1888, *Mon. jud. Lyon*, 27 avril 1888. — Trib. civ. Marseille, 4 mai 1888, *Rec. de Marseille*, 88. 262. — Trib. civ. Marseille, 5 juin 1888, *Rec. de Marseille*, 88. 317. — Trib. civ. Moulins, 8 janv. 1887, S., 87. 2. 173. — Trib. civ. Marseille, 3 juin 1890, *Rec d'Aix*, 90. 2. 256 (masque métallique pour la fabrication des eaux gazeuses). — Trib. civ. Saint-Nazaire, 17 janv. 1891, *Droit*, 4 mars 1891 (lunettes). — Trib. com. Seine, 15 sept. 1895, *Droit*, 6 oct. 1895. — Bruxelles, 2 nov. 1885, S., 87. 4. 21. — Décidé cependant que la responsabiliié du patron est atténuée si l'ouvrier a négligé de lui demander les lunettes nécessaires. — Aix, 17 juil. 1888, précité. — V. *infra*, n. 1307 s.

[4] Lyon, 29 juin 1893, *Mon. jud. Lyon*, 28 déc. 1893. — Grenoble, 21 nov. 1893,

Les compagnies de chemins de fer notamment sont responsables des accidents causés à leurs employés par le défaut de précautions [1].

L'aubergiste, de même, est responsable, envers ses domestiques, des accidents causés en donnant des soins à un cheval vicieux [2].

1295. Peu importe que l'employé sache que les précautions ont été négligées [3].

Mais si le patron n'a pu connaître le danger, et en dehors, comme nous le verrons, du cas où ce danger résulte des défauts d'outillage, il n'encourt aucune responsabilité [4].

Rec. Grenoble, 1893, p. 303. — Orléans, 27 déc. 1893, *Loi*, 31 janv. 1894 (échafaudage formé de bois vermoulus). — Orléans, 13 janv. 1894, *Loi*, 19 janv. 1894. — Grenoble, 6 fév. 1894, S., 95. 2. 31, D., 94. 2. 304. — Paris, 9 fév. 1894, *Gaz. Pal.*, table, 1er sem., 1894, vo *Responsabilité civile*, n. 25 et 26 (le meunier est responsable de l'explosion produite par la poussière de blé, alors que l'installation défectueuse de la chambre à poussière a forcé les ouvriers à s'y rendre avec des lumières qui ont produit l'explosion). — Lyon, 26 juin 1895, *Mon. jud. Lyon*, 5 nov. 1895. — Trib. civ. Libourne, 14 juin 1888, *Loi*, 3 janv. 1889. — Trib. com. Marseille, 21 nov. 1893, *Rec. Marseille*, 94. 1. 30. — Trib. civ. Lyon, 26 juil. 1895, *Gaz. Pal.*, 95. 2. 673 (ouvrier perdant un œil dans un travail dangereux pour lequel il ne lui a pas été fourni de lunettes). — Trib. comm. Emp. Allemagne, 18 mars 1876, *Journ. dr. int.*, IV, 1877, p. 549 (même si le danger est apparent).— Trib. sup. com. Emp. Allemagne, 9 nov. 1875, *Journ. dr. int.*, IV, 1877, p. 549. — Trib. sup. com. Stuttgard, 19 sept. 1872, *Journ. dr. int.*, III, 1876, p. 375. — Trib. féd. suisse, 28 déc. 1894, *Ann. dr. comm.*, X, 1896, p. 46 (le maître dont le domestique emploie la dynamite doit l'empêcher de se livrer à des manipulations imprudentes).

[1] Paris, 11 mars 1889, sous Cass., 14 déc. 1892, D., 93. 1. 489 (mort du mécanicien par le déraillement d'un train produit par un passage de bestiaux qui se sont introduits sur la voie grâce à l'absence de clôtures). — Lyon, 27 juin 1893, *Mon. jud. Lyon*, 19 déc. 1893 (calage insuffisant des wagons). — Riom, 31 déc. 1894, *Loi*, 19 janv. 1895 (fausse manœuvre d'un autre ouvrier). — Riom, 12 fév. 1895, *Rec. Riom*, 1895, p. 193 (défaut de surveillance de la queue d'un train qui opère un refoulement). — Trib. civ. Saint-Affrique, 3 août 1893, *Loi*, 7 déc. 1893 (défectuosité du matériel).

[2] Dijon, 13 nov. 1893, S., 94. 2. 110, D., 94. 2. 71. — De même le voiturier; il ne peut objecter que le cocher a été imprudent, alors même que ce dernier connaissait le cheval. — Trib. civ. Seine, 14 mars 1895, *Loi*, 2 avril 1895. — Pas de responsabilité pour l'accident causé par un faux mouvement d'un cheval conduit par l'employé. — Trib. civ. Lyon, 20 fév. 1895, *Loi*, 13 mars 1895.

[3] *Contra* Cass. req., 13 fév. 1882, D., 82. 1. 419. — C. supr. Massachussets, 25 juin 1885, *Journ. dr. int.*, XIII, 1886, p. 735.

[4] Cass. civ., 4 juil. 1894, S., 95. 1. 287, D., 94. 1. 448. — Trib. civ. Seine, 14 juil. 1891. *Droit*, 30 juil. 1891.

1296. Il peut y avoir faute à ne pas placer un surveillant dans certains endroits dangereux ([1]).

Mais on ne peut jamais obliger le patron à exercer sur les ouvriers une surveillance de tous les instants ([2]).

1297. Si l'ouvrier est inexpérimenté ([3]) ou infirme ([4]), le patron doit prendre les mesures spéciales que cette situation rend nécessaires.

Le patron est donc responsable d'un accident causé à un ouvrier par son défaut d'habileté dans le travail qui lui était confié ([5]), par exemple s'il emploie un ouvrier à un travail auquel ses fonctions ne le rendent pas propre ([6]).

Il en est ainsi, à plus forte raison, si le patron a usé de mesures pour forcer l'ouvrier à accepter ce travail ([7]).

Il est encore responsable de l'accident causé à l'ouvrier par un travail au-dessus de ses forces ([8]).

([1]) Trib. civ. Epinal, 2 fév. 1893, *Rev. dr. ind.*, 1894, p. 10 (chantiers de terrassement).

([2]) Alger, 7 mars 1894, *Rev. Alg.*, 1894, p. 292.

([3]) Trib. civ. Charolles, 27 juin 1889, *Droit*, 8 août 1889. — Orléans, 6 fév. 1890, *Loi*, 15 mars 1890. — Alger, 23 mai 1892, *Gaz. Pal.*, 93. 1. 2e p., 19. — Paris, 10 janv. 1893, *Gaz. Pal.*, 93. 1. 2e p., 35. — Paris, 15 juin 1893, *Gaz. Pal.*, 93. 2. 2e p., 10. — Trib. civ. Lyon, 27 mai 1892, *Loi*, 27 juill. 1892 (une Compagnie de chemins de fer est responsable de l'accident causé à un employé chargé d'atteler des wagons pendant la nuit sans lanterne, si ce n'est pas là son attribution ordinaire). — Trib. civ. Lyon, 21 janv. 1893, *Gaz. Pal.*, 93. 1. 357. — Trib. civ. Grenoble, 20 nov. 1890, *Rec. Grenoble*, 91. 47. — Liège, 30 janv. 1895, *Pasicr.*, 95. 2. 358. — Bruxelles, 29 oct. 1895, *Pasicr.*, 96. 2. 144 (attelage difficile confié à un enfant). — Trib. civ. Bruxelles, 8 janv. 1896, *Pasicr.*, 96. 3. 141 (travail périlleux confié à un jeune ouvrier).— Cependant le fait que le père de l'enfant l'a autorisé à faire le travail atténue la responsabilité du patron. Chambéry, 22 juin 1893, *Gaz. Pal.*, 93. 1. 2e p., 6. — Quelquefois on partage la responsabilité. Paris, 10 janv. 1893, précité.

([4]) Décidé cependant que le fait, par un ouvrier infirme, de solliciter du travail atténue la responsabilité du patron. Chambéry, 12 déc. 1889, *Mon. jud. Lyon*, 10 janv. 1890.

([5]) Grenoble, 17 mai 1892, D., 92. 2. 292. — Alger, 23 mai 1892, D., 94. 2. 47. — Lyon, 29 juin 1893, *Mon. jud. Lyon*, 28 oct. 1893 (remblayage de courroies de transmission). — Lyon, 12 juill. 1893, *Mon. jud. Lyon*, 2 janv. 1894. — Lyon, 12 juin 1893, *Mon. jud. Lyon*, 8 janv. 1895. — Paris, 19 mars 1895, *Droit*, 6 avril 1895. — Au moins s'il ne l'a pas prévenu des précautions à prendre, — Trib. comm. Seine, 12 sept. 1894, *Gaz. Pal.*, 94. 2. 438.

([6]) Trib. comm. Seine, 1er août 1894, *Pand. franç.*, 95. 2. 191. — *Contra* C. sup. Massachusetts, 25 juin 1885, précité.

([7]) *Contra* C. supr. Massachusetts, 25 juin 1885, précité.

([8]) Cass. req., 24 fév. 1896, S., 96. 1. 461, D., 96. 1. 327.

1298. Le patron est également responsable de la défectuosité ou de l'insuffisance des instruments de travail ou de l'outillage mis entre les mains de l'ouvrier [1].

1299. Le patron doit être, suivant la jurisprudence, déclaré responsable des défauts de l'outillage, même s'il ne les a ni connus ni pu connaître [2]; c'est l'application pure et simple de l'art. 1385 C. civ.; ce texte dispose d'une manière générale que chacun est responsable des dommages causés à autrui par sa chose, et les tribunaux, comme nous le dirons [3], l'appliquent à la responsabilité du patron. Si, au contraire, on

[1] Cass. req., 16 mai 1887, S., 88. 1. 73. — Cass. req., 7 mars 1893, S., 93. 1. 292 (ouvrier chargé, sans être muni de lunettes, de creuser des mines et d'abattre des pierres très résistantes). — Lyon, 28 juill. 1886, *Loi*, 16 janv. 1887. — Caen, 25 avril 1887, *Rec. Rouen*, 87. 235. — Rouen, 24 oct. 1888, *Rec. Rouen*, 88. 1. 197. — Amiens, 9 janv. 1889, *Rec. Amiens*, 89. 10. — Aix, 2 mai 1889, *Gaz. Pal.*, 89. 2. 83 (machines défectueuses). — Orléans, 27 juill. 1889, *Gaz. Pal.*, 89. 2. 421 (emploi d'une peinture dangereuse). — Douai, 11 nov. 1889, S., 94. 1. 361 (sous note) (explosion d'une chaudière). — Poitiers, 11 nov. 1889, *Rec. Poitiers*, 89. 335. — Orléans, 10 mai 1890, *Loi*, 7 juin 1890 (défaut de solidité d'un échafaudage). — Orléans, 11 déc. 1890, D., 91. 2. 383. — Alger, 20 avril 1891, *Droit*, 3 oct. 1891. — Amiens, 21 mars 1892, *Rec. Amiens*, 94. 89. — Paris, 19 mai 1893, *Gaz. Trib.*, 10 juin 1893 (explosion de vapeur due à la rupture d'un tube). — Paris, 29 mai 1893, *Gaz. Pal.*, 93. 2, 2e p., 1 (rupture d'un échafaudage). — Nancy, 30 nov. 1893, *Rev. dr. indust.*, 1895, p. 31. — Nancy, 8 fév. 1896, D., 97. 2. 110 (machines trop rapprochées les unes des autres). — Trib. civ. Lyon, 15 juill. 1886, *Mon. jud. Lyon*, 25 oct. 1886. — Nancy, 19 déc. 1894, *Rec. Nancy*, 94. 336 (circulation de wagonnets non munis de freins). — Trib. civ. Montargis, 6 août 1888, *Loi*, 7 sept. 1888. — Trib. civ. Nantes, 31 mai 1887, *Loi*, 21 juin 1887. — Trib. civ. Chambéry, 10 déc. 1890, *Mon. jud. Lyon*, 29 déc. 1890. — Bordeaux, 20 fév. 1895, *Rec. Bordeaux*, 95. 103. — Trib. civ. Marseille, 28 oct. 1890, *Rec. d'Aix*, 91. 2. 45. — Trib. civ. Orthez, 18 juin 1890, *Gaz. Pal.*, 91. 1. *Suppl.* 4. — Trib. civ. Marseille, 22 nov. 1890, *Rec. d'Aix*, 91. 8 (explosion causée dans une mine par l'emploi de lampes à flamme libre). — Trib. civ. Lyon, 2 janv. 1891, *Mon. jud. Lyon*, 4 fév. 1891. — Trib. com. Havre, 20 mai 1891, S., 94. 2. 141. — Trib. civ. Grenoble, 25 janv. 1894, D., 95. 2. 394. — Trib. civ. Amiens, 3 mars 1894, *Rec. Amiens*, 94. 220. — Trib. com. Seine, 18 mai 1893, *Droit*, 11 juin 1893. — Trib. civ. Mont-de-Marsan, 20 nov. 1885, *Loi*, 15 déc. 1885. — Trib. civ. Seine, 14 mai 1895, *Gaz. Pal.*, 95. 2. 11 (patron qui fait monter son employé sur un cheval sans selle ni étriers, alors que l'employé n'en a pas l'habitude). — Trib. com. Seine, 18 sept. 1895, *Gaz. Pal.*, 95. 2. 411 (les ouvriers doivent être munis de lunettes; le patron est également responsable de l'accident causé par un instrument mal approprié s'il n'en a pas mis d'autre à la disposition de l'ouvrier). — Trib. féd. suisse, 25 oct. 1893, *Ann. dr. com.*, VIII, 1894, *doctr.*, p. 41. — Trib. com. Anvers, 21 sept. 1885, S., 88. 4. 6.

[2] *Contra* Rouen, 1er août 1887, *Rec. Rouen*, 87. 260.

[3] V. *infra*, n. 1331.

admet le principe de la responsabilité contractuelle, le patron, en prouvant qu'il n'a pu connaître les vices de l'outil, démontrera le cas fortuit et échappera ainsi à toute responsabilité.

1300. On ne peut pas reprocher à l'ouvrier, en principe, de ne pas avoir vérifié l'outillage [1]; toutefois cette solution ne peut être donnée comme étant d'application générale : si le patron est ignorant de la pratique professionnelle, si l'ouvrier a été choisi pour ses aptitudes techniques, il se peut qu'en fait il ait, en s'abstenant d'examiner les outils, commis une imprudence qui atténue ou même supprime la responsabilité du patron [2].

1301. Le patron d'autre part, n'est pas responsable de l'accident causé par des outils, s'ils appartiennent à l'ouvrier [3], ou si l'accident résulte d'un maniement maladroit que ne justifie pas l'inexpérience habituelle de l'ouvrier [4].

1302. Par application des mêmes idées, le maître est responsable des accidents causés à l'ouvrier par la défectuosité de l'endroit où s'exerçait le travail [5].

(1) Rouen, 28 juil. 1890, *Rec. Rouen*, 90. 1. 137.

(2) Bordeaux, 8 août 1890, *Rec. de Bordeaux*, 90. 1. 449. — Paris, 4 janv. 1892, *Gaz. Pal.*, 93. 1. 2e p., 45.

(3) Lyon, 21 mars 1893, *Gaz. Pal.*, 93. 2. 368. — Trib. civ. Saint-Etienne, 27 juil. 1892, *Gaz. Pal.*, 92. 2. 541.

(4) Trib. civ. Pontarlier, 13 mars 1895, *Gaz. Pal.*, 95. 1. *Suppl.*, 35, — sauf la restriction indiquée plus loin.

(5) Amiens, 18 juil 1889, *Gaz. Pal.*, 90. 1. 50 (entrepreneur de terrassements qui fait travailler les ouvriers dans un terrain friable). — Poitiers, 21 déc. 1891, *Gaz. Pal.*, 92. 1. 206 (vice d'installation d'une passerelle). — Paris, 18 juil. 1892, D., 93. 2. 482 (la compagnie des chemins de fer est responsable de la mort d'un contrôleur survenue par le heurt de la portière, qu'il a ouverte pour demander les billets, contre les ouvrages d'art, alors que ce heurt a été occasionné par la construction défectueuse de la ligne). — Pau, 30 juil. 1892, S., 93. 2. 316, D., 93. 2. 484 (la compagnie est responsable de la mort d'un homme d'équipe, causée par les défauts de construction d'un wagon, quoique les wagons, avant d'être mis en circulation, soient contrôlés par l'Etat). — Paris, 27 avril 1893, *Gaz. Trib.*, 20 juin 1893 (défaut de solidité de passerelles mobiles reliant des échafaudages; et cela même s'il y a faute du constructeur, mais alors la responsabilité se partage). — Nimes, 26 juil. 1893, *Gaz. Pal.*, 93. 2. 402. — Lyon, 12 juin 1894, *Mon. jud. Lyon*, 8 janv. 1895 (état du chantier obligeant les ouvriers chargés de lourds fardeaux à enjamber des matériaux). — Paris, 7 juin 1894, D., 95. 2. 286. — Trib. civ. Lyon, 16 mars 1894, *Mon. jud. Lyon*, 25 mai 1894 (insuffisance d'un cintre, qui s'effondre sur l'ouvrier). — Lyon, 29 nov. 1894, D., 95. 2. 382 (défaut de solidité d'un boisage). — Paris, 13 fév. 1895, *Droit*, 11 mai 1895. — Nancy, 7 déc. 1894, D., 95. 2. 280

Mais le patron n'a à prendre que les précautions habituelles dans les travaux du même genre [1].

Si le travail est dangereux, le patron doit prendre des mesures spéciales [2].

(chute de matériaux mal installés). — Trib. civ. Lyon, 30 oct. 1895, *Gaz. Pal.*, 95. 2. 594 (éclairage insuffisant). — Rennes, 16 avril 1894, *Rec. Angers*, 94. 256 (conditions climatériques). — Trib. civ. Lyon, 21 fév. 1895, *Mon. jud. Lyon*, 6 mai 1895 (échafaudage où l'ouvrier n'a pas de place pour se mouvoir). — Trib. civ. Brive, 6 juin 1888, *Gaz. Pal.*, 89. 1. *Suppl.*, 83 (pierres détachées d'une mine alors que rien n'a été fait pour les empêcher d'être projetées). — Trib. civ. Alais, 25 juil. 1889, *Gaz. Pal.*, 89. 1. 306. — Trib. civ. Lyon, 30 oct. 1895, *Mon. jud. Lyon*, 8 nov. 1895 (endroit mal éclairé).

[1] Cass. req., 5 avril 1894, S., 97. 1. 229, D., 94. 1. 479 (éboulement d'un bloc de charbon provoqué par la fouille en sous-cave, le patron n'avait pas à prendre de précautions particulières). — Lyon, 21 mars 1893, *Gaz. Pal.*, 93. 2. 368 (on ne peut lui reprocher de n'avoir pas fourni des lunettes grillagées aux ouvriers étireurs d'acier). — Nancy, 21 juil. 1893, *Rec. de Nancy*, 1893, p. 245 (pas à faire dresser un échafaudage pour badigeonner une cage d'escalier, alors que dans l'usage on n'emploie que des échelles). — Nancy, 21 juill. 1893, *Rec. de Nancy*, 1893, p. 248 (pas à protéger l'ouvrier tourneur de métaux en couvrant le burin d'un organe protecteur ou en fournissant des lunettes ou un masque, ces précautions étant d'ailleurs incompatibles avec la grande précision nécessitée par le travail). — Lyon, 16 nov. 1893, *Mon. jud. Lyon*, 15 mai 1894. — Nîmes, 13 fév. 1894, *Mon. jud. Lyon*, 26 avril 1894. — Trib. civ. Lyon, 22 mars 1887, *Mon. jud. Lyon*, 30 juin 1887. — Trib. civ. Seine, 22 juin 1887, *Gaz. Pal.*, 87. 2. 428. — Trib. civ. Marseille, 10 déc. 1889, *Rec. d'Aix*, 90. 2. 68. — Trib civ. Saint-Nazaire, 7 juin 1889, *Droit*, 26 sept. 1889. — Trib. civ. Cambrai, 15 nov. 1894, *Gaz. Pal.*, 94. 2, *Suppl.*, 27 (le patron n'a pas à fournir à ses ouvriers des lunettes si leur emploi n'est pas usité dans les ateliers similaires et si elles constituent une gêne). — Trib. civ. Saint-Etienne, 27 juil. 1892, *Gaz. Pal.*, 92. 2. 541 (id.). — Bruxelles, 27 fév. 1894, *Pasicr.*, 94. 2. 341.— Bruxelles, 13 janv. 1896, *Pasicr.*, 96. 2. 172 (lunettes). — Bruxelles, 13 déc. 1895, *Pasicr.*, 96. 2. 151 (le patron n'a pas à munir d'un échafaudage l'ouvrier employé à la construction, des échelles doubles suffisent).

[2] Orléans, 22 nov. 1889, *Droit*, 31 déc. 1889. — Bordeaux, 16 août 1890, *Rec. Bordeaux*, 90. 1. 314 (la compagnie de chemins de fer doit prendre des précautions pour les passages dangereux, elle doit, en cas de brouillard intense, faire surveiller et faire précéder les chemins de fer qui les traversent par des avertisseurs). Bordeaux, 22 déc. 1890, *Rec. Bordeaux*, 91. 1. 57. — Chambéry, 9 mars 1892, *Rec. Grenoble*, 92. 2. 105. — Amiens, 4 mai 1892, *Rec. d'Amiens*, 92. 190. — Nancy, 1er déc. 1893, *Rec. Nancy*, 94. 334 (défaut de lunettes protectrices). — Rennes, 30 juil. 1894, *Rec. Angers*, 94. 403. — Trib. com. Seine, 26 mars 1892, *Loi*, 13 mai 1892. — Trib. com. Le Havre, 3 juin 1889, *Rec. du Havre*, 89. 191. — Trib. civ. Lyon, 21 janv. 1893, *Gaz. Pal.*, 93. 1. 357 (lunettes métalliques). — Trib. com. Seine, 10 août 1893, *Gaz. Pal.*, 93. 2. 318 (une compagnie de chemins de fer ne doit pas laisser des ouvriers travailler sous un tunnel sans les faire surveiller par un homme d'équipe). — Cass. belge, 28 mars 1889, S., 90. 4. 17. — Trib. civ. Bruxelles, 14 nov. 1894, *Pasicr.*, 95. 3. 15 (le maître est respon-

1302 *bis*. Le patron n'est pas déchargé par cette circonstance que l'acte qui a amené l'accident a été accompli conformément à un usage constant [1].

1303. Lorsque le patron loge ses préposés, il est responsable des accidents dont ils sont victimes pendant leur séjour chez lui par suite d'une installation défectueuse [2].

1304. On décide généralement que le patron est responsable de l'accident qui porte préjudice à son ouvrier, par cela seul que le patron a contrevenu à une loi ou un règlement, et cela quoiqu'il n'ait ni faute, ni négligence à se reprocher [3].

Ainsi le patron serait de plein droit responsable de la mort d'un ouvrier âgé de 16 ans, tombé d'un toit sur lequel le patron le faisait travailler contrairement au décret du 31 octobre 1882 [4].

Mais la solution contraire a également des partisans [5], et elle est plus facile à défendre ; les règlements n'ont qu'un

sable de la chute d'une servante qu'il charge de laver les carreaux au second étage sur une chaise en mauvais état et sans être tenue). — Trib. civ. Bruxelles, 10 avril 1895, *Pasicr.*, 95. 3. 183.

[1] L'usage de décintrer les voûtes cinq jours après leur construction, quoique habituel dans le département du Nord, ne peut exonérer un entrepreneur de la responsabilité d'un accident causé par la chute d'une voûte encore humide. Trib. civ. Lille, 26 juin 1890, *Ann. dr. com.*, IV, 1890, *Jurispr.*, p. 241.

[2] Trib. civ. Seine, 18 juin 1892, *Gaz. Pal.*, 92. 2. 202 (émanations d'un poêle Choubersky).

[3] Trib. civ. Seine, 5 décembre 1891, *Droit*, 1er janv. 1892.

[4] Douai, 7 juillet 1892, D., 93. 2. 419. — De même le patron qui, contrairement au décret du 13 mai 1875, emploie des enfants au-dessous de 16 ans dans un atelier mettant en jeu des machines dont les parties dangereuses et pièces saillantes mobiles ne sont point couvertes de couvre-engrenages, gardes-mains ou autres organes protecteurs. Trib. com. Seine, 8 décembre 1892, *Journ. trib. comm.*, 1894, p. 83. — Il serait responsable de l'accident causé par l'emploi, contrairement aux règlements, d'un bourroir en fer par l'ouvrier. Grenoble, 18 avril 1893, *Rec. Grenoble*, 1893, p. 302. — Il serait responsable de l'accident causé à un mineur de 16 ans retenu dans l'atelier au-delà de la limite fixée par l'art. 4 de la loi du 19 mai 1874. Cass. civ., 7 août 1895, D., 96. 1. 81.

[5] Cass. req., 12 janvier 1897, D., 97. 1. 71. — Rouen, 24 mars 1894, *Rec. Rouen*, 94. 1. 196. — Nancy, 29 juin 1895, S., 95. 2. 207. — Planiol, *Note*, D., 96. 1. 81. — Cet auteur fait remarquer avec raison que la solution de la jurisprudence est en contradiction avec celle qu'elle adopte sur la responsabilité d'une compagnie de chemins de fer vis-à-vis d'un passant qui a contrevenu aux règlements. — Cass. civ , 7 août 1895, précité.

caractère administratif et n'engagent la responsabilité du patron que vis-à-vis de l'administration ; les principes du droit civil seuls doivent servir à déterminer les conditions de sa responsabilité vis-à-vis de l'ouvrier.

Tout ce qui est exact, c'est que le patron qui contrevient aux règlements est responsable de l'accident causé à l'ouvrier et que l'observation des règlements aurait évité [1].

L'opinion contraire va jusqu'à décider qu'en cas de désobéissance aux lois et règlements de police, le patron est responsable de l'accident causé par l'imprudence de l'ouvrier [2], et cela est évidemment inadmissible, tant en droit qu'en équité.

1305. Réciproquement, le patron qui a obéi aux règlements de police, est néanmoins responsable de n'avoir pas pris les précautions ordinaires non imposées par ces règlements [3].

Les compagnies de chemins de fer sont donc responsables des accidents causés à leurs employés par l'absence de mesures de précautions, même si ces mesures n'étaient pas prescrites par les lois et règlements [4].

1306. L'accident causé au domestique ou à l'ouvrier en dehors de la maison ou de l'atelier du patron n'engage pas la responsabilité de ce dernier [5].

Il en est de même de l'accident dont l'ouvrier est victime au cours d'un travail qu'il n'était pas chargé de faire [6].

[1] Comp. Planiol, *loc. cit.*

[2] Trib. com. Seine, 8 déc. 1892, précité. — *Contra* Rouen, 24 mars 1894, précité.

[3] V. cep. Trib. civ. Lyon, 7 fév. 1895, *Mon. jud. Lyon*, 24 avril 1895 (le patron n'est pas responsable de la chute d'un ouvrier tombé d'un échafaudage non muni de balustrades, si les règlements de police n'exigent ces balustrades que pour les échafaudages volants).

[4] Trib. Seine, 8 fév. 1888, sous Cass., 14 déc. 1892, D., 93. 2. 489. — Trib. civ. Amiens, 21 déc. 1893, *Rec. d'Amiens*, 1894, p. 118. — V. cep. Grenoble, 15 nov. 1893, *Rec. Grenoble*, 1893, p. 628.

[5] Cass. civ., 15 nov. 1881, S., 83. 1. 402. — Trib. civ. Villeneuve sur-Lot, 28 juil. 1894, *Gaz. Pal.*, 95. 2. *Suppl.* 26. — On est allé jusqu'à décider en sens contraire que le maître est responsable pour n'avoir pas pris les mesures nécessaires pour empêcher que sa domestique mineure, après être sortie de chez lui, arrivât sans encombre dans sa famille. Trib. civ. Dieppe, 29 mai 1889, *Gaz. Pal.*, 89. 2. 446.

[6] Pau, 12 mars 1891, *Loi*, 19 août 1891. — Rennes, 18 juil. 1894, *Rec. d'Angers*, 94. 370.

On admet cependant la responsabilité du patron si l'ouvrier a fait ces travaux dans un intérêt de sécurité générale ([1]).

En tout cas le patron est responsable du travail accompli en dehors de ses attributions par l'ouvrier, lorsque l'insuffisance du personnel l'a obligé à accomplir ce travail.

1307. Une dernière solution, dont la jurisprudence fait journellement l'application et qui est évidente, est que le patron n'est pas responsable des accidents causés à l'ouvrier par la faute ou l'imprudence de ce dernier ([2]); l'ouvrier ne peut alors que s'en prendre à lui-même.

([1]) Cass. civ., 5 janv. 1891, S., 92. 1. 247, D., 91. 1. 7 (à bord d'un navire).

([2]) Cass. req., 2 déc. 1885, S., 87. 1. 312. — Nîmes, 18 juin 1887, *Rec. Nîmes*, 87. 182 (non-obéissance au règlement d'atelier). — Trib. civ. Vendôme, 5 mars 1887, *Rec. assur.*, 87. 176. — Trib. civ. Bordeaux, 19 juin 1888, *Loi*, 23 fév. 1889. — Trib. civ. Bourges, 11 juil. 1888, *Loi*, 25 juill. 1888. — Lyon, 2 déc. 1887, *Mon. Lyon*, 14 janv. 1888. — Paris, 6 juill. 1893, *Loi*, 27 déc. 1893. — Trib. civ. Die, 28 oct. 1888, *Rec. Grenoble*, 89. 98. — Trib. com. Marseille, 21 nov. 1893, *Rec. Marseille*, 94. 1. 30. — Trib. civ. Pontarlier, 13 mars 1895, *Gaz. Pal.*, 95. 1. *Suppl.*, 35. — Trib. sup. comm. Stuttgard, 28 nov. 1874, *Archiv des Handelsrechts*, XXXIII, *Anal. journ. dr. int.*, III, 1876, p. 376. — Trib. féd. suisse, 19 juin 1890, *Ann. dr. com.*, V, 1891, *Doctr.*, p. 31. — Trib. civ. Amiens, 2 fév. 1889, *Rec. Amiens*, 89. 76. — Trib. civ. Baugé, 15 juill. 1890, *Gaz. Pal.*, 90. 2. 210. — Trib. civ. Lyon, 31 mai 1890, *Gaz. Pal.*, 90. 2. 210. — Toulouse, 31 mai 1889, *Loi*, 25 juin 1889 (employé de chemin de fer circulant sur les marchepieds). — Mort occasionnée par le fait que l'ouvrier, pour égaliser les pierres entassées dans un four à chaux, y est descendu au lieu d'employer, suivant l'usage, une barre de fer. Grenoble, 27 déc. 1892, S., 94. 2. 139, D., 93. 2. 534. — Piqueur tué dans une mine par la chute d'une pierre se détachant du toit qu'il était dans ses attributions de boiser (Lyon, 8 mars 1893, *Loi*, 26 mai 1893), ou par l'éboulement de l'endroit où il vient de faire tomber le charbon et où il a eu l'imprudence de se reposer. Lyon, 9 fév. 1893, *Loi*, 26 mai 1893. — Ouvrier forgeur qui, pour poser des poutres en fer sur des mesures en construction, monte sur le bord extérieur du mur au lieu de monter sur le milieu. Lyon, 2 fév. 1893, *Loi*, 2 mai 1893. — Employé d'un voiturier qui monte sur un véhicule en marche. Trib. féd. suisse, 15 sept. 1893, cité par Nessi, *Ann. dr. comm.*, 1894, *Doctr.*, p. 40. — Ouvrier qui monte sur un camion en marche sachant qu'il ne peut supporter un poids supplémentaire. Trib. comm. Le Havre, 20 mai 1891, sous Rouen, 25 janv. 1892, S., 94. 2. 141. — Chute par suite de fausse manœuvre. Lyon, 16 nov. 1893, *Mon. jud. Lyon*, 15 mai 1894. — Ouvrier qui ne prend pas les précautions dont l'ordre lui est donné. Trib. civ. Lyon, 3 nov. 1893, *Mon. jud. Lyon*, 22 déc. 1893. — Ouvrier qui porte la main sur l'enclume sans avoir fait arrêter le marteau. Paris, 6 juin 1894, D., 95. 2. 7. — Maladie d'un domestique contractée en soignant son maître. Bruxelles, 19 juin 1895, *Pasicr.*, 95. 2. 357. V. *supra*, n. 1290. — Employé de chemin de fer qui stationne sur la voie en dehors des besoins du service. Trib. féd. suisse, 8 mars 1890, *Ann. dr. comm.*, V, 1891, *Doctr.*, p. 31. — V. encore Cass. req., 18 oct. 1886, S., 87. 1. 16 (mineur tué par un éboulement provenant de ce qu'il travaillait loin

Le patron n'est donc pas responsable de l'accident causé à un ouvrier par les conseils ou le défaut d'opposition d'un autre ouvrier (¹), à moins que ce dernier n'eût autorité sur le premier (²).

1308. Le patron n'est pas responsable davantage si l'ouvrier fait un travail que le patron lui a défendu de faire (³).

On ne peut reprocher au patron de n'avoir pas employé la force pour empêcher l'ouvrier de faire le travail (⁴).

de l'endroit assigné). — Cass. req., 2 déc. 1884, S., 86. 1. 367. — Cass. req., 17 nov. 1886, S., 87. 1. 227. — Rouen, 10 déc. 1886, *Gaz. Pal.*, 87. 1. 718. — Trib. civ. Seine, 20 avril 1887, *Gaz. Trib.*, 28 avril 1887. — Besançon, 25 oct. 1888, *Gaz. Pal.*, 88. 2. 680 (défaut d'emploi de lunettes mises à la disposition de l'ouvrier par son patron). — Cass. belge, 8 janv. 1886, S., 86. 4. 25 (chef de train tué en passant d'un wagon à un autre). — Amiens, 9 janv. 1889, *Rec. Amiens*, 89. 10. — Toulouse, 31 mai 1889, S., 89. 2. 168 (chef de train tué en passant d'un wagon à un autre).— Amiens, 18 nov. 1890, *Rec. Amiens*, 91. 149. — Aix, 7 déc. 1891, *Gaz. Pal.*, 92. 1. 71. — Dijon, 2 fév. 1892, *Droit*, 29 juin 1892. — Lyon, 10 août 1892, *Loi*, 27 oct. 1892. — Dijon, 1er déc. 1892, cité *Rev. bourguign. de l'enseign. sup.*, IV, 1894, p. 445 (travail hors des attributions de l'ouvrier et imprudence commise dans ce travail). — Alger, 15 fév. 1893, D., 95. 2. 270 (employé de chemin de fer écrasé pour ne pas s'être garé alors qu'il était habitué à le faire). — Grenoble, 6 mars 1894, *Rec. Grenoble*, 94. 127. — Rouen, 24 mars 1894, *Rec. Rouen*, 94. 1. 196. — Orléans, 26 déc. 1894, *Loi*, 26 janv. 1895. — Lyon, 24 janv. 1895, *Mon. jud. Lyon*, 9 avril 1895. — Lyon, 6 mars 1895, *Mon. jud. Lyon*, 9 avril 1895. — Montpellier, 12 juin 1895, *Mon. jud. Midi*, 14 juill. 1895. — Nancy, 29 juin 1895, D., 95. 2. 450. — Rouen, 24 mars 1894, *Rec. Rouen*, 94. 1. 196 (sauf s'il s'agit à la fois d'une imprudence qu'on pouvait prévoir et d'un service commandé). — Trib. civ. Lyon, 6 déc. 1888, *Mon. jud. Lyon*, 25 fév. 1889. — Lyon, 6 mars 1895, *Mon. jud. Lyon*, 13 juill. 1895 (ouvrier mineur qui pousse sa benne sans s'assurer que la voie est libre). — Trib. civ. Lyon, 22 juill. 1892, *Mon. jud. Lyon*, 9 déc. 1892. — Trib. civ. Amiens, 24 fév. 1894, *Rec. Amiens*, 94. 177.— Trib. civ. Seine, 28 nov. 1892, *Gaz. Pal.*, 93. 1. 138. — Trib. civ. Epinal, 31 mars 1894, *Rev. dr. indust.*, 1895, p. 36 (ouvrier circulant la nuit sans lanterne). — Trib. civ. Seine, 6 mars 1893, *Droit*, 6 avril 1893. — Trib. civ. Périgueux, 29 oct. 1892, *Droit*, 8 nov. 1892. — Trib. civ. Bourgoin, 6 juin 1894, *Mon. jud. Lyon*, 15 sep. 1894. — Trib. com. Seine, 25 juill. 1892, *Gaz. Pal.*, 92. 2. 258. — Trib. civ Gien, 12 fév. 1895, *Loi*, 18 juill. 1895. — Trib. civ. Seine, 6 fév. 1892, *Gaz. Pal.*, 92. 2 217. — Guillouard, II, n. 734. — V. cep. Thaller, *Ann. dr. comm.*, II, 1888, *Droit*, p. 245.

(¹) Lyon, 24 fév. 1893, *Droit*, 8 juil. 1893.

(²) Lyon, 24 fév. 1893, précité. — V. *supra*, n. 1293.

(³) Trib. féd. Suisse, 25 oct. 1893, *Ann. dr. comm.*, VIII, 1894, *Doctr.*, p. 41. — Trib. sup. comm. Empire Allemagne, 9 nov. 1875, *Journ. dr. int.*, IV, 1877, p. 549. — Cependant le patron encourt une responsabilité atténuée si, malgré sa défense, il laisse l'ouvrier plus tard, par tolérance, accomplir le travail. — Trib. civ. Lyon, 26 juin 1891, *Mon. jud. Lyon*, 15 juil. 1891. — Bordeaux, 16 avril 1890, *Rec. Bordeaux*, 90. 1. 314.

(⁴) *Contra* Trib. féd. suisse, 25 nov. 1892, *Ann. dr. comm.*, 1894, *Doctr.*, p. 45.

Nous avons vu également [1] que le patron n'encourt pas, en principe, de responsabilité pour l'accident dont l'ouvrier est victime au cours d'un travail fait en dehors de ses attributions.

1309. Si l'accident est causé en partie par la faute de l'ouvrier, cette faute atténue la responsabilité du patron et diminue les dommages-intérêts [2]. La faute se partageant, la responsabilité doit également se partager.

On a décidé cependant quelquefois qu'en pareil cas la responsabilité du patron est entière [3], mais cela ne peut être admis.

[1] V. *supra*, n. 1306.

[2] Cass. civ., 7 août 1895, S., 96. 1. 127. — Cass. req., 24 fév. 1896, S., 96. 1. 461, D., 96. 1. 327. — Conseil d'État, 5 août 1892, D., 94. 3. 3 (ouvrier expérimenté qui ne signale pas les défauts des instruments mis à sa disposition). — Orléans, 28 janv. 1887, *Gaz. Pal.*, 87. 2, *Suppl.*, 54.— Nîmes, 9 mars 1887, *Gaz. Pal.*, 87. 2, *Suppl.*, 74. — Alger, 17 janv. 1888, *Rev. Algér*, 88. 243. — Caen, 21 janv. 1888, *Rec. Caen*, 88. 21. — Lyon, 15 mars 1888, *Mon. jud. Lyon*, 28 juin 1888. — Lyon, 22 juin 1888, *Mon. jud. Lyon*, 17 oct. 1888. — Grenoble, 11 déc. 1888, *Rec. Grenoble*, 89. 29. — Bordeaux, 16 avril 1890, *Rec. Bordeaux*, 90. 1. 314. — Bordeaux, 8 août 1890, *Rec. Bordeaux*, 90. 1. 449. — Orléans, 11 déc. 1890, D., 91. 2. 383. — Alger, 20 avril 1891, *Droit*, 3 oct. 1891. — Amiens, 21 mai 1891, *Rec. Amiens*, 91. 170. Rouen, 10 nov. 1892, *Rec. Rouen*, 93. 1. 28. — Dijon, 6 déc. 1892, *Rev. bourg. de l'enseign. sup.*, 1894, p. 443. — Orléans, 9 juin 1893, *France jud.*, 1893, p. 387. — Grenoble, 18 avril 1893, *Rec. Grenoble*, 93, p. 302. — Amiens, 4 mai 1892, *Rec. Amiens*, 92. 190. — Dijon, 8 nov. 1893, *Gaz. Pal.*, 94. 1. 38 (ouvrier qui ne signale pas au patron la nécessité d'un échafaudage). — Grenoble, 21 nov. 1893, *Rec. Grenoble*, 93, p. 303. — Toulouse, 19 janv. 1894, *Gaz. Trib. Midi*, 11 fév. 1894. — Lyon, 4 juil. 1893, *Mon. jud. Lyon*, 4 avril 1894 (patron qui met des lunettes à la disposition de l'ouvrier, mais ne le contraint pas à s'en servir). — Nancy, 7 déc. 1894, D., 95. 2. 280. — Trib. civ. Lyon, 15 juil. 1886, *Mon. jud. Lyon*, 25 oct. 1886. — Trib. civ. Lyon, 13 août 1886, *Gaz. Pal.*, 87. 1, *Suppl.*, 4. — Trib. civ. Chambéry, 12 mai 1887, *Loi*, 18 mai 1887. — Trib. civ. Grasse, 7 mars 1888, *Gaz. Pal.*, 88, 2. 5. — Trib. civ. Étampes, 29 mai 1888, *Loi*, 17 juin 1888. — Trib. civ. Die, 28 oct. 1888, *Rec. Grenoble*, 89, p. 98. — Trib. civ. Lyon, 17 juin 1888, *Mon. jud. Lyon*, 3 août 1890. — Trib. civ. Lyon, 15 fév. 1893, *Loi*, 8 mai 1893. — Trib. civ. Chambéry, 9 août 1887, *Mon. jud. Lyon*, 3 déc. 1887. — Trib. féd. suisse, 25 oct. 1893, S., 94. 4. 4 (ouvrier en état d'ébriété, patron ne mettant pas à sa disposition les engins nécessaires à sa sécurité). — Trib. civ. Bordeaux, 6 déc. 1893, *Rec. Bordeaux*, 94. 2. 10 (transport d'un ouvrier sur une plate-forme non munie d'une galerie protectrice ; imprudence de l'ouvrier qui s'asseoit sur le rebord). — Lyon, 22 mai 1895, *Mon. jud. Lyon*, 30 juil. 1895 (manœuvre imprudente nécessitée par la marche anormale d'une machine).

[3] Chambéry, 13 juin 1887, *Droit*, 9 sept. 1887. — Paris, 7 juin 1894, D., 95. 2. 286.— Bruxelles, 12 déc. 1895, *Pasicr.*, 96. 2. 139 (patron qui permet à sa servante de mettre, pour nettoyer une fenêtre, une chaise sur la tablette de la fenêtre).

1310. Il y a encore faute de l'ouvrier s'il s'abstient d'user des moyens de sécurité ou des mesures de protection indiqués par le patron [1]. Ici encore on ne peut pas reprocher au patron de n'avoir pas exercé une contrainte matérielle sur l'ouvrier [2].

S'il s'agit d'un ouvrier qui n'est pas en état de comprendre la portée de ses actes, par exemple d'un enfant [3] ou d'un homme ivre [4], il semble que la contrainte matérielle soit nécessaire pour dégager le patron.

On ne peut considérer comme une faute de l'ouvrier le fait de contrevenir aux règlements si cette contravention était encouragée ou tolérée par son patron [5] ou si le patron ne les lui avait pas fait connaître [6].

Mêmes solutions pour la contravention aux règlements d'atelier [7].

1311. L'imprudence ou la faute de l'ouvrier ne diminuent pas, d'autre part, la responsabilité du patron, si elles proviennent du surmenage auquel le patron le soumet [8].

Il en est de même si elles sont la suite de l'état d'ivresse de l'ouvrier, connue du patron [9].

Il en est de même encore, comme on l'a vu [10], si le patron n'a pas tenu compte de l'inexpérience de l'ouvrier, de son âge, de ses infirmités.

1312. Le patron doit, dans la mesure du possible, s'assurer que l'ouvrier prend les mesures nécessaires à sa sécurité et est responsable de l'imprudence de l'ouvrier si ces mesu-

(1) Lyon 10 janv. 1893, *Gaz Pal*, 93. 1. 372. — Nîmes, 26 juill. 1893, *Gaz. Pal.*, 93. 2. 402 (lunettes métalliques).

(2) Nîmes, 26 juill. 1893, précité.

(3) Lyon, 24 avril 1894, *Mon. jud. Lyon*, 30 oct. 1894. — V. *supra*, n. 1297.

(4) V. *infra*, n. 1311 et 1312.

(5) Grenoble, 18 avril 1893, *Rec. Grenoble*, 1893, p. 302. — Trib. civ. Saint-Affrique, 3 août 1893, *Loi*, 7 août 1893.

(6) Trib. civ. Etampes, 29 mai 1888, *Loi*, 17 juin 1888.

(7) Lyon, 15 mars 1888, *Mon. jud. Lyon*, 28 juin 1888 (atténuation de responsabilité). — Trib. civ. Lyon, 7 juin 1888, *Mon. jud. Lyon*, 3 août 1888.

(8) Toulouse, 9 janvier 1894, *Gaz. Trib. Midi*, 11 février 1894 (employé de chemins de fer).

(9) Rouen, 21 janvier 1888, *Rec. Rouen*, 88. 24.

(10) V. *supra*, n. 1297.

res ne sont pas prises [1]; il doit aussi le prévenir du danger qu'il court [2].

Il est également responsable, si l'imprudence de l'ouvrier n'a pu avoir de résultat fâcheux qu'à raison du mauvais état de l'outillage [3] ou de la faute du patron [4].

En ce sens, beaucoup de décisions ont pu dire que le patron doit protéger l'ouvrier contre sa propre imprudence.

B. *Des personnes responsables en qualité de patrons.*

1313. Les règles que nous avons développées gouvernent la responsabilité du patron non pas seulement vis-à-vis des employés ou ouvriers engagés par jour ou par année, mais encore vis-à-vis de ceux qui sont engagés pour un travail déterminé [5]. Ces règles, en effet, reposent sur un principe applicable à cette dernière hypothèse comme à la précédente, l'obligation que le droit commun impose au patron de mettre l'ouvrier, qui lui est subordonné et s'est confié à lui, en mesure d'échapper à tout accident.

Mais, pour cette raison même, les règles de la responsabilité patronale sont spéciales au louage de services; elles ne s'étendent pas au louage d'industrie qui suppose un entrepreneur, un architecte ou un ouvrier chargé d'un travail qu'il accomplit sous sa propre responsabilité, sans que le maître

[1] Amiens, 17 mars 1887, *Rec d'Amiens*, 89. 233. — Toulouse, 22 novembre 1889, *Gaz. Trib. Midi*, 9 décembre 1889. — Lyon, 28 mai 1891, *Loi*, 30 octobre 1891. — Trib. civ. Seine, 25 novembre 1891, *Droit*, 18 décembre 1891. — Lyon, 10 janvier 1893 (motifs), *Gaz. Pal.*, 93. 1. 372. — Chambéry, 12 janvier 1893, *Rec. Chambéry*, 93. 5. — Lyon, 24 janvier 1895, *Mon. jud. Lyon*, 9 avril 1895. — Trib. civ. Orange, 23 décembre 1892, *Gaz. Pal.*, 93. 1. 349. — Trib. civ. Seine, 13 septembre 1895, *Droit*, 6 octobre 1895. — Gand, 18 mars 1895, *Pasicr.*, 95. 2. 323 (dans cette hypothèse l'imprudence de l'ouvrier atténue la responsabilité du maître). — Trib. civ. Toulouse, 13 avril 1892, *Gaz. Pal.*, 93. 2. *Suppl.*, 10. — Trib. civ. Seine, 1er février 1893, *Loi*, 7 février 1893.

[2] Cass. req., 6 mars 1888, S., 88. 1. 267.

[3] Nancy, 30 novembre 1893, *Rev. dr. industr.*, 95. 31. — Nancy, 14 novembre 1894, *Rec. Nancy*, 95. 181. — Trib. civ. Amiens, 3 mars 1894, *Rec. Amiens*, 94. 220.

[4] Rouen, 21 janvier 1888, *Rec. Rouen*, 88. 24 (patron qui laisse travailler son ouvrier qu'il sait ivre).

[5] Paris, 7 mai 1892, D., 93. 2. 56 (employés engagés en cas d'insuffisance du personnel des chemins de fer).

lui fournisse ni ses ateliers ni ses outils, ou exerce sur lui une surveillance quelconque.

1314. Le patron reste responsable envers ses ouvriers, même si temporairement il les a confiés à un tiers qui les emploie (1), car, en ce cas encore, il reste leur patron.

1315. La responsabilité du maître s'applique à l'Etat comme à tout entrepreneur privé (2).

1316. Lorsque les travaux publics sont exécutés aux risques et périls de l'entrepreneur, c'est lui, et non pas l'Etat, qui est responsable des accidents causés aux ouvriers (3).

Cependant il en est autrement si l'accident a pour cause une faute de l'Etat (4).

S'il y a faute commune de l'entrepreneur et de l'Etat, la responsabilité est répartie (5).

Lorsque les travaux sont exécutés en régie pour le compte de l'Etat, c'est l'Etat et non l'entrepreneur qui est responsable des accidents causés aux ouvriers (6).

Il en est ainsi même si les ouvriers étaient choisis et payés par l'entrepreneur et si l'accident a été causé par l'un d'eux (7).

1317. L'art. 2002 sur la responsabilité solidaire des mandants pour les effets du mandat n'est pas applicable au louage d'ouvrage (8).

C. *Des personnes auxquelles est due l'indemnité en cas d'accident.*

1318. C'est à l'ouvrier que l'indemnité doit être payée et, s'il meurt des suites de l'accident, l'action qui lui appartenait est transmise à ses héritiers.

Mais ces derniers ou, d'une manière plus générale, les

(1) Trib. féd. suisse, 15 sept. 1893, cité par Nessi, *Ann. dr. comm.*, VIII, 1894, *doct.*, p. 40.

(2) Cons. d'Etat, 26 fév. 1892, *Rev. du cont. des trav. publ.*, 92. 473.

(3) Brémond, *Rev. crit.*, XXIII, 1894, p. 328.

(4) Cons. d'Etat, 11 janv. 1889, D., 90. 3. 31. — Brémond, *loc. cit.*

(5) Cons. d'Etat, 1er juil. 1892, D., 93. 3. 92. — Brémond, *loc. cit.*

(6) Brémond, *Rev. crit.*, XXIII, 1894, p. 326.

(7) Cons. d'Etat, 24 juin 1892, D., 93. 3. 89. — Limoges, 25 juin 1892, D., 93. 3. 89. — Brémond, *loc. cit.*

(8) Charvériat, *Ann. dr. com.*, II, 1888, *Doctr.*, p. 18.

personnes qui souffrent un préjudice de la mort de l'ouvrier, ont-elles contre le patron une action de leur chef, pour obtenir la réparation du préjudice qui leur est causé ? L'importance de la question est surtout grande pour le cas où l'ouvrier meurt immédiatement, car, alors, il ne transmet aucune action à ses successeurs.

On décide, comme en matière de transport de personnes [1], que le patron est responsable, envers les plus proches héritiers de l'ouvrier, de la mort de ce dernier, si les héritiers prouvent qu'ils tiraient de ce dernier une partie de leurs moyens d'existence [2], ou si cette mort leur a causé un dommage moral [3].

Mais il n'en serait pas responsable dans le cas contraire [4].

1319. Le patron est également responsable envers toutes personnes auxquelles la mort de l'ouvrier cause un dommage matériel ou moral [5]. Si, en effet, l'on admet que le patron doit réparer le préjudice causé par la mort de l'ouvrier, cette réparation est due à tous ceux qui souffrent de cette mort.

Ainsi, après que la veuve et les enfants de la victime ont obtenu une indemnité, rien n'empêche la mère d'en obtenir une à son tour [6].

[1] V. *infra*, ch. III, où cette question est traitée plus longuement.

[2] Cass. req., 15 avril 1890, S., 90. 1. 501. — Besançon, 14 nov. 1888, D., 90. 2. 239. — Alger, 23 mai 1892, S., 94. 2. 62, D., 94. 2. 47. — Douai, 28 déc. 1892 (impl.), S., 94. 2. 22. — Paris, 19 mai 1893, *Gaz. Trib.*, 10 juin 1893. — Trib. civ. Nancy, 6 avril 1886, *Rec. assur.*, 86. 233. — Trib. civ. Lille, 26 juin 1890, *Ann. dr. com.*, IV, 1890, *Jurispr.*, p. 241 ; *Gaz. Pal.*, 90. 2. 205. — Trib. féd. suisse, 2 juin 1893, cité par Nessi, *Ann. dr. com.*, VIII, 1894, *Doctr.*, p. 41.

[3] Alger, 23 mai 1892, précité. — Montpellier, 3 août 1892, *Gaz. Pal.*, 93. 1. 2e p., 12. — Caen, 5 nov. 1895, *Pand. franç.*, 96. 2. 333. — Trib. civ. Nancy, 6 avril 1886, précité. — Trib. civ. Lille, 26 juin 1890, précité. — V. cep. Cass. req., 15 avril 1890, précité. — En Suisse, on exige que l'entretien des demandeurs fût, au moment du décès, à la charge des personnes tuées. — Trib. féd., 20 juil. 1890, *Ann. dr. com.*, V, 1891, *Doctr.*, p. 31.

[4] Douai, 28 déc. 1892, précité et les autorités précitées. — *Contra* Alger, 23 mai 1892, précité (en faveur de la mère de la victime).

[5] Turin, 2 sept. 1886, *Journ. dr. int.*, XX, 1893, p. 451. — *Contra* Bruxelles, 13 janv. 1894, *Pasicr.*, 94. 2. 194 (pas d'indemnité envers ceux à qui la mort de l'ouvrier cause un préjudice moral).

[6] Alger, 23 mai 1892, S., 94. 2. 62, D., 94. 2. 47.

D. *Montant de l'indemnité. Clauses excluant ou limitant l'indemnité.*

1320. L'indemnité allouée à l'ouvrier par les tribunaux peut consister dans une somme d'argent unique.

Elle peut également consister en une rente viagère.

Les tribunaux peuvent ordonner les mesures nécessaires pour que le service de la rente viagère soit assuré (1).

1321. Doit-on faire venir en déduction du montant de l'indemnité, les sommes touchées d'une compagnie d'assurances? Nous étudierons ultérieurement cette question (2).

1322. Il est en tout cas certain que l'ouvrier, dans l'hypothèse où une indemnité lui est allouée par une caisse d'assurance qu'a fondée le patron, peut, si cette indemnité ne lui paraît pas être un dédommagement suffisant, agir contre le patron (3).

1323. D'après l'art. 262 C. com., le matelot ou le capitaine qui est blessé ou tombe malade au service du navire est payé de son salaire, traité et pansé aux dépens du navire. Ce texte, qui veut accorder une faveur aux gens de mer, n'empêche pas la responsabilité plus étendue de l'armateur si le dommage est plus grand (4).

1324. Le juge ne peut imposer à l'ouvrier, comme condition de l'indemnité, l'obligation de fournir, tant qu'il sera valide, son travail au patron (5); cette obligation porterait atteinte à la liberté du travail.

1325. Mais peut-on convenir qu'il ne sera dû aucune indemnité à l'ouvrier? On sait que la jurisprudence autorise les clauses de ce genre entre personnes unies par des liens contractuels, et annule, au contraire, les stipulations qui suppriment la responsabilité en matière délictuelle ou quasi-

(1) Ils peuvent, par exemple, ordonner l'acquisition d'une rente sur l'Etat au nom de l'ouvrier pour l'usufruit et du patron pour la nue-propriété. Bourges, 8 janvier 1895, *Gaz. Pal.*, 95. 1. 234.

(2) V. *infra*, n. 1387.

(3) Trib. com. Seine, 17 janv. 1894, *Rec. des ass.*, 94. 147.

(4) Cass. req., 31 mai 1886, S., 87. 1. 209 (incapacité permanente de travail). — Lyon-Caen, *Rev. crit.*, XVI, 1887. p. 635.

(5) Trib. sup. com. Empire d'Allemagne, 5 nov. 1875, *Journ. dr. int*, IV, 1877, p. 549. — Ortlieb, *Journ. dr. int.*, IV, 1877, p. 549.

délictuelle. Il y a donc intérêt, à ce point de vue, à prendre parti sur la nature de la responsabilité du patron (1). La théorie de la jurisprudence, qui aboutit à annuler les clauses excluant la responsabilité du patron (2), est évidemment la plus morale, car, si ces clauses étaient légales, elles deviendraient de style ; d'autre part cette annulation est d'accord avec la solution donnée par le nouvel art. 1780 C. civ., au sujet des clauses supprimant toute indemnité en cas de rupture illégitime du contrat.

Il a été décidé en ce sens que toute clause des statuts de la caisse d'assurances fondée par le patron ou du règlement de chantier aux termes de laquelle l'ouvrier blessé n'aura rien à réclamer en dehors de l'indemnité fixée par ces statuts, est nulle (3).

1326. Nous nous sommes déjà occupés de la convention par laquelle un entrepreneur de travaux publics se décharge de son obligation de soigner ses ouvriers (4).

1326 *bis*. Dans le système de la jurisprudence, il faudrait également annuler la convention par laquelle l'ouvrier renonce d'avance à recourir contre le patron et se contente de l'indemnité que payera à ce dernier la compagnie qui l'a assuré contre sa responsabilité civile (5).

1327. Au contraire, dans le système de la responsabilité contractuelle, le patron pourra écarter la responsabilité des accidents causés par sa faute (6).

Cette convention peut être tacite, mais elle ne résulte pas

(1) V. *infra*, n. 1330 et s.

(2) Cons. d'Et., 11 mars 1881, S., 82. 3. 53. — Dijon, 24 juil. 1874, S., 75. 2. 73. — Nîmes, 25 avril 1882, S., 83. 2. 202. — Trib. civ. Saint-Etienne, 10 août 1886, S., 87. 2. 48.

(3) Liège, 14 mars 1894, *Pasicr.*, 94. 2. 233. — Trib. com. Seine, 17 janv. 1894, *Rec. des assur.*, 94. 147.

(4) V. *supra*, n. 1291.

(5) *Contra* Trib. civ. Marseille, 8 juill. 1891, *Rec. d'Aix*, 91. 1. 276.

(6) Sauzet, *Rev. crit.*, XII, 1883, p. 639, n. 66 ; Marc Gérard, *Rev. crit.*, XVII, 1888, p. 430; Labbé, *Note*, S., 86. 2. 97, § 1. — *Contra* Labbé, *Rev. crit.*, XV, 1886, p. 447 (d'après cet auteur, la clause d'irresponsabilité, valable « dans les contrats ayant pour objet des choses matérielles et relativement à des préjudices pécuniaires vraiment réparables en argent », serait nulle « dans les contrats ayant pour objet des personnes et relativement à des atteintes portées à leur vie ou à leur santé »). — X., *Loi* des 6 au 9 mai 1885 (même théorie).

de ce que l'ouvrier touche un salaire supérieur au salaire normal (1).

1328. D'autres prétendent que, quel que soit le fondement de la responsabilité, il est permis à toute personne de se décharger de ses fautes, mais non pas de son dol ni des conséquences de tous faits réprimés par la loi criminelle; mais comme il s'agit de la sécurité des personnes, laquelle leur paraît être d'ordre public, ils n'admettent pas que le patron puisse se décharger de sa faute, toujours quel que soit le fondement de la responsabilité (2).

1329. En tous cas, le patron peut prendre à sa charge le cas fortuit (3).

E. *Fondement de la responsabilité du patron. Preuve.*

1330. La responsabilité du patron envers ses ouvriers est, selon nous, la conséquence des relations contractuelles qui se sont établies entre eux et non des principes généraux de responsabilité édictées par l'art. **1382** (4). Le patron auquel l'ou-

(1) Labbé, *Note*, S., 86. 2. 97, § 1.
(2) Planiol, *Rev. crit.*, XVII, 1888, p. 285.
(3) Labbé, *Note*, S., 86. 4. 27.
(4) Trib. civ. Villeneuve-sur-Lot, 7 et 28 juil. 1894, *Gaz. Pal.*, 95. 2. *Suppl.*, 27. — Cass. belge, 8 janv. 1886, S., 86. 4. 25 (cet arrêt est interprêté en sens contraire dans les conclusions Bosch citées *infra*). — Gand, 18 juin 1887, S., 89. 4. 1. — C. supr. just. Luxembourg, 27 nov. 1884, S., 85. 4. 29. — Trib. com. Bruxelles, 20 avril 1885, S., 85. 4. 31. — Trib. com. Anvers, 21 sept. 1885, S , 88. 4. 6. — Trib. civ. Bruges, 8 mars 1897, *Pasicr.*, 97. 3. 145. — Labbé, *Notes*, S., 85. 4. 25, S , 86. 2. 97, S., 86. 4. 25, S., 89. 4. 1 et S , 90. 4. 17, *Rev. crit.*, XV, 1886, p. 436 s. et p. 442 s.; Lyon-Caen, *Note*, S., 85. 1. 129; Lyon-Caen et Renault, *Traité de dr. com.*, III, n. 708 et 709; Glasson, *Le C. civ. et la question ouvrière*, 1886, p. 30 s.; Pont, *Mémoires de l'acad. des sciences morales*, 1886, I, p. 625 et II, p. 129; Cotelle, *De la garantie des accidents*, *Rev. prat.*, LV, 1884, p. 529 s.; Demangeat, *Du louage de services*, *Rev. prat.*, LV, p. 556 s.; Sainctellete, *Respons. et garantie*, p. 140, n. 13, *Accidents du travail, projet d'une proposition de loi*, p. 11 et *La Loi*, 6, 7, 8 et 9 mai 1886; Pascaud, *Rev. prat.*, LV, p. 380 s.; Sauzet, *Responsab. des patrons vis-à-vis des ouvriers*, *Rev. crit.*, XII, 1883, n. 26 s , p. 611 s.; Planiol, *Rev. crit.*, XVII, 1888, p. 279 s.; Marc Gérard, *Le louage de services et la responsabilité des patrons*, *Rev. crit.*, XVII, 1888, p. 426 s.; Staes, *Les accidents du travail*, Bruxelles, 1891; Chauveau, *Note*, *Pand. franç.*, 92. 2. 129; Pic, *Ann. dr. com.*, VII, 1893, *Doctr.*, p. 440; Esmein, *Note*, S., 97. 1. 17.— *Contra* Cass., 31 mai 1886, S., 87. 1. 209 (sol. impl.). — Cass. civ., 19 avril 1887, S., 87. 1. 217 (applique l'art. 1386 à la chute d'un bâtiment). — Cass. req., 5 avril 1894, S., 97. 1. 229, D., 94. 1. 479.— Cass. civ., 7 août 1895, S., 96. 1. 127.— Cass. civ., 16 juin 1896, S., 97.

vrier s'est confié lui-même doit en quelque sorte le restituer indemne de tout accident causé par la faute du patron; il y a lieu d'appliquer l'art. **1137** C. civ. (¹) qui, il est vrai, ne parle que des *choses,* mais qui dérive du principe général que toute personne est tenue de veiller sur ce qui lui est confié, et, à supposer que l'art. **1137** dût être écarté, ce dernier principe suffirait (²). C'est à tort qu'on a nié que l'ouvrier se confie en réalité au patron. Le patron dirige l'ouvrier, lui indique le travail à faire, les instruments dont il doit se servir, la manière dont il doit atteindre le but. Du reste, il existe une autre manière de justifier la solution : le patron s'est engagé à fournir à l'ouvrier les moyens d'accomplir, sans danger pour lui-même, le travail qui lui a été confié.

Il faut ajouter que l'ouvrier, au moment de son engagement et même plus tard, n'a pas les moyens matériels de rechercher si toutes les mesures de sécurité ont été prises par le patron. Au contraire, ce dernier a les moyens de prendre ces mesures.

On objecte que la preuve que l'ouvrier a pris les accidents à sa charge, c'est que les métiers sujets aux accidents les

1. 17. — Cass. req., 15 juil. 1896, S., 97. 1. 229. — Alger, 23 mai 1892, *Gaz. Pal.*, 93. 1, 2ᵉ p., 19. — Bordeaux, 9 nov. 1892, S., 93. 2. 148. — Rennes, 20 mars 1893, *Gaz. Pal.*, 93. 1, 2ᵉ p., 69. — Nancy, 8 fév. 1896, D., 97. 2. 110. — Trib. civ. Saint-Etienne, 10 août 1886, S., 87. 2. 48. — Trib. civ. Moulins, 8 janv. 1887, S., 87. 2. 172. — Trib. civ. Les Andelys, 24 juil. 1888, *Loi*, 5 sept. 1888. — Trib. civ. Evreux, 17 avril 1894, *Loi*, 23 mai 1894. — Turin, 2 sept. 1889, *Monit. dei Trib.*, 1890, p. 83, *Anal. journ. dr. int.*, XX, 1893, p. 451. — Cass. belge, 28 mars 1889, S., 90. 4. 17. — Trib. civ. Mons, 14 nov. 1885, S., 88. 4. 6. — Liège, 18 juin 1885, *Pasicr.*, 85. 2. 327. — Bruxelles, 2 nov. 1885, *Pasicr.*, 85. 2. 414. — Bruxelles, 12 nov. 1885, *Pasicr.*, 86. 2. 33. — Bruxelles, 10 fév. 1887, *Pasicr.*, 87. 2. 253. — Bruxelles, 11 janv. 1890, *Pasicr.*, 90. 2. 118. — Trib. civ. Liège, 24 déc. 1890, *Pasicr.*, 91. 3. 135. — Trib. civ. Bruxelles, 2 avril 1892, *Pasicr.*, 92. 3. 214 et 297. — Trib. civ. Liège, 3 mars 1894, *Journ. Trib. belg.*, 94. 836. — Lefebvre, *De la responsab. délict., contract., Rev. crit.*, XV, 1886, p. 511 s.; Arth. Desjardins, *Rev. des Deux-Mondes*, 15 mars 1888; Chesney, *Patrons et ouvriers*, *Rev. crit.*, XXII, 1893, p. 302 s.; Bosch, *Conclusions*, sous Cass. belge, 28 mars 1889, précité; Mesdach de ter Kiele, *Conclusions*, sous Cass. belge, 8 janv. 1886, précité ; Guillouard, II, n. 860. — Nous négligeons une opinion (Willems, *Rev. gén.*, 1895, p. 118 et 1896, p. 233 et 239) d'après laquelle la responsabilité serait à la fois contractuelle et délictuelle.

(¹) V. cep. Gand, 18 juin 1887, précité.

(²) Gand, 18 juin 1887, précité.

plus graves sont aussi les mieux payés. Mais cette objection a le tort de conduire à mettre à la charge de l'ouvrier l'accident causé par l'imprudence du patron et c'est ce que personne ne soutient. D'autre part, si la pratique tenait réellement et exclusivement compte d'une pareille considération, il faudrait dire que tous les métiers, doivent, en face d'une clause qui met les accidents à la charge du patron, être rétribués de la même manière; or, il est loin d'en être ainsi.

Outre des difficultés de preuve, un intérêt considérable s'attache à la question : tandis que la responsabilité délictuelle s'étend exclusivement aux faits positifs qui ont causé un dommage, et ne s'applique pas à la simple omission, il en est autrement de la responsabilité contractuelle (1). Cependant il faut reconnaître que la jurisprudence, tout en s'en tenant au principe de la responsabilité délictuelle, déclare le patron responsable de sa simple négligence.

1331. En particulier, si l'ouvrier est blessé par un animal appartenant au patron, ce n'est pas l'art. 1385 qu'il faut appliquer (2).

Ce n'est pas davantage l'art. 1386 qu'il faut appliquer en cas de dégâts produits par un bâtiment ou un outil du patron (3).

1332. Lorsqu'un ouvrier est victime d'un accident au cours d'un travail fait pour le compte d'un patron, on doit supposer, jusqu'à preuve du contraire, qu'il a agi sur l'ordre de ce dernier (4).

(1) Planiol, *op. cit.*, p. 280; Marc Gérard, *op. cit.*, p. 427.

(2) Labbé, *Note*, S., 86. 2. 97, § 1 et 3. — *Contra* Cass. civ., 9 mars 1886, S., 86. 1. 244. — Paris, 23 fév. 1884, S., 86. 2. 97. — Paris, 17 mars 1884, S., 86. 2. 97. — Paris, 11 fév. 1886, S, 86. 2 97. — Bordeaux, 3 juin 1887, *Gaz. Pal.*, 87. 2. *suppl.* 45 — Riom, 15 fév. 1886, *Gaz. Pal.*, 88. 1. *suppl.* 66. — Paris, 26 juill. 1887, *Gaz. Pal.*, 87. 2. 360. — Rouen, 26 janv. 1891, *Rec. Rouen*, 91. 1. 10. — Caen, 10 juin 1891, *Rec. de Caen*, 91. 2. 192. — Trib. civ. Marseille, 15 avril 1890, *Rec. d'Aix*, 90. 2. 152. — Paris, 13 avril 1892, *Gaz. Pal.*, 92. 1. 737. — Trib. civ. Seine, 9 janv. 1891, *Gaz. Pal.*, 91. 2. 526. — Trib. civ. Seine, 14 janv. 1891, *Gaz. Pal.*, 91. 2. 531. — Trib. civ. Marseille, 29 janv. 1892, *Rec d'Aix*, 92. 2. 143. — Trib. civ. Seine, 6 mars 1893, *Droit*, 6 avril 1893. — Trib. civ. Libourne, 26 déc. 1889, *Rec. Bordeaux*, 91. 3. 90. — Dareste, *Rapport*, sous Cass., 9 mars 1886, S., 86. 1. 244.

(3) *Contra* Cass. civ., 16 juin 1896, S., 97. 1. 17. — Nancy, 21 mars 1886, *Gaz. Pal.*, 96. 1. 588.

(4) Trib. civ. Lyon, 26 juill. 1895, *Gaz. Pal.*, 95. 2. 673.

1333. La jurisprudence décide très logiquement que la responsabilité du patron est subordonnée, à la preuve, faite par l'ouvrier, que le patron est coupable de faute ou de négligence ([1]).

Cependant on décide quelquefois le contraire par application de l'art. **1384** ([2]).

1334. La jurisprudence fait exception aussi pour le cas où la blessure provient d'un animal appartenant au patron, l'art. **1385** C. civ. édictant une présomption de faute à la charge de la personne dont l'animal blesse un tiers ([3]).

De même, par application de l'art. **1386** C. civ., on admet que, jusqu'à preuve contraire, la chute d'un bâtiment qui lui appartient est censée provenir de la faute du patron ([4]).

([1]) Cass. req., 2 déc. 1884, S., 86. 1. 367. — Cass. req., 31 mai 1886, S., 87. 1. 209 (gens de mer réclamant des dommages-intérêts au-delà de l'art. 262 C. com.). — Cass. req., 18 oct. 1886, S., 87. 1. 16. — Cass. req., 5 avril 1894, S., 97. 1. 229, D., 94. 1. 479.— Nîmes, 8 juin 1887, *Rec. Nîmes*, 87. 174.— Orléans, 20 déc. 1888, S., 90. 2. 14. — Chambéry, 23 déc. 1889, *Mon. jud. Lyon*, 28 janv. 1890. — Rouen, 12 mars 1891, S., 94. 2. 243.— Paris, 13 mai 1891, *Gaz. Pal.*, 91. 2. 776.— Aix, 7 déc. 1891, *Gaz. Pal.*, 92. 1. 70. — Rennes, 20 mars 1893, S., 94. 2. 36, D., 93. 2. 526. — Orléans, 17 fév. 1894, *Mon. jud. Lyon*, 28 mars 1894. — Rennes, 11 juin 1894, *Gaz. Pal.*, 94. 2. 145. — Rennes, 18 juil. 1894, *Rec. Angers*, 94. 370. — Paris, 19 mars 1895, *Droit*, 6 avril 1895. — Lyon, 8 août 1895, *Mon. jud. Lyon*, 9 nov. 1895. — Trib. civ. Nancy, 6 avril 1886, *Rec. des Assur.*, 86. 233. — Trib. civ. Moulins, 8 janv. 1887, S., 87. 2. 173. — Trib. civ. Charolles, 16 mai 1889, *Droit*, 25 mai 1889. — Trib. civ. Chambéry, 27 fév. 1889, *Mon. jud. Lyon*, 8 avril 1889. — Trib. civ. Evreux, 17 avril 1894, *Loi*, 23 mai 1894. — Trib. civ. Toulouse, 15 mars 1895, *Gaz. Trib. Midi*, 14 avril 1895. — Trib. civ. Mons, 14 nov. 1885, S., 88. 4. 6. — Bruxelles, 2 nov. 1885, S., 87. 4. 25. — Chesney, *Rev. crit.*, XXII, 1893, p. 311 s.; Cotelle, *Rev. prat.*, XV, p. 518 s.; Charvériat, *Ann. dr. com.*, II, 1888, *Doctr.*, p. 12, note 3; Thaller, *Ann. dr. com.*, II, 1888, *Doctr.*, p. 245. — V. dans le même sens Yves Guyot, *Les accidents du travail et le Congrès de Milan*, *Rev. polit. et parl.*, III, 1894, p. 301.

([2]) Paris, 1er juil. 1887, *Droit*, 31 juil. 1887.— Trib. civ. Gien, 26 avril 1888, *Gaz. Pal.*, 89, 2, *suppl.*, 20. — Staes, *Des accidents du travail*, Bruxelles, 1889, p. 20.

([3]) Cass. civ., 9 mars 1886, S., 86. 1. 244. — Paris, 23 fév. 1884, S., 86. 2. 97.— Paris, 17 mars 1884, S., 86. 2. 97. — Paris, 11 fév. 1886, S., 86. 2. 97. — Chambéry, 24 fév. 1890, *Mon. jud. Lyon*, 21 avril 1890. — Caen, 10 juin 1891, *Rec. Caen*, 91. 192. — Paris, 13 avril 1892, *Gaz. Pal.*, 92. 1. 737. — Trib. com. Marseille, 27 oct. 1891, *Rec. Marseille*, 92. 1. 28. — Trib. civ. Seine, 4 déc. 1891, *Droit*, 7 janv. 1892. — Dareste, *Rapport* sous Cass., 9 mars 1886, S., 86. 1. 244. — Mais il suffit au propriétaire de prouver que son animal est exempt de vices. — Trib. civ. Libourne, 26 déc. 1889, *Rec. Bordeaux*, 91. 3. 90.

([4]) Cass. civ., 16 juin 1896, précité. — Nancy, 21 mars 1886, précité. — Trib. com. Marseille, 18 janv. 1894, *Rec. de Marseille*, 94. 1. 92.

Il en est de même de la blessure causée par un outil du patron ([1]), car on étend généralement l'art. 1386 au propriétaire de tous objets causant un dommage.

1335. Au contraire, dans le système de la responsabilité contractuelle, le patron, étant obligé de veiller sur l'ouvrier est, conformément aux art. 1147 et 1315 C. civ., obligé, pour dégager sa responsabilité, de démontrer que l'accident ne provient pas de sa faute ([2]). Le patron est responsable de la personne qui s'est confiée à lui, comme il serait responsable de la chose qui lui aurait été confiée.

1336. On a pourtant soutenu que, même dans le système de la responsabilité contractuelle, la charge de la preuve doit retomber sur l'ouvrier ([3]). A la différence, dit-on, d'une personne chargée de la garde ou du transport d'une chose, le patron n'est pas tenu de rendre l'ouvrier; donc, s'il ne rend pas l'ouvrier sain et sauf, il ne méconnaît par là aucune obligation et c'est seulement au cas où sa faute a causé l'accident qu'il est responsable; c'est donc au demandeur qu'il appartient de prouver l'existence de cette faute.

Selon nous, il y a là une confusion; sans doute l'ouvrier n'a pas été personnellement confié au patron, mais il a confié au patron son activité individuelle et son travail; comme il ne

([1]) Cass. civ., 16 juin 1896, précité. — *Contra* Orléans, 20 oct. 1888, S., 90. 2, 14.

([2]) V. les autorités citées *supra* n. 1330, note. — Aix, 3 mai 1887, *Bull. d'Aix*, 87. 26. — Trib. civ. Bourges, 7 fév. 1895, *Loi*, 23 avril 1895. — Trib. civ. Bruxelles, 20 déc. 1884, S., 85. 4. 25. — Trib. civ. Bruxelles, 25-28 avril 1885, *Pasicr.*, 85. 3. 175. — Trib. civ. Cherbourg, 16 juill. 1885, *Pasicr.*, 86. 3. 51. — C. sup. Luxembourg, 27 nov. 1884, *Droit*, 24 oct. 1885. — Trib. féd. suisse, 9 oct. 1885, cité par Nessi, *Ann. de dr. com.*, I, 1886-87, *Doctr.*, p. 524. — Labbé, *Note*, S., 86. 4. 27; Sainctelette, *loc. cit.*; Pascaud, *loc. cit.*; Demangeat, *loc. cit.*

([3]) Cass. belge, 8 janv. 1886, S., 86. 4 25. — Bruxelles, 5 déc. 1884, *Pasicr.*, 85. 2. 85. — Gand, 18 juin 1887, S., 89. 4. 1. — Gand, 16 fév. 1889, *Pasicr.*, 89. 2. 200. — Bruxelles, 14 mai 1890, *Pasicr.*, 90. 2. 408. — Trib. civ. Evreux, 17 avril 1894, précité. — Trib. civ. Namur, 12 janv. 1886, *Pasicr.*, 87. 2. 272. — Trib. civ. Termonde, 11 déc. 1886, *Pasicr.*, 87. 3. 160. — Planiol, *Rev. crit.*, XVII, 1888, p. 279 s.; Thaller, *Ann. dr. com.*, I, 1886-87, p. 127 (cependant cet auteur, par application de l'art. 1384, dit que le patron est responsable des accidents causés par son matériel); Sainctelette, *Responsabilité et garan ie*, p. 163; Glasson, *Mémoires de l'acad. des sc. morales*, 1886, p. 864 (et tirage à part, p. 30 s.); Bosch, *Conclusions, Pasicr.*, 89. 1. 161; Cotelle, *Rev. prat.*, XL, 1864, p. 529; Willems, *Rev. gén.*, 1896, p. 235.

les a confiés que temporairement, le patron doit les lui restituer ou démontrer que l'impossibilité de restitution ne provient pas de sa faute.

En vain objecte-t-on que le patron n'est pas libre d'imposer sa volonté à l'ouvrier comme à une matière inerte et que, par suite, on ne peut présumer la faute du patron; il ne s'agit pas ici de présomption de faute; une question de preuve est seule en jeu.

1337. Dans toutes les opinions, l'ouvrier a besoin de démontrer que la blessure ou la maladie pour laquelle il réclame une indemnité a pris naissance dans le cours de son travail ; il ne lui suffirait pas de prouver l'existence de cette blessure ou de cette maladie [1].

1338. Si le patron avait à prendre des mesures spéciales de protection, il doit établir qu'elles ont été prises.

Il en est de même si le patron, à cause d'un danger, devait faire des recommandations spéciales à l'ouvrier [2].

F. *Prescription de l'action en responsabilité pour cause d'accident.*

1339. Si la responsabilité du patron est contractuelle, l'action peut être intentée pendant 30 ans, à défaut d'un délai plus court (C. civ. 2262) [3].

Si, au contraire, la responsabilité est délictuelle, il y a lieu d'appliquer les principes admis d'une manière générale pour la prescription de l'action délictuelle [4].

Ainsi, dans le cas où la faute du patron constitue un délit criminel (par exemple le délit de blessures ou d'homicide par imprudence), la prescription, par application de l'art. 3 C. Inst. crim., sera de 3 ans, comme la prescription de l'action du ministère public [5].

[1] Rennes, 11 juin 1894, *Gaz. Pal.*, 94. 2. 145 (hernie). — Labbé, *Rev. crit.*, XV, 1886, p. 444.

[2] Bordeaux, 22 décembre 1890, *Rec. Bordeaux*, 91. 1. 57.

[3] Comp. Labbé, *Note*, S., 87. 1. 169.

[4] Comp. Labbé, *loc. cit.*

[5] Cass., 1er février 1882, S., 83. 1. 155. — Cass. req., 4 août 1886, S., 87. 1. 169. — Nancy, 6 février 1892, S., 92. 2. 109. — Bordeaux, 9 novembre 1892, S., 93. 2. 148. — Bruxelles, 12 novembre 1885, S., 87. 4. 21.

G. *Propositions de détermination législative de la responsabilité du patron.*

1340. Des propositions ont été faites pour régler législativement la responsabilité du patron en matière d'accidents (1).

Notamment une proposition votée par la Chambre le 10 juin 1893 et qui n'est pas venue en discussion devant le Sénat porte : « Les accidents survenus dans leur travail et à l'occasion de leur travail, aux ouvriers et employés occupés dans l'industrie du bâtiment, les usines, manufactures, chantiers, entreprises de transport, de chargement et de déchargement, les magasins publics, mines, minières, carrières et, en outre, dans toute exploitation ou partie d'exploitation dans laquelle sont fabriquées ou employées des matières explosibles ou dans laquelle il est fait usage d'une machine à vapeur ou de toute autre machine mue par une force élémentaire (vent, eau, vapeur, gaz, air chaud, électricité, etc.) ou par les animaux, donnent droit, au profit de la victime ou de ses représentants, à une indemnité dont l'importance et la nature sont déterminées ci-après ».

Le projet voté en 1888 fixait un maximum et un minimum d'indemnité.

Le projet voté par le Sénat en 1890, le projet gouvernemental de 1890 et le projet voté en 1893 fixent le taux même de l'indemnité calculé d'après le montant du salaire.

Le projet voté par la Chambre en 1888 donnait une indem-

(1) Proposition votée à la Chambre, le 10 juill. 1888 (Déb. parl., *Journ. Off.*, p. 1841, 1845, 1870, 1878, 1901, 1924, 1943, 1954, 1991, 2010, 2019, 2066), modifiée par le Sénat le 20 mai 1890 (Déb. parl., *Journ. Off.*, p. 309, 327, 337, 346, 353, 364, 405, 407, 416, 423, 456, 461). — Projet du gouvernement déposé à la chambre le 28 juin 1890 (Doc. parl. n. 746, *Journ. Off.*, p. 1427). — Chambre, proposition Granger, Gabriel et Ern. Roche, 24 janv. 1891, Doc. parl. n. 1148, *J. O.*, p. 306 ; Ricard et Guyesse, 26 janv. 1891, *Id.*, n. 1151, *J. O.*, p. 310; Pierre Richard, 27 janv. 1891, *Id.*, n. 1153, *J. O.*, p. 312 ; Dron, 2 fév. 1891, *Id.*, n. 1176, *J. O.*, p. 346 ; Le Cour et autres, 9 mars 1891, *Id.*, n. 1274, *J. O.*, p. 672 ; Vian et autres, *Id.*, n. 1526, *J. O.*, p. 1495. — Ces diverses propositions ont fait l'objet d'un rapport Ricard, Doc. parl. n. 1926, *J. O.*, p. 301. — Le projet de la commission a été voté le 10 juin 1893, Déb. parl., *J. O.*, p. 1442, 1579, 1607, 1622, 1645, 1664 et 1681, et transmis au Sénat le 20 juin 1893, Doc. parl., *J. O.*, p. 488. — V. Bellom, La question des accidents du travail, *Rev. polit. et parlem.*, I, 1894, p. 65 s.

nité à l'ouvrier même si l'accident était causé par sa faute, à moins qu'il n'eût volontairement provoqué l'accident.

Le projet adopté par le Sénat en 1890 et le projet du gouvernement de la même année laissaient à la charge de l'ouvrier les conséquences de sa faute lourde.

Le projet voté par la Chambre en 1893 permet seulement de réduire l'indemnité s'il y a faute lourde de l'ouvrier prouvée par le patron.

Le projet voté par la Chambre en 1888, indépendamment de l'indemnité qu'il allouait à l'ouvrier d'une manière générale, faisait peser sur le patron, si l'accident avait entraîné à sa charge une condamnation correctionnelle emportant un emprisonnement de plus de huit jours, la responsabilité du droit commun.

Le projet voté par la Chambre en 1893 permet de majorer l'indemnité jusqu'à la réparation de tout le dommage, si l'ouvrier prouve la faute lourde du patron.

IV. *Obligations du patron en cas d'assurance collective des ouvriers contre les accidents.*

1341. Le but de l'assurance collective contre les accidents est de protéger à la fois les ouvriers contre les accidents dont ils sont victimes et le patron contre ceux de ces accidents dont il est responsable vis-à-vis des ouvriers. Ces deux assurances, qui prennent de jour en jour une extension plus grande, sont généralement réunies dans une même police; la première est l'assurance contre les accidents proprement dite; la seconde, l'assurance contre la responsabilité civile du patron. La première seule a pour objet de réparer au profit de l'ouvrier les conséquences de l'accident, quoique, dans toutes les hypothèses où le patron est responsable, elle profite surtout à ce dernier, en donnant cependant à l'ouvrier l'avantage d'avoir devant lui deux débiteurs.

C'est donc seulement de l'assurance contre les accidents, contractée collectivement au profit des ouvriers par le patron, qu'il sera question ici. Encore nous bornerons-nous à étudier sa nature juridique, les différentes espèces d'actions qu'elle donne à l'ouvrier blessé ou aux héritiers de l'ouvrier tué contre l'assureur et le patron, sans nous préoccuper des questions communes à toutes les assurances, comme la plupart des causes de déchéance et les points se rattachant au paiement des primes.

1342. L'assurance collective est la seule manière pratique de réaliser l'assurance des ouvriers (1); au lieu d'être obligé de toucher les primes au domicile de chaque ouvrier assuré, l'assureur les touche en bloc par l'intermédiaire du patron, qui les obtient par le moyen le plus simple de tous, celui d'une retenue opérée sur les salaires.

1343. On reproche cependant avec raison au système usité dans la pratique, d'obliger l'ouvrier à rester attaché à l'usine, parce qu'il a payé les primes au patron, et parce qu'il n'a d'action que contre lui et son assureur en cas d'accidents (2).

A. *Nature juridique de l'assurance collective.*

1344. On considère généralement en jurisprudence que le patron qui contracte une assurance collective au profit de ses ouvriers, et qui en paye les primes, pour le tout ou pour partie, au moyen de retenues opérées sur le salaire des ouvriers, est le gérant d'affaires de ces derniers ; les ouvriers ratifient la gestion en consentant aux retenues (3).

Le grand inconvénient de cette théorie est peut-être qu'elle conduit à refuser tout droit à l'ouvrier dans le cas où le patron a payé de lui-même toutes les primes. Mais sur ce point, il y a, comme nous le verrons, des doutes sérieux (4).

(1) Sauzet, *Situation des ouvriers dans l'assurance-accidents collective contractée par le patron*, *Rev. crit.*, XV, 1886, p. 366, n. 5.

(2) Sauzet, *op. cit.*, p. 370, n. 11 s.

(3) Cass., 1er juil. 1885, S., 85. 1. 409. — Paris, 30 oct. 1885, S., 86. 2. 49, D., 88. 2. 25. — Toulouse, 16 avril 1886, S., 87. 2. 89. — Paris, 25 fév. 1887, S., 89. 2. 73, D., 88. 2. 25. — Nîmes, 9 mars 1887, *Gaz. Pal.*, 87. 2, *Suppl.*, 74. — Rennes, 22 mars 1887, S., 87. 2. 196, D., 88. 2. 224. — Montpellier, 5 mai 1888, D., 88. 2. 292. — Amiens, 9 janv. 1889, *Rec. d'Amiens*, 89. 10.— Paris, 22 juin 1895, D., 96. 2. 43.— Trib. civ. Langres, 24 nov. 1887, *Loi*, 14 nov. 1888. — Trib. civ. Draguignan, 14 août 1890, *Gaz. Pal.*, 91. 1. 581. — Trib. civ. Bordeaux, 4 mars 1895, *Rec. Bordeaux*, 95. 2. 60. — Trib. civ. Largentière, 25 avril 1895, *Gaz. Trib.*, 23 août 1895.

(4) V. *infra*, n. 1354.

Au point de vue juridique, on a également objecté ([1]) que, dans la gestion d'affaires, le gérant agit nécessairement au nom d'autrui (C. civ. 1372), alors que le patron agit en son propre nom. Cette objection n'est peut-être pas fondée. Le patron contracte, à la vérité, mais il contracte au nom de ses ouvriers sans les désigner nominativement. Au surplus il n'est pas plus de l'essence de la gestion d'affaires que du mandat, que le gérant contracte au nom du maître, il suffit que le gérant agisse pour le compte du maître, au profit de ce dernier, et dans le but de lui procurer un avantage. Telle est bien la situation du patron. Son but est de faire l'affaire de ses ouvriers. A la vérité, le patron, lui aussi, profite indirectement du contrat passé avec la compagnie d'assurances, soit parce qu'il se met en cas d'accident à l'abri d'une action en responsabilité de l'ouvrier, satisfait par l'indemnité d'assurance, soit parce qu'il attire ainsi, au moyen des avantages qu'il leur promet, les ouvriers dans son usine. Mais ce n'est là qu'un résultat éloigné de la convention passée avec l'assureur.

1345. Dans une autre opinion, il se formerait directement entre la compagnie et les ouvriers un quasi-contrat par cela seul que la première aurait touché les primes ([2]).

Ceci est inadmissible ([3]), car l'assureur ne connait pas l'ouvrier, et le quasi-contrat, comme le contrat, suppose un lien existant entre deux personnes.

1346. L'art. 1121 C. civ. a également servi de base à une théorie; le patron, dit-on, stipule pour le compte des ouvriers et cette stipulation est valable, puisqu'elle est la condition d'une autre stipulation que le patron fait pour lui-même, dans le but de se prémunir de sa responsabilité vis-à-vis des ouvriers ([4]); on peut objecter la théorie d'après laquelle cette stipulation ne peut être faite au profit de tiers indéterminés ([5]);

([1]) Labbé, *Note*, S., 85. 1. 413; Sauzet, *Rev. crit.*, XV, 1886, p. 377, n. 16.
([2]) Trib. civ. Carpentras, 12 déc. 1883, S., 85. 2. 202.
([3]) Sauzet, *op. cit.*, p. 379, n. 19.
([4]) Paris, 30 oct. 1885, S., 86. 2. 40, D., 88. 2. 25. — Douai, 11 juill. 1895, *Rec. des ass.*, 95. 355. — Trib. civ. Versailles, 19 janv. 1883, S., 84. 2. 90 (réformé par Paris 14 avril 1884, *eod. loc.*).
([5]) Lyon-Caen, *Rev. crit.*, XI, 1882, p. 524.

les ouvriers, a-t-on répondu, sont déterminés, ce sont tous les ouvriers du patron, on ne peut les assimiler aux enfants à naître dans l'assurance sur la vie. Cette réponse n'est pas irréprochable; individuellement les ouvriers ne sont pas désignés, ils ne sont même pas connus du patron, qui entend assurer tous les ouvriers actuels et futurs de son usine.

Une autre objection est également décisive : le patron n'a pas voulu stipuler pour ses ouvriers, il a voulu stipuler pour son propre compte, quoiqu'au profit de l'ouvrier; et, en effet, les polices décident généralement que l'ouvrier n'aura aucune action contre l'assureur (1).

Les auteurs qui ont accueilli cette dernière objection décident que s'il n'est pas dit dans la police que les ouvriers n'ont aucune action contre l'assureur, et si rien ne montre que l'assureur ait refusé d'entrer en relations avec l'ouvrier, c'est bien sur l'art. **1121** que se fondera l'action (2).

Mais une autre considération nous paraît devoir faire rejeter d'une manière absolue la théorie qui se fonde sur l'art. **1121.** Ce texte n'autorise les stipulations pour autrui que comme condition d'une stipulation que l'on fait pour soi-même; or le patron qui assure ses ouvriers ne stipule pas pour lui-même. Il est vrai qu'en général l'assurance collective des ouvriers est jointe à une assurance de la responsabilité civile du patron, et que, dans cette dernière convention, le patron stipule pour lui-même; mais, outre que cette réunion de deux conventions n'existe pas toujours, il n'est pas exact qu'elle ait pour résultat de faire du patron un stipulant pour autrui; les deux conventions sont indépendantes l'une de l'autre, elles ne sont pas une charge l'une de l'autre, chacune d'elles emporte des droits spéciaux et des obligations spéciales.

1347. En somme, la seule théorie qui ne paraisse pas soulever d'objections est celle qui fait du patron l'intermédiaire juridique de l'ouvrier.

Mais on a pensé qu'il n'est pas indispensable de le considérer, dès lors, comme un gérant d'affaires.

(1) Paris, 14 avril 1884, précité. — Labbé, *loc. cit.;* Sauzet, *op. cit.*, p. 383, n. 23.
(2) Sauzet, *op. cit.*, n. 24, p. 385, note 1.

1348. Pour quelques autorités le patron est mandataire des ouvriers ([1]) ; il a évidemment négocié l'opération pour le compte de ces derniers, puisqu'elle ne lui procure à lui-même aucun profit personnel. A la vérité, l'assureur ne contracte et ne veut contracter qu'avec le patron, il n'entend traiter avec les ouvriers ni pour les primes ni pour les indemnités, mais le mandant n'apparaît pas nécessairement dans le contrat passé par le mandataire ; ce dernier peut agir pour son compte personnel, le mandat prend alors le nom spécial de commission ; le contrat passé est donc un contrat de commission. Il est vrai qu'ici, à la différence d'un commissionnaire ordinaire, le patron indique sa qualité, et qu'ainsi l'assureur sait que le patron ne s'assure pas personnellement ; mais on admet que le commissionnaire d'assurances peut, sans perdre sa qualité, agir au nom de qui il appartiendra.

Cette théorie paraît inférieure à celle de la gestion ; le mandat suppose un lien entre le mandant et le mandataire, lien préexistant au fait juridique accompli par ce dernier pour le compte du premier ; on ne peut être mandataire sans tenir cette qualité d'une convention ou de la loi. L'exemple tiré du commissionnaire qui agit au nom de qui il appartiendra ne nous paraît pas convaincant, car aucun texte ne dit que ce commissionnaire est un mandataire ; il est, en réalité, un gérant d'affaires. Dès lors que le patron entend assurer tous ceux des ouvriers, présents et futurs qui, dans le cours de leur engagement vis-à-vis de lui, seront victimes d'accidents professionnels, ils ne peuvent être réputés lui avoir donné, au moment où il a contracté l'assurance, mandat d'agir en leur nom.

1348 *bis*. A côté de ces opinions, il faut en citer une autre, entièrement opposée, d'après laquelle le patron seul contracte avec l'assureur, en son nom personnel, sans que les ouvriers soient aucunement en cause ; le patron serait seul l'assureur de l'ouvrier, et il se déchargerait de son assurance

([1]) Paris, 25 février 1887 (motifs), S., 89. 2. 73, D., 88. 2. 25. — Paris, 21 juin 1888, *Gaz. Pal.*, 88. 2. 171. — Paris, 11 décembre 1889, *Gaz. Pal.*, 90. 1. 5. — Trib. civ. Brive, 4 mai 1887, *Gaz. Pal.*, 87. 2, *Suppl.*, 30. — Thaller, *Ann. de dr. comm.*, IV, 1890, *Doctr.*, p. 113 s.

sur l'assureur par une convention qui n'aurait aucun effet sur les ouvriers, considérés comme tiers. Ce contrat ne ferait pas naître de lien de droit entre l'assureur et l'ouvrier [1].

Cette opinion nous paraît être contraire à la réalité des faits : le but du patron est de mettre ses ouvriers en relations avec l'assureur et non pas de contracter pour lui-même et pour lui seul avec celui-ci.

1349. En tout cas, si l'ouvrier entre en rapports avec le patron, l'assurance collective se compose, en réalité, de deux conventions : l'une, verbale, par laquelle le patron s'engage envers les ouvriers, pour payer, en dehors des salaires, leur travail, à leur procurer une assurance; l'autre, écrite, par laquelle le patron contracte cette assurance avec une compagnie d'assurances [2]. La nature de la convention verbale passée entre les ouvriers et le patron n'est pas sans difficultés.

1349 ***bis.*** Il va sans dire que si l'on considère, dans les rapports entre le patron et l'assureur, le patron comme le mandataire de ses ouvriers, il l'est également dans ses rapports avec ces derniers; mais nous avons rejeté cette opinion par la raison qu'il ne peut y avoir de mandat sans convention.

1350. Dans une opinion, le patron qui assure ses ouvriers au moyen de retenues opérées sur leurs salaires en faisant servir ces retenues aux primes qu'il paie aux compagnies d'assurances, est personnellement obligé, en cas d'accidents, de payer à l'ouvrier l'indemnité fixée par la police d'assurance [3]. Il est, en d'autres termes, assureur de ses ouvriers.

1351. Dans un autre système, le patron ne contracte pas d'autre obligation que de procurer à l'ouvrier le bénéfice de

[1] Trib. civ. Draguignan, 14 août 1890 (motifs), *Gaz. Pal.*, 91. 1. 581. — Trib. civ. Largentière, 25 avril 1895, *Gaz. Trib.*, 23 août 1895.

[2] Riom, 5 fév. 1895, *Rec. Riom*, 95. 199, *Rec. des assur.*, 95. 361. — Labbé, *Note*, S., 85. 1. 412; Sauzet, *op. cit.*, p. 385, n. 25; Tarbouriech, *Des assur. contre les accidents du travail*, n. 136 s.

[3] Grenoble, 20 juin 1887, *Rec. Grenoble*, 87. 212, *Mon. jud. Lyon*, 30 mars 1888. — Rouen, 25 janv. 1892, S., 94. 2. 141. — Paris, 10 avril 1894, *Gaz. Trib.*, 8 juil. 1894. — Trib. civ. Boulogne, 10 juil. 1885, S., 85. 2. 201. — Trib. civ. Seine, 17 juil. 1886, *Loi*, 27 août 1886. — Trib. civ. Limoges, 28 fév. 1894., *Gaz. Pal.*, 94. 1. 577.

l'assurance qu'il contracte au nom de ce dernier [1]. Il résulte de là qu'il ne peut être tenu de l'indemnité vis-à-vis des ouvriers; la solution contraire a été cependant donnée [2], mais elle est contradictoire dans ses termes. Elle doit être admise dans un seul cas, celui où, en fait, le patron a voulu répondre directement de l'indemnité envers les ouvriers [3].

Nous reviendrons du reste sur ce point [4].

1352. D'autres encore, dont l'opinion nous paraît la meilleure, pensent que le patron et l'ouvrier ont fait, accessoirement au louage d'ouvrage, un contrat à titre onéreux qu'ils appellent une promesse d'assurances [5].

1353. Il peut arriver que le patron paye lui-même la totalité des primes sans faire subir aucune retenue aux salaires des ouvriers.

En partant de la jurisprudence qui voit, au cas où des retenues sont exercées, une gestion d'affaires de la part du patron, on a été conduit à dire qu'ici l'assurance est un contrat de bienfaisance [6].

Cela est difficile à admettre, au moins en thèse générale [7] : le patron n'a pas obéi exclusivement à une pensée de libéralité; il a voulu éviter les difficultés des retenues, s'attirer, dans l'intérêt de la prospérité de son établissement, la confiance des ouvriers, et, par-dessus tout, l'absence de retenues lui permet de payer à ses ouvriers des salaires moindres que si des retenues étaient opérées.

Aussi cette hypothèse ne diffère-t-elle pas, au point de vue des droits respectifs des parties, de l'hypothèse contraire; les

(1) Nimes, 13 mai 1884, S., 85. 2. 201. — Grenoble, 3 janv. 1885, S., 87. 2. 172. — Douai, 15 fév. 1886, S., 87. 2. 89. — Trib. civ. Seine, 30 nov. 1894, *Gaz. Trib.*, 25 déc. 1894. — Labbé, *Notes*, S., 85. 2. 201, S., 87. 2. 89, S., 89. 2. 73; de Courcy, *op. cit. infra*, p. 113; Sauzet, *op. cit.*, p. 392 s., n. 33 s.

(2) Grenoble, 3 janv. 1885, précité. — Douai, 15 fév. 1886, précité.

(3) Cela résultera par exemple de ce qu'en vertu d'une clause de la police, l'assureur doit suivre à ses frais les procès dirigés contre le patron en raison de l'assurance, *mais sous le nom de ce dernier*. Grenoble, 11 déc. 1887, *Gaz. Pal.*, 89. 1. 808.

(4) V. *infra*, n. 1378 s.

(5) Labbé, *Note*, S., 89. 2. 73.

(6) Douai, 24 déc. 1889, S., 91. 2. 113, D., 93. 1. 375 (en note).

(7) V. les autorités citées *infra*, n. 1377.

ouvriers peuvent donc invoquer le bénéfice de l'assurance et le patron qui obtient une indemnité ne peut refuser de la verser à l'ouvrier victime de l'accident (¹).

Il en est, en tous cas, ainsi lorsque le patron s'est engagé vis-à-vis de l'ouvrier à fournir les versements ou une partie d'entre eux (²).

B. *Moment où se forme le contrat.*

1354. A quel moment se forme le contrat ou le quasi-contrat duquel l'ouvrier tient ses droits contre le patron ou contre l'assureur? La doctrine de la gestion d'affaires répond : au moment de la retenue opérée sur les salaires (³); c'est alors que l'ouvrier ratifie la gestion que le patron a faite de ses affaires.

Nous verrons que si l'assurance est faite sans retenue sur les salaires, le contrat se forme au moment du paiement des salaires (⁴).

C. *Des ouvriers compris dans l'assurance et des causes de déchéance.*

1355. Tous les ouvriers soumis au même risque sont compris dans l'assurance collective, de sorte que leur omission dans l'indication du nombre des ouvriers entraîne la déchéance (⁵).

Au contraire, les ouvriers qui ne sont pas soumis aux mêmes risques n'y sont pas compris (⁶).

(¹) Pic, *Ann. dr. comm.*, VII, 1893, *Doctr.*, p. 441. — *Contra* Trib. civ. Grenoble, 7 avril 1892, D., 92. 2. 265.

(²) Aix, 14 déc. 1891, *Rec. d'Aix*, 91. 1. 312 (il est donc, s'il ne l'a pas fait, responsable dans les limites fixées *infra*, n. 1380 s.).

(³) Paris, 30 oct. 1885, S., 86. 2. 49, D., 88. 2. 25. — Nîmes, 9 mars 1887, *Gaz. Pal.*, 87. 2, *Suppl.*, 74. — Montpellier, 5 mai 1888, D., 88. 2. 292.

(⁴) V. *infra*, n. 1377.

(⁵) Bordeaux, 9 juin 1893, D., 94. 2. 161 (sont compris dans l'assurance faite par un entrepreneur les conducteurs, marqueurs, chefs maçons et chefs de chantier, lesquels sont soumis aux mêmes risques que les ouvriers. De même pour les ouvriers occupés aux travaux publics en régie).

(⁶) Paris, 28 déc. 1887 cité par Planiol, *Note*, D., 94. 2. 161 (l'assurance faite par un fumiste comprend seulement les ouvriers qui montent sur les toits et non pas les tôliers qui font des réparations dans l'intérieur de son atelier). — Planiol, *Note*, D., 94. 2. 161.

Il en est de même des ouvriers qui, en cas d'accidents, ne sont pas aux risques du patron [1].

1356. On admet qu'en cas d'omission d'ouvriers, la déchéance du patron existe même s'il est de bonne foi, par argument de l'art. 348 C. com., qui donne une solution analogue en matière d'assurance maritime [2]. Cependant cette solution a été combattue [3] : il ne saurait s'agir, dit-on avec raison, d'erreur, puisque la nullité résultant de l'erreur suppose que l'erreur est concomitante au contrat; il ne peut s'agir que d'une résolution, laquelle diffère de la déchéance ou nullité en ce qu'elle force le demandeur à restituer les primes perçues.

1357. Il peut être stipulé que le patron qui, dans une assurance collective, déclare occuper un nombre d'ouvriers inférieur à celui qu'il occupe réellement, sera déchu du bénéfice de l'assurance [4].

1358. Les causes de déchéance qui viennent d'être indiquées et toutes celles qui sont déterminées dans la police ou dérivent du droit commun, quoique provenant de la faute du patron, qui seul est obligé par la police, sont opposables à l'ouvrier, puisque ce dernier n'a d'autres droits que ceux que lui procure le patron par la police [5], mais il va sans dire que l'ouvrier a un recours contre le patron [6].

1359. L'assurance des ouvriers et celle de la responsabilité du patron étant indépendantes, la déchéance de l'une n'entraîne pas déchéance de l'autre [7].

D. *Des accidents garantis par l'assurance.*

1360. En principe, l'assurance ne doit pas être considérée comme comprenant les accidents causés par les ouvriers à

(1) Paris, 10 nov. 1887, D., 88. 2. 207 (l'assurance ne comprend que les ouvriers travaillant à l'atelier et non pas ceux qui se livrent à des travaux à l'extérieur). — Planiol, *Note*, D., 94. 2. 161.

(2) Bordeaux, 9 juin 1893, D., 94. 2. 161.

(3) Planiol, *Note*, D., 94. 2. 161.

(4) C. just. Genève, 17 sept. 1892, S., 93. 4. 12.

(5) Trib. civ. Seine, 9 janv. 1888, *Ann. dr. com.*, 1888, *Jurispr.*, 63.

(6) V. sur ce dernier point, *infra*, n. 1381.

(7) Trib. civ. Seine, 25 juin 1892, *Gaz. Pal.*, 92. 2. 516. — Pic, *Ann. dr. com.*, VII, 1893, *Doctr.*, p. 442.

des tiers, mais seulement les accidents causés à eux par des tiers [1].

L'assurance, d'autre part, ne porte pas sur les accidents causés par une contravention aux lois et règlements [2].

C'est à l'assureur qu'il appartient de prouver que cette contravention a été commise [3].

1361. L'assureur peut renoncer à l'exclusion, admise par la police, de certaines causes d'accidents [4].

1362. Il est de règle, dans toute assurance, que l'assureur n'est tenu d'aucune indemnité en cas de sinistre causé par la faute lourde de l'assuré. Comme ce n'est pas l'ouvrier qui est l'assuré, mais bien le patron, on pourrait être tenté de soutenir que la faute lourde de l'ouvrier ne dispense pas l'assureur de payer au patron l'indemnité stipulée [5]. Nous adoptons l'opinion contraire. En réalité, c'est aux ouvriers que revient l'indemnité et, comme la règle à laquelle nous avons fait allusion provient de ce que la faute lourde est assimilée au dol et que les assurés ne peuvent trouver dans leur délit une cause d'enrichissement, il faut refuser à l'ouvrier toute indemnité si l'accident est causé par sa faute lourde.

Du reste, le système contraire conduit à décider qu'en revanche aucune indemnité ne sera due à l'ouvrier si l'acci-

[1] Le contraire a été décidé en fait, à raison de l'élévation de la prime (25 cent. par jour pour chacun) en ce qui concerne les cochers. Paris, 21 déc. 1893, *Loi*, 2 janv. 1894, *Gaz. Trib.*, 26 août 1894.

[2] Paris, 21 déc. 1893, précité. — La clause que l'assurance ne porte pas sur les accidents résultant « d'infractions aux lois et réglements de police » ne s'applique pas à une simple imprudence, ne constituant pas une contravention à ces lois et règlements. Paris, 2 mars 1893, S., 93. 2. 158. — Grenoble, 15 mai 1894, S., 95. 2. 175 (lors même que le patron est condamné en police correctionnelle pour homicide involontaire).

[3] Trib. civ. Paris, 21 déc. 1893, précité (la preuve ne résulte pas d'un jugement rendu entre le patron et l'ouvrier et qui constate cette infraction).

[4] La renonciation résulte de ce que l'assureur, connaissant la cause de l'accident, se substitue à l'assuré pour défendre à l'action en dommages-intérêts formée contre lui par la victime de l'accident. — Lyon, 17 fév. 1882, S., 82. 2. 247. — Paris, 22 janv. 1887, S., 88. 2. 148. — Paris, 10 nov. 1887, S., 90. 2. 117. — Nancy, 15 déc. 1892, S., 95. 2. 199. — *Contra* Grenoble, 12 avril 1886, S., 88. 2. 52. — Il suffit que cette connaissance soit acquise au cours du procès, il n'est pas nécessaire qu'elle précède l'introduction de l'instance. — Paris, 10 nov. 1887, précité. — *Contra* Paris, 22 janv. 1887, précité.

[5] Trib. civ. Seine, 7 mars 1894, *Gaz. Trib.*, 8 juil. 1894.

dent est causé par la faute lourde du patron, et cela est évidemment inadmissible.

1363. Cependant on admet que la faute lourde du patron ayant occasionné l'accident, enlève tout droit à l'indemnité. Cela est certain pour l'assurance de sa responsabilité civile [1]; le patron ne peut même, par une clause spéciale, s'assurer contre son dol [2].

1364. En revanche le patron peut assurer sa responsabilité civile contre les fautes ou le dol des employés dont il répond [3].

1365. Ainsi, en cas d'assurance de la responsabilité civile, le patron a droit à l'indemnité même s'il y a eu faute lourde de l'un de ses ouvriers [4]. Cette solution a été vraisemblablement voulue par les parties; d'autre part elle n'a rien de contraire à l'ordre public (arg. art. 353 C. com., relatif à l'assurance maritime).

1366. Jusqu'à preuve du contraire, l'accident doit être considéré comme fortuit et l'assureur est tenu de payer l'indemnité [5].

1367. La mort de l'assuré par l'effet d'un suicide dégage l'assureur du paiement de l'indemnité d'assurance [6]. En effet, le contrat d'assurance cesse alors d'être aléatoire pour les deux parties et, par conséquent, de correspondre à sa véritable nature juridique; d'un autre côté, en équité, le contrat d'assurance ne doit pas fournir une prime aux morts volontaires.

La question, du reste, ne se pose qu'en théorie, car les statuts des Compagnies excluent tous le risque de suicide et les polices sont conçues dans le même sens.

Mais le suicide ne prive les héritiers du droit à l'indemnité que s'il est conscient; le suicide consommé dans un accès de

(1) Grenoble, 15 mai 1894, S., 95. 2. 175.

(2) Trib. féd. suisse, 22 déc. 1894, *Ann. dr. com.*, 1896, p. 36.

(3) Trib. féd. suisse, 22 déc. 1894, précité.

(4) Cass. req., 2 juin 1886, S., 87. 1. 369. — Cass. req., 22 oct. 1894, S., 95. 1. 8, D., 95. 1. 156. — Labbé, *Note*, S., 87. 1. 369.

(5) *Contra* Trib. féd. suisse, 13 oct. 1894, *Ann. dr. com.*, 1895, *Doctr.*, p. 145. — Mais v. Trib. civ. Seine, 7 mars 1894, *Gaz. Trib.*, 8 juill. 1894.

(6) Bruxelles, 14 juill. 1894, *Pasicr.*, 95. 2. 65. — Lefort, *Rec. périod. des assur.*, 1887, p. 305.

démence n'a pas cet effet (¹) : les motifs invoqués plus haut cessent alors de s'appliquer; la mort est, du reste, aussi involontaire que si elle est causée par un accident et on peut même qualifier d'accident le suicide involontaire.

C'est à l'assureur qu'il appartient de prouver que la mort de l'ouvrier est le résultat d'un suicide (²) ; telle est la solution à laquelle conduit l'art. 1315 C. civ.

(¹) Cass. req., 3 août 1876, S., 77. 1. 25, D., 79. 5. 29. — Paris, 30 nov. 1875, S., 77. 1. 25 (sous Cass.), D., 77. 2. 132. — Paris, 16 nov. 1889, D., 92. 2. 46, — Lyon, 17 fév. 1891, S., 91. 2. 115, D., 92. 2. 46. — Paris, 16 juill. 1892, S., 92. 2. 199, D., 93. 2. 233. — Paris, 21 oct. 1892, D., 93. 2. 16. — Trib. civ. Seine, 25 juill. 1854, *Journ. des assur.*, 1855, p. 326, Badon-Pascal, *Rép. gén. du Journ. des assur.*, v° *Suicide*. — Trib. civ. Seine, 1er août 1854, Pouget, *Dict. des assur.*, II, v° *Vie*, n. 27. — Trib. civ. Seine, 8 août 1854, *Droit*, 10 août 1854, Pouget, *Dict. des assur.*, II, v° *Vie*, n. 27. — Trib. civ. Seine, 13 août 1874, *Journ. des assur.*, 1874, p. 460. — Trib. civ. Seine, 1er avril 1876, *Journ. des assur.*, 1876, p. 238. — Trib. civ. Seine, 12 mai 1876, *Ibid.*, 1876, p. 295. — Trib. civ. Seine, 21 nov. 1878, *Ibid.*, 1879, p. 23.— Trib. com. Seine, 23 nov. 1882, *Ibid.*, 1883, p. 59. — Trib. civ. Seine, 13 mars 1884, *Rec. pér. des assur.*, 1884, p. 221. — Trib. civ. Seine, 3 juill. 1884, *Journ. des assur.*, 1885, p. 108. — Trib. civ. Seine, 2 fév. 1887, *Rec. pér. des assur.*, 1887, p. 297. — Trib. com. Seine, 7 juin 1888, *Journ. des assur.*, 1888, p. 482. — Trib. civ. Seine, 22 mai 1890, *Journ. des assur.*, 1890, p. 411. — Trib. civ. Seine, 22 avril 1891, *Rec. périod. des assur.*, 1892, p. 40. — Trib. civ. Seine, 24 avril 1891, *Rec. périod. des assur.*, 1892, p. 40. — Trib. civ. Anvers, 29 juin 1878, *Journ. des assur.*, 1878, p. 305. — Jug. arbitral des avocats d'Amsterdam, 29 déc. 1874, *Magaz. v. Handelsregt*, XVII, p. 9, *Anal. Journ. dr. int.*, II, 1875, p. 143. — Dupuich, *Note*, D., 93. 2. 233; Pouget, *Dict. des assur.*, v° *Vie*, n. 27; Lyon-Caen, *Journ. dr. int.*, VI, 1879, p. 497; Montluc, *Assur. sur la vie*, p. 207; Merger, *Assur. terrest.*, n. 186; Goldschmidt, *Zeitsch. f. Handelsrecht*, 1878, p. 183 s. — Allemagne : Trib. sup. com. Empire, 15 oct. 1875, *Entsch.*, XVIII, n. 55, p. 210, *Anal. Journ. dr. int.*, IV, 1877, p. 151.— Trib. sup. com. Empire, 8 avril 1881, *Annalen*, IV, p. 57; *Anal. Journ. dr. int.*, IX, 1882, p. 329. — Etats-Unis, C. supr., 5 nov. 1883, *Alb. law journ.*, XXVIII, p. 467. *Anal. Journ. dr. int.*, XI, 1884, p. 527. — C. sup. Etats-Unis, 7 mars 1887, *Alb. law journ.*, XXXV, p. 279, *Anal. Journ. dr. int.*, XIV, 1887, p. 653. — *Contra* C. New-York, 1874, *Journ. dr. intern.*, II, 1875, p. 386 (du moins l'analyse du *Journ. dr. intern.* le présente comme donnant cette solution). — C. sup. Dresde, 16 fév. 1878, *Journ. des assur.*, 1879, p. 407.

(²) Cass. req., 3 août 1876, S., 77. 1. 25, D., 79. 5. 29. — Paris, 30 nov. 1875, S., 77. 1. 25 (sous Cass.), D., 77. 2. 132. — Paris, 13 nov. 1890, *Journ. des assur.*, 1891, p. 20. — Paris, 18 mai 1892, *Gaz. Trib.*, 29 sept. 1892. — Paris, 16 juill. 1892, S., 92. 2. 199, D., 93. 2. 233. — Paris, 21 oct. 1892, D., 93. 2. 16. — Trib. civ. Seine, 1er avril 1876, *Journ. des assur.*, 1876, p. 238. — Trib. civ. Seine, 12 mai 1876, *Ibid.*, 1876, p. 295. — Trib. com. Seine, 23 nov. 1882, *Journ. des assur.*, 1883, p. 59. — Trib. civ. Seine, 13 mars 1884, *Rec. périod. des assur.*, 1884, p. 221. — Trib. civ. Seine, 1er avril 1889, *Journ. des assur.*, 1889, p. 225. — Trib. civ. Seine, 22 mai 1890, *Journ. des assur.*, 1890, p. 411. — Zurich, 4 nov. 1893,

1367 *bis*. C'est également à l'assureur (quoique ce point soit beaucoup plus contesté) à établir que le suicide était volontaire [1]. En effet, du moment que le suicide involontaire rend l'indemnité exigible, la Compagnie qui, à l'action en indemnité des héritiers, répond par une exception tirée de ce qu'il y a eu un suicide volontaire, se trouve dans les conditions prévues par l'art. 1315-2°.

Pour échapper à cette solution, on a essayé de soutenir qu'à l'exception tirée du suicide, et opposée par la Compagnie, les héritiers répondent par une réplique, tirée du caractère inconscient du suicide. Cela est entièrement inexact; cette objection repose, en effet, sur l'idée que le suicide est, à lui seul, présumé volontaire; or il n'est présumé ni volontaire, ni involontaire; c'est à celui qui invoque, à l'appui de sa prétention, le caractère volontaire ou involontaire du suicide qu'il appartient de prouver ce caractère.

En vain encore rappelle-t-on que le débiteur, qui se prétend libéré par la prescription, doit prouver la prescription; car celui qui, dans l'espèce, se trouve dans la situation du débiteur qui se prétend libéré, ce n'est pas l'héritier de l'assuré, mais bien la Compagnie.

1368. Du reste, comme il s'agit d'un simple fait et qu'au surplus la Compagnie n'a pu se procurer une preuve par écrit du caractère volontaire du suicide, elle peut administrer cette preuve par témoins et par présomptions.

On a même admis que cette preuve résulte de ce que le

S., 95. 4. 4. — Zurich, 22 juin 1894 (impl.), S., 95. 4. 4. — Trib. com. Bruxelles, 14 janv. 1886, *Journ. des assur.*, 1886, p. 110. — Dupuich, *Note*, D., 93. 2. 233. — *Contra* Trib. féd. suisse, 20 oct. 1894, D., 96. 2. 267. — Trib. civ. Bruxelles, 14 juill. 1894, *Pasicr.*, 95. 3. 65.

[1] Paris, 30 nov. 1875, D., 77. 2. 132. — Lyon, 17 fév. 1891, S., 91. 2. 115, D., 92. 2. 46. — Paris, 21 oct. 1892, D., 93. 2. 16. — Trib. civ. Seine, 21 nov. 1878, *Journ. des assur.*, 1879, p. 23. — Trib. civ. Seine, 1er avril 1876, *Journ. des assur.*, 1876, p. 238. — Trib. civ. Seine, 2 fév. 1887, *Rec. périod. des assur.*, 1887, p. 297. — Trib. civ. Seine, 13 mars 1884, *Rec. périod. des assur.*, 1884, p. 221. — Lefort, *Rec. périod. des assur.*, 1887, p. 305. — Cpr. Cass. req., 3 août 1876, S., 77. 1. 25, D., 79. 5. 29 (fondé sur les clauses spéciales de la police). — *Contra* Paris, 16 nov. 1889, D., 92. 2. 46. — Trib. civ. Seine, 22 avril 1891, *Rec. périod. des assur.*, 1892, p. 40. — Trib. civ. Anvers, 29 juin 1878, *Journ. des assur.*, 1878, p. 305. — Herbault, *Assur.*, n. 178; Couteau, *Assur.*, II, n. 399; Dupuich, *Note*, D., 93. 2. 233.

défunt ni ses ancêtres n'étaient pas atteints d'aliénation mentale, et que les circonstances qui ont accompagné la mort attestent le caractère conscient du suicide (1).

Elle résulte également d'une lettre du défunt, écrite peu avant sa mort et qui indique ses dispositions d'esprit (2).

1369. La police peut stipuler que le suicide, quelle qu'en soit la cause, emportera déchéance (3).

Mais si elle porte simplement que le suicide entraînera la déchéance, elle n'est pas censée s'appliquer au suicide dû à la folie (4).

E. *Action de l'ouvrier contre l'assureur en cas d'accident.*

1370. De ce que le patron est, selon l'opinion générale, le gérant d'affaire des ouvriers, on conclut que ces derniers, en cas d'accident, ont une action directe contre l'assureur (5).

Il en est de même dans la théorie du mandat (6) et dans celle qui fonde les rapports entre l'assureur et les ouvriers sur l'art. 1121 C. civ.

D'une manière plus générale, dans l'opinion d'après laquelle le patron procure simplement à l'ouvrier le bénéfice de l'assurance, la compagnie est tenue directement envers ce dernier (7); cependant certains arrêts ne

(1) Paris, 16 juill. 1892, précité.

(2) Paris, 21 oct. 1892, précité.

(3) C. supr. Iowa, 4 oct. 1888, *Journ. dr. int.*, XVI, 1889, p. 878.

(4) Autorités américaines citées *Journ. dr. int.*, XVI, 1889, p. 898. — Lyon-Caen, *Journ. dr. int.*, VI, 1879, p. 497 et les autorités citées *supra*, p. 157, note 1. — *Contra* Cass. Autriche, 20 mars 1879, *Jurist. Blaëlt.*, VI. 1879, p. 497.

(5) Paris, 25 fév. 1887, S., 89. 2. 73. — Rennes, 22 mars 1887, S., 87. 2. 196. D., 88. 2. 224. — Amiens, 9 janv. 1889, *Rec. d'Amiens*, 89. 10. — Trib. civ. Bordeaux, 4 mars 1895, *Rec. Bordeaux*, 95. 2. 60. — Trib. civ. Langres, 24 nov. 1887, *Loi*, 14 nov. 1888. V. aussi la note 7, *infra*.

(6) Thaller, *op. cit.*, 113 s.

(7) Paris, 30 oct. 1885, S., 86. 2. 49 (système de la gestion d'affaires). — Toulouse, 16 avril 1886, S., 87. 2. 89 (système de la gestion d'affaires). — Dijon, 11 juil., 1890, D., 91. 2. 237 (gestion d'affaires). — Paris, 22 juin 1895, D., 96. 2. 43 (*id.*). — Trib. civ. Amiens, 19 fév. 1887, *Rec. d'Amiens*, 88. 8. — Trib. civ. Poitiers, 30 janv. 1888, *Gaz. Pal.*, 88. 1. 542. — Trib. civ. Draguignan, 14 août 1890, *Gaz. Pal.*, 91. 1. 580 (*id.*). — Trib. civ. Seine, 17 avril 1891, *Droit*, 9 mai 1891. — Labbé, *Notes*, S., 85. 1. 489, S., 86. 2. 49, S., 87. 2. 89; Sauzet, *loc. cit. infra*; de Courcy, *op. cit.*, p. 109 s. — Cpr. Bordeaux, 28 fév. 1890, *Rec. Bordeaux*, 90. 1. 276. — V. aussi *supra*, note 5.

lui donnent que l'action indirecte, du chef du patron (1).

Toutefois la compagnie peut, par le contrat, stipuler que le patron sera son seul créancier (2). En un mot, il y a là une question de fait (3).

1371. L'ouvrier, au contraire, n'a pas d'action directe contre l'assureur dans l'opinion d'après laquelle aucun lien ne se forme entre eux (4).

Il n'en est autrement que si, en fait, ce lien existe par les clauses de la police (5).

En tout cas, l'ouvrier a contre l'assureur l'action indirecte (6). Cette action ne peut même pas être écartée par une clause de la police (7).

1372. Dans l'opinion d'après laquelle l'ouvrier a une action directe contre l'assureur, cette action lui est accordée, comme nous le dirons, même dans le cas où le patron qui assure ses ouvriers ne leur fait subir aucune retenue (8).

(1) Douai, 15 fév. 1886, S., 87. 2. 89. — Cpr. Labbé, *Note*, S., 86. 2. 49 et S., 87. 2. 89.

(2) Trib. civ. Seine, 28 mars 1888, *Rec. des assur.*, 88. 354. — Labbé, *loc. cit.*; Sauzet, *loc. cit. infra*; de Courcy, *loc. cit. infra*. — *Contra* Rennes, 22 mars 1887, S., 87. 2. 196. — Bordeaux, 15 janv. 1889, *Rec. Bordeaux*, 89. 1. 72. — Dijon, 11 juil. 1890, D., 91. 2. 237.

(3) Mêmes auteurs.

(4) Rouen, 25 juil., 1881, S., 82. 2. 112, D., 82. 2. 63. — Nîmes, 13 mai 1884, S., 85. 2. 201. — Grenoble, 3 janv. 1885, S., 87. 2. 172. — Douai, 15 fév. 1886, S., 87. 2 89. — Grenoble, 20 juin 1887, *Mon. Lyon*, 30 mars 1888. — Trib. civ. Seine, 20 oct. 1891, *Rec. des assur.*, 92. 14. — Trib. civ. Bordeaux, 6 déc. 1893, *Rec. Bordeaux*, 94. 2. 10. — Montpellier, 18 mars 1895, *Pand. franç.*, 95. 2. 177. — Trib. civ. Seine, 16 et 18 janv. 1865, *Journ. des assur.*, 1867, p. 346 — Trib. civ. Nevers, 13 juill. 1880, *Journ. des assur.*, 1881, p. 30. — Trib. civ. Seine, 13 fév. 1895, *Rec. assur.*, 95. 402. — Labbé, *Note*, S., 85. 1. 412; Sauzet, *op. cit.*, p. 385, n. 25 s., et p. 402 s., n. 46 s.; Labbé, *Rev. crit.*, XV, 1886, p. 453; Lyon-Caen, *Rev. crit.*, XI, 1882, p. 523. — *Contra* Cass., 1er juill. 1885, S., 85. 1. 409. — Paris, 30 oct 1885, S., 86.2. 49. — Toulouse, 16 avril 1886, S., 87. 2. 89. — Rennes, 22 mars 1887, S., 87. 2. 196. — Cons. prudh. Seine, 30 oct. 1888, *Droit*, 25 nov. 1888. — Caen, 30 juill. 1886, S., 88. 2. 121. — Montpellier, 18 mars 1895, *Mon. jud. Midi*, 28 avril 1895.

(5) Sauzet, *op. cit.*, p. 385, n. 24, note 1.

(6) Grenoble, 20 juin 1887, *Mon. jud. Lyon*, 30 mars 1888. — Trib. civ., Seine, 13 fév. 1895, précité. — Labbé *Note*, S., 86. 2. 49. — Cela a été cependant contesté par la raison que le droit de l'ouvrier contre le patron n'est pas né et actuel. — Montpellier, 18 mars 1895, précité.

(7) Labbé, *Note*, S., 86. 2. 49.

(8) V. *infra*, n. 1377.

1373. Si l'ouvrier ne peut agir contre l'assureur qu'en exerçant les droits du patron, son action est subordonnée à la preuve de ses droits contre le patron [1].

De même, l'assureur peut faire valoir contre l'ouvrier toutes les exceptions qu'il a le droit d'invoquer contre le patron [2].

Ainsi il peut opposer à l'ouvrier la compensation entre l'indemnité et la prime collective due par le patron; on admet au moins cette compensation quand elle est stipulée par la police [3].

1374. Agissant en vertu de l'art. **1166** contre l'assureur, l'ouvrier n'est pas préféré aux autres créanciers du patron [4]. On a cependant voulu arriver au même résultat que la doctrine de l'action directe en donnant un privilège à l'ouvrier [5]; c'est une application d'une doctrine plus générale d'après laquelle le créancier d'un créancier aurait un privilège sur la créance de celui-ci dans le cas où elle est née dans son intérêt.

1375. Du chef de l'assurance de la responsabilité du patron, l'ouvrier n'a pas d'action directe contre l'assureur [6]. Mais il a contre lui une action indirecte [7], si sa créance contre le patron est établie.

1376. En cas d'assurance collective, on doit du reste sup-

(1) Sauzet, *op. cit.*, p. 403, n. 47.

(2) Trib. civ. Seine, 13 fév. 1895, *Rec. assur.*, 95. 402 (déchéance résultant de ce que le patron a appelé, malgré la clause de la police, la compagnie en garantie dans l'instance engagée contre lui par l'ouvrier). — Sauzet, *loc. cit.*

(3) Sauzet, *op. cit.*, p. 407, n. 52.

(4) Thaller, *op. cit.*, p. 117; Sauzet, *op. cit.*, p. 410 s., n. 55 s.

(5) Labbé, *Notes*, S., 85. 1. 409, § 2 et S., 86. 2. 49 et *Rev. crit.*, XV, 1886, p. 453.

(6) Cass. civ., 23 juill. 1884, S., 85. 1. 128, D., 85. 1. 168. — Montpellier, 5 mai 1888, D., 88. 2. 292. — Amiens, 9 janv. 1889, *Rec. d'Amiens*, 89. 10. — Montpellier, 18 mars 1895, *Pand. franç.*, 95. 2. 177. — Paris, 25 mai 1895, D., 96. 2. 241. — Trib. civ. Poitiers, 30 janv. 1888, *Gaz. Pal.*, 88. 1. 542. — Planiol, *Note*, D., 96. 2. 241; de Courcy, *Le droit et les ouvriers*, p. 99; Labbé, *Note*, S., 88. 2. 122; Thaller, *Ann. dr. comm.*, III, 1889, doct., p. 238. — V. cep. Grenoble, 27 mai 1887, *Rec. Grenoble*, 87. 216.

(7) Grenoble, 20 juin 1887, *Rec. Grenoble*, 87. 212. — Montpellier, 5 mai 1888, précité. — Amiens, 9 janv. 1889, précité. — De Courcy, *loc. cit.*; Labbé, *loc. cit.*

poser que l'assureur s'est engagé à la fois à indemniser l'ouvrier des suites de l'accident et le patron de sa responsabilité civile [1].

Il en est ainsi même si une seule prime est payée, alors qu'elle se compose de deux éléments : une retenue faite sur le salaire de l'ouvrier, un versement opéré directement par le patron [2].

1377. Alors même que l'assurance serait faite sans retenue sur les salaires des ouvriers, ces derniers auraient une action directe contre l'assureur [3] ; toutefois cette action leur fera défaut et l'action indirecte seule leur sera accordée, si l'on donne cette solution pour le cas d'une assurance faite avec retenue sur les salaires [4]. En un mot, la situation est exactement la même que si ces retenues avaient été opérées.

Cependant on a fait ici valoir contre l'action directe de l'ouvrier une objection spéciale; dans le cas, a-t-on dit, où les primes sont payées à l'aide d'une retenue sur les salaires, le système qui donne à l'ouvrier une action directe contre l'assureur se fonde sur une stipulation pour autrui ou une gestion d'affaires, toutes deux acceptées par l'ouvrier implicitement au moment où le patron fait une retenue sur son salaire. Or, si, par hypothèse, aucune retenue n'est faite sur le salaire, aucun événement ne se produit qui puisse faire naître les relations de l'ouvrier avec l'assureur et lui donner ainsi une action directe contre ce dernier.

Cette objection est mal fondée; si l'assurance est faite sans retenue, l'offre du patron à l'ouvrier consiste dans une assurance qu'il contractera à son profit à titre de salaire supplémentaire; c'est donc, comme dans le cas où une retenue est faite, au moment où le salaire est payé et par l'effet de ce paiement que naissent les rapports entre l'ouvrier et l'assureur.

(1) Paris, 26 déc. 1893, D., 94. 2. 230.

(2) Paris, 26 déc. 1893, précité.

(3) Limoges, 4 fév. 1895, S., 97. 2. 153. — Trib. civ. Villefranche, 8 août 1890, *Mon. jud. Lyon*, 24 nov. 1890. — Trib. civ. Le Havre, 15 déc. 1888, *Gaz. Pal.*, 89. 2, *Suppl.*, 4. — Wahl, *Note*, S., 97. 2. 153.

(4) Nîmes, 20 mars 1895, D., 96. 2. 73. — Nîmes, 2 juill. 1895, S., 97. 2. 153, D., 96. 2. 72.

F. *Action de l'ouvrier contre le patron.*

1378. L'ouvrier assuré peut, en cas d'accident, agir directement contre le patron (1), dans l'opinion qui considère ce dernier comme assureur.

Dans l'opinion, plus répandue, d'après laquelle le patron n'a été qu'un intermédiaire, et qui donne à l'ouvrier une action directe contre l'assureur, l'ouvrier n'a pas en même temps une action directe contre le patron (2).

Certaines décisions sont allées cependant jusqu'à admettre que l'ouvrier a une action directe à la fois contre le patron et contre l'assureur (3). Mais ces deux solutions sont inconciliables.

Dans l'opinion qui considère le patron comme directement obligé, il ne peut se soustraire à son obligation en offrant de transférer à l'ouvrier, victime de l'accident, des droits contre la compagnie d'assurances (4).

1379. Si le patron est, en cas d'assurance, personnellement tenu de l'indemnité, il est obligé de la payer même en cas de nullité ou de déchéance de l'assurance ou en cas d'insolvabilité de la compagnie d'assurances (5).

Il en est autrement dans l'opinion contraire (6), à moins, comme nous le dirons, que la déchéance ou le préjudice causé à l'ouvrier ne soient imputables au patron.

1380. Lorsque le patron n'emploie qu'une partie de la retenue faite sur les salaires à assurer les ouvriers, et consacre le surplus à assurer sa responsabilité civile, l'ouvrier qui subit un accident a le droit, dans toutes les opinions, de réclamer au patron la différence entre l'indemnité que lui aurait

(1) Dijon, 27 mars 1882, D., 82. 2. 225. — Rouen, 25 janv. 1892, S., 94. 2. 141. — Paris, 10 avril 1894, *Rev. dr. industr.*, 1894, p. 163. — Limoges, 4 fév. 1895 (motifs), S., 97. 2. 153. — Trib. civ. Boulogne, 10 juil. 1885, S., 85. 2. 203. — Trib. civ. Seine, 7 juil. 1886, *Rev. du contr. des trav. publ.*, 86. 437.

(2) Douai, 15 fév. 1886, D., 88. 2. 25.

(3) Grenoble, 27 mai 1887, *Rec. Grenoble*, 87. 216.

(4) Rouen, 25 janv. 1892, S., 94. 2. 141.

(5) Rouen, 25 janv. 1892, S., 94. 2. 141. — Trib. civ. Boulogne-sur-Mer, 10 juil. 1885, S., 85. 2. 201.

(6) Trib. civ. Seine, 30 nov. 1894, *Gaz. Trib.*, 25 déc. 1894 (pour la clause que la transaction avec l'auteur de l'accident éteindra l'action).

procuré l'emploi de la retenue tout entière à l'assurance de sa personne et l'indemnité qu'il touche de la compagnie d'assurances (1). L'ouvrier, en effet, a dû croire, s'il n'a pas été averti du contraire, que la retenue était destinée tout entière à assurer sa personne contre les accidents. D'autre part, dans l'opinion qui l'emporte aujourd'hui, le patron qui contracte une assurance pour le compte de ses ouvriers n'est que le représentant de ces derniers; il doit donc employer à l'assurance toutes les sommes qu'il retient dans ce but.

De même, si le patron, au lieu d'assurer par les retenues opérées sur le salaire des ouvriers les accidents subis par ces derniers, assure sa responsabilité civile, il est personnellement responsable envers les ouvriers du montant de l'assurance (2).

Et de même encore si le patron ne contracte aucune assurance à l'aide de ces retenues (3), ou n'en emploie qu'une partie à l'assurance (4).

Dans ces mêmes cas, l'ouvrier peut, s'il le préfère, en dehors même d'un accident, réclamer au patron une indemnité égale aux retenues faites sur son salaire et qui n'ont pas servi à assurer l'ouvrier (5).

(1) Grenoble, 3 janv. 1885, *Gaz. Pal.*, 85. 2. *Suppl.*, 68. — Grenoble, 12 mars 1886, D., 88. 2. 29. — Paris, 25 fév. 1887, S., 89. 2. 73, D., 88. 2. 25. — Aix, 14 déc. 1891, *Rec. d'Aix*, 91. 1. 312. — Grenoble, 27 déc. 1892, S., 94. 2. 139. — Nancy, 23 nov. 1894, *Gaz. Pal.*, 95. 1. 212. — Paris, 3 juil. 1895 (motifs), S., 95. 2. 311. — Trib. civ. Brive, 4 mai 1887, *Gaz. Pal.*, 87. 2. *Suppl.*, 30 — Trib. civ. Nancy, 7 mars 1892, *Gaz. Pal.*, 92. 1. 392. — Trib. civ. Nantes, 11 déc. 1894, *Gaz. Pal.*, 95. 1. 161. — Pic, *Ann. dr. com.*, VII, 1893, *Doctr.*, p. 442. — *Contra* Paris, 4 nov. 1892, S., 94. 2. 139, D., 93. 2. 121 (il ne peut rien réclamer). — Nancy, 21 juil. 1894, *Gaz. Pal.*, 95. 1. 212 (il ne pourrait que demander la restitution des retenues faites en trop). — Trib. civ. Seine, 13 janv. 1892, *Droit*, 2 mars 1892 (il ne peut rien demander). — Trib. civ. Limoges, 18 fév. 1894, *Gaz. Pal.*, 94. 1. 577 (il ne peut rien réclamer).

(2) Paris, 25 fév. 1887, S., 89. 2. 73, D., 88. 2. 25.

(3) Paris, 12 mars 1889, *Gaz. Trib.*, 29 mars 1889. — Lyon, 21 mars 1889, *Mon. jud. Lyon*, 2 nov. 1889. — Lyon, 5 fév. 1890, *Mon. jud. Lyon*, 4 oct. 1890. — Paris, 22 janv. 1896, D., 96. 2. 44. — Trib. civ Die, 10 fév. 1887, *Rec. Grenoble*, 87. 165. — Trib. civ. Seine, 17 avril 1891, *Droit*, 9 mai 1891. — Labbé, *Note*, S., 89. 2. 73.

(4) Nancy, 7 mars 1892, *Gaz. Pal.*, 92. 1. 392. — Trib. civ. Brive, 4 mai 1887, *Gaz. Pal.*, 87. 2. *Suppl.*, 30.

(5) Labbé, *Note*, S., 88. 2. 121.

Mais toutes ces solutions cessent d'être exactes, s'il a été convenu entre le patron et l'ouvrier que les retenues serviraient, en tout ou en partie, à assurer la responsabilité du patron (1). On peut, en effet, évidemment convenir que la retenue faite sur les salaires servira en partie seulement à l'assurance, et sera employée pour le surplus à une autre destination (2).

1381. Le patron, en tout cas, est responsable envers l'ouvrier de la déchéance encourue pour ne s'être pas conformé aux clauses de la police, si le patron n'a pas fait connaître ces clauses à l'ouvrier (3).

Il en est également responsable dans le cas contraire, car c'est lui qui a contracté l'assurance, qui a géré l'affaire de l'ouvrier; il se trouve, en conséquence, obligé de conduire la gestion à bonne fin.

Il est encore responsable s'il a égaré le double de la police qu'il avait entre les mains et si, l'assureur niant l'existence de l'assurance, aucune preuve de cette assurance n'existe plus (4).

1382. Le patron, pour ceux qui le considèrent comme assureur, est tenu même en cas d'insolvabilité de la compagnie à laquelle il est assuré (5).

Dans l'opinion d'après laquelle le patron a la seule obligation de subroger l'ouvrier contre l'assureur, le patron n'est pas responsable du cas fortuit qui empêche l'ouvrier d'être indemnisé par l'assureur (6), par exemple de la faillite de l'assureur (7).

Cependant, si la faillite s'est produite après l'accident, le patron peut être responsable de n'avoir pas été suffisamment diligent dans la poursuite de l'indemnité (8).

(1) Labbé, *Note*, S., 88. 2. 121.

(2) Cass. civ., 29 avril 1895 (deux arrêts, S., 95. 1. 433, D., 95. 1. 318. — Paris, 3 juil. 1895, S., 95. 2. 311, D., 96. 2. 205 (organisation du service sanitaire). — Labbé, *loc. cit.*

(3) Dijon, 27 nov. 1895, D., 96. 2. 126.

(4) Paris, 25 fév. 1887, précité.

(5) Trib. civ. Boulogne, 10 juillet 1885, S., 85. 2. 203. — Cpr. Sauzet, *op. cit.*, p. 392, n. 32.

(6) Labbé, *Note*, S., 85. 2. 201, § 1. — Cpr. Sauzet, *op. cit.*, p. 391, n. 32.

(7) Thaller, *op. cit.*, p. 117. — Cpr. Sauzet, *loc. cit.*

(8) Cpr. Sauzet, *op. cit.*, p. 392, n. 32.

Dans l'opinion d'après laquelle le patron s'est engagé à répondre de l'assureur, il est évidemment tenu de la solvabilité de celui-ci [1].

1383. Même opérée sans retenues, l'assurance collective promise ou commencée par le patron procure aux ouvriers un droit contre le patron qui n'assure pas l'ouvrier [2], si on admet qu'elle lui donne un droit contre le patron dans l'hypothèse contraire, car le patron s'est obligé implicitement à leur procurer l'assurance, tout aussi bien que si les retenues étaient opérées; les moyens seuls diffèrent, le but est le même. En vain objecte-t-on que le patron fait une libéralité; cela n'est pas exact, et, du reste, un donateur est obligé d'exécuter la donation.

On objecte encore que le patron ne saurait être ici tenu comme gérant d'affaires, la gestion d'affaires supposant des risques non aléatoires et une affaire spéciale; mais si l'objection était fondée, elle le serait également pour l'hypothèse où l'assurance est faite au moyen d'une retenue opérée sur les salaires. Elle repose, d'ailleurs, sur une confusion; si, dans un système répandu, le patron qui assure ses ouvriers est leur gérant d'affaires, il l'est seulement dans les rapports entre les ouvriers et l'assureur; c'est, comme nous l'avons vu, en vertu d'un contrat qu'il s'est obligé envers ses ouvriers à leur procurer le bénéfice d'une assurance.

1383 *bis*. Pour l'opinion qui, dans le cas où l'assurance est contractée au moyen d'une retenue sur les salaires, veut que le patron qui a contracté l'assurance soit tenu directement envers les ouvriers, il le sera également dans notre hypothèse; il n'y a aucune raison de distinguer [3]. L'opinion contraire admettra ici encore que le patron n'est pas tenu directement envers les ouvriers.

1384. A la règle que nous avons admise, on ne doit faire aucune exception pour l'hypothèse où le patron n'aurait pas

[1] Sauzet, *op. cit.*, p. 392, n. 33 s.

[2] Nîmes, 20 mars 1895, D., 96. 2. 73. — Nîmes, 2 juillet 1895, S., 97. 2. 153, D., 96. 2. 72. — Trib. civ. Grenoble, 7 avril 1892, S., 97. 2. 154 (note). — Wahl, *Note*, S., 97. 2. 153. — *Contra* Douai, 24 décembre 1889, précité.

[3] Nîmes, 2 juil. 1895, précité. — *Contra* Limoges, 4 fév. 1895, S., 97. 2. 153.

donné connaissance aux ouvriers, lors de leur entrée dans l'usine, de l'assurance contractée ; cela résulte du motif même sur lequel nous nous sommes fondés [1].

G. *Montant de l'indemnité. Cumul des indemnités.*

1385. Comme dans toute assurance, l'assureur peut limiter la somme jusqu'à concurrence de laquelle il garantit le risque [2]. Mais, à défaut de cette limitation, l'ouvrier peut obtenir la réparation complète du préjudice qui lui a été causé.

1386. Si le patron tombe en faillite et que l'ouvrier victime de l'accident n'ait, en vertu du concordat, droit qu'à un dividende, c'est néanmoins la totalité de l'indemnité et non pas ce dividende qui doit être versé par l'assureur [3]. Cela est évidemment injuste, dans la théorie de l'action indirecte, puisque la somme versée sera répartie au marc le franc, comme tout l'actif du failli, entre tous les créanciers de la faillite ; mais c'est une situation qui se présente dans toutes les hypothèses d'assurances. La solution contraire est plus injuste, puisque le dividende versé par l'assureur serait également réparti au marc le franc entre les créanciers et que l'ouvrier victime de l'accident en toucherait ainsi une fraction beaucoup moindre encore.

1387. Il est certain que l'ouvrier ne peut cumuler deux indemnités, l'une du patron, l'autre de l'assureur [4]. Sans

(1) Cette distinction est cependant faite par Trib. civ. Grenoble, 7 avril 1892, précité et Nîmes, 20 mars 1895, précité.

(2) Ainsi la compagnie peut stipuler qu'en cas de condamnation du patron à une rente viagère, elle ne sera tenue que d'en payer les arrérages jusqu'à concurrence de la somme garantie, et cela la dispense de procurer au patron le titre de rente sur l'Etat qu'il est condamné à fournir à l'ouvrier. Douai, 5 déc. 1893, S., 94. 2. 251.

(3) Paris, 19 juin 1888, *Journ. des faill.*, 88, 409, *Ann. dr. com.*, II, 1888, *Jurispr.*, 229. — Montpellier, 5 mai 1888, D., 88. 2. 292, *Ann. dr. com.*, *loc. cit.*

(4) Caen, 18 fév. 1886, S., 88. 2. 121. — Caen, 30 juil. 1886, S., 88. 2. 121. — Trib. civ. Boulogne, 10 juil. 1885, S., 85. 2. 203. — Trib. civ. Villefranche, 8 août 1890, *Mon. jud. Lyon*, 24 nov. 1890. — Trib. civ. Nantes, 11 déc. 1894, *Gaz. Pal.*, 95. 1. 161. — Sauzet, *op. cit.*, p. 395, n. 37 et p. 403, n. 48. — *Contra* Trib. sup. com. Stutgard, 22 mai 1875, *Journ. dr. int.*, III, 1876. p. 374. — Le Gost, *Rec. Caen*, 1887, p. 39. — M. Labbé (*Note*, S., 88. 2. 122) fait dépendre la solution de l'intention des parties : le cumul est possible si, en fait, l'assurance est un contrat

doute l'indemnité d'assurance, étant fixée à forfait, n'est pas nécessairement, comme l'indemnité d'une assurance maritime ou contre l'incendie, l'équivalent du préjudice subi et peut être le résultat de la capitalisation des primes, mais il n'en est pas moins vrai qu'un accident ne peut être la source d'un bénéfice pour la victime.

Par suite, s'il a obtenu une indemnité complète du patron, il ne peut plus agir contre l'assureur [1].

De même, s'il a obtenu de l'assureur l'indemnité d'assurance promise, il ne peut plus réclamer au patron que la différence entre le montant du préjudice subi et l'indemnité d'assurance [2].

L'ouvrier ne peut pas davantage cumuler des indemnités dues par un tiers, auteur de l'accident, et par l'assureur [3].

1388. On stipule fréquemment la déchéance de l'ouvrier assuré qui, avant d'agir contre l'assureur, agit contre le patron, et la déchéance, vis-à-vis du patron, de l'ouvrier qui agit d'abord contre l'assureur; l'ouvrier est donc obligé de choisir entre deux débiteurs : le patron et l'assureur.

Cette clause peut aboutir à exonérer le patron de sa faute ; or on admet généralement que cette clause d'exonération est valable dans les contrats et nulle dans les relations extra-contractuelles.

Il suit de là que, dans le système de la jurisprudence, qui considère la responsabilité du patron comme délictuelle, cette clause est nulle [4].

Il en est autrement dans le système qui attribue à la responsabilité du patron le caractère contractuel [5].

1389. Cependant, par application de cette clause, on décide que l'ouvrier, en agissant contre l'assureur, renonce

de capitalisation, et impossible si elle est un contrat d'indemnité; en principe, l'assurance collective lui paraît être un contrat d'indemnité, parce que le patron a entendu que l'assureur le déchargerait.

(1) Caen, 18 fév. 1885, précité. — Sauzet, *loc. cit.*

(2) Caen, 30 juil. 1886, précité. — Rennes, 14 déc. 1891, *Rec. d'Angers*, 92. 21. — Sauzet, *loc. cit.*

(3) *Contra* Trib. civ. Draguignan, 14 août 1890, *Gaz. Pal.*, 91. 1. 581.

(4) Cass. civ., 1er juil. 1885, S., 85. 1. 409. — Paris, 26 déc. 1893, D., 94. 2. 230.

(5) Lyon-Caen, *Rev. crit.*, XV, 1886, p. 352.

implicitement à son action contre le patron et, par suite, on admet la validité de la clause en tant qu'elle empêche l'ouvrier, après avoir agi contre l'assureur, d'agir contre le patron [1].

Mais cette renonciation ne peut être présumée. L'action de l'ouvrier contre l'assureur ne nous paraît pas écarter l'intention d'agir ultérieurement contre le patron [2].

La renonciation est valable, dans toutes les théories, si elle a lieu par un acte de volonté postérieur à l'accident. On dit qu'elle est également valable si elle résulte du contrat, parce qu'elle suppose néanmoins un fait postérieur à l'accident [3]. Nous ne le pensons pas; ce qu'il faudrait, c'est que la renonciation fût postérieure à l'accident.

1390. A supposer que le patron soit tenu personnellement de l'indemnité d'assurance, il ne peut se prévaloir de la clause pour refuser l'indemnité à l'ouvrier qui a agi d'abord contre lui en responsabilité [4], car il est contraire à l'ordre public qu'on fasse un sacrifice pour avoir la faculté de faire reconnaître son droit en justice.

1391. A supposer même qu'il n'y ait aucun lien de droit entre l'assureur et l'ouvrier, rien n'empêche qu'une clause de la police donne mission à l'assureur de remplacer le patron dans les procès à intenter contre l'ouvrier [5]. En effet, l'assureur agit, sur ce dernier point, comme mandataire du patron.

1391 *bis*. L'opinion qui base sur l'art. 1166 l'action de l'ouvrier contre l'assureur, autorisant ce dernier à opposer les exceptions qui lui appartiennent contre le patron, ne lui permet pas d'invoquer contre l'ouvrier la clause d'option, en tant qu'elle entraîne déchéance contre l'ouvrier qui a d'abord agi contre le patron [6]; car du moment que cette clause ne peut être invoquée par le patron contre l'ouvrier, elle ne

(1) Labbé, *Note*, S., 85. 2. 202.
(2) Sauzet, *op. cit.*, p. 397, n. 40.
(3) Sauzet, *op. cit.*, p. 398, n. 41.
(4) Labbé, *Note*, S., 85. 2. 202, § 2; Sauzet, *op. cit.*, p. 401, n. 44.
(5) Sauzet, *op. cit.*, p. 368, n. 9. — *Contra* Trib. civ. Versailles, 19 janv. 1883, sous Paris, 4 avril 1884, S., 84. 2. 90, D., 85. 2. 42.
(6) Sauzet, *op. cit.*, p. 405, n. 50.

peut être invoquée par l'assureur contre le patron qu'il a promis d'indemniser et l'ouvrier ne peut qu'exercer les droits du patron.

Certains valident la clause par cet argument que l'assureur, eu égard au montant des primes, ne veut pas supporter à la fois une indemnité envers l'ouvrier, et une indemnité vis-à-vis du patron dont il a assuré la responsabilité civile (1).

1392. La clause ne limite pas davantage la responsabilité du patron au chiffre de l'indemnité promise par l'assureur, dans l'opinion qui considère comme nulles les conventions relatives à la responsabilité du patron (2).

H. *Durée de l'action en indemnité.*

1393. Comme dans toute convention, et notamment comme dans tout contrat d'assurance, la clause qui limite au-dessous du droit commun la durée de l'action du patron ou de l'ouvrier contre l'assureur est licite (3).

Notamment, est valable la clause, généralement adoptée, qui limite la durée de cette action à un an.

L'opinion contraire est d'autant moins admissible qu'au lieu de décider, comme on pourrait le croire, que la clause de la police est non avenue en ce qui concerne les actions dirigées contre le patron après le délai, et par conséquent que la prescription du recours du patron en raison de ces actions est de 30 ans, elle applique la police en ce qui concerne la durée de ce recours, et ne la repousse qu'en ce qui concerne son point de départ; ce point de départ serait soit le jour où le patron est actionné par l'ouvrier (4), soit le jour où il est condamné sur l'action de ce dernier (5).

1394. Cette clause, par sa généralité, comprend même le cas où le patron n'est actionné par l'ouvrier en responsabilité qu'après un an (6).

(1) Labbé, *Note*, S., 85. 2. 202.
(2) Sauzet, *op. cit.*, p. 396, n. 38.
(3) Cass. civ., 25 oct. 1893, S., 94. 1. 361. — Paris, 21 déc. 1889 (impl.), S., 91. 2. 79.
(4) Douai, 11 nov. 1889, S., 94. 1. 361 (sous-note).
(5) Tarbouriech, *Des assur. contre les accidents du travail*, n. 401.
(6) *Note*, S., 94. 1. 361.

1395. Il n'y a d'ailleurs rien d'illicite à admettre que le patron sera privé de tout recours contre l'assureur en cas d'actions intentées contre lui par l'ouvrier après le délai fixé (1). Cela équivaut pour l'assureur à ne garantir le patron que contre un certain nombre d'actions en responsabilité, celles qui sont dirigées contre lui avant un terme déterminé; aussi est-ce à tort qu'on tire une objection de la règle qu'une action ne peut se prescrire avant sa naissance : l'action du patron contre l'assureur ne se prescrit pas avant sa naissance puisqu'elle ne prend même pas naissance. Au surplus, on admet généralement que les parties peuvent déroger au principe qu'une action ne se prescrit pas avant sa naissance.

J. *Recours de l'assureur.*

1396. L'assureur peut agir en son propre nom contre le tiers auteur de l'accident (2).

K. *Réglementation législative de l'assurance contre les accidents.*

1397. Les projets précités sur la responsabilité du patron en cas d'accidents s'occupent de l'assurance (3).

(1) Cass. civ., 25 oct. 1893, S., 94. 1. 361. — Villetard de Prunières, *De l'assur. contre les accidents du travail*, n. 344.

(2) Trib. com. Seine, 3 août 1895, *Loi*, 31 août 1895. — Trib. com. Seine, 11 oct. 1895, *Loi*, 6 nov. 1895. — Les dommages-intérêts ne comprennent qu'une partie de l'indemnité due à l'assuré, car il faut tenir compte des primes mises en réserve par l'assureur en vue des risques du contrat. — Trib. com. Seine, 3 août 1895, précité. — *Contra* Trib. com. Seine, 11 oct. 1895, précité.

(3) V. aussi proposition Naquet, 28 nov. 1893, sur la création d'une assurance contre les accidents professionnels pouvant atteindre les ouvriers des mines, *Doc. parl.*, Chambre, n. 61, *J. O.*, p. 95. Rapport sommaire Magnien, 20 déc. 1893, *Doc. parl.*, n. 218, *J. O.*, p. 95. — Prise en considération, 20 janv. 1894, *Déb. parl.*, *J. O.*, p. 56. — On a été d'accord pour exclure des dispositions des projets de loi les accidents entraînant une incapacité de travail de peu de durée (3 mois dans le projet voté en 1888 et dans le projet du gouvernement, 4 semaines dans le projet de 1893). Ces accidents sont mis à la charge du patron conformément au droit commun. Toutefois, à partir du troisième jour après l'accident, le projet de 1893 soustrait le patron à toute obligation de secours s'il a créé à ses frais une caisse privée, ou affilié ses ouvriers à une société de secours mutuels approuvée ou autorisée, à condition que cette caisse ou cette société alloue au blessé, outre la gratuité du traitement, une indemnité égale à la moitié du salaire pendant la durée de la maladie ou pendant 30 jours au moins. V. Bellom, *op. cit.*, p. 70. — Le projet de 1888 permettait au patron à son gré de s'assurer auprès d'une compagnie de

Certains projets, craignant que le patron réduit à ses propres forces ne soit hors d'état de fournir en cas d'accident l'indemnité prescrite, rendent l'assurance obligatoire (¹).

V. *Obligation de payer le prix ou le salaire.*

A. *Nécessité du prix.*

1398. Le prix est de l'essence du louage d'ouvrage (²), non pas, comme on l'a dit (³), parce que ce contrat est synallagmatique, — la donation est également synallagmatique, — mais parce que le louage, par définition même, est un contrat à titre onéreux.

A défaut de prix, le contrat dégénère-t-il, comme on l'a prétendu (⁴), en un mandat? Nous sommes loin de le penser. Si le louage d'ouvrage sans prix était un mandat, le louage d'ouvrage proprement dit serait un mandat salarié, car l'absence de prix est la seule différence qui sépare le mandat ordinaire du mandat salarié. Cette opinion doit donc aboutir logiquement à considérer comme une même convention le louage d'ouvrage et le mandat salarié ; or cette assimilation est contredite par les textes et personne ne l'admet.

D'un autre côté, on est d'accord pour admettre qu'à la différence du louage d'ouvrage, le mandat comporte la représentation d'une personne à une autre ; et il est évident que le louage de services ne contient pas cette représentation, et il ne la contiendra pas davantage lorsqu'on aura dispensé le patron de payer le prix.

l'Etat, de contracter avec d'autres patrons un syndicat d'assurances mutuelles, ou de supporter directement la charge de la responsabilité. Ce système avait, sauf quelques modifications de détail, été adopté par le Sénat en 1890. V. Bellom, *op. cit.*, p. 74. — Le projet Dron laissait le choix entre l'assurance individuelle, le syndicat d'assurance mutuelle et (sous certaines conditions) les compagnies anonymes. — La Chambre des députés admettait l'assurance obligatoire organisée sous la direction de l'Etat soit par une mutualité entre patrons, soit auprès de compagnies. Bellom, *op. cit.*, p. 76 s.

(¹) Projet du gouvernement, 1890. — Projet voté par la Chambre en 1893. — V. la note qui précède.

(²) Guillouard, II, n. 668.

(³) Guillouard, II, n. 668.

(⁴) Pothier, n. 397 ; Guillouard, II, n. 688.

La vérité est que le louage d'ouvrage sans prix est une donation de services.

1399. Toutefois, dans le cas où l'employé ou ouvrier ne reçoit aucun salaire direct du patron, et où sa rémunération consiste dans les pourboires versés par les clients (tels, quelquefois, les garçons de café), le contrat passé entre l'employé et le patron est un louage d'ouvrage, car c'est en réalité avec l'autorisation du patron et par conséquent indirectement de ses mains que les pourboires sont payés.

Il en est ainsi encore si l'employé paie lui-même une rémunération au patron (1).

Le contrat d'apprentissage est également un louage d'ouvrage, quoiqu'il n'y ait pas de prix payé par le patron.

B. *Du denier à Dieu.*

1400. Le denier à Dieu n'est pas d'un usage général dans le louage d'ouvrage comme il l'est dans le louage de choses.

Ainsi le denier à Dieu n'est pas généralement donné aux ouvriers (2). Il ne l'est que rarement aux domestiques (3).

Le denier à Dieu, quand il est donné, a les mêmes caractères que dans le louage de choses; il permet de rompre le contrat (4).

C. *Montant du prix.*

1401. Si le prix fixé est notablement inférieur à l'usage des lieux, celui qui a loué ses service est néanmoins engagé; de même que dans le louage de choses, il ne peut demander la rescision de la convention pour cause de vileté du prix (5).

Le prix, comme dans tout autre contrat, peut n'être pas fixé par la convention, sans cependant que les parties aient entendu

(1) Trib. civ. Hanoï (Tonkin), 30 déc. 1891, sous Cass., 11 déc. 1893, S., 95. 1. 246 (motifs). — Wahl, *Note*, S., 95. 1. 247.

(2) Duranton, XVII, n. 233; Troplong, II, n. 849; Duvergier, II, n. 283; Guillouard, II, n. 701.

(3) V. cep. Guillouard, II, n. 701.

(4) Guillouard, II, n. 701.

(5) Cass., 20 déc. 1852, S., 53. 1. 101, D., 53. 1. 95. — Cass., 12 déc. 1853, S., 54. 1. 333, D., 54. 1. 20. — Demolombe, XXIV, n. 200; Guillouard, II, n. 690; Larombière, I, art. 1118, n. 5.

faire un contrat gratuit ; il y aura alors lieu d'appliquer les solutions que nous avons données à propos du louage de choses [1].

Il arrive fréquemment que le patron promet au salarié une gratification annuelle et raisonnable; les tribunaux apprécieront alors la somme qu'il devra à ce titre [2].

1402. On a déjà proposé une fixation législative du minimum de salaire, basée sur les nécessités de l'existence, pour les ouvriers et employés, par corps de métiers et par départements [3].

D. *Nature du prix.*

1403. Le prix ne consiste pas nécessairement en une somme fixe. Le contrat qui attribue à un employé une partie des bénéfices soit en sus de son salaire, soit même à titre de rémunération unique est un louage d'ouvrage et non pas une société [4]. En effet, il est clair que, dans l'intention des parties

[1] V. *supra*, n. 648.

[2] Lyon, 10 mars 1864, S., 64. 2. 256, D., 64. 5. 250.

[3] Chambre des députés, 16 fév. 1892, proposition Pierre Richard. — Chambre, 5 mars 1892, Rapport sommaire Lebon. — 20 janv. 1894, reproduction de cette proposition, *Doc. parl.*, Chamb., n. 282. — V. proposition Vaillant, 15 fév. 1894, *Doc. parl.*, Chamb., n. 384, *J. O.*, p. 174 (ouvriers agricoles) et proposition Vaillant, 27 oct. 1894, Chambre, *doc. parl.* n. 933, *J. O.*, p. 1425.

[4] Cass., 31 mai 1831, S., 31. 1. 249. — Cass., 26 déc. 1866 (impl.), S., 67. 1. 165. — Cass. req., 17 avril 1872, D., 73. 1. 311. — Paris, 7 mars 1835, S., 35. 2. 235. — Lyon, 21 fév. 1844, S., 45. 2. 422, D., 45. 2. 146. — Bordeaux, 15 mai 1846, S., 47. 2, 43. — Paris, 13 août 1853, *Journ. trib. com.*, II, p. 354. — Nîmes, 20 juil. 1864 (motifs), S., 64. 2. 235. — Grenoble, 25 juin 1867, S., 68. 2. 223. — Paris, 20 janv. 1876, *Journ. trib. com.*, 76. 407. — Lyon, 12 janv. 1888, *Mon. jud. Lyon*, 21 fév. 1888. — Trib. com. Nantes, 22 août 1885, *Rec. de Nantes*, 86. 1. 107. — Trib. com. Marseille, 9 juin 1892, *Rec. Marseille*, 92. 1. 260. — Aix, 6 déc., 1888, S., 89. 2. 219. — Trib. civ. Seine, 29 nov. 1890, *Droit*, 31 déc. 1890 (régisseur). — Trib. com. Marseille, 9 juin 1892, *Rec. de Marseille*, 92. 1. 260. — Trib. com. Seine, 23 nov. 1893, *Gaz. Pal.*, 94. 1. 12. — Troplong, *Sociétés*, n. 46; Duvergier, *Ibid.*, I, n. 53; Pont, *Ibid.*, n. 45 et 87; Laurent, XXVI, n. 154; Demolombe, XXIV, n. 338; Alauzet, *Dr. com.*, II, n. 274; Boistel, *Précis de dr. com.*, n. 156; Pardessus, *Dr. com.*, n. 969; Lyon-Caen et Renault, *Tr. de dr. com.*, I, n. 291 *bis*, II, n. 58 s., n. 72; Guillouard, *Soc.*, n. 14, 47 et 77; Pic, *Ann. dr. com.*, VII, 1893, *Doctr.*, p. 410; Rousseau, *Soc. com.*, I, n. 25; Dutruc, *Dict. du cont. com.*, v° *Commis*, n. 22; Ruben de Couder, *Dict. de dr. com.*, v° *Commis*, n 25. — Même conception à l'étranger, Trib. sup. Emp. Allemagne, 15 janv. 1871, *Journ. dr. int.*, II, 1875, p. 366.— Trib. Emp. Allemagne, 25 mars 1872, *Journ. dr. int.*, *loc. cit.* — L. anglaise, 5 juil. 1866. — C. com. italien, art. 86.

aucune égalité ne s'établit entre le maître et l'employé; le premier se réserve de donner des ordres au second et de le garder en état de subordination ; il n'est pas moins clair que l'employé n'entend en aucune manière participer aux pertes de la société. Nous verrons qu'aujourd'hui, et depuis la loi du 6 fév. 1895, la question n'est plus douteuse ([1]).

C'est en ce sens que le tribunal d'appel de Lyon proposait de faire décider par le code civil ([2]).

Ainsi un commerçant prend un commis à son service et lui promet à titre de rémunération un cinquième des bénéfices que la maison réalisera tous les ans. Chacune des parties fournit une mise : celle du commis consiste dans son industrie. Le but commun des contractants est de réaliser des bénéfices, et ces bénéfices sont partageables. Chacune contribue aussi, en un certain sens, à la perte : pour le patron, c'est bien évident, et, quant au commis, il risque au moins son temps et sa peine qu'il aura dépensés en pure perte si l'entreprise se solde par un déficit et cependant il n'y a pas société, parce que l'employé fournit seulement son travail et que les parties n'ont pas eu l'intention de s'associer : l'*affectio societatis* fait défaut.

1404. Est donc un louage d'ouvrage le contrat par lequel un officier public ou ministériel promet à son clerc, soit en sus de son traitement, soit à titre de traitement unique, une portion déterminée de ses bénéfices ([3]).

L'intérêt de cette solution est considérable ; si la convention constituait une société, elle serait nulle, car les sociétés pour l'exploitation d'offices publics ou ministériels sont illicites.

Constituant un louage d'ouvrage, cette convention est valable ([4]) ; rien, en effet, n'empêche les parties de fixer d'une

([1]) V. *infra*, n. 1416.

([2]) Fenet, IV, p. 312.

([3]) Demolombe, XXIV, n. 338 ; Laurent, XXVI, n. 160 ; Pont, *op. cit.*, n. 45 ; Lyon-Caen et Renault, *Traité de dr. comm.*, II, n. 47.

([4]) Riom, 22 juillet 1842, S., 42. 2. 476. — Demolombe, *loc. cit.* ; Pont, *loc. cit.* ; Lyon-Caen et Renault, *loc. cit.* ; Durand, *Des offices*, n. 289 ; Garsonnet, *Tr. de proc.*, I, p. 387, § 99, note 18. — *Contra* Laurent, *loc. cit.* ; Guillouard, *loc. cit.*

manière aléatoire le traitement d'un employé. Du reste, le louage d'ouvrage n'a pas les inconvénients de la société : le clerc n'a pas le droit d'examiner les livres de son patron. Il n'agit que sur ses ordres et n'a pas le droit de les discuter, il n'est vis-à-vis du public qu'un commis. Cette solution, objecte-t-on, conduit à des abus ; le clerc intéressé à l'augmentation des produits de l'étude sollicitera la clientèle, l'officier public ainsi secondé prendra l'habitude de faire gérer l'étude par son clerc ; cette fonction sera recherchée par des officiers ministériels révoqués ou des agents d'affaires tarés. C'est là un tableau bien noir et dont l'exagération est évidente ; au surplus ce n'est pas par les inconvénients d'une convention qu'on peut juger de sa validité ; enfin le ministère public a précisément pour mission de réprimer les abus qui se commettent dans la gestion des offices ministériels.

1405. Il en est ainsi même dans le cas où l'employé a droit à un prélèvement mensuel, à valoir sur les bénéfices, mais qui lui sera acquis même en l'absence de bénéfices [1]. Si cette dernière éventualité se réalise, le prélèvement aura été un salaire fixe.

1406. Pour calculer les bénéfices sur lesquels porte la commission proportionnelle, il y a lieu de déduire des produits du commerce les intérêts du capital engagé [2] et les sommes à consacrer à l'amortissement ou à la réserve [3].

1407. Si l'une des périodes comprend des bénéfices, l'employé intéressé qui a touché sa part dans ces bénéfices, les a acquis définitivement, de sorte que si, dans une période suivante, l'exploitation se solde par un déficit, il n'a aucun versement à faire aux créanciers [4].

De même, si l'employé doit faire un prélèvement mensuel, ce prélèvement lui est acquis alors même qu'il n'y aurait pas de bénéfices dans l'année [5].

1408. De ce que la commission proportionnelle est un

[1] Trib. com. Marseille, 9 juin 1892, précité.
[2] Aix, 6 décembre 1888, précité.
[3] Aix, 6 décembre 1888, précité.
[4] Trib. Empire d'Allemagne, 25 mars 1872, précité.
[5] Trib. com. Marseille, 9 juin 1892, précité.

salaire, il résulte que le patron garde la direction absolue des affaires de sa maison ([1]).

Ainsi l'employé doit obéir aux ordres de son maître ([2]) et ne peut s'opposer à la réalisation des opérations recherchées par le patron.

Il peut être congédié dans les conditions fixées par l'art. 1780 ([3]).

Il ne peut congédier les autres employés ([4]).

Il ne participe pas aux pertes ([5]), sauf convention contraire ([6]).

Il ne peut critiquer les actes de son patron ([7]).

Il doit s'en rapporter à l'inventaire du patron pour établir les bénéfices ([8]), la valeur des créances douteuses ([9]) et celle des marchandises ([10]).

Le patron a le droit de déduire le montant de l'amortissement annuel du capital ([11]), il le fixe librement ([12]). Il ne peut cependant porter au compte d'une seule année des frais de construction ou de renouvellement d'outillage ([13]).

([1]) Aix, 6 déc. 1888, S., 89. 2. 219, *Ann. dr. comm.*, III, 1889, p. 100. — Paris, 19 déc. 1894, *Gaz. Pal.*, table, 1er sem. 1895, v° *Louage d'ouvrage*, n. 2.

([2]) Guillouard, *Soc.*, n. 14.

([3]) Trib. civ. Lyon, 19 mai 1888, *Mon. jud. Lyon*, 9 oct. 1888. — Guillouard, *op. cit.*, n. 14. — Décidé cependant que les motifs doivent être plus graves. Trib. comm. Nantes, 26 nov. 1889, *Rec. de Nantes*, 90. 1. 26.

([4]) Trib. civ. Seine, 9 nov. 1890, *Droit*, 31 déc. 1890.

([5]) Trib. Empire Allemagne, 25 mars 1872, précité. — Guillouard, *op. cit.*, n. 14. — V. *infra*, n. 1412.

([6]) V. *infra*, n. 1412.

([7]) Aix, 6 déc. 1888, S., 89. 2. 219. — Alauzet, *loc. cit.* — Lyon-Caen et Renault, *loc. cit.*; Pont, *loc. cit.*; Ruben de Couder, *op. cit.*, v° *Commis*, n. 32.

([8]) Aix, 6 déc. 1888, précité. — Trib. com. Marseille, 8 juin 1887, *Rec. de Marseille*, 87. 1. 228. — Alauzet, *loc. cit.*; Ruben de Couder, *loc. cit.*; Thaller, *Ann. dr. com.*, II, 1888, *Doct.*, 243.

([9]) Trib. com. Marseille, 8 juin 1887, précité. — Trib. com. Le Havre, 2 juill. 1889, *Rec. du Havre*, 89. 1. 209.

([10]) Trib. com. Le Havre, 2 juill. 1889, précité.

([11]) Paris, 16 nov. 1857 et 8 juill. 1863, cités par Ruben de Couder, *Dict. dr. com.*, v° *Commis*, n. 39 et 40. — Aix, 6 déc. 1888, précité. — V. cep. Lyon, 10 mai 1889, *Mon. jud. Lyon*, 12 sept. 1889.

([12]) Aix, 6 déc. 1888, précité. — Ruben de Couder, *verb. cit.*, n. 39 s.

([13]) Trib. com. Marseille, 22 oct. 1889, *Rec. de Marseille*, 90. 1. 40.

Il peut déduire des bénéfices les intérêts des fonds empruntés et du capital [1].

Mais il ne peut déduire les pertes antérieures à l'entrée en fonctions de l'employé [2].

Le patron ne peut, pour diminuer la part de son employé dans les bénéfices, dissimuler une partie de ses bénéfices [3] ou majorer ses frais généraux, en s'attribuant, par exemple, des honoraires de direction exagérés [4].

L'employé intéressé qui quitte son patron ne peut exiger le partage de l'actif de ce dernier et notamment des créances [5]; il a le droit seulement de demander sa part dans les créances au fur et à mesure de leur recouvrement [6]. On l'autorise à réclamer, dans ce but, chaque année un état des recouvrements effectués [7].

Il peut également réclamer le bénéfice des marchés à livrer dont l'exécution se produit après son départ [8].

1409. Les tribunaux peuvent contrôler les évaluations du patron [9].

L'employé peut donc faire rectifier par le tribunal les erreurs du patron [10].

1410. L'art. 541 C. proc. dispose qu'en dehors de certains

[1] Cass., 16 avril 1855, S., 55. 1. 430. — Aix, 6 déc. 1888, précité. — Ruben de Couder, *verb. cit.*, n. 38. — *Contra* Bordeaux, 19 janv. 1892, *Rec. de Bordeaux*, 92. 1. 124.

[2] Trib. com. Le Havre, 14 août 1888, *Rec. du Havre*, 88. 1. 221.

[3] Paris, 19 déc. 1894, précité.

[4] Paris, 19 déc. 1894, précité.

[5] Bordeaux, 15 fév. 1894, *Rec. de Bordeaux*, 94. 1. 173.

[6] Bordeaux, 15 fév. 1894, précité.

[7] Bordeaux, 15 fév. 1894, précité.

[8] *Contra* Trib. com. Havre, 2 juill. 1889, *Rec. du Havre*, 89. 1. 209.

[9] Aix, 6 déc. 1888, précité (cet arrêt ajoute qu'il y a lieu d'admettre une rigueur plus grande si la commission a été fixée dès l'entrée de l'employé dans la maison que si elle a été fixée plus tard).

[10] Cass., 1er juin 1875, S., 76. 1. 29. — Nîmes, 20 juil. 1864, S., 64. 2. 235. — Aix, 6 déc. 1888, précité. — Trib. com. Marseille, 8 juin 1887, *Rec. de Marseille*, 87. 1. 228. — Trib. com. Marseille, 22 oct. 1889, *Rec. de Marseille*, 90. 1. 40. — Dutruc, *Dict. du cont. com.*, v° *Commis*, n. 23; Ruben de Couder, *op. cit.*, v° *Commis*, n. 31. — Décidé cependant que l'employé ne peut prétendre que les dépenses faites par le patron pour soutenir un procès ne rentrent pas dans les frais généraux de la maison. — Trib. com. Nantes, 7 janv. 1891, *Rec. de Nantes*, 91. 1. 137.

cas qu'il détermine, les comptes arrêtés entre les parties ne peuvent être révisés sur la demande de l'un d'eux.

Ainsi le patron ne peut, pour demander la restitution d'une portion de la somme allouée à un employé à titre de répartition dans les bénéfices, soutenir que les bénéfices réels étaient supérieurs au chiffre sur la base duquel a été faite la répartition (1).

Toutefois il en est autrement si le patron démontre qu'il y a eu erreur de sa part, sur les éléments matériels du compte (2). Il en est autrement aussi si le patron démontre l'existence d'une collusion frauduleuse entre son employé et lui, c'est-à-dire prouve qu'ils connaissaient tous deux le chiffre exact des bénéfices (3).

Une erreur sur l'évaluation de l'actif ou la solvabilité des débiteurs ne suffirait pas (4).

Réciproquement l'employé ne peut réclamer sa part sur une créance considérée, lors de la répartition, comme irrécouvrable et recouvrée plus tard (5).

1411. L'employé ne peut exiger que les livres du patron lui soient communiqués, l'art. 14 C. com. limitant les cas de communication (6); mais il peut demander que les livres soient représentés à une personne que désignera le tribunal (C. com., art. 15) (7).

1412. On décide que le contrat n'est pas dénaturé si, en

(1) Lyon, 12 juil. 1865, D., 66. 2. 58. — Trib. com. Nantes, 22 août 1885, *Recueil de Nantes*, 86. 1. 107. — Trib. com. Seine, 23 nov. 1893, *Gaz. Pal.*, 94. 1. 12.

(2) Lyon, 12 juil. 1865, précité.

(3) Lyon, 12 juil. 1865 précité. — Trib. com. Seine, 23 nov. 1893, précité.

(4) Lyon, 12 juil. 1865, précité.

(5) Trib. com. Seine, 23 nov, 1893, précité.

(6) Grenoble, 27 juin 1867, S., 68. 2. 223. — Bordeaux, 30 juin 1872, S., 72. 2. 66. — Paris, 3 mai 1874, D., 77. 2. 45. — Pont, *Tr. des soc. civ.*, n. 87; Boistel, *Précis de dr. comm.*, n. 118 et 156; Lyon-Caen et Renault, *loc. cit.;* Mahoudeau, *Ann. dr. comm.*, III, 1889, *Jurispr.*, p. 100. — *Contra* Nimes, 20 juill. 1864, S., 64. 2. 235. — Rennes, 29 juin 1871, S., 71. 2. 83. — Bordeaux, 30 janv. 1872, S., 72. 2. 66. — Cpr. Cass., 26 déc. 1866, S., 67. 1. 165, D., 67. 1. 303 (cet arrêt a été invoqué à tort; il concerne le commis intéressé à une affaire déterminée). — *Contra* Paris, 7 mars 1835, S., 35. 2. 235. — Grenoble, 21 fév. 1865, S., 66. 2. 21. — Rennes, 29 juin 1871, S., 71. 2. 83. — Trib. com. Havre, 16 juil. 1888, *Rec. Havre*, 88. 1. 230. — Guillouard, *Soc.*, n. 14.

(7) Grenoble, 27 juin 1867, précité. — Mahoudeau, *loc. cit.*

vertu d'une convention formelle, l'employé participe aux pertes [1] : cette participation, dit-on, qui est de l'essence du contrat de société n'est pas incompatible avec le louage d'ouvrage; elle n'empêche pas le lien de dépendance qui ne saurait se concilier avec la société. Cela nous paraît douteux et nous préférons le système contraire, qui est celui de la cour de cassation [2] : le propre du louage d'ouvrage est que l'employé ne s'engage pas au-delà de son travail; s'il s'oblige à combler les déficits de l'entreprise, il s'expose éventuellement à payer une somme déterminée et ne peut plus dès lors être regardé comme s'engageant à fournir un service dont il recevra le prix. Sans doute les associés ne peuvent être vis-à-vis de l'autre dans un état absolu de dépendance, mais aussi l'employé qui participe aux pertes n'est pas dépendant; sa situation lui permet de s'opposer à des affaires désastreuses qui compromettraient la situation de l'entreprise et l'exposeraient à un versement de fonds sur ses biens personnels; l'opinion contraire est nécessairement amenée à nier cette dernière solution; cela est injuste et même, selon nous, contraire à l'ordre public. Le contrat est donc une association en participation.

Le auteurs dont nous combattons la doctrine reconnaissent qu'il peut être convenu entre les parties que le contrat intervenu entre eux est une société [3]. Cela n'est guère douteux; mais on ne peut décider ainsi sans contredire cette même doctrine.

1413. C'est au juge du fait qu'il appartient de rechercher si l'employé participe ou non aux pertes en même temps qu'aux bénéfices [4]. En principe, la négative doit être admise [5].

1414. Le législateur paraît avoir une tendance à encourager la participation des employés aux bénéfices de l'entreprise.

[1] Lyon-Caen et Renault, *Traité*, II, n. 61 ; Guillouard, *op. cit.*, n. 14.

[2] Cass. civ., 17 avril 1893, S., 93. 1. 299. — Lyon, 23 janv. 1891, D., 92. 2. 401. — Pic, *Ann. dr. com.*, VI, 1892, *Doct.*, p. 218.

[3] Lyon-Caen et Renault, *Traité*, II, n. 60. — Guillouard, *op. cit.*, n. 14.

[4] Cass. civ., 17 avril 1893, précité.

[5] Lyon, 10 mai 1889, *Mon. jud. Lyon*, 12 sept. 1889.

Ainsi le projet de loi sur les sociétés coopératives voté par le Sénat, en 1893, décide que les sociétés coopératives de production ne jouiront pas du bénéfice de la loi si elles n'attribuent pas aux employés au moins 50 p. 100 du bénéfice net annuel.

1415. Il y a louage d'ouvrage même si l'employé est exclusivement rémunéré au moyen d'une commission proportionnelle sur son travail ; on ne peut, pour cela, l'assimiler à un commissionnaire qui n'est pas assujetti à la présence, va chercher les affaires et peut, en même temps, se livrer à d'autres occupations ([1]).

On ne peut davantage l'assimiler à un associé, car, indépendamment de toutes autres considérations, l'employé est rémunéré sur les *affaires* et non sur les *gains*, par suite il a droit à une rémunération même en l'absence de gains.

1416. Lors donc que l'employé est rémunéré en tout ou en partie au moyen d'une commission proportionnelle sur les affaires qu'il réalise, cette commission constitue un salaire ([2]).

Cependant il avait été décidé le contraire, et on en avait conclu que l'employé ne jouissait pas, pour sa commission, du privilège que l'art. 549 C. com. accorde aux commis ([3]).

Aujourd'hui, la controverse est devenue impossible sur ce dernier point aussi bien que sur la nature de la commission proportionnelle : l'art. unique de la loi du 6 fév. 1895 accorde en effet, dans le cas de faillite du patron, le privilège de l'art. 549 « aux commis attachés à une ou plusieurs maisons de commerce sédentaires ou voyageurs..., s'il s'agit de remi-

([1]) Boistel, *Note*, D., 94. 2. 2.

([2]) Boistel, *Note*, D., 94. 2. 2. — Il va sans dire que cela est valable. — Paris, 11 fév. 1887, D., 87. 2. 140. — Jugé que la commission allouée au commis-voyageur sur les affaires provenant de lui doit être allouée seulement sur les factures payées et non sur les affaires qu'il procure au patron. — Bordeaux, 12 mars 1889, D., 90. 2. 16.

([3]) Rouen, 10 nov. 1860, S., 61. 2. 13. — Paris, 21 juin 1887, S., 88. 2. 188. — Paris, 17 fév. 1892, S., 94. 2. 179, D., 94. 2. 1. — Mais jugé que la somme fixe et non réductible payable à un employé par fraction mensuelle, à la charge d'apporter à la maison un chiffre d'affaires déterminé, forme non pas une commission, mais un salaire fixe privilégié. — Trib. com. Seine, 1er déc. 1892, *Journ. trib. com.*, 1894, p. 62.

ses proportionnelles allouées à titre d'appointements ou de supplément d'appointements, pour toutes les commissions qui leur sont définitivement acquises dans les trois derniers mois précédant le jugement déclaratif ».

E. *Retenue et compensation des salaires. — Remboursement des avances du patron.*

1417. Il était permis, sous l'empire du code civil, au patron de retenir sur les salaires qu'il payait le montant des avances qu'il avait faites à l'ouvrier soit au moyen d'outils fournis à crédit, soit au moyen de marchandises également livrées à crédit [1]. Il y avait en effet compensation légale entre la dette du patron et celle de l'ouvrier, toutes deux certaines, liquides et (par hypothèse) exigibles.

1417 *bis.* Les mêmes raisons qui rendent suspect le paiement des salaires en nature commandent de restreindre l'imputation sur les salaires des marchandises vendues à crédit par le patron [2]. Il suffirait, en effet, au patron d'exercer cette imputation pour trouver un moyen indirect d'échapper à la prohibition de payer les salaires en marchandises.

1418. Certaines législations ont, en conséquence, entièrement interdit cette imputation [3]. Ce système a l'inconvénient de nuire aux économats patronaux, à l'aide desquels le patron fournit aux ouvriers, moyennant le remboursement du prix de revient, les marchandises qui leur sont nécessaires, et qui méritent d'être encouragés. Aussi, d'autres législations permettent d'imputer, par exception, sur les salaires le prix des fournitures faites par les économats [4].

C'est également le système qui a fini en partie par être admis en France [5].

La loi du 12 janvier 1895 porte : « Aucune compensation ne s'opère au profit des patrons entre le montant des salaires dus par eux à leurs ouvriers et les sommes qui leur seraient dues

[1] Cabouat, *op. cit. infra*, p. 379, n. 60.
[2] Cabouat, *op. cit. infra*, p. 380, n. 62.
[3] Angleterre, L. 1887, art. 5.
[4] Allemagne, L. 1er juin 1891, art. 118.
[5] Belgique, L. 16 août 1887, art. 8.

à eux-mêmes pour fournitures diverses, quelle qu'en soit la nature, à l'exception toutefois :

1° Des outils ou instruments nécessaires au travail ;

2° Des matières et matériaux dont l'ouvrier a la charge et l'usage ;

3° Des sommes avancées pour l'acquisition de ces mêmes objets ».

1419. Le règlement d'administration publique du 9 frim. an XII, rendu en exécution de la loi du 22 germinal an XII, sur les livrets d'ouvriers, obligeait l'ouvrier à travailler jusqu'au moment où il aurait remboursé les avances faites (1) ; ce règlement fut modifié par la loi du 22 février 1851 (2).

La loi du 2 juil. 1890 (art. 2) a supprimé toutes les dispositions relatives au livret.

La loi du 12 janv. 1895 porte :

Art. 5. « Tout patron qui fait une avance en espèces en dehors du cas prévu par le paragraphe 3 de l'art. 4 qui précède ne peut se rembourser qu'au moyen de retenues successives ne dépassant pas le dixième du montant des salaires ou appointements exigibles.

» La retenue opérée de ce chef ne se confond ni avec la partie saisissable, ni avec la partie cessible portée en l'article 2.

(1) Art. 7. — L'ouvrier qui aura reçu des avances sur son salaire, ou contracté l'engagement de travailler un certain temps, ne pourra exiger la remise de son livret et la délivrance de son congé, qu'après avoir acquitté sa dette par son travail et rempli ses engagements si son maître l'exige. — Art. 8. S'il arrive que l'ouvrier soit obligé de se retirer parce qu'on lui refuse du travail ou son salaire, son livret et son congé lui seront remis encore qu'il n'ait pas remboursé les avances qui lui ont été faites, seulement le créancier aura le droit de mentionner la dette sur le livret. — Art. 9. Dans le cas de l'art. précédent, ceux qui emploieront ultérieurement l'ouvrier feront jusqu'à entière libération, sur le produit de son travail, une retenue au profit du créancier. Cette retenue ne pourra en aucun cas excéder les deux dixièmes du salaire journalier de l'ouvrier ; lorsque la dette sera acquittée, il en sera fait mention sur le livret. Celui qui aura exercé la retenue sera tenu d'en prévenir le maître au profit duquel elle aura été faite et d'en tenir le montant à sa disposition. V. sur ce texte Sauzet, *Le livret obligatoire de l'ouvrier*, *Rev. crit.*, XIX, 1890, p. 218 s.

(2) Art. 2. L'ouvrier qui a terminé et livré l'ouvrage qu'il s'était engagé à faire pour le patron, qui a travaillé pour lui pendant le temps réglé soit par le contrat de louage, soit par l'usage du livret, ou à qui le patron refuse de l'ouvrage ou son salaire a le droit d'exiger la remise de son livret et la délivrance de son congé, lors même qu'il n'a pas acquitté les avances qu'il a reçues.

» Les acomptes sur un travail en cours ne sont pas considérés comme avances ».

F. *De la réduction des salaires.*

1420. La force majeure peut être cause d'une réduction du salaire comme elle peut entraîner la cessation du contrat [1].

Ainsi, en cas d'intempérie entravant pendant quelques heures le travail de l'ouvrier, le salaire subira une réduction proportionnelle au nombre des heures pendant lesquelles l'ouvrier n'a pu travailler [2].

Le point de savoir si un employé payé au mois a droit à sa rémunération normale pendant les congés qu'il prend dépend des usages locaux [3].

Il en est de même du cas d'absence pour maladie [4] ou pour une autre force majeure, telle que le service militaire [5].

L'absence d'un employé sans autorisation permet au patron de réduire ses salaires en ne lui payant pas la portion afférente au temps de l'absence [6].

G. *Epoques et lieux de paiement des salaires.*

1421. Les parties sont libres de fixer comme elles l'entendent le paiement des salaires.

(1) V. *infra*, n. 1476 et s.

(2) Aubry et Rau, IV, p. 515, § 372; Guillouard, II, n. 729.

(3) A Paris, la négative est imposée par l'usage. — Paris, 14 mars 1894, *Gaz. Pal.*, 94. 1. 479 (motifs). Cet arrêt décide qu'il en est autrement d'un employé intéressé, mais que l'employé rémunéré au moyen d'un intérêt sur les bénéfices de la maison, *avec fixation d'un minimum*, n'est, jusqu'à concurrence de ce minimum, qu'un employé ordinaire.

(4) D'après certains auteurs, il faut distinguer suivant que la maladie est courte ou longue. — Duvergier, II, n. 292; Guillouard, II, n. 729. — Décidé que si l'absence est relativement courte, les salaires continuent à courir. — Trib. com. Nantes, 25 nov. 1891, *Rec. de Nantes*, 92. 1. 71. — Trib. com. Seine, 7 mai 1889, *France jud.*, 89. 324 (acteur). — En tout cas, si l'absence est courte, le patron ne peut résilier. — Paris, 4 nov. 1890, *Gaz. Pal.*, 90. 2. 531 (acteur). — V. aussi *infra*, n. 1480.

(5) Décidé que le salaire, en principe, ne continue pas à courir, mais que cependant il continue à courir si l'employé rend quelques services. — Lyon, 12 mars 1889, *Mon. jud. Lyon*, 20 avril 1889.

(6) V. en ce sens pour les acteurs Lyon, 16 mars 1894, D., 94. 2. 312. — Lacan, *Tr. de la législ. et de la jurispr. des théâtres*, I, n. 331; Guichard, *De la législat. des théâtres en France*, n. 105; Constant, *Code des théâtres*, p. 114.

Il est dans les habitudes de l'industrie que le paiement des salaires des ouvriers soit effectué toutes les semaines ou toutes les quinzaines. Le projet de loi sur les règlements d'ateliers voté par la chambre et actuellement soumis au sénat rendait cette habitude obligatoire [1]. Le projet gouvernemental qui est devenu la loi de 1895, sur la saisie-arrêt des salaires, disait également : « Les salaires des ouvriers doivent être payés au moins deux fois par mois, à seize jours au plus d'intervalle ». Si cette disposition, approuvée par la commission de la chambre, a été écartée cependant par elle, c'est qu'elle a paru faire double emploi avec la précédente et n'être pas à sa place dans une loi de procédure [2].

1422. L'ancien droit déjà avait pris des mesures pour le payement régulier des salaires [3].

1423. L'ord. du 18 déc. 1729 apporte, en ce qui concerne les matelots de la marine marchande, une exception aux principes ; elle interdit aux capitaines de donner aux matelots des acomptes sur leurs loyers « dans les pays étrangers, dans les ports du royaume dans lesquels ils iront faire leur commerce ou dans lesquels ils relâcheront sans le consentement des consuls ou des officiers des classes ». Ce texte ne concerne pas, du reste, les acomptes donnés au port d'embarquement [4] ; ils sont valables, quoique d'une manière plus générale l'ord. du 17 nov. 1745 interdise aux officiers de faire des prêts aux matelots pendant les voyages, car il ne s'agit pas ici de prêts [5].

La prohibition contenue dans l'ord. de 1729 n'est, aux termes de cette ordonnance, sanctionnée que par une amende de 60 fr. ; la nullité ne peut être prononcée [6]. Il est vrai que la

[1] Il en était déjà ainsi d'une proposition Laur (toutes les semaines), 3 avril 1886, Chambre, *Doc. parl.*, nov. 1886, p. 1333). Prise en considération le 2 juin 1887, Chambre, session extraord., 1887, p. 517, n. 2066. Rapport Brugeilles, 31 janv. 1888, Chambre, *Doc. parl.*, p. 174, n. 2356.

[2] Déclaration de M. Vival, rapporteur, Chambre, séance du 27 juin 1893, *Journ. off.* du 28, *Déb. parl.*, p. 1855.

[3] Ord. de Charles IX, janv. 1560 (art. 60), portant que les salaires des laboureurs, vignerons et mercenaires seront portés au double en cas de condamnation. — V. Bruneau, *Nouveau traité des criées*, 3e éd. Paris, 1704, Avant-propos, p. 26.

[4] Trib. com. Rouen, 3 juin 1889, sous Cass., 11 avril 1892, D., 93. 1. 254.

[5] Cass., 11 avril 1892, précité.

[6] Cass., 11 avril 1892, précité. — Lyon-Caen, *Rev. crit.*, XXII, 1893, p. 275. —

nullité est prononcée par l'art. 30 de l'ord. 29 oct. 1833, sur les rapports entre les consuls et la marine marchande, pour le cas où les payements ne sont pas apostillés par le consul sur les rôles de l'équipage ; mais une ordonnance ne peut déroger à une loi [1].

1423 *bis*. Certaines législations étrangères défendent de payer les salaires des ouvriers dans les cabarets et débits de boissons [2]. Il en est de même des projets français [3].

II. *Mode de paiement des salaires.*

1424. Il arrive souvent que, d'après la convention ou un règlement d'atelier, les salaires sont payables en tout ou en partie au moyen de marchandises fournies par le patron.

En France, le système dont nous parlons est très peu connu [4].

Il en est autrement en Angleterre, où les petits industriels et tâcherons le pratiquent sur une vaste échelle [5].

Il en est autrement aussi en Belgique [6].

1425. En France, différentes propositions de loi ont demandé qu'à peine de nullité le paiement des salaires eût lieu en argent [7]. Le projet gouvernemental qui est devenu la loi

Contra Trib. com. Marseille, 17 mars 1830, *Rec. de jurisp. comm. de Marseille*, 30. 1. 198. — Trib. com. Marseille, 9 janv. 1835, *Ibid*, 35. 1. 296. — Trib. com. Saint-Valéry en Caux, *Rec. de jurisp. comm. du Havre*, 86. 2. 84. — Caumont, *Dict. dr. marit.*, v° *Gens de mer*, § 3, n. 8.

(1) Lyon-Caen, *loc. cit.*

(2) *Angleterre*, L. 20 août 1883 (la commission voulait même interdire le payement à proximité d'une boutique où le patron serait intéressé). — *Belgique*, L. 16 août 1887, art. 4. Le payement ne peut être fait davantage dans les magasins, boutiques et locaux y attenant. Peine de nullité.

(3) Le projet Lecomte cité *infra* est rédigé à l'exemple de la loi belge. — Mais généralement on veut se contenter de l'interdiction de payer dans les débits de boisson.— Lyon-Caen, Rapport cité *infra*.— Cabouat, *op. cit. infra*, p. 247, n. 36.

(4) Cabouat, *op. cit. infra*, p. 235, n. 19. Il est pratiqué dans certaines exploitations minières. Cons. sup. du trav., 1re session, p. 83.

(5) Cabouat, *op. cit. infra*, p. 232, n. 14 et 15.

(6) Il est pratiqué par les chefs de trait, sous-entrepreneurs qui traitent avec les directeurs de charbonnage pour le transport des produits dans les chantiers, ainsi que par les petits industriels. — Cabouat, *op. cit. infra*, p. 233 s., n. 16 s. — La majoration est quelquefois de 20 p. 100. — Cabouat, *op. cit. infra*, p. 227, n. 8.

(7) Proposition Lecomte, 20 janv. 1890, *Doc. parl.*, Chambre, sess. ord., 1890, n. 273, p. 119. — Proposition Roche et Fallières, 1891, *Doc. parl.*, Chambre, sess.

du 12 janv. 1895 disposait (art. 1er) : « *Les salaires des ou-* » *vriers, gens de service et employés doivent être payés en* » *monnaie métallique ou fiduciaire ayant cours légal, nonobs-* » *tant convention contraire. Tout paiement fait en violation du* » *paragraphe précédent est nul* ». Tout en acceptant unanimement cette règle, la commission de la chambre l'a fait écarter de la discussion parce qu'elle se trouvait déjà dans une disposition de la loi sur les règlements d'atelier votée par la chambre et soumise au sénat (1) et parce que la loi de 1895 est une loi de procédure (2).

1426. Dans la réalité, le consentement de l'ouvrier au payement en nature n'est pas libre, en ce sens que le patron impose toujours, par la crainte d'un renvoi, sa volonté à l'ouvrier. D'autre part le patron, qui, à raison même de l'obligation où se trouve l'ouvrier de s'approvisionner chez lui, fixe arbitrairement le prix des marchandises, trouve là un moyen indirect d'abaisser à son gré le montant réel des salaires. Aussi le *truck-system,* qui consiste à payer les salaires des ouvriers en nature (3), est-il condamné par diverses législations étrangères (4).

ord., 1891, n. 1506, p. 1430. — V. aussi Projet de la commission permanente du travail, art. 1er et 3.

(1) « Les patrons sont tenus de régler leurs ouvriers au comptant, en monnaie ayant cours légal ».

(2) Déclaration du rapporteur. Chambre, séance du 27 juin 1893, *Journ. Off.* du 28, *Déb. parl.*, p. 1855.

(3) V. Cabouat, *De la réglementation législative des salaires, Rev. crit.*, XXIII, 1894, p. 220 s., n. 1 s., et les exemples qu'il cite.

(4) *Belgique,* L. 16 août 1887, art. 1er. — Les salaires des ouvriers doivent être payés en monnaie métallique ou judiciaire ayant cours légal. Exception pour les ouvriers agricoles ; le patron peut imputer sur le salaire le logement et la jouissance d'un terrain. Défense au patron d'imposer à l'ouvrier ou de stipuler avec lui des conditions de nature à lui enlever la faculté de disposer de son salaire (art. 6). Amende de 50 à 2,000 fr. en cas de contravention (art. 10). Assimilation des subordonnés du patron au patron lui-même. — *Allemagne,* L. 1er juin 1891 (modifiant celle du 17 juillet 1878). Les salaires doivent être calculés et payés en monnaie de l'Empire (art. 115). Toute convention contraire est nulle (art. 117). L'ouvrier ne peut s'engager à s'approvisionner dans des magasins déterminés ou à affecter une fraction de son salaire à un objet autre que des institutions de prévoyance (art. 117). L'ouvrier payé autrement qu'en argent peut réclamer un second payement ; cependant, ce dont il s'est enrichi doit être versé à la caisse de secours dont fait partie l'ouvrier, ou, s'il n'en existe pas, à toute autre institution de prévoyance (art. 116). Le commerce de denrées n'est pas interdit entre patrons

1427. Il va sans dire que si la convention n'autorise pas formellement le payement total ou partiel du salaire en nature, le salaire doit, tout entier, être payé en argent.

Cependant l'ouvrier ou employé peut consentir à un payement total ou partiel en nature, par exemple en marchandises de première nécessité; et de même il peut consentir à acheter, dans les magasins tenus par le patron ou par ses préposés, les mêmes marchandises.

1428. On ne peut davantage imposer à l'ouvrier le payement à l'aide de jetons ou bons, représentant le montant du salaire en numéraire, et qui seront acceptés comme payement par certains négociants (1) (généralement des négociants qui se sont engagés à faire au patron une remise sur les objets achetés par l'ouvrier).

Mais, si l'usage est dans un atelier que les salaires soient payés de cette manière, l'ouvrier qui a connu cet usage ne peut s'y soustraire (2).

1429. Dans tous les cas, il peut être convenu d'avance que le paiement du salaire aura lieu ou pourra avoir lieu en bons ou jetons (3). La convention n'a rien de contraire à l'or-

et ouvriers, mais le patron n'a pas d'action en payement des denrées illégalement fournies (art. 118). — *Etats-Unis :* dans l'Etat d'Indiana, les lois des 14 février 1887 et 6 mars 1889 portent qu'au moins une fois sur deux, les salaires doivent être payés aux mineurs en monnaie des Etats-Unis et que toute convention contraire est nulle. Décidé que ces lois ne sont pas inconstitutionnelles. C. supr. Indiana, 7 janvier 1890, *Journ. dr. int.*, XIX, 1892, p. 283. — *Angleterre*, L. 15 octobre 1831 (modifiant diverses lois antérieures, dont la première date de 1464 et qui avaient trait à des industries spéciales). Le salaire doit être fixé et payé en monnaie ayant cours légal (art. 1er et 3). L'ouvrier ne peut être obligé de dépenser son salaire d'une manière déterminée (art. 1er, al. 2 et 9). En cas de contravention l'ouvrier peut réclamer un second payement (art. 4 et 7). Le patron n'a pas d'action en justice pour les marchandises fournies ou vendues dans une boutique lui appartenant ou dont les bénéfices lui sont attribués pour partie. Amendes en cas de contravention (art. 9, 10, 20 s.). La loi du 16 septembre 1887, art. 6 reproduit la disposition relative à la dépense des salaires. — *Autriche*, L. 8 mars 1885, art. 78. — *Hongrie*, L. 21 mai 1884, art. 119 et 120. — *Suisse*, L. féd. 23 mars 1877.

(1) Trib. paix Rouen, 22 janv. 1890, cité par Lyon-Caen, Rapport sur un projet de loi concernant les salaires des ouvriers et employés, au nom de la commission permanente du travail, 1890, et par Cabouat, *op. cit.*, p. 235, n. 20.

(2) *Contra* Trib. paix Rouen, 22 janv. 1890, précité.

(3) Cabouat, *op. cit.*, p. 236, n. 21. — *Contra* Trib. paix Rouen, 22 janv. 1890, précité. — Cpr. Sénat, séance du 25 mars 1889, *Déb. parl.*, 1889, p. 332 s.

dre public. On a soutenu à tort que le consentement de l'ouvrier n'est pas libre; sans doute, l'ouvrier se trouve dans un état de dépendance qui l'oblige à accepter les propositions du patron. Mais, pour que son consentement fût vicié, il faudrait que ce consentement eût été donné sous l'empire du dol ou de la violence.

On peut citer, dès une haute antiquité, des exemples de ce genre (1).

1430. Les législations qui exigent le paiement en nature des salaires interdisent par là même le paiement en jetons ou bons.

1431. Le système des bons et jetons est très peu usité en France (2).

Il est ou était usité dans certains pays étrangers (3).

1432. On est d'accord pour reconnaître qu'il est désirable d'obliger le patron à payer les salaires des ouvriers en argent (4). Le seul inconvénient sérieux de cette règle serait de supprimer les économats que fondent les patrons pour fournir à leurs ouvriers les marchandises qui leur sont nécessaires; mais, outre que ces économats sont souvent pour les patrons des moyens de spéculation, les sociétés coopératives entre ouvriers les remplaceraient avantageusement.

J. *Emploi et saisissabilité des salaires.*

1433. Certaines législations ont partiellement réglé l'emploi des salaires d'ouvriers, en annulant les clauses qui imposeraient à l'ouvrier l'obligation de les dépenser d'une manière ou dans des endroits déterminés, c'est-à-dire qui

(1) Nous avons parlé ailleurs des σύμβολα, morceaux de bois remis aux juges ou héliastes lors de leur entrée en fonctions et qui pouvaient être échangés au Trésor public par le porteur contre la solde des juges. C'étaient de vrais titres au porteur. Wahl, *Tr. théor. et prat. des titres au porteur*, I, n. 18 et les auteurs qu'il cite.

(2) Lyon-Caen, *op. cit.;* Cabouat, *op. cit.*, p. 235, n. 20. — Il est usité dans certaines exploitations minières. Cons. sup. du travail, 1re session, p. 83.

(3) En Allemagne (Bellom, *Bull. de la Soc. de législ. comp.*, XX, 1890-91, p. 300, note 2).

(4) Cabouat, *op. cit.*, p. 238, n. 23 (pour le cas seulement où la convention a stipulé le payement en argent). Déclaration du rapporteur de la loi de 1895.

enlèveraient à l'ouvrier la libre disposition de son salaire [1].

Ces dispositions sont recommandables, elles ont le même but que celles qui interdisent le payement des salaires en jetons.

1434. En principe rien ne s'oppose à la saisie des salaires, qui font partie du patrimoine et qui ne sont pas rangés au nombre des objets, limitativement désignés, que la loi déclare insaisissables.

1435. On a prétendu que les salaires à échoir sont soustraits à la saisie parce que leur saisie constituerait une atteinte à la liberté du travail et que d'ailleurs il appartiendrait au débiteur saisi de rendre la saisie illusoire en cessant son travail [2]. Mais cette solution est contraire aux principes admis en matière de saisie-arrêt.

1436. D'après la jurisprudence, les juges peuvent décider que les salaires sont insaisissables, comme ayant un caractère alimentaire, soit pour le tout, soit pour partie.

1437. Diverses propositions de loi avaient été faites pour interdire ou limiter la saisie des salaires [3]. Elles ont abouti la loi du 12 janv. 1895, applicable également à l'Algérie et aux colonies (art. 18) et dont l'art. 1er est ainsi conçu : « *Les » salaires des ouvriers et gens de service ne sont saisissables*

(1) *Angleterre*, L. 15 oct. 1831, art. 2, L. 1887, art. 6, art. 1er. — *Belgique*, L. 16 août 1887.

(2) Trib. civ. Villeneuve-sur-Lot, 14 avril 1894, *Gaz. Pal.*, 94. 2. 186.

(3) Voici les dernières propositions : Thellier de Poncheville, *Doc. parl.*, Chamb. n. 143, *J.O.*, p. 268. — Rapport sommaire Royer, 23 janv. 1890, *Doc. parl.*, n. 292, *J. O.*, p. 257. — 10 déc. 1889, Proposition Jacquemart, *Doc. parl.*, Chamb., n. 992, *J. O.*, p. 1299. — 1re délibération, 10 juin 1891, *Déb. parl.*, Chamb., *J. O.*, p. 1195 (ajournement). — Rapport complémentaire Jacquemart, 2 mai 1893, *Doc. parl.*, Chamb., n. 2717, *J. O.*, p. 824. — 12 mars 1891, Proposition Loustalot (insaisissabilité des salaires et traitements inférieurs à 60 fr. par mois), *Doc. parl.*, Chamb. n. 1301, p. 720. — 16 juin 1891, Projet du gouvernement, *Doc. parl.*, Chamb., n. 1506, *J. O.*, p. 1430. — 27 fév. 1893, proposition Chiché. — Rapport Vival, 16 mai 1893, *Doc. parl.*, Chamb., n. 2743, *J. O.*, p. 858. — 1re délib., 27 juin 1893, *Déb. parl.*, Chamb., p. 1852. – Transmission au Sénat, 18 juill. 1893, *Doc. parl.*, Sénat, n. 285, *J. O.*, p. 685. — Rapport Régismanset, 29 juin 1894, *Doc. parl.*, Sénat, n. 138. — 30 nov. 1893, proposition Plichon, *Doc. parl.*, Chamb., n. 68, *J. O.*, p. 97 (insaisissabilité des 9/10 quand les salaires ne dépassent pas 2,000 fr. et dans le cas contraire de tout ce qui excède 2,000 fr.) — Sénat, 1re délib., 26 oct. 1894, *Déb. parl.*, *J. O.*, p. 814. — Adoption, le 27 nov. 1894, *Déb. parl.*, *J. O.*, p. 921 et 924.

» *que jusqu'à concurrence du dixième, quel que soit le montant*
» *de ces salaires.*

» *Les appointements ou traitements des employés ou com-*
» *mis et des fonctionnaires ne sont également saisissables que*
» *jusqu'à concurrence du dixième, lorsqu'ils ne dépassent pas*
» *2,000 francs par an* ».

Aux termes de l'art. 2 de la même loi : « *Les salaires,*
» *appointements et traitements visés par l'art. 1er ne pourront*
» *être cédés que jusqu'à concurrence d'un autre dixième* ».

L'art. 3 ajoute que « *Les cessions et saisies faites pour le*
» *paiement des dettes alimentaires prévues par les art. 203,*
» *205, 206, 207, 214 et 349 C. civ. ne sont pas soumises aux*
» *restrictions qui précèdent* ».

Les art. 4 et 5 limitent également la compensation entre les salaires et les dettes de l'ouvrier vis-à-vis du patron, ainsi que le mode de paiement des avances faites par le patron [1].

Les art. 6 et s. de cette loi, dont nous nous contentons de donner le texte, instituent une procédure spéciale pour la saisie-arrêt des salaires et petits traitements [2].

[1] V. *supra*, n. 1418 et 1419.

[2] Art. 6. La saisie-arrêt sur les salaires et les appointements ou traitements ne dépassant pas annuellement 2,000 fr., dont il s'agit à l'art. 1er de la présente loi, ne pourra être pratiquée, s'il y a titre, que sur le visa du greffier de la justice de paix du domicile du débiteur saisi. — S'il n'y a point de titre, la saisie-arrêt ne pourra être pratiquée qu'en vertu de l'autorisation du juge de paix du domicile du débiteur saisi. Toutefois, avant d'accorder l'autorisation, le juge de paix pourra, si les parties n'ont déjà été appelées en conciliation, convoquer devant lui, par simple avertissement, le créancier et le débiteur ; s'il intervient un arrangement, il en sera tenu note par le greffier sur un registre spécial exigé par l'art. 14. — L'exploit de saisie-arrêt contiendra en tête l'extrait du titre s'il y en a un, ainsi que la copie du visa et, à défaut de titre, copie de l'autorisation du juge. L'exploit sera signifié au tiers saisi ou à son représentant préposé au paiement des salaires ou traitements dans le lieu où travaille le débiteur saisi.

Art. 7. L'autorisation accordée par le juge évaluera ou énoncera la somme pour laquelle la saisie-arrêt sera formée. — Le débiteur pourra toucher du tiers sais la portion non saisissable de ses salaires, gages ou appointements. — Une seule saisie-arrêt doit être autorisée par le juge. S'il survient d'autres créanciers, leur réclamation, signée et déclarée sincère par eux et contenant toutes les pièces de nature à mettre le juge à même de faire l'évaluation de la créance, sera inscrite par le greffier sur le registre exigé par l'art. 14. Le greffier se bornera à en donner avis dans les quarante-huit heures au débiteur saisi et au tiers saisi, par lettre recommandée qui vaudra opposition.

Art. 8. L'huissier saisissant sera tenu de faire parvenir au juge de paix, dans le

1438. Une ord. du 1er nov. 1745 décrète l'insaisissabilité des salaires de gens de mer sauf « pour loyers de maisons, subsistances ou hardes qui leur auront été fournies du consentement des commissaires de la marine ou des au-

délai de huit jours à dater de la saisie, l'original de l'exploit, sous peine d'une amende de 10 fr. qui sera prononcée par le juge de paix en audience publique.

Art. 9. Tout créancier saisissant, le débiteur et le tiers saisi pourront requérir la convocation des intéressés devant le juge de paix du débiteur saisi, par une déclaration consignée sur le registre spécial prévu en l'art. 14. — Dans les quarante-huit heures de cette réquisition, le greffier adressera : 1° au saisi ; 2° au tiers saisi ; 3° à tous autres créanciers opposants, un avertissement recommandé à comparaître devant le juge de paix à l'audience que celui-ci aura fixée. — A cette audience ou à toute autre fixée par lui, le juge de paix, prononçant sans appel dans la limite de sa compétence et à charge d'appel à quelque valeur que la demande puisse s'élever, statuera sur la validité, la nullité ou la mainlevée de la saisie, ainsi que sur la déclaration affirmative que le tiers saisi sera tenu de faire audience tenante. — Le tiers saisi qui ne comparaîtra pas ou qui ne fera pas sa déclaration, ainsi qu'il est dit ci-dessus, sera déclaré débiteur pur et simple des retenues non opérées et condamné aux frais par lui occasionnés.

Art. 10. — Si le jugement est rendu par défaut, avis de ses dispositions sera transmis par le greffier à la partie défaillante, par lettre recommandée, dans les cinq jours du prononcé. — L'opposition, qui ne sera recevable que dans les huit jours de la date de la lettre, consistera dans une déclaration à faire au greffe de la justice de paix sur le registre prescrit par l'art. 14. — Toutes parties intéressées seront prévenues par lettre recommandée du greffier pour la plus prochaine audience utile. Le jugement qui interviendra sera réputé contradictoire. L'appel relevé contre le jugement contradictoire sera formé dans les dix jours du prononcé du jugement et, dans le cas où il aurait été rendu par défaut, du jour de l'expiration des délais d'opposition, sans que, dans le cas du jugement contradictoire, il soit besoin de le signifier.

Art. 11. Après l'expiration des délais de recours, le juge de paix pourra surseoir à la convocation des parties intéressées tant que la somme à distibuer n'atteindra pas, d'après la déclaration du tiers saisi et déduction faite des frais à prélever et des créances privilégiées, un chiffre suffisant pour distribuer aux créanciers connus un dividende de 20 p. 100 au moins. S'il y a somme suffisante et si les parties ne se sont pas amiablement entendues pour la répartition, le juge procèdera à la distribution entre les ayants droit. Il établira son état de répartition sur le registre prescrit par l'art. 14. Une copie de cet état, signée du juge et du greffier, indiquant le montant des frais à prélever, le montant des créances privilégiées, s'il en existe, et le montant des sommes attribuées dans la répartition à chaque ayant droit, sera transmise par le greffier, par lettre recommandée, au débiteur saisi ou au tiers saisi et à chaque créancier colloqué. — Ces derniers auront une action directe contre le tiers saisi en paiement de leur collocation. Les ayants droit aux frais et aux collocations utiles donneront quittance en marge de l'état de répartition remis au tiers saisi qui se trouvera libéré d'autant.

Art. 12. Les effets de la saisie-arrêt et les oppositions consignées par le greffier sur le registre spécial subsisteront jusqu'à complète libération du débiteur.

Art. 13. Les frais de saisie-arrêt et de distribution seront à la charge du débi-

tres officiers chargés du détail des classes et qu'elles n'aient été apostillées par lesdits officiers sur les registres et matricules des gens de mer » (¹).

1439. La jurisprudence a toujours admis que les salaires peuvent être saisis pour le paiement de dettes ayant un caractère alimentaire (²).

Aujourd'hui l'art. 3 de la loi du 12 janv. 1895 porte : « *Les cessions et saisies faites pour le paiement des dettes » alimentaires prévues par les art. 203, 205, 206, 207, 214 » et 349 du C. civ., ne sont pas soumises aux restrictions qui » précèdent.*

teur saisi. Ils seront prélevés sur la somme à distribuer. — Tous frais de contestation jugée mal fondée seront mis à la charge de la partie qui aura succombé.

Art. 14. Pour l'exécution de la présente loi, il sera tenu, au greffe de chaque justice de paix, un registre sur papier non timbré qui sera coté et paraphé par le juge de paix et sur lequel seront inscrits : 1° Les visas ou ordonnances autorisant la saisie-arrêt; 2° Le dépôt de l'exploit; 3° La réquisition de la convocation des parties; 4° Les arrangements intervenus; 5° Les interventions des autres créanciers; 6° La déclaration faite par le tiers saisi; 7° La mention des avertissements ou lettres recommandées transmises aux parties; 8° Les décisions du juge de paix; 9° La répartition établie entre les ayants droit.

Art. 15. Tous les exploits, autorisations, jugements, décisions, procès-verbaux et états de répartition qui pourront intervenir en exécution de la présente loi seront rédigés sur papier non timbré et enregistrés gratis. Les avertissements et lettres recommandées et les copies d'état de répartition sont exempts de tout droit de timbre et d'enregistrement.

(¹) Isambert, *Lois*, XXII, p. 184. — V. aussi arrêté 2 prairial an II (art. 111); ord. 17 juill. 1816 (art. 37); décr.-loi 4 mars 1852. — V. régl. de 1886 sur l'administration des quartiers maritimes. — L'insaisissabilité ne s'applique pas aux marins étrangers. — Trib. civ. Le Havre, 7 avril 1886, *Rev. intern. de dr. marit.*, 1886-87, p. 314. — Lyon-Caen, *Rev. crit.*, XVI, 1887, p. 637. — Elle s'applique au chirurgien du navire. Trib. civ. Seine, 2 juill. 1892, S., 94. 2. 182, D., 94. 2. 141. — Cresp et Laurin, *Cours de dr. marit.*, I, n. 457. — *Contra* Lyon-Caen et Renault, *Tr. de dr. com.*, V, n. 396; Laurin, *Tr. de dr. marit.*, n. 86; Danjon, *Elém. de dr. marit.*, n. 84, note 1 et n. 96, note 1. — Elle s'applique également au capitaine, depuis que le décret-loi de 1852 parle de « *tout marin* ». Rennes, 13 juin 1889, S., 91. 2. 123. — Cresp et Laurin, *Cours de dr. marit.*, I, p. 486; de Valroger, *Dr. marit.*, II, n. 660; Alauzet, *Tr. de dr. comm.*, V, n. 1791; Caumont, *Dict. de dr. marit.*, v° *Gens de mer*, n. 24; Dutruc, *Dict. du cont. comm.*, v° *Gens d'équipage*, n. 41; Ruben de Couder, *Dict. de dr. com.*, v° *Gens d'équipage*, n. 119 *bis*; Desjardins, *Tr. de dr. comm. marit.*, III, n. 673. — *Contra* Trib. civ. Marseille, 21 juin 1878, *Journ. des avoués*, 1878, p. 330.

(²) Trib. civ. Dijon, 28 fév. 1894, *Gaz. Pal.*, 94. 1. 667 (fournitures de pain).

K. *Preuve du paiement des salaires.*

1440. Nous avons étudié plus haut la preuve du paiement des salaires [1].

L. *Service de retraites ou de pensions.*

1441. En dehors du cas où les tribunaux ont donné à l'indemnité due par le patron à l'ouvrier en cas d'accident la forme d'une rente viagère, les ouvriers ou employés n'ont, en règle générale, aucun droit à une pension ou à une retraite après la cessation de leurs fonctions.

Mais rien n'empêche la convention ou le règlement d'atelier de décider le contraire; l'ouvrier ou employé qui réunira les conditions fixées aura alors le droit de réclamer une pension. Nous examinerons plus loin l'influence de la rupture anticipée du contrat sur les versements faits en vue de la pension [2].

1442. Une loi du 29 juin 1894 organise les caisses de retraite des ouvriers mineurs.

L'exploitant d'une mine est tenu de verser tous les mois à la caisse des retraites pour la vieillesse ou à une caisse spéciale qu'il peut créer avec autorisation donnée par décret, une somme égale à 4 p. 100 du salaire des ouvriers ou employés, dont moitié à prélever sur le salaire et moitié à fournir par l'exploitant lui-même (art. 2 al. 1er).

Les versements pourront être augmentés par l'accord des deux parties intéressées (art. 2 al. 2).

Ils sont inscrits sur des livrets individuels (*id.*).

Il sont faits à capital aliéné si le titulaire ne demande pas qu'ils soient faits à capital réservé (*id.*).

Le patron peut prendre à sa charge une fraction supérieure à la moitié du versement ou sa totalité (art. 2 al. 2).

Les pensions sont liquidées dans les conditions fixées pour la caisse des retraites pour la vieillesse (art. 3 al. 1).

L'entrée en jouissance est fixée à 55 ans; elle peut être

[1] V. *supra*, n. 1221 s.
[2] V. *infra*, n. 1548 s., 1557.

différée sur la demande de l'ayant-droit, mais les versements cesseront, à partir de cet âge, d'être obligatoires (art. 3 al. 2).

1443. La loi du 29 juin 1894 (art. 3) organise les sociétés de secours des ouvriers mineurs.

Elles comprennent un prélèvement sur le salaire des ouvriers, dont le montant est fixé par le conseil d'administration de la société avec maximum de 2 p. 100, et un versement de l'exploitant égal à la moitié de celui des ouvriers ou employés, les sommes allouées par l'Etat sur les fonds de subvention aux sociétés de secours mutuels, les dons et legs, le produit des amendes encourues pour infractions aux statuts et de celles infligées aux membres participants par application du règlement intérieur de l'entreprise (art. 6).

La loi règle avec détails les pensions que peuvent allouer les caisses de secours (art. 7 et 8) et l'administration de ces sociétés (art. 9 à 20).

1444. La loi du 27 décembre 1895 a pour objet, en ce qui concerne les employés et ouvriers en général, de garantir les sommes affectées aux institutions de retraites et de prévoyance [1].

[1] Art. 1er. En cas de faillite, de liquidation judiciaire ou de déconfiture, lorsque pour une institution de prévoyance il aura été opéré des retenues sur les salaires ou que des versements auront été reçus par le chef de l'entreprise ou que lui-même se sera engagé à fournir des sommes déterminées, les ouvriers, employés ou bénéficiaires sont admis de plein droit à réclamer la restitution de toutes les sommes non utilisées conformément aux statuts. — Cette restriction s'étendra, dans tous les cas, aux intérêts convenus des sommes ainsi retenues, reçues ou promises par le chef de l'entreprise. A défaut de convention, les intérêts seront calculés d'après les taux fixés annuellement pour la caisse nationale des retraites pour la vieillesse. — Les sommes ainsi déterminées et non utilisées conformément aux statuts deviendront exigibles en cas de fermeture de l'établissement industriel ou commercial. — Il en sera de même en cas de cession volontaire, à moins que le cessionnaire ne consente à prendre les lieu et place du cédant.

Art. 2. La caisse des dépôts et consignations est autorisée à recevoir, à titre de dépôt, les sommes ou valeurs appartenant ou affectées aux institutions de prévoyance fondées en faveur des employés et ouvriers. — Les sommes ainsi reçues porteront intérêt à un taux égal au taux d'intérêt du compte des caisses d'épargne.

Art. 3. Dans les trois mois qui suivront la promulgation de la présente loi, toutes les sommes qui à l'avenir seront retenues sur les salaires des ouvriers et toutes celles que les chefs d'entreprise auront reçues ou se seront engagés à fournir en vue d'assurer des retards devront être versées soit à la caisse nationale des retraites pour la vieillesse au compte individuel de chaque ayant droit, soit à la caisse

1445. La caisse de secours n'a pas une personnalité morale [1].

1446. Les ouvriers et employés n'avaient donc aucun droit de propriété sur les valeurs et sommes, considérées en elles-mêmes, qui composaient le fonds de retraite et d'assistance ; ils n'avaient sur ce fonds, comme sur tous les biens du patron, qu'un droit de créance, et, comme la loi n'avait pas privilégié ce droit de créance, ils ne venaient qu'en concours avec les autres créanciers [2].

Il était facile, et il n'était pas injuste de conférer aux ouvriers et employés un privilège sur les fonds des caisses de ce genre, qui ont été instituées dans leur intérêt, souvent avec des retenues opérées sur les salaires, et sur lesquelles les autres créanciers n'ont pu compter [3]. C'est ce que décide la loi du 27 déc. 1895.

VI. *Délivrance de certificats au salarié et renseignements sur son compte. Circulaires annonçant la cessation des services.*

1447. On s'est demandé si le maître est tenu de donner à son domestique, ouvrier ou employé, à la fin du contrat, un certificat de probité et de moralité, et on a répondu par la négative [4].

des dépôts et consignations, soit à des caisses syndicales ou patronales spécialement autorisées à cet effet. — Les al. 2 à 5 règlent le fonctionnement de ces dernières caisses. — Al. 6. Si des conventions spéciales interviennent entre les chefs d'entreprise et les ouvriers ou employés en vue d'assurer à ceux-ci, à leurs veuves ou à leurs enfants soit un supplément de rente viagère, soit des rentes viagères ou des indemnités déterminées d'avance, le capital formant la garantie des engagements résultant desdites conventions devra être versé ou représenté à la caisse des dépôts et consignations ou dans une des caisses spéciales ou patronales ci-dessus prévues.

L'art. 4 confère aux ouvriers et employés un droit de gage sur les sommes ou valeurs affectées à ces institutions et non versées dans l'une des caisses indiquées ci-dessus.

[1] *Contra* Trib. civ. Saint-Etienne, 20 fév. 1889, *Rev. de Nîmes*, 90. 237.

[2] Paris, 14 fév. 1892, D., 93. 2. 62. — Trib. com. Lyon, 22 mai 1890. — Trib. com. Seine, 9 juin 1890, *Loi*, 1er juil. 1890. — *Contra* Lyon 4 mai 1887, *Mon. jud. Lyon*, 27 juil. 1887.

[3] Lyon-Caen, *Les ouvriers et les caisses de secours, de prévoyance et de retraite*, *Le monde économique*, 1891, 1er sem., p. 4.

[4] Chambéry, 26 juin 1878, S., 78. 2. 231, D., 79. 2. 207. — Trib. civ. Carpen-

Cela nous paraît évident. Pour constater la probité d'une personne, il faut en être convaincu, et le maître n'est, par conséquent, pas forcé de dire que la probité du domestique ou ouvrier lui paraît certaine; on ne peut davantage l'obliger à indiquer les motifs qu'il peut avoir de mettre en doute cette probité, car il est difficile d'apercevoir l'utilité qu'un pareil certificat aurait pour le domestique ou l'ouvrier. Le droit absolu du maître est donc de garder le silence à ce sujet. Il est d'ailleurs faux que, comme on l'a prétendu (1), la délivrance d'un certificat de probité ou de moralité soit consacrée par l'usage.

Mais ce qui est consacré par l'usage, c'est la délivrance d'un certificat attestant la durée et la nature des services de l'ouvrier ou du domestique. Il nous paraît évident que le maître est tenu de fournir ce certificat (2), car, en matière de convention, l'usage fait loi; d'ailleurs la délivrance d'un certificat de ce genre profite à celui qui le réclame sans nuire au patron, ce dernier ne pourrait donc le refuser que dans le but de léser le domestique ou l'ouvrier; or il est reconnu en jurisprudence qu'on ne peut, même en usant d'un droit, agir dans le but de nuire à autrui.

On ajoute en ce sens que le créancier ne peut refuser une quittance à son débiteur qui le paye et que le travail fourni équivaut au payement (3), mais la valeur de l'argument nous paraît douteuse; le débiteur n'a droit à une quittance que comme à un titre destiné à l'empêcher d'être poursuivi à nouveau en payement de la dette qu'il a acquittée ; telle n'est pas la situation de l'ouvrier.

tras, 5 juil. 1892, *Rev. prat. dr. industr.*, 93. 15. — Trib. civ. Seine, 23 mars 1893, *Rev. prat. dr. industr.*, 94. 20. — Trib. civ. Bruxelles, 28 oct. 1896, *Pasicr.*, 97. 3. 80. — Guillouard, II, n. 732; Ruben de Couder, *Dict. dr. com.*, v° *Ouvrier*, n. 56.

(1) Guillouard, *loc. cit.*

(2) Trib. com. Seine, 8 sept. 1885, S., 86. 2. 47. — Trib. civ. Seine, 23 mars 1892, précité. — Trib. civ. Carpentras, 5 juil. 1893, précité (directeur d'usine). — Trib. com. Seine, 3 juin 1893 (2e jug.) *Lois nouvelles*, 93. 2. 136 (pour l'employé de commerce). — Trib. com. Nantes, 2 mai 1894, *Rec. Nantes*, 94. 1. 309. — Sauzet, *Le livret obligatoire des ouvriers*, *Rev. crit.*, XIX, 1890, p. 419 s., n. 55 s. — *Contra* Trib. com. Marseille, 28 juin 1883, S., 86. 2. 47. — Trib. civ. Bruxelles, 28 oct. 1896, précité.

(3) Sauzet, *loc. cit.*

1448. L'art. 3 de la loi du 2 juillet 1890 porte en ce sens : « *Toute personne qui engage ses services peut, à l'expiration* » *du contrat, exiger de celui à qui il les a loués, sous peine de* » *dommages-intérêts, un certificat contenant exclusivement* » *la date de son entrée, celle de sa sortie et l'espèce de travail* » *auquel elle a été employée* ».

Le maître ne peut ajouter à ces mentions aucun renseignement défavorable à l'employé ([1]).

C'est d'une manière absolue que ce texte proclame le droit aux dommages-intérêts; le certificat peut donc être réclamé sans qu'un préjudice soit démontré ([2]). Au surplus, s'il n'y a pas de préjudice actuel, l'ouvrier peut craindre un préjudice futur, à une époque où le patron ne sera peut-être plus en état de fournir le certificat.

Quoique l'art. 3 de la loi de 1890 figure dans une loi qui est exclusivement relative aux ouvriers, et quoiqu'il ait été destiné à remédier à l'abrogation du livret obligatoire des ouvriers, il s'étend, comme l'indiquent ses termes, « à tous ceux qui engagent leurs services » ([3]).

Du reste, comme ce texte est l'application du droit commun, notre observation n'a pas grand intérêt.

1449. Le certificat ne répond pas aux conditions de la loi du 2 juil. 1890, si, au lieu de l'emploi qu'avait l'ouvrier, il indique seulement la profession du patron ([4]). Toute profession, en effet, comporte des ouvriers affectés à des emplois divers.

1449 *bis*. Un domestique ou un employé ne peut reprocher à son maître d'avoir donné à des tiers sur son compte des renseignements défavorables si ces renseignements sont conformes à la vérité, telle du moins qu'elle était connue du maître ([5]).

On a décidé que le tiers qui communique au domestique

([1]) Ainsi jugé avant la loi de 1890. Trib. com. Seine, 8 sept. 1885, S., 86. 2. 47.

([2]) *Contra* Sauzet, *op. cit.*, p. 421, n. 56.

([3]) Sauzet, *op. cit.*, p. 423, n. 57. — *Contra* Chambéry, 8 fév. 1892, *Droit*, 23 mars 1892 (le croupier préposé à la tenue de jeu de hasard ne peut exiger un certificat constatant qu'il a été employé, la loi de 1890 se restreignant aux ouvriers).

([4]) Trib. com. Seine, 8 sept. 1893, *Gaz. Pal.*, 94. 1. 130 (ingénieur-constructeur).

([5]) Trib. paix Paris (8e arrond.), 9 février 1893, *Gaz. Pal.*, 93. 1, *Suppl.*, 50.

les renseignements défavorables est tenu de dommages-intérêts envers le maître [1].

1450. Le patron a le droit d'informer sa clientèle, par une circulaire, de la cessation de services de son employé [2]. Toutefois il ne peut porter par aucune insinuation atteinte à l'honorabilité de l'employé [3].

Rien n'empêche le patron de porter également par une circulaire à la connaissance de ses employés le renvoi de l'un d'eux avec les causes de ce renvoi [4].

SECTION V

DURÉE ET FIN DU CONTRAT

§ I. *Du louage de services fait à terme.*

I. *Cas dans lesquels le louage de services est fait à terme.*

1451. La convention fixe quelquefois, quoique assez rarement, un terme pour le louage de services ; ce terme est tantôt déterminé, tantôt indéterminé.

La durée du contrat n'est pas toujours indiquée formellement dans le contrat lui-même, mais elle peut, alors même qu'elle n'y est pas fixée, dériver de la nature des services promis [5].

Ainsi la durée des services d'un ouvrier engagé pour une récolte est égale au temps nécessaire pour faire la récolte [6].

De même, l'apprentissage, ayant pour objet l'instruction de l'apprenti, est fait pour la durée nécessaire à cette instruction; le juge du fait fixe cette durée suivant la profession, la situation des parties et l'usage des lieux [7].

De même encore, s'il existe un usage constant et reconnu

[1] Trib. paix Paris, 9 février 1893, précité.
[2] Amiens, 21 juin 1890, *Rec. d'Amiens*, 91. 1. 6.
[3] Amiens, 21 juin 1890, précité.
[4] Trib. féd. suisse, 20 septembre 1890, *Ann. dr. comm.*, V, 1891, *Doctr.*, p. 34.
[5] Guillouard, II, n. 717.
[6] Guillouard, II, n. 717.
[7] Pardessus, *Dr. comm.*, II, n. 519; Mollot, *Du contr. d'apprent.*, n. 84 ; Harel, *Rev. dr. franç. et étr.*, IV, p. 310, n. 29.

fixant la durée du louage de services fait dans les conditions où se trouvent les parties, cet usage fera la loi des parties ([1]). A vrai dire, nous sommes ici dans l'hypothèse d'un louage de services fait pour un temps déterminé; seulement la durée du louage est fixée par une convention tacite, les parties étant censées, dans le silence du contrat, s'être référées à l'usage du lieu. L'art. 15 de la loi du 9 juillet 1889 *sur le code rural* consacre ce principe pour le louage des domestiques et ouvriers ruraux, et il n'y a pas de raison à notre avis pour en restreindre l'application à cette hypothèse. Voici comment s'exprime le texte précité : « La durée du louage des domes- » tiques et des ouvriers ruraux est, sauf preuve d'une con- » vention contraire, réglée suivant l'usage des lieux ».

Mais, de ce que les appointements d'un employé sont fixés à tant par mois ou par an, il ne résulte pas que le contrat soit fait pour un mois ou un an au moins ([2]).

Cependant l'engagement à la journée est un engagement à terme fixe ([3]), renouvelable après chaque journée, car on ne peut admettre que les parties aient entendu s'engager pour moins d'un jour.

Nous reviendrons sur ces points à propos du louage de services fait sans terme ([4]).

II. *Conditions de validité du louage de services fait à terme.*

1452. Le contrat de louage de services est valablement fait à terme et ce terme peut être certain ou incertain.

Ainsi, l'engagement contracté pour la durée d'une société est un engagement à terme; il est valable ([5]).

Toutefois, nous verrons que le contrat de louage de services passé avec un capitaine de navire pour un temps déterminé, tout en étant valable, ne produit que les effets d'un contrat fait sans terme.

([1]) Guillouard, II, n. 717.
([2]) Grenoble, 29 nov. 1892, *Lois nouvelles*, 93. 2. 133.
([3]) Cass., 20 mars 1895, D., 95. 1. 249 (donc pas de délai à observer).
([4]) V. *infra*, n. 1574 et 1575.
([5]) On a décidé qu'un engagement de ce genre est contracté à l'année. — Lyon, 31 janv. 1894, *Gaz. Pal.*, 94. 2. 343. — C'est évidemment une erreur.

D'autre part, l'art. 15 de la loi du 21 germinal an X dispose : « L'engagement d'un ouvrier ne pourra excéder un an, à moins qu'il ne soit contre-maître, conducteur des autres ouvriers ou qu'il n'ait un traitement stipulé par acte exprès ».

Cette disposition, comme celle de l'art. 1780 et pour la même raison (¹), est sanctionnée par une nullité absolue; le maître peut donc se prévaloir de la nullité aussi bien que l'ouvrier. On s'est, pour soutenir le contraire, prévalu de ce que la loi de germinal édicte une mesure de protection pour l'ouvrier (²). Mais n'en est-il pas de même de l'art. 1780?

1453. « *On ne peut engager ses services qu'à temps, ou » pour une entreprise déterminée* », dit l'art. 1780. Cette disposition s'applique à tout louage de services, et non pas seulement, comme paraît l'indiquer la rubrique, au louage des domestiques et des ouvriers; un argument peut être tiré en ce sens du mot *On*. Elle est une conséquence du grand principe que la liberté de l'homme est inaliénable. « Il serait étrange, disait M. Galli dans son Exposé des motifs au corps législatif, qu'un domestique, qu'un ouvrier pussent engager leurs services pour toute leur vie. La condition d'homme libre abhorre toute espèce d'esclavage » (³). Cette règle était écrite dans les constitutions de l'époque intermédiaire (⁴).

Aussi est-il incontestable que la convention par laquelle une personne engage ses services à perpétuité, c'est-à-dire pendant sa vie tout entière, est frappée de nullité (⁵).

Est nulle, comme portant atteinte à la prohibition de notre article, non seulement la convention par laquelle une personne engage ses services pour toute sa vie, mais toute convention équivalente (⁶).

(¹) V. *infra*, n. 1459 ter.
(²) Flurer, *Rev. crit.*, XVIII, 1889, p. 312.
(³) Fenet, XIV, p. 318; Locré, XIV, p. 416. — V. aussi rapport du tribun Mouricault, Fenet, XIV, p. 339.
(⁴) Const. 24 juin 1793, art. 18. — Const. 5 fruct. an III, préambule, art. 15.
(⁵) Cass. civ., 28 juin 1887, S., 87. 1. 380, D., 88. 1. 298. — Lyon, 4 mai 1865, S., 66. 2. 191, D., 66. 2. 165. — Lyon, 19 déc. 1867, S., 68. 2. 258. — Boileux, VI, art. 1780; Marcadé, VI, art. 1780, n. 2; Massé et Vergé, IV, p. 397, § 707, note 4; Duvergier, II, n. 284; Troplong, II, n. 854; Clamageran, *Du louage d'industrie*, n. 176; Colmet de Santerre, VII, n. 230; Guillouard, II, n. 710.
(⁶) Cass., 19 déc. 1860, S., 61. 1. 504. — Lyon, 19 déc. 1867, S., 68. 2. 258. —

1454. Les juges ont un pouvoir souverain d'appréciation : ils s'inspireront de ce principe qu'on ne peut pas faire indirectement ce que la loi défend de faire directement.

Ainsi seront nuls :

Le contrat par lequel on engage ses services pour un temps supérieur à la durée probable de son existence, par exemple le contrat par lequel un domestique âgé de 40 ans engage ses services pendant 30 ans (1) ;

Le contrat par lequel on engage ses services pour la durée d'une entreprise qui, normalement, doit se prolonger pendant plusieurs générations.

1455. Est également nul le contrat de louage de services pour toute la durée de la vie d'un maître plus jeune que le domestique (2).

Mais il en est autrement si le maître est plus âgé que le domestique (3). Le texte, il est vrai, annule le louage d'ouvrage qui n'est pas fait à temps ; mais son esprit commande de ne pas interdire le contrat qui, normalement, doit cesser avant la fin de la vie de celui qui s'engage ; ce contrat est évidemment fait à temps ; sans doute il se peut que le domestique meure avant le maître ; mais n'arrive-t-il pas aussi que le domestique meure avant le terme du contrat ?

L'opinion contraire se fonde sur les termes généraux de l'art. 1780 ; mais il suffit de répondre que l'art. 1780 annule exclusivement l'engagement perpétuel, et qu'on ne peut ainsi qualifier l'engagement destiné très vraisemblablement à se terminer longtemps avant le décès de la personne qui le prend.

Duranton, XVII, n. 226 ; Troplong, II, n. 853 ; Duvergier, II, n. 284 ; Aubry et Rau, IV, p. 513, § 372, note 3 ; Guillouard, II, n. 710.

(1) Guillouard, II, n. 710.

(2) V. Autorités citées à la note suivante. — V. cep. Douai, 2 fév. 1850, cité à la note suivante (parait contraire par ses termes généraux).

(3) Douai, 2 févr. 1850, S., 52. 2. 182, D., 51. 2. 133. — Caen, 30 janv. 1852, *Rec. de Caen*, 1852, p. 78. — Toulouse, 28 déc. 1892, S., 93. 2. 209. — Boileux, art. 1780, p. 154 ; Troplong, II, n. 857 ; Duvergier, II, n. 184 ; Marcadé, art. 1780, n. 2 ; Massé et Vergé, IV, p. 397, § 707, note 4 ; Aubry et Rau, IV, p. 513, § 372, note 3 ; Laurent, XXV, n. 496 ; Guillouard, II, n. 711 ; Colmet de Santerre, VII, n. 230 *bis*, 4. — *Contra* Paris, 20 juin 1826, S. chr. — Lyon, 4 mai 1865, S., 66. 2. 191, D., 66. 2. 165.

On objecte encore que si le domestique ne peut s'engager à perpétuité vis-à-vis de son maître, ce dernier ne peut, par mesure de réciprocité, s'engager à perpétuité vis-à-vis de son domestique. Ce raisonnement a le tort d'ajouter au texte et de créer, contrairement aux justes principes d'interprétation, une nullité que la loi n'a pas établie, et qu'elle a même écartée par ses termes.

1456. On a assimilé au contrat contenant engagement perpétuel le contrat à durée illimitée où les parties peuvent se retirer quand elles l'entendent, mais à charge de payer des dommages-intérêts ou d'observer une clause pénale [1]. En effet les clauses de ce genre reviennent à stipuler indirectement un engagement perpétuel; elles équivalent à dire que l'engagement est perpétuel et que la partie qui se retirera devra des dommages-intérêts; or cette sanction est précisément la seule qui, même en dehors d'une disposition expresse, pourrait être admise pour l'engagement perpétuel, si cet engagement était valable; car on ne peut forcer *manu militari* le patron à garder son ouvrier ou l'ouvrier à rester chez son patron.

La nullité de la clause pénale ou de la clause relative aux dommages-intérêts entraîne la nullité du contrat tout entier [2]. Il est en effet évident que dans l'esprit des parties toutes les clauses de la convention sont indivisibles. D'un autre côté, puisqu'en réalité la convention contient un engagement perpétuel, on ne peut que lui réserver le sort de tous les engagements de ce genre. L'objection qu'on a tirée de l'art. 1227 C. civ., d'après lequel la nullité de la clause pénale n'influe pas sur le contrat principal, est donc sans portée.

1457. La stipulation que l'employé qui se retirera du contrat perdra tout droit éventuel à une retraite n'est pas une clause pénale et ne peut être frappée de nullité [3]. Comme le patron n'est pas forcé d'accorder une retraite à ses employés, il peut, à plus forte raison, subordonner la retraite aux con-

(1) Mongin, *Le droit de congé dans le louage de services*, *Rev. crit.*, XXII, 1893, p. 359.
(2) *Contra* Mongin, *loc. cit.*
(3) *Contra* Mongin, *loc. cit.*

ditions qu'il détermine. L'opinion contraire est d'autant plus singulière que les employés de l'Etat, au profit desquels le droit à la retraite existe, ne peuvent y prétendre s'ils se retirent d'eux-mêmes. Ajoutons que le nouvel art. 1780, modifié par la loi du 27 déc. 1890, ne tient compte de la retraite que si le renvoi est intempestif.

1458. Un médecin peut-il s'engager à soigner une personne ou une famille déterminées pendant toute sa vie? Nous étudierons cette convention dans notre commentaire du titre du *Mandat*.

1459. Celui qui engage ses services pour une entreprise déterminée, comme, par exemple, le défrichement d'un bois, l'exploitation d'une carrière, devrait, d'après les termes de l'art. 1781, pouvoir les engager pour toute son existence. L'art. 1781 autorise en effet les services promis pour un temps ou pour une entreprise déterminés.

Cependant on admet généralement l'opinion contraire (1), on se contente de dire que personne ne peut engager ses services pour toute sa vie. C'est résoudre la question par la question et ne pas tenir compte du texte de l'art. 1781.

En tout cas l'engagement pour une entreprise, si difficile et longue qu'elle soit, n'est pas nul, si, en s'aidant du travail d'autrui, celui qui a promis ses services peut en venir à bout. Ainsi l'entrepreneur de l'exploitation d'une carrière contracte pendant toute sa vie un engagement valable, quoique ses efforts individuels ne doivent pas suffire à l'exploitation, si, en s'aidant d'ouvriers, il doit en venir à bout (2).

Il en est de même si cet engagement est pris par un ouvrier (3), car on doit supposer que, dans l'intention des parties, cet ouvrier peut s'aider du travail d'autrui.

Le patron peut s'obliger à garder son ouvrier ou employé tant qu'il conservera son industrie (4).

1459 *bis*. La nullité des clauses que nous indiquons est également admise dans les pays étrangers (5).

(1) Troplong, II, n. 858; Guillouard, II, n. 715.
(2) Guillouard, II, n. 715.
(3) *Contra* Guillouard, II, n. 715.
(4) Lyon, 5 mars 1890, *Mon. jud. Lyon*, 5 avril 1890.
(5) *Allemagne :* l'engagement des services pendant toute la vie est nul, ainsi que

1459 *ter*. L'art. **1780** repose sur des considérations d'ordre public : il est fondé sur ce que l'engagement qu'il prévoit est illicite comme altérant la liberté humaine. Par conséquent la nullité de la convention qui y porte atteinte pourrait être invoquée par les deux parties et non pas seulement, comme on l'a prétendu, par celle qui a aliéné à perpétuité sa liberté (1). L'art. **1131** conduit à cette solution ; on ne peut donc objecter que la nullité est introduite exclusivement en faveur du domestique.

1460. La partie — maître ou domestique — qui met fin au contrat, ne doit aucuns dommages-intérêts à l'autre partie (2), car l'exercice d'un droit ne saurait être la source d'une action en indemnité.

Mais il va sans dire que, malgré la nullité déclarée, le domestique ou l'employé doit être indemnisé du travail qu'il a fourni (3).

Le juge du fait détermine cette indemnité comme il l'entend (4). Il n'est pas forcé de se baser sur le contrat, puisque ce contrat est nul (5) ; il jugera même équitable de ne pas le faire dans la plupart des cas, car le prix a été fixé en tenant compte soit des avantages, soit des inconvénients que pouvait offrir pour les parties un engagement perpétuel.

On pourra distinguer suivant que le contrat est rompu par le domestique ou par le maître.

Ainsi la rupture peut donner lieu, au profit du domestique, à une indemnité plus forte que le prix stipulé, si on tient

la clause pénale. — Trib. sup. comm. Empire, 14 mai 1875, *Journ. dr. int.*, IV, 1877, p. 157. — *Russie* : on ne peut engager ses services que pour cinq ans ; tout engagement plus long est réduit à cinq ans. Sénat russe, 27 mars 1873, *Journ. dr. int.*, II, 1875, p. 159.

(1) Bordeaux, 27 janv. 1827, S. chr. — Duranton, XVII, n. 226 ; Duvergier, II, n. 286 ; Aubry et Rau, IV, p. 513, § 372, note 1 ; Laurent, XXV, n. 493 ; Guillouard, II, n. 712 ; Flurer, *Rev. crit.*, XVIII, 1889, p. 313. — *Contra* Troplong, II, n. 856 ; Larombière, art. 1133, n. 30.

(2) Bordeaux, 23 janv. 1827, S. chr. — Lyon, 4 mai 1865, S., 66. 2. 191, D., 66. 2. 165. — Guillouard, II, n. 713.

(3) Cass. civ., 28 juin 1887, S., 87. 1. 380, D., 88. 1. 296. — Bordeaux, 23 janv. 1827, précité. — Lyon, 4 mai 1865, précité. — Troplong, II, n. 854 ; Duvergier, II, n. 286 ; Guillouard, II, n. 713 ; Flurer, *loc. cit.*

(4) Cass. civ., 28 juin 1887, précité. — Guillouard, II, n. 713.

(5) Cass. civ., 28 juin 1887, précité. — Guillouard, II, n. 713 ; Flurer, *loc. cit.*

compte de la situation qu'il avait abandonnée et de ses frais de déplacement [1].

III. *Fin du louage de services fait à terme.*

A. *Arrivée du terme fixé.*

1461. Le louage fait à terme cesse de plein droit au terme fixé ; la partie qui refuse de le renouveler n'est donc point passible de dommages-intérêts, alors même que ce refus dériverait d'un caprice [2].

B. *Volonté unilatérale des parties.*

1462. Lorsque le contrat est fait pour une durée déterminée, aucune des deux parties ne peut, sans dommages-intérêts, mettre avant le terme fixé fin au contrat, alors même qu'elle aurait un motif qui serait de nature à légitimer la rupture d'un contrat à durée illimitée [3]. Les motifs de ce genre sont, en effet, indépendants des engagements pris par les parties et ne supposent pas l'inexécution de leurs obligations.

On doit décider en ce sens que l'affiliation de l'ouvrier à un syndicat professionnel, une saisie-arrêt faite sur ses appointements ne sont pas pour le patron une cause légitime de révocation.

Il a été jugé dans le même sens que l'affiliation du patron à un syndicat ne permet pas à l'employé, même intéressé, de rompre le contrat, quoiqu'en fait cette affiliation ait mécontenté et fait disparaître une partie de la clientèle [4].

1463. La personne engagée pour un temps déterminé dans un contrat de louage d'ouvrage, et qui met fin au contrat par sa volonté, est évidemment tenue à des dommages-intérêts [5], par application de l'art. 1142 C. civ.

[1] Guillouard, II, n. 713.

[2] Trib. com. Saint-Nazaire, 30 mai 1895, *Mon. jud. Lyon*, 12 août 1895.

[3] V. cep. Rennes, 14 janv. 1895, S., 96. 2. 16 (pour un employé engagé jusqu'à la fin de certains travaux).

[4] Lyon, 7 janv. 1889, *Mon. jud. Lyon*, 11 mai 1889.

[5] Paris, 24 fév. 1860, D., 60. 2. 84. — Bordeaux, 3 juin 1867, S., 68. 2. 118, D., 68. 5. 279. — Lyon, 13 juin 1894, D , 95. 2. 292. — Guillouard, II, n. 714 et 727 ; Sauzet, *Etude sur le nouvel art. 1780 C. civ.*, *Ann. dr. comm.*, V, 1891, *Doctr.*, p. 113, n. 41.

Ainsi en est-il du domestique engagé pendant la vie de son maître ([1]), dans les cas où cet engagement est valable.

Mais, de même que le patron, l'ouvrier, le domestique ou l'employé engagé à temps, n'est passible, au cas où il rompt cet engagement, que de dommages-intérêts, conformément à l'art. **1142** C. civ. ; il ne peut être contraint par la force à remplir ses engagements ([2]), car si l'obligation de faire peut être exécutée par la force, cela n'est, en tout cas, vrai que dans les hypothèses où cette exécution forcée est matériellement possible. Or, on ne peut exercer sur une personne une contrainte suffisante pour l'obliger à un fait actif. Cela n'empêche pas évidemment les tribunaux de condamner la partie contrevenante à exécuter son engagement ([3]), mais à la condition de ne pas sanctionner cette condamnation par la force et de condamner simplement la partie qui ne s'y conformerait pas à des dommages-intérêts ([4]).

1464. Cependant le propriétaire d'un navire peut congédier le capitaine, aux termes formels de l'art. **218** C. com. Cette disposition se justifie par l'idée que le choix du capitaine est dû à la confiance de l'armateur. On admet que la clause contraire est nulle ([5]).

Il résulte aussi de là que le congé ne peut donner lieu à des dommages-intérêts ([6]). Du reste, l'art. **218** C. com. dispose qu'une indemnité ne peut être due qu'en vertu d'une clause formelle.

Il a été décidé que l'art. **218** C. com. est applicable non seulement aux capitaines de navires de commerce, mais encore aux capitaines de navires de plaisance, les motifs étant les mêmes ([7]).

([1]) Aubry et Rau, IV, p. 513, § 372, note 4; Guillouard, II, n. 714.

([2]) Sauzet, *Le livret obligatoire des ouvriers*, *Rev. crit.*, XVIII, 1890, p. 229, n. 15.

([3]) Paris, 1er fév. 1873, S., 73. 2. 87, D., 73. 2. 166. — Guillouard, II, n. 727.

([4]) V. Guillouard, *loc. cit.*

([5]) Trib. com. Nantes, 6 juillet 1892, *Recueil de Nantes*, 92. 1. 391.

([6]) Trib. com. Nantes, 6 juillet 1892, précité. — Charvériat, *Ann. dr. comm.*, II, 1888, *Doctr.*, p. 13, note 2. — *Contra* Filleau, *Tr. de l'engagement des équipages*, 2e édit., p. 279.

([7]) Trib. com. Marseille, 27 octobre 1890, *Journ. de Marseille*, 91. 1. 23. — Lyon-Caen, *Rev. crit.*, XXI, 1892, p. 370.

Dans d'autres pays, le capitaine ne peut être congédié sans motifs plausibles [1].

1465. Les dommages-intérêts dus à l'ouvrier, domestique ou employé congédié avant le terme fixé comprennent tout le salaire qu'il aurait touché jusqu'à l'expiration du contrat [2].

Il y a cependant lieu de déduire le gain qu'il a fait d'autre part [3] ou qu'il aurait pu faire facilement [4].

Mais c'est au maître de prouver que l'employé a fait un gain [5] ou aurait pu le faire [6].

Les dommages-intérêts ne comprennent pas les frais de déplacement que l'employé aurait déboursés pour se rendre auprès du patron qui le renvoie [7].

1466. Les dommages-intérêts peuvent être écartés par la convention [8] ou fixés d'avance par une clause pénale [9]. Il n'y a pas lieu d'appliquer les solutions données par le nouvel art. 1780 C. civ., ou à propos de cet article, ces solutions étant spéciales au contrat fait sans durée convenue [10].

Les solutions que nous avons admises font place à celles qui dérivent du nouvel art. 1780, si le prétendu contrat à terme déguise un contrat à durée illimitée [11].

1467. La clause pénale imposée à un mineur n'est valable que si le tuteur qui y participe est autorisé par le conseil de famille [12]. Elle peut aussi, en certains cas, et si elle est excessive, être annulée pour cause de lésion [13].

(1) Angleterre, Cour plaids communs, *Journ. dr. int.*, IV, 1877, p. 435.

(2) Paris, 17 janvier 1893, *Gaz. Pal.*, 93. 2. 2e p., 34. — Trib. féd. suisse, 22 octobre 1892, *Ann. dr. comm.*, VIII, 1894, *Doctr.*, p. 43. — Trib. féd. suisse, 29 juillet 1895, *Ann. dr. comm* , X, 1896, p. 44.

(3) Paris, 17 janvier 1893, précité. — Trib. féd. suisse, 22 octobre 1892 et 29 juillet 1895, précités.

(4) Trib. féd. suisse, 29 juillet 1895, précité.

(5) Trib. féd. suisse, 22 octobre 1892 et 29 juillet 1895, précités.

(6) Trib. féd. suisse, 29 juillet 1895, précité.

(7) Trib. com. Nantes, 15 février 1890, *Rec. Nantes*, 90. 1. 68.

(8) Sauzet, *Ann. dr. com.*, V, 1891, p. 113, n. 141.

(9) Paris, 20 mai 1890, *Gaz. Pal.*, 90. 2. 171. — Sauzet, *loc. cit.*

(10) V. *infra*, n. 1562 s.

(11) Sauzet, *loc. cit.*

(12) Paris, 27 juin 1889, S., 89. 2. 159 (engagement théâtral).— Bertin, *Chambre du Conseil*, 3e édit., I, n. 490. — V. *supra*, n. 1226.

(13) Ainsi jugé pour le cas d'un dédit stipulé par le mineur seul. — Paris,

Mais la nullité de la clause pénale ne détruit pas l'obligation aux dommages-intérêts [1].

1468. Le recours en dommages-intérêts contre un ouvrier étant généralement illusoire, un règlement d'administration publique du 9 frim. an XII, aujourd'hui abrogé, et dont nous avons parlé à propos des avances faites sur les salaires [2], permettait la retenue du livret de l'ouvrier jusqu'à l'exécution des engagements contractés par lui; et, comme il était défendu à un patron d'engager un ouvrier non porteur de son livret, les ouvriers étaient pris par la famine. Cette solution était, il est facile de le voir, à la fois contraire aux principes et à l'humanité [3].

Elle avait été cependant reproduite par la loi du 22 fév. 1851 [4].

La loi du 2 juil. 1890 (art. 2) a supprimé toutes les dispositions législatives relatives au livret.

1469. Il peut être convenu que les deux parties, d'accord entre elles, ou l'une d'entre elles pourront mettre fin au contrat par leur volonté [5]. La première de ces deux clauses n'est autre chose qu'une superfétation, car elle équivaut à constater que le contrat est fait sous condition que l'accord persistera. Or si le contrat lie immédiatement les parties, sa résolution est soumise à leur volonté [6].

1470. Ainsi le patron peut se réserver de résilier le contrat

8 juillet 1882, S., 85. 2. 106. — Et même par le mineur assisté de son père, Trib. civ. Seine, 14 avril 1885, sous Paris, 30 mai 1888, S., 88. 2. 173. — La question rentre dans le droit commun.

(1) Paris, 8 juillet 1882, S., 85. 2. 106. — Paris, 27 juin 1889, précité. — Lacan et Paulmier, *Législ. des théâtres*, I, n. 240.

(2) V. *supra*, n. 1419.

(3) Sauzet, *Rev. crit.*, 1890, p. 227 s., n. 14 s.

(4) Art. 3 : « Le patron qui exécute les conventions arrêtées entre lui et l'ouvrier a le droit de retenir le livret de celui-ci jusqu'à ce que le travail, objet de ces conventions, soit terminé et livré, à moins que l'ouvrier, pour des causes indépendantes de sa volonté, ne se trouve dans l'impossibilité de travailler ou de remplir les conditions de son contrat ». V. Sauzet, *op. cit.*, p. 363 s., n. 89 s.

(5) Lyon, 6 fév. 1857, S., 57. 2. 560, D., 57. 2. 20. — Guillouard, II, n. 717.

(6) V. Guillouard, II, n. 717.

après un temps d'épreuve (¹). L'art. 1174 qui annule les contrats faits sous une condition purement potestative est inapplicable non pas, comme on le dit généralement, parce qu'il ne s'agit pas ici d'un fait purement potestatif (il est clair qu'au contraire le patron peut par un simple caprice renvoyer son ouvrier) mais parce que le fait joue le rôle d'un terme extinctif et non, comme le veut l'art. 1174, d'une condition suspensive.

Cet argument nous paraît supérieur à celui qu'on invoque quelquefois et d'après lequel les clauses en question ont pour seul but de supprimer l'obligation avec dommages-intérêts qui sanctionne la rupture d'une obligation de faire. Avec un pareil raisonnement, on validerait le contrat de louage d'ouvrage dont la formation serait subordonnée à la volonté de l'une des parties.

1471. Quoi qu'il en soit, cette solution a été fréquemment appliquée aux rapports entre un directeur de théâtre et les acteurs qu'il a engagés (²).

1472. La partie qui s'est réservé de mettre fin au contrat peut renoncer à ce droit expressément ou tacitement (³).

C. *Mort des parties.*

1473. Le louage des domestiques, ouvriers et employés

(¹) V. les autorités citées dans la note qui suit.

(²) Il peut se réserver le droit de résilier l'engagement : 1° Après un délai fixé, Aix, 28 juin 1886, *Rec. d'Aix*, 86. 2. 21. — Nîmes, 17 ou 27 févr. 1893, S., 94. 2. 102, D., 94. 2. 29 (et cela même si, au moment où le directeur résilie le contrat, l'acteur a fait ses débuts, et sans qu'on puisse faire résulter une renonciation au droit de résiliation de ce que l'acteur a été appelé à participer aux répétitions d'une pièce qui ne devait être jouée qu'après le temps d'épreuve, si le traité obligeait l'acteur à assister à toutes les répétitions). Paris, 7 mai 1895, S., 95. 2. 247, D., 95. 2. 392. — Trib. com. Nice, 28 janv. 1891, *Gaz. Trib.*, 14 mars 1891. — 2° Après les débuts de l'acteur, Rouen, 12 nov. 1852, S., 53. 2. 332. — Lyon, 6 fév. 1857, S., 57. 2. 560, D., 57. 2. 20. — Rennes, 27 avril 1883, S., 83. 2. 239. — Bordeaux, 29 avril 1891, *Gaz. Trib.*, 1er nov. 1891. — Paris, 7 mai 1895, précité. — Trib. com Seine, 6 janv. 1887, *Journ. trib. com.*, 88. 144.

(³) Nîmes, 17 fév. 1893, S., 94. 2. 102, D., 94. 2. 29 (impl. : le directeur de théâtre qui s'est réservé de renvoyer un artiste après un temps d'épreuve n'est pas censé avoir renoncé à ce droit par cela seul qu'il a fait assister l'artiste aux répétitions d'une pièce destinée à être jouée après le temps d'épreuve, si l'artiste devait, d'après le contrat, assister à toutes les répétitions du théâtre).

cesse par la mort de l'une ou l'autre des parties [1]. Les salaires ne sont donc dus que jusqu'à ce moment [2].

A la mort d'une partie, il faut assimiler la dissolution de la société qui a engagé l'ouvrier ou employé [3], alors même que cette société est remplacée par une société nouvelle [4].

L'employé ne peut donc critiquer la dissolution et réclamer des dommages-intérêts aux patrons.

D. *Inexécution des obligations.*

1474. Les motifs légitimes qui peuvent donner lieu à la résiliation d'un contrat à durée fixe, comprennent, d'une manière générale, tous les faits dans lesquels se manifeste l'inexécution, par l'une des parties, de ses obligations [5].

Nous citerons :

Le refus d'obéissance du domestique ou employé [6];

Le défaut de payement des salaires [7];

Les mauvais traitements et les injures adressés au domestique ou à l'employé [8];

L'insuffisance de nourriture [9];

L'insuffisance de logement [10].

De même, le patron peut se réserver de congédier son employé si ce dernier ne lui procure pas un chiffre d'affaires déterminé [11].

(1) Guillouard, II, n. 731. — *Contra* Rouen, 12 janv. 1889, *Rec. Havre*, 89. 2. 45. — V. aussi en sens contraire Trib. com. Havre, 25 janv. 1888, *Rec. Havre*, 88. 50 (en ce qui concerne le commis-voyageur ; ce jugement tire sa conclusion de ce que selon lui ce contrat tient à la fois du mandat et du louage de services).

(2) Guillouard, II, n. 731.

(3) Rennes, 24 mars 1886, *Rec. Nantes*, 89. 127. — Paris, 20 nov. 1888, *Gaz. Trib.*, 12 déc. 1888. — Bordeaux, 21 juil. 1890, *Rec. Bordeaux*, 90. 1. 455. — Trib. com. Marseille, 23 nov. 1887, *Rec. Marseille*, 88. 76. — *Contra* Rouen, 12 janv. 1889, précité. — Trib. com. Marseille, 21 janv. 1887, *Rec. Marseille*, 87. 104. — Rennes, 24 nov. 1885, *Rec. Nantes*, 87. 20.

(4) Bordeaux, 21 juil. 1890, précité.

(5) Trib. com. Seine, 17 janv. 1895, *Loi*, 29 janv. 1895.

(6) Aubry et Rau, IV, p. 514, § 372; Guillouard, II, n. 728.

(7) Guillouard, II, n. 728.

(8) Guillouard, II, n. 728.

(9) Guillouard, II, n. 728.

(10) Guillouard, II, n. 728.

(11) Paris, 11 fév. 1887, D., 87. 2. 140.

1475. La résolution ne peut être prononcée que par les tribunaux [1]; mais ce n'est pas une raison pour décider, comme on le fait quelquefois [2], que le renvoi donne toujours lieu à des dommages-intérêts. En tous cas, les dommages-intérêts supposent une mise en demeure [3].

E. *Impossibilité d'exécution.*

1476. Le contrat à durée fixe n'est pas résolu par les faits qui rendent excusable celui qui veut y mettre fin, mais qui cependant ne constituent pas un cas fortuit ou une force majeure [4].

On peut citer :

La nécessité pour le domestique d'aller soigner ses parents âgés ou infirmes [5];

Les pertes éprouvées par le commerçant dans son commerce et qui ne lui permettent pas de conserver son chiffre ancien d'employés [6];

La faillite ou la cessation des affaires [7], car elle résulte de la maladresse du commerçant ou de son incapacité. Et si les syndics n'exécutent pas le marché, c'est l'employé qui peut demander la résolution pour cause d'inexécution [8]. On a même décidé qu'il a droit à des dommages-intérêts [9], mais la question de savoir si le créancier dont les droits sont

(1) Gand, 2 mars 1895, *Pasicr.*, 95. 2. 222.
(2) Gand, 2 mars 1895, précité.
(3) Trib. paix Magny-en-Vexin, 10 août 1895, *Loi*, 8 oct. 1895.
(4) Pothier, n. 70; Duvergier, II, n. 293; Aubry et Rau, IV, p. 514, § 372, note 8; Guillouard, II, n. 729.
(5) Guillouard, II, n. 729.
(6) Aix, 13 mai 1872, sous Cass., D., 74. 1. 420. — Paris, 14 nov. 1872, S., 72. 2. 262. — Guillouard, II, n. 729.
(7) Paris, 29 janv. 1884, *Gaz. Pal.*, 84. 1. 475. — Paris, 17 fév. 1892, S., 94. 2. 179, D., 94. 2. 1. — Trib. civ. Alais, 17 mars 1887, *Gaz. Pal.*, 87. 1. 243. — Trib. civ. Seine, 18 avril 1889, *Ann. dr. com.*, III, 1889, *Jurispr.*, p. 183. — Trib. com. Le Havre, 8 juin 1893, *Rec. Havre*, 93. 1. 218. — Boistel, *Note*, D., 94. 2. 1; Ch. Bourgeois, *Ann. dr. com.*, III, 1889, *Jurispr.*, p. 183; Thaller, *Note*, D., 95. 2. 233. — V. cep. Trib civ. Châlons-sur-Saône, 22 déc. 1884, *Journ. des faill.*, 85. 349. — Trib. civ. Seine, 28 juin 1893, *Rev. des Soc.*, 94. 16. — Trib. com. Marseille, 6 oct. 1893, *Rec. Marseille*, 94. 1. 6.
(8) Paris, 17 fév. 1892, S., 94. 2. 179, D., 94. 2. 1. — Boistel, *Note*, D., 94. 2. 1.
(9) Paris, 17 fév. 1892, précité.

résolus par suite de la faillite peut demander des dommages-intérêts est très discutée. En tous cas, les dommages-intérêts sont dus en cas de liquidation amiable ou de cessation des affaires [1]. Ils sont également dus s'ils ont été stipulés [2].

A plus forte raison, la cessation volontaire du commerce n'est pas une force majeure [3].

1477. L'engagement militaire volontaire de l'ouvrier permet au patron de réclamer la résiliation du bail avec dommages-intérêts [4].

Il en était de même du service volontaire d'un an; ce n'est pas une simple cause de suspension [5].

1478. Même si le louage d'ouvrage est fait pour une durée déterminée, le patron peut renvoyer l'employé pour cause de fraude dirigée contre lui-même [6], ou pour immoralité [7].

Ce renvoi peut être ordonné alors même qu'un dédit déterminé est stipulé pour le cas de renvoi [8]; les parties n'ont évidemment prévu que le renvoi sans motif légitime. Eussent-elles formellement dit le contraire, que le renvoi pourrait encore être effectué sans indemnité, car une clause de cette nature serait l'approbation implicite d'une fraude et serait ainsi contraire à l'ordre public.

[1] Trib. civ. Seine, 18 avril 1889, précité. — Bourgeois, *loc. cit.*

[2] Par exemple, s'ils ont été stipulés pour le cas de dissolution de la société qui a engagé les employés; la faillite ou la liquidation de cette société donne lieu à l'indemnité. — Thaller, *Ann. dr. com.*, V, 1891, *Doctr.*, p. 209. — *Contra* Trib. com. Seine, 28 mars 1890, *Journ. trib. com.*, 91. 132.

[3] Comp. Paris, 17 fév. 1892, précité. — Trib. com. Le Havre, 8 juin 1893, *Rec. du Havre*, 93. 1. 218. — Thaller, *Note*, D., 95. 2. 233. — V. cep. Trib. com. Marseille, 6 oct. 1893, précité. — Trib. civ. Seine, 28 juin 1893, *Rev. des Soc.*, 1894, p. 16 (pour la mise en liquidation d'une société), d'après lequel il faudrait distinguer suivant que l'employé a ou non contracté un engagement avec le patron.

[4] Duvergier, II, n. 293 et 294; Aubry et Rau, IV, p. 514, § 372; Guillouard, II, n. 729.

[5] *Contra* Trib. sup. comm., empire Allemagne, 4 juin 1873, *Entsch.*, X, p. 220, *Anal. Journ. dr. int.*, I, 1874, p. 323.

[6] Paris, 15 juin 1893, D., 93. 2. 472 (entente de l'employé avec des fournisseurs pour majorer les prix et se faire allouer une commission sur cette majoration).

[7] Paris, 10 mai 1887, *Gaz. Pal.*, 87. 2. 24 (antécédents judiciaires dont le patron n'avait pas eu antérieurement connaissance).

[8] Paris, 15 juin 1893, précité.

1479. L'impossibilité fortuite d'exécution est au contraire un motif légitime de résiliation ([1]), c'est l'effet ordinaire du cas fortuit ou de la force majeure, car on sait qu'il n'y a pas de dommages-intérêts en matière contractuelle en cas d'inexécution fortuite (C. civ., art. **1142** s.).

On peut citer :

L'impossibilité de fabriquer en cas de monopolisation par l'Etat de l'objet fabriqué ([2]) ;

L'enlèvement par la guerre de tous les débouchés ou de la possibilité d'acquérir les matières premières ([3]) ;

Le défaut de payement d'une subvention promise par un gouvernement, lequel a forcé le patron à cesser son métier ([4]).

Il n'y a pas force majeure, mais au contraire faute du patron, s'il a, par erreur, engagé plus d'ouvriers ou d'employés qu'il ne lui en fallait ([5]).

1480. Si l'exécution de l'engagement d'un employé est interrompue par une maladie temporaire, le directeur a le droit de renvoyer définitivement l'employé et ce dernier ne peut, après son rétablissement, demander à reprendre son service ([6]).

([1]) Cass. req., 22 oct. 1895, D., 96. 1. 72. — Trib. paix Magny-en-Vexin, 10 août 1895, *Loi*, 8 oct. 1895 (infirmité). — Guillouard, II, n. 729. — Il a été décidé que le juge du fond détermine souverainement si l'impossibilité d'exécution est due à la force majeure, et peut décider que la société concessionnaire de travaux qui arrête les travaux parce que l'autorisation d'émettre des obligations lui a été refusée et renvoie ses employés, doit des dommages-intérêts à ces derniers. Cass. req., 22 oct. 1895, précité.

([2]) Guillouard, II, n. 729.

([3]) Nancy, 14 juil. 1871, S., 73. 2. 38, D., 71. 2. 158. — Guillouard, II, n. 729.

([4]) *Contra* Paris, 2 janv. 1894, *Gaz. Pal., Table*, 1er sem. 1894, v° *Louage d'ouvrage*, n. 13 s.

([5]) Pothier, n. 167; Duvergier, II, n. 290; Aubry et Rau, IV, p. 515, § 372, note 10; Guillouard, II, n. 730.

([6]) Trib. civ. Seine, 19 janv. 1893, *Loi*, 9 février 1893 (si la maladie est grave). — Haute-Cour Angleterre, 21 février et 25 avril 1876, *Weekly Reporter*, XXIV, p. 819, *Anal. Journ. dr. int.*, III, 1876, p. 283 (artiste dramatique). — *Contra* Lyon, 23 novembre 1886, *Mon. jud. Lyon*, 30 décembre 1886 (acteur, à moins que la maladie ne soit prolongée). — Trib. com. Bruxelles, 30 mai 1876, *Pasicr.*, 76. 3. 297, *Journ. dr. int.*, IV, 1877, p. 556 (artiste dramatique). — Haute-Cour Angleterre (échiquier), 22 janvier 1878, *Law Times Rep.*, XXXVIII, p. 39, *Anal. Journ. dr. int.*, V, 1878, p. 282 (et cela même si la maladie provient d'une mauvaise conduite, d'ailleurs antérieure au contrat).

Dans tous les cas, on admet généralement que l'employé est privé de ses appointements pendant le temps qu'il n'exerce pas ses fonctions [1].

Dans tous les cas aussi, le directeur n'a droit à aucuns dommages-intérêts [2].

F. *Cession ou cessation de l'entreprise.*

1481. Les engagements d'employés, par exemple ceux d'artistes faits par un directeur de théâtre, ne sont pas de plein droit imposés à son successeur [3], car le cessionnaire n'est qu'un successeur à titre particulier, et les engagements ne se transmettent qu'aux successeurs à titre universel. Mais le cédant, qui, par son fait, a causé la rupture du contrat qu'il avait passé avec ses préposés, méconnaît ses obligations [4]; il n'est donc à l'abri de l'action de ces derniers que s'il prend soin d'imposer à son successeur la continuation du contrat qu'il a passé avec eux.

1482. De son côté, l'employé n'est pas tenu de servir le successeur du patron [5].

1483. Mais un employé peut évidemment s'engager envers un patron à servir le successeur de celui-ci [6].

1484. Le patron qui s'est engagé envers son employé à faire agréer ce dernier par son successeur n'est pas dégagé de son obligation par sa mise en liquidation judiciaire [7] ou sa faillite.

1485. Nous avons déjà examiné l'effet de la dissolution

(1) Lyon, 26 juin 1888, *Mon. jud. Lyon*, 11 septembre 1888. — Trib. com. Bruxelles, 30 mars 1876, *Pasicr.*, 76. 3. 297, *Anal. Journ. dr. int.*, IV, 1877, p. 556 (acteur). — *Contra* Haute-Cour justice Angleterre, 22 janvier 1878, précité. — V. *supra*, n. 1420.

(2) Trib. com. Bruxelles, 30 mars 1876, précité.

(3) Paris, 25 janvier 1850, S., 50. 2. 106. — Amiens, 14 mai 1890, *Rec. d'Amiens*, 90. 201. — *Contra* Paris, 8 juillet 1882, S., 85. 2. 106.

(4) *Contra* Trib. civ. Lyon, 13 juill. 1892, *Mon. jud. Lyon*, 23 nov. 1892.

(5) Paris, 25 fév. 1891, *Gaz. Pal.*, 92. 1. 399 (acteur). — Trib. civ. Seine, 8 déc. 1888, *Gaz. Pal.*, 88. 2. 642 (acteur). — *Contra* Lyon, 22 mars 1889, *Mon. jud. Lyon*, 3 mai 1890 (rédacteur d'un journal). — Trib. civ. Seine, 31 oct. 1889, *Droit*, 1er nov. 1889 (acteur).

(6) Paris, 11 fév. 1887, *Gaz. Pal.*, 88. 1, *Suppl.* 13.

(7) Trib. com. Seine, 1er déc. 1893, *Journ. trib. comm.*, 1894, p. 62. — V. *supra*, n. 1476.

d'une société sur les contrats passés par elle avec ses employés et ouvriers [1].

§ II. *Du louage de services fait sans terme.*

1486. La plupart des contrats de louages de services sont faits sans fixation de durée et sans que le terme en soit déterminé par l'usage des lieux. La durée du contrat est alors indéterminée.

C'est ce qui arrive pour les agents commissionnés des chemins de fer. On sait que les compagnies de chemins de fer emploient deux espèces d'agents, les agents non commissionnés, qui sont généralement payés à la journée et engagés suivant les besoins du service, et les agents commissionnés, payés au mois ou à l'année et engagés dans la commune intention des parties pour un grand nombre d'années, mais sans cependant que les parties se soient engagées l'une envers l'autre pour une durée déterminée; alors chaque partie peut, quand elle le voudra, donner congé à l'autre, à la condition d'observer les délais d'usage entre le congé et la sortie. En effet, d'une part, il est certain que les parties ne peuvent pas être liées indéfiniment et, d'autre part, il est impossible de dire, dans le silence du contrat et en l'absence d'usages, pour combien de temps elles ont entendu se lier. On doit supposer qu'elles ont voulu s'autoriser réciproquement à mettre fin au contrat [2]. L'art. 1780, d'après lequel « *le louage de service fait sans détermination de durée* » *peut toujours cesser par la volonté de l'une des parties con-* » *tractantes* » est ainsi une application des art. 1134 et 1157 et non pas, comme on l'a soutenu, une dérogation au droit commun.

1487. La partie qui donne congé peut-elle être condamnée à des dommages et intérêts envers l'autre partie? La jurisprudence s'était formée en ce sens que la rupture du con-

[1] V. *supra*, n. 1473.

[2] Sauzet, *Etude sur le nouvel art. 1780 C. civ., Ann. dr. com.*, 1891, *Doctr.*, p. 55, n. 8, note. — Cass., 5 fév. 1872, S., 72. 1. 132. — Cass., 5 août 1873, S., 73. 1. 470. — Cass., 28 avril 1874, S., 74. 1. 255. — Cass., 10 mai 1876, S., 76. 1. 256.

trat, étant l'exercice d'un droit, ne donnait pas lieu à une indemnité [1]. A cette règle toutefois la jurisprudence admettait certaines restrictions assez mal définies, et notamment celle-ci : que des dommages et intérêts pouvaient être alloués lorsque la rupture du contrat avait eu lieu contrairement aux conventions expresses ou tacites des parties, ou à des habitudes professionnelles [2].

D'après cette jurisprudence, une compagnie de chemins de fer pouvait congédier sans indemnité, même à la veille de sa retraite, un employé dont elle croyait avoir à se plaindre. Et pour échapper plus sûrement à toute réclamation, les compagnies faisaient ordinairement signer à leurs agents, au moment de leur entrée en fonctions, un engagement par lequel ils renonçaient à l'avance à toute action en indemnité contre la compagnie pour le cas où ils seraient congédiés sans motifs légitimes. De sorte que de nombreux employés se trouvaient ainsi à la discrétion absolue de puissantes compagnies dont ils avaient été obligés de subir la loi au moment de leur entrée en fonctions, puisqu'on ne les acceptait qu'à cette condition.

Cet état de choses avait donné lieu à de vives réclamations. Après bien des essais infructueux, qui s'échelonnent de 1872 à 1880, l'initiative parlementaire a fait aboutir un projet qui est devenu la loi du 27 décembre 1890.

En 1882 une proposition Raynal et Waldeck-Rousseau était faite à la Chambre en faveur des employés de chemins de fer. Cette proposition fut adoptée ; le Sénat la généralisa et l'appliqua à tous les employés et ouvriers [3].

L'art. 1er de cette loi porte : « *L'article 1780 du Code civil* » *est complété comme il suit : — Le louage de services fait* » *sans détermination de durée, peut toujours cesser par la* » *volonté de l'une des parties contractantes. — Néanmoins,* » *la résiliation du contrat par la volonté d'un seul des con-* » *tractants peut donner lieu à des dommages-intérêts* ».

On le voit, l'art. 1780 n'est pas abrogé, il est seulement

(1) V. les autorités citées *infra*, n. 1496.
(2) Cass. req., 8 fév. 1859, S., 59. 1. 102.
(3) Rapport Cuvinot, 25 juin 1885, *J. O.*, janv. 1886, Sénat, *Doc. parl.*, p. 261.

complété. Comme autrefois, le louage de services fait pour toute la durée de l'existence du locateur est nul et même inexistant. Chaque partie peut, sans s'exposer à des dommages et intérêts, refuser à un moment quelconque d'exécuter la convention. Comme auparavant aussi, le contrat de louage de services fait sans détermination expresse ou tacite de durée, demeure révocable *ad nutum* par la volonté de l'une ou de l'autre des parties. Mais la loi aujourd'hui consacre cette solution que la résiliation *peut* donner lieu à des dommages et intérêts. Dans quels cas? La loi ne le dit pas, mais il a été expliqué dans les discussions et les rapports auxquels la loi a donné lieu, que la rupture du contrat ne devient la source de dommages et intérêts que quand elle a lieu *sans motifs légitimes* et nous examinerons le sens de cette expression.

1488. Ces dommages-intérêts dérivent d'une responsabilité contractuelle et non d'une responsabilité délictuelle (1). Cela est certain quand la rupture est contraire à l'usage ou à une volonté expresse ou tacite (2). Cela n'est pas moins vrai quand elle a simplement lieu par suite d'une faute de celui qui la prononce (3), car, même en ce cas, c'est parce que le contrat a été rompu à tort, c'est-à-dire parce qu'on a méconnu les suites du contrat imposées par l'équité, que les dommages-intérêts sont prononcés. A la vérité, l'essence du contrat de louage à durée illimitée, c'est que chacune des parties peut se retirer du contrat; mais toutes les restrictions à cette liberté sont fondées sur la volonté des parties, expresse ou tacite, ou réunissent la rupture d'un contrat.

L'opinion contraire, pour justifier le droit aux dommages-intérêts en cas de faute, sans abandonner l'idée que, même en ce cas, le congé est l'exercice d'un droit, est obligée d'invoquer la jurisprudence d'après laquelle l'exercice d'un droit, fait dans l'intention de nuire, donne lieu à des dommages-intérêts (4). Or il n'est fait, dans les travaux préparatoires,

(1) Laurent, XXV, n. 515. — La jurisprudence se basait cependant sur l'art. 1382.
(2) Sauzet, *op. cit.*, p. 101, note.
(3) *Contra* Sauzet, *loc. cit.*
(4) Sauzet, *op. cit.*, p. 103, n. 28.

aucune allusion à cette jurisprudence qui reste contestable.

1489. Les auteurs qui, en dehors de l'usage ou d'une convention expresse ou tacite, font dériver la responsabilité de l'art. 1382 C. civ. et de l'interprétation donnée à ce dernier texte par la jurisprudence, sont amenés à décider, conformément à cette jurisprudence, que — la convention ou l'usage mis à part — l'abus suppose un congé donné dans le but et avec l'intention de nuire [1]. Cela est, ce nous semble, contraire à la jurisprudence qui s'était antérieurement formée sur l'art. 1780 et aux travaux préparatoires de la loi de 1890 : on a voulu punir la faute et la faute peut se produire sans intention de nuire. Cela est, dans tous les cas, inconciliable avec une solution donnée par les partisans de cette opinion et d'après laquelle les retenues faites pour les caisses des retraites doivent être restituées, en toute hypothèse, à l'ouvrier congédié.

1490. La loi de 1890 peut donner lieu à certaines critiques.

On lui a reproché d'être inutile, parce qu'elle consacre la jurisprudence [2]. Il ne nous paraît pas tout d'abord qu'une loi soit inutile par cela seul qu'elle consacre la jurisprudence; car la jurisprudence, livrée à elle-même, pourrait se modifier. D'un autre côté, il n'est pas exact que la loi consacre la jurisprudence; elle ne la consacre pas, au moins dans notre opinion, en ce qui concerne les cas dans lesquels le droit aux dommages-intérêts prend naissance; elle introduit, plus évidemment encore, une innovation en empêchant les parties d'écarter par la convention les dommages-intérêts, et cette innovation est des plus heureuses, car elle protège l'ouvrier contre l'abus d'influence du patron. Enfin la loi donne aux tribunaux un pouvoir plus large que celui qu'ils se reconnaissaient autrefois [3].

Un autre reproche a été adressé à la loi [4]. Ne conduira-t-

[1] Sauzet, *op. cit.*, p. 104 et 105, n. 29 et 31.
[2] Discours de M. Clément, Sénat, 14 nov. 1887, *J. O., Déb. parlem.*, p. 911.
[3] Rau, *Conclusions* sous Cass., 20 mars 1895, S., 95. 1. 316.
[4] Discours de M. Raymond, Sénat, 28 nov. 1890, *J. O., Déb. parlem.*, p. 1097; Schaffhauser, *Comment. de la loi du 27 nov. 1890, Lois nouvelles, 1891*, n. 20, p. 361.

elle pas les patrons, obligés, en cas de renvoi d'un ouvrier, à lui payer une indemnité sur laquelle influera l'existence de la caisse des retraites, à supprimer cette caisse ? Ce reproche cependant appelle une réponse : la caisse des retraites est généralement alimentée, en tout ou en partie, par des retenues faites sur des salaires; son existence attire les ouvriers et permet au patron, par l'augmentation des demandes de travail, de payer aux ouvriers un salaire inférieur à celui qu'il aurait été obligé de payer dans le cas contraire; la suppression des caisses de retraites ne procurerait donc pas aux patrons un bénéfice appréciable et il n'est guère à craindre qu'ils l'opèrent.

1491. Plusieurs questions importantes rentrent dans le commentaire de l'art. 1780 : 1° dans quels cas le patron ou le préposé peut-il, sans encourir aucune responsabilité, mettre par sa seule volonté, fin au contrat de louage fait sans détermination de durée? 2° quelle est la sanction de la rupture unilatérale effectuée en dehors de ces conditions? 3° quel est l'effet d'une rupture unilatérale qui n'expose celui qui l'effectue à aucune responsabilité, c'est-à-dire qui est légitime? 4° dans quelles limites la convention peut-elle modifier les règles de la loi en cette matière? 5° à quels contrats s'applique le nouvel art. 1780 C. civ.? 6° a-t-il un effet rétroactif?

I. *Conditions dans lesquelles la rupture est autorisée.*

1492. Le droit de mettre fin au contrat appartient non seulement au maître, mais encore à l'employé et au domestique, même si ce domestique est attaché à la personne [1].

La solution contraire qu'on attribue sur ce dernier point à l'ancien droit consistait seulement à obliger le domestique à attendre pour quitter le maître, ou le terme d'engagement des domestiques, fixé par l'usage des lieux, ou l'engagement d'un autre domestique [2]. Il ne s'agissait donc que d'une question de délai.

[1] Duranton, XVII, n. 229; Duvergier, II, n.289; Troplong, II, n. 864; Aubry et Rau, IV, p. 514, § 372, note 5.
[2] Pothier, n. 176.

1493. Il y a souvent intérêt, en raison des conventions particulières, à déterminer si l'employé qui cesse son service est révoqué ou démissionnaire, c'est-à-dire de quel côté est partie la rupture. Ainsi il est quelquefois stipulé que le premier, à la différence du second, perdra ses droits à une pension ou n'a droit à aucune indemnité, et cette clause était autrefois valable en cas de faute [1]. En revanche, il est quelquefois convenu que l'employé révoqué, à la différence de l'employé démissionnaire, aura droit à la restitution des retenues faites sur son traitement en vue de la pension de retraite [2].

1494. L'employé qui est remplacé parce qu'il refuse de se rendre au poste qui lui est fixé, est révoqué et non pas démissionnaire [3].

1495. L'étude des conditions que doit observer soit le patron, soit l'employé, l'ouvrier ou le domestique, pour pouvoir mettre fin, sans encourir aucune responsabilité vis-à-vis de son cocontractant, au louage de services, est très complexe. Il s'agit de savoir : 1° quelles sont les causes qu'on peut invoquer; 2° à qui incombe la preuve en cette matière et le droit de constater l'existence de cette preuve; 3° si, en invoquant ces causes, toute partie peut rompre le contrat sans l'observation d'aucun délai, c'est-à-dire, d'un instant à l'autre et sans avertissement préalable, congédier son préposé ou cesser son travail; 4° à qui incombe la preuve en matière de délais; 5° si, en dehors de ces causes, en peut, en observant certains délais, mettre fin au contrat.

A. *Des causes légitimes de rupture du contrat.*

1496. Il paraît certain qu'on a voulu consacrer, au point de vue des hypothèses dans lesquelles le droit aux dommages-intérêts prend naissance, la jurisprudence antérieure, tout en

(1) Cpr. Règlement du chemin de fer du Midi, art. 9 : en cas de faute grave il n'y a droit à aucune indemnité.

(2) En ce dernier sens Règlement du chemin de fer du Midi : les employés révoqués ont droit au remboursement de toutes les retenues; en cas de démission, les trois premières années de retenues restent acquises à la caisse des retraites.

(3) Cass. civ., 13 janv. 1892, S., 93. 1. 257, D., 92. 1. 157.

la précisant [1]; les innovations n'existent que pour le calcul du chiffre des dommages-intérêts.

Les travaux préparatoires sont formels sur cette intention de maintenir, en la précisant seulement, la jurisprudence. « Il est nécessaire, a-t-on dit à la chambre, de condenser cette jurisprudence, de la préciser, de la compléter par certaines dispositions nouvelles et de lui donner force de loi. Si elle était claire et fermement fixée, nous ne vous proposerions pas de légiférer sur ce point. Aussi, ne vous demandons-nous pas seulement de consacrer une jurisprudence existante, mais de la simplifier, de la coordonner et de lui donner enfin les moyens légaux de s'améliorer. Elle est flottante et vague parce que le texte de l'art. 1780 la force à ménager, dans tous les cas, le principe supérieur de la liberté absolue de résiliation. Il faut, tout en maintenant ce principe salutaire, mettre en regard le droit aux dommages-intérêts. Y avait-il lieu d'indiquer les cas où la résiliation pourrait ainsi entraîner des dommages-intérêts? Nous ne l'avons pas pensé.... Mieux vaut, croyons-nous, laisser aux tribunaux le soin d'apprécier, suivant les espèces, s'il y a, ou non, lieu à indemnité » [2].

Au sénat, le rapport répète également que la jurisprudence est consacrée [3]. C'est évidemment à tort que le rapporteur déclare ensuite que « la *possibilité* d'obtenir des dommages-intérêts, lorsque le contrat est résilié par la volonté d'un seul », est la grande innovation de la loi [4].

La chambre, à la suite de la rédaction actuelle, avait adopté une disposition interdisant que le contrat, pour les employés de chemins de fer, pût « être résilié sans motifs légitimes » et le rapporteur expliquait cette disposition en disant : « Nous ne nous bornons pas à dire que le renvoi *pourra donner lieu à des dommages-intérêts* » [5]. Il résultait de là, ce semble, que pour les autres salariés le juge restait libre, malgré l'existence de motifs légitimes; il fallait davantage pour que les

(1) Sauzet, *op. cit.*, p. 61, n. 14.
(2) Rapport Poincaré, 29 déc. 1888.
(3) Rapport, 25 juin 1885.
(4) Sénat, 27 nov. 1890, p. 1084, col. 2.
(5) Rapport Poincaré, *loc. cit.*

dommages-intérêts fussent dus ; il fallait un congé donné « dans des conditions abusives » [1], c'est-à-dire sans doute dans le seul but de nuire ; mais on a vu que la disposition demandée pour les employés de chemins de fer fut étendue à tous les salariés [2], et le texte montre qu'un changement de rédaction a été introduit pour décider que, comme précédemment, il *pourra* y avoir lieu à des dommages-intérêts.

Or, la jurisprudence, après certaines variations [3], avait fini par admettre que le droit aux dommages-intérêts dérivait de ce que le congé était contraire à l'usage, aux conditions expresses ou tacites du contrat ou impliquait une faute de la part de celui qui donnait le congé [4]. C'est ainsi, d'ailleurs, que les travaux préparatoires analysent la jurisprudence [5].

Du reste, si le Sénat supprima la disposition relative aux employés de chemin de fer, c'est, à ce qu'il semble, parce que le mot *peut* lui parut avoir le même sens que l'expression *sans motifs légitimes* [6].

[1] Même rapport. — Discours Loreau, Chambre, séance du 22 déc. 1890, p. 2619, col. 1. — En ce sens Sauzet, *op. cit.*, p. 59, n. 12 et note 2.

[2] V. *supra*, n. 1487.

[3] Elles sont exposées par M. Sauzet, *op. cit.*, p. 63, n. 17.

[4] Cass., 5 février 1872 (2 arrêts), S., 72. 1. 132. — Cass., 21 juillet 1873, S., 73. 1. 470. — Cass., 5 août 1873, S., 73. 1. 470. — Cass., 28 avril 1874, S., 74. 1. 255. — Cass., 10 mai 1876, S., 76. 1. 256. — Cass., 4 août 1879, S., 80. 1. 35, D., 80. 1. 272. — Cass., 2 mai 1881, S., 82. 1. 304. — Cass., 17 mai 1887, S., 87. 1. 378. — Cass. civ., 18 juillet 1892, S., 92. 1. 337. — Guillouard, II, n. 718 ; Thaller, *Ann. dr. com.*, I, 1886, *Doctr.*, p. 113 ; Sauzet, *loc. cit.* ; Desjardins, *Rev. des Deux-Mondes*, 15 mars 1888, p. 359. — Cpr. Glasson, *Le C. civ. et la question ouvrière*, p. 23. — *Contra* Laurent, XXV, n. 514.

[5] Sénat, Rapport Cuvinot du 25 juin 1885, p. 257, col. 2.

[6] Discours de M. Yves Guyot, ministre des travaux publics, séance du 25 novembre 1890 ; Discours de MM. Léon Renault et Bernard, Sénat, séances des 25 et 27 novembre 1890, p. 1074 et 1084. Cependant il a été également soutenu que si les mots *sans motifs légitimes*, permettaient aux employés des chemins de fer d'obtenir en justice des dommages-intérêts, ce même droit n'appartenait pas aux autres employés (Tolain, séance du 27 novembre 1890). D'autres, au contraire, pour écarter l'expression *sans motifs légitimes*, prétendirent qu'elle donnait aux employés des chemins de fer des droits moindres qu'aux autres salariés, ceux-ci pouvant obtenir des dommages-intérêts en dehors de tout motif légitime (Trarieux, séance du 27 novembre 1890). Enfin d'autres disaient que le tribunal pouvait, même en l'absence de motifs légitimes, refuser des dommages-intérêts aux salariés, à l'exception des employés de chemins de fer (Lacombe, séance du 27 novembre 1890).

1497. Ainsi le droit, pour chaque partie, de mettre librement fin au contrat subsiste, et l'absence de motifs légitimes, considérée comme un *usage abusif* du droit, entraîne seule une condamnation à des dommages-intérêts [1]. C'est la seule manière d'expliquer le § 1er de la loi qui proclame le droit de mettre fin au contrat. On peut aussi bien dire que le renvoi donne droit à des dommages-intérêts s'il a lieu *sans motifs légitimes* [2], le sens nous paraît être le même. Dans les deux cas le congé est, suivant les travaux préparatoires [3], contraire à l'équité.

Mais c'est à tort qu'on a dit [4], que l'art. 1780 est l'application complète du droit commun.

1498. D'après les travaux préparatoires, le motif légitime suppose un « abus » [5], une résiliation « contraire à l'équité » [6].

L'usage abusif doit être entendu non seulement d'une résiliation faite dans le but de nuire au contractant, mais d'une faute commise par celui qui met fin au contrat [7], c'est-à-dire de l'absence de toute raison sérieuse qui justifie sa décision [8]. Il n'est pas nécessaire que le but de nuire soit uniquement, ni même qu'il soit en partie le motif de la rupture [9], pour que celle-ci entraîne une condamnation à des dommages-intérêts ;

(1) Cass., req., 14 nov. 1894 (3 arrêts), S., 95. 1. 263, D., 95. 1. 36. — Schaffhauser, *Comment. de la loi du 27 décembre 1890, Lois nouvelles*, 1891, p. 365, n. 6 ; Sauzet, *op. cit.*, p. 104, n. 29 ; Mongin, *Le droit de congé dans le louage de services, Rev. crit.*, XXII, 1893, p. 352 s. ; Lepelletier, Rapport sous Cass., 14 novembre 1894, précité, S., 95. 1. 263, D., 95. 1. 36. — C'est le langage de M. Loreau à la Chambre, 22 décembre 1890, p. 2619, col. 1.

(2) V. cep. Mongin, *loc. cit.*; Rau, *loc. cit.*

(3) Trarieux, Sénat, 28 novembre 1890, p. 1095, col. 1 ; Bernard, Sénat, 27 novembre 1890, p. 1084, col. 2 ; Humbert, Sénat, 28 novembre 1800, p. 1096, col. 3.

(4) Mongin, *loc. cit.*

(5) Discours Loreau à la Chambre, 22 déc. 1890, *J. O.* du 23, *Déb. parl.*, p. 2619, col. 1 *in fine*. — Cpr. Agen, 7 janv. 1895, S., 95. 2. 213, D., 96. 2. 40.

(6) Discours Humbert (président de la Commission) au Sénat, 27 nov. 1890, *J. O.*, *Déb. parl.*, p. 1096, col. 3. — V. aussi observations Trarieux, *ibid.*, p. 1097, col. 1.

(7) Rau, *loc. cit.* — V. cep. Mongin, *op. cit.*, p. 356.

(8) Letellier, *Rapport*, sous Cass., 14 nov. 1894, S., 95. 1. 263, D., 95. 1. 36. — Planiol, *loc. cit. infra.* — V. cep. Rau, *loc. cit.*; Sauzet, *Ann. dr. com.*, 1891, n. 2 et 3.

(9) V. cep. Mongin, *op. cit.*, p. 356.

il n'est pas nécessaire même qu'il existe [1] ; il faut simplement que la rupture ne s'explique pas par une raison honorable, par l'intérêt matériel ou moral, mais en tous cas digne de faveur, de l'auteur de la rupture. Cette formule n'implique pas, comme on le lui a reproché [2], que la seule connaissance du préjudice que causera la résiliation donne lieu à des dommages-intérêts. A plus forte raison ne suffit-il pas de l'existence d'un préjudice causé à celui contre lequel le contrat est résilié pour justifier une demande de ce genre [3].

1499. De ces diverses propositions, il résulte tout d'abord qu'un fait qui entache l'honorabilité de l'une des parties est pour l'autre une cause de rupture ; l'intérêt tout au moins moral et souvent matériel de toute personne est qu'elle ne se trouve pas dans un lien étroit avec un patron ou un préposé dont la considération n'est pas intacte.

1500. Un patron peut notamment renvoyer un ouvrier qui a subi une condamnation [4], et cela même s'il est ensuite acquitté en appel [5], cet acquittement n'effaçant pas entièrement, aux yeux du public, l'effet moral de la condamnation. Il a même été jugé, et avec raison, que le simple renvoi d'un salarié devant une cour d'assises légitime le renvoi, alors même qu'il est acquitté [6].

Peut-être doit-on douter davantage de l'exactitude des décisions qui permettent à un patron de renvoyer un employé sur les appointements duquel une saisie-arrêt a été faite [7].

Le soupçon de la grossesse d'une domestique est une cause légitime de renvoi [8].

1501. Une atteinte à la considération du conjoint de l'ou-

[1] V. cep. Sauzet, *op. cit.*, p. 106, n. 31.
[2] Mongin, *op. cit.*, p. 355.
[3] *Contra* Amiens, 27 janv. 1894, *Rec. d'Amiens*, 94, p. 58.
[4] Rouen, 29 déc. 1894, D., 95. 2. 228.
[5] Rouen, 29 déc. 1894, précité.
[6] Bordeaux, 8 août 1886, *Rec. Bordeaux*, 88. 1. 422.
[7] Bordeaux, 30 déc. 1891, *Rec. Bordeaux*, 92. 1. 47. — Trib. civ. Nevers, 2 juin 1896, *Gaz. Pal.*, 96. 1, *Supp.*, 41.
[8] Cpr. Cass. civ., 26 fév. 1896, S., 97. 1. 187, D., 96. 1. 158 (le juge du fond peut considérer *comme une faute justifiant l'application de l'art. 1780* le fait qu'une domestique, par son attitude et notamment par son refus de relever un médecin du secret professionnel, a autorisé le maître à la croire enceinte).

vrier ou de quelqu'un de ses proches peut être même un motif légitime de renvoi [1].

1502. D'autre part, tout relâchement dans l'accomplissement des obligations qui lient l'une des parties envers l'autre, est une cause légitime de rupture, et cela même s'il n'y a pas, à proprement parler, dans les faits de ce genre inexécution de l'obligation au sens de l'art. 1184 C. civ. Cette solution se justifie d'elle-même ; il n'y a rien d'abusif à abdiquer toutes relations avec un patron ou un préposé qui n'accomplit pas d'une manière irréprochable ses obligations.

Il résulte de là que l'absence d'un ouvrier sans autorisation du patron est un motif légitime de renvoi [2], même s'il a prévenu ses chefs qu'il allait s'absenter [3] et si cette absence n'a causé aucun préjudice au patron [4].

Notamment la participation de l'employé qui quitte son travail à une grève est une cause légitime de renvoi [5].

Quant à l'absence pour cause de maladie, il en sera question plus loin [6].

L'ouvrier peut également être renvoyé parce qu'il est affilié à un syndicat professionnel auquel le patron est hostile [7],

(1) Décidé cependant qu'il n'y a pas motif légitime du renvoi d'un employé de chemin de fer, dans une condamnation de sa femme pour excitation de mineures à la débauche. — Trib. civ. Seine, 5 fév. 1895, *Droit*, 6 fév. 1895.

(2) Douai, 11 mai 1892, S., 94. 2. 193, D., 93. 2. 170 (absence pour représenter ses camarades à un congrès ouvrier). — Trib. civ. Aurillac, 7 mars 1895, *Gaz. Pal.*, 95. 1. 753 (absence de l'ouvrier pour aller boire, suivie de son retour en état d'ivresse). — Trib. paix Bazas, 1er déc. 1893, *Rec. Bordeaux*, 94. 3. 52. — Letellier, Rapport sous Cass., 21 nov. 1893, S., 95. 1. 166, D., 94. 1. 237. — V. cep. Cons. prud'hommes, Paris, 31 janv. 1894, *Rev. dr. com.*, 94. 2. 145. — En tout cas, les juges du fait peuvent le décider. — Cass. req., 21 nov. 1893, précité.

(3) Douai, 11 mai 1892, précité.

(4) Douai, 11 mai 1892, précité.

(5) Lyon, 2 août 1895, D., 97. 2. 65. — Trib. civ. Seine, 5 août 1893, *Loi*, 17 août 1893. — Trib. com. Seine, 30 janv. 1894, *Rev. dr. com.*, 94. 2. 149. — Trib. paix Paris, 9 déc. 1891, *Loi*, 22 fév. 1892. — Planiol, *Note*, D., 97. 2. 65. — De même pour tout autre désordre. — Trib. com. Seine, 29 sept. 1893, *Rev. just. paix*, 95. 163. — V. *infra*, n. 1506 et 1507.

(6) V. *infra*, n. 1511.

(7) Sauzet, *op. cit.*, p. 106, note 1, n. 32 ; Mongin, *op. cit.*, p. 354. — *Contra* Pic, *Ann. de com.*, VII, 1893, *Doct.*, p. 439. — Le contraire a été dit par M. Tolain au Sénat, 4 déc. 1890, p. 1131, col. 3. Cette dernière solution deviendrait exacte si la législation considérait comme un délit le renvoi de l'ouvrier pour affiliation à un syndicat. V. en ce dernier sens proposition Bovier-Lapierre (Chambre, 4 mars 1886

ou parce que le caractère de l'ouvrier déplaît au patron [1].

1503. La négligence dans le service est, pour la même raison, un motif légitime [2].

La simple vraisemblance d'une négligence suffit [3].

Il en est de même de l'insuffisance de l'employé [4].

Un ouvrier peut encore être renvoyé parce qu'il a fait une dénonciation calomnieuse contre l'un de ses supérieurs [5], parce qu'il commet des actes d'indiscipline [6], par exemple en refusant de se rendre au poste qui lui est assigné [7], parce qu'il fait un acte de concurrence déloyale ou commet une fraude quelconque vis-à-vis du patron [8].

et 19 novembre 1889, *Annexe*, n. 46, p. 102), votée à la Chambre (13 mai 1890), repoussée par la Commission du Sénat (Rapport La Caze, 11 nov. 1890, p. 117, n. 110) et ajournée par ce dernier (21 nov., 2 et 4 déc. 1890), adoptée à nouveau par la Chambre ; Rapport Trarieux au Sénat, 11 juin et ajournement le 23 juin 1891 (S., *Lois annotées*, 1891, p. 191, n. 120). Présentée encore à la Chambre, 5 nov. 1891 (Chambre, p. 2641, n. 1698), votée d'urgence, repoussée par le Sénat. Votée par la Chambre le 4 avril 1892, repoussée par le Sénat le 7 juil. 1892.

(1) Mongin, *op. cit.*, p. 354.

(2) Bordeaux, 30 déc. 1891, *Rec. Bordeaux*, 92. 1. 47 (irrégularité de comptabilité). — Lyon, 17 mars 1892, *Mon. jud. Lyon*, 16 juin 1892 (erreurs involontaires). — Montpellier, 8 nov. 1892, S., 95. 2. 11, D., 94. 2. 303 (employé de chemin de fer qui, par sa négligence, a causé un accident). — Par exemple, un ingénieur quitte son poste en temps d'épidémie alors qu'il devait donner à ses subordonnés l'exemple de la discipline. — Trib. civ. Seine, 5 mars 1895, *Droit*, 15 oct. 1895.

(3) Trib. civ. Seine, 7 juil. 1894, *Gaz. Pal.*, 94. 2. 185. — Ce jugement décide avec raison qu'un employé de chemin de fer peut être renvoyé à raison d'un accident qui lui est imputé même si, à la suite de témoignages contradictoires, une ordonnance de non lieu a été rendue à son profit, si ces témoignages rendent sa négligence probable, et si d'ailleurs elle avait déjà été antérieurement signalée et punie de mesures disciplinaires.

(4) Lyon, 26 avril 1893, *Gaz. Pal.*, 93. 2. 58. — Mongin, *op. cit.*, p. 354. — V. cep. Trib. com. Nantes, 13 janv. 1894, *Rec. Nantes*, 94. 1. 98.

(5) Trib. civ. Lyon, 23 nov. 1893, *Mon. jud. Lyon*, 12 janv. 1894.

(6) Paris, 7 nov. 1892, *Gaz. Pal.*, 93. 1. 2e p., 4. — Trib. civ. Lyon, 10 janv. 1894, *Mon. jud. Lyon*, 7 mars 1894, *Loi*, 8 mai 1894.

(7) Cass. civ., 13 janv. 1892, S., 93. 1. 257.

(8) Lyon, 18 mai 1893, *Rev. dr. com.*, 94. 2. 13 (employé qui vend, dans les magasins de son patron, des marchandises pour son propre compte). — Lyon, 16 mars 1893, *Gaz. Pal.*, 93. 2. 2e p., 6 (voyageur qui voyage en même temps pour une maison similaire). — Paris, 15 juin 1893, *Gaz. Pal.*, 93. 2. 146 (employé qui s'entend avec des fournisseurs pour majorer le prix des fournitures). — Limoges, 23 nov. 1896, S., 97. 2. 68 (voyageur de commerce qui prend une part active à l'organisation d'un commerce similaire à celui du patron). — Trib. civ. Seine, 15 juin 1893, *Gaz. Pal.*, 93. 2. 41 (ex-employé qui dans une brochure critique son patron). — Trib. civ. Nantes, 7 nov. 1891, *Rec. Nantes*, 92. 1. 58 (commis-voya-

1503 *bis*. Le motif légitime ne suppose pas essentiellement une faute lourde ou volontaire de celui contre lequel le contrat est rompu [1].

1504. Les motifs peuvent être légitimes sans que la conduite ou le travail de l'ouvrier soient impliqués; il suffit que le patron ait des raisons sérieuses de renvoyer l'ouvrier [2], ou l'ouvrier de quitter le patron; l'opinion contraire aurait le grave inconvénient de faire du contrat un contrat perpétuel et en outre de l'assimiler d'une manière à peu près absolue au louage de services à durée déterminée. D'ailleurs n'est-ce pas un motif légitime que de rompre un contrat à raison du désavantage qu'on y trouve?

Ainsi le renvoi peut être ordonné par les raisons suivantes :

Suppression d'emploi [3]; diminution du personnel par l'emploi des machines [4], ou la diminution des quantités fabriquées [5], ou des recettes [6]; en un mot impossibilité de donner du travail à l'ouvrier congédié [7].

La vente par le patron de son établissement n'est pas un motif légitime de renvoi [8].

D'un autre côté l'ouvrier peut quitter l'atelier dans le seul but de changer de résidence [9].

1505. Le renvoi imposé par une autorité à laquelle le patron ne peut se soustraire en droit ou en fait est justifié; tel est le cas où le renvoi est ordonné par une autorité publique à laquelle le patron est tenu d'obéir.

geur qui soudoie un employé pour obtenir des renseignements sur les affaires de la maison).

(1) *Contra* Amiens, 27 janv. 1894, *Rec. d'Amiens*, 1894, p. 58.

(2) Planiol, *Note*, D., 93. 2. 377 et les autorités citées dans les notes suivantes.

(3) Trib. civ. Seine, 28 juin 1893, *Rev. des soc.*, 1894, p. 16; — décidé cependant, et avant même la loi de 1890, que la révocation implicite d'un employé par la fermeture d'une succursale donne lieu à des dommages-intérêts. Trib. civ. Marseille, 20 juin 1888, *Journ. de Marseille*, 88. 1. 327.

(4) Planiol, *Note*, D., 93. 2. 377.

(5) Trib. civ. Grenoble, 23 janv. 1893, S., 95. 2. 253.— Planiol, *Note*, D., 93. 2. 377.

(6) Cass. req., 14 nov. 1894, S., 95. 1. 260, D., 95. 1. 36 (fermier d'octroi).

(7) Cass. civ., 20 mars 1895 (2e et 3e arrêts) S., 95. 1. 313, D., 95. 1. 249. — Et en ce cas les ouvriers renvoyés ne peuvent se plaindre qu'on les ait renvoyés de préférence à d'autres. Trib. civ. Grenoble, 23 janv. 1893, précité.

(8) *Contra* Trib. com. Nantes, 25 nov. 1891, *Rec. Nantes*, 92. 1. 67.

(9) Mongin, *op. cit.*, p. 354.

Ainsi une compagnie de chemins de fer ne peut être tenue à indemnité envers un employé qu'elle révoque sur une réquisition du ministre des travaux publics, conformément au décret de 1852 [1].

Il a été également décidé en faveur des directeurs de théâtre, que le renvoi imposé par un acte de l'autorité publique ne donne pas lieu à indemnité [2].

Cependant il en est autrement si le droit de renvoi a été réservé par l'autorité publique dans un contrat passé avec le maître, et dont ce dernier n'a pas donné connaissance à l'employé [3].

L'employé a également droit à indemnité si, l'acte de l'autorité étant illégal, le maître ne s'y est pas opposé [4].

1506. Réciproquement il va sans dire que l'ouvrier peut quitter le patron pour accomplir son service militaire; nous admettons même que l'ouvrier, quoique en principe une grève ne le dégage pas vis-à-vis du patron [5], peut rompre le contrat pour s'affilier à une grève s'il y a pour lui un danger matériel ou des risques moraux à se tenir éloigné de la grève.

1507. Le fait qu'une grève a été décidée ne permet pas en principe à l'ouvrier de rompre le contrat [6]; car si, au point de vue pénal, la grève est aujourd'hui licite, elle ne lie pas l'ouvrier et ne le force pas à quitter son travail. Mais à cette règle nous venons d'admettre une importante restriction.

(1) Déclaration du ministre des travaux publics au Sénat, 27 nov. 1890, *Déb. parlem.*, p. 1073; Schaffhauser, *op. cit.*, p. 372, n. 35.

(2) Ainsi le directeur d'un théâtre ne doit aucune indemnité à l'acteur renvoyé sur la demande du maire qui s'était, aux termes du cahier des charges, réservé le droit d'imposer le renvoi des acteurs. Trib. civ. Douai, 17 janv. 1894, S., 94. 2. 314, D., 94. 2. 508. — De même la fermeture d'un théâtre entraîne résiliation des engagements. Rennes, 30 déc. 1861, S., 62. 2. 524. — De même un artiste ne doit pas d'indemnité au directeur de théâtre s'il est réclamé comme ancien élève du Conservatoire par l'administration des beaux-arts, sans avoir fait dans ce but aucune démarche. Paris, 30 mai 1888, S., 88. 2. 173.

(3) Le jugement précité de Douai constate que l'acteur avait, dans son contrat, déclaré se conformer aux règlements des autorités.

(4) *Note*, S., 94. 2. 314.

(5) V. *infra*, n. 1507.

(6) Trib. com. Seine, 30 janv. 1894, *Gaz. Pal.*, 94. 1. 516.

1508. Dans toutes les hypothèses où nous avons vu une cause légitime de rupture, on retrouve l'intérêt moral ou matériel de l'auteur de la rupture. Nous ajoutons ([1]) que si cet intérêt se rattache à des considérations peu honorables, le motif de la rupture n'est pas légitime. Car la loi, qui protège la rupture unilatérale, ne saurait permettre aux tribunaux de consacrer cette sorte d'intérêt. Tel serait le cas où un employé serait renvoyé pour n'avoir pas voulu se conformer aux ordres que lui a donnés le patron pour frauder le fisc ou les particuliers.

1509. En dehors de ce cas, il n'y a d'autres restrictions au libre exercice du droit de rupture que si l'auteur de cette rupture n'y a pas un intérêt sérieux.

Ainsi le simple renvoi d'un ouvrier parce qu'il ne convient plus au patron entraîne la responsabilité de ce dernier.

1510. Mais cette solution n'est pas exacte dans l'opinion d'après laquelle l'intention de nuire est une condition de la responsabilité ([2]).

1511. L'absence nécessitée par une maladie n'est pas une cause de résiliation ([3]), mais à la condition que cette absence ne force pas le patron à engager d'autres ouvriers, c'est-à-dire qu'il puisse momentanément se passer de l'ouvrier malade.

B. *Preuve et constatation du motif légitime.*

1512. Conformément aux règles du droit commun, il appartient à la partie qui réclame les dommages et intérêts de prouver l'absence de motifs légitimes ([4]), car c'est une condi-

([1]) V. *supra*, n. 1249.

([2]) Sauzet, *op. cit.*, p. 106, n. 32.

([3]) Cela a été décidé notamment pour les acteurs. Ils peuvent exiger que leur rôle leur soit rendu. — Lyon, 26 juin 1888, S., 88. 2. 210. — Trib. com. Seine, 2 janv. 1861, S., 88. 2. 210 (sous note). — Mais ils ne peuvent se plaindre si, pendant quelques représentations encore après leur rétablissement, leur rôle est confié à leur remplaçant. — Lyon, 26 juin 1888, précité. — V. pour le contrat à durée déterminée, *supra*, n. 1480.

([4]) Cass. civ., 20 mars 1895 (1er arrêt, impl.), S., 95. 1. 313, D., 95. 1. 249. — Agen, 7 janv. 1895, S., 95. 2. 213, D., 96. 2. 40. — Trib. civ. Seine, 7 juill. 1894, *Gaz. Pal.*, 94. 2. 185. — Schaffhauser, *op. cit.*, p. 371, n. 33; Rau, *Conclusions* sous Cass., 20 mars 1895, S., 95. 1. 316; Charmont, *Rev. crit.*, XIV, 1895, p. 609 s.; Sauzet, *op. cit.*, p. 97, n. 22 s. — V. également en ce sens Trib. féd. suisse, 8 mars

tion du bien fondé de sa prétention, chaque partie n'ayant fait qu'user de son droit en mettant fin au contrat (arg. art. 1315). Il ne faut pas objecter qu'on met ainsi à la charge du demandeur une preuve impossible à faire, celle d'un fait négatif. En effet, cette preuve se résout en celle d'un fait positif en sens contraire. Le demandeur indiquera les motifs pour lesquels il a été congédié et soutiendra que ces motifs ne sont pas légitimes. Cette solution résulte des travaux préparatoires. La seconde rédaction à la chambre l'écartait pour les employés de chemins de fer seulement, et le rapport signalait le caractère exceptionnel de cette restriction, qu'il essayait de justifier par l'idée que les employés de chemins de fer ne traitent pas avec les Compagnies (1). Pour le surplus, on déclara consacrer la jurisprudence antérieure (2). Le sénat ayant retranché les dispositions spéciales aux employés de chemins de fer, et son texte ayant été voté par la chambre, il n'y a pas de doute que la preuve ne soit à la charge de celui qui invoque le défaut de motifs légitimes.

1513. La partie à laquelle la rupture du contrat a été signifiée peut d'ailleurs faire indirectement, en prouvant qu'elle a accompli tous ses engagements et que sa conduite n'a rien présenté de répréhensible, la preuve qui lui incombe, et il importe alors à l'autre partie d'apporter la preuve contraire.

1514. Le juge du fait décide souverainement si les motifs sont légitimes (3).

1889, *Ann. dr. comm.*, IV, 1890, *Doct.*, p. 104.— *Contra* Planiol, *Note*, D., 93. 2. 377.

(1) « En ce qui concerne les agents des Compagnies de chemins de fer, nous ne nous bornons plus à dire que leur renvoi pourra donner lieu à des dommages-intérêts; nous déclarons que, si ce renvoi a lieu sans motifs légitimes, les dommages-intérêts seront dus. Quand un employé de chemins de fer congédié viendra réclamer une indemnité, ce ne sera donc pas à lui de prouver qu'on a violé à ses dépens les usages, qu'on l'a renvoyé de mauvaise foi à contre-temps, qu'on lui a causé un préjudice. Ce sera à la Compagnie qui aura renvoyé d'établir qu'elle avait pour prendre cette mesure des motifs légitimes » (Rapport Poincaré, 29 déc. 1888, *J. Off.*, *Doc. parlem.*, avril 1889, p. 812).

(2) V. spécialement en ce sens sur la preuve Loreau, Chambre, 22 déc. 1890, p. 2619, col. 1. Il n'y a donc aucun compte à tenir des observations de M. Renault (Sénat, 25 nov. 1890, p. 1074, col. 2 et 4 déc. 1890 p. 1131, col. 3), que celui que donne le congé doit justifier des motifs légitimes.

(3) Cass. req., 21 nov. 1893, S., 95. 1. 166, D., 94. 1. 237. — Cass. req.,

Mais il doit relever les faits [1].

C. *Des délais de congé.*

1515. Alors même que la rupture du contrat a des causes légitimes (et sauf la restriction qu'il faut admettre, comme nous le dirons, pour le cas où le renvoi se justifie par des considérations particulièrement graves), la partie doit observer les délais d'usage, c'est-à-dire donner le congé un certain temps, fixé par l'usage des lieux, avant que s'arrête le droit du patron au travail de l'ouvrier et le droit de ce dernier au salaire ; il est certain que l'inobservation de ce délai rend la rupture illégale et entraîne une condamnation à des dommages-intérêts ; si la loi avait voulu adopter la solution contraire, elle aurait, et ceci suffit à justifier la nôtre, agi d'une manière défavorable à la partie contre laquelle la rupture est prononcée, car la jurisprudence admettait unanimement, avant la modification apportée à l'art. 1780, par la loi de 1890, que cette partie avait droit à des dommages-intérêts en cas d'inobservation des délais [2]. Or il est tout-à-fait inadmissible qu'une loi qui se prétend inspirée par l'intérêt des salariés ait statué en ce sens. D'autre part, le texte de l'art. 1780 est entièrement étranger aux questions concernant le délai et, par suite, il ne peut être considéré comme les tranchant.

Du reste, l'ancienne jurisprudence se justifiait entièrement ; l'observation du *délai d'usage*, comme l'indique cette expres-

14 nov. 1894, S., 95. 1. 263, D., 95. 1. 36. — Cass. civ., 20 mars 1895, précité. — Letellier, *Rapport* sous Cass., 21 nov. 1893, S., 95. 1. 166, D., 94. 1. 237 et sous Cass., 14 nov. 1894, S., 95. 1. 263, D , 95. 1. 36. — *Contra* Rau, *Conclusions* sous Cass., 20 mars 1895, S., 95. 1. 316 ; Charmont, *Rev. crit.*, XIV, 1895, p. 614.

(1) Cass. civ., 20 mars 1895, précité.

(2) Cass., 8 fév., 1859, S., 59. 1. 102, D., 59. 1. 57. — Cass., 4 août 1879, S., 80. 1. 35, D., 80. 1. 272. — Cass. civ., 17 mai 1887, S., 87. 1. 378. — Cass., 18 juill. 1892, S., 92. 1. 337. — Grenoble, 27 janv. 1867, S., 68. 2. 223. — Paris, 17 mars 1867, S., 67. 2. 85. — Bordeaux, 5 juin 1867, S., 67. 2. 118. — Lyon, 26 nov. 1867, S., 68. 2. 223. — Amiens, 10 janv. 1872, sous Cass., 5 fév. 1872, S., 72. 1. 132. — Chambéry, 8 juin 1872, S., 72. 2. 275. — Paris, 17 août 1872, S., 72. 1. 183. — Caen, 30 juin 1874, *Rec. Caen*, 74. 213. — Alger, 4 janv. 1877, S., 78. 2. 80. — Paris, 11 janv. 1887, S., 87. 2. 80. — Orléans, 15 mars 1893, S., 93. 2. 207, D., 93. 2. 466. — Trib. com. Tarare, 30 déc. 1890, *Loi*, 31 janv. 1891. — Guillouard, II, n. 719 et 720.

sion même, est fondée sur l'usage des lieux et l'usage tient lieu de convention.

A la vérité on lit dans les travaux préparatoires : « Nous avons pensé qu'il ne suffisait pas de fixer un délai égal dans toutes les circonstances, qu'il y avait des cas où des conventions tacites en quelque sorte, comme le dit la cour de cassation, les usages ou même la nature de la profession, les rapports qui existent entre l'employé et celui qui l'emploie devaient créer un délai plus long que dans d'autres cas. Nous avons donc présenté une rédaction plus large, qui ne fixe pas un délai et laisse aux tribunaux le soin de décider dans quel délai cet avertissement aurait dû être donné » (1). Mais c'est là une opinion isolée et dont le texte ne contient aucune trace.

Aussi la jurisprudence et la doctrine sont-elles à peu près unanimes en ce sens (2).

1516. Toutefois l'emploi des délais est inutile si une faute soit de l'ouvrier ou employé, soit du patron justifie une cessation immédiate du contrat (3).

(1) Sénat, *Discours* Clamageran, 15 nov. 1887, *Déb. parl.*, p. 919.

(2) Cass. req., 21 nov. 1893, S., 95. 1. 166, D., 94. 1. 237. — Cass. req., 28 juin 1893, D., 93. 1. 473. — Douai, 11 mai 1892, S., 94. 2. 193, D., 93. 2. 170. — Grenoble, 29 nov. 1892, *Gaz. Pal.*, 93. 1. 2e p., 63. — Trib. civ. Nantes, 22 oct. 1892, *Rec. Nantes*, 92, 1. 430 — Trib. civ. Grenoble, 23 janv. 1893, D., 93. 2. 377 (impl.). — Trib. civ. Lyon, 28 janv. 1893, *Loi*, 19 avril 1893. — Trib. civ. Seine, 1er juil. 1893, *Loi*, 22 août 1893. — Trib. paix Branne (Gironde), 22 janv. 1891, *Lois nouv.*, 91. 2. 203. — Trib. paix Reims, 25 août 1891, *Gaz. Pal.*, 91. 2, *Suppl.*, 51. — Sauzet, *op. cit.*, p. 64, n. 19 et 20; Planiol, *Note*, D., 93. 2. 545. — Décidé que les délais doivent être observés s'il s'agit d'un employé, mais non s'il s'agit d'un ouvrier, Lyon, 1er août 1895, *Gaz. Pal.*, 96. 1. 138. — On pourrait être tenté de citer en sens contraire Cass. civ., 20 mars 1895, S., 95. 1. 313, D., 95. 1. 249. — Cet arrêt casse un jugement qui condamnait le patron à payer une indemnité pour brusque renvoi alors qu'il y avait cause légitime, mais c'est parce que le jugement s'appuyait sur l'art. 1780.

(3) Trib. com. Nantes, 7 nov. 1891, *Rec. Nantes*, 92. 1. 58 (commis-voyageur qui soudoie un employé pour obtenir des renseignements sur la marche des affaires). — Alger, 4 juin 1877, S., 78. 2. 80. — Paris, 20 juil. 1889, *Droit*, 30 oct. 1889 (injures à un locataire par le concierge). — Montpellier, 8 nov. 1892, S., 95. 2. 14. — Lyon, 14 mai 1893, *Rev. dr. com.*, 94. 2. 13 (concurrence déloyale), — Rouen, 29 déc. 1894, S., 95. 2. 212 (condamnation correctionnelle pour vol; l'employé n'a pas droit à des dommages-intérêts même s'il est acquitté sur l'appel). — Lyon, 1er juin 1895, *Mon. jud. Lyon*, 20 juil. 1895 (fait d'avoir fomenté une grève). — Limoges, 23 nov. 1896, S., 97. 2. 68 (part active prise à l'organisation d'un commerce similaire). — Trib. paix Branne (Gironde), 22 janv. 1891, *Lois nouvelles*, 91. 2. 203 (in-

1517. Mais l'inobservation des délais ne se justifie pas nécessairement par une courte absence, même volontaire, de l'ouvrier ([1]), par les malfaçons les plus grossières ([2]), par la situation des affaires du patron ([3]).

1518. Les délais doivent être observés même au cas où le renvoi de l'ouvrier est imposé par une force majeure, si cette force majeure a été connue avant le moment où le renvoi est effectué ([4]).

1519. L'inobservation des délais d'usage ne se justifie pas davantage par la circonstance que le cautionnement fourni par l'employé à son patron s'est trouvé absorbé par l'indemnité payée par ce dernier à une personne lésée par la faute du préposé ([5]).

1520. Les délais qui doivent être observés par le patron varient suivant l'usage des lieux.

1521. Les délais fixés par l'usage des lieux diffèrent eux-mêmes suivant la nature des emplois.

Ils sont plus considérables pour les emplois importants que pour les emplois infimes ([6]).

1522. On a décidé que l'employé payable à l'année ne peut être congédié qu'à l'expiration de chaque année ([7]), mais cela est infiniment douteux.

jures du domestique au maître ou à un membre de sa famille habitant avec lui). — Trib. com. Nantes, 28 mai 1890, *Rec. Nantes*, 90. 1. 260 (refus de service). — Trib. paix Reims, 2 sept. 1893, *Rev. dr. com.*, 94. 2. 65 (coups par le maître à l'apprenti). — Trib. civ. Carpentras, 5 juil. 1892, *Rev. prat. dr. industr.*, 93, 15 (directeur d'usine qui s'absente sans autorisation en laissant l'usine à des ouvriers inexpérimentés). — Trib. sup. com. Copenhague, 8 mars 1883, *Journ. dr. int.*, XII, 1885, p. 197. — Aubry et Rau, IV, p. 515, § 372; Guillouard, II, n. 728; Planiol, *Note*, D., 97. 2. 161.

([1]) Cass., 21 nov. 1893, précité. — Douai, 11 mai 1892, précité (si l'ouvrier est au service de la maison depuis de longues années, s'il a avisé ses chefs de son absence et si cette absence n'a causé aucun préjudice au patron).

([2]) *Contra* Trib. com. Nantes, 9 fév. 1889, *Gaz. Pal.*, 90. 1. *Suppl.*, 39.

([3]) Paris, 21 nov. 1895, D., 96. 2. 23.

([4]) Cass. civ., 5 février 1896, S., 96. 1. 217 (impossibilité de fabrication).

([5]) Trib. civ. Seine, 7 mars 1895, *Droit*, 2 avril 1895

([6]) Grenoble, 29 novembre 1892, cité *infra* (à Grenoble, trois mois pour un employé de commerce important, notamment un coupeur touchant 5,000 fr. par an).

([7]) Trib. civ. Avesnes, 1er mars 1894, *Gaz. Pal.*, 94. 1. *Suppl.*, 38 (régisseur d'un domaine).

1523. Il est préférable d'admettre que pour les employés engagés à l'année le délai varie [1].

1524. Généralement, pour les employés payés au mois, le délai d'usage est d'un mois [2].

Souvent même ce mois ne peut courir que du jour où sont payés les appointements mensuels pour la première fois depuis le congé [3].

Même pour les employés payés au mois, l'usage exige parfois un congé donné trois mois à l'avance [4].

Souvent l'usage est indépendant du mode de paiement des salaires [5].

Pour les domestiques, le délai est ordinairement de huit jours [6].

[1] On admet souvent que le délai est d'un mois ou de trois mois suivant que l'employé est payé au mois ou au trimestre. Trib. paix Branne (Gironde), 22 janv. 1891, *Lois nouvelles*, 91. 2. 203 (domestique de ferme).

[2] Trib. civ. Marseille, 19 oct. 1863, *Journ. Marseille*, 63. 1. 309. — Trib. civ. Marseille, 3 août 1864, *Journ. Marseille*, 64. 1. 215. — Trib. civ. Marseille, 11 avril 1877, *Journ. Marseille*, 77. 1. 181. — Trib. civ. Nantes, 2 mai 1874, *Rec. Nantes*, 74. 1. 281. — Trib. comm. Nantes, 15 fév. 1890, *Rec. Nantes*, 90. 1. 68 (employé de commerce). — Trib. comm. Nantes, 28 mai 1890, *Rec. Nantes*, 90 1. 260 (employé de commerce). — Trib. civ. Nantes, 22 oct. 1892, *Rec. Nantes*, 92. 1. 430. — Trib. comm. Marseille, 19 déc. 1892, *Rec. Marseille*, 93. 1. 48 (concierge de nuit d'un hôtel, chargé en outre d'installer les voyageurs et de leur faire payer leurs notes). — Trib. comm. Marseille, 12 fév. 1894, *Rec. Marseille*, 94. 1. 140 (employé de commerce) — Trib. paix Paris, 29 mars 1894, *Loi*, 11 avril 1894 (employé de commerce). — Trib. comm. Nantes, 13 janv. 1894, *Rec. Nantes*, 94. 1. 98. — Décidé cependant qu'à Paris l'usage pour les commis de magasin est de quinze jours. Trib. paix Paris (3e arrondissement), *Rev. prat. dr. indust.*, 94. 27. — A Grenoble, pour les employés d'une situation relativement élevée, le délai est de trois mois. Grenoble, 29 nov. 1892, *Gaz. Pal.*, 93. 1, 2e p., 63.

[3] Trib. comm. Rouen, 6 nov. 1875, *Journ. des trib. de comm.*, 1877, p. 125.

[4] Bordeaux, 29 janv. 1886, *Rec. de Bordeaux*, 86, p. 199 (pour les employés de commerce et pour les employés préposés à l'exécution des travaux publics).

[5] A Paris, les employés de commerce doivent être prévenus quinze jours à l'avance. — Trib. paix Paris, 7 avril 1893, *Droit*, 4 mai 1893 (garçons bouchers). — Trib. paix Paris, 21 sept. 1893, *Rev. dr. indust.*, 1894, p. 27. Les employés doivent prévenir dans le même délai. — Trib. paix Paris, 21 sept. 1893, précité. — *Voyageur de commerce*. Décide que l'indemnité est de deux mois de traitement. — Trib. civ. Bruxelles, 14 fév. 1895, *Pasicr.*, 95. 3. 192. — V. *infra*, n. 1555.

[6] Trib. paix Reims, 25 avril 1891, *Gaz. Pal.*, 91. 1. *Suppl.* 51. — Trib paix Paris, (7e arrond.), 9 oct. 1891, *Gaz. Pal.*, 91. 2. 706. — Trib. paix Nantes, 27 juill. 1894, *Rec. Nantes*, 94. 1. 170 (jardinier). — De même pour les concierges, qui sont des domestiques. Trib. civ. Lyon, 8 juin 1892, *Mon. jud. Lyon*, 18 août 1892, — ou pour les gardiens d'usine. Trib. com. Marseille, *Rec. de Marseille*, 90. 1. 111. —

Pour les ouvriers mineurs, le délai d'usage est de quinze jours [1].

1525. Quand il ne s'est établi aucun usage sur les délais, le tribunal apprécie [2].

1526. L'usage peut autoriser le congé sans l'emploi d'aucun délai [3].

Le juge du fait est compétent pour décider souverainement si cet usage existe [4].

Ainsi quelquefois, même pour les employés payés au mois, l'usage permet la résiliation du jour au lendemain. Alors il n'est dû aucune indemnité pour le renvoi sous prétexte qu'il est prématuré [5].

1527. Nous examinerons plus loin si les délais peuvent être modifiés par la convention [6].

D. *Preuve en matière de délais.*

1528. La preuve que les délais d'usage n'ont pas été observés incombe à celui qui se prévaut de ce fait [7]. Il doit également prouver que les délais existent et en établir le montant.

1529. Mais celui qui prétend qu'une faute grave de son cocontractant l'a dispensé d'observer les délais, doit prouver cette faute [8].

Pour un jardinier, décidé que le délai est d'un mois. Trib. civ. Versailles, 6 janv. 1891, *Gaz. Pal.*, 91. 1. 228.

(1) Douai, 11 mai 1892, S., 94. 2. 193, D., 93. 2. 170.

(2) Trib. civ. Nantes, 13 janv. 1894, *Rec. Nantes*, 94. 1. 98 (directeur de société).

(3) Cass., 10 mai 1876, S., 76. 1. 256. — Cass. req., 14 nov. 1894 (2e arrêt), S., 95. 1. 260. — Cass. civ., 20 mars 1895 (2e arrêt), S., 95. 1. 313, D., 95. 1. 249. — Trib. com. Marseille, 23 mai 1892, *Rec. de Marseille*, 92. 1. 235 (pour les garçons de café ou de buvette). — Lepelletier, *Rapport*, sous Cass., 14 nov. 1894, S., 95. 1. 264.

(4) Cass. req., 14 nov. 1894, précité.

(5) Trib. com. Seine, 7 mars 1854, *Journ. des trib. de comm.*, II, p. 151 (pour les commis en nouveautés à Paris). — Trib. com. Marseille, 18 janv. 1871, D., 73. 3. 16 (pour les garçons de café à Marseillle). — Trib. com. Marseille, 15 mai 1891, *Rec. Marseille*, 91. 1. 204 (pour les employés à un titre quelconque dans l'exploitation des cafés, hôtels et restaurants à Marseille).

(6) V. *infra*, n. 1563.

(7) Schaffhauser, *op. cit.*, p. 370, n. 32.

(8) Rouen, 29 déc. 1894, S., 95. 2. 212 (motifs).

1530. Le juge ne peut pas, tout en constatant l'usage, ne pas l'appliquer [1].

E. *De l'observation des délais d'usage en dehors d'une cause légitime.*

1531. Un passage du premier rapport au Sénat, où il est dit que le contrat peut être résilié à la volonté de chacun, et que celui qui donne congé ne peut être condamné à des dommages-intérêts [2], a fait décider par certains auteurs que le congé, même sans motifs légitimes, ne donne pas lieu à indemnité si les délais de congé sont observés [3] : on aurait consacré la jurisprudence antérieure. Mais d'autres déclarations très nombreuses sont en sens contraire [4]. Il est d'ailleurs certain que, dans la jurisprudence antérieure, l'observation des délais, si elle était nécessaire, n'était pas suffisante [5].

La loi, d'autre part, n'a pas voulu donner à chacune des parties un moyen aussi simple d'échapper à sa prohibition; elle est d'ailleurs, comme nous le montrerons, entièrement étrangère aux questions de délai.

(1) Cass. civ., 17 mai 1887, S., 87. 1. 378.

(2) « La cour de cassation, appliquant les principes généraux du droit au contrat de louage d'industrie à durée illimité, ainsi que la règle juridique particulière à ce contrat, décide invariablement qu'il peut être rompu à la volonté de l'une des parties, *ad nutum*, sans motifs ; que cette faculté de résilier le contrat, en quelque sorte permanente chez chacune d'elles, est un droit ; que, lorsqu'elles en usent, elles ne peuvent être condamnées à des dommages-intérêts, car l'exercice d'un droit ne peut être une faute, c'est-à-dire une obligation conventionnelle ou légale entraînant une responsabilité ; enfin qu'il n'en serait autrement que s'il existait des usages contraires, ou si la faute du maître résultait de certaines circonstances spéciales, ou enfin et surtout si les conditions expresses ou tacites du contrat s'opposaient à une rupture sans indemnité... Dans l'opinion de votre commission, cette jurisprudence de la cour de cassation, basée sur le respect de la volonté des contractants, ne motive à aucun degré les critiques dont elle a été l'objet » (Séna , *J. Off.*, *Doc. parl.*, 1886, p. 257).

(3) Agen, 7 janvier 1895, S., 95. 2. 213, D., 96. 2. 40. — Rennes, 14 janvier 1895, *Rec. Nantes*, 95. 1. 60. — Trib. com. Alger, 26 juillet 1890, *Rev. Algér.*, 90. 523. — Schaffhauser, *op. cit.*, p. 370, n. 31 et p. 371, n. 33.

(4) Discours Léon Renault au Sénat, séance 25 novembre 1890, *J. Off.* du 16, *Déb. parl.*, p. 1074. — Le rapport Poincaré dit également que la commission de la chambre approuve le sénat d'avoir repoussé un amendement Trarieux n'admettant les dommages-intérêts que si un délai déterminé n'a pas été observé.

(5) Cass. civ., 15 mai 1887, S., 87. 1. 378.

La solution contraire permettrait au patron qui renvoie brusquement son préposé sans motifs légitimes de lui allouer seulement son salaire pour le temps représentant le délai d'usage, car on verra que l'obligation d'observer les délais d'usage est remplacée légitimement par le payement des salaires, pendant la durée de ce délai. Cette solution est inadmissible en cas de renvoi sans cause légitime [1], la loi ayant autorisé le juge à fixer une indemnité beaucoup plus élevée.

1532. Ainsi l'absence de motifs légitimes peut donner lieu à des dommages-intérêts, même si les délais de congé sont observés [2].

II. *Sanction de la rupture illégale du contrat.*

1533. Des observations qui précèdent, il résulte que la rupture du contrat est illégale :

1° Si elle a lieu sans motifs légitimes (et cela bien que les délais soient observés) ;

2° Si elle a lieu sans l'observation des délais d'usage (et cela bien qu'il y ait cause légitime, s'il n'y a pas faute grave).

Ces deux hypothèses doivent être soigneusement distinguées l'une de l'autre, la loi ne s'étant pas occupée de la seconde.

1534. Il y a lieu toutefois de faire deux observations communes aux deux hypothèses.

La première est que la personne qui met fin au contrat ne peut être condamnée à l'observer matériellement [3].

Nous avons donné la raison de cette solution à propos du louage de services fait pour une durée déterminée [4]. Elle est plus certaine encore pour le contrat fait sans durée déterminée, puisque la loi n'admet ici expressément que la condamnation à des dommages-intérêts.

1535. D'autre part, les indemnités dont nous parlerons

(1) Trib. civ. Seine, 5 février 1895, *Droit*, 6 février 1895.

(2) Trib. civ. Seine, 5 fév. 1895, *Droit*, 6 fév. 1895. — Sauzet, *op. cit.*, p. 63, n. 17 s. ; Cornil, *Louage de services*, p. 335 et 336.

(3) Trib. civ. Caen, 12 mars 1895, *Mon. jud. Lyon*, 13 août 1895.

(4) V. *supra*, n. 1463.

sont dues même par les parties qui, avant le moment où le contrat commence à être exécuté, le rompent [1]. Il ne suffit même pas, pour y échapper, qu'elles aient observé le délai d'usage ; il faut qu'elles aient donné congé seulement après que le contrat est entré en vigueur [2].

A. *Sanction de la rupture sans cause légitime.*

1536. Le droit aux dommages et intérêts une fois reconnu dans cette première hypothèse, il reste à en fixer le montant. C'est l'œuvre du juge, qui pourra faire entrer en ligne de compte des éléments de nature très diverse. L'alinéa 4 du nouvel art. 1780 indique les principaux dans les termes suivants : « *Pour » la fixation de l'indemnité à allouer, le cas échéant, il est » tenu compte des usages, de la nature des services engagés, » du temps écoulé, des retenues opérées et des versements effec- » tués en vue d'une pension de retraite et, en général, de » toutes les circonstances qui peuvent justifier l'existence et » déterminer l'étendue du préjudice causé* ».

1537. Par dessus tout, le juge doit observer l'usage des lieux [3].

Le pays dont il faut observer l'usage est celui où le contrat a été fait; car, d'après l'opinion générale, c'est la loi de ce pays qui détermine les effets des conventions.

1538. Cependant la cour de cassation permet aux tribunaux, comme conséquence du pouvoir d'appréciation attribué aux juges de paix, de combiner l'usage du lieu où l'employé congédié exerçait ses fonctions avec l'usage du pays de la nationalité de cet employé [4].

1539. Ils ne sont d'ailleurs aucunement forcés de s'en tenir à l'usage des lieux; ils peuvent, par exemple, en tenant compte de l'ancienneté des services de l'employé congédié,

[1] Trib. civ. Paris (VIIe arrond.), 9 oct. 1891, *Gaz. Pal.*, 91. 2. 706.
[2] *Contra* Trib. paix Paris (VIIe arrond.), 9 oct. 1891, précité.
[3] « Les tribunaux devront tenir compte des usages ; c'est, en réalité, le seul élément qu'ils retiennent aujourd'hui. Il est insuffisant, mais nécessaire, nous le mettons en première ligne ». Rapport Poincaré, Chambre des députés, 29 déc. 1888, p. 814, col. 2.
[4] Cass. req., 28 juin 1893, S., 95. 1. 260, D., 93. 1. 473.

lui octroyer une indemnité supérieure à celle que l'usage des lieux lui permettrait d'obtenir (¹).

1540. Il n'existe aucun usage pour les employés des chemins de fer, les clauses des contrats passés avec les employés ayant supprimé, avant la loi de 1890, tout droit à l'indemnité (²).

1541. En second lieu il faut tenir compte de la nature des services. « Il est juste, a-t-il été dit dans les travaux préparatoires, que l'indemnité varie suivant la difficulté du travail, la valeur de l'employé, le genre d'industrie, d'art ou de commerce » (³).

1542. Le juge tient compte notamment des services que l'employé a rendus lors de l'établissement de l'entreprise (⁴).

1543. Il faut également tenir compte, aux termes de la loi, du temps écoulé. « Un employé, porte le rapport fait à la chambre, qui a consacré plusieurs années de sa vie à un établissement industriel, agricole, commercial, a plus de droit, s'il est congédié, à la bienveillance de la justice qu'un employé nouveau, qui n'avait pas encore l'espoir d'avoir acquis une situation définitive » (⁵).

1544. Il résulte du nouvel art. 1780 que, pour la fixation des dommages-intérêts, on doit tenir compte des retenues opérées et des versements effectués en vue d'une pension de retraite (⁶). C'est là l'un des objets principaux de la loi, la modification capitale apportée à la jurisprudence antérieure.

1545. De là il suit qu'en elle-même la retenue n'est pas

(¹) Amiens, 2 janv. 1892, D., 92. 2. 489.

(²) Clamageran, *Discours au Sénat*, 15 nov. 1887, *Déb. parlem.*, p. 919; Schaffhauser, *op. cit.*, p. 372, n. 37.

(³) Rapport Poincaré, Chambre des députés, 29 déc. 1888, ann. n. 3472, p. 24.

(⁴) Amiens, 27 janv. 1894, *Rec. d'Amiens*, 1894, p. 58.

(⁵) Rapport Poincaré, Chambre, 29 déc. 1888, annexe n. 3472, p. 24.

(⁶) M. Cuvinot avait proposé au Sénat un amendement qui, malgré le congé, laissait subsister « les droits éventuels acquis par l'employé à raison de sa participation à une caisse de retraite ». Séance du 14 nov. 1887. On fit remarquer avec raison que les patrons perdraient dès lors l'habitude de subventionner la caisse des retraites des employés. Discours de M. Clément, Sénat, 14 nov. 1887, *Déb. parl.*, p. 910. Le Sénat adopta cependant la proposition de M. Cuvinot, mais en faisant disparaître une disposition qui interdisait la clause contraire, Sénat, 20 fév. 1888, *Déb. parl.*, p. 171. Après divers revirements, ce système fut rejeté.

sujette à restitution et que l'employé révoqué, avec ou sans motifs légitimes, n'a pas droit à la restitution de cette retenue ou de ces versements [1]; on ne peut considérer les versements comme l'exécution d'une convention spéciale, indépendante du louage d'ouvrage et qui se trouve résolue par le renvoi de l'ouvrier.

Cette solution était généralement reçue avant la loi de 1890 [2]; l'opinion contraire se fondait sur des raisons d'équité qui ne pouvaient être admises : la retenue ou les versements sont faits en exécution d'une convention à laquelle l'employé a adhéré; ils ont pour but la constitution d'une pension de retraite, mais seulement si l'employé remplit, notamment au point de vue de la durée des services, des conditions déterminées.

1546. Les tribunaux ont le droit, pour la fixation de l'indemnité, de tenir compte non pas seulement des versements effectués à la caisse des retraites par l'employé congédié, mais encore des versements opérés par le patron [3]. Car la loi parle en termes généraux « des retenues opérées et *des versements effectués* », et il est clair que cette dernière expression, opposée à la première, désigne les versements qui proviennent du patron. Cela est, du reste, parfaitement équitable; l'employé, sans avoir le droit de compter d'une manière absolue sur les subventions du patron à la caisse des retraites, a évidemment songé à cette subvention quand il s'est engagé; et il est permis de penser que cette idée l'a décidé à accepter un salaire que peut-être il n'aurait pas trouvé suffisant sans l'existence de la subvention. Les travaux préparatoires sont obscurs [4].

(1) V. cep. Planiol, *Note*, D., 93. 2. 177.
(2) Cass., 24 mai 1876, S., 76. 1. 320. — Cass., 26 nov. 1878, D., 79. 1. 283. — Trib. civ. Marseille, 2 août 1878, S., 79. 2. 78. — Guillouard, I, n. 725. — *Contra* Trib. civ. Avignon, 14 fév. 1865, S., 67. 2. 85. — Trib. civ. Laon, 31 mars 1877, sous Cass., D., 79. 1. 283. — Trib. com. Chambéry, 31 mai 1875, sous Cass., 24 mai 1876, S., 76. 1. 310.
(3) Schaffhauser, *op. cit.*, p. 384, n. 51; Sauzet, *op. cit.*, p. 57, n. 10, note 4.
(4) A la Chambre, le rapporteur, M. Poincaré (*Ann.* n. 3472, p. 25) commente l'art. 1780 en disant que les tribunaux « pourront proportionner, s'ils le jugent à propos, l'indemnité aux sacrifices que l'employé aura faits avant le jour de son

1547. L'existence d'une caisse de prévoyance ne peut donner lieu à aucune action de la part de l'ouvrier congédié, si cette caisse a été fondée par le patron à titre de libéralité, par des prélèvements sur ses bénéfices et sans intention de s'engager envers les ouvriers [1].

1548. L'ouvrier n'a pas le droit davantage au remboursement des retenues subies pour l'organisation d'une caisse de secours [2], même si accessoirement, mais seulement au gré du patron et si les ressources le permettent, cette caisse est destinée à servir des pensions de retraite à l'ouvrier [3]. L'ouvrier a trouvé une compensation suffisante dans l'indemnité qu'il aurait pu obtenir s'il avait été blessé pendant qu'il était au service du patron; ses versements formaient en quelque sorte une prime d'assurance.

1549. L'ouvrier renvoyé pour cause légitime n'a pas davantage droit aux versements qu'il a faits pour alimenter une caisse de secours en cas de maladie, puisqu'il a été, pendant la durée de son travail, garanti par cette caisse [4].

1550. La loi elle-même indique que ces éléments ne sont pas les seuls; le juge tient compte de ceux qui lui conviennent. Ainsi l'indemnité peut être augmentée à raison de ce que l'employé a, pour prendre sa situation actuelle, quitté une bonne situation antérieure [5].

renvoi ». M. Loreau, membre de la commission, ajoute (Ch. des députés, 22 déc. 1890, *Déb. parl.*, p. 2619) : « Ce seront les sommes qui auront été retenues sur les traitements de l'employé qui pourront servir de base à l'estimation des dommages-intérêts accordés par le tribunal. Il ne sera pas tenu compte des versements opérés à titre gracieux par les compagnies ou les industriels ». Mais au Sénat M. Cuvinot, rapporteur, s'exprime ainsi : « Votre commission avait admis qu'il convenait de comprendre dans la même formule les retenues opérées et les versements effectuées par le patron en vue d'une pension de retraite. Elle estime encore aujourd'hui que ces versements, prévus par la convention, peuvent constituer l'un des éléments essentiels de la demande de dommages-intérêts » (Rapp. *Ann.* n. 130, p. 19). V. aussi déclar. du rapporteur, Sénat, 28 nov. 1890, *Déb. parl.*, p. 1097.

[1] Cass. civ., 18 avril 1893, D., 93. 1. 375.

[2] Douai, 18 mai 1884, *Ann. des mines*, VIII, 1885, p. 320. — Trib. civ. Grenoble, 23 janv. 1893, S., 95. 2. 253, D., 93. 2. 377. — Planiol, *Note*, D., 93. 2. 377.

[3] Trib. civ. Grenoble, 23 janv. 1893, précité.

[4] Trib. civ. Grenoble, 23 janv. 1893, S., 95. 2. 253, D., 93. 2. 377.

[5] Amiens 27 janv. 1894, *Rec. d'Amiens*, 1894, p. 58.

1551. En toute hypothèse, le juge appliquera les règles de la responsabilité contractuelle (C. civ., art. **1142** s.), puisqu'il s'agit d'une faute contractuelle [1].

1552. Mais, en présence des travaux préparatoires dont nous avons tiré parti plus haut [2], il est certain que les tribunaux ne peuvent pas en fait et tout en niant l'existence des motifs légitimes, refuser des dommages-intérêts [3].

1553. Le locateur d'ouvrage ne peut, pour garantir le payement de l'indemnité de révocation, exercer le droit de rétention sur les livres et archives du maître [4].

B. *Sanction de la rupture sans l'observation des délais.*

1554. Ici la loi est muette, le juge est donc libre de fixer les dommages-intérêts comme il lui conviendra, en tenant compte des règles de la responsabilité contractuelle, à laquelle nous avons déjà fait allusion [5].

1555. Mais les dommages-intérêts doivent, en principe, être ici moins importants qu'en cas de rupture sans cause légitime, le préjudice étant moins grand [6]. Si à l'inobservation des délais ne se joint pas l'absence de cause légitime, auquel cas les deux indemnités doivent être cumulées [7], le juge allouera généralement à l'ouvrier ou à l'employé les salaires qu'il aurait touchés pendant le délai que le patron aurait dû lui accorder [8].

[1] V. *supra*, n. 1488.

[2] V. *supra*, n. 1496 et s.

[3] V. cep. Bastia, 27 fév. 1893, sous Cass., 14 nov. 1894, D., 95. 1. 30 (l'acte d'adjudication d'octroi peut permettre à l'adjudicataire de révoquer arbitrairement ses employés, en raison de la lourde responsabilité qu'il a de leur chef). — Trib. civ. Mascara, 5 déc. 1894, *Loi*, 1er fév. 1895. — Schaffhauser, *op. cit.*, p. 370, n. 30.

[4] Toulouse, 16 nov. 1887, S., 88. 2. 28 (agent d'assurances).

[5] V. *supra*, n. 1551.

[6] Planiol, *Notes*, D., 93. 2. 545 et D., 97. 2. 161.

[7] Cpr. Bordeaux, 3 juin 1867, S., 68. 2. 118.

[8] Paris, 11 janv. 1887, S., 87. 2. 80. — Douai, 11 mai 1892, S., 94. 2. 193, D., 93. 2. 170. — Trib. paix Paris (17e arrond.), 9 oct. 1891, *Gaz. Pal.*, 91. 2. 706 (huit jours pour les domestiques). — Décidé que l'indemnité est égale à un mois de traitement pour les employés payés au mois et à trois mois pour les employés payés à l'année. Trib. civ. Lyon, 13 juil. 1892, *Mon. jud. Lyon*, 23 nov. 1892. — Décidé que pour le contre-maître chargé de la surveillance de toute une usine, l'indem-

Ainsi le patron qui, d'après l'usage, devait prévenir son employé trois mois à l'avance, doit à son employé, s'il le congédie brusquement, à titre d'indemnité, trois mois de traitement [1]; s'il devait le prévenir un mois ou quinze jours à l'avance, il lui doit un mois ou quinze jours de traitement [2].

1556. Mais si le patron observe une partie des délais, on ne peut l'obliger à payer comme indemnité que le traitement de l'employé pendant le surplus des délais. Ainsi le patron qui, au lieu de prévenir son employé trois mois à l'avance, ne l'a prévenu qu'un mois à l'avance, ne peut être condamné à payer, comme indemnité, que deux mois de traitement [3].

III. *Effets d'une rupture légitime.*

1557. L'existence de motifs légitimes justifie la cessation du contrat, et aucune indemnité ne peut être mise à la charge de celui qui y met fin [4].

On soutient cependant que l'ouvrier congédié légitimement peut réclamer les versements qu'il a faits à une caisse de retraite [5] : ce n'est là, a-t-on dit, qu'une restitution et non pas une indemnité ; on a invoqué en ce sens le rapport fait au sénat et duquel il résulte que le patron qui conserverait ces retenues ferait acte de « confiscation » [6]. Ces arguments

nité dépasse un mois d'appointements, quoiqu'il soit payé au mois. Trib. comm. Marseille, 8 sept. 1890, *Rec. Marseille*, 90. 1. 310, — que l'indemnité est d'un mois de traitement pour l'acteur. Trib. comm. Rouen, 21 janv. 1889, *Gaz. Pal.*, 89. 1. 494. — V. aussi Planiol, *Note*, D., 97. 2. 161.

(1) Grenoble, 29 nov. 1892, précité.

(2) Paris, 9 fév. 1876, *Journ. des trib. de comm.*, 1876, p. 426. — Douai, 11 mai 1892, S., 94. 2. 193, D., 93. 2. 170. — Trib. comm. Seine, 6 oct. 1876, *Gaz. Trib.*, 20 oct. 1876. — Trib. comm. Rouen, 6 nov. 1876, *Journ. des trib. de comm.*, 1877, p. 125. — Trib. civ. Nantes, 22 oct. 1892, *Rec. de Nantes*, 92. 1. 430. — Trib. paix Reims, 25 avril 1891, *Gaz. Pal.*, 91. 1. *Suppl.*, 51 (domestiques).

(3) Grenoble, 29 nov. 1892, précité. — Trib. paix Paris, 7 avril 1893, *Droit*, 4 mai 1893. — V. cep. Trib. paix Paris (7e arrond.), 9 oct. 1891, précité (pour les domestiques).

(4) Agen, 7 janvier 1895, S., 95. 2. 213, D., 96. 2. 40. — Lepelletier, *Rapport* sous Cass., 14 nov. 1894, S., 95. 1. 263. — V. cep. Trib. paix Saint-Omer, 20 août 1895, *Gaz. Pal.*, 95. 2. 409.

(5) Sauzet, *op. cit.*, p. 58, n. 11, note 1. — Pour la caisse de secours, V. *supra*, n. 1549.

(6) Rapport Cuvinot, Sénat, séance 25 novembre 1885, p. 1069, col. 3.

ne sont pas décisifs ; le rapport n'a voulu que justifier le mode de calcul établi par la loi pour le cas où le congé est donné sans motif légitime ; l'art. 1780 indique même formellement le remboursement « des retenues opérées » comme l'un des éléments de l'indemnité, et cependant, même en ce cas, ce n'est pas un élément dont les tribunaux soient forcés de tenir compte ; à plus forte raison le remboursement ne peut-il être exigé si le renvoi a lieu légitimement. Ajoutons que la loi n'a voulu modifier la jurisprudence antérieure que sur un seul point, le calcul des dommages-intérêts en cas de renvoi sans cause légitime. Or, même en ce dernier cas, la jurisprudence n'exigeait pas le remboursement des retenues ([1]).

1558. L'employé qui a refusé de se rendre à son poste et qui pour cette raison est privé de toute indemnité, n'a même pas droit à son salaire à partir du moment où il a quitté ses fonctions antérieures, puisqu'il n'a rendu aucun service ([2]).

1559. Lorsque le renvoi a pour cause une faute de l'employé, qui a porté préjudice au patron, ce dernier n'échappe pas seulement aux dommages-intérêts, mais peut en réclamer ([3]).

1560. La rupture légitime du contrat a cet effet que le salarié cesse d'avoir droit à ses émoluments, mais seulement à partir du moment où, ayant connaissance de la rupture, il est en mesure de cesser son travail.

Ainsi la révocation d'un fonctionnaire ne peut, même au cas d'une décision ministérielle formelle, avoir un effet rétroactif ([4]).

1561. En aucun cas le congé donné pour des motifs légitimes n'atteint d'autres personnes, quelles que soient leurs relations avec celle contre laquelle la rupture a été prononcée.

Ainsi le congé donné à un ouvrier ou domestique n'atteint pas sa femme engagée au service du même maître ([5]).

([1]) Trib. com. Seine, 7 fév. 1888, *Journ. trib. com.*, 89. 239.
([2]) Cass. civ., 13 janvier 1892, S., 93. 1. 257.
([3]) Lyon, 16 mars 1893, *Gaz. Pal.*, 93. 2. 2e p., 6 (voyageur de commerce qui voyage en même temps pour une autre maison).
([4]) Cons. d'Etat, 27 janv. 1893, D., 94. 3. 118.
([5]) *Contra* Trib. paix Branne (Gironde), 22 janv. 1891, *Lois nouvelles*, 91. 2. 203.

IV. *Modifications conventionnelles aux conditions de la rupture.*

1562. Il y a trois cas à distinguer ici :

1° Si la rupture est faite dans les délais et avec cause légitime, la convention peut librement déroger à la loi; il n'y a rien de contraire, par exemple, à l'ordre public, dans la stipulation qui permet à l'ouvrier congédié de réclamer des dommages-intérêts ou la restitution de retenues faites sur son salaire en vue d'une retraite éventuelle.

A plus forte raison la convention d'après laquelle l'employé révoqué pour faute grave n'aura droit à aucune indemnité est licite [1].

1563. 2° Les parties sont également maîtresses de régler tout ce qui concerne le cas où la rupture est faite sans l'observation des délais d'usage.

La convention peut notamment modifier la durée des délais d'usage [2]. La preuve en est que ces délais sont imposés par l'usage seulement, qui est une convention tacite.

Ainsi l'ouvrier est tenu de se conformer à un règlement d'atelier qui augmente le délai d'usage [3] ou qui le diminue [4].

1564. De ce que la rupture du contrat sans l'observation des délais d'usage n'est pas prévue par la loi, il suit encore que la clause pénale fixant les dommages-intérêts pour le cas où les délais d'usage ne seraient pas observés est pleinement valable, même pour les auteurs qui admettent la nullité de cette clause appliquée à la rupture non motivée [5].

Il suit aussi de la même idée que les parties peuvent d'avance renoncer à toute indemnité. Cela a été décidé pour

(1) Cass. civ., 13 janv. 1892, S., 93. 1. 257 (impl.; règl. des ch. de fer du Midi).

(2) Cass. civ., 6 nov. 1895, S., 96. 1. 399, D., 96. 1. 286. — Trib. civ. Grenoble, 23 janv. 1893, S., 95. 2. 253, D., 93. 2. 377 (impl.). — Trib. com. Seine, 3 juin 1893, *Lois nouvelles*, 93. 2. 136. — Trib. civ. Lyon, 31 juil. 1895, *Gaz. Pal.*, 96. 1, *Suppl.*, 29.

(3) Cass., 16 janv. 1866, D., 66. 1. 64. — Schaffhauser, *op. cit.*, p. 375, n. 39.

(4) Cass. civ., 6 nov. 1895, précité.

(5) Trib. com. Lille, 26 mai 1891, S., 92. 2. 123, D., 91. 3. 97. — Trib. com. Nantes, 11 juil. 1891, S., 92. 2. 123. — Trib. com. Seine, 3 juin 1893 (2 jug.), *Lois nouvelles*, 93. 2. 136. — Planiol, *Note*, D., 93. 2. 545.

les contrats antérieurs à la loi de 1890 [1], et cela est encore exact, puisque cette loi ne s'applique pas au renvoi opéré sans l'observation des délais d'usage. Les parties peuvent, en d'autres termes, supprimer les délais d'usage [2].

1565. 3° Reste enfin le cas le plus important et le seul qui soit prévu par la loi, celui où la rupture du contrat a lieu sans cause légitime. L'al. 5 du nouvel art. 1780 s'exprime à ce sujet dans les termes suivants : « *Les parties ne peuvent re-* » *noncer à l'avance au droit éventuel de demander des dom-* » *mages-intérêts en vertu des dispositions ci-dessus* ».

Notamment est nul le règlement d'atelier qui enlève à l'ouvrier congédié tout droit à une indemnité [3].

Il en est de même de toute convention expresse ou implicite [4].

1566. La convention est nulle alors même que les usages de la région seraient contraires [5].

1567. La renonciation est interdite alors même que, par compensation, le patron s'engagerait à donner congé à l'ouvrier un certain temps à l'avance [6]. L'interdiction de la clause de renonciation à des dommages-intérêts s'applique en effet dans toutes les hypothèses où le renvoi donne lieu, selon l'art. 1780, à des dommages-intérêts ; or, parmi ces hypothèses figure celle même où le renvoi est annoncé un certain temps à l'avance.

(1) Cass., 11 mai 1886, *Gaz. Pal.*, 86. 1. 895. — Trib. com. Seine, 14 avril 1893, *Lois nouvelles*, 93. 2. 135.

(2) Cass. civ., 6 nov. 1895, précité. — Trib. com. Lille, 26 mai 1891, précité. — Trib. com. Nantes, 11 juil. 1891, S., 92. 2. 123. — Trib. com. Roubaix, 6 août 1891, *Gaz. Pal.*, 91. 2. 446. — Trib. com. Lille, 15 avril 1892, sous Cass., 14 nov. 1894 (2e arrêt), S., 95. 1. 260. — Cons. prudhommes Lille, 10 nov. 1893, *Rev. dr. com.*, 94. 2. 82. — Planiol, *Note*, D., 93. 2. 545. — *Contra* Agen, 7 janv. 1895, S., 95 2. 213 (motifs). — Lepelletier, *Rapport* sous Cass., 14 nov. 1894, S., 95. 1. 263.

(3) Trib. com. Seine, 5 mai 1891, S., 92. 2. 123, D., 91. 3. 87.— Trib. paix Reims, 6 juin 1891, S., 92. 2. 123, D., 91. 3. 87.

(4) On cite en sens contraire Trib. com. Lille, 26 mai 1891, S., 92. 2. 123, D., 91. 3. 87. — Mais ce jugement s'appuie sur ce qu'il n'y a pas eu abus, et de plus a trait à l'inobservation des délais.

(5) Cass. civ., 20 mars 1895, S., 95. 1. 317, D., 95. 1. 249. — Cass. civ., 9 juin 1896, S., 96. 1. 400, D., 97. 1. 106. — Agen, 7 janvier 1895, S., 95. 2. 213, D., 96. 2. 40 (clause que le patron pourra résilier sans gratification).

(6) Cass. civ., 20 mars 1895, S., 95. 1. 317, D., 95. 1. 249.

1568. Si la renonciation anticipée aux dommages-intérêts est interdite, rien n'empêche en principe les parties de fixer d'avance par une clause pénale le montant des dommages-intérêts qui pourront être dus [1]. D'une part, les parties sont mieux placées que toutes autres personnes pour évaluer le préjudice que la rupture du contrat peut leur causer. D'autre part, tout ce que la loi n'interdit pas est permis. Enfin il a été déclaré au sénat par M. Trarieux, rapporteur, invité après un débat par le président du Sénat à s'expliquer, « que les clauses pénales sérieusement et équitablement stipulées par les parties, feraient forcément la loi des tribunaux » ; et si une disposition formelle n'a pas été insérée en ce sens dans la loi, c'est, comme le dit le rapporteur, pour éviter que les clauses pénales, déclarées valables en termes absolus, ne « servissent de moyen pour éluder une loi que nous voulons rendre obligatoire » [2]. D'ailleurs la validité de la clause pénale résulte des changements apportés par le sénat à la rédaction de la chambre, laquelle portait : « Toute stipulation contraire aux dispositions qui précèdent est nulle de plein droit ». Ajoutons qu'il serait injuste d'annuler en toute hypothèse des clauses pénales qui, quand elles sont sincères et quand aucune des parties n'est victime d'une pression, ont le double avantage d'éviter un procès sur la fixation des dommages-intérêts et de faire connaître aux parties les risques qu'elles courent en rompant le contrat.

On objecte qu'il ne faut pas donner plus de force à la convention qu'à l'usage et que les dommages-intérêts fixés par l'usage ne sont pas obligatoires ; c'est une erreur d'assimiler à un usage souvent incertain une convention formelle.

[1] Aix, 3 mars 1897, S., 97. 2. 140. — Trib. comm. Seine, 9 sept. 1892, S., 93. 2. 63, D., 93. 2. 545 (la stipulation était de 5 fr.) — Trib. comm. Seice, 3 juin 1893, *Lois nouvelles*, 93. 2. 136 (2 jug.). — Planiol, *Note*, D., 93. 2. 545 ; Schaffhauser, *op. cit.*, p. 387, n. 54 ; *Note*, S., 93. 2. 63 — *Contra* Constant, *Rev dr. com.*, 1891 p. 199, *France jud.*, 1895, p. 209, et *Rev. prat. dr. indust.*, 1894, p. 24 ; Mongin, *op. cit.*, p. 360 ; Pic, *Ann. dr. comm.*, VII, 1893, *Doct.*, p. 439 ; Sauzet, *op. cit.*, p. 110, n. 375. Cet auteur interprète le langage de M. Trarieux comme permettant au juge d'annuler toute clause pénale où les dommages-intérêts ne seraient pas fixés au chiffre dérivant du droit commun.

[2] *J. O., Déb. parlem.*, Sénat, séance du 28 nov. 1890, p. 1100, S., *Lois annotées*, 91-95, p. 137.

1569. Mais il va sans dire (et cela répond à une objection qu'on pourrait faire) que si la clause pénale est peu sérieuse et si les parties ont, avec son aide, voulu éluder la prohibition de l'art. 1780, cette clause doit être annulée [1]. C'est encore ce qui résulte des travaux préparatoires [2]. Le chiffre de l'indemnité stipulée peut être pris en considération pour déterminer si la clause pénale est sérieuse ou non.

Sur ce point les juges du fait sont souverains [3].

1570. Il est, dans tous les cas, certain qu'après la résiliation du contrat les parties peuvent transiger sur le chiffre des dommages-intérêts [4].

Il est également certain qu'après la rupture du contrat, la partie qui a droit à des dommages-intérêts peut renoncer à ce droit expressément ou tacitement.

Ainsi l'employé qui a accepté le compte fait à la suite du congé qui lui a été donné, ne peut ensuite se plaindre que le congé soit illégal [5]. Mais cette acceptation doit être assez formelle pour constituer une renonciation; la renonciation ne résulte pas de ce que le préposé a reçu son salaire, non accompagné d'une indemnité, sans protester [6].

V. *A quels contrats s'applique le nouvel art. 1780 C. civ.*

1571. Se demander à quels contrats s'applique le nouvel art. 1780 C. civ., c'est se poser les questions suivantes : quels sont les contrats où la rupture sans motifs légitimes donne lieu à l'indemnité fixée sur les bases de cette disposition ? et quels sont en même temps ceux où toutes clauses écartant le droit à l'indemnité en cas de rupture sans cause légitime sont nulles ?

(1) Aix, 3 mars 1897, précité. — Planiol, *Note*, D., 93. 2. 545. — Le trib. com. de la Seine, dans son jugement du 9 sept. 1892, ne semble pas admettre cette restriction, car s'appuyant sur la validité de la clause pénale, il donne effet à une stipulation portant que l'employé congédié aura droit à une indemnité de 5 fr.

(2) Trarieux, *loc. cit.*

(3) Planiol, *Note*, D., 93. 2. 545.

(4) Sauzet, *op. cit.*, p. 111, n. 38.

(5) Trib. com. Seine, 23 fév. 1892, *Gaz. Trib.*, 27 mars 1892. — C. Alexandrie, 24 juin 1876, *Journ. dr. int.*, III, 1876, p. 394.

(6) Alger, 27 janv. 1892, *Rev. algér.*, 92. 183.

1572. La loi nouvelle s'applique par son texte même à tout contrat de louage de services fait sans détermination de durée [1].

1573. L'art. 1780 s'applique donc aujourd'hui :

aux domestiques, particulièrement aux domestiques ruraux [2],

aux concierges,

aux gardes-chasse [3],

aux gardes particuliers [4],

aux ouvriers [5],

aux employés, notamment à ceux de commerce [6] et en y comprenant les chefs ou directeurs d'exploitation [7] et les professeurs d'institutions privées [8],

aux agents commissionnés des chemins de fer [9],

aux agents auxiliaires des chemins de fer [10],

aux cochers des compagnies de voitures, même engagés à la moyenne [11],

aux acteurs [12],

aux rédacteurs des journaux [13].

1574. Il va sans dire que l'art. 1780 ne s'applique pas aux employés, ouvriers ou domestiques engagés pour un

(1) Trib. civ. Albi, 8 nov. 1893, *Gaz. Trib.*, 16 déc. 1893.

(2) Trib. civ. Bordeaux, 21 nov. 1893, *Rec. Bordeaux*, 94. 3. 46. — Par exemple les jardiniers, Trib. civ. Alais, 20 janv. 1894, *Mon. just. paix*, 94. 114.

(3) Paris, 15 nov. 1892, *Gaz. Pal.*, 92. 2. 638. — Trib. paix Montfort-le-Rotrou (Sarthe), 17 nov. 1894, *Gaz. Pal.*, 94. 2. 677.

(4) Cpr. Trib. civ. Alais, 20 janv. 1894, précité.

(5) Schaffhauser, *op. cit.*, p. 362, n. 21.

(6) Trib. com. Seine, 20 fév. 1892, *Lois nouvelles*, 92. 2. 179. — Par exemple les domestiques de magasin. Trib. com. Nantes, 21 mars 1894, *Rec. Nantes*, 94. 1. 263.

(7) Trib. com. Le Havre, 8 juin 1893, *Rec. du Havre*, 93. 1. 218.

(8) Trib. civ. Seine, 5 juin 1893, *Journ. des Soc.*, 94. 37. — *Contra* Trib. civ. Bordeaux, 15 janv. 1894, D., 94. 2. 574 (ce jugement, qui en conclut que le professeur peut être renvoyé à toute époque et sans motif légitime, est erroné).

(9) Schaffhauser, *loc. cit.*

(10) Rapport Cuvinot au Sénat, séance du 20 mai 1887, Sénat, *Déb. parl.*, 1887, p. 575. — Schaffhauser, *op. cit.*, p. 363, n. 22.

(11) Trib. civ. Seine, 7 mars 1895, *Droit*, 2 avril 1895.

(12) Grenoble, 6 juin 1893, *Rec. de Grenoble*, 93. 1. 310. — *Contra*, Trib. com. Le Havre, 7 août 1892, *Rec du Havre*, 92. 1. 196.

(13) Paris, 14 janv. 1890, *Gaz. Pal.*, 90. 1. 220.

terme déterminé ; ses termes mêmes excluent cette hypothèse [1].

Ainsi les employés engagés au mois sont quelquefois à considérer comme engagés par chaque mois et leur contrat ne tombe pas sous l'application de l'art. 1780 [2].

Mais si, en fait, la fixation d'un terme n'a d'autre but que d'échapper à l'application de l'art. 1780 et n'est pas réelle, les juges doivent appliquer cette disposition [3].

1575. L'art. 1780 ne s'applique pas à plus forte raison aux employés engagés à l'heure ou à la journée [4]. Chaque jour, en effet, marque la fin du contrat.

Il ne s'applique pas davantage au contrat fait pour un nombre d'années déterminées [5] ou pour une entreprise déterminée [6].

1576. L'ouvrier payé à la tâche par son patron ne peut, avant que sa tâche ne soit terminée, invoquer ou se voir appliquer l'art. 1780 [7] ; il est, en effet, engagé pour un terme indéterminé, jusqu'à la fin de sa tâche.

1577. L'art. 1780 ne s'applique pas dans les rapports entre une communauté religieuse et ses membres [8], car ils ne sont pas ses employés.

1578. Le nouvel art. 1780 s'applique aux contrats de travail où la rémunération est fixée en nature. Il en est ainsi dans l'opinion qui ne donne ouverture aux dommages-intérêts qu'en cas de résiliation dolosive [9], mais aussi, quoi-

(1) Trib. com. Le Havre, 17 août 1892, *Rec. Havre*, 92. 1. 196. — Planiol, *Note*, D., 92. 2. 489.

(2) *Contra* Amiens, 2 janv. 1892, D., 92. 2. 489.

(3) Sauzet, *Ann. dr. com.*, 1891, p. 108 ; Charmont, *op. cit.*, p. 615.

(4) Cass. civ., 20 mars 1895, S., 95. 1. 318, D., 95. 1. 249. — Schaffhauser, *op. cit.*, p. 371, n. 34 ; Constant, *France jud.*, 1895, p. 209 ; Charmont, *Rev. crit.*, XXIV, 1895, p. 615. — V. *supra*, n. 1451.

(5) Planiol, *Note*, D., 92. 2. 489.

(6) Planiol, *loc. cit.*

(7) Trib. comm. Bourgoin, 31 juil. 1895 (2e jug.), *Gaz. Pal.*, 95. 2. 318 (mais les motifs de ce jugement ne sont pas exacts ; ils disent que l'engagement d'ouvriers à la tâche est régi par la section des « devis et marchés » ; c'est confondre le contrat passé entre un ouvrier à la tâche et son patron et le contrat passé entre un ouvrier à la tâche et un particulier).

(8) Trib. civ. Nice, 31 janv. 1893, *Gaz. Trib.*, 27 avril 1893.

(9) Mongin, *op. cit.*, p. 361.

qu'on ait dit le contraire [1], dans notre propre opinion, car si dérogatoire que puisse être l'art. 1780 au droit commun, il embrasse tous les contrats de louage d'ouvrage et la convention dont nous parlons est un louage d'ouvrage ; s'il en était autrement, l'art. 1780 ne devrait s'appliquer à cette convention dans aucune opinion ; car il est certain qu'il déroge au moins au droit commun en ce qu'il interdit toute clause écartant les dommages-intérêts.

1579. Avant même la loi de 1790, on n'admettait pas que l'employé pût être renvoyé sans indemnité si son emploi lui avait été concédé en paiement d'une dette contractée envers lui [2] ; il va sans dire qu'alors le montant de cette dette devait lui servir d'indemnité et doit, aujourd'hui, s'ajouter à l'indemnité.

Cette règle doit être appliquée à l'employé de chemin de fer, congédié d'un emploi qui lui avait été octroyé pour l'indemniser d'un accident [3].

1580. L'art. 1780 ne s'applique pas au mandataire salarié [4].

Mais l'art. 1780 s'applique aux agents d'assurance [5], car, à notre avis, ce sont des locateurs d'ouvrage et non pas des mandataires salariés [6].

1581. On admet que le renvoi d'un agent administratif ne peut donner lieu à une indemnité : il est impossible d'accepter l'argument, invoqué en ce sens, que ces employés sont nommés par un acte de la puissance publique et non par un contrat synallagmatique [7] ; nous préférons donc l'opinion contraire.

Ainsi décidé cependant pour les employés de l'Etat [8]. On

[1] Mongin, *loc. cit.*

[2] Guillouard, II, n. 723.

[3] Rennes, 24 juill. 1874, D., 74. 5. 278. — Lyon, 27 janv. 1874, D., 74. 5. 279. — Guillouard, II, n. 723.

[4] V. notre *Tr. du mandat.*

[5] Rouen, 9 mars 1889, *Rec. Rouen*, 89. 1. 23. — Lyon, 30 mars 1893, *Journ. des assur.*, 1893, p. 8 (agent général). — Guillouard, II, n. 722 et *Tr. du mandat*, n. 29.

[6] V. notre *Traité du mandat.*

[7] V. *supra*, n. 1212.

[8] Cons. d'Et., 30 déc. 1838, D , 71. 5. 92. — Cons. d'Et., 14 déc. 1883, D., 85.

a considéré que la solution contraire serait un empiètement du pouvoir judiciaire sur le pouvoir exécutif ([1]).

De même pour les employés communaux ([2]) : secrétaire de mairie, employés d'octroi, ingénieurs, etc. On a objecté à tort que ce ne sont pas des agents administratifs, mais des employés d'ordre privé, les lois municipales ne s'occupant pas d'eux. C'est une erreur, la loi municipale prévoit au contraire la nomination et la révocation des agents communaux.

1582. On admet, d'ailleurs, que si en fait une convention est intervenue entre l'employé et l'Etat ou la commune, la révocation peut donner lieu à des dommages-intérêts ([3]).

1583. Quoi qu'il en soit, l'opinion contraire admet logiquement que le conseil d'Etat ne peut apprécier les faits qui ont motivé la révocation ([4]).

Mais il peut voir si les formalités prescrites par les règlements pour le cas de révocation ont été observées ([5]).

1584. A la règle admise pour les employés de l'Etat, il y a lieu, en tout cas, de faire exception en ce qui concerne les employés des chemins de fer de l'Etat ([6]). On ne voit pas, au

3. 75. — Cons. d'Et., 25 nov. 1892, S., 94. 3. 90, D., 94. 3. 8. — Trib. civ. Tunis, 9 avril 1894, *Rev. algér.*, 94. 2. 373. — Laferrière, *Tr. de la jurid. admin.*, I, p. 563 et 565 ; Hauriou, *Notes*, S., 92. 3. 20, n. 1-2° et S., 92. 3. 66 ; Schaffhauser, *op. cit.*, p. 364, n. 23 ; Brémond, *Rev. crit.*, 1891, p. 131, s. — *Contra* Perriquet, *Contrats de l'Etat*, 2e éd., n. 473 et 909 ; Gautier, *Rev. crit.*, 1882, p. 22. — V. aussi en sens contraire, Alexandrie, 24 juin 1876, *Journ. dr. int.*, 76. 394.

([1]) Rapport de M. Poincaré, ch. des députés, 29 déc. 1888, *Ann.* 3472, p. 21.

([2]) Trib. conflits, 27 déc. 1879, S., 81. 3. 36. — Cons. d'Et., 13. déc. 1889, S., 92. 3 17 (ingénieurs). — Cons. d'Et., 28 mars 1890, S., 92. 3. 65. (architecte communal). — Cons. d'Et., 29 avril 1892, S., 94. 3. 33, D., 93. 3. 76 (architecte communal). — Cons. d'Et., 6 mai 1892, *Loi*, 25 juin 1892 (employé communal). — Cass., 7 juill. 1880, S., 80. 1. 464. — Aix, 10 déc. 1878, S., 79. 2. 78. — Nîmes, 24 fév. 1879, S., 79. 2. 78. — Trib. civ. Tunis, 9 avril 1894, précité. — Guillouard, II, n. 724 ; Hauriou, *Notes*, S., 92. 3. 20, n. 1-2°, S., 94. 3. 33. — *Contra* Lyon, 3 fév. 1872, S., 74. 2. 119, D., 73. 2. 34. — Trib. civ. Villefranche, 1er avril 1873, D., 73. 3. 96. — Trib. civ. Marseille, 2 août 1878, S., 79. 2. 78. — Trib. civ. Calais, 14 août 1878, S., 79. 2. 78. — Schaffhauser, *op. cit.*, p. 364, n. 23.

([3]) Cons. d'Et, 28 juill., 1882, *Rec. des arr. du Cons. d'Et.*, p. 739. — Cons. d'Et., 25 mars 1890, S., 92. 3. 65 (motifs). — Laferrière, *op. cit.*, I, p. 566 ; Hauriou, *Note*, S., 92. 3. 20. — V. cep. Limoges, 25 janv. 1888, S., 88. 2. 186.

([4]) Cons. d'Etat, 14 déc. 1883, S., 85. 3. 65. — Cons. d'Etat, 25 nov. 1892, S., 94. 3. 90, D., 94. 38. — Cons. d'Etat, 27 janv. 1893, S., 94. 3. 118.

([5]) Cons. d'Etat, 27 janv. 1893, précité (impl.).

([6]) Schaffhauser, *op. cit.*, p. 364, n. 24. — *Contra* *Note*, S., 92. 2. 105.

premier abord, la raison de cette solution, mais les travaux préparatoires sont formels : « Leur emploi, a-t-on dit, est le même que celui des employés des compagnies ; leurs fatigues sont les mêmes ; ils courent les mêmes dangers ; ils sont astreints à la même discipline... Ils ne sont pas des fonctionnaires, et l'administration des chemins de fer de l'Etat doit être considérée comme une compagnie privée » (1).

1585. Il est également certain que l'opinion que nous avons combattue, si elle concerne les fonctionnaires de l'Etat, des communes, des départements et des établissements publics, n'a pas trait à ceux des établissements d'utilité publique.

Ainsi les caisses d'épargne étant, d'après la jurisprudence, des établissements d'utilité publique (2), la révocation d'un directeur ou employé de cette caisse est soumise à l'art. 1780 (3).

VI. *Effet rétroactif du nouvel art. 1780 C. civ.*

1586. Il a été dit et répété dans les rapports et dans les discussions auxquels la loi nouvelle a donné lieu, que cette loi était d'ordre public. Nous en concluons qu'elle rétroagit (4). Le législateur a, en effet, le droit de faire rétroagir la loi, et on doit en général présumer cette volonté quand la loi est d'ordre public.

Cette solution a été donnée dans le cours des travaux préparatoires (5) ; il est vrai que la solution contraire y a été également exprimée (6).

(1) Rapport de M. Poincaré à la Chambre, 29 déc. 1888, p. 22, Ann. n. 3472.

(2) Cass., 10 fév. 1883, S., 83. 1. 384. — Cass., 7 déc. 1883, S., 84. 1. 300. — Guillouard, II, n. 724.

(3) Dijon, 11 janv. 1882, S., 82. 2. 228. — Orléans, 15 mars 1893, S., 93. 2. 207, D., 93. 2. 466. — Guillouard, II, n. 724.

(4) Mongin, *op. cit.*, p. 361 (mais cet auteur se fonde sur ce que la loi de 1890 ne déroge en rien au droit commun, ce qui, à notre avis, est une erreur. V. *supra*, n. 1536 s.) ; *Ann. dr. comm.*, VII, 1893, *Doctr.*, p. 123.

(5) Discours de M. Lacombe au sénat (13 mars 1888, *Déb. parl.*, p. 304). « L'interprétation légale donnée par le projet à la convention ne s'appliquera qu'aux faits postérieurs à la loi ; jusqu'à la promulgation, cette convention doit être interprétée librement par les tribunaux ».

(6) Discours de M. Humbert au sénat (*Ibid.*, p. 305) : « Quel sera le sort des ouvriers qui ont contracté sous l'empire d'une convention ? Est-ce que leur situa-

On peut ajouter dans le même sens que le contrat à durée indéterminée peut être réputé se renouveler constamment, au moins à partir de chaque payement périodique de salaires. Dans la pensée des parties, la persistance du contrat est, en effet, subordonnée à leur volonté de tous les instants.

L'opinion contraire a le grand inconvénient de maintenir sous le même régime législatif les contrats pendant une durée quelquefois égale à la vie des contractants.

1587. Ainsi la clause interdisant à l'employé toute demande d'indemnité à raison du renvoi est inapplicable aux renvois postérieurs à la mise en vigueur de la loi [1].

De même le nouvel art. 1780 s'applique aux contrats antérieurs qui ne contiennent pas cette clause [2].

D'ailleurs, si elle ne régissait pas ces contrats, elle ne s'appliquerait probablement à aucun. Que va-t-il arriver en effet? Les compagnies menacées par la loi nouvelle chercheront à l'éluder. Le moyen est bien facile à trouver. Elles imposeront à leurs futurs agents commissionnés un contrat de louage *d'une durée déterminée* qui sera problablement très courte et qu'on renouvellera à chaque échéance, expressément ou par tacite reconduction. Les parties seront ainsi placées en dehors du cas sur lequel statue la loi nouvelle, écrite seulement en vue du contrat de louage de services fait sans détermination de durée, et elles échapperont à ses dispositions.

1588. Dans tous les cas, la loi s'applique aux congés donnés par un entrepreneur qui a soumissionné une entreprise

tion sera réglée d'une autre manière après la promulgation de la loi nouvelle? Non, en thèse générale ».

(1) Schaffhauser, *op. cit.*, p. 394, n. 61. — *Contra* Grenoble, 29 nov. 1892, *Gaz. Pal.*, 93. 1. 2e p., 63. — Orléans, 15 mars 1893, S., 93. 2. 207, D., 93. 2. 466. — Trib. com. Seine, 5 et 15 mai 1891, S., 92. 2. 123, D., 91. 3. 87. — Trib. com. Lille, 26 mai 1891, S., 92. 2. 123, D., 91. 3. 87 (impl.). — Trib. com. Seine, 14 avril 1893, *Lois nouvelles*, 93. 2. 135, *Ann. dr. comm.*, VII, 1893, *Doctr.*, p. 123. — Planiol, *Note*, D., 93. 2. 466.

(2) Amiens, 2 janv. 1892, D., 92. 2. 489. — Orléans, 15 mars 1893, précité (cet arrêt s'appuie sur l'idée inexacte qu'il n'y a pas alors de rétroactivité, le contrat se renouvelant indéfiniment et ne pouvant être considéré comme antérieur à la loi de 1890; si ce raisonnement était exact, il ne serait pas moins fondé pour l'hypothèse précédente). — *Contra* Alger, 27 janv. 1892 (impl.), *Lois nouvelles*, 92. 2. 105. — Planiol, *Note*, D., 93. 2. 466.

après la promulgation de la loi, alors même que le cahier des charges de l'entreprise serait antérieur à la loi [1].

Ce qui est certain en sens contraire, c'est que la loi nouvelle ne s'applique pas au congé donné antérieurement à la promulgation de cette loi [2].

VII. *A quels contrats s'applique l'obligation d'observer les délais.*

1589. L'obligation d'observer les délais s'applique, comme celle de ne pas rompre le contrat sans motifs légitimes, à tout louage de services fait sans durée déterminée [3].

Parmi les contrats dont la cession est subordonnée à un avertissement préalable, citons :

Le contrat passé entre le directeur et le rédacteur d'un journal [4] ;

Le contrat passé entre une compagnie d'assurances et un agent d'assurances [5], car, ainsi que nous l'établirons à propos du mandat, il s'agit bien ici d'un louage d'ouvrage ;

Entre un négociant et son commis [6] ;

Entre un cafetier et un garçon de café [7] ;

Entre une maison de commerce et un placier [8] ou un représentant [9] ;

Entre les directeurs d'usine et les ouvriers [10] ;

[1] Letellier, *Rapport*, sous Cass., 14 nov. 1894, S., 95. 1. 263. — *Contra* Bastia, 27 fév. 1893, sous Cass., 14 nov. 1894, précité.

[2] Cass. req., 20 mars 1893, S., 93. 1. 232. — Schaffhauser, *loc. cit.*

[3] V. *supra*, n. 1571 et s.

[4] Cass., 31 août 1864, D., 64. 1. 372. — Cass., 24 janv. 1865, D., 65. 1. 40. — Cass., 19 août 1867, D., 67. 1. 372. — Paris, 16 fév. 1863, D., 63. 2. 127. — Orléans, 4 août 1865, D., 65. 2. 128. — Bordeaux, 18 nov. 1872, D., 73. 2. 106. — Trib. civ. Caen, 3 janv. 1877, *Rec. de Caen*, 1878, p. 137.

[5] Cass., 8 avril 1855, D., 58. 1. 134. — Nancy, 23 juin 1860, D., 61. 2. 53. — Grenoble, 13 juin 1864, D., 64. 2. 207. — Guillouard, II, n. 723.

[6] Grenoble, 29 nov. 1892, *Lois nouv.*, 93. 2. 133. — Ruben de Couder, v° *Commis*, n. 13 s. ; Guillouard, II, n. 723.

[7] Trib. com. Marseille, 18 janv. 1871, D., 73. 3. 16. — Guillouard, II, n. 723.

[8] Paris, 15 fév. 1873, S., 74. 2. 100, D., 73. 2. 143. — Guillouard, II, n. 723.

[9] *Contra* Caen, 12 janv. 1887, *Droit*, 27 janv. 1887 (cet arrêt se fonde sur ce que le contrat serait à la fois un louage et un mandat).

[10] Douai, 11 mai 1892, D., 93. 2. 170.

Entre un maître et un domestique [1];

Entre un directeur de théâtre et un acteur [2].

1590. L'observation des délais est notamment exigée de la part de la commune ou de toute autre autorité administrative qui renvoie des instituteurs (par exemple des instituteurs congréganistes) [3].

1591. Les délais n'ont pas à être observés vis-à-vis de l'employé engagé à titre d'essai [4].

1592. Les délais que nous avons indiqués suffisent même si la personne qui a loué ses services est en même temps logée par son maître. On ne peut lui imposer d'observer les délais beaucoup plus longs du louage de choses [5], car la possession d'un logement n'est qu'une portion du prix stipulé pour le louage d'ouvrage et ne peut, par conséquent, être envisagée à part. La pratique est constante en ce sens ; ainsi le délai dans lequel le domestique attaché à la personne ou son maître doivent donner congé est généralement fixé à huit jours ; or il est rare que le domestique ne soit pas logé.

Le concierge peut donc être renvoyé moyennant l'observation des délais d'usage [6]. Il en est de même du domestique [7].

SECTION VI

DE LA TACITE RECONDUCTION DU LOUAGE DE SERVICES

1593. Comme le louage de choses, le louage d'ouvrage peut, s'il a été fait pour une durée déterminée, continuer par tacite reconduction [8].

(1) Trib. paix Branne (Gironde), 22 janv. 1891, *Lois nouv.*, 91. 2. 203.
(2) C. Pensylvanie, 13 déc. 1884, *Journ. dr. int.*, XIII, 1886, p. 740.
(3) Chambéry, 14 déc. 1891, D., 93. 2. 61.
(4) *Contra* Trib. civ. Bruxelles, 14 fév. 1895, *Pasicr.*, 95. 3. 192.
(5) Paris, 19 mars 1867, S., 68. 2. 223. — Chambéry, 8 juin 1872, S., 72. 2. 275. — Besançon, 27 mai 1874, D., 76. 2. 72. — Trib. paix Branne (Gironde), 22 janvier 1891, *Lois nouvelles*, 91. 2. 203. — Guillouard, II, n. 719 et 723.
(6) Trib. paix Paris (2e arrond.), 25 déc. 1870, D., 71. 3. 120. — Guillouard, II, n. 723.
(7) Trib. paix Branne, 22 janvier 1891, précité (domestique de ferme).
(8) Pothier, n. 372; Troplong, II, n. 881; Duvergier, II, n. 300; Guillouard, II, n. 731.

Il y a également tacite reconduction si l'employé reste en fonctions après une résiliation amiable ou après un congé.

1594. Les conditions du nouveau contrat sont celles de l'ancien (1). Le prix notamment est le même (2).

Les conditions du renvoi sont celles du droit commun. Si, par exemple, un employé, renvoyé pour une date déterminée, continue son service avec le consentement exprès ou tacite du patron, sans nouveau contrat, le patron ne peut le congédier qu'en observant à nouveau les délais d'usage (3).

1595. Souvent la convention ou un règlement d'atelier décide qu'à défaut de congé donné un certain temps à l'avance, le contrat continuera par tacite reconduction.

Dans ce cas le congé n'est pas valable s'il est donné à une époque tardive (5).

Il n'est pas valable davantage s'il est donné avec des restrictions, par exemple si les ouvriers menacent de se mettre en grève dans le cas où le patron n'accepterait pas des conditions nouvelles de travail (6).

SECTION VII

COMPÉTENCE ET PROCÉDURE EN MATIÈRE DE LOUAGE DE SERVICES

§ I. *Compétence.*

1596. La compétence en matière de louage de services dérive en principe, et sauf les restrictions qui ont été établies par des lois spéciales, du droit commun.

Les modifications apportées par la loi du 27 déc. 1890 à l'art. 1780 C. civ. n'ont pas trait à la compétence; ainsi, quoique le paragraphe 5 règle la procédure devant les tribunaux civils ou des cours d'appel, il est certain que les procès

(1) Trib. com. Rouen, 21 janv. 1889, *Gaz. Pal.*, 89. 1. 494.

(2) Pothier, II, n. 372; Troplong, II, n. 881; Duvergier, II, n. 300; Guillouard, II n. 731.

(3) Guillouard, II, n. 731.

(4) Trib. com. Rouen, 21 janv. 1889, précité. — *Contra* Trib. com. Seine, 7 janv. 1890, *Journ. trib. com.*, 91. 69.

(5) Trib. simple police Hirson, 17 oct. 1891, *Lois nouvelles*, 92. 2. 108.

(6) Trib. simple police Hirson, 17 oct. 1891, précité.

relatifs aux congés continuent à être soumis, dans les conditions antérieures, aux tribunaux de commerce et aux juges de paix [1]; cela a été entendu aux travaux préparatoires [2].

Nous ne consacrerons pas un paragraphe spécial à la compétence des tribunaux civils; les limites de leur compétence résultent des indications que nous donnons au sujet de la compétence des autres tribunaux.

I. *Compétence des tribunaux administratifs.*

1597. L'opinion générale, qui considère la nomination et la révocation du fonctionnaire de l'Etat et de la commune comme des actes de la puissance publique, conclut de là très justement que la juridiction administrative est chargée d'apprécier la révocation [3]. Pour nous, qui attribuons à ces actes la même nature juridique que s'ils étaient accomplis par un simple particulier [4], la compétence appartient aux tribunaux judiciaires.

Si on adopte l'opinion contraire, l'appréciation de la révocation d'un employé des chemins de fer de l'Etat appartient à la juridiction administrative, car l'administration de ces chemins de fer dépend de l'État et n'est pas une administration privée [5].

Il en est ainsi même depuis la loi du 27 déc. 1890 [6], quoi-

[1] Sauzet, *Ann. dr. com.*, V, 1891, *Doctr.*, p. 52, n. 4. — V. pour la compétence des juges de paix, *infra*, n. 1612.

[2] Rapport Poincaré, Chambre, 22 déc. 1890, p. 2618, col. 1.

[3] Trib. conflits, 27 déc. 1879, S., 81. 3. 36. — Trib. conflits, 7 août 1880, S., 82. 3. 11. — Cons. d'Etat, 15 juin 1888, S., 90. 3. 38. — Cons. d'Etat, 13 déc. 1889, S., 92. 3. 17. — Cons. d'Etat, 28 mars 1890, S., 92. 3. 65. — Cons. d'Etat, 29 avril 1892, D., 93. 3. 76 (employé communal). — Cons. d'Etat, 13 mai 1893, D., 93. 3. 76. — Cons. d'Etat, 11 juil. 1894, S., 96. 3. 108. — Cass., 7 juil. 1880, S., 80. 1. 464. — Aix, 3 août 1878, S., 79. 2. 9. — Aix, 10 déc. 1878, S., 79. 2. 196. — Nîmes, 24 fév. 1879, S., 79. 2. 78. — Limoges, 25 juin 1888, S., 88. 2. 186. — Orléans, 28 nov. 1891, S., 92. 2. 105 (employé des chemins de fer de l'Etat). — Trib. civ. Lodève, 25 mai 1888, *Journ. dr. adm.*, 88. 378 (employé de l'octroi). — Hauriou, *Notes*, S., 92. 3. 17, n. 1-1° *a* et S., 92. 3. 65 (c'est le cons. d'Etat qui est le juge du droit commun, n. 1-1° *b*).

[4] V. *supra*, n. 1581.

[5] Cons. d'Etat, 10 juil. 1885, S., 87. 3. 18. — Orléans, 28 nov. 1891, S., 92. 2. 105.

[6] Orléans, 28 nov. 1891, précité (impl.)

que des travaux préparatoires de cette loi il résulte que les employés de cette administration sont assimilés aux employés des particuliers.

1598. Lorsque les travaux de l'Etat sont confiés à un entrepreneur, l'action de l'ouvrier est de la compétence des tribunaux administratifs, que l'action soit dirigée contre l'entrepreneur (1) ou contre l'Etat.

1599. L'action de l'ouvrier contre l'Etat qui fait exécuter des travaux en régie est également de la compétence des tribunaux administratifs (2).

1600. L'action d'un ouvrier employé par l'Etat contre le fonctionnaire de qui il relève est encore de la compétence des tribunaux administratifs (3).

Cependant il en est autrement, et les tribunaux judiciaires sont compétents si l'action est fondée sur une faute personnelle du fonctionnaire (4).

1601. L'action en garantie d'un ouvrier qui, dans le cours de travaux en régie a causé un accident à un autre ouvrier, contre l'Etat, est du ressort des tribunaux administratifs (5).

II. *Compétence du tribunal de commerce.*

1602. Les actions intentées par les commerçants contre leurs employés sont de la compétence des tribunaux de commerce (6), car l'art. 634 C. com. attribue à ces tribunaux la

(1) Cons. d'Etat, 7 août 1886, S., 88. 3. 36, D., 87. 3. 90. — Cons. d'Etat, 11 janv. 1889, S., 91. 3. 5, D., 90. 3. 31. — Romieu, *Concl.*, sous Cons. d'Etat, 24 juin 1892, S., 94. 3. 50; Hauriou, *Note*, S., 94. 3. 49. — *Contra* Trib. conflits, 15 mai 1886, S., 88. 3. 14; Trib. conflits, 5 juin 1886, D., 87. 3. 97. — V. pour plus de détails, *infra*, n. 2049.

(2) Trib. conflits, 24 mai 1884, S., 86. 3. 17. — Cons. d'Etat, 9 déc. 1858, S., 59. 2. 462. — Cons. d'Etat, 17 avril 1886, S., 88. 3. 10. — Cons. d'Etat, 24 juin 1892, S., 94. 3. 49, D., 93. 3. 89. — Trib. civ. Marseille, 16 mai 1887, *Rec. d'Aix*, 88. 61. — Brémond, *Rev. crit.*, XVII, 1888, p. 88; Romieu, *Concl.*, sous Cons. d'Etat, 24 juin 1892, S., 94. 3. 50.

(3) Trib. conflits, 8 août 1891, S., 93. 3. 113, D., 93. 3. 14.

(4) Trib. conflits, 8 août 1891, précité (motifs).

(5) Trib. conflits, 17 août 1886, D., 87. 3. 97. — Brémond, *Rev. crit.*, XXIII, 1894, p. 334.

(6) Cass. req., 20 mars 1865, S., 66. 1. 333, D., 65. 1. 228. — Lyon, 1er avril 1874, D., 75. 2. 81. — Trib. com. Havre, 4 février 1889, *Rec. Havre*, 89. 1. 57. — Trib. com. Nantes, 21 mars 1894, *Rec. Nantes*, 94. 1. 263. — Guillouard, II,

connaissance de toutes les actions intentées contre les facteurs et les commis, sans distinguer si elles sont dirigées par les tiers ou par le patron.

Ainsi le patron peut traduire son commis devant le tribunal de commerce pour lui demander la restitution de commissions payées en trop [1], ou des dommages-intérêts à raison de ce qu'il est entré illicitement au service d'une maison concurrente [2] ou a révélé des secrets de fabrication [3].

1603. Parmi les employés dont il est ici question, doivent être rangés les domestiques de magasin [4] ou les hommes de peine [5], mais non les domestiques attachés à la personne [6].

1604. Le directeur d'un théâtre ne peut agir contre les acteurs devant le tribunal de commerce, mais seulement devant le tribunal civil, car ce ne sont pas des commis [7].

1605. Le commis, n'étant pas un commerçant, peut, à son choix, actionner le patron devant le tribunal civil ou le tribunal de commerce [8].

n. 708. — Dans le même sens Lisbonne, 28 mars 1872, *Journ. dr. int.*, II, 1875, p. 60. — V. cep. Trib. civ. Amiens, 12 avril 1889, *Loi*, 8 juin 1889 (le commis pourrait à son choix accepter ou décliner la compétence). — En Belgique, la solution contraire est admise, la loi du 25 mars 1876 (art. 12-1°) ne donnant plus compétence au tribunal de commerce que pour les actions des tiers contre les facteurs ou commis. — Trib. com. Bruxelles, 3 oct. 1876, *Journ. dr. int.*, IV, 1877, p. 559.

(1) Trib. com. Seine, 28 juillet 1893, *Droit*, 23 août 1893.

(2) Trib. civ. Seine, 4 juillet 1895, *Droit*, 20 sept. 1895.

(3) Paris, 23 janv. 1890, D., 90. 2. 275.

(4) Trib. com. Nantes, 21 mars 1894, *Rec. Nantes*, 94. 1. 263.

(5) Décidé que la compétence du juge de paix est exclusive pour ces derniers en raison de l'infériorité de leur situation. — Lyon, 25 janv. 1889, *Mon. jud. Lyon*, 17 août 1889.

(6) Trib. com. Nantes, 21 mars 1894, précité.

(7) Cass. civ., 8 déc. 1875. S., 76. 1. 25, D., 76. 1. 359. — Paris, 1er mars 1877, D., 78. 2. 108. — Bordeaux, 13 janv. 1887, D., 87. 2. 142. — Trib. com. Seine, 23 juillet 1878, *Droit*, 8 août. — Trib. com. Marseille, 15 oct. 1891, *Rec. de Marseille*, 92. 1. 15. — Trib. com. Marseille, 24 fév. 1892, *Rec. de Marseille*, 92. 1. 157. — Trib. com. Marseille, 22 juillet 1892, *Rec. de Marseille*, 92. 1. 293. — Guillouard, II, n. 708; Lyon-Caen et Renault, *Tr. de dr. com.*, I, n. 142 s. — — *Contra* Nîmes, 14 mars 1870, D., 70. 2. 162. — Montpellier, 20 déc. 1874, D., 77. 5. 6.

(8) Cass. req., 22 fév. 1859, S., 59. 1. 521, D., 59. 1. 268. — Orléans, 9 mars 1869, D., 69. 2. 85. — Toulouse, 27 nov. 1891, *Gaz. trib. Midi*, 6 déc. 1891 (action de l'apprenti dentiste contre son patron). — Trib. Alexandrie, 24 juin 1876, *Journ. dr. int.*, III, 1876, p. 393. — Cpr. Trib. com. Nantes, 21 mars 1894, *Rec. Nantes*, 94.

1606. On admet pourtant généralement que les tribunaux de commerce sont chargés de trancher les procès intentés par les employés de commerce contre les patrons [1], parce que les tribunaux de commerce connaissent de toutes les contestations engagées au sujet des actes de commerce (art. 631), et que le patron qui engage un employé pour l'aider dans l'exercice de son commerce fait un acte de commerce.

Il en est de même pour les actions des marins contre les armateurs [2].

1607. Parmi les actions des commis qui doivent ou peuvent être portées devant le tribunal de commerce, nous citerons :

L'action en paiement des salaires [3],

L'action en dommages-intérêts pour renvoi [4].

1608. L'acteur, n'étant pas un commis, peut agir contre le patron devant le tribunal civil ou le tribunal de commerce à son choix [5].

1609. De la part de l'ouvrier, l'engagement n'est jamais commercial [6] ; du reste des textes spéciaux règlent la compétence pour les actions entre patrons et ouvriers et la défèrent au juge de paix et au conseil de prud'hommes.

1. 263. — *Contra* Haute-Cour, Hollande, 17 nov. 1876, *Weekbl. v. h. Regt*, n. 4057, *Anal. Journ. dr. int.*, IV, 1877, p. 172 (demande en provision). — Pour le commis intéressé, on a décidé que le contrat est commercial. — Trib. civ. Seine, 4 août 1888, *Gaz. Trib.*, 29 sept. 1888.

(1) Cass., 20 mars 1865, S., 66. 1. 333, D., 66. 1. 228. — Lyon, 21 août 1856, D., 57. 2. 85. — Caen, 30 juin 1874, *Recueil de Caen*, 1874, p. 213. — Trib. com. Havre, 4 fév. 1889, *Rec. Havre*, 89. 1. 57. — Bravard-Veyrières et Demangeat, *Tr. de dr. comm.*, VI, p. 419 s. ; Bédarride, *Jurid. comm.*, n. 324 s. ; Ruben de Couder, v° *Compétence*, n. 125. — V. du reste *infra*, n. 1613.

(2) Aix, 14 mai 1890, *Rec. de Marseille*, 91. 1. 170, — ou par les héritiers d'un marin contre l'armateur. — Aix, 14 mai 1890, précité.

(3) Trib. com. Seine, 17 juin 1893, *Gaz. Pal.*, 93. 2. 177. — Trib. com. Chambéry, 23 août 1895, *La Loi*, 3 sept. 1895.

(4) Trib. com. Chambéry, 23 août 1895, précité, — ou pour une circulaire portant atteinte à leur honorabilité. — Paris, 23 mars 1893, *Gaz. Pal.*, 93. 2. 2e p., 3, — ou pour un quasi-délit commis par un préposé. — Trib. com. Seine, 6 oct. 1893, *Gaz. Pal.*, 93. 2. 513.

(5) Nîmes, 21 fév. 1893, D., 93. 2. 439. — Trib. civ. Seine, 29 nov. 1888, *Ann. dr. comm.*, III, 1889, *Jurispr.*, p. 71.

(6) Cass., 22 fév. 1859, S., 59. 1. 521, D., 59. 1. 268. — Cass. civ., 5 fév. 1896, S., 96. 1. 217. — Chambéry, 3 déc. 1883 (motifs), S., 85. 2. 178. — Lyon-Caen et Renault, *Traité*, I, n. 368.

1610. Malgré ces textes, l'ouvrier peut actionner son patron commerçant devant le tribunal de commerce [1], car il est de principe qu'un non-commerçant peut agir à son choix contre un commerçant devant les tribunaux civils ou les tribunaux de commerce.

Ainsi les tribunaux de commerce, étant, d'après l'opinion générale, compétents pour les délits civils des commerçants, peuvent être appelés à trancher des contestations entre ouvriers et patrons, pour les accidents causés aux premiers [2].

Ils sont compétents, même si l'accident est causé non par le patron mais par un tiers dont il répond [3].

Il en est ainsi également de l'action fondée sur le contrat d'assurance contre les accidents passé par le patron à l'aide d'une retenue sur le salaire des ouvriers [4].

L'ouvrier peut également agir devant le tribunal civil [5].

1611. Le contrat d'apprentissage n'est commercial ni de la part du patron [6] ni de la part de l'apprenti [7].

III. *Compétence du juge de paix.*

1612. D'après l'art. 5 de la loi du 25 mai 1838 : « Les juges de paix connaissent, sans appel jusqu'à la valeur de 100 fr. et à charge d'appel à quelque valeur que la demande puisse

(1) Cass. civ., 5 fév. 1896 (motifs), S., 96. 1. 217.

(2) Rouen, 31 juil. 1886, *Rec. Rouen*, 86. 229. — Caen, 2 janv. 1890, *Rec. Rouen*, 90. 2. 177. — Aix, 5 mai 1890, *Rec. Marseille*, 90. 1. 112. — Paris, 16 nov. 1893. *Gaz. Pal.*, 94. 1. 96. — Paris, 6 et 19 juin 1894, D., 95. 2. 7. — Trib. com. Le Havre, 14 janv. 1891, *Rec. Havre*, 91. 1. 100. — Trib. com. Seine, 21 nov. 1891, *Loi*, 27 mai 1891. — Trib. com. Seine, 17 oct. 1891. *Gaz. Pal.*, 91. 2. 783. — Trib. com. Seine, 12 déc. 1893, *Rev. dr. com.*, 94. 2. 31. — *Contra* Toulouse, 9 mars 1863, S., 63. 2. 210, D., 63. 5. 81. — Lyon, 12 mars 1891, *Mon. jud. Lyon*, 11 août 1891. — Trib. com. Seine, 17 mai 1893, *Gaz. Pal.*, 93. 2. 513. — Trib. com. Marseille, 3 et 5 déc. 1889, *Rec. Marseille*, 90. 112. — En *Belgique*, jugé que le trib. de commerce est *seul* compétent. — Trib. com. Anvers, 13 juil. 1876, *Jurispr. d'Anvers*, 76. 1. 229, *Journ. dr. int.*, III, 1876, p. 472.

(3) Paris, 6 juin 1894, précité. — *Contra* Trib. com. Seine, 17 mai 1893, *Ann. dr. com.*, VII, 1893, *Jurispr.*, 111.

(4) Trib. com. Marseille, 3 et 5 déc. 1889, précité. — Trib. com. Havre, 14 janv. 1891, *Rec. du Havre*, 91. 1. 100.

(5) Rouen, 31 juil. 1896, précité.

(6) *Contra* Harel, *Rev. dr. fr. et étr.*, IV, p. 308, n. 20.

(7) Harel, *loc. cit.*

s'élever...; 3° des contestations relatives aux engagements respectifs des gens de travail au jour, au mois ou à l'année, et de ceux qui les emploient; des maîtres et des domestiques ou gens de service à gages; des maîtres et de leurs ouvriers ou apprentis, sans néanmoins qu'il soit dérogé aux lois et règlements relatifs à la juridiction des prud'hommes ».

Ce texte reste en vigueur, malgré le nouvel art. 1780 C. civ. (1).

Le juge de paix est donc incompétent au delà des limites ordinaires de sa compétence, s'il ne s'agit pas de gens de travail ou de gens de service à gages, c'est-à-dire de personnes dont les services ont un caractère inférieur.

Ainsi il n'est pas compétent s'il s'agit de bibliothécaires (2), de secrétaires (3), de régisseurs (4).

Mais il est compétent s'il s'agit d'employés de commerce (5) (la compétence des tribunaux de commerce n'excluant pas la sienne), d'ouvriers (6), de nourrices (7), d'hommes de peine (8), de surveillants (9), d'employés de chemins de fer (10), de concierges (11), de domestiques ruraux (12).

(1) Trib. civ. Albi, 8 nov. 1893, *Gaz. Trib.*, 16 déc. 1893.

(2) Guillouard, II, n. 707.

(3) Guillouard, II, n. 707.

(4) Rennes, 7 déc. 1889, *Gaz. Pal.*, 90. 1. 273 (individu chargé de surveiller un domaine moyennant un salaire en argent et une part des produits).

(5) Trib. com. Tunis, 11 avril 1889, *Loi*, 8 juin 1889. — Trib. civ. Seine, 12 déc. 1893, *Gaz. Trib.*, 5 avril 1894. — *Contra* Lyon, 25 janv. 1889, *Mon. jud. Lyon*, 17 août 1889. — Trib. civ. Bordeaux, 17 déc. 1888, *Rec. Bordeaux*, 89. 2. 37. — Trib. civ. Seine, 11 nov. 1892, *Gaz. Pal.*, 92. 2. 561 (vendeuse et surveillante). — V. *infra*, n. 1613.

(6) Trib. civ. Nancy, 9 mars 1894, *Rec. Nancy*, 94. 282 (action de l'ouvrier contre son patron en restitution des pièces remises entre les mains de ce dernier lors de son embauchage).

(7) Trib. civ. Bordeaux, 9 nov. 1887, *Rec. Bordeaux*, 88. 2. 15. — Décidé que cette compétence s'applique aux personnes qui après avoir allaité un enfant l'élèvent pendant un certain temps, sans solution de continuité. — Trib. paix Paris, 20 mars 1889, *Gaz. Trib.*, 7 avril 1889.

(8) Lyon, 25 janv. 1889, précité.

(9) Trib. paix Toye, 14 nov. 1887, *Rec. d'Amiens*, 88. 57 (surveillant de fabriques de sucre).

(10) *Contra* Trib. Bordeaux, 26 juill. 1887, *Rec. Bordeaux*, 87. 1. 466.

(11) Trib. paix Toulouse, 1er déc. 1888, *Gaz. Trib. Midi*, 4 mars 1888.

(12) Cela a été décidé pour un fromager employé d'une société fromagère. — Trib. civ. Langres, 23 janv. 1895, *Pand. franç.*, 95. 2. 144. — *Contra* Besançon,

Peu importe que les salaires soient payables en argent ou en nature (¹).

1612 *bis*. D'autre part, le juge de paix est compétent même si l'ouvrier, travaillant dans les ateliers du patron, est payé aux pièces (²).

1612 *ter*. Les gages gardent ce caractère alors même qu'ils ont été reconnus dans des comptes successifs et portent intérêt (³).

1612 *quater*. Le juge de paix est compétent pour l'action en dommages-intérêts formée contre les ouvriers par le patron en vertu soit d'un règlement d'atelier (⁴), soit des principes généraux (⁵), pour l'action relative à un certificat de services (⁶).

1613. Le juge de paix étant compétent s'il s'agit d'employés de commerce, l'employé qui agit contre son patron commerçant peut l'actionner devant le juge de paix; la loi ne distingue pas (⁷). La question est seulement de savoir s'il peut aussi l'actionner devant le tribunal de commerce (⁸).

1614. Si l'action intentée entre patron et ouvrier n'est pas fondée sur les relations de maître à préposé, la compétence du juge de paix perd son application.

Ainsi l'action en garantie intentée contre le préposé par le patron, en remboursement de l'indemnité que la faute du préposé l'a obligé à payer à un tiers est de la compétence du tribunal de commerce (⁹).

On décide de même pour l'action en responsabilité fondée

17 nov. 1862, D., 62. 2. 207. — La solution contraire a été donnée pour les vignerons. Trib. civ. Le Vigan, 20 juin 1889, *Loi*, 30 juill. 1889.

(¹) Trib. civ. Annecy, 5 janv. 1888, *Mon. jud. Lyon*, 12 mars 1888.

(²) Trib. civ. Poitiers, 4 déc. 1893, *Gaz. Pal.*, 94. 1. 399.

(³) Trib. paix Paris, 4 avril 1889, *Loi*, 8 mai 1889.

(⁴) Trib. civ. Seine, 12 déc. 1893, *Gaz. Trib.*, 5 avril 1894.

(⁵) Trib. civ. Grenoble, 29 nov. 1886, *Rec. Grenoble*, 87. 62 (perte d'un cheval et d'une voiture). — V. cep. Trib. civ. Seine, 12 déc. 1893, précité (motifs).

(⁶) Aix, 12 mai 1887, *Rec. d'Aix*, 87. 160.

(⁷) Trib. civ. Bordeaux, 22 fév. 1887, *Rec. Bordeaux*, 87. 277 (employés de commerce). — Trib. civ. Lyon, 10 avril 1888, *Gaz. Pal.*, 88. 2. 35.

(⁸) Cass. civ., 5 fév. 1896, S., 96. 1. 217. — *Contra* Cass., 23 mai 1882, S., 83. 1. 320. — Cass. civ., 30 déc. 1890, S., 91. 1. 151, D., 91. 1. 99. — Rouen, 21 fév. 1883, S., 83. 2. 170. — Aix, 5 déc. 1889, *Loi*, 19 déc. 1889. — V. *supra*, n. 1602 et s.

(⁹) Cass. civ., 18 novembre 1890, S., 92. 1. 235.

sur un accident causé à l'ouvrier [1] (mais à tort), pour l'action relative à une transaction commerciale [2].

1615. Il résulte de l'art. 5-3° que le juge de paix n'est compétent pour les contestations entre patrons et ouvriers que dans les lieux où il n'y a pas de prud'hommes [3].

1616. Dans le cas où le juge de paix est compétent d'après l'art. 5-3°, l'appel de ses décisions est déféré au tribunal civil et non au tribunal de commerce [4].

IV. *Compétence du conseil de prud'hommes.*

1617. D'après l'art. 18 de la loi du 22 fév. 1851, toute demande à fin d'exécution ou de résolution d'un contrat d'apprentissage doit être jugée par le conseil de prud'hommes dont le maître est justiciable, c'est-à-dire par le conseil du lieu où se trouve l'industrie; à défaut de conseil, le juge de paix devient compétent.

Comme cette loi mentionne exclusivement les fabricants et ouvriers, ce qui suppose une profession manuelle, le conseil de prud'hommes n'est pas compétent pour les procès entre une personne exerçant une profession libérale ou un commerce et celle à laquelle elle enseigne cette profession [5].

A plus forte raison le conseil des prud'hommes n'est-il pas compétent dans les instances relatives à un contrat qui a pour but d'enseigner non pas une profession, mais un procédé de fabrication [6].

Mais toutes les actions relatives au contrat d'apprentissage, même engagées entre le patron et un tiers, sont réglées par la loi de 1851 [7].

1618. Suivant l'art. 10 du décret du 20 février 1810, le conseil de prud'hommes tranche les contestations entre « mar-

[1] Trib. com. Marseille, 15 janvier 1890, *Journ. de Marseille*, 90. 1. 112.
[2] Angers, 29 nov. 1890, *Gaz. Pal.*, 91. 1. 263.
[3] Trib. civ. Poitiers, 4 déc. 1893, *Gaz. Pal.*, 94. 1. 399.
[4] Trib. civ. Poitiers, 4 déc. 1893, *Gaz. Pal.*, 94. 1. 399.
[5] Toulouse, 27 nov. 1891, *Gaz. Trib. Midi*, 6 déc. 1891 (dentistes). — Trib. paix Nogent-le-Rotrou, 28 déc. 1887, *Gaz. Pal*, 89. 1, *Suppl.*, 91 (commerçant).
[6] Trib. com. Marseille, 16 fév. 1887, *Rec. Marseille*, 87. 131.
[7] Trib. civ. Orthez, 28 mai 1890, *Gaz. Pal.*, 91. 1. 30 (instance entre le patron et un tiers qui s'est engagé à payer la pension de l'apprenti).

chand, fabricant, chef d'atelier, contre-maître, teinturier, ouvrier, compagnon ».

Le conseil de prud'hommes n'est donc compétent que si le patron est un commerçant ou un industriel, il en est autrement si c'est une autorité administrative (1) ou une société civile (2).

1619. On voit aussi que les commis sont en dehors de cette juridiction.

La distinction entre le commis et l'ouvrier dérive de principes que nous avons déjà indiqués (3); le mode d'engagement ou de payement de l'ouvrier n'en fait pas un commis au point de vue de la juridiction des conseils de prud'hommes (4).

1620. Ils ne sont pas compétents davantage entre maîtres et domestiques (5).

Mais il n'y a pas à distinguer entre les différents ouvriers; le conseil des prud'hommes est compétent aussi bien s'il s'agit d'ouvriers employés au transport ou à la livraison que d'ouvriers employés à la fabrication (6).

Sont notamment justiciables du conseil de prud'hommes : les ouvriers employés à la construction des machines (7) ou à la fabrication d'un produit manufacturé (8).

1621. Pour les contestations autres que les difficultés relatives au travail de l'ouvrier, le conseil de prud'hommes n'est pas compétent (9).

(1) Cass. civ., 28 avril 1896, S., 96. 1. 392.

(2) Cass., 18 août 1874, S., 74. 1. 476.

(3) V. *supra*, n. 1216.

(4) Lyon, 15 déc. 1892, D., 93. 2. 260 (ouvrier engagé pour trois ans moyennant un salaire fixé au mois). — Trib. com. Seine, 9 oct. 1888, *Droit*, 26 oct. 1888. — Trib. civ. Charleroi, 30 nov. 1887, *Rev. des Mines*, 87. 366.

(5) Une proposition a été faite pour étendre la juridiction des prud'hommes aux artistes dramatiques. Proposition Le Senne, 24 juil. 1890, Chambre, p. 1638, n. 881.

(6) Trib. comm. Nantes, 1er juin 1892, *Rec. Nantes*, 92. 1. 340. — *Contra* Trib. comm. Seine, 20 sept. 1895, *Gaz. Trib.*, 12 oct. 1895.

(7) Lyon, 15 déc. 1892, D., 93. 2. 260 (gareur de métiers à velours mécaniques).

(8) Lyon, 15 déc. 1892, précité. — Ouvrier aux pièces, qui travaille dans les ateliers du patron avec les matières premières fournies par ce dernier et sous sa surveillance, quoique le prix soit fixé préalablement. Trib. com. Seine, 16 nov. 1894, *Droit*, 30 déc. 1894. *Loi*, 11 déc. 1894. — Correcteur d'imprimerie. Trib. com. Seine, 9 mars 1889, *Droit*, 28 mars 1889.

(9) Cass., 19 fév. 1833, S., 33. 1. 471. — Cass., 11 nov. 1834, S., 34. 1. 689. —

Mais on doit considérer comme étant relatives au travail les contestations relatives à l'assurance que le patron contracte à l'aide d'une retenue sur le salaire des ouvriers (¹). Cette promesse d'assurance est, en effet, l'accessoire du louage d'ouvrage. Il en est de même des contestations relatives à la responsabilité du patron, soit en cas de perte des outils de l'ouvrier (²), soit en cas d'accident à la personne de l'ouvrier (³), aux salaires (⁴), au congé (⁵).

Le conseil de prud'hommes est également compétent sur une contestation relative au libellé du certificat de sortie que le patron doit remettre à l'ouvrier (⁶).

1622. Le conseil de prud'hommes n'est pas compétent pour trancher les contestations relatives à une caisse de prévoyance instituée par le patron, si la constitution de cette caisse n'est pas l'accessoire du contrat de louage et si, au contraire, elle est faite à titre de libéralité et par des prélèvements sur les bénéfices (⁷).

1623. La juridiction des conseils des prud'hommes est facultative pour l'ouvrier ; il peut, s'il le préfère, s'adresser au tribunal de commerce (⁸).

Cass., 12 déc. 1836, S., 37. 1. 412. — Cass., 1er avril 1840, S., 40. 1. 105. — Aix, 1er juin 1840, P., 40. 2. 19. — Douai, 15 oct. 1843, *Rec. de Douai*, 43. 422. — Trib. com. Havre, 17 avril 1872, *Rec. du Havre*, 72. 1. 79. — Trib. com. Havre, 20 janv. 1874, *Rec. du Havre*, 74. 1. 46. — Trib. com. Seine, 28 mars 1890, *Ann. dr. com.*, IV, 1890, p. 111 (cas de compétence pour la demande en dommages-intérêts à raison de la perte des outils de l'ouvrier dans les magasins du patron). — Trib. com. Seine, 24 mai 1890, *Gaz. Trib.*, 13 juin 1890 (accident). — Camberlin, *Manuel des trib. de com.*, p. 616 ; Binot de Villiers, *Manuel des cons. des prudh.*, p. 20, n. 10 ; Lyon-Caen et Renault, *Traité de dr. com.*, I, n. 545 s.

(¹) Trib. com. Seine, 13 janv. 1888, *Gaz. Pal.*, 89. 1, *Suppl.*, 10 (assurance contre le chômage). — Trib. com. Seine, 19 août 1892, *Gaz. Pal.*, 92. 2. 353 (assurance contre les accidents).

(²) Trib. com. Seine, 16 août 1892, *Gaz. Pal.*, 92. 2. 319. — *Contra* Trib. com. Seine, 28 mars 1890, précité. — V. cep. *supra*, note 9, p. 267.

(³) *Contra* Trib. com. Seine, 12 mars 1889, *Gaz. Pal.*, 89. 2, *Suppl.*, 14. — V. *supra*, note 9, p. 267.

(⁴) Trib. com. Havre, 26 nov. 1888, *Rec. Havre*, 89. 1. 23.

(⁵) Trib. com. Havre, 26 nov. 1888, précité.

(⁶) Trib. com. Seine, 8 sept. 1893, *Gaz. Pal.*, 94. 1. 130.

(⁷) Cass. civ., 18 avril 1893, S., 96. 1. 511, D., 93. 1. 375.

(⁸) Trib. com. Toulouse, 23 nov. 1894, *Gaz. Trib. Midi*, 17 fév. 1895.

V. *Compétence du juge des référés.*

1624. Conformément au droit commun, le juge des référés est compétent pour trancher les contestations sur lesquelles il peut donner une solution sans engager le fond et qui sont urgentes.

Le juge des référés peut donc ordonner l'expulsion d'un employé ou domestique logé chez le maître (1).

1625. Il en est ainsi, ce semble, même si la validité du congé adressé par le maître à l'employé ou domestique est contestée par ce dernier (2). Le juge des référés est donc compétent pour expulser le domestique ou employé qui, congédié par le maître, prétend rester à cause des gages qui lui sont dus ou du droit qu'il a de ne pas être expulsé sans indemnité (3). Il y a, en effet, urgence à ce que le domestique ou employé s'en aille et on ne peut objecter que le juge des référés tranche le fond, car il laisse intacte l'action en paiement de gages ou en indemnité et, d'un autre côté, toutes les dettes que peut avoir le maître ne l'obligent pas à garder dans son immeuble son créancier jusqu'au paiement de ces dettes; ce serait un droit de rétention d'un nouveau genre et que la loi ne reconnaît pas.

Aussi n'admettons-nous pas que le juge des référés doive, comme on le prétend quelquefois (4), subordonner l'expulsion du domestique ou employé au paiement de ce qui lui est dû ou à la consignation d'une somme suffisante pour ce paiement.

1626. Le juge des référés ne peut prononcer la résiliation d'un contrat de louage d'ouvrage dont la durée est détermi-

(1) Poitiers, 8 avril 1889, *Rec. Poitiers*, 89. 116 (même si le maître est un commerçant, la demande en expulsion n'étant pas commerciale). — Trib. civ. Constantine, 4 mai 1887, *Mon. jud. Lyon*, 21 juin 1887 (fonctionnaire). — Trib. civ. Marseille, 22 mai 1891, *Rec. d'Aix*, 91. 2. 204 (motifs).

(2) *Contra* Trib. civ. Marseille, 22 mai 1891, précité.

(3) Bordeaux, 23 août 1867, D., 67. 5. 359. — Paris, 1er fév. 1873, S., 73. 2. 87, D., 73. 2. 166. — Paris, 28 juil. 1877, S., 78. 2. 85. — De Belleyme, *Ord.*, II, p. 149 s.; Bertin, *Ord. de référé*, n. 819 s.; Bazot, *Ord. sur req. et référés*, p. 266 s.; Guillouard, II, n. 709.

(4) Guillouard, II, n. 709.

née, avant l'expiration de cette durée [1]; il ne pourrait le faire, en effet, qu'après avoir apprécié la gravité des motifs de résiliation et trancherait ainsi le fond.

VI. *Compétence du comité d'arbitrage.*

1627. La loi du 27 déc. 1892 (art. 1), dispose que « les patrons, ouvriers ou employés, entre lesquels s'est produit un différend *d'ordre collectif* portant sur les conditions du travail peuvent soumettre les questions qui les divisent à un comité de conciliation, et, à défaut d'entente dans ce comité, à un comité d'arbitrage ».

Les articles suivants de la loi déterminent la formation de ces comités [2].

§ II. *Procédure.*

1628. Les règles de la procédure en matière de louage de services sont empruntées au droit commun.

Les règles du droit commun sont notamment applicables au jugement des demandes intentées au sujet du nouvel art. 1780 C. civ., sauf une exception résultant du 5e alinéa de cet article : « *Les contestations auxquelles pourra donner lieu* » *l'application des paragraphes précédents, lorsqu'elles seront* » *portées devnt les tribunaux civils et devant les cours d'ap-* » *pel, seront instruites comme affaires sommaires et jugées* » *d'urgence* ».

Cette disposition a pour but d'accorder le bénéfice de la procédure sommaire aux débats relatifs aux congés qui, à cause de la nature de la profession exercée par les parties, ne sont pas soumis aux conseils de prud'hommes [3].

Comme l'art. 1780 tout entier n'a trait qu'aux louages d'ouvrage à durée indéterminée, les congés dans les louages à durée déterminée restent soumis à la procédure ordinaire, sauf dans les cas où le droit commun édicte la procédure

(1) Paris, 1er fév. 1873, S., 73. 2. 87, D., 73. 2. 166. — Guillouard, II, n. 727.

(2) V. aussi circulaire du ministre du commerce et de l'industrie aux préfets, 23 janv. 1893, S., *Lois annotées*, 1893, p. 537, et circulaire du garde des sceaux aux procureurs généraux, 8 fév. 1893, *Journ. Off.*, 9 fév., S., *loc. cit.*, p. 538.

(3) Sauzet, *Ann. dr. comm.*, V, 1891, p. 52, n. 4.

sommaire. On a cependant soutenu que ces procès donnent lieu à la procédure sommaire, comme requérant célérité (1).

SECTION VIII

DU LOUAGE DE SERVICES EN DROIT INTERNATIONAL

1629. Il y a peu de chose à dire sur les règles du louage de services dans les rapports internationaux. Elles sont empruntées au droit commun.

Ainsi la responsabilité du patron est déterminée par la loi du lieu où le contrat de louage d'ouvrage est passé (2) ; cependant, si les parties sont de même nationalité, c'est leur loi nationale qui est applicable.

1630. Il convient toutefois de noter que l'art. 1780 C. civ., qui interdit les engagements perpétuels, pose une règle d'ordre public international, car elle est esssentiellement fondée sur la morale. Les tribunaux français ne peuvent donc sanctionner un engagement perpétuel, même s'il est pris par un étranger envers un étranger et dans un pays étranger (3).

CHAPITRE III

DU CONTRAT DE TRANSPORT (DES VOITURIERS PAR TERRE ET PAR EAU)

1631. Les textes que le code civil consacre au contrat de transport sont très peu nombreux ; ils sont, en outre, pour la plupart fort inutiles, soit parce qu'ils font double emploi avec les art. 96 s., 103 s. C. co., soit parce qu'ils contiennent l'application de principes certains ; l'une de ces dispositions, celle de l'art. 1784 C. civ., a même l'inconvénient d'être dangereuse, car elle a fourni un argument *a contrario* à l'opinion, inexacte selon nous, qui met à la charge du voyageur, dans le

(1) Sauzet, *loc. cit.*
(2) Trib. féd. suisse, 4 mars 1892, *Sem. jud.*, 2 mai 1892, *Anal. journ. dr. int.*, XIX, 1892, p. 1064.
(3) *Contra* Albéric Rolin, *Principes de droit international privé*, n. 1238.

cas de transport des personnes, la preuve de la faute du voiturier.

SECTION PREMIÈRE

NATURE DU CONTRAT DE TRANSPORT

1632. En France, il résulte de la place où le code civil met le contrat de transport que ce contrat est un contrat de louage ([1]) ; le voiturier y joue le rôle de *locateur*, le *voyageur* ou l'*expéditeur* celui de *locataire*.

La personne, à qui la chose voiturée est adressée, porte le nom de *destinataire* ou de *consignataire*.

1633. On admet également, dans les législations étrangères, que le contrat de transport est une variété du louage d'ouvrage ([2]).

Néanmoins, il doit être distingué des autres sortes de louages d'ouvrages ([3]).

L'importance de la distinction entre le voiturier et le locateur tient à ce que la preuve de la faute de ce dernier est souvent à la charge du maître ([4]); au contraire, le voiturier est présumé être en faute, au moins quand il s'agit de transport de marchandises ([5]).

1634. On admet généralement que le contrat de transport est réel ([6]), les obligations des parties ne commençant qu'au jour de la remise des objets à transporter. Cette solution ne nous paraît pas fondée; le contrat de transport, étant une variété du louage d'ouvrage, ne peut avoir une nature

([1]) On rencontre cette singulière formule que le contrat de transport « participe du louage, du dépôt, et constitue un véritable mandat salarié ». Trib. paix Paris (IXe arrond.), 27 juin 1894, *Gaz. Pal.*, 94. 2. 308.

([2]) En Allemagne, c'est la conception de la plupart des auteurs. — Sintenis, *Gemeines Recht.*, § 118, notes 135 s.; Kayser, Holtzendorff's *Rechtslexikon*, v° *Frachtgeschaeft*. — V. aussi C. co. allemand, art. 390 s.; C. gén. prussien, II, 8. — Cependant certains auteurs y voient, au moins pour le transport de personnes, un louage de choses. — Von Hahn, *Konment. z. Handelsgesetzb.*, p. 539. — D'autres disent que le contrat de transport est un contrat innommé. — Koch, *Anl.*, p. 371. — D'autres encore lui donnent la qualification du contrat de travail. — Endemann, *Handelsrecht*, p. 706.

([3]) V. *infra*, n. 1637 et s.

([4]) V. *infra*, n. 1859 et s.

([5]) V. *infra*, n. 1662 et s., 1682 et s.

([6]) Aubry et Rau, IV, p. 520, § 373. — Guillouard, II, n. 740.

juridique spéciale. On objecte que le voiturier ne peut être tenu de veiller sur la chose tant qu'elle ne lui est pas remise; mais le locataire d'un immeuble est-il tenu de veiller sur cet immeuble avant l'époque de son entrée en jouissance? Du reste, l'observation n'est pas exacte en elle-même, car les obligations du voiturier commencent dès le jour où il est mis en demeure de recevoir.

La question n'a pas grand intérêt pratique, car on reconnait que, dès le jour de la convention, les parties sont obligées l'une de transporter les objets, l'autre de payer le prix stipulé; mais que la responsabilité du voiturier court seulement du jour où l'objet à transporter est mis en sa possession.

SECTION II

ACTES QUI CONSTITUENT DES CONTRATS DE TRANSPORTS

1635. On désigne sous la dénomination générique de *voituriers* tous ceux qui, par profession ou non, se chargent de transporter des personnes ou des choses d'un lieu dans un autre, moyennant un prix. Le messager qui fait des transports de la ville à un village voisin est donc voiturier tout aussi bien que les compagnies de chemins de fer ou de navigation. C'est dire que peu importe la voie suivie et les moyens employés pour le transport : il y a des voituriers par terre et des voituriers par eau.

On ne distingue pas davantage entre ceux qui exercent la profession de voiturier d'une manière habituelle et ceux qui exceptionnellement se chargent d'un transport [1].

En somme, sont des voituriers :

Les compagnies de chemins de fer [2],

le batelier [3],

l'entrepreneur de messageries [4],

[1] Guillouard, II, n. 737.

[2] Cass., 9 juin 1858, S., 59. 1. 56. — Cass., 20 juil. 1868, S., 68. 1. 386; — et tous les arrêts cités *infra*.

[3] Guillouard, II, n. 737.

[4] Guillouard, II, n. 737.

l'entrepreneur de camionnage [1],
les compagnies de bateaux à vapeur [2],
l'entrepreneur de voitures de place [3],
les compagnies d'omnibus ou de tramways,
l'entrepreneur d'une ligne d'omnibus desservant une gare [4],
celui qui, sans recourir à aucun moyen de transport, conduit des objets ou des animaux, moyennant salaire, d'un endroit à un autre [5].

1636. Il y a louage d'ouvrage et non pas louage de choses quand un loueur de voitures fournit, en même temps que les chevaux et la voiture, un cocher qui conduira la voiture pendant la durée du voyage ou pour un temps déterminé et qui restera le préposé du voiturier [6]. Dans ce cas, en effet, c'est le cocher qui est chargé d'entretenir la chose louée et, par là même, le preneur n'a d'autre droits que de profiter de la voiture et d'autre obligation que de payer le prix.

Au contraire, si l'entrepreneur ne fournit pas le cocher, ou si du moins ce cocher n'est pas à son service, le contrat est un louage de choses.

1637. L'entrepreneur de remorquage ou de touage, c'est-à-dire celui qui se charge de traîner avec son bateau les bateaux qui ne peuvent être dirigés par leur équipage, est un voiturier et non un locateur d'ouvrage [7], car il transporte à

[1] Guillouard, II, n. 737.

[2] Guillouard, II, n. 737.

[3] Cass., 2 mai 1855, S., 55. 1. 433, D., 55. 1. 157. — Bruxelles, 31 mai 1847, D., 47. 3. 84. — Rouen, 27 fév. 1856, S., 57. 2. 118, D., 59. 5. 334. — Guillouard, II, n. 737.

[4] Paris, 24 nov. 1857, S., 57. 2. 759. — Guillouard, II, n. 737.

[5] Trib. sup. com. empire Allemagne, 21 mars 1874, *Journ. dr. int.*, 1874, p. 125.

[6] Trib. civ. Seine, 26 juin 1895, *La Loi*, 25 oct. 1895 (le loueur est donc responsable de l'accident causé par le cheval d'une voiture louée au mois). — *Contra* Guillouard, II, n. 679.

[7] Paris, 21 fév. 1873 (motifs) sous Cass., 21 fév. 1874, S., 74. 1. 278, D., 76. 1. 33. — Pau, 12 mars 1878, S., 79. 2. 267, D., 80. 1. 401. — Trib. sup. Papeete, 29 déc. 1887, sous Cass. civ., 25 mai 1891, S., 93. 1. 411. — *Contra* Orléans, 2 déc. 1857, S., 58. 2. 591. — Paris, 16 avril 1886, S., 88. 2. 235, D., 87. 2. 54. — Poitiers, 24 déc. 1888, S., 89. 2. 161. — Paris, 26 nov. 1892, S., 93. 2. 91, D., 93. 2. 142. — Rouen, 4 janv. 1893, *Recueil de Rouen*, 93. 1. 62. — Trib. com. Havre, 22 mars 1892, *Rec. du Havre*, 92. 1. 81. — Guillouard, II, n. 737.

proprement parler les bateaux qu'il remorque. En vain objecte-t-on qu'il traîne les bateaux à sa suite, et ne les transporte pas ; ce sont là, à notre avis, deux phénomènes exactement semblables. Dira-t-on de la compagnie de chemins de fer, qui attèle à l'un de ses convois le wagon d'un particulier, qu'elle n'est pas, en ce qui concerne ce wagon, un voiturier ?

On n'a pas plus de raison d'objecter que, à la différence du voiturier, le remorqueur n'a pas à vérifier si le bateau qu'il transporte est en bon état de navigabilité. Le voiturier n'est pas obligé toujours à vérifier l'état des objets qu'il transporte.

Il suit de là que l'art. 1784 est, comme on le verra, applicable aux relations entre le remorqueur et le propriétaire du bateau remorqueur [1].

Mais il est certain que le marinier qui se charge de faire passer un bateau sur un endroit quelconque est un locateur d'ouvrage [2], car il prête seulement ses services pour faire mouvoir le bateau et ne le transporte pas.

1638. L'entrepreneur de déménagements qui transporte un mobilier en empruntant le secours des chemins de fer n'est pas un voiturier, mais un locateur d'ouvrage [3].

Il en est autrement de celui qui transporte un mobilier dans l'intérieur d'une ville avec ses propres voitures [4].

1639. On considère quelquefois le commissionnaire de transport comme étant à la fois un mandataire et un dépositaire, parce qu'il reçoit des marchandises (dépôt) et s'engage à les transporter (mandat) [5]. Il est plus simple d'y voir un

[1] V. *infra*, n. 1671.

[2] Orléans, 2 déc. 1857, S., 58. 2. 591. — Guillouard, II, n. 737.

[3] Lyon, 22 juin 1894, D., 95. 2. 294 (cet arrêt le traite à la fois de locateur d'ouvrage et de mandataire salarié ; de ce que l'entrepreneur n'est pas transporteur, l'arrêt conclut avec raison que les art. 106 et 435 C. com. ne lui sont pas applicables).

[4] *Contra* Paris, 15 mai 1896, *Gaz. Pal.*, 96. 1. 780. — Trib. com. Seine, 16 janv. 1896, *Gaz. Pal.*, 96. 1. 245 (c'est un contrat spécial et non un contrat de transport ; donc le destinataire n'est pas tenu de payer les frais du transport avant le déchargement). — Trib. paix Paris (XVIIe arrond.), 22 juin 1892, *Gaz. Pal.*, 92. 2, *Suppl.*, 24.

[5] Lespinasse, *Rev. crit.*, II, 1872-73, p. 193.

véritable voiturier, le contrat passé avec lui n'ayant pas d'autre but que le transport des marchandises, et le commissionnaire s'engageant, non pas à procurer un voiturier, mais à faire lui-même l'office de voiturier et à transporter les objets qui lui sont confiés, par lui-même et par d'autres voituriers, sous sa responsabilité (C. com., art. 97 et 99).

Le C. com. cépendant ne confond pas le commissionnaire de transports avec le voiturier ; ce dernier transporte par lui-même ou par ses préposés les voyageurs ou les marchandises ; le premier n'est qu'une sorte d'entrepreneur qui se charge du transport, mais, pour tout ou partie de ce transport, contracte avec des sous-entrepreneurs ou voituriers.

Nous verrons notamment que si le voiturier s'engage à transporter les marchandises ou les personnes au delà du lieu qui sert de point de terminaison à l'exploitation du voiturier, il se mêle au contrat de transport un contrat de commission (1).

1640. Le contrat de transport doit être également distingué du contrat passé avec les courtiers qui mettent un expéditeur en rapport avec un transporteur (2). Ce dernier contrat est un louage d'ouvrage.

1641. A certains égards, notamment au point de vue de l'application des art. 105 et 108, 435 et 438 C. com., il est important de distinguer le transporteur maritime du transporteur terrestre ou fluvial.

Le transport maritime est celui qui s'effectue par mer (3).

1642. Le dépôt doit être distingué du contrat de transport. En principe, la distinction est facile : le dépositaire s'engage à rendre la chose à l'endroit même où elle a été déposée, alors que le voiturier la rend nécessairement à un autre endroit où il s'est engagé à la transporter. D'un autre côté, le dépositaire rend (en principe) un service gratuit, tandis que le contrat de transport est un contrat à titre onéreux.

(1) V. *infra*, n. 1799 et s.

(2) V. C. com. allemand, art. 389.

(3) Décidé cep. que la Compagnie de navigation qui fait un service de voyageurs entre deux ports de mer, n'accomplit pas un transport maritime. — Trib. com. Havre, 21 mars 1892, *Rec. du Havre*, 92. 1. 149. — V. à propos de l'art. 105 C. com., *infra*, n. 1786.

Il n'existe de difficulté que pour le contrat qui met un objet aux soins d'une personne pendant le transport confié à une autre personne; sans doute, en principe, ce contrat n'en est pas moins un dépôt, car la personne à laquelle l'objet est confié ne participe pas au transport. Toutefois, une controverse très grave a été soulevée à propos de la Compagnie des wagons-lits; nous l'examinerons en étudiant l'art. 1952, dont l'application a donné lieu à la difficulté [1].

SECTION III

FORME ET PREUVE DU CONTRAT DE TRANSPORTS. — ÉPOQUE DE LA FORMATION DU CONTRAT

1643. La convention de transport n'est soumise à aucune forme déterminée [2].

Elle peut donc être expresse ou tacite. Il y a convention tacite, lorsque les objets à transporter ont été remis au voiturier ou aux personnes qu'il a préposées à cet effet [3], soit dans le bâtiment [4], soit dans la voiture [5], soit dans un bureau à ce destiné [6], soit même sur le port ou dans l'entrepôt [7] (arg. art. 1783).

Mais, pour que le contrat se forme, il faut que la remise des objets soit faite aux personnes ayant qualité pour les recevoir, ainsi que nous le montrerons à propos de la responsabilité [8].

1644. D'après l'opinion qui y voit un contrat réel, le contrat de transport d'objets se forme dès que les objets ont été transmis au voiturier pour être transportés [9]. Dans le système contraire, que nous avons adopté, il se forme dès le jour de la convention.

(1) V. notre *Traité du dépôt*.
(2) Guillouard, II, n. 740. — Allemagne, Keyssner, Holtzendorff's *Rechtslexikon*, v° *Frachtbrief*; Kayser, *ibid.*, v° *Frachtgeschaeft*.
(3) Guillouard, II, n. 740.
(4) Guillouard, II, n. 740.
(5) Guillouard, II, n. 740.
(6) Guillouard, II, n. 740.
(7) Guillouard, II, n. 740.
(8) V. *infra*, n. 1657 et s.
(9) V. *supra*, n. 1634.

Le contrat de transport de personnes se forme donc au moment où le prix du voyage est soldé, même sans remise d'objets, si ce prix est payable d'avance.

Il en est ainsi notamment pour les transports par chemins de fer, et quoique les compagnies délivrent au voyageur, contre le paiement du prix du transport, un *billet* qui sert de quittance; le voyageur qui n'est pas muni de billet peut exiger le transport, à condition de prouver qu'il en a payé le prix [1].

1645. L'art. 1782, comme nous le verrons, assimile, en ce qui concerne la responsabilité, le voiturier à l'aubergiste.

Mais là s'arrête l'assimilation. On ne saurait donc appliquer au voiturier les règles exceptionnelles auxquelles l'aubergiste est soumis relativement à la preuve (art. 1952). Sur le terrain de la preuve, et en tant qu'il s'agit de prouver soit le contrat de transport, soit la remise des effets à transporter, le voiturier demeure soumis au droit commun, la loi n'y ayant pas dérogé; du reste il n'y aurait aucune raison de pousser plus loin l'assimilation, car l'art. 1952 est fondé sur l'impossibilité où se trouve le voyageur d'obtenir une preuve écrite du dépôt fait dans une auberge; or rien n'est plus facile pour l'expéditeur que d'obtenir du voiturier une reconnaissance d'objets confiés; par conséquent la preuve testimoniale ne sera pas reçue contre lui au-dessus de 150 fr. A moins cependant qu'il ne soit commerçant, comme il arrivera le plus souvent; car, en matière commerciale, la preuve testimoniale est de droit commun, en ce sens que la loi autorise les juges à l'admettre, quel que soit l'intérêt engagé (arg. art. 109 C. co.).

A Rome le transporteur maritime était entièrement, et même au point de vue de la preuve, assimilé à l'aubergiste [2].

(1) La pratique est en sens contraire. — A plus forte raison le contrat est formé, si, après le paiement du billet, le voyageur a pris place dans la voiture. — Trib. civ. Seine, 12 juill. 1888, sous Cass., 12 juill. 1893, D., 93. 1. 145 (pour les transports maritimes).

(2) Douai, 17 mars 1847, S., 47. 2. 207, D., 47. 2. 98. — Duranton, XVII, n. 252; Duvergier, II, n. 321; Aubry et Rau, IV, p. 520, § 373, note 5; Laurent, XXV, n. 520; Colmet de Santerre, VII, n. 237 *bis*, I, et II; Guillouard, II, n. 739.

(3) L. 1, D., *De recept. naut.*

Cette solution est encore admise par certaines législations étrangères, et on a même proposé de l'étendre à tous les voituriers (1). En droit français, elle ne peut être acceptée.

1646. L'inscription sur le registre prouve contre l'entrepreneur que les objets inscrits lui ont été confiés.

Mais l'entrepreneur peut démontrer que les objets inscrits ne lui ont pas été confiés.

Il peut également démontrer que les objets inscrits ne sont pas les objets confiés.

L'expéditeur peut également prouver que les objets inscrits ne sont pas les objets confiés (2). En effet une mention qui n'émane pas de lui ne peut lui être opposée.

Mais cette preuve, comme le disait Berlier (3), ne doit être admise « qu'avec circonspection, suivant les circonstances de fait et l'état des personnes » (4).

SECTION IV

ENTRE QUELLES PERSONNES SE FORME LE CONTRAT

1647. Le contrat de transport oblige le destinataire et le rend créancier aussi bien que l'expéditeur (6), car ce dernier stipule et promet pour le compte du premier aussi bien que pour son propre compte, et, en prenant livraison de la marchandise, le destinataire accepte les conditions de la convention.

Néanmoins, comme le destinataire joue le rôle d'un tiers pour le compte duquel on a stipulé, il agit en son nom personnel et non comme mandataire de l'expéditeur (5).

Ainsi le destinataire peut invoquer toutes les clauses du contrat qui lui sont favorables (6).

(1) Allemagne, Droit commun, Kayser, Holtzendorff's *Rechtslexikon*, v° *Receptum*. L'opinion commune est que cette solution est inapplicable aux autres voituriers; Vangerow, *Pandeckten*, § 648; Goldchsmidt, *Zeitsch. f. Handelsrecht*, III, p. 350: Kayser, *loc. cit.* — *Contra* Baron, *Pandeckten*, p. 612.

(2) Aubry et Rau, IV, p. 521, § 273, note 8; Guillouard, II, n. 741.

(3) Fenet, XIV, p. 260.

(4) Guillouard, II, n. 741.

(5) Allemagne, C. com., art. 405. Trib. sup. comm., 9 juin 1872. *Enstch.*, IV, p. 359. — Kayser, *loc. cit.*

(6) Cass. civ., 31 janv. 1894, S., 94. 1. 246, D., 94. 1. 244 (motifs). — L'art. 52

Il peut agir directement contre le voiturier (¹).

De même les clauses qui limitent les droits de l'expéditeur lui sont opposables. Il en est ainsi, par exemple, de la clause de non-garantie (²).

Dans les rapports entre l'expéditeur et le destinataire, l'expéditeur est, jusqu'à preuve contraire, réputé propriétaire de la marchandise (³).

Le voiturier doit donc obéir aux ordres de l'expéditeur et non à ceux du destinataire.

Nous en donnerons un exemple en parlant de la remise des marchandises (⁴).

L'indemnité pour perte, détérioration ou retard peut être réclamée par l'expéditeur, puisque c'est envers lui que le voiturier s'est engagé (⁵).

Elle peut être également réclamée par le destinataire, car l'expéditeur a stipulé pour son compte (⁶).

Enfin elle peut être réclamée par le mandataire de l'un ou de l'autre.

Si l'expédition a été faite par un mandataire, l'expéditeur, c'est-à-dire le mandant, peut faire la réclamation.

Toutefois, comme nous le verrons dans notre commentaire du titre du mandat, il en est autrement si le mandataire était un prête-nom.

1648. Le véritable propriétaire des marchandises, même

du cahier des charges des comp. de chemins de fer porte que le destinataire peut, en cas d'expédition *à domicile*, faire transporter par le camionneur de son choix les marchandises de la gare à son domicile, d'où suit le droit de se faire rembourser le prix payé à la compagnie pour ce transport. Cette disposition peut être invoquée par le destinataire et non pas seulement par l'expéditeur, puisque ce dernier a stipulé implicitement pour le premier. — Cass. civ., 2 déc. 1891, S., 92. 1. 92. — Et la même action en répétition pourra être exercée par le camionneur qu'aura choisi le destinataire (même arrêt).

(¹) Alger, 12 fév. 1894. *Journ. Trib. algér.*, 14 mars 1894.

(²) Cass. civ., 31 janv. 1894, S., 94. 1. 246, D., 94. 1. 244. — Cette solution a été fréquemment appliquée par la jurisprudence aux destinataires sans qu'aucune difficulté ait été soulevée.

(³) Limoges, 2 mars 1892, D., 94. 2. 189.

(⁴) V. *infra*, n. 1735 et s.

(⁵) Arthuys, *Rev. crit.*, XXII, 1893, p. 291.

(⁶) Arthuys, *loc. cit.*

s'il n'est pas le destinataire apparent, peut agir directement contre le voiturier ([1]).

Ainsi lorsque les bagages avaient été enregistrés au nom de l'employé d'une maison de commerce, les actions peuvent être exercées par cette dernière ([2]).

SECTION V

OBLIGATIONS DES VOITURIERS

1649. Suivant l'art. 1785 C. civ. : « *Les entrepreneurs de » voitures publiques par terre et par eau, et ceux des rou- » lages publics, doivent tenir registre de l'argent, des effets » et des paquets dont ils se chargent* ».

Il va sans dire que si l'entrepreneur omet de faire l'inscription, il n'en est pas moins responsable des objets qui lui sont confiés ([3]). Cela a été dit, du reste, au conseil d'État ([4]).

1650. L'art. 1786 porte : « *Les entrepreneurs et directeurs » de voitures et roulages publics, les maîtres de barques et » navires, sont en outre assujettis à des règlements particuliers, » qui font la loi entre eux et les autres citoyens* ».

1651. Vis-à-vis des personnes avec lesquelles il a contracté, les obligations du voiturier sont les suivantes :

Prendre livraison des marchandises; les soigner en cours de route et les transporter; les remettre au destinataire.

([1]) Cass. req., 26 octobre 1896, S., 97. 1. 237 (maisons de commerce, en cas de perte de la caisse d'échantillons d'un commis-voyageur). — Trib. com. Seine, 9 oct. 1896, S., 97. 2. 147 (*ibid.*). — V. cep. Toulouse, 15 nov. 1893, D., 94. 2. 413 (cet arrêt paraît n'admettre l'action que si le voiturier a accepté le débat avec le propriétaire). — *Contra* Trib. com. Valenciennes, 17 déc. 1895, S., 97. 2. 147 (également pour le cas du commis-voyageur).

([2]) Trib. com. Seine, 24 mai 1894, *Gaz. Pal.*, 94. 2. 80 (ce jugement réfute une objection tirée de ce que la maison de commerce n'avait pas été indiquée sur le récipissé, en répondant que le mode d'enregistrement admis par les Compagnies de chemins de fer exclut les indications de ce genre. Cette réfutation n'était aucunement nécessaire : le patron ou le mandant peut agir contre les tiers pour les fautes commises envers l'employé ou le mandataire à la seule condition de prouver qu'il était représenté par ce dernier). — Trib. com. Seine, 24 oct. 1895, *Gaz. Pal.*, 95. 2. 717 — et la note précédente.

([3]) Grenoble, 29 août 1833, S., 34. 2. 622. — Alger, 16 déc. 1846, S., 47. 2. 88, D., 47. 2. 1. — Aubry et Rau, IV, p. 521, § 373, note 7; Laurent, XXV, n. 521; Guillouard, II, n. 741. — *Contra* Troplong, II, n. 956.

([4]) Fenet, XIV, p. 257 et 258.

§ I. *Acceptation des marchandises ou des voyageurs.*

1652. Le voiturier doit, sauf le cas de force majeure, accepter les marchandises aux conditions indiquées dans ses affiches et ses prospectus, car le fait par un particulier de lui remettre des marchandises emporte acceptation du contrat dont les affiches ou prospectus indiquent l'offre ; donc, si le voiturier refuse les marchandises, il est passible de dommages-intérêts.

Mais ces dommages-intérêts sont basés sur les art. 1382 et 1383 [1] : la responsabilité du voiturier est purement délictuelle puisqu'il ne s'est pas formé de contrat.

La conséquence du monopole des compagnies de chemins de fer ou de tout autre voiturier est qu'ils ne peuvent refuser aucune marchandise ou aucun voyageur.

1653. L'emballage est à la charge de l'expéditeur et non pas du voiturier.

Le voiturier public, qui a un monopole [2], ne peut refuser les marchandises mal emballées [3], car la défectuosité de l'emballage ne peut lui causer aucun préjudice. Son seul droit est de constater la défectuosité pour se réserver une preuve du vice qui pourra causer la perte de la marchandise et d'exiger de l'expéditeur un *bulletin de non garantie* (comme le font les compagnies de chemins de fer) contenant l'engagement de l'expéditeur qu'il garantit l'emballage [4].

[1] Cass., 3 déc. 1867, S., 68. 1. 193. — Cass., 17 août 1874, S., 74. 1. 492. — Aix, 8 fév. 1853, S., 53. 2. 251. — Aubry et Rau, IV, p. 524, § 373, note 24 ; Guillouard, II, n. 762.

[2] M. Guillouard (II, n. 752) attribue cette obligation à tous les voituriers. — Dans les pays où les compagnies de chemins de fer n'ont pas de monopole, elles peuvent refuser les marchandises mal emballées. C. sup. Ohio, *Journ. dr. int.*, IV, 1877, p. 263.

[3] Cass., 6 déc. 1876, S., 77. 1. 275 (on ne peut exiger que le nitrate de soude soit enfermé dans des caisses ou des tonneaux). — Guillouard, II, n. 752 (*id.*). — *Contra* Régl. allemand de 1874.

[4] Amiens, 21 janv. 1853, S., 53. 2. 44. — Caen, 20 avril 1864, S., 65. 2. 29. — Paris, 20 juil. 1883, S., 85. 2. 78. — Carpentier et Maury, *Tr. des chemins de fer*, II, n. 3787.

Nous examinerons l'effet de cette clause au point de vue de la responsabilité du voiturier (1).

De même, si les marchandises sont sujettes à coulage, ou ont un autre vice propre, le voiturier peut exiger un bulletin de non garantie relatif au coulage (2).

1654. Le voiturier qui accepte sans protestation les objets visiblement mal emballés est censé, dans une certaine opinion, avoir consenti à donner à ces objets des soins particuliers et est responsable du dommage qui leur est causé par suite du mauvais emballage (3).

En tous cas, la marchandise est censée avoir été en bon état, au moment où elle est livrée au voiturier, de sorte que l'expéditeur qui réclame des dommages-intérêts à raison d'un accident n'a pas à démontrer que les colis étaient en bon état (4). En France, cette solution résulte formellement de l'art. 103 C. com.

Mais il va sans dire que le voiturier peut prouver que les marchandises n'étaient pas en bon état (5).

1655. Le voiturier doit transporter les voyageurs dans des voitures en bon état d'entretien.

Mais on ne peut imposer à un voiturier, et notamment à une compagnie de chemins de fer, qui a construit des wagons d'un type nouveau et perfectionné, de transporter les voyageurs par ces wagons exclusivement, même pour un long parcours (6).

Le voyageur doit être transporté dans une voiture de la classe portée sur le billet (7).

(1) V. *infra*, n. 1727 et s.
(2) Carpentier et Maury, II, n. 3787.
(3) V. *infra*, n. 1682.
(4) C. just. Genève, 7 juin 1875, *Journ. dr. int.*, II, 1875, p. 467. — *Contra*, C. sup. du Michigan, 1875, *Journ. dr. int.*, 1875, p. 395.
(5) Cass., 17 oct. 1893, S., 94. 1. 92. — Cass. civ., 25 mars 1894, S., 94. 1. 462. — Lyon, 13 fév. 1895, *Mon. jud. Lyon*, 18 avril 1895. — Cass. belge, 24 déc. 1885, *Pas.*, 86. 1. 30. — Féraud-Giraud, *Code des transports*, II, n. 858; Carpentier et Maury, II, n. 3710 s. — Cette preuve peut être et est généralement faite par experts. Mêmes autorités.
(6) Cass. civ., 8 janv. 1894, S., 94. 1. 93, D., 94. 1. 275.
(7) Trib. civ. Toulouse, 12 juil. 1889, S., 90. 2. 176. — Trib. com. Seine, 17 avril 1895, S., 95. 2. 183. — Il n'en est autrement qu'en cas de force majeure. — Trib. civ. Toulouse, 12 juil. 1889 précité. — Trib. com. Seine, 17 avril 1895, pré-

1656. Un voyageur ne peut se fonder, pour réclamer des dommages-intérêts à une compagnie de transports, sur ce que cette dernière a fait partir à la place du paquebot ou de la voiture désignés par les affiches, un autre paquebot ou une autre voiture, si le moyen de transport employé offre les mêmes avantages [1].

§ II. *Responsabilité du voiturier.*

I. *Du temps pendant lequel le voiturier est responsable.*

1657. La responsabilité du voiturier commence au moment où il a pris livraison de la marchandise.

L'art. 1783 dit, à propos des voituriers, qu' « *Ils répondent » non seulement de ce qu'ils ont déjà reçu dans leur bâtiment » ou voiture, mais encore de ce qui leur a été remis sur le » port ou dans l'entrepôt, pour être placé dans leur bâtiment » ou voiture* ».

Pour que la responsabilité du voiturier prenne naissance, il faut que la remise soit faite à l'endroit désigné par les affiches, prospectus ou par la notoriété publique.

Ainsi quand le voiturier a un bureau, il ne suffit pas de remettre les objets au conducteur de la voiture ou à un autre préposé du voiturier [2].

Notamment si le voyageur, au lieu de consigner ses bagages, en attendant l'heure où il prendra son billet, les remet à un employé du chemin de fer, la compagnie n'en est pas responsable [3].

cité. — L'affluence des voyageurs n'est pas une force majeure. — Trib. civ. Toulouse, 12 juil. 1889, précité. — Trib. com. Seine, 17 avril 1895, précité. — Alors même que les ordres de service limitent le nombre de voitures, car ils sont édictés dans l'intérêt de la Compagnie, et d'ailleurs rien ne l'empêche de former des trains supplémentaires. — Trib. com. Seine, 17 avril 1895, précité. — Cependant, on comprend que les circonstances peuvent faire considérer l'affluence accidentelle de voyageurs comme une force majeure. Bédarride, *Tr. des chemins de fer*, I, n. 196. — Comp. *infra*, n. 1700.

[1] Trib. civ. Marseille, 4 juil. 1893, *Gaz. Trib.*, 26 juil. 1893. — V. *infra*, n. 1674.

[2] Cass., 5 mars 1811, S. chr. — Cass., 29 mars 1814, S. chr. — Toulouse, 9 juil. 1829, S. chr. — Duvergier, II, n. 328; Aubry et Rau, IV, p. 520, § 373, note 4; Laurent, XXV, n. 519; Guillouard, II, n. 740 et 745.

[3] Besançon, 6 déc. 1869, D., 70. 2. 119. — Guillouard, II, n. 745. — Règl. alle-

Toutefois la compagnie est responsable des bagages confiés à un employé pendant que le voyageur va prendre son billet [1]; il y a alors dépôt nécessaire, le voyageur ne pouvant pas garder ses bagages avec lui et les règlements ne lui permettant pas de faire enregistrer ses bagages avant qu'il ait pris son billet.

Mais la compagnie n'est, en aucun cas, responsable des bagages déposés en un endroit quelconque de la gare [2].

1658. Pour que le voiturier soit responsable des objets qui lui sont confiés ou qui sont introduits dans la voiture, il n'est pas nécessaire que ces objets aient été enregistrés [3], car c'est le voiturier qui est en faute de n'avoir pas provoqué l'enregistrement.

Le contraire peut être stipulé [4].

Lorsqu'un colis est simplement déposé à la salle des bagages où ils se trouvent en attendant que le voyageur prenne le billet dont la possession lui est nécessaire pour les faire enregistrer, il y a là un dépôt dont la compagnie est responsable [5].

On a même soutenu que, dans ce cas, la compagnie doit non pas seulement les soins qu'elle apporte à ses propres affaires, comme un dépositaire ordinaire, mais les soins d'un bon père de famille, conformément à l'art. 1928-1°, qui impose cette responsabilité au dépositaire qui « s'est offert lui-même pour recevoir le dépôt » [6].

mand de 1874. — A plus forte raison s'il les laisse dans la gare. Trib. com. Seine, 29 juil. 1890, *Loi*, 15 août 1890.

[1] Aix, 11 mars 1871, S., 71. 2. 98, D., 73. 5. 104. — Trib. civ. Marseille, 9 nov. 1870, D., 72. 3. 71. — Trib. com. Strasbourg, 11 déc. 1868, S., 70. 2. 24, D., 69. 3. 69. — Trib. com. Seine, 9 oct. 1890, *Gaz. Pal.*, 91. 1. 497. — Bédarride, *Tr. des ch. de fer*, 2e éd., II, n. 455; Féraud-Giraud, n. 334; Guillouard, II, n. 745. — Décidé cependant que la responsabilité est mitigée pour un sac contenant des valeurs et sur lequel le voyageur n'a pas spécialement attiré l'attention de l'employé. Trib. com. Seine, 9 oct. 1890, précité.

[2] Guillouard, II, n. 745. — V. *supra*, note 3, p. 284.

[3] Montpellier, 28 août 1871, S., 72. 2. 14. — Trib. com. Havre, 21 mars 1892, sous Cass., 14 mars 1894, S., 95. 1. 353, D., 94. 1. 441.

[4] Cass., 5 juin 1878, S., 79. 1. 278.

[5] Aix, 11 mars 1871, S., 71. 2. 98, D., 73. 5. 104. — Trib. com. Strasbourg, 11 déc. 1868, S., 70. 2. 24, D., 69. 3. 69. — Duverdy, *Tr. du contr. de transport*, n. 54; Guillouard, *Tr. du dépôt*, n. 54.

[6] Guillouard, *loc. cit.*

A plus forte raison, la compagnie est-elle responsable d'un objet confié à l'un de ses agents par un voyageur en attendant le départ du train ([1]), ou d'un objet emporté par le voyageur avec lui, ou remis au voiturier pour voyager par le même convoi que le voyageur ([2]).

Les compagnies de chemins de fer sont responsables des objets déposés à la consigne aussi bien que de ceux qui ont été enregistrés en vue du voyage ([3]).

1659. La responsabilité du voiturier cesse au moment soit où il a fait livraison régulière des marchandises, soit où il en a opéré le dépôt par décision judiciaire ([4]).

II. *Responsabilité des voituriers quant aux choses qui leur sont confiées.*

1660. Aux termes de l'art. 1782 : « *Les voituriers par terre » et par eau sont assujettis, pour la garde et la conservation » des choses qui leur sont confiées, aux mêmes obligations que » les aubergistes dont il est parlé au titre* du Dépôt et du » Séquestre ».

L'art. 1784 indique quelles sont pour le voiturier les conséquences de l'inexécution de l'obligation, dont il est tenu, de veiller à la garde et à la conservation des choses qui lui ont été remises pour les transporter : « *Ils sont responsables » de la perte et des avaries des choses qui leur sont confiées, » à moins qu'ils ne prouvent qu'elles ont été perdues et ava- » riées par cas fortuit ou force majeure* ».

1661. Le C. co. contient également sur la responsabilité du voiturier quelques dispositions qui ne contredisent pas le droit civil.

ART. 103. « *Le voiturier est garant de la perte des objets à*

([1]) C. Connecticut, *Journ. dr. int.*, III, 1876, p. 203.

([2]) Trib. com. Havre, 21 mars 1892, sous Cass. civ., 14 mars 1894, S., 95. 1. 353, D., 94. 1. 441 (bateaux). — Et cela même si, contrairement aux règlements, des bagages n'ont pas été soumis à l'enregistrement, car le voiturier a eu le tort de ne pas l'exiger. — Trib. com. Havre, 21 mars 1892, précité.

([3]) Trib. com. Seine, 9 mars 1894, *Droit*, 21 avril 1894. — Trib. com. Seine, 15 mars 1894, *Gaz. Pal.*, 94. 1. 578.

([4]) V. *infra*, n. 1735 et s.

» *transporter, hors le cas de force majeure. Il est garant des* » *avaries autres que celles qui proviennent du vice propre de* » *la chose ou de la force majeure* ».

Art. 104. « *Si, par l'effet de la force majeure, le transport* » *n'est pas effectué dans le délai convenu, il n'y a pas lieu* » *à indemnité contre le voiturier pour cause de retard* ».

A. *Preuve en matière de responsabilité.*

1662. Il résulte de l'art. 1784 que l'expéditeur n'a pas, en cas de perte ou d'avarie, à prouver la faute du voiturier [1]; c'est à ce dernier, s'il prétend échapper à sa responsabilité, qu'il appartient de prouver le cas fortuit; le voiturier est, si l'on veut, présumé être en faute.

L'art. 1784 ne déroge pas au droit commun, il est purement et simplement l'application de l'art. 1302, d'après lequel le détenteur d'un corps certain est tenu de le restituer à moins qu'il ne prouve le cas fortuit [2]. En effet, dès lors qu'un contrat s'est formé pour le transport d'un objet, le voiturier qui a reçu cet objet en est le débiteur, et suivant l'art. 1302, le débiteur est tenu de prouver le cas fortuit qu'il allègue.

Cette observation a une très grande importance pour la solution de la question de savoir si l'art. 1784 doit être étendu à d'autres cas, et notamment au transport de personnes [3].

1663. La preuve que doit apporter le voiturier pour être déchargé de sa responsabilité peut être faite par témoins [4], car il n'a pu se procurer un écrit constatant l'évènement qui s'est produit.

(1) Cons. d'Etat, 19 fév. 1892, S., 94. 3. 11, D., 93. 3. 66. — Cass., 24 avril 1865, S., 65. 1. 215, D., 65. 1. 215. — Cass., 21 fév. 1874, S., 74. 1. 278, D., 76. 1. 33. — Cass., 25 fév. 1874, S., 74. 1. 278, D., 76. 1. 33. — Cass. civ., 12 juil. 1893, S., 95. 1. 126, D., 95. 1. 145 (transports maritimes). — Guillouard, II, n. 743.

(2) Guillouard, II, n. 743; Sauzet, *Rev. crit.*, XII, 1883, p. 613, n. 30. D'après un auteur (Willems, *Rev. gén.*, 1895, p. 185) qui soutient la même opinion en matière d'accidents du travail (V. *supra*, n. 1330) la responsabilité serait à la fois contractuelle et délictuelle.

(3) V. *infra*, n. 1687 et s.

(4) Cass., 23 août 1858, S., 60. 1. 984, D., 58. 1. 359. — Aubry et Rau, IV, § 378, note 13; Laurent, XXV, n. 526; Guillouard, II, n. 753.

1664. Le voiturier qui reconnaît l'avarie ne reconnaît pas par là même sa faute [1].

1665. Le voiturier, au lieu de prouver le cas fortuit ou la force majeure, peut se contenter de prouver qu'il n'est pas en faute [2], c'est-à-dire qu'il a apporté à la garde de la chose tous les soins nécessaires. Il démontre, en effet, par là même, qu'il a accompli toutes ses obligations.

1666. C'est aux réclamants qu'il appartient de prouver la perte des objets confiés aux voituriers.

La preuve de la perte des marchandises ou des bagages résulte suffisamment de ce que le destinataire a encore entre ses mains la lettre de voiture ou le bulletin de bagage.

Le voiturier peut prouver que cette détention est illégale, et que les objets ont été déjà remis entre les mains du destinataire auquel on a omis de redemander le récipissé ou qui s'en est emparé par fraude [3].

Nous avons vu déjà que les réclamants n'ont pas à prouver que leurs marchandises étaient bien emballées [4].

1667. Le voiturier doit payer, comme nous le dirons plus loin, la valeur des objets qu'il n'a pu restituer; en outre, il peut devoir des dommages-intérêts; il en doit également en cas de retard; mais les dommages-intérêts dus par le voiturier supposent le préjudice, comme tous dommages-intérêts [5].

C'est donc aux intéressés qu'il appartient de prouver le préjudice [6].

[1] Cass. civ., 11 juill. 1892, S., 93. 1. 148.

[2] Rouen, 17 nov. 1859, D., 60. 2. 208. — Guillouard, II, n. 747 et 753.

[3] Riom, 30 janv. 1883 (motifs), S., 85. 2. 165. — Féraud-Giraud, *Code des transports*, III, n. 350 — V. cep. Alger, 7 déc. 1891, S., 92. 2. 116 (si la preuve contraire doit être difficile de la part du voyageur, à raison de ce qu'il ne connaît personne au lieu où devaient être remis les bagages, le voiturier peut être déclaré non-recevable à prouver la remise par témoins. Cet arrêt est évidemment erroné. Chacun doit être admis à prouver l'exactitude de ses prétentions ; les circonstances peuvent sans doute justifier une certaine défiance dans les faits invoqués, mais un tribunal outrepasse son droit en rejetant d'avance la preuve).

[4] V. *supra*, n 1654.

[5] V. *infra*, n. 1702 et s.

[6] Lyon, 26 mars 1884, S., 86. 2. 45. — Grenoble, 10 nov. 1891, *Rec. de Grenoble*, 92. 1. 141. — Il a été décidé que le retard fait présumer le préjudice, mais que l'intéressé doit consolider cette présomption par d'autres présomptions. — Trib. com. Marseille, 23 mars 1891. *Rec. de Marseille*, 91. 1. 122. — Décidé même que

Ils doivent également en établir le montant [1].

1668. La preuve de la valeur de la chose détruite doit être faite également par l'expéditeur [2].

Elle peut être faite par les registres du voiturier ou par le reçu délivré à l'expéditeur si la valeur de la chose s'y trouve indiquée [3].

Elle peut être aussi faite par le serment *en plaids* dont parle l'art. 1369, si le tribunal juge utile de le déférer [4].

Elle peut être encore faite par témoins ; cela est évident si le voiturier est un commerçant [5], car l'art. 109 C. com. admet, sans aucune restriction, la preuve par témoins en matière commerciale.

On admet la même solution dans le cas contraire [6]. Elle est douteuse ; car l'expéditeur pouvait exiger du voiturier une indication de la valeur de l'objet, et, cela étant, la preuve par témoins ne devrait pas être admise au-dessus de 150 fr. En vain objecte-t-on que le seul écrit qui puisse être rédigé pour établir la valeur de l'objet est une déclaration de l'expéditeur lui-même et dont le voiturier n'a pu apprécier l'exactitude ; c'est, comme nous l'avons vu, une erreur. — En vain dit-on encore que la preuve par témoins donne des résultats aussi sûrs que le serment de l'art. 1369 ; avec un pareil raisonnement, on n'imposerait aucune limitation à la preuve par témoins.

1669. L'art. 1784 est applicable aux bagages confiés aux voituriers même momentanément [7].

1670. D'autre part, l'art. 1784 est applicable au transport maritime, aussi bien qu'au transport terrestre [8].

toute preuve est inutile si le retard est trop considérable. — Trib. com. Marseille, 23 mars 1891, précité.

[1] V. *infra*, n. 1702 et s.

[2] Guillouard, II, n. 754.

[3] Guillouard, II, n. 754.

[4] Guillouard, II, n. 754.

[5] Guillouard, II, n. 754.

[6] Paris, 7 juil. 1832, S., 32. 2. 469. — Grenoble, 29 août 1833, S., 34. 2. 622. — Duvergier, II, n. 323 ; Aubry et Rau, IV, § 373, note 20 ; Laurent, XXV, n. 533 ; Colmet de Santerre, VII, n. 235 bis ; Guillouard, II, n. 754.

[7] Trib. civ. Seine, 11 juin 1891, *Gaz. Trib.*, 19 juill. 1891 (bagages confiés par un voyageur à son cocher pendant qu'il va chercher d'autres colis).

[8] Paris, 16 mars 1891, sous Cass., 12 juillet 1893, D., 95. 1. 145.

1671. L'art. 1784 s'applique aux relations entre le bateau de remorquage et le bateau remorqué, si l'on admet avec nous que ces relations sont la conséquence d'un contrat de transport [1]. Dans l'opinion qui voit dans le contrat un louage d'ouvrage, l'art. 1784 est encore applicable, puisqu'il est l'application du droit commun [2]. Toutefois, en partant de l'idée contraire, on a décidé que les art. 1382 et 1383 sont seuls applicables et que la preuve de la faute du remorqueur incombe au propriétaire du bateau remorqué [3].

B. *Des cas où est engagée la responsabilité du voiturier.*

1672. Sur les hypothèses où la responsabilité du voiturier est engagée, l'art. 1784 se contente de rappeler le droit commun. Le voiturier est donc tenu de sa faute, même légère.

Il est également tenu de la faute de ses préposés (C. civ., art. 1384).

Ainsi l'entrepreneur de déménagements est responsable des avaries causées par sa faute ou par celle de ses préposés [4].

Le voiturier n'est pas tenu du cas fortuit ou de la force majeure [5]. Cela résulte textuellement de l'art. 1784.

Cependant, le voiturier, comme tout débiteur, peut prendre à sa charge le cas fortuit [6].

(1) Paris, 21 fév. 1873, sous Cass., 25 fév. 1874, S., 74. 1. 278, D., 76. 1. 33. — Pau, 12 mars 1878, S., 79. 2. 267.

(2) V. *supra*, n. 1637.

(3) Paris, 16 avril 1886, S., 88. 2. 235, D., 87. 2. 54. — Paris, 26 nov. 1892, S., 93. 2. 91, D., 93. 2. 142. — Trib. com., Le Havre, 22 mars 1892, *Rec. du Havre*, 92. 1. 81. — V. dans le même sens, pour le cas du moins où le navire remorqué est resté sous la conduite de son capitaine ou d'un pilote appelé par lui, Poitiers, 24 déc. 1888, S., 89. 2. 161. — Le Courtois, *Note*, S., 89. 2. 161. — Ils se fondent sur ce que le remorqueur n'a pas alors la garde du bâtiment remorqué.

(4) Trib. com. Seine, 15 juin 1887, *Journ. trib. com.*, 89. 83.

(5) Cass. civ., 29 avril 1888, S., 88. 1. 227. — Cass. civ., 30 avril 1888, S., 88. 1. 332 (retard dans la délivrance provenant de ce que, l'acquit à caution délivré par l'expéditeur étant périmé, il a fallu obtenir une prolongation). — Aix, 4 juil. 1872, S., 72. 2. 259. — Riom, 27 mai 1890, *Gaz. Trib.*, 2 oct. 1890 (voyageur blessé par la chute d'une pierre d'un mur situé hors de l'emprise du chemin de fer). — Féraud-Giraud, *op. cit.*, I, n. 338 s. — Trib. supr. comm. allemand (Ch. réun.), 4 mai 1871, *Entsch.*, II, p. 358; *Ibid.*, VIII, p. 30 et 160; Jug. 4 fév. 1873, *Wochenschrift f. Deutsch. Handelsrecht*, III, p. 97. — V. aussi les autorités citées dans les notes suivantes.

(6) Cass. req., 28 janv. 1890, S., 93. 1. 470 (commissionnaire de transports). — Demolombe, XXIV, n. 564, et XXVIII, n. 776 *bis*.

La mise du cas fortuit à la charge du voiturier ne résulte pas de ce que le voiturier s'est chargé d'assurer à ses frais la marchandise pendant le transport [1]. Tel est du moins le principe. — Comme il s'agit de l'interprétation d'une convention, les juges du fait sont libres sur ce point [2].

A plus forte raison, le voiturier n'est pas tenu de la faute de son cocontractant.

De même, l'imprudence des parties atténue la faute du voiturier [3].

Ces indications données, il nous reste, pour montrer l'application pratique des principes, à mentionner quelques circonstances soit où la responsabilité du voiturier est engagée, soit où elle est exclue.

1673. Il y a faute du voiturier :

Quand les avaries résultent d'un choc produit par des manœuvres maladroites [4] ou des manipulations trop brusques [5];

Quand des marchandises disparaissent du wagon où elles se trouvent sans que le cas fortuit soit prouvé [6]. Il en est ainsi même si un wagon entier avait été mis à la disposition de l'expéditeur [7], car le voiturier n'est pas moins tenu de veiller sur le wagon;

Quand le matériel est en mauvais état, par exemple quand les marchandises sont placées dans des wagons découverts garnis de bâches en mauvais état [8];

(1) Rouen, 3 juil. 1890, sous Cass. req., 16 déc. 1891, D., 93. 1. 141. — *Contra* Cass. Autriche, 15 août 1873, *Journ. dr. int.*, III, 1876, p. 56.

(2) Cass. req., 16 déc. 1891, précité.

(3) Cass. civ., 29 mars 1886, S., 86. 1. 428 (chargement défectueux).

(4) Besançon, 30 nov. 1892, D., 93. 2. 445.

(5) Cass., 13 août 1872, S., 72, 1. 304. — Guillouard, II, n. 752.

(6) Guillouard, II, n. 744.

(7) *Contra* Cass., 27 déc. 1848, S., 49. 1. 612, D., 49. 1. 165. — Guillouard, II, n. 744.

(8) Cass., 24 mai 1882, S., 84. 1. 435, D., 82. 1. 15. — Cass., 9 janv. 1884, S., 84. 1. 163. — Cass. civ., 29 fév. 1892, S., 92. 1. 524 (charbons de bois). — Guillouard, II, n. 743 et 749; Bonfils, *Rev. crit.*, XXII, 1893, p. 404. — Si c'est l'expéditeur qui a choisi le transport par wagons découverts à raison d'un tarif moins élevé, la compagnie ne doit bâcher que si les nécessités du service et si l'état de l'atmosphère l'exigent. — Cass. civ., 29 fév. 1892, précité. — Bonfils, *loc. cit.*

Quand l'accident est produit par une marche trop précipitée de la voiture [1].

Ainsi le remorqueur (qu'il soit ou non un voiturier) est responsable des avaries survenues à une péniche par suite de la rapidité exagérée du bateau remorqueur [2].

Il en est autrement si c'est par suite du mauvais état de l'amarre que fait rompre une garde montante du port; car ceux qui montent la péniche ont à diriger leur marche, à laquelle ne peut, à cause de son trop grand éloignement, veiller le remorqueur [3].

De même si c'est par l'effet du brouillard et que le capitaine du navire remorqué n'ait pas dit au remorqueur de s'arrêter [4].

Il y a encore faute du voiturier quand le retard provient de l'insuffisance du combustible destiné à faire marcher le navire [5],

Ou de la nécessité de faire procéder dans un port de relâche à la correction de son compas [6],

Quand des bestiaux fuient du wagon [7] ou ne reçoivent pas les soins suffisants.

1674. Par application du droit commun, le voiturier est responsable du cas fortuit causé par sa faute [8].

Il est donc responsable du naufrage, si, contrairement à la convention, il a transporté les marchandises par voilier au lieu de les transporter par vapeur [9], ou par eau au lieu de

[1] Trib. com. Seine, 20 juil. 1893, *Pand. franç.*, 94. 2. 16, — ou par le fringalement des voitures provenant de la manœuvre du frein. — Trib. com. Seine, 3 mai 1893, *Gaz. Pal.*, 93. 1. 624.

[2] Rouen, 4 janv. 1893, *Recueil de Rouen*, 93. 1. 62.

[3] Rouen, 4 janvier 1893, précité.

[4] C. supr. Angleterre (Conseil privé), 24 mars 1893, *Law Rep.*, P. C., XV, p. 308, *Anal. Journ. dr. intern.*, I, 1874, p. 206.

[5] Trib. civ. Amsterdam, 11 fév. 1874, *Recht. Bybl. Handelsr.*, 1875, p. 1, *Anal. Journ. dr. intern.*, III, 1876, p. 149.

[6] Rennes, 18 avril 1893, *Gaz. Pal.*, 93. 2, 2e p., 15.

[7] Paris, 19 mars 1892, D., 93. 2. 445.

[8] Cass., 23 août 1858, S., 60. 1. 984. — Cass., 4 août 1884, S., 85. 1. 316. — Cass., 29 avril 1888, S., 88. 1. 227. — Cass. civ., 11 juil. 1892, S., 93. 1. 94. — Metz, 18 janvier 1815, S. chr. — Trib. civ. Seine, 12 juil. 1888, sous Cass., 12 juil. 1895, D., 95. 1. 145 (transport maritime). — Duvergier, II, n. 330; Aubry et Rau, IV, p. 522, § 373, note 14; Guillouard, II, n. 749; Féraud-Giraud, II, n. 862 s.

[9] Bordeaux, 9 avril 1869, S., 69. 2. 285, D., 70. 2. 222. — Guillouard, II, n. 749.

les transporter par terre ([1]), ou s'il a suivi une route autre que celle qui lui était assignée ([2]), ou s'il a employé un navire autre que le navire promis et que ce navire ait péri ([3]).

Il est responsable du déraillement provenant des neiges et glaces si la surveillance des employés avait pu l'éviter ([4]).

1675. Le voiturier est responsable de l'événement étranger qui a détruit ou détérioré les objets transportés s'il était en situation de conjurer les effets de cet événement ([5]).

Ainsi la compagnie des chemins de fer qui, prévoyant l'inondation d'une gare, a négligé de mettre en sûreté les marchandises qui s'y trouvaient est responsable des pertes causées à ces marchandises ([6]).

De même le voiturier est responsable du vol ordinaire ([7]) (à la différence, comme nous le verrons, du vol à main armée), car une surveillance étroite l'aurait empêché; cette solution est du reste rendue certaine par le rapprochement de l'art. 1784, qui applique au voiturier la responsabilité de l'aubergiste, avec l'art. 1953, lequel rend l'aubergiste responsable du vol simple. Le voiturier ne peut même être admis à prouver que le vol simple était, en fait, le résultat d'une force majeure ([8]).

De même encore, si le voiturier était en situation de mettre

([1]) Rennes, 19 mars 1850, S., 51. 2. 161, D., 52. 2. 240. — Guillouard, II, n. 749.

([2]) Angleterre C. d'appel, 13 fév. 1888, *Law Times Rep.*, LXVIII, N. S., p. 908, *Anal. journ. dr. intern.*, XVI, 1889, p. 319.

([3]) En général, on pourra dire que le navire promis aurait également péri et la responsabilité du voiturier sera ainsi écartée. D'autre part, dans les cas les plus usuels, la mention d'un navire n'aura été faite qu'à titre d'indication et on devra considérer la substitution d'un navire de même espèce comme n'étant pas contraire aux intérêts de l'expéditeur. — Cpr. sur ce dernier point Cass. Rome (Ch. réun.), 17 juil. 1888, *Il consul. comm.*, 1888, p. 235, *Anal. journ. dr. intern.*, XVII, 1890, p. 163.

([4]) Cass. civ., 16 juil. 1890, S., 94. 1. 35.

([5]) Cass. civ., 11 juil. 1892, S., 93. 1. 94 (motifs : inondations).

([6]) Cass., 6 janv. 1869, S., 69. 1. 166, D., 69. 1. 9. — Guillouard, II, n. 747.

([7]) Cass., 2 therm. an VIII, S. chr. — Paris, 3 mai 1831, S., 33. 2. 186. — Paris, 9 août 1853, D., 53. 2. 199. — Aubry et Rau, IV, § 373, note 15; Laurent, XXV, n. 524; Guillouard, II, n. 748.

([8]) Guillouard, *loc. cit.* — *Contra* Cons. d'Et., 19 fév. 1892, S., 94. 3. 11, D., 93. 3. 66 (motifs; pour l'administration des postes, responsable d'une force majeure).

les objets transportés à l'abri des ennemis, il est responsable du pillage [1].

Le dommage résultant d'une installation maladroite dans les voitures par le voiturier ou ses agents entraîne la responsabilité de ce dernier [2].

Il en est de même pour les cadres dans lesquels un entrepreneur de déménagements installe un mobilier [3].

Mais au contraire le voiturier n'est pas responsable si les avaries proviennent d'une installation maladroite faite dans la voiture par l'expéditeur [4]. C'est ce qui arrive dans le cas où une compagnie met un wagon entier à la disposition d'un expéditeur [5]. Il n'est pas responsable des heurts ordinaires dans le cours d'un voyage [6].

Mais, même au cas où l'installation a lieu par les soins de l'expéditeur, le voiturier est responsable des accidents causés par le mauvais état du matériel [7].

1676. La faute du voiturier ne résulte pas du fait seul qu'il a procédé au déchargement sans avertir, quand il y était forcé, le destinataire [8], ou qu'il a réexpédié les voitures avant que le destinataire ait pu examiner si l'état des voitures était la cause de l'avarie [9].

1677. La responsabilité du voiturier ne disparaît pas complètement si la chose, durant le trajet, a été accompagnée par l'expéditeur ou son préposé [10]. Toutefois, pour les soins d'usage à donner aux marchandises, le voiturier n'a plus

(1) Guillouard, II, n. 750.

(2) Paris, 29 juil. 1893, *Loi*, 12 janv. 1894 (marchandises expédiées par wagons complets). — Trib. civ. Toulouse, 7 déc. 1893, *Gaz. Trib. Midi*, 7 janv. 1894 (installation de chevaux dans les wagons-écuries).

(3) Lyon, 22 juin 1894, *Loi*, 27 mars 1895.

(4) Cass., 27 déc. 1848, S., 49. 1. 612, D., 49. 1. 165. — Cass. civ., 20 mars 1893, S., 93. 1. 427, D., 93. 1. 360. — Paris, 19 mars 1892, D., 93. 2. 445. — Besançon, 30 nov. 1892, D., 93. 2. 445. — Guillouard, II, n. 744.

(5) Mêmes autorités.

(6) Douai, 18 avril 1893, D., 93. 2. 445.

(7) Paris, 3 nov. 1892, *Droit*, 19 nov. 1892. — Paris, 29 juillet 1893, précité. — Trib. civ. Cholet, 10 nov. 1893, *Rec. d'Angers*, 1893, p. 467.

(8) *Contra* Besançon, 30 nov. 1892, D., 93. 2. 445.

(9) *Contra* Besançon, 30 nov. 1892, D., 93. 2. 445.

(10) Paris, 2 juill. 1892, *Gaz. Trib.*, 15 oct. 1892.

alors de responsabilité. Ainsi il n'a aucun soin à donner à des bestiaux accompagnés par les conducteurs [1].

1678. Le voiturier n'est pas tenu de donner des soins exceptionnels aux marchandises en cours de route [2], surtout s'ils sont incompatibles avec les nécessités du service [3].

1679. Le retard causé par des accidents qui ont rendu nécessaires des réparations est un cas fortuit [4], à moins que le voiturier n'ait mis trop longtemps à faire les réparations [5].

Le retard causé par les réparations qu'il a fallu faire en cours de route à la voiture est encore imputable au voiturier, si un examen attentif était de nature à faire apparaître les défauts de la voiture avant le départ [6].

1680. Parmi les cas fortuits figurent :

Le vol à main armée [7], conformément à l'art. 1954, que l'art. 1784 applique au voiturier; nous avons vu qu'il en est autrement du vol simple. Nous nous demanderons plus tard si les objets sauvés doivent payer une indemnité aux propriétaires des objets abandonnés aux voleurs. Mais, dans ce cas même, le voiturier n'encourt aucune responsabilité, car il n'a pas commis de faute.

(1) Cass., 2 juin 1875, S., 76. 1. 424. — Cass. civ., 14 avril 1890, S., 90. 1. 418.

(2) Cass., 17 mai 1882, S., 83. 1. 181, D., 83. 1. 14. — Cass., 14 août 1883, S., 84. 1. 83. — Cass., 5 mars 1884, S., 85. 1. 222. — Cass. civ., 22 avril 1885, S., 86. 1. 130 (déchets occasionnés par la température et le manque de pression des cercles causé par la sécheresse). — Cass. civ., 14 déc. 1887 (3 arrêts), S., 88. 1. 172. — Cass. civ., 29 avril 1888, S., 88. 1. 127 (alcool). — Cass., 4 juin 1889, S., 90. 1. 30. — Cass. req., 19 déc. 1893, D., 94. 1. 274 (pas à faire refrapper les cercles en cas de coulage des fûts). — Poitiers, 23 juill. 1889, S., 92. 2. 165 (pas tenu de bluter et tamiser des farines). — Paris, 29 juill. 1893, D., 94. 2. 418. — Trib. civ. Bourgoin, 10 août 1892, *Mon. jud. Lyon*, 12 nov. 1892. — Trib. civ. Carpentras, 15 nov. 1892, *Gaz. Trib.*, 15 nov. 1892.

(3) Cass. req., 19 déc. 1893, précité.

(4) Trib. Amsterdam, 11 fév. 1874, *Journ. dr. int.*, III, 1876, p. 149 (coraux et coquilles attachés au navire et rendant la navigation plus lente).

(5) Paris, 31 mars 1892, *Droit*, 15 juin 1892.

(6) Rennes, 18 avril 1893, D., 93. 2. 333 (navire).

(7) Cass., 2 thermidor an VIII, S. chr. — Cass., 4 mars 1863, S., 63. 1. 389, D., 63. 1. 399. — Paris, 3 mai 1831, S., 33. 2. 186. — Paris, 17 janv. 1862, S., 63. 1. 389, D., 62. 2. 30. — Aubry et Rau, IV, § 373, note 15; Laurent, XXV, n. 524; Guillouard, II, n. 748.

Le voiturier est toujours responsable du vol commis par ses préposés [1].

On peut encore citer comme cas fortuits :

L'aggression vis-à-vis du voyageur [2],

L'inondation [3],

Une tourmente de neige [4],

La gelée [5],

Les tempêtes, les naufrages et les coups de mer [6],

La détérioration de marchandises dans un navire par des rats [7],

La grève, soit que les grévistes empêchent par des actes de violence le travail des agents [8], soit que les agents se mettent en grève de manière que le transport est entravé [9].

L'incendie, comme nous l'avons montré à propos du louage de choses [10], n'est pas en lui-même un cas fortuit. Le voiturier est donc responsable de l'incendie, à moins qu'il ne prouve que cet incendie ne provient pas de sa faute [11].

[1] Cass. req., 5 fév. 1894, S., 95. 1. 417.

[2] Aix, 5 juill. 1887, S., 87. 2. 220.

[3] Cass. civ., 16 juill. 1892, S., 93. 1. 94 (pour le retard). — Guillouard, II, n. 749.

[4] Trib. civ. Seine, 18 fév. 1888, *Loi*, 29 mars 1888. — V. *supra*, n. 1674.

[5] Cass., 17 mai 1882, S., 83. 1. 181, D., 83. 1. 14. — Nancy, 3 fév. 1872, S., 72. 2. 298. — Guillouard, II, n. 749.

[6] Trib. com. Marseille, 6 août 1886, *Rec. Marseille*, 86. 254. — Trib. civ. Seine, 30 mars 1889, *Droit*, 10 avril 1890, — Haute cour justice, C. d'appel Angleterre, 1877, *Law Rep., comm. pl. div.* (*C. A.*), 423, *Anal. journ. dr. int.*, IV, 1877, p. 63. — Guillouard, II, n. 749.

[7] Trib. sup. Hanséatique, 29 mai 1885, *Hanseat. Gerichtsz.*, 1885, p. 145, *Anal. journ. dr. int.*, XIV, 1887, p. 193.

[8] Jurispr. américaine, Appel New-York, 22 juin 1886, *Anal. journ. dr. int.*, XVI, 1887, p. 667.

[9] Jurispr. anglaise, *Ann. dr. com.*, VII, 1893, *doctr.*, p. 66. — *Contra* Jurispr. américaine, XVII, New-York, 162.

[10] V. *supra*, n. 750.

[11] Cass., 23 août 1858, S., 60. 1. 984, D., 58. 1. 359. — Cass., 3 juin 1874, S., 74. 1. 444, D., 76. 1. 371. — Cass. req., 6 janv. 1892, S., 92. 1. 316. — Rouen, 28 déc. 1887, *Rec. Havre*, 88. 12 (transport maritime). — Paris, 12 janv. 1892, *Gaz. Pal.*, 92. 1. 197. — Rennes, 26 juin 1894, *Rec. Nantes*, 94. 1. 343. — Trib. com. Seine, 10 janv. 1894, *Gaz. Pal.*, 94. 1. 229. — Douai, 16 juin 1891, *Journ. dr. int.*, 1891, p. 95. — Trib. com. Charleroi, 18 janv. 1888, *Bull. des chemins de fer*, 88. 147. — Haute cour Pays-Bas, 3 déc. 1875, *Weckbl. v. H. Regt*, 30 déc. 1875, *Anal. journ. dr. int.*, III, 1876, p. 150 (incendie du navire). — La Haye, 28 mars 1878, *Weckbl. v. H. R.*, n. 4230, *Anal. journ. dr. int.*, VI, 1879, p. 316. — Trib. Dordrecht, 30 mars

Le voiturier doit également, en cas de contestation, démontrer qu'il a fait son possible pour empêcher l'extension de l'incendie [1].

L'éboulement d'un tunnel n'est pas davantage un cas fortuit [2].

1681. Le fait du prince est un cas fortuit. Il en est ainsi du cas où les mesures sanitaires prises par l'autorité compétente ou sur son ordre ont produit des retards ou des avaries [3].

On peut également citer : la réquisition ou le pillage des objets transportés par l'ennemi [4] ou par la nation belligérante à laquelle appartiennent les contractants [5],

La réquisition des voitures, bateaux, wagons, etc. par l'autorité militaire [6], ainsi que l'ordre de les tenir à la disposition de cette autorité [7] à moins qu'en fait la circulation ait été cependant possible [8].

En cas de réquisition, par l'intendance du pays auxquelles appartiennent les parties, d'objets d'une certaine nature, le voiturier qui indique à l'intendance les objets de cette nature qu'il transporte n'est pas en faute [9]. Il accomplit au contraire son devoir.

1868, *Mag. v. Handelsr.*, XVII, p. 92. — Guillouard, II, n. 747; Féraud-Giraud, II, n. 881. — Cpr. Cass. Autriche, 4 mars 1874, *Gerichtszeitung*, 1874, p. 99, *Anal. journ. dr. int.*, II, 1875, p. 36. — Sauf en cas de clause de non garantie, V. *infra*, n. 1727 et s. — Si l'incendie a éclaté dans la cabine d'un voyageur, il est présumé ne pas avoir été allumé par la faute du capitaine. — La Haye, 28 mars 1878, précité.

(1) La Haye, 28 mars 1878, précité.

(2) Trib. com. Seine, 8 sept. 1892, *Gaz. Pal.*, 92. 2. 438.

(3) Mais les avaries causées par des fumigations ou des purifications faites avant l'introduction des marchandises et qui ont laissé des agents chimiques dont les marchandises se sont imprégnées entraînent la responsabilité du voiturier qui aurait dû débarrasser les cales de ces agents chimiques. — Trib. com. Le Havre, 21 nov. 1893, *Rec. du Havre*, 93. 1. 235.

(4) Cass., 21 juill. 1873, D., 75. 1. 39. — Cass., 17 fév. 1874, S., 74. 1. 386, D., 74. 1. 302. — Aix, 4, 6 et 19 juil. 1872, S., 72. 2. 259. — Guillouard, II, n. 750.

(5) Cass., 15 avril 1873, D., 73. 1. 262. — Guillouard, II, n. 750.

(6) Guillouard, II, n. 750.

(7) Cass., 24 avril 1872, S., 73. 1. 82, D., 72. 1. 448. — Cass., 28 nov. 1872, S., 72. 1. 439, D., 73. 1. 254. — Guillouard, II, n. 750.

(8) Cass., 30 janv. 1872, S., 72. 1. 302, D., 72. 1. 245. — Cass., 19 fév. 1872, D., 72. 1. 245. — Cass., 24 avril 1872, S., 73. 1. 82, D., 72. 1. 448. — Cass., 21 août 1872, D., 72. 2. 182. — Guillouard, II, n. 750.

(9) Cass., 15 avril 1873, D., 73. 1. 262. — Guillouard, II, n. 750.

On soutient qu'il en est autrement si la réquisition est faite par l'ennemi ([1]); le voiturier commet dit-on « un crime ». Peut-être le voiturier ne commet-il qu'un acte de prudence; obligé, sous des peines sévères, de présenter les objets transportés, on ne peut lui reprocher de l'avoir fait.

Le retard provenant de ce que la voie est réquisitionnée pour le service de l'Etat (notamment en cas de guerre) est encore une force majeure ([2]).

La crainte plausible, même quand elle n'est pas fondée, d'une capture par l'ennemi, est un cas fortuit qui excuse le retard ([3]).

1681 *bis*. Si l'expéditeur, ayant le choix entre un wagon couvert et un wagon découvert, dont le prix est moindre, préfère ce dernier, l'avarie qui est la conséquence de ce mode de transport n'est pas à la charge du voiturier ([4]).

1682. Le voiturier n'est pas responsable du dommage causé à la marchandise par ses vices propres ([5]). Il y a, en ce cas, faute de l'expéditeur.

([1]) Guillouard, II, n. 750.

([2]) Cass civ., 18 juin 1873, D., 74. 1. 112. — Trib. com. Lodève, 3 déc. 1870, D., 72. 1. 448. — C. de l'Illinois, *Journ. dr. int.*, I, 1874, p. 271.

([3]) C. sup. Angleterre (Conseil privé), 4 févr. 1873, *Journ. dr. int.*, I, 1874, p. 205.

([4]) Cass., 29 fév. 1892, S., 92. 1. 523. — Mais le bâchage des wagons découverts reste à la charge du voiturier s'il est nécessaire à raison de la nature de la chose transportée ou de l'état de l'atmosphère. — Cass., 29 fév. 1892, précité. — Il en est autrement si le bâchage est à la charge de l'expéditeur d'après les règlements. — Cass., 26 juin 1889, S., 91. 1. 29 — Besançon, 18 mai 1892, S., 93. 2. 73, D., 93. 2. 77. — *Contra* Trib. com. Toulon, 20 mai 1881 sous Cass., 27 déc. 1881, S., 82. 1. 177 (pour le cas où la compagnie, malgré le bâchage défectueux, n'a pas fait d'observations).

([5]) Cass. civ., 29 avril 1888, S., 88, 1. 217 (bris d'une bonbonne d'alcool). — Cass. civ., 25 juil. 1888, S., 89. 1. 30 (animal mort de maladie). — Cass. civ., 16 juillet 1890, S., 93. 1. 50 (perte d'un chien par la mauvaise qualité des planches employées à la confection de la caisse). — Cass. civ., 15 juil. 1891, S., 92. 1. 591 (coulage d'un fût par les grandes chaleurs, on ne peut objecter que la compagnie aurait dû procéder au rabattage des cercles en cours de route). — Cass. civ., 17 oct. 1893, S., 94. 1. 92, D., 94. 1. 34. — Cass. civ., 29 avril 1895, S., 95. 1. 285 (perte d'un chien par la mauvaise qualité des planches). — Paris, 29 juill. 1893, *Loi*, 12 janv. 1894. — Trib. civ. Toulouse, 7 déc. 1893, *Gaz. Trib. Midi*, 7 janv. 1894. — Trib. com. Amiens, 17 déc. 1895, *Gaz. Pal.*, 96. 1. 141 (mort d'un chien par suite d'aération insuffisante de la caisse d'emballage). — C. just. Genève, 1er juin 1875, *Journ. dr. int.*, II, 1875, p. 467. — Allemagne, *Règlement sur les chemins de fer*, 11 mai 1874, § 67. — Kayser, *loc. cit.*

Le voiturier peut invoquer les vices propres des marchandises, même s'il les a reçues sans réserves [1].

Il y a vice propre de la chose, dont le voiturier n'est pas responsable, dans les cas suivants :

Coulage des liquides par suite du mauvais état des récipients [2] ;

Emballage défectueux des marchandises [3].

On fait quelquefois exception pour le cas où la défectuosité serait apparente [4], parce que, dit-on, le voiturier commet une faute en acceptant des marchandises mal emballées. Nous ne voyons pas bien où est la faute : le voiturier n'est pas chargé de donner des conseils à l'expéditeur, et, au surplus, en beaucoup de cas, le voiturier ne peut refuser la marchandise mal emballée [5].

Du reste, la jurisprudence décide que le voiturier peut prouver que la perte provient du vice de l'emballage, même s'il a reçu la marchandise sans protestation [6].

La détérioration de l'emballage est censée provenir de la faute de l'expéditeur, si elle est le résultat des investigations

(1) Cass. civ., 22 juill. 1889, précité. — Cass. civ., 7 août 1895, S., 96. 1. 94.

(2) Cass., 10 déc. 1878, S., 79. 1. 79, D., 80. 5. 54. — Cass. civ., 9 déc. 1891, S., 92. 1. 158. — Cass. civ., 17 oct. 1893, S., 94. 1. 92, D., 94. 1. 34. — Cass. civ., 9 déc. 1893, S., 94. 1. 141 (le voiturier n'est pas obligé de refrapper tardivement en cours de route les cercles des fûts transportés). — Guillouard, II, n. 752 ; Bonfils, *Rev. crit.*, XXII, 1893, p. 402 ; Carpentier et Maury, n. 3693 s. et 3707.

(3) Cass., 11 déc. 1876, S., 78. 1. 451. — Cass., 5 juin 1878, S., 79. 1. 228. — Cass., 17 mai 1882, S., 83. 1. 181, D., 83. 1. 14. — Cass. civ., 22 juillet 1889, S., 89. 1. 434 (fûts). — Duvergier, II, n. 331 ; Aubry et Rau, IV, p. 522, § 373, note 12 ; Guillouard, II, n. 752. — C. Vermont, 1878, *Journ. dr. int.*, VII, 1880, p. 323. — Par exemple, si un chien enfermé dans une caisse s'échappe, à raison de ce que le couvercle était insuffisant, la compagnie n'encourt aucune responsabilité ; on ne peut lui reprocher de ne pas avoir surveillé ou enfermé dans un lieu clos le chien. — Cass., 5 juin 1878, S., 79. 1. 228. — Féraud-Giraud, I, n. 538 ; Carpentier et Maury, II, n. 3831, — et les autorités citées *supra, note* 5, p. 298. — V. cep. Trib. paix Paris (VIIIe arr.), 27 juil. 1893, S., 93. 2. 261, d'après lequel il y aurait, en ce cas, faute commune de la compagnie et de l'expéditeur.

(4) Trib. com. Dijon, 4 déc. 1894, *Gaz. Pal.*, 94. 2. 760 (bicyclette mal emballée). — Guillouard, II, n. 752. — C. Vermont, 1878, précitée. — V. *supra*, n. 1654.

(5) V. *supra*, n. 1653.

(6) Cass., 5 juin 1878, précité. — Cass. civ., 9 déc. 1891, S., 92. 1. 158. — Cass. civ., 29 avril 1895, S., 95. 1. 285. — Lyon, 13 fév. 1895, *Mon. jud. Lyon*, 18 avril 1895. — Bonfils, *Rev. crit.*, XXII, 1893, p. 402.

de la douane, provoquées par la présence de certains objets de contrebande [1].

1683. Le voiturier commet une faute lorsque, les objets ayant été égarés, il les fait vendre, alors que des recherches faciles lui auraient fait connaître le propriétaire [2].

1684. Le retard causé par un fait que connaissait le voiturier au moment où il s'est engagé n'est pas une force majeure [3].

Il en est de même du retard causé par un fait que le voiturier pouvait prévoir, par exemple :

l'absence des ouvriers qu'il avait engagés ou se proposait d'engager [4],

l'encombrement des marchandises transportées [5], à moins qu'il ne soit exceptionnel [6]. C'est en partant de cette restriction que la cour suprême a cassé des arrêts qui déclaraient une compagnie de chemin de fer responsable, malgré l'encombrement, sans rechercher les causes de cet encombrement [7].

1685. Le voiturier n'est pas obligé de faire des dépenses pour empêcher la perte ou la détérioration des objets qui lui ont été confiés; il n'est pas, en ce qui concerne ces dépenses, le mandataire des parties. Sans doute il a le droit de faire ces dépenses, et dans ce cas il aura un recours privilégié contre le propriétaire des marchandises si ce dernier veut et peut reprendre ses marchandises (art. 2102-3°), mais, comme le voiturier n'est pas le mandataire du propriétaire, ce dernier aura le droit, en abandonnant ses marchandises et en refusant ainsi de ratifier l'acte du gérant d'affaires, de ne pas payer les dépenses; il sera également dispensé de les payer

(1) Cass. civ., 14 fév. 1894, D., 94. 1. 163.

(2) Cass., 22 janv. 1873, S., 73. 1. 417, D., 73. 1. 237. — Cass., 17 mai 1882, S., 83. 1. 181, D., 83. 1. 475. — Guillouard, II, n. 747.

(3) Cass., 26 janv. 1874, D., 75. 1. 172. — Guillouard, II, n. 751.

(4) Grenoble, 3 juil. 1863, D., 64. 5. 58. — Guillouard, II, n. 751.

(5) Lyon, 7 déc. 1864, S., 65. 2. 305. — Guillouard, II, n. 751.

(6) Cass., 20 janv. 1875, S., 75. 1. 126. — Montpellier, 14 juin 1873, S., 73. 2. 178. — Nîmes, 11 août 1873, S., 74. 2. 78.

(7) Cass. civ., 2 mai 1892, S., 93. 1. 281, D., 92. 1. 429. — Cass. civ., 4 juil. 1892, S., 93. 1. 281, D., 92. 1. 429. — Cass. civ., 16 nov. 1892, S., 94. 1. 509, D., 93. 1. 325.

si les marchandises ont péri, malgré les dépenses faites pour tenter de les conserver ou à la suite d'un cas fortuit ultérieur. Il est, du reste, étrange de supposer que le propriétaire des marchandises ait donné au voiturier mandat de faire pour leur conservation des dépenses supérieures à leur valeur.

Cela n'est pas contesté en matière de transports terrestres [1].

Ainsi le voiturier qui s'aperçoit d'une détérioration produite par le mauvais état des récipients qui contiennent la marchandise n'est tenu de faire à ces récipients aucune réparation [2]. D'une part le prix du transport a été calculé sans qu'il ait été tenu compte de ces éventualités, d'autre part ces soins retarderaient le transport et le service.

La question n'a été discutée que pour le capitaine de navire. Il est admis cependant qu'il n'est pas le mandataire des chargeurs (et cela est d'autant plus vrai qu'il est le préposé de l'armateur, dont les intérêts sont opposés à ceux des chargeurs) et qu'il ne peut recourir contre eux pour les dépenses supérieures à la valeur des marchandises [3].

1686. Le voiturier est chargé de faire à la douane ou aux contributions indirectes, en cours de route, les déclarations nécessaires, car il est seul en situation de les faire.

Mais l'expéditeur doit lui fournir les renseignements indispensables pour faire cette déclaration.

Si le voiturier, muni de ces renseignements, fait cependant

[1] Laurin, *Ann. dr. com.*, I, 1886-1887, *Doctr.*, p. 6.

[2] Cass. civ., 9 déc. 1891, S., 92. 1. 158 (coulage de liquides). — Bonfils, *Rev. crit.*, XXII, 1893, p. 403 et 404.

[3] On invoque en sens contraire un texte spécial, l'art. 296 C. co., d'après lequel le capitaine est tenu, en cas d'innavigabilité, d'affréter un autre navire pour faire parvenir les marchandises à destination. Mais ce texte ne prévoit qu'une situation spéciale. — V. en notre sens Cass. civ., 2 avril 1884, S., 85. 1. 25, D., 84. 1. 449. — Alf. de Courcy, Le capitaine est-il le mandataire des chargeurs ? *Rev. crit.*, XIV, 1885, p. 304 s. et *Quest. de dr. marit.*, III, p. 221. — Cpr. Lyon-Caen, *Note*, S., 85. 1. 25, *Rev. crit.*, XIV, 1885, p. 401 s. (cet auteur approuve la décision précitée en la rattachant à la faculté d'abandon (art. 216 C. co.) mais soutient cependant que le capitaine est mandataire des chargeurs). — *Contra* Levillain, *Note*, D., 84. 1. 449; Laurin, *op. cit.*, p. 5 s. — En tout cas la faculté d'abandon de l'art. 216 C. co. n'est pas applicable à cette situation. De Courcy, *loc. cit.;* Laurin, *op. cit.*, p. 8 et *Cours de dr. com.*, n. 1402. — *Contra* Cresp et Laurin, *Dr. marit.*, II, p. 194.

une déclaration inexacte, il est tenu des conséquences de cette inexactitude; l'amende qui pourra être due par l'expéditeur sera donc à sa charge [1].

Il en est de même si le voiturier ne fait pas de déclaration [2].

S'il s'élève des contestations sur l'exactitude des déclarations relatives à la nature et à la valeur des marchandises, le voiturier ne peut engager une instance avec la douane sans en référer à l'expéditeur [3].

II. *Responsabilité du voiturier en ce qui concerne le voyageur et les bagages du voyageur.*

A. *Charge de la preuve et conséquences qui en dérivent.*

1687. L'art. 1784 ne contient, comme nous l'avons montré [4], qu'une application des règles du droit commun, d'après lesquelles un débiteur, obligé en vertu d'un contrat, doit des dommages et intérêts à raison de l'inexécution ou de l'exécution défectueuse de son obligation, à moins qu'il ne justifie que l'inexécution est la conséquence d'un cas fortuit ou de force majeure. Nous en concluons que l'art. 1784, bien qu'il ne parle que du transport des choses, doit être appliqué au transport des personnes. D'après la cour de cassation et une grande partie de la jurisprudence, au contraire, l'art. 1784 serait un article d'exception, en ce qu'il présume la faute du voiturier. Il n'y aurait donc pas lieu de l'étendre au transport des personnes qui serait régi par le droit commun, c'est-à-dire, au gré de la cour de cassation, par les art. 1382 et 1383. Il en résulterait que le voiturier, auquel des dommages et intérêts sont demandés à raison d'un accident survenu à une personne en cours de voyage, ne pourrait être condamné qu'autant que sa faute serait prouvée par le

[1] Cass., 26 fév. 1855, S., 57. 1. 197, D., 55. 1. 404. — Guillouard, II, n. 746.

[2] Trib. com. Seine, 5 avril 1894, *Loi*, 26 avril 1894 (octroi). — Si le voiturier chargé de livrer les marchandises *en entrepôt*, les livre sans s'assurer de la décharge de l'acquit à caution, il est responsable envers les parties des droits en sus qu'elles sont obligées de payer. Cass. req., 22 janv. 1894, D., 94. 1. 245.

[3] Paris, 13 avril 1892, D., 93. 2. 79.

[4] V. *supra*, n. 1662.

réclamant [1]. C'est appliquer à la faute contractuelle les règles de la faute délictuelle, confondre la responsabilité à raison de l'inexécution d'un contrat avec la responsabilité résultant d'un délit ou d'un quasi-délit. Notre opinion, qui est adoptée par la majorité de la doctrine, fait des progrès en jurisprudence [2].

(1) Cass. civ., 10 nov. 1884, S., 85. 1. 129, D., 85. 1. 433. — Amiens, 29 déc. 1881, S., 85. 1. 129, D., 82. 2. 133. — Poitiers, 6 fév. 1888, S., 88. 2. 138. — Paris, 13 avril 1892, S., 93. 2. 93, D., 93. 2. 125. — Paris, 21 fév. 1894, S., 94. 2. 69, D., 94. 2. 214. — Paris, 4 avril 1894, S., 95. 2. 143, D., 94. 2. 288. — Douai, 30 mai 1894, *Pand. franç.*, 95. 2. 247. — Paris, 27 juill. 1894, *Ann. dr. comm.*, 95. 47, D., 95. 2. 63. — Paris, 26 déc. 1894, *Ann. dr. com.*, 95. 47. — Paris, 31 janv. 1895, S., 96. 1. 225, D., 95. 2. 496. — Paris, 20 fév. 1895, *Gaz. Pal.*, 95. 1. 425. — Trib. civ. Seine, 7 janv. 1893, *Pand. franç.*, 95. 2. 57, *Gaz. Pal.*, 93. 1. 223. — Trib. civ. Seine, 24 mars 1893, *Droit*, 8 juill. 1893, *Gaz. Pal.*, 93. 1. 609. — Trib. civ. Annecy, 3 mai 1893, *Gaz. Trib.*, 5 août 1893. — Trib. civ. Lyon, 20 mai 1893, *Droit*, 19 août 1893. — Trib. civ. Niort, 11 juill. 1893, *Gaz. Pal.*, 93. 2. 503. — Trib. civ. Seine, 29 mai 1895, *Pand. franç.*, 96. 2. 16. — Trib. civ. Beauvais, 7 fév. 1896, *Gaz. Pal.*, 96. 1. 333. — Cass. belge, 5 oct. 1893, S., 94. 4. 5. — Guillouard, II, n. 765; Féraud-Giraud, III, p. 316; Mesdach de ter Kiele, *Concl.*, sous Cass. belge, 5 oct. 1893, précité; Chesney, *Note, Pand. franç.*, 95. 2. 209; Thaller, *Ann. dr. com.*, I, 1886-87, *Doctr.*, p. 127 (sauf le cas où l'accident serait causé par le matériel du transporteur, par application de l'art. 1384).

(2) Paris, 27 nov. 1866, S., 67. 2. 320. — Aix, 5 juill. 1887, S., 87. 2. 330. — Aix, 12 déc. 1887, S., 88. 2. 138. — Paris, 27 juill. 1892, S., 93. 2. 93, D., 92. 2. 557. — Paris, 8 déc. 1892, *Gaz. Pal.*, 93. 1. 2e p., 13. — Paris, 9 mars 1894, *Gaz. Pal.*, 94. 1. 720. — Trib. com. Seine, 7 mars 1888, *Gaz. Pal.*, 88. 1. 488. — Trib. com. Seine, 8 août 1891, *Gaz. Pal.*, 91. 2. 317. — Trib. com. Seine, 3 oct. 1891, *Loi*, 26 oct. 1891. — Trib. civ. Marseille, 13 janv. 1892, *Rec. d'Aix*, 92. 2. 124. — Trib. com. Seine, 5 avril 1893, *Gaz. Pal.*, 93. 1. 504. — Trib. civ. Seine, 6 avril 1893, *Gaz. Pal.*, 93. 1. 530. — Trib. com. Seine, 8 juin 1893, *Gaz. Pal.*, 93. 2. 144. — Trib. com. Seine, 21 juin 1893, *Droit*, 19 juil. 1893. — Trib. com. Seine, 20 juill. 1893, *Pand. franç.*, 94. 2. 16. — Trib. com. Seine, 9 août 1893, *Gaz. Pal.*, 93. 2. 331. — Trib. com. Seine, 20 sept. 1893, *Mon. jud. Lyon*, 23 déc. 1893. — Trib. com. Seine, 10 déc. 1893, *Gaz. Pal.*, 93. 2. 459. — Trib. com. Seine, 8 mars 1894, *Gaz. Pal.*, 94. 1. 453. — Trib. com. Seine, 19 nov. 1894, *Gaz. Pal.*, 94. 2. 739. — Trib. com. Seine, 6 déc. 1894, *Loi*, 8 janv. 1895. — Trib. com. Seine, 20 mai 1895, *Gaz. Pal.*, 95. 2. 27. — Trib. paix Paris (Ier arrond.), 12 juill. 1889, S., 89. 2. 176 (omnibus). — Bruxelles, 27 juill. 1859, Emion, *Man. prat. de l'exploit. par ch. de fer*, p. 142. — Bruxelles, 28 nov. 1881, *Pasicr.*, 82. 2. 136. — Bruxelles, 14 mai 1883, Sainctelette, *Respons. et garantie*, p. 96 et 97. — Bruxelles, 23 janv. 1884, Sainctelette, *loc. cit.* — C. just. Luxembourg, 2 août 1877, sous Cass., 10 nov. 1884, *Pand. franç. chr.* — Labbé, *Notes*, S., 85. 4. 25, S., 86. 4. 25, S., 94. 2. 57 et *Rev. crit.*, XV, 1886, p. 434; Lyon-Caen, *Note*, S., 85. 1. 129 et *Rev. crit.*, XV, 1886, p. 358; Sainctelette, *op. cit.*, p. 38 s. et *Rev. crit.*, XIII, 1884, p. 189 s.; Bédarride, *Transp. par chemins de fer*, n. 439 s.; Emion, *loc. cit.*; Verne de Bachelard, *De la resp. des ch. de f. en mat. de transp.*, p. 144 s.; Sourdat, II, n. 1058;

La clause qui renverse la charge de la preuve est d'ailleurs valable ([1]). Cela est certain, car aucun principe d'ordre public ne s'oppose à la validité de cette clause. Cette solution résulte également de la jurisprudence, qui attribue aux clauses de non responsabilité l'effet de renverser la preuve ([2]).

Certains auteurs, tout en soutenant que l'art. 1784 est l'application du droit commun, refusent de l'appliquer au transport de personnes, parce que le voyageur, être intelligent et libre, ne confie pas au voiturier la garde de sa personne et est capable de veiller sur lui-même ([3]). Mais cette objection ne nous paraît pas fondée; elle déplace la question, qui se rattache uniquement à la preuve et non pas à l'étendue de la responsabilité. S'il est évident que le voyageur doit veiller sur lui-même et ne peut pas, en conséquence, rendre le voiturier responsable de l'accident qu'il a subi par sa propre faute, il n'en est pas moins vrai que le voiturier s'est de son côté engagé à transporter le voyageur sain et sauf jusqu'à la destination convenue, et qu'il doit démontrer, s'il y a lieu, que s'il a méconnu cette obligation c'est sans avoir commis aucune faute.

1688. La question du fondement de l'art. 1784 présente un grand intérêt au cas où la *mort* de la personne transportée a été causée par un accident. D'après la théorie communément admise, et avec raison, les héritiers qui se plaignent d'un accident qui a causé la mort immédiate de leur auteur, en dehors d'un contrat, sont tenus de prouver, outre la faute commise par l'auteur de l'accident, l'existence d'un préjudice qui leur a été personnellement causé; ils se fondent, en effet, sur l'art. 1382 C. civ., qui suppose le préjudice.

Sarrut, *Rev. crit.*, XIV, 1885, p. 138 et *Note*, D., 85. 1. 433; Ruben de Couder, *Note*, *Pand. fr. chr.*, sous Cass., 10 nov. 1884; Charmont, *Rev. crit.*, XXIV, 1895, p. 625; Chauveau, *Note*, *Pand. franç.*, 92. 2. 129; Pic, *Ann. dr. com.*, VI, 1892, *Doctr.*, p. 229 et IX, 1895, *Doctr.*, p. 334. — La loi belge du 25 août 1891 (art. 4 et 17) est en ce dernier sens. — Cpr. Chavegrin, *Note*, S., 96. 2. 225, qui admet la responsabilité contractuelle, mais seulement pour les faits où le voyageur joue un rôle passif (comme un déraillement), et non pas pour ceux où il remplit un rôle actif (comme celui de traverser la voie pour se rendre au wagon).

([1]) Haute Cour Angleterre, 9 nov. 1876, *Journ. dr. int.*, IV, 1877, p. 51.

([2]) V. *infra*, n. 1727 et s.

([3]) Le Courtois, *Note*, S., 89. 2. 161.

En partant de cette théorie, on obligera, dans le système, de la jurisprudence, les héritiers de la personne tuée pendant son transport à démontrer que sa mort leur a causé un préjudice, par exemple en leur enlevant les moyens d'existence qui leur étaient fournis par le défunt. En outre, ils devront prouver que l'accident est le résultat de la faute du voiturier.

Au contraire, dans notre opinion, le défunt ayant implicitement stipulé qu'on le rendrait sain et sauf à son lieu de destination, l'obligation du voiturier n'a pas été exécutée à son égard, et l'action qui appartient aux héritiers est l'action née de l'inexécution du contrat; ils n'ont donc aucune faute ni aucun préjudice à démontrer. C'est en ce sens que statue la jurisprudence belge [1]. Cependant elle ne permet aux héritiers de demander, par cette action, que la réparation des dommages causés au défunt personnellement, c'est-à-dire des souffrances supportées par ce dernier entre l'accident et la mort; pour le surplus, elle décide que les héritiers agissent en leur nom personnel et doivent prouver à la fois le préjudice subi par eux et la faute du transporteur [2]. Cette solution n'est guère admissible, dans l'opinion qui rend de plein droit le voiturier responsable des accidents causés au voyageur [3]; la mort de ce dernier est la suite immédiate de l'accident, et les conséquences de cette mort sont par là même les suites que l'accident lui-même faisait prévoir; il résulte de là que les héritiers, agissant du chef du défunt, et réclamant la réparation du préjudice que l'accident a causé au défunt, demandent, au nom de ce dernier, la réparation du préjudice qu'il a subi lui-même en perdant les moyens de gagner les sommes nécessaires à l'existence des parents qu'il entretenait de son travail.

(1) Cass. belge, 29 déc. 1892, D., 93. 2. 299. — Bruxelles, 31 déc. 1890, *Belg. jud.*, 1891, p. 865. — Bruxelles, 31 déc. 1890 (autre arrêt), *Pasicr.*, 91. 2. 231. — Bruxelles, 7 fév. 1891, *Belg. jud.*, 1891, p. 566, *Pasicr.*, 91. 2. 251. — Bruxelles, 22 juil. 1891, *Pasicr.*, 92. 2. 270.

(2) Bruxelles, 31 déc. 1890 (2e arrêt), 7 fév. et 22 juil. 1891, précités.

(3) *Belg. jud.*, 1893, col. 75. — Hanssens, *Ann. dr. com.*, VII, 1893, *Doctr.*, p. 246.

La jurisprudence française s'est établie en sens contraire et on ne peut lui reprocher de manquer de logique ; partant de l'idée que la responsabilité du voiturier pour un dommage causé à la personne est fondée sur l'art. 1382, elle ne peut permettre aux héritiers du mort d'intenter l'action au nom de ce dernier (1) ; elle leur permet seulement d'agir en leur propre nom si la mort de leur auteur leur a causé un préjudice (2), même moral (3).

1689. Le voyageur doit, en tout cas, démontrer que sa blessure provient d'un accident de transport, parce qu'à la différence des marchandises que le voiturier peut refuser si elles sont mal emballées, il ne peut refuser les voyageurs blessés (4).

1690. Si le voyageur se trouvait involontairement dans la voiture sans avoir payé le prix du transport, par exemple s'il s'était endormi et avait ainsi laissé passer la station où il devait descendre, il a droit à une indemnité (5).

Si même le voyageur se trouvait volontairement dans le train après l'expiration de son trajet, il a droit à une indemnité, à condition de prouver la faute de la compagnie (6). Le contraire a été décidé (7). On a dit que le voyageur commet alors une contravention, punie par l'art. 63 de l'ord. du 15 novembre 1846. Mais ce n'est pas une raison pour que, contrairement au principe des art. 1382 s., la compagnie ne soit pas responsable de sa faute et de celle de ses agents. La faute du voyageur, qui est indépendante de celle de la com-

(1) Trib. civ. Bagnères-de-Bigorre, 22 déc. 1891, *Gaz. Trib.*, 30-31 janv. 1892. — Villey, *Précis de dr. crim.*, p. 183 ; Laborde, *Ex. doctr. de la jurispr. crim.*, *Rev. crit.*, XXIII, 1894, p. 28. — *Contra*, Garraud, *Précis de dr. crim.*, n. 351 ; Labbé, *Note*, S., 81. 2. 21.

(2) Trib. Bagnères-de-Bigorre, 22 déc. 1891, précité, — Villey, *loc. cit.* ; Laborde, *loc. cit.*

(3) Aix, 16 mai 1872, D., 73. 2. 57. — Chambéry, 5 fév. 1893, *Loi*, 4 mai 1893. — Trib. civ. Seine, 13 avril 1893, *Gaz. Pal.*, 93. 2. 272. — V. cep. Laborde, *loc. cit.*

(4) Labbé, *Rev. crit.*, XV, 1886, p. 436.

(5) Toulouse, 5 déc. 1893, S., 94. 2. 57. — Labbé, *Note*, S., 94. 2. 57 ; E. Hubert, *Note*, *Ann. de dr. comm.*, 94. 1. 31.

(6) Cass. req., 13 mars 1894, D., 96. 1. 19. — E. Hubert, *Note*, *Ann. dr. comm.*, 94. 1. 31.

(7) Toulouse, 5 déc. 1893, S., 94. 2. 57 (motifs).

pagnie, ne saurait neutraliser celle de cette dernière. Au surplus, l'art. 63 précité parait, par la généralité de son texte, s'appliquer au voyageur de bonne foi comme au voyageur de mauvaise foi.

Nous donnons la même solution pour celui qui monte dans une voiture sans payer le prix du transport [1], et même malgré le cocher [2].

On a soutenu que, dans le système de la responsabilité contractuelle, le voyageur n'a droit à aucune indemnité, parce qu'il ne peut invoquer un contrat quand il se trouve dans le train sans droit [3]. C'est une singulière erreur, car s'il est certain qu'en pareille hypothèse le contrat n'existe plus, c'est une raison pour appliquer à la compagnie les principes de la responsabilité délictuelle et non pour la dégager de toute responsabilité.

1691. De même il est certain que si le voyageur est monté volontairement dans un train sans être muni d'un billet, la responsabilité du voiturier vis-à-vis de lui n'a rien de contractuel, puisqu'aucune convention n'est intervenue entre eux. Toutefois, le voiturier est tenu des conséquences de sa faute même en ce cas [4].

Il en est de même si le voyageur avait dépassé la station jusqu'à laquelle son billet lui permettait d'aller [5].

Mais le voyageur doit alors prouver la faute du voiturier.

1692. Le voiturier est responsable de l'accident causé par son matériel à un voyageur qui rejoint le train dans lequel il doit monter [6]. Mais ici encore la responsabilité est délictuelle.

1693. Le voiturier n'a pas de responsabilité vis-à-vis du

(1) *Contra* Trib. civ. Marseille, 21 janv. 1890, *Rec. d'Aix*, 90. 2. 108 (enfant introduit en fraude de règlements).

(2) *Contra* Trib. civ. Marseille, 7 janv. 1890, *Rec. d'Aix*, 90. 2. 116.

(3) E. Hubert, *Note, Ann. dr. comm.*, 94. 1. 30.

(4) Liège, 27 déc. 1893, *Pasicr.*, 94. 2. 289.

(5) Cass. civ., 13 mars 1895, S., 95. 1. 285.

(6) Riom, 14 fév. 1894, *Rec. de Riom*, 1894, p. 291 (même si l'accident est causé par une locomotive survenant à l'improviste, et après un avertissement donné par un coup de sifflet et le cri de *gare*). — Peu importe que les voyageurs aient reçu la faculté de pénétrer à leurs risques et périls sur les trottoirs de la gare. Riom, 14 fév. 1894, précité.

voyageur que le cocher reçoit gratuitement et par complaisance dans la voiture [1]; le cocher n'agit pas alors comme préposé du voiturier.

1694. Pour les raisons que nous venons d'invoquer, nous admettons que l'art. 1784 est applicable aux bagages que le voyageur emporte avec lui, et qu'il n'a pas fait enregistrer.

Ici encore la jurisprudence décide le contraire [2]. Cela est logique, car si l'art. 1784 est exceptionnel, il ne peut être étendu aux bagages emportés par le voyageur avec lui, auxquels il ne s'applique pas par son texte.

Cependant diverses décisions consacrent notre solution [3].

Même en admettant avec nous que l'art. 1784 est applicable au transport de personnes, on a pu soutenir que le voiturier n'est pas responsable des bagages conservés par le voyageur, et on a dit que, s'il se forme un contrat pour le transport de la personne de ces derniers, il ne se forme aucun contrat pour les bagages conservés à la main par le voyageur, ces bagages n'étant pas enregistrés, et, par conséquent, étant ignorés du voiturier.

C'est, à notre avis, une erreur : par cela même que le voiturier soit dans ses règlements (comme les compagnies de chemins de fer), soit dans son contrat, soit par tolérance et en vertu d'une convention tacite, permet au voyageur d'emporter des bagages, il s'oblige à transporter ces bagages aussi bien que la personne, il reconnaît l'indivisibilité de ses obligations relativement à ces deux transports, il admet que

[1] Trib. civ. Seine, 14 janv. 1891, *Gaz. Pal.*, 91. 1. 177. — *Contra*, Paris, 24 juin 1893, *Gaz. Pal.*, 93. 2. 169.

[2] Cass. civ., 3 fév. 1896, S., 96. 1. 165 (wagons-lits). — Trib. civ. Nice, 9 fév. 1892, D., 93. 2. 179 (wagons-lits). — Trib. civ. Seine, 14 mai 1892, S., 92. 2. 156, D., 93. 2. 179 (wagons-lits). — Trib. civ. Seine, 25 nov. 1892, S., 93. 2. 107, D., 93. 2. 587 (wagons-lits). — Trib. com. Seine, 3 oct. 1895, *Gaz. Pal.*, 95. 2. 597 (objets transportés par le voyageur à côté de lui dans une voiture de place). — Bédarride, *Des ch. de fer*, 2e éd., II, n. 454; Duverdy, n. 55; Féraud-Giraud, *Code des transports*, III, n. 458; Féolde, *Des transp. par ch. de fer*, n. 318; Denisse, *Ann. de comm.*, 94. 2. 167 s. — En ce sens L. belge 1879, art. 121, pour les transports maritimes; L. belge 25 août 1891, art. 18, pour les autres transports. — V. du reste, à propos des wagons-lits, *Tr. du contrat de dépôt*.

[3] Trib. com. Havre, 21 mars 1892, *Rev. int. dr. marit.*, VIII, p. 73 (bateaux). — Trib. paix Paris (VIIIe arrond.), 12 et 19 nov. 1891, *Bull. des ch. de fer en exploit.*, 1893, p. 201 et 206.

le prix du transport de la personne comprend la rémunération du transport des bagages que le voyageur garde avec lui.

Dans tous les cas, le voiturier est responsable du fait de son employé qui remet les bagages à un autre que le voyageur (1).

B. *Cas où la responsabilité du voiturier est engagée.*

1695. Il faut dire ici ce que nous avons dit de la responsabilité du voiturier relativement aux marchandises transportées : le voiturier est responsable de sa faute ou de celle de de ses préposés.

Au contraire le voiturier n'est pas responsable de l'accident occasionné par la faute d'un tiers qui n'est pas un de ses préposés (2), à moins que cette faute n'ait été facilitée par la négligence du voiturier ou de ses préposés (4). Le voiturier n'est pas davantage responsable de la faute du voyageur (5).

Le voiturier n'est pas responsable de l'accident causé au voyageur par cas fortuit (6), sauf si ce cas fortuit est occasionné par sa faute (7).

Lorsque l'accident causé au voyageur a pour cause à la fois sa faute ou son imprudence et la faute du voiturier, la responsabilité de ce dernier est atténuée (8).

(1) Trib. civ. Nice, 9 fév. 1892, précité. — Denisse, *Ann. dr. comm.*, 94. 2. 171.

(2) Paris, 21 fév. 1894, S., 94. 2. 69 (choc de deux voitures par la faute du cocher de la voiture qui s'est heurtée contre celle du voyageur).

(3) Paris, 9 mars 1894, *Gaz. Pal.*, 94. 1. 720.

(4) V. *infra*, note 7.

(5) Cass., 7 juin 1886, S., 87. 1. 227 (voyageur qui s'engage sur la voie malgré les cris des employés). — Lyon, 10 janv. 1889, S., 89. 2. 208 (voyageur qui s'engage sur la voie sans faire attention aux avertissements des employés). — Paris, 10 juil. 1889, *Loi*, 20 oct. 1889. — Trib. com. Seine, 20 juil. 1893, *Pand. franç.*, 94. 2. 16. — Trib. com. Seine, 20 sept. 1893, *Mon. jud. Lyon*, 23 déc. 1893. — On a même décidé que le voyageur autorisé à s'engager sur la voie doit veiller lui-même à sa sécurité. Trib. com. Saint-Etienne, 10 janv. 1887, sous Lyon, 10 janv. 1889, S., 89. 2. 208.

(6) Aix, 5 juill. 1887, S, 87. 2. 230 (agression en wagon). — Trib. com. Seine, 20 juill. et 20 sept. 1893, précités.

(7) Aix, 5 juil. 1887, précité (agression facilitée par la négligence des employés).

(8) Trib. com. Seine, 2 nov. 1893, *Gaz. Pal.*, 93. 2. 698 (voyageur qui se blesse en se précipitant de la voiture pour essayer de maîtriser le cheval emballé). — V. *infra*, p. 310, note 3.

1698. Le voiturier est responsable de la blessure causée à un voyageur qui est descendu d'un train en marche par la faute de ses agents (¹).

De même le voyageur qui, trompé par les indications d'un agent, prend un train qui l'oblige à descendre avant la station où il voulait arriver, a une action en responsabilité contre la compagnie (²).

De même encore le voiturier a à prendre des précautions pour que le voyageur ne se blesse pas en descendant de la voiture.

Ainsi il est responsable des accidents causés par le mauvais état du sol, si le sol lui appartient ou que les marchepieds sont trop élevés au-dessus du sol (³).

(¹) Aix, 12 déc. 1887, S., 88. 2. 139 (les employés avaient crié le nom de la gare avant l'arrêt du train). — Même responsabilité si le voyageur tombe en descendant d'un tramway que le conducteur a refusé d'arrêter. — Paris, 13 août 1886, S., 86. 2. 208. — Cass., 20 août 1879, S., 80. 1. 55. — Trib. com. Seine, 11 nov. 1890, *Gaz. Pal.*, 90. 2. 589.

(²) C. sup. Michigan, janv. 1882 (motifs), *Alb. law journ.*, XXV, p. 194, *Anal. Journ. dr. int.*, X, 1883, p. 407.

(³) Lorsque le voyageur est blessé en descendant brusquement d'un omnibus par crainte d'un accident provenant de ce que la voiture est emballée, le voiturier est responsable. Trib. civ. Marseille, 11 août 1891, *Rec. d'Aix*, 91. 2. 310. — Même décision pour une voiture. Trib. com. Seine, 10 nov. 1888, *Gaz. Pal.*, 89. 1. *Suppl.*, 72. — Décidé que la responsabilité est mitigée. Trib. civ. Seine, 15 juill. 1887, *Mon. jud. Lyon*, 23 janv. 1888 (pour une voiture). — Décidé que la compagnie de chemins de fer qui a obtenu l'autorisation de couper les trottoirs horizontaux des gares par des plaques tournantes est obligée de prendre les mesures nécessaires pour que cette disposition ne cause pas d'accidents, mais qu'il lui suffit de placer des agents à portée de ces plaques pour aider aux voyageurs qui réclameront leur intervention. Paris, 26 avril 1894, *Gaz. Pal.*, table, 1ᵉʳ sem. 1894, vº *Chemins de fer*, n. 40 à 42. — V. aussi Trib. civ. Mont-de-Marsan, 15 janv. 1892, *Droit*, 8 avril 1892. — La compagnie est responsable de ce que par suite de l'absence de plate-forme un voyageur s'est blessé en descendant du train, Banc de la Reine (Angleterre), 8 mai 1875, *Journ. dr. int.*, III, 1876, p. 36. — Le voiturier est responsable d'un accident causé par la portière restée ouverte d'un wagon. — Bordeaux, 3 juin 1890, *Rec. Bordeaux*, 91. 1. 12 (cependant en cas de chute d'un enfant, la responsabilité est atténuée par la faute de la mère). — Trib. civ. Seine, 26 janv. 1895, *Droit*, 28 fév. 1895, — Ou par le choc avec une autre voiture, causé par la faute du cocher. Trib. civ. Marseille, 11 nov. 1890, *Rec. d'Aix*, 91. 2. 50, — Ou par l'installation trop brusque d'une bouillote, opérée par un employé. Trib. civ. Seine, 19 oct. 1891, *Droit*, 13 nov. 1891 (mais la responsabilité est atténuée si le voyageur est blessé à la main en voulant pousser une autre bouillote pendant qu'on installait la première), — Ou par le bris d'une glace. Trib. com. Seine, 11 mars 1891, *Droit*, 28 juin 1891 (même à un enfant qui se tenait à genoux

1697. Il y a au contraire faute du voyageur victime d'un accident, si, en montant dans la voiture, il n'a pas pris les précautions nécessaires [1].

L'accident causé au voyageur n'est pas imputable au voitu-

sur la banquette, si cette position n'a pas aggravé la blessure), — Ou par le fait que l'endroit où le voyageur est descendu de wagon n'était pas éclairé. Trib. civ. Marseille, 20 juin 1890, *Rec. d'Aix*, 90. 2. 224, — Ou par le défaut de fermeture du wagon. Bordeaux, 31 juill. 1889, *Rec. Bordeaux*, 89. 1. 399, — Par le fait que le voyageur a été forcé de descendre en pleine voie. Trib. civ. Rennes, 29 mars 1889, *Gaz. Pal.*, 89. 2. 14. — Aix, 12 déc. 1887, *Gaz. Pal.*, 88. 1. 345. — Pas de responsabilité si le voyageur se blesse en montant dans un omnibus non arrêté. Trib. civ. Marseille, 10 déc. 1891, *Rec. d'Aix*, 92. 2. 99. — V. la note qui suit. — Le voiturier est responsable de l'accident causé parce que le cheval s'emporte à un bruit, car le voiturier doit choisir ses chevaux. Paris, 30 oct. 1889, *Gaz. Pal.*, 90. 1. 114.

(1) Ainsi décidé pour le voyageur qui monte dans un tramway sans demander l'arrêt. — Trib. civ. Seine, 5 juil. 1889, *Droit*, 27 juil. 1889. — Trib. civ. Lyon, 5 janv. 1887, *Mon. jud. Lyon*, 4 mai 1887. — Trib. civ. Marseille, 23 oct. 1891, *Rec. d'Aix*, 91. 2. 319. — Trib. civ. Marseille, 10 déc. 1891, *Rec. d'Aix*, 92. 2. 99. — Trib. com. Seine, 3 janv. 1894, *Gaz. Pal.*, 94. 1. 242. — Le voyageur est en faute si, passant sa tête à l'extérieur du wagon, il se heurte à un pilastre. — Douai, 30 mai 1894, *Pand. franç.*, 95. 2. 247, — S'il traverse la voie sans écouter les cris des employés. — Cass. req., 7 juin 1886, S., 87. 1. 227. — Paris, 10 juil. 1889, *Loi*, 20 oct. 1889, v. *supra*, p. 309, note 5, — ou sans suivre les autres voyageurs. — Lyon, 10 janv. 1889, S., 89. 2. 208, *Mon. jud. Lyon*, 28 mars 1889. — Le voyageur n'est pas en faute s'il descend du tramway arrêté au moment où, sans que les voyageurs aient été prévenus, le tramway se remet en marche. — Trib. civ. Lyon, 29 janv. 1892, *Mon. jud. Lyon*, 26 mars 1892. — Cependant la responsabilité du voiturier peut être atténuée si le voyageur met trop de lenteur à descendre. — Lyon, 25 mars 1891, *Mon. jud. Lyon*, 29 sept. 1891. — Le voyageur blessé en descendant avant l'arrêt du train n'a pas de recours. — Trib. civ. Seine, 21 nov. 1890, *Droit*, 12 déc. 1890. — L'accident provenant de ce que le voyageur stationnait sur la plateforme du wagon ou tramway n'engage pas la responsabilité du voiturier si le voyageur a été invité à ne pas stationner sur la plateforme. — Paris, 13 avril 1892, *Loi*, 10 juin 1892. — Trib. civ. Marseille, 7 fév. 1890, *Rec. d'Aix*, 90. 2. 196. — De même le voyageur blessé sur la plateforme d'un omnibus pour ne pas s'être tenu à la main courante lors d'un mouvement de rotation, n'a pas droit à une indemnité. — Trib. com. Marseille, 7 oct. 1891, *Rec. Marseille*, 92. 1. 13. — Trib. civ. Marseille, 8 juil. 1890, *Rec. d'Aix*, 90. 2. 276. — Décidé cependant que le voiturier doit avoir une barre sur la plateforme pour éviter les accidents. — Lyon, 8 janv. 1889, *Gaz. Pal.*, 89. 1. 696. — De même si le voyageur, sur l'impériale d'un tramway, est blessé au pied par le déraillement du tramway, le voiturier n'est pas responsable, car le voyageur a été imprudent en avançant le pied. — Trib. civ. Seine, 1er mai 1891, *Droit*, 21 mai 1891, — Ou pour le voyageur blessé en montant ou descendant l'escalier d'un navire, si cet escalier est convenablement éclairé et muni de rampes. — Trib. civ. le Havre, 5 déc. 1889, *Rev. int. dr. marit.*, 88-89. 628. — Mais dans les voitures où existe une fermeture pour les plateformes, le voiturier doit réparer l'accident causé par le défaut de fermeture. — Trib. civ. Lyon, 4 mars 1892, *Mon. jud. Lyon*, 20 avril 1892. — Lyon, 8 janv. 1889, *Gaz. Pal.*, 89. 1. 696

rier s'il provient de ce que ce dernier s'est, malgré les invitations d'agents de la compagnie, tenu à une place non destinée aux voyageurs et en est tombé [1].

Cependant même dans ce cas le voiturier est responsable, au moins en partie, si l'accident est causé par le mauvais état du matériel [2].

1698. La responsabilité du voiturier est atténuée si le voyageur, par la place qu'il occupe volontairement, courait un danger plus grand [3].

1699. L'accident causé par la faute du voyageur n'entraîne pas la responsabilité du voiturier, alors même que ce dernier a commis lui-même une faute, si cette faute n'a pas été la cause initiale de l'accident [4].

Ainsi une infraction aux règlements n'entraîne pas de plein droit la responsabilité du voiturier si l'accident ne provient pas de sa faute [5].

1700. Le voiturier est responsable envers le voyageur qui, faute de guichets en nombre suffisant, n'a pu faire enregistrer ses bagages et, par suite, les emporter avec lui [6], ou a dû se faire rembourser son billet parce qu'il n'a pu faire enregistrer ses bagages [7].

[1] Paris, 13 avril 1892, D., 93. 2. 125 (plateforme qui, dans les trains-tramways, occupe les deux côtés du wagon).

[2] Cpr. Paris, 13 avril 1892, précité (motifs).

[3] Trib. com. Seine, 7 mars 1894, *Gaz. Pal.*, 94. 1. 503 (voyageur qui prend place à côté du cocher de la voiture de place, sur le siège, et qui reçoit des blessures plus fortes que s'il s'était tenu à l'intérieur de la voiture). — Décidé cependant que si l'accident est causé par l'indocilité du cheval ou l'imprudence du cocher, ce fait du voyageur n'atténue pas la responsabilité du transporteur. Paris, 8 janv. 1895, D., 95. 2. 208. — L'imprudence du voyageur qui ne s'est pas, pour descendre d'un wagon, servi de la barre extérieure, n'atténue pas la responsabilité de la compagnie, si le voyageur est descendu par suite d'une faute de la compagnie. Aix, 12 déc. 1887, S., 88. 2. 138. — L'accident causé au voyageur qui passe la tête à la portière n'est pas imputable au voiturier. Douai, 30 mai 1894, précité.

[4] Douai, 30 mai 1894, précité (voyageur qui, en se penchant hors d'un wagon, s'est brisé le crâne contre le pilastre d'un pont; on ne peut objecter la faible distance qui sépare du pilastre la paroi extérieure du wagon, en admettant même qu'il y ait là une faute de la compagnie).

[5] Trib. civ. Marseille, 7 janv. 1890, *Rec. d'Aix*, 90. 2. 116 (faire conduire une voiture par un cocher âgé de moins de 16 ans).

[6] Trib. paix Bordeaux, 9 sept. 1893, *Rec. Bordeaux*, 94. 3. 4.

[7] Trib. paix Bordeaux, 9 sept. 1893, précité (le fait d'accepter le remboursement n'emporte pas renonciation à l'action en dommages-intérêts).

Le voiturier est responsable de la faute du cocher qui, au moment où le voyageur le quitte, ne visite pas la voiture pour voir si ce dernier n'a pas oublié des bagages [1].

L'encombrement des voyageurs qui empêche un voyageur de prendre son billet ou de faire enregistrer ses bagages à temps n'est pas une force majeure [2].

1701. A propos de la preuve, nous avons indiqué certains cas où la question de la responsabilité dépend de l'opinion qu'on adopte sur la charge de la preuve [3].

III. *Montant des dommages-intérêts dus par le voiturier.*

1702. L'indemnité due par le voiturier comprend deux objets :

1° La valeur des objets détruits ou la réparation de l'avarie;

2° La réparation des dommages causés par suite de sa faute.

A. *Cas de perte ou d'avarie.*

1703. En cas de perte, c'est la valeur intégrale de l'objet qui doit être remboursée; de même, en cas d'avarie, c'est la valeur de la détérioration.

Les voituriers ne peuvent invoquer l'art. 62 du décret des 23-24 juil. 1793, d'après lequel, en cas de perte ou détérioration des objets, et à défaut d'une évaluation lors de l'enregistrement, les messageries nationales étaient tenues de payer 150 fr. Ce texte est spécial, et, les messageries nationales ayant été supprimées par la loi du 9 vend. an VI, a perdu toute application. Les voituriers ne peuvent donc l'invoquer [4].

1704. L'indemnité doit être, en principe, calculée d'après

[1] Trib. civ. Seine, 26 mai 1891, *Gaz. Pal.*, 91. 2, *Suppl.*, 34.

[2] Trib. paix Bordeaux (2e canton), 9 sept. 1893, S., 94. 2. 87. — Féraud-Giraud, III, n. 216; Carpentier et Maury, II, n. 4223. — *Contra* Trib. com. Mons, 13 déc. 1864, cité par Féraud-Giraud, *loc. cit.* — Comp. *supra*, n. 1656, *Note*.

[3] V. *supra*, n. 1690 et s.

[4] Cass., 6 fév. 1809, S. chr. — Cass., 18 juin 1833, S., 33. 1. 706. — Rouen, 20 fév. 1816, S. chr. — Lyon, 6 mars 1821, S. chr. — Alger, 16 déc. 1846, S., 47. 2. 88. — Troplong, II, n. 925; Duvergier, II, n. 322; Aubry et Rau, IV, p. 522, § 373, note 16; Laurent, XXV, n. 527; Guillouard, II, n. 756.

la valeur de la chose, même si cette valeur n'a pas été déclarée [1], et même si cette valeur est, à raison de circonstances spéciales, en fait très considérable [2].

Mais il en est autrement si, les tarifs du voiturier (notamment des compagnies de chemins de fer) variant suivant la nature des marchandises, l'expéditeur a, pour payer un prix de transport inférieur à celui qu'il devait légitimement payer, attribué aux objets transportés une qualification qui ne leur appartient pas; la seule indemnité à payer est la valeur de l'objet déclaré par l'expéditeur [3]. En effet, la différence de tarif est établie à raison du degré de surveillance que nécessitent, suivant leur nature, les objets transportés. Le voiturier a donc le droit de dire que si l'objet lui avait été déclaré suivant sa nature véritable, il aurait exercé une surveillance assez étroite pour en éviter la perte ou la détérioration; d'un autre côté, l'expéditeur a commis une fraude dont il doit supporter les conséquences.

1705. D'autre part, la question de savoir si le voiturier doit rembourser au voyageur la valeur intégrale des bijoux, effets précieux et sommes d'argent contenus, même en l'absence d'une déclaration spéciale de ces objets, dans ses bagages est très controversée.

Elle doit, à notre avis, être résolue par l'affirmative [4], car c'est l'application du droit commun. En vain dit-on que l'an-

[1] Guillouard, II, n. 757.

[2] Cass., 10 mars 1869, S., 69. 1. 295, D., 69. 1. 416. — Cass., 4 juin 1872, S., 72. 1. 299, D., 73. 1. 24. — Cass., 11 juin 1872, S., 72. 1. 300, D., 73. 1. 120. — Cass., 11 juil. 1889, *Pand. franç.*, 90. 1. 167. — Aix, 18 juin 1870, S., 72. 2. 13, D., 71. 2. 146. — Trib. com. Havre, 12 fév. 1889, *Rec. du Havre*, 89. 1. 72 (argenterie). — Guillouard, II, n. 757. — *Contra* Trib. civ. Seine, 11 juin 1891, *Gaz. Trib.*, 19 juil. 1891 (valise contenant des objets précieux remise à un cocher).

[3] Bordeaux, 26 fév. 1872, D., 74. 2. 82 (déclaration de graines potagères sous le nom de pois). — Trib. civ. Seine, 25 nov. 1873, D., 73. 3. 48 (expéditeur qui a déclaré des manuscrits peints et des tableaux sous le nom de gravures). — Guillouard, II, n. 757.

[4] Trib. civ. Seine, 4 fév. 1887, *Mon. jud. Lyon*, 23 nov. 1887. — Trib. com. Seine, 9 oct. 1896, S., 97. 2. 147. — Troplong, II, n. 950; Sourdat, *Tr. de la responsabilité*, II, n. 1006 s.; Guillouard, II, n. 760. — *Contra* Cass. req., 26 oct. 1896, S, 97. 1. 237 (motifs). — Paris, 8 mars 1894, S., 97. 2. 161 (pour des bagages déposés à la consigne et contenant des bijoux). — Toullier, II, n. 256; Duvergier, II, n. 329; Aubry et Rau, IV, p. 523, § 373, note 19.

cien droit adoptait la solution contraire pour l'aubergiste ; cette solution, contraire aux principes, ne doit plus être acceptée. En vain dit-on encore que si le voiturier avait été prévenu il aurait pris des précautions spéciales ; le voiturier doit prendre les plus grandes précautions pour tous les objets qui lui sont confiés et dont il ignore la nature.

L'opinion contraire présente les plus grands inconvénients pratiques ; il est rare qu'un voyageur n'emporte pas avec lui de l'argent ou des choses précieuses ; l'obliger à faire à ce sujet une déclaration spéciale, ce serait lui imposer une formalité vexatoire et que souvent il n'aura même pas le temps d'accomplir.

Toutefois on fait généralement une exception pour le cas où les sommes d'argent ou effets précieux sont d'une valeur exagérée eu égard à la condition du voyageur [1]. Cette restriction très importante est contraire au principe d'où nous sommes partis ; elle est, en outre, d'une application pratique très délicate.

Enfin elle a tort de graduer la responsabilité du voiturier suivant un élément que le voiturier généralement ignore, et qu'il n'est, dans tous les cas, pas forcé de connaître. Ainsi les bagages d'un commis-voyageur en orfèvrerie, en horlogerie ou en bijouterie pourraient contenir des objets d'une valeur beaucoup plus considérable que les bagages d'un millionnaire.

D'autres exceptent le cas où le voyageur emporte des valeurs dont le voiturier ne pouvait prévoir ni la nature, ni la quantité [2] : on se fonde sur l'art. 1150, d'après lequel les dommages-intérêts ne comprennent que ceux qu'on a pu prévoir ; ce raisonnement est erroné : l'art. 1150 a trait en effet non pas aux dommages-intérêts qui compensent la perte faite, mais à ceux qui compensent le gain dont on a été privé.

En tous cas, si le voyageur était en faute, si, par exemple, il

(1) Trib. com. Seine, 9 mars 1894, *Droit*, 21 avril 1894 (on ne peut présumer qu'un voyageur ait emporté dans sa valise une chaîne en or de 200 fr.) — Sourdat, *loc. cit.* ; Guillouard, II, n. 760.

(2) Trib. civ. Nice, 9 fév. 1892, D., 93. 2. 179 (voyageur emportant avec lui des bijoux de femme et des valeurs mobilières importantes).

avait mis dans ses malles, sans en informer la compagnie, des objets précieux qu'il pouvait facilement conserver avec lui, par exemple des billets de banque ou des bijoux de faible dimension, il n'aurait pas le droit de se faire rembourser la valeur en cas de perte (1).

1706. Mais le voiturier doit rembourser la valeur de tout ce qui se trouvait dans les bagages et les conséquences du retard ou de la perte, si la forme de ces bagages devait lui indiquer leur contenance véritable. Cela a été décidé pour les colis d'un commis-voyageur (2).

1707. En outre, si la perte se produit par le dol du voiturier ou de ses préposés, le voiturier doit la valeur réelle et tout entière de l'objet, malgré la déclaration de valeur.

1708. Mais, en principe, lorsque la valeur de la marchandise a été indiquée par l'expéditeur, ce dernier, en cas de perte, ne peut exiger à titre de remboursement de la perte une somme supérieure (3).

Il en est ainsi seulement si la déclaration de valeur était exigée (la taxe étant perçue *ad valorem*) et non dans le cas contraire (4).

1709. Le tribunal ne peut décider que le propriétaire des marchandises égarées sera forcé de les reprendre si elles sont retrouvées dans un délai déterminé et réduire, pour cette hypothèse, le chiffre des dommages-intérêts (5).

1710. La valeur de la chose doit-elle être calculée au lieu

(1) Trib. com. Seine, 15 mars 1894, *Gaz. Pal.*, 94. 1. 578 (chaîne en or emportée par un voyageur de commerce et contenue dans une valise déposée à la consigne). — Trib. com. Genève, 25 nov. 1875, *Journ. de Genève*, 3 déc. 1875, *Anal. Journ. dr. int.*, 1875, p. 457 (bijoux dans une malle envoyée en petite vitesse).

(2) Cass. req., 26 oct. 1896, S., 97. 1. 237. — Bordeaux, 5 août 1895, S., 97. 2. 147. — Trib. com. Seine, 24 oct. 1895, *Gaz. Pal.*, 95. 2. 717. — Trib. com. Seine, 9 oct. 1896, S., 97. 2. 147. — V. *infra*, n. 1711, au sujet du montant de la somme à rembourser.

(3) Cass. civ., 17 mai 1892, S., 93. 1. 94 (indication de la valeur dans la lettre de voiture ou la note d'expédition). — Féraud-Giraud, II, n. 837; *Note*, S., 93. 1. 94; Carpentier et Maury, II, n. 3668 *bis*.

(4) Cass. civ., 17 mai 1892, précité (motifs) (déclaration faite dans une colonne intitulée : « Renseignements nécessaires à l'accomplissement des formalités en douane »). — *Contra* Féraud-Giraud, *op. cit.*, II, n. 840; *Note*, S., 93. 1. 94.

(5) *Contra* Trib. com. Genève, 25 nov. 1875, *Journ. de Genève*, 3 déc. 1875, *Anal. Journ. dr. int.*, 1875, p. 457 (délai de six semaines).

de l'expédition ou au lieu de destination ? Une distinction est nécessaire.

S'il s'agit de choses destinées à l'usage (par exemple des objets d'ameublement transportés pour le compte de leur propriétaire), c'est la valeur au lieu de destination qui doit être considérée [1], car c'est de cette valeur que le destinataire a été privé.

S'il s'agit de choses destinées à un trafic, on ne doit s'occuper que de la valeur au lieu d'expédition [2]. En effet, cette valeur seule a été perdue.

La valeur au lieu de destination ne peut en tout cas servir de base au prix du remboursement que si l'on déduit les frais de transport [3].

1711. Conformément au droit commun (art. **1149**), les dommages-intérêts dus à l'expéditeur comprennent non seulement la perte qu'il a faite, mais le gain dont il a été privé [4].

Par exemple, la perte d'une caisse d'échantillons obligera le voiturier à payer à la maison de commerce et au commis le montant des gains qu'ils auraient tous deux réalisés depuis le jour où la caisse devait arriver à destination jusqu'à celui où une nouvelle caisse a pu la remplacer [5].

Mais il faut pour cela, d'après l'opinion générale, que le voiturier ait été informé que la caisse contenait des échan-

(1) Bordeaux, 18 mai 1892, D., 93. 2. 119.

(2) Bordeaux, 18 mai 1892, précité (impl.).

(3) C. de Michigan, 1875, *Journ. dr. int.*, II, 1875, p. 395. — En Suisse, la L. féd. du 20 mars 1875 permet de réclamer la valeur en argent de la marchandise au prix du commerce au lieu et à l'époque où la livraison aurait dû être effectuée, sans toutefois excéder 1,500 fr. par quintal.

(4) Cass. civ., 3 janv. 1893, D., 93. 1. 223 (en cas de perte du sel chargé sur un navire, la réparation comprend, outre le prix du sel, les droits de douane afférents au sel perdu et dont l'expéditeur est exonéré en vertu des règlements, car le vendeur ne tient pas, en pratique, compte de ce boni aux acheteurs et vend le sel au même prix que s'il avait payé les droits). — Guillouard, II, n. 755.

(5) Cass., 22 nov. 1871, S., 71. 1. 158, D., 72. 1. 63. — Cass. req., 26 oct. 1896, S., 97. 1. 237. — Paris, 4 déc. 1888, *Gaz. Pal.*, 89. 1. 33. — Bordeaux, 5 août 1896, S., 97. 2. 147. — Trib. com. Granville, 17 janv. 1889, *Gaz. Pal.*, 89. 1. 743. — Trib. com. Beauvais, 29 nov. 1893, *Mon. jud. Lyon*, 13 fév. 1894. — Trib. com. Valenciennes, 17 déc. 1895, S., 97. 2. 147. — Trib. com. Seine, 9 oct. 1896, S., 97. 2. 147. — Guillouard, II, n. 755. — *Contra* Agen, 19 juin 1891, *Gaz. Pal.*, 91. 2. 115. — Trib. com. Nantes, 10 déc. 1887, *Rec. Nantes*, 88. 45.

tillons [1]. Toutefois, si la forme des caisses l'indiquait suffisamment, ou si le mode d'enregistrement imposé empêchait toute déclaration à cet égard, le voiturier doit de plein droit le montant des gains dont l'expéditeur a été privé [2].

Le gain dont les parties ont été privées entre en ligne de compte, alors même que ce gain devait résulter d'actes que la loi considère comme immoraux, tels qu'un jeu [3].

1712. Mais, par application des art. 1150 et 1151 C. civ., le voiturier n'est jamais tenu que des suites directes et immédiates de la perte.

Ainsi, il n'est pas tenu d'indemniser le voyageur à raison d'un départ que lui a fait manquer la perte de ses bagages pour un pays où l'attendait un emploi avantageux [4].

De même, si le retard a permis à un tiers de saisir les marchandises transportées, le voiturier n'encourt de ce chef aucune responsabilité [5].

(1) Bordeaux, 18 mai 1892, D., 93. 2. 119. — Trib. com. Seine, 7 mars 1888, *Loi*, 20 juin 1889. — Trib. com. Nantes, 16 janv. 1892, *Rec. Nantes*, 92. 1. 197. — Trib. com. Marseille, 16 mai 1892, *Rec. Marseille*, 92. 1. 225. — Trib. com. Seine, 14 janv. 1893, *Gaz. Trib.*, 21 mai 1893.

(2) Lyon, 28 fév. 1893, *Gaz. Pal.*, 93. 2. 67. — Trib. com. Seine, 11 nov. 1893, *Gaz. Pal.*, 94. 1. 7. — Trib. com. Valenciennes, 17 déc. 1895, précité.

(3) Trib. com. Montpellier, 19 janv. 1892, *Ann. dr. com.*, VI, 1892, *Jurispr.*, p. 97 (petits chevaux). L'opinion contraire, qui réduirait, en cas d'avarie, les parties au droit de faire réparer cette avarie les laisserait entièrement sans indemnité en cas de retard, et c'est déjà une raison pour la rendre douteuse. D'autre part, le voiturier devant les mêmes soins à toutes les marchandises qui lui sont confiées, on ne peut sans injustice lui permettre d'invoquer la destination immorale des objets avariés ou arrivés en retard. On objecte (Valéry, *Ann. dr. com.*, *loc. cit.*), que les bonnes mœurs s'opposent à ce que la preuve du dommage soit fournie; c'est ce qu'il faudrait démontrer. D'ailleurs c'est une contradiction que de refuser une indemnité et de décider (Valéry, *loc. cit.*), que cependant les parties pourront demander le remboursement partiel du prix du transport.

(4) Alger, 7 déc. 1891, S., 92. 2. 116, D., 92. 2. 44. — De même pour une personne qui, ayant mis dans une malle perdue les instruments de sa profession, n'a pu exercer cette profession pendant plusieurs mois. — Cour supr. Floride, 1875, *Journ. dr. int.*, II, 1875, p. 395 (trousse de dentiste). — De même, si les effets d'un commis-voyageur ont été perdus, la compagnie n'a pas à l'indemniser à raison de ce qu'il a été obligé d'acheter un vêtement nouveau, ni à raison des frais d'hôtel, qui sont couverts par son indemnité quotidienne. — Trib. com. Beauvais, 29 nov. 1893, *Mon. jud. Lyon*, 13 fév. 1894. — Le loueur de voitures, responsable de ce qu'il a fait manquer le train au voyageur, n'a pas à l'indemniser des bénéfices qui lui ont ainsi échappé. — Trib. paix Bordeaux, 13 mai 1890, *Loi*, 5 juin 1890.

(5) Alger, 11 juil. 1892, *Gaz. Trib.*, 28 août 1892.

1713. En cas de perte d'une lettre chargée, l'administration des postes n'était, aux termes des lois des 24 juillet 1793 et 5 nivôse an V, responsable des valeurs déclarées contenues dans la lettre que jusqu'à concurrence de 50 fr. La loi du 4 juin 1859 (art. 6) élève la responsabilité à un maximum de 2,000 fr. qui, depuis, a été porté à 10,000 fr.

Si la lettre est simplement recommandée, l'administration n'est responsable que jusqu'à concurrence de 25 fr. (L. 25 janv. 1873, art. 4).

1714. Sous l'empire des lois de 1793 et de l'an V, on décidait que les textes qui limitaient la responsabilité de l'administration des postes n'étaient pas applicables au cas où des valeurs étaient soustraites par un agent de cette administration ; dans ce cas, l'État était responsable de tout le dommage causé [1]. La raison invoquée en ce sens était que tout patron répond intégralement, aux termes de l'art. 1384 C. civ., des fautes de son employé. L'argument était insuffisant, car le patron peut, par la convention, se faire déclarer non responsable des fautes de ses employés et la loi tenait lieu de convention. Or, elle disposait dans les termes les plus généraux, et sans aucune distinction, que l'État n'est pas responsable, au-dessus d'un certain chiffre, du vol d'une lettre chargée.

Quoique l'opinion que nous venons de réfuter ait été reproduite depuis la loi du 4 juin 1859 [2], elle n'est plus soutenable et la cour de cassation, rompant avec sa jurisprudence antérieure, a désormais refusé de s'y conformer [3]. Aujourd'hui l'administration des postes est responsable de la lettre pour toute la valeur déclarée et si elle n'est pas responsable au-dessus de 10,000 fr., c'est qu'il est défendu d'insérer plus de 10,000 fr. dans une lettre chargée. Quand on prétend rendre l'administration responsable d'une valeur supérieure à la valeur déclarée, on cherche à obtenir d'elle une indem-

[1] Cass., 12 janv. 1849, S., 49. 1. 43. — Cass., 12 mai 1851, S., 51. 1. 349. — Paris, 6 août 1850, S., 50. 2. 404. — Larombière, art. 1384, n. 13; Aubry et Rau, IV, p. 523, § 373, note 4; Guillouard, II, n. 763; Sourdat, II, n. 1316. — *Contra* Cons. d'État, 12 juil. 1851, S., 51. 2. 812.

[2] Guillouard, *loc. cit.;* Larombière, *loc. cit.;* Sourdat, *loc. cit.*

[3] Cass. civ., 31 janv. 1893, S., 93. 1. 305, D., 93. 1. 249. — En ce sens S., 93. 1. 305.

nité pour une valeur qu'on ne l'a pas chargée de transporter et sur laquelle, par conséquent, elle n'était pas tenue de veiller. Décider le contraire, serait à la fois admettre une responsabilité qui dépasserait les limites de la convention et faire supporter au transporteur les conséquences de la faute commise par l'expéditeur.

De même, si la lettre est simplement recommandée, l'administration ne doit pas le remboursement d'une somme supérieure à celle de 25 fr. fixée par la loi, quelle que soit la cause de la perte (1). Ici, il ne peut y avoir aucune difficulté, l'art. 4 de la loi du 25 janv. 1873 étant formel.

B. *Cas d'un retard dans le transport des marchandises.*

1715. Le retard ne donne lieu à indemnité que si un préjudice a été subi (2), car toute réparation suppose un préjudice. Nous avons déjà montré que la preuve du préjudice est à la charge des intéressés (3).

Les dommages-intérêts comprennent d'abord les dépenses faites pour combler le retard (4).

Toutes les suites directes du retard doivent être également comprises dans l'indemnité (5).

(1) Cons. d'Etat, 21 janv. 1876, S., 78. 2. 61. — Cons. d'Etat, 17 août 1883, S., 85. 3. 54. — Sourdat, II, n. 1319 *ter;* S., 93. 1. 305.

(2) Cass. civ., 2 fév. 1887, S., 87. 1. 275. — Lyon, 26 mars 1884, S., 86. 2. 45. — Grenoble, 10 nov. 1891, *Rec. de Grenoble,* 92. 1. 41. — Trib. com. Marseille, 23 mars 1891, *Rec. de Marseille,* 91. 1. 122. — Ruben de Couder, *Dict. dr. com.,* v° *Chemin de fer,* n. 314, et v° *Comm. de transp.,* n. 56. — *Contra* Alauzet, *Comment. du C. com.,* III, n. 1131; Bédarride, *Tr. des commis.,* n. 311.

(3) V. *supra,* n. 1667.

(4) Trib. com. Seine, 16 fév. 1893, *Gaz. Pal.,* 93. 1. 612 (la compagnie de chemins de fer doit rembourser au voyageur le prix de la voiture de place qu'il a dû prendre pour arriver à l'heure fixée à un rendez-vous d'affaires).

(5) Trib. paix Longjumeau, 30 oct. 1895, *Gaz. Pal.,* 95. 2. 694 (retard dans la livraison d'une bicyclette; le voyageur de commerce qui a été obligé d'en acheter une autre peut obtenir du voiturier la différence entre le prix d'achat et le prix de revente de cette dernière). — Décidé que si par suite du retard, un voyageur de commerce a perdu un jour de tournée, il doit être indemnisé. Trib. com. Seine, 9 août 1864, D., 64. 2. 463. — Décidé encore que si les bagages contenant les toilettes nécessaires à un mariage n'ont été remboursés aux voyageurs qu'après le mariage, ils doivent obtenir le remboursement des toilettes qu'ils ont dû acheter, outre le remboursement du préjudice matériel et moral qu'ils ont éprouvé. Trib. com. Condé-sur-Noireau, 21 déc. 1896, S., 97. 2. 150.

C. *Cas d'un dommage personnel causé à un voyageur.*

1716. Nous avons dit qu'en cas de mort ou de blessure d'un voyageur, le voiturier doit réparer le préjudice causé [1].

Les dommages-intérêts dus pour la blessure ou la mort d'un voyageur, varient suivant sa condition sociale, et ne peuvent être fixés d'une manière uniforme [2]. En effet, toute faute oblige à réparer le préjudice causé et si les frais nécessités par la guérison d'une blessure dépendent exclusivement de la gravité de cette blessure, le préjudice causé ne comprend pas exclusivement ces frais, il comprend encore le travail que la victime est mise dans l'impossibilité d'accomplir, les secours qu'elle ne peut plus désormais procurer à sa famille. etc. On objecte que, le prix du trajet étant le même pour tout le monde, la garantie promise est également la même. Sans doute elle est la même, mais en quoi consiste-t-elle? Dans la promesse de transporter le voyageur sans lui faire encourir aucun préjudice; quant à la réparation, elle dépend du montant du préjudice.

1717. Le voiturier obligé de payer aux héritiers d'une personne tuée une indemnité représentant le dommage que cette mort leur a causé, peut-il déduire de l'indemnité l'indemnité d'assurance que les héritiers touchent en vertu d'une assurance contractée par le défunt? L'affirmative doit l'emporter [3], car l'indemnité due par le voiturier ne peut dépasser le préjudice et le préjudice est évidemment diminué par l'indemnité d'assurance; l'opinion contraire ferait de la mort du chef de famille une cause de profit matériel pour la famille, ce qui est inadmissible. Il y a lieu cependant de retrancher de l'indemnité d'assurance les primes versées par le défunt.

Il y a, de même, lieu de déduire de l'indemnité la pension que l'Etat ou une administration quelconque alloue aux héri-

(1) V. *supra*, n. 1687 et s.
(2) *Contra* Sainctelette, *Rev. crit.*, XIII, 1884, p. 191.
(3) Hanssens, *Ann. dr. com.*, VII, 1893, *Doct.*, p. 247.

tiers du fonctionnaire ou employé décédé [1]. Nous croyons cependant que les retenues versées par ce dernier en vue de la pension doivent être elles-mêmes retranchées de la valeur de cette pension, avant qu'elle soit déduite de l'indemnité [2].

1718. En cas de retard dans le transport d'un voyageur, comme en cas de retard dans le transport de marchandises et pour les mêmes raisons, le voiturier ne doit d'indemnité que s'il y a eu un préjudice causé, et l'indemnité porte sur le préjudice directement causé par le retard.

Si le voyageur, manquant la correspondance d'un train, a pris un train spécial, la compagnie ne lui doit le remboursement du prix de son billet que si l'arrivée rapide du voyageur était nécessaire à ses intérêts [3].

Au contraire le voyageur qui, par suite d'un changement de destination dans l'itinéraire, a été obligé de faire une marche à pied, a toujours droit à une indemnité, le préjudice étant certain [4].

Mais la maladie occasionnée au voyageur par suite d'un refroidissement subi dans une marche à pied nécessitée par le changement d'itinéraire de la voiture ne donne pas lieu à une indemnité, car ce n'est qu'une suite indirecte de la faute du voiturier [5].

1719. En cas de retard dans le transport de voyageurs, comme en cas de retard dans le transport de marchandises, le voiturier doit également rembourser le gain dont ce retard a privé les intéressés. Il a été décidé en ce sens que si le retard d'un transport a empêché une troupe d'acteurs de donner dans une ville une représentation antérieurement annoncée, le voiturier doit payer à cette troupe une somme égale aux bénéfices que la représentation lui aurait procurés [6].

[1] Bruxelles, 18 mai 1868, *Pasicr.*, 68. 2. 387. — Bruxelles, 12 mai 1888, *Pasicr.*, 88. 2. 308. — Bruxelles, 11 juil. 1891, *Pasicr.*, 92. 2. 71. — Hanssens, *loc. cit.* — *Contra* Bruxelles, 24 mars 1891, *Pasicr.*, 91. 2. 267.

[2] Hanssens, *loc. cit.*

[3] C. d'appel Angleterre, 16 et 17 fév. 1876, 10 mai 1876, *Journ. dr. intern.*, III, 1876, p. 281.

[4] Banc de la Reine.., *Law. Reports*, Q. B., X, p. 111, *Anal. journ. dr. int.*, II, 1875, p. 200.

[5] Banc de la Reine, précité.

[6] Trib. com. Seine, 6 avril 1893, *Gaz. Pal.*, 93. 1. 530,

IV. *Mode de paiement de l'indemnité.*

1720. En principe, le paiement de l'indemnité doit avoir lieu en argent; cependant, aucun texte n'empêche le voiturier, en ce qui concerne l'indemnité relative à la perte d'un objet ou à l'avarie qu'il a subie, de remplacer cet objet ou de réparer l'avarie; d'autre part, et notamment dans le cas de mort d'un voyageur, les tribunaux peuvent ordonner que l'indemnité consistera en une rente viagère.

Les tribunaux s'autorisent à décider que si les marchandises sont, à raison du retard apporté dans leur transport ou leur délivrance, sans emploi possible pour le destinataire, ce dernier peut les *laisser pour compte* au voiturier, c'est-à-dire obliger ce dernier, au lieu de payer des dommages-intérêts, à garder les marchandises et à payer leur valeur [1] (outre le gain dont le destinataire a été privé).

Cette solution est opposée aux textes qui règlent la manière dont les dommages-intérêts doivent être calculés; elle est également contraire aux principes, qui interdisent d'imposer une acquisition à un tiers.

Aussi n'est-elle pas admise dans tous les pays étrangers [2].

1721. Le laissé pour compte ne peut d'ailleurs être ordonné que si les marchandises sont entièrement inutilisables ou invendables, à raison du retard ou des avaries [3].

[1] Cass., 3 août 1835, S., 35. 1. 817. — Rennes, 19 mars 1850, S., 51. 2. 161. — Metz, 28 janv. 1857, D., 57. 2. 150. — Colmar, 8 avril 1857, S., 57, 2. 571, D., 57. 2. 103. — Aix, 21 août 1872, D., 72. 2. 182. — Pau, 20 janv. 1873, S., 73. 2. 135, D., 73. 5. 102. — Rennes, 1er juil. 1890, *Rec. Nantes*, 91. 1. 274. — Rennes, 8 juin 1891, *Rec. de Nantes*, 92. 1. 289. — Rouen, 26 nov. 1891, *Rec. de Rouen*, 92. 1. 20. — Bordeaux, 18 mai 1892, S., 94. 2. 279, D., 93. 2. 119. — Poitiers, 30 oct. 1893, S., 94. 2. 279, D., 94. 2. 252. — Poitiers, 6 fév. 1894, *Gaz. Pal.*, 94 1. 303. — Trib. com. Havre, 3 juin 1885, *Rec. Havre*, 85. 111. — Trib. com. Granville, 17 janv. 1889, *Gaz. Pal.*, 89. 1. 743. — Trib. com. Seine, 17 janv. 1890, *Gaz. Pal.*, 90. 1. 311. — Trib. com. Nantes, 17 fév. 1894, *Rec. Nantes*, 94. 1. 247. — Trib. com. Albi, 24 avril 1894, *Droit*, 2 mai 1894. — Trib. com. Seine, 1er août 1894, *Gaz. Trib.*, 2 sept. 1894. — Bédarride, II, n. 510 s.; Duverdy, n. 75 s. et 83; Sarrut, n. 661 s.; Féraud-Giraud, II, n. 836; Feolde, n. 187; Lamé-Fleury, *Bull. ann. des ch. de fer*, table 1868-1887, v° *Laissé pour compte*, n. 1 s.; Carpentier et Maury, II, n. 3690 et 3885.

[2] Allemagne, *Zeitsch. f. Handesrecht*, IX, p. 571, X, p. 155. — Kayser, *loc. cit.* — En Belgique, elle est admise dans les mêmes conditions qu'en France. — Trib. civ. Ostende, 6 déc. 1894, *Pas.*, 95. 3. 52.

[3] Douai, 24 juin 1837, S., 38. 2. 60. — Rennes, 1er juill. 1890, précité. —

Le juge du fait décide souverainement ce point ([1]).

Il faut aussi que les marchandises ne puissent être réparées de manière à être utilisées ([2]).

C'est aux intéressés de prouver que les marchandises leur sont inutiles ([3]).

V. *Clauses limitant ou excluant la responsabilité du voiturier.*

A. *Clauses limitant la responsabilité.*

1722. Le voiturier pourrait-il, par une convention particulière faite avec l'expéditeur, limiter à une certaine somme sa responsabilité au cas de perte de la chose ? Une semblable convention nous paraît n'avoir rien d'illicite et par conséquent elle devrait être exécutée ([4]).

1723. Les compagnies de chemins de fer et de navigation sont dans l'usage de délivrer aux voyageurs, au moment de l'enregistrement de leurs bagages, un bulletin au verso duquel est imprimée cette clause, qu'au cas de perte, la compagnie

Rennes, 8 juin 1891, précité. — Rouen, 26 nov. 1891, précité. — Bordeaux, 18 mai 1892, précité. — Alger, 13 juin 1892, *Gaz. Pal.*, 93. 1. 2e p., 14. — Poitiers, 30 oct. 1893, précité. — Rennes, 18 juin 1894, *Gaz. Pal.*, 94. 2. 517. — Rennes, 26 juin 1894, *Rec de Nantes*, 94. 1. 343. — Agen, 21 mars 1895, *Droit*, 4 mai 1895. — Trib. civ. Pontoise, 16 avr. 1894, *Gaz. Pal.*, 94. 1. 623. — Trib. com. Le Havre, 30 oct. 1894, *Rec. du Havre*, 95. 1. 91. — Trib. com. Nantes, 17 fév. 1894, précité. — Bédarride, II, n. 512; Duverdy, n. 76; Sarrut, n. 661; Féraud-Giraud, II, n. 836.

([1]) Cass., 3 août 1835, précité. — Bédarride, II, n. 513; Duverdy, n. 76; Sarrut, n. 662; Féraud-Giraud, II, n. 836.

([2]) Rouen, 3 juill. 1891, *Gaz. Trib.*, 23 sept. 1891.

([3]) Trib. civ., Pontoise, 16 avril 1894, précité.

([4]) Cass., 31 mars 1874, S., 74. 1. 385. — Cass., 24 août 1875, S., 75. 1. 426. — Cass. civ., 13 août 1884, S., 86. 1. 77. — Cass. civ., 4 déc. 1894 (impl.), S., 95. 1. 142, D., 95. 1. 526. — Alger, 7 déc. 1891, *Rev. algér.*, 92. 12 (comp. de navigation, bulletin de bagage). — Cass. civ., 2 avril 1890, S., 90. 1. 213, D., 90. 1. 34 (transport maritime; clause d'un billet de bagage). — Cass. civ., 12 juill. 1893, S., 95. 1. 126, D., 93. 2. 50 et D., 95. 1. 145 (impl.) (pour les comp. de navigation, billet de passage). — Trib. civ. Dakar, 29 sept. 1894, *Gaz. Trib.*, 21 déc. 1894. — Cass. belge, 24 oct. 1878, *Pas.*, 79. 1. 14. — Cass. belge, 23 avril 1880, *Pas.*, 80. 1. 132. — Bonfils, *Rev. crit.*, XVIII, 1889, p. 371; Carpentier et Maury, II, n. 3907, s. — En Belgique, la clause a été déclarée obligatoire. — Cass., 15 juill. 1875, *Jurispr. d'Anvers*, 76. 1. 26, *Journ. dr. int.*, 1876, p. 471. — Cass. belg., 27 déc. 1877, *Pas.*, 78. 1. 35, *Anal. journ. dr. int.*, 1882, p. 556 et les arrêts précités. — Mais il a été également décidé que cette clause a pour seul effet de mettre la preuve à la charge des parties. — Trib. com. Anvers, 16 nov. 1875, *Jurispr. d'Anvers*, 76. 1. 26.

ne sera pas tenue de payer au voyageur, quelle que soit l'importance de ses bagages, une somme supérieure à un certain chiffre, par exemple 150 fr. Cette clause lie-t--elle le voyageur qui a reçu le bulletin de bagages sans protester? Non, à notre avis ([1]). Le voiturier ne peut limiter sa responsabilité par sa seule volonté. Il ne le peut que par une convention faite avec l'expéditeur, et s'il allègue une convention de ce genre, il doit en fournir la preuve. Or, rien ne prouve que le voyageur ait adhéré à la clause. Peut-être en a-t-il ignoré l'existence. L'eût-il connue, on ne peut pas présumer, par cela seul, qu'il l'a acceptée. Le silence n'implique pas toujours consentement tacite, surtout quand il n'y a pas moyen de protester utilement. Il est bien plus naturel au contraire de présumer dans le doute que le voyageur n'a pas adhéré à la clause, puisqu'elle lui est préjudiciable et qu'il n'était pas obligé d'y consentir. La jurisprudence est en sens contraire ([2]).

A plus forte raison, la limitation de la responsabilité ne peut-elle pas résulter des indications contenues dans les affiches et prospectus des compagnies ([3]).

Mais s'il est prouvé que le voyageur a connu et accepté la clause mise sur le titre, il est engagé par elle ([4]).

1723 *bis*. Ainsi est valable, d'après la jurisprudence, le

([1]) Cass. civ., 15 mars 1869, S., 69. 1. 225, D., 69. 1. 201. — Cass. civ., 14 août 1876, S., 76. 1. 479, D., 77. 1. 479. — Cass., 19 janv. 1887, S., 87. 1. 324. — Cass., 22 févr. 1888, S., 88. 1. 332, D., 88. 1. 223. — Paris, 17 mars 1847, S., 47. 2. 207, D., 47. 2. 98. — Paris, 14 août 1847, S., 47. 2. 509, D., 48. 2. 1. — Tours, 23 nov. 1847, S., 48. 2. 15. — Paris, 3 juin 1890, *Gaz. Pal.*, 90. 2. 91. — Aubry et Rau, IV, p. 522, § 373, note 18; Laurent, XXV, n. 529; Guillouard, II, n. 756.

([2]) V. les arrêts cités *infra*. — Trib. com. Seine, 12 juill. 1888 (3 jug.), *Ann. dr. comm.*, III, 1889, *Jurispr.*, p. 10. — Pour les bagages déposés à la consigne, la jurisprudence anglaise fait dépendre la solution du point de savoir si les voyageurs ont eu connaissance de la mention. — C. d'appel, 25 avril 1877, *Journ. dr. int.*, IV, 1877, p. 436. — Pour les bagages transportés avec le voyageur et pour les marchandises, cette jurisprudence, partant du texte qui annule les clauses excluant la responsabilité, annule également les clauses qui limitent la responsabilité. — Haute-Cour, Echiquier, *Journ. dr. int.*, IV, 1877, p. 446.

([3]) Cass., 21 janv. 1807, S. chr. — Alger, 16 déc. 1846, S., 47. 2. 88, D., 48. 2. 1. — Paris, 14 août 1847, S., 47. 2. 509, D., 48. 2. 1. — Aubry et Rau, IV, p 521, § 373, note 11 ; Guillouard, II, n. n. 756.

([4]) Paris, 3 juin 1890, précité. — Alger, 7 déc. 1891, S , 92. 2. 116, D., 92, 2. 44. — V. la jurisprudence et les autorités citées *supra*, p. 324, note 4.

tarif qui limite la responsabilité du voiturier au remboursement de la taxe perçue pour le transport ([1]).

La même stipulation résulte d'une inscription mise sur les billets de passage, le fait de prendre un de ces billets emporte acceptation de la clause ([2]).

1724. Cette limitation de la responsabilité peut être invoquée par le voiturier, même s'il y a faute démontrée de sa part ou de la part de ses préposés ([3]).

Il en est autrement s'il y a dol ([4]) ou faute lourde, car il est de principe qu'on ne peut s'affranchir de la faute lourde ou du dol.

1725. On admet que la limitation de responsabilité n'est pas licite pour les compagnies de chemins de fer, en tant qu'elles modifient les tarifs homologués ([5]).

1726. Il va sans dire que le voiturier peut renoncer à l'application de la clause qui limite sa responsabilité ([6]).

Cette renonciation peut être tacite, pourvu qu'elle soit évidente ([7]).

B. *Clauses excluant la responsabilité.*

1727. D'après la jurisprudence, toutes les stipulations qui ont, en matière de transports terrestres, pour but d'affranchir le voiturier de toute responsabilité sont nulles en elles-mêmes, mais elles ont pour effet de renverser la charge de la preuve, c'est-à-dire d'obliger les intéressés, contraire-

([1]) Cass. civ., 19 janv. 1887, S., 87. 1. 324. — Cass. civ., 22 fév. 1888, S., 88. 1. 332, D., 88. 1. 223. — Cass. civ., 12 avril 1892, S., 92. 1. 417. — Alger, 13 juin 1892, *Gaz. Pal.*, 93. 1, 2e p., 14.

([2]) Cass., 2 avril 1890, S., 90. 1. 213, D., 91. 1. 34. — Cass. civ., 25 juil. 1892, S., 92. 1. 360. — Cass. civ., 12 juil. 1893, D., 93. 1. 590. — Alger, 7 déc. 1891, S., 92. 2. 116, D., 92. 2. 44. — Alger, 21 juin 1893, *Gaz. Pal.*, 93. 2, 2e p., 23. — Trib. civ. Dakar, 29 sept. 1894, précité. — Lyon-Caen et Renault, *Tr. de dr. com.*, III, n. 716.

([3]) Cass. civ., 22 fév. 1888, précité. — Cass. civ., 12 avril 1892, précité et les autorités précitées.

([4]) Cass. civ., 12 avril 1892, précité.

([5]) Trib. civ. Dakar, 29 sept. 1894, précité.

([6]) Cass. civ., 12 juill. 1893, D., 93. 1. 590.

([7]) Cass. civ., 12 juill. 1893, D., 93. 1. 590 (la renonciation ne résulte pas de ce que le voiturier, après avoir conclu à l'application de cette clause, conclut *subsidiairement*, pour le cas où cette application ne serait pas admise, à la limitation de sa responsabilité pour d'autres causes).

ment à l'art. 1784 C. civ., à prouver la faute du voiturier s'ils veulent obtenir une indemnité en cas de perte, de retard ou d'avarie (1).

(1) Cass., 20 janv. 1859, S., 59. 1. 316, D., 59. 1. 616. — Cass., 26 mars 1860, S., 60. 1. 900, D., 60. 1. 269. — Cass., 25 avril 1865, S., 65. 1. 215, D., 65. 1. 215. — Cass., 13 août 1872, S., 72. 1. 304, D., 72. 1. 228. — Cass., 4 fév. 1874, S., 74. 1. 273, D., 74. 1. 305. — Cass. civ., 11 avril 1877, D., 78. 1. 79. — Cass., 5 janv. 1881, S., 81. 1. 324, D., 81. 1. 155. — Cass., 23 août 1881, S., 82. 1. 426, D., 82. 1. 60. — Cass., 24 mai 1882, S., 84. 1. 435, D., 83. 1. 146. — Cass., 9 mai 1883, S., 83. 1. 420, D., 83. 1. 446. — Cass., 23 mai 1883, D., 83. 1. 374 — Cass., 6 juin 1883, S., 83. 1. 323, D., 83. 1. 340. — Cass., 26 août 1884, S., 85. 1. 221. — Cass., 4 fév. 1885, S., 85. 1. 378. — Cass. civ., 29 mars 1886, S., 87. 1. 223. — Cass. civ., 3 nov. 1886 (2 arrêts), S., 87. 1. 323. — Cass. civ., 25 oct. 1887, S., 88. 1. 31. — Cass., 14 déc. 1887 (3 arrêts), S., 88. 1. 172. — Cass. civ., 13 août 1888, S., 89. 1. 181. — Cass. civ., 6 mars 1889 (2 arrêts), S., 89. 1. 277. — Cass. civ., 22 mai 1889, S., 91. 1. 30. — Cass. civ., 4 juin 1889, S., 91. 1. 30. — Cass. civ., 26 juin 1889, S., 91. 1. 29. — Cass. civ., 30 avril 1890, S., 91. 1. 29 et 83. — Cass., 2 juill. 1890, S., 91. 1. 174. — Cass., 27 oct. 1890, S., 91. 1. 61. — Cass. civ., 29 déc. 1890, S., 92. 1. 28. — Cass. civ., 29 avril 1891, D., 92. 1. 302. — Cass. req., 6 janv. 1892, S., 92. 1. 316. — Cass. civ., 29 fév. 1892, S., 92. 1. 523. — Cass. civ., 13 avril 1892, S., 93. 1. 259, D., 92. 1. 575. — Cass. civ., 11 juill. 1892, S., 93. 1. 148. — Cass. civ., 26 fév. 1893, S., 93. 1. 477, D., 93. 1. 326. — Cass. civ., 20 mars 1893, S., 93. 1. 427, D., 93. 1. 360. — Cass. civ., 21 nov. 1893, S., 95. 1. 45, D., 94. 1. 308. — Cass. civ., 9 déc. 1893, S., 94. 1. 141. — Cass. req., 19 déc. 1893, D., 94. 1. 374. — Cass. civ., 19 mars 1894, S., 94. 1. 343, D., 94. 1. 392. — Cass. civ., 13 juin 1894, D., 94. 1. 565. — Cass. civ., 25 janv. 1896, S., 96. 1. 240, D., 96. 1. 216. — Cass. civ., 30 juin 1896, S., 97. 1. 43. — Cass. civ., 11 janv. 1897, S., 97. 1. 354. — Cass. civ., 13 janv. 1897, S., 97. 1. 354. — Douai, 11 mars 1858, S., 58. 2. 403. — Caen, 20 avril 1864, S., 65. 2. 29. — Besançon, 10 janv. 1881, D., 81. 2. 119. — Agen, 9 juill. 1886, *Rec. Agen*, 86. 336. — Paris, 11 nov. 1887, *Droit*, 6 déc. 1887. — Alger, 25 oct. 1888, *Rev. algér.*, 89. 280. — Bordeaux, 24 juin 1889, *Rec. Bordeaux*, 89. 1. 523. — Poitiers, 23 juill. 1889, *Loi*, 6 sept. 1889. — Aix, 13 déc. 1889, *Rec. Aix*, 90. 1. 70. — Poitiers, 7 juin 1891, *Gaz. Pal.*, 91. 2. 67. — Paris, 19 mars 1892, D., 93. 2. 445. — Paris, 13 avril 1892, D., 93. 2. 79. — Poitiers, 9 mai 1892, *Gaz. Pal.*, 92. 1. 712. — Besançon, 30 nov. 1892, D., 93. 2. 445. — Rennes, 7 mars 1893, *Gaz. Pal.*, 93. 1. 536. — Nîmes, 13 mars 1893, S., 93. 1. 259. — Lyon, 18 avril 1893, *Gaz. Pal.*, 93. 2. 583. — Douai, 18 avril 1893, D., 93. 2. 445. — Paris, 29 juill. 1893, D., 94. 2. 418. — Poitiers, 30 oct. 1893, S., 94. 1. 279. — Poitiers, 6 fév. 1894, *Gaz. Pal.*, 94. 1. 305. — Poitiers, 16 avril 1894, *Gaz. Pal.*, 94. 2. 8. — Angers, 16 juill. 1894, *Pand. franç.*, 95. 2. 83. — Angers, 6 août 1894, *Gaz. Pal.*, 94. 2. 492. — Amiens, 8 déc. 1894, *Rec. Amiens*, 95. 158. — Dijon, 3 avril 1895, *Droit*, 17 mai 1895. — Trib. com. Nantes, 5 mai 1888, *Rec. Nantes*, 88. 1. 154. — Pau, 19 nov. 1895, S., 96. 2. 36. — Trib. com. Nantes, 19 nov. 1890, *Rec. Nantes*, 91. 1. 249. — Trib. civ. Apt, 26 fév. 1890, *Gaz. Trib.*, 23 avril 1890. — Trib. civ. Nîmes, 25 nov. 1891, *Rec. Nantes*, 92. 1. 40. — Trib. com. Nantes, 26 nov. 1889, *Rec. Nantes*, 89. 1. 361. — Trib. com. Cusset, 25 fév. 1892, *Loi*, 23 mars 1892. — Trib. com. Seine, 19 mars 1892, *Loi*, 2 mai 1892. — Trib. civ. Bourgoin, 10 août 1892, *Mon. jud. Lyon*, 12 nov. 1892. — Trib. com. Autun, 27 nov. 1886, *Gaz.*

L'opinion contraire nous paraît préférable [1]. En effet le contrat d'assurance nous offre l'exemple d'une convention dont la validité est reconnue par tout le monde et où on se décharge de sa faute. Le propriétaire des marchandises ne peut, du reste, se plaindre, car il achète par la stipulation de non garantie une diminution dans le prix du transport.

On objecte qu'aucune confiance ne pourrait être accordée au voiturier non responsable; il y a dans cette observation une exagération évidente, car le voiturier reste, comme nous le verrons, responsable de sa faute lourde; du reste la clause dont nous parlons a généralement pour l'expéditeur lui-même plus d'avantages que d'inconvénients, car cela correspond ordinairement, nous le répétons, à une réduction des tarifs.

Nous faisons, nous dit-on encore, une concession dangereuse à l'opinion contraire, en décidant que le voiturier ne peut se décharger de sa faute lourde ou de son dol. Nous montrerons que cette restriction se justifie par des raisons spéciales.

Enfin on objecte que la ligne de démarcation entre la faute lourde et la faute légère est difficile à établir; ce n'est pas là une objection sérieuse, car il y a bien d'autres cas où la faute lourde et la faute légère sont autrement traitées.

Nous ajoutons que la responsabilité du voiturier est con-

Pal., 87. 1. 296. — Trib. com. Seine, 11 mars 1893, *Gaz. Pal.*, 93. 1. 539. — Trib. correct. Nîmes, 7 juin 1893, *Mon. jud. Lyon*, 9 déc. 1893. — Trib. com. Seine, 13 juill. 1893, *Gaz. Pal.*, 93. 2. 420. — Trib. com. Seine, 18 avril 1889, *Droit*, 15 mai 1889. — Trib. civ. Pontarlier, 3 mars 1887, *Gaz. Pal.*, 87. 1, *Suppl.*, 93. — Trib. com. Nantes, 11 nov. 1893, *Rec. Nantes*, 94. 20. — Trib. com. Bordeaux, 9 déc. 1893, *Loi*, 15 fév. 1894. — Trib. com. Seine, 19 avril 1894, *Droit*, 10 juin 1894. — Trib. com. Seine, 20 août 1894, *Gaz. Pal.*, 94. 2. 549 (transports maritimes). — Trib. civ. Montélimar, 14 nov. 1889, *Gaz. Pal.*, 89. 2. 637. — Duverdy, n. 30; Sarrut, n. 216 s.; Guillouard, II, n. 761; Aubry et Rau, IV, p. 521, § 373, note 11; Sourdat, II, n. 995; Féraud-Giraud, II, n. 796 et 798; Picard, *Tr. des ch. de fer*, IV, p. 669 et 782; Lyon-Caen et Renault, *Traité*, III, n. 621; Carpentier et Maury, II, n. 3785; Thaller, *Ann. de com.*, I, 1886-1887, *Doctr.*, p. 126, 188.

[1] Trib. civ. Annecy, 12 août 1887, *Droit*, 14 nov. 1887 (pour les voituriers ordinaires; il excepte la faute personnelle par arg. 1628 C. civ.). — Sainctelette, *De l'importance et de la difficulté de l'appréciation du fait*, *Rev. crit.*, XIII, 1884, p. 179 s.; Lyon-Caen, *Rev. crit.*, VIII, 1879, p. 596, XII, 1883, p. 647; Lyon-Caen, *Note*, S., 87. 1. 121, n. 1 et 2; Labbé, *Ann. dr. com.*, I, 1886-87, *Doct.*, p. 185 s. et p. 251 s.

tractuelle, du moins à notre avis, et qu'il est de principe que chacun peut, par une convention, se dégager de sa responsabilité contractuelle. A la vérité il en est autrement, d'après la jurisprudence, pour la responsabilité délictuelle et la cour de cassation décide précisément que la faute du voiturier est délictuelle. Mais alors il faut annuler la convention d'une manière absolue et non pas lui donner un effet auquel les parties n'ont pas songé.

Quelques autorités admettent que la clause qui décharge le voiturier de sa responsabilité ou de celle de ses préposés, serait nulle et n'aurait aucun effet (¹).

1728. La question de savoir si le voiturier peut stipuler qu'il ne sera pas responsable des bagages qu'il transporte par le même convoi que le voyageur se tranche de la même manière que la question analogue qui s'élève à propos des marchandises.

Donc, d'après la jurisprudence, cette clause est valable, mais elle renverse seulement la preuve (²).

1729. En matière de transport maritime, la jurisprudence admet généralement que la clause de non responsabilité est valable ; cependant beaucoup de décisions lui donnent le même effet qu'en matière de transport terrestre ; quelques-unes enfin considèrent la clause comme illicite.

1730. Dans les pays étrangers la question est résolue de façons diverses (³).

(¹) Cass., 26 janv. 1859, S., 59. 1. 316, D., 59. 1. 616. — Cass., 26 mars 1860, S., 60. 1. 900, D., 60. 1. 269. — Troplong, II, n. 942 ; Pardessus, *Tr. de dr. com.*, II, n. 566 ; Massé et Vergé, IV, § 709, n. 11 ; Sainctelette, *Respons. et garantie*, p. 18, n. 5 et 6. — Cpr. Sarrut, *Rev. crit.*, XIV, 1885, p. 137. — V. aussi en ce sens pour les transports maritimes, Desjardins, *Tr. de dr. com. marit.*, II, n. 276 ; Laurin et Cresp, *Dr. marit.*, I, p. 638 s.

(²) Sarrut, *Note*, D., 94. 1. 441. — Décidé que la clause est valable. — Cass. civ., 14 mars 1894, D., 94. 1. 441. — D'après M. Sarrut, *loc. cit.*, cet arrêt ne veut pas dire que cette clause soit valable en entier, et laisse, par conséquent, intact le principe que la charge de la preuve est renversée.

(³) *Allemagne*. Décidé que le voiturier ne peut s'affranchir de toute responsabilité pour la faute de ses préposés que si les circonstances justifient cette dérogation, notamment s'il ne peut s'occuper avec soin du recrutement de son personnel, ou s'il offre au public le choix entre un tarif réduit avec cette clause et un tarif plus élevé sans la clause. Trib. de l'Empire, 11 fév. 1888, *Ann. dr. comm.*, III, 1889, *Doctr.*, p. 120. — *Angleterre*. La l. de 1854 sur le trafic par chemin de fer et canal (§ 7)

1731. On décide que la clause portant que l'entrepreneur est chargé des soins à donner en cours de route a également pour seul effet de renverser la preuve ([1]).

1732. La clause de non-garantie est d'une interprétation rigoureuse; si elle ne porte que sur certains faits, elle ne doit pas être étendue ([2]).

porte que toute clause excluant la responsabilité est nulle. On admet cependant qu'elle est valable si elle est stipulée pour le tarif réduit et que l'expéditeur ait pu se servir d'un tarif plus élevé avec responsabilité de la compagnie. Haute Cour, Banc de la Reine, 4 avril 1882, *Journ. dr. int.*, X, 1883, p. 181. En dehors des transports par chemin de fer, on admet la validité de la clause. V. *Décisions anglaises*, citées dans C. sup. Etats-Unis, 5 mars 1889, *Journ. dr. int.*, XVII, 1890, p. 153. — V. aussi, *Journ. dr. int.*, I, 1874, p. 282. — Haute Cour, 28 fév. 1888 et 2 mai 1889, cités *infrà* à propos du droit international. — V. cep. C. d'appel, 16 et 17 fév., 10 mai 1876, *Journ. dr. int.*, III, 1876, p. 281. — C. d'appel, 19 déc. 1882, *Journ. dr. int.*, XI, 1884, p. 81. — *Etats-Unis.* La clause qui décharge le voiturier de sa responsabilité est nulle. — C. sup. des Etats-Unis, *Journ. dr. int.*, III, 1876, p. 212. — C. sup. Etats-Unis, 5 mars 1889, précité et les nombreuses décisions y citées. — C. sup. Californie, 1884, *Journ. dr. int.*, XVI, 1886, p. 738 (comp. des télégraphes). — C. sup. Tennessee, 19 déc. 1888. *Journ. dr. int.*, XVII, 1890, p. 735 (motifs). — Décidé que cette clause renverse simplement la preuve. C. sup. de l'Ohio, *Journ. dr. int.*, IV, 1877, p. 268. — Décidé que la clause d'un billet d'aller et retour par laquelle une compagnie se décharge des accidents arrivés sur d'autres lignes est valable, et cela même si elle est imprimée, Haute-Cour Anglet., *Plaids communs*, 26 nov. 1879, *Journ. dr. int.*, VII, 1880, p. 597. — Décidé cependant dans une hypothèse de transport gratuit, que la clause décharge le voiturier de sa faute ordinaire, mais non de sa faute lourde. — C. sup. Wisconsin, 3 nov. 1886, *Journ. dr. int.*, XIV, 1887, p. 656. — *Belgique.* Décidé que la clause est valable. — Cass. belge, 7 juin 1877, *Jurispr. d'Anvers*, 77. 1. 268 (ch. de fer). — Cass. belge, 26 oct. 1877, *Pasicr.*, 77. 1. 406 (ch. de fer). — Cass. belge, 12 nov. 1885, *Jurispr. d'Anvers*, 86. 1. 5. *Journ. dr. int.*, XIII, 1886, p. 362 (armateur). — Cass. belge, 14 fév. 1895, *Pasicr.*, 95. 1. 93 (armateur). — Quelques décisions ont admis la nullité de la clause. — Trib. com. Anvers, 31 déc. 1885, *Jurispr. d'Anvers*, 86. 1. 9. — *Hollande.* Décidé que la clause a pour seul effet de renverser la preuve. — Trib. Amsterdam, 27 nov. 1884 et 9 oct. 1885, *Journ. dr. int.*, XIV, 1887, p. 109. — Décidé d'autre part qu'elle est valable. — Cass., 18 nov. 1887, *Journ. dr. int.*, XV, 1888, p. 560. — La jurisprudence admet également en matière de transport maritimes que la clause renverse la preuve; mais cependant le jugement précité d'Amsterdam du 9 oct. 1885 a décidé que la clause est nulle. — V. Jitta, *Ann. dr. comm.*, I, 1886-87, *Doctr.*, p. 384. — *Italie.* On admet généralement que la clause est nulle et ne produit aucun effet. — Venise, 13 oct. 1885, cité par Franchi, *Ann. dr. com.*, I, 1886-87, *Doctr.*, p. 56. — Vidari, *Corso di dir. comm.*, V, n. 2906; Vivante, *La polizza di carico*, Milan, 1883, p. 51 s.; Marghieri, *Il dir. comm.*, II, p. 152 et 458. — *Contra* Lucques, 16 oct. 1885, cité par Franchi, *loc. cit.*; Ascoli, *Comment al libro II, C. com.*, n. 124. — V. encore en matière de transports maritimes, Cass. Florence, 14 juin 1886, *Journ. dr. int.*, XV, 1888, p. 554.

([1]) Paris, 3 nov. 1892, D., 93. 2. 445.

([2]) Cass. req., 6 janv. 1892, S., 92. 1. 316.

Dans tous les cas une stipulation ne doit pas être facilement interprétée comme supprimant la garantie [1].

On a cependant jugé que, par elle-même, l'application d'un tarif réduit suffit pour renverser la charge de la preuve [2].

1732 *bis*. Pour qu'une clause supprimant la responsabilité du voiturier produise soit l'effet absolu que nous lui reconnaissons, soit l'effet limité que lui attribue la jurisprudence, il faut qu'elle soit acceptée par les intéressés.

La clause d'un tarif de chemin de fer est nécessairement acceptée par eux dès qu'il leur en est donné connaissance sans qu'ils aient protesté [3].

Mais des prospectus ou des annonces contenant la clause de non-garantie n'auraient aucun effet [4].

De même on admet généralement qu'en tout cas la clause de non responsabilité est nulle si elle est imprimée sur un titre (un bulletin de bagages par exemple) que les intéressés ont pu ne pas lire [5].

La stipulation de non-responsabilité résultant d'une inscription sur un billet de chemin de fer n'est valable que si ce billet a été délivré au voyageur avant qu'il ait livré les objets transportés au voiturier, et non pas si le billet lui a été délivré en cours de route [6].

1733. La clause de non-garantie a pour effet d'enlever au voiturier l'obligation de vérifier, au départ ou en cours de route, l'état des marchandises [7].

(1) La stipulation qu'une marchandise voyage sans assurance n'est pas une stipulation de non garantie ; elle signifie seulement que le transporteur est dispensé d'assurer les colis transportés. Trib. com. Seine, 29 juin 1893, *Gaz. Trib.*, 17 août 1893.

(2) Trib. civ. Bordeaux, 23 oct. 1893, *Loi*, 12 déc. 1893. — Trib. com. Bordeaux, 9 déc. 1893, *Loi*, 15 fév. 1894.

(3) La plupart des décisions citées sont relatives à cette hypothèse.

(4) Ern. Tambour, *Rev. crit.*, XXXIV, 1869, p. 205.

(5) Alger, 16 déc. 1846, S., 47. 2. 88. — Douai, 17 mars 1847, S., 47. 2. 207. — Trib. civ. Tours, 23 nov. 1847, S., 48. 2. 15. — Aubry et Rau, IV, p. 523, § 373, note 18; Sourdat, *op. cit.*, n. 1010; Laurent, XXV, n. 529; Guillouard, II, n. 756; Lyon-Caen, *Note*, S., 87. 1. 123. — La jurisprudence est aujourd'hui en sens contraire. Trib. com. Havre, 21 mars 1892, sous Cass., 19 mars 1893, S., 95. 2. 353. — V. aussi *supra*, pour les clauses limitatives de la responsabilité, n. 1723 s.

(6) Cass. civ., 14 mars 1894, D., 94. 1. 441. — Trib. com. Le Havre, sous Cass., 19 mars 1894, S., 95. 1. 352.

(7) Cass. civ., 13 avril 1892, S., 93. 1. 259, D., 92. 1. 575.

1734. Le voiturier ne peut stipuler qu'il ne répondra pas soit de son dol ou de son délit ([1]), soit de ceux (d'un vol par exemple) commis par ses agents ([2]). Il est, en effet, de principe que personne ne peut se décharger de son dol.

Et la même solution doit être admise pour la faute lourde.

A plus forte raison la clause qui décharge le voiturier de toute responsabilité ne le soustrait pas aux conséquences de sa faute lourde ou de son dol ([3]), toujours parce qu'il est de principe que nul ne peut se décharger de ses délits.

La clause pour laquelle le voiturier se décharge de toute responsabilité à raison des fautes de ses préposés laisse évidemment entière la responsabilité du voiturier à raison de ses propres fautes.

Ainsi l'armateur est, malgré toute clause de ce genre, responsable des dégâts causés par des marchandises dangereuses chargées sur le navire, s'il a omis de signaler au capitaine la nature des marchandises, laquelle aurait nécessité une place spéciale ([4]).

Il est également responsable de ce que l'insuffisance du charbon a nécessité l'emploi d'une partie de la cargaison comme combustible, si cette insuffisance provient de l'étroitesse des soutes ([5]).

1734 *bis*. Le voiturier peut renoncer à la clause qui renverse à son profit la charge de la preuve ([6]).

Cette renonciation ne résulte pas de ce que le voiturier reconnaît l'avarie ([7]).

([1]) Sainctelette, *Rev. crit.*, XIII, 1884, p. 183; Lyon-Caen, *Rev. crit.*, XII, 1883, p. 648; Labbé, *Ann. dr. comm.*, I, 1886-87, *Doctr.*, p. 185 s.

([2]) Sainctelette, *op. cit.*, p. 188.

([3]) Bordeaux, 4 déc. 1893, *Gaz. Pal.*, 94, *Table*, 1er sem., v° *Capit. de navire*, n. 1 (pour le transport maritime).

([4]) Cass. civ., 12 juill. 1893, S., 95. 1. 126, D., 93. 1. 590.

([5]) Cass. req., 17 mai 1893, D., 93. 1. 408.

([6]) Cass. civ., 11 juil. 1892, S., 93. 1. 148. — Le contraire a été décidé pour la clause de non garantie au profit des compagnies de chemin de fer, parce qu'elles ne peuvent renoncer au bénéfice de leur situation légale. — Cass. civ., 6 mars 1889, S., 89. 1. 277 (2e arrêt).

([7]) Cass. civ., 11 juil. 1892, précité.

§ III. *Restitution des marchandises.*

I. *A qui doivent être remises les marchandises.*

1735. Les marchandises doivent être remises au destinataire désigné par l'expéditeur.

Mais le voiturier doit refuser de livrer la marchandise au destinataire si, avant cette remise, l'ordre lui en est donné par l'expéditeur [1].

Il doit également obéir à l'ordre, donné par l'expéditeur, de ne remettre les marchandises que contre présentation du récépissé fourni à l'expéditeur [2].

Il importe même peu que le transporteur ait déjà adressé au destinataire un avis de l'arrivée des marchandises [3], en admettant que, par lui-même, cet avis oblige le voiturier à livrer les marchandises au destinataire.

Mais le voiturier ne peut ni ne doit obéir à l'ordre de l'expéditeur si le récépissé a été transmis à un tiers par le destinataire [4], car il serait forcé d'indemniser le porteur du récépissé.

L'expéditeur ne peut interdire au voiturier de remettre la chose au destinataire qu'en lui transmettant la lettre de voi-

(1) Cass., 5 août 1878, S., 79. 1. 128, D., 78. 1. 464. — Cass. req., 15 nov. 1893, S., 94. 1. 292, D., 94. 1. 273. — Paris, 30 déc. 1871, *Bulletin des ch. de fer*, 73. 24. — Amiens, 19 fév. 1892, *Loi*, 26 mars 1892. — Dijon, 14 fév. 1894, S., 94. 2. 275, D., 94. 2. 253. — Toulouse, 5 fév. 1895, *Gaz. Trib. Midi*, 10 mars 1895. — Trib. com. Seine, 6 fév. 1867, *Bull. des ch. de fer*, 68. 284. — Trib. com. Le Havre, 15 janv. 1894, *Rec. du Havre*, 94. 1. 31. — Féraud-Giraud, I, n. 99 et 174; Carpentier et Maury, II, n. 2981; Duverdy, n. 22; Sarrut, n. 559; Sarrut, *Notes*, D., 94. 1. 273 et D., 94. 2. 253; Lyon-Caen et Renault, *Tr. de dr. com.*, III, n. 584; Boistel, *Précis de dr. com.*, p. 389; Bailly, *Rev. bourguign. de l'enseig. sup.*, V, 94. 2. 101. — V. aussi L. belge 25 août 1891, art. 6. — C. com. allemand, 402. — C. com. italien, 397. — C. féd. suisse, 454. — C. com. portugais, 380. — *Contra* Trib. com. Seine, 18 oct. 1894, *Gaz. Pal.*, 94. 2. 563. — Et cela même s'il s'agit d'une marchandise livrable en gare et si la compagnie a adressé une lettre d'avis au destinataire. — Cass. req., 15 nov. 1893, précité.

(2) Cass. req., 15 nov. 1893, S., 94. 1. 292, D., 94. 1. 273. — Sarrut, *Note*, D., 94. 1. 273.

(3) Cass. req., 15 nov. 1893, précité. — Sarrut, *loc. cit.*

(4) Toulouse, 5 fév. 1895, précité. — Trib. com. Seine, 18 oct. 1894, *Ann. dr. com.*, 1895, p. 20.

ture ([1]). S'il ne le fait pas, rien ne prouve au voiturier que le destinataire n'a pas, par la possession de la lettre de voiture, un droit, acquis de l'expéditeur, à recevoir les marchandises.

1735 *bis*. Le voiturier ne peut refuser d'obéir aux ordres de l'expéditeur même si les marchandises sont arrivées à destination, si le délai de transport est expiré ([2]) et s'il a informé le destinataire de l'arrivée des marchandises ([3]).

Cependant il en est autrement si le destinataire a manifesté l'intention de profiter du contrat de transport.

Et le voiturier peut exiger de l'expéditeur les preuves que le destinataire n'a pas manifesté cette volonté ou a renoncé à se prévaloir du contrat ([4]).

1736. Le transporteur est responsable pour avoir remis la chose à une personne autre que le destinataire véritable ([5]).

Les marchandises peuvent cependant être délivrées au mandataire du destinataire; nous étudierons, à propos du mandat, la preuve de ce mandat ([6]).

En cas de difficulté, les tribunaux décident souverainement qui est destinataire ([7]).

Le voiturier est responsable de la faute de son employé qui remet les bagages transportés avec un voyageur à un inconnu ([8]).

Il est également responsable s'il dépose les marchandises sur le quai de la gare ou du port ([9]).

([1]) Cass., 9 déc. 1873, S., 74. 1. 167, D., 74. 1. 409. — Cass., 21 juil. 1875, D., 77. 1. 325. — Cass., 5 août 1878, S., 79. 1. 158, D., 78. 1. 464. — Dijon, 14 fév. 1894, précité. — Lyon-Caen et Renault, *op. cit.*, III, n. 584; Bailly, *op. cit.*, p. 105. — *Contra* Sarrut, *op. cit.*, n. 559 s. et *Note*, D., 94. 1. 272.

([2]) Dijon, 14 fév. 1894, précité.

([3]) Dijon, 14 fév. 1894, précité (impl.). — Sarrut, *Note*, D., 94. 2. 253.

([4]) Dijon, 14 fév. 1894, précité. — Sarrut, *Note*, D., 94. 2. 253.

([5]) Montant d'un mandat-poste délivré à un faussaire. Cass. belge, 4 oct. 1894, *Pasicr.*, 94. 1. 291.

([6]) V. notre *Tr. du mandat*.

([7]) Cass. req., 22 mai 1889, S., 92. 1. 341. — Cass. req., 8 nov. 1892, S., 93. 1. 248, D., 93. 1. 33 (ces deux arrêts concernent les lettres missives adressées à un commerçant qui a cédé son fonds; la question de savoir si ces lettres doivent être remises au cédant ou au cessionnaire est très délicate; les arrêts décident que les juges peuvent adopter la seconde solution). — V. la note 2, p. 335, ci-après.

([8]) Trib. civ. Nice, 9 fév. 1892, D., 93. 2. 279 (comp. des wagons-lits).

([9]) Levillain, *Note*, D., 93. 1. 97 (pour le capitaine de navire).

1736 *bis*. Des règlements particuliers régissent la responsabilité de l'administration des postes en ce qui concerne la remise des lettres chargées à de faux destinataires [1].

En cas de conflit, il appartient au juge du fond de déterminer quel est le destinataire véritable de lettres réclamées par deux personnes [2].

II. *Etat dans lequel les marchandises doivent être livrées.*

1737. Le destinataire ne peut être forcé de recevoir une partie seulement des marchandises, quand le surplus est égaré; le payement partiel est, en effet, interdit d'une manière générale [3]. Il n'en est autrement que si la portion égarée est tout-à-fait insignifiante [4], ou si elle est d'une tout autre nature que les objets offerts au destinataire [5].

1737 *bis*. Nous avons dit déjà que le voiturier ne peut restituer les marchandises en état de détérioration sans payer des dommages-intérêts, à moins que l'avarie ne provienne pas de sa faute [6].

1737 *ter*. Le destinataire a le droit de vérifier la marchandise qui lui est envoyée, même d'ouvrir le colis qui la contient et, si cette marchandise lui paraît détériorée, de refuser d'en prendre livraison [7]. Il importe peu que l'art. 105 C. com.,

(1) Le chargement payable poste restante doit être remis au destinataire, après justification de son identité par la production de certaines pièces énumérées dans l'art. 152 de l'instruction générale. — D'après l'art. 668 de l'instruction générale, le chargement payable à domicile ne peut être remis « qu'aux destinataires eux-mêmes, qui en donnent décharge au livre-journal et indiquent la date et l'adresse de la réception. Aucune pièce justificative d'identité n'est donc exigée. — Si, le chargement étant payable poste restante, le prétendu destinataire demande que le payement soit fait à son domicile, la production de pièces justificatives est nécessaire. — Cass. req., 25 juin 1890, S., 93. 1. 501.

(2) Cass., 24 nov. 1846, S., 46. 1. 829. — Cass., 10 avril 1866, S., 66. 1. 251. — Cass., 7 janv. 1884, S., 86. 1. 254. — Cass. req., 22 mai 1889, S., 92. 1. 341 (en cas de vente à deux personnes différentes d'un fonds de pharmacie et d'un produit spécial, le juge peut décider que les lettres adressées à la pharmacie seront remises au successeur de la pharmacie s'il n'est pas fait mention sur l'enveloppe du produit spécial). — Cass. req., 8 nov. 1892, précité. — V. *supra*, p. 334, note 7.

(3) Lespinasse, *Rev. crit.*, II, 1872-1873, p. 199.

(4) Lespinasse, *loc. cit.*

(5) Lespinasse, *loc. cit.*

(6) V. *supra*, n. 1672 s., 1703.

(7) Aix, 4 fév. 1889, S., 89. 1. 169. — Trib. com. Nice, 8 nov. 1893, *Gaz. Pal.*,

modifié par la loi du **11** avril **1888**, accorde au destinataire trois jours pour faire ses réclamations; ce texte, d'ailleurs édicté en faveur des destinataires, n'empêche pas une vérification immédiate. L'opinion contraire ne protégerait pas suffisamment le destinataire, car, quand il intente une action pour une avarie, il est tenu de prouver que l'avarie est antérieure à la réception du colis.

Dans le cas de refus, le voiturier réexpédie la marchandise à l'expéditeur, qui est forcé de la retirer et, s'il ne le fait pas, de payer des droits de magasinage au voiturier (1).

Le destinataire peut également exiger la livraison des marchandises sous réserves, à condition que ces réserves spécifient le caractère de l'avarie (2), mais non pas sous des réserves vagues (3).

Dans ce cas de réserves précises, le voiturier ne peut que retenir les marchandises jusqu'à ce qu'il en ait fait constater l'état conformément à l'art. 106 C. com. C'est à lui et non pas au destinataire qu'il appartient de constater cet état (4).

1738. Malgré la déclaration des valeurs, le voiturier n'est forcé de représenter que la quantité d'objets qui lui a été livrée et non pas une quantité égale à la valeur déclarée (5), car le voiturier n'est responsable que de ce qui lui a été confiée et, en outre, on ne peut lui reprocher d'avoir omis de faire une vérification que rien ne lui impose.

1739. D'après l'art. 106 C. com. : « *En cas de refus ou » contestation pour la réception des objets transportés, leur » état est vérifié et constaté par des experts nommés par le » président du tribunal de commerce, ou, à son défaut, par » le juge de paix et par ordonnance au pied d'une requête* ».

Ce texte déroge au droit commun en chargeant de la désignation des experts d'autres personnes que celles qui auraient,

94. 1. 170. — Lyon-Caen et Renault, *Manuel dr. com.*, *Append.*, n. 7; Bonfils, *Rev. crit.*, XIX, 1890, p. 686. — *Contra* Péronne, *Ann. dr. com.*, II, 1888, *Doct.*, p. 130.

(1) Trib. com. Nice, 8 nov. 1893, précité.

(2) Trib. civ. La Roche-sur-Yon, 21 juil. 1891, S., 93. 2. 85.

(3) Cass., 28 mars 1882, S., 83. 1. 273. — Féraud-Giraud, I, n. 209.

(4) Trib. civ. La Roche-sur-Yon, 21 juil. 1891, précité.

(5) Cass. civ. 10 avril 1894, S., 94. 1. 364.

d'après le droit commun, la mission de le faire. Il s'inspire de l'intérêt du voiturier qui, responsable des avaries, à moins de démontrer qu'elles ne sont pas le résultat de sa faute, doit pouvoir faire constater rapidement l'état des marchandises [1].

Il peut n'être nommé qu'un seul expert [2].

Contrairement au droit commun, il n'est pas nécessaire de faire appeler toutes les parties à l'expertise [3].

1740. La procédure de l'art. 106 C. com. peut être ordonnée tant que le voiturier n'est pas dessaisi, alors même qu'une instance est engagée sur l'exécution du marché entre l'expéditeur et le destinataire [4]. Le voiturier n'a pas à attendre la fin du débat.

Mais l'art. 106 C. com. n'est plus applicable si la contestation se produit après la livraison [5]. Il y a lieu alors d'appliquer le droit commun.

1741. L'art. 106 ne s'applique pas si la contestation s'élève entre le destinataire et l'expéditeur [6], car il vise le cas où la contestation s'élève « pour la réception des marchandises » et d'ailleurs il est édicté dans le seul intérêt du voiturier. Il en est ainsi même si le voiturier n'est pas encore déchargé [7].

Néanmoins, dans ce cas même, le tribunal est libre de fixer la valeur des marchandises en se basant sur les résultats de l'expertise ordonnée par application de l'art. 106 [8], car il

(1) Cass. req., 26 nov. 1889, S., 90. 1. 267. — Mahoudeau, *Ann. dr. com.*, IV, 1890, *Jurispr.*, p. 2.

(2) Colmar, 24 déc. 1833, S., 34. 2. 649. — Duverdy, n. 102 ; Féraud-Giraud, II, n. 1038 ; Denis, *Rapport* sous Cass., 26 nov. 1889, précité.

(3) Cass., 30 nov. 1881, S., 82. 1. 132. — Féraud-Giraud, II, n. 1038 ; Mahoudeau, *loc. cit.*; Denis, *Rapport* sous Cass., 26 nov. 1889, précité.

(4) Cass. req., 26 nov. 1889, précité. — Denis, *loc. cit.*

(5) Cass. civ., 3 mars 1863, S., 63. 1. 120, D., 63. 1. 123. — Mahoudeau, *loc. cit.*; Denis, *loc. cit.*

(6) Cass. civ., 3 mars 1863, précité. — Mahoudeau, *Ann. dr. com.*, IV, 1890, *Jurispr.*, p. 10; Denis, *loc. cit.*

(7) Mahoudeau, *loc. cit.* — *Contra* Cass. req., 26 nov. 1889, précité (on a en vain essayé de restreindre la portée de cet arrêt à la question qui fait l'objet de la note 8 ci-après, l'arrêt valide une expertise ordonnée au cours d'une contestation entre l'expéditeur et le destinataire). — Trib. civ. Toulouse, 11 janv. 1891, *Gaz. Trib. Midi*, 1er fév. 1891. — Denis, *loc. cit.*

(8) Cass. req., 26 nov. 1889, précité. — Mahoudeau, *loc. cit.*

peut déterminer cette valeur d'après les éléments qui lui conviennent.

1742. L'art. 106 C. com. ne s'applique qu'en cas de contrat de transport; on a décidé qu'il n'est pas applicable à l'entrepreneur de déménagements ([1]). Mais cette solution n'est pas exacte d'une manière absolue, car l'entrepreneur de déménagements est, en certains cas, un voiturier ([2]).

1743. L'art. 106 C. com. décide également que le transport dans un dépôt public des objets refusés à l'arrivée peut être ordonné par la justice. « Le dépôt ou séquestre, dit-il, et ensuite le transport dans un dépôt public, peut en être ordonné ».

C'est là une simple faculté et non une obligation pour le voiturier.

Ainsi le voiturier peut faire le dépôt sans autorisation.

1744. Le voiturier peut aussi garder la marchandise dans ses magasins, et il a alors droit à des taxes de magasinage ([4]).

Si, faute de retirer des marchandises en temps utile, la compagnie les soumet au magasinage, les défectuosités du magasinage sont à la charge de la compagnie ([5]).

Et il en est ainsi même si la compagnie a donné avis au destinataire qu'elle effectue le magasinage à ses risques et périls ([6]).

Les droits de magasinage dus à la suite du refus injustifié,

([1]) Lyon, 22 juin 1894, *Loi*, 27 mars 1895.

([2]) V. *supra*, n. 1638.

([3]) Cass. civ., 10 nov. 1891, S., 92. 1. 29.

([4]) Cass., 29 mai 1877, S., 77. 1. 475. — Cass. civ., 31 juil. 1888, S., 89. 1. 84. — Cass. civ., 12 mars 1890, S., 90. 1. 270. — Cass., 6 mai 1890, S., 91. 1. 126. — Les tarifs des chemins de fer portent que les droits de magasinage sont dus pour les marchandises « adressées en gare et qui ne sont pas immédiatement enlevées ». On conclut de là que ces droits sont de même si le magasinage est confié à un tiers. — Cass. req., 29 mars 1877, S., 77. 1. 475, — et même s'il n'y a pas de magasinage et si les marchandises sont abandonnées sur le quai. — Cass. civ., 23 mars 1887, S., 90. 1. 350. — Cet arrêt va jusqu'à donner cette solution dans un cas où les juges du fait avaient constaté que les marchandises, déposées dans un endroit découvert, avaient souffert de l'humidité.

([5]) Banc de la Reine, 22 avril 1875, *Weekly Reporter*, XXIII, p. 853, *Anal. journ. dr. int.*, III, 1876, p. 36.

([6]) Banc de la Reine, 22 avril 1875, précité.

opposé par les deux parties, de prendre livraison, peuvent être réclamés au destinataire (1) et à l'expéditeur (2).

1745. Enfin l'art. 106 dit que : « *La vente peut en être or-* » *donnée (des marchandises) en faveur du voiturier, jusqu'à* » *concurrence du prix de la voiture* ».

Le voiturier ne peut vendre les marchandises refusées par le destinataire sans autorisation donnée par le président du tribunal ou le juge de paix (3).

Si l'inobservation des formalités de l'art. 106 C. com. n'a pas été la cause d'un préjudice spécial pour les parties, le voiturier ne leur doit compte que du prix de la vente (4).

Mais c'est au voiturier à prouver l'absence de préjudice (5).

III. *Lieu de la livraison.*

1746. Le destinataire peut exiger que les marchandises soient livrées au lieu fixé par la convention.

Cependant, s'il a commencé le déchargement des marchandises, il est censé avoir accepté la livraison au lieu du déchargement et le surplus des marchandises est désormais à ses risques (6).

IV. *Epoque de la livraison.*

1747. La livraison doit être faite à l'époque indiquée dans le contrat ou, à défaut de stipulation sur ce point, dans le terme fixé par l'usage des lieux ou que les tribunaux jugeront nécessaire pour effectuer le transport.

Un retard, à moins qu'il ne provienne d'un cas fortuit ou d'une force majeure, engage la responsabilité du voiturier (7).

On décide que les compagnies de chemins de fer ne peu-

(1) Poitiers, 6 février 1894, *Gaz. Pal.*, 94. 1. 304.
(2) Poitiers, 6 février 1894, précité.
(3) Rennes, 25 janv. 1894, *Rec. Nantes*, 94. 1. 124.
(4) Cass. civ., 17 juil. 1883, S., 86. 1. 380. — Cass. (ch. réun.), 10 mai 1886, S., 86. 1. 380. — Cass., 26 janv. 1887, S., 87. 1. 276. — Cass. civ., 8 août 1888, S., 89. 1. 30. — Cass. civ., 25 fév. 1896, S., 96. 1. 462, D., 96. 1. 502.
(5) Cass. civ., 17 juil. 1883, précité. — Cass. (ch. réun.), 10 mai 1886, précité. — *Contra* Cass. civ., 8 août 1888, précité.
(6) Sénat russe, 20 déc. 1873, *Prat.*, 1873, p. 166, *Anal. journ. dr. int.*, III, 1876, p. 71.
(7) V. *supra*, n. 1672 s., 1715.

vent renoncer au bénéfice des délais et, par suite, ne sont pas forcées de livrer les marchandises arrivées à destination tant que le délai de transport n'est pas expiré [1], alors même qu'elles ont offert de les livrer ou ont adressé un avis de l'arrivée des marchandises [2].

1748. Le voiturier n'est pas tenu de prévenir les parties du retard causé par un cas fortuit dans l'arrivée des marchandises [3].

1749. Le délai dans lequel les marchandises arrivées à destination doivent être déchargées est fixé par la nature des objets ou l'usage des lieux.

S'il est convenu que le déchargement doit être opéré « avec toute la célérité possible », les parties dérogent à l'usage des lieux et entendent que le déchargement s'opèrera aussi rapidement que le permet le travail à effectuer [4]. Les tribunaux peuvent du moins décider en ce sens [5].

1750. Le retard mis par le destinataire à opérer le déchargement des objets l'oblige à indemniser le voiturier du dommage causé par ce retard.

Par exemple, si le bateau qui contenait les marchandises a dû rester plus longtemps au port de débarquement et a été détruit par un cas fortuit, le destinataire est responsable de la perte du bateau [6].

En outre, nous avons indiqué un certain nombre de mesures qui peuvent être prises ou sollicitées par le voiturier, conformément à l'art. 106 C. com. [7].

1751. Le voiturier peut-il stipuler que si le destinataire ne réclame pas les marchandises immédiatement ou dans un

[1] Cass., 5 avril 1876, S., 76. 1. 211. — Cass., 10 mai 1876, S., 76. 1. 381. — Cass., 20 oct. 1890, S., 91. 1. 226. — Dijon, 14 fév. 1894, S., 94. 2. 275, D., 94. 2. 253. — Féraud-Giraud, 1, n. 188; Carpentier et Maury, II, n. 3166 s., 3192, 3288; Sarrut, *Note*, D., 94. 2. 253.

[2] Dijon, 14 fév. 1894, précité. — *Contra* Cass., 22 juill. 1884, S., 85. 1. 450. — Féraud-Giraud, *loc. cit.;* Carpentier et Maury, II, n. 3312 s.; Sarrut, *Note*, D., 94. 1. 273.

[3] Cass. civ., 24 juill. 1895, S., 95. 1. 511.

[4] Douai, 24 nov. 1890, D., 92. 2. 164.

[5] Cass. civ., 28 mars 1893, D., 93. 1. 286.

[6] Cass. req., 16 déc. 1891, S., 92. 1. 590, D., 93. 1. 141.

[7] V. *supra*, n. 1739 s.

délai déterminé, elles pourront être déposées sur la voie publique?

On a prétendu qu'une pareille clause serait contraire à l'ordre public (1). Nous ne sommes pas de cet avis (2) : le voiturier peut convenir qu'il ne répondra pas de la faute de ses préposés, peut-être même de sa propre faute; à plus forte raison peut-il convenir qu'il pourra, dès l'époque fixée pour le retrait des marchandises, les placer sur la voie publique, car si une faute est commise, elle doit être imputée au destinataire qui a omis de retirer les marchandises. Du reste, en droit, il n'y a aucune différence entre cette convention et celle qui suit. Or la validité de cette dernière n'est pas discutée.

1751 *bis*. A plus forte raison peut-on convenir qu'à défaut de réclamation immédiate ou dans un délai déterminé, les marchandises pourront être déposées soit dans un magasin ou un entrepôt spécialement désignés (3), soit entre les mains d'une personne déterminée (4), soit même entre les mains d'une personne que le voiturier se réserve de désigner.

Il est généralement stipulé que cette remise a lieu aux risques du destinataire; mais une clause formelle n'est pas nécessaire pour produire ce résultat, qui est évidemment dans l'intention des parties (5).

Si la remise a lieu précipitamment, sans que le destinataire ait le temps matériellement nécessaire pour se présenter, le voiturier est responsable des conséquences de l'incorrection qu'il commet (6).

Toutefois, il peut être stipulé que le voiturier pourra décharger les marchandises sans attendre et sans avis (7).

(1) Levillain, *Note*, D., 93. 1. 97.

(2) Trib. civ. Havre, 11 janv. 1886, *Rec. du Havre*, 86. 1. 5. — Trib. civ. Havre, 5 nov. 1889, *Rec. du Havre*, 89. 1. 256.

(3) Levillain, *loc. cit.*

(4) Levillain, *loc. cit.*

(5) Cass. civ., 17 nov. 1886, S., 87. 1. 425, D., 88. 1. 113 (2 arrêts). — Trib. civ. Dunkerque, 25 mars 1890, *Rec. du Havre*, 90. 2. 129. — Trib. civ. Le Havre, 10 mai 1891, *Rec. du Havre*, 91. 1. 186. — Levillain, *Note*, D., 93. 1. 97.

(6) Cass. req., 10 juin 1890 (2 arrêts), D., 93. 1. 97. — Levillain, *loc. cit.*

(7) Trib. civ. Le Havre, 11 janv. 1886 et 5 nov. 1889, précités. — Levillain, *Note*, D., 93. 1. 97.

De même, si au lieu d'entreposer les marchandises au lieu indiqué, le capitaine d'un navire les remet à un tiers avec mission de les transmettre au destinataire, il est responsable des détériorations et pertes qui se produisent, à moins qu'il ne prouve que ces pertes se seraient produites également s'il avait agi conformément à la convention [1].

1752. En cas de stipulation qu'à défaut d'être réclamées par le destinataire, les marchandises seront remises à un tiers ou dans un entrepôt, les frais de cette remise sont à la charge du destinataire [2], car ils sont occasionnés par sa faute.

Cependant ils sont à la charge du voiturier si, sans attendre l'expiration du temps nécessaire au destinataire pour chercher les marchandises, il en opère le dépôt [3]; dans ce cas, en effet, la remise a lieu par la faute du voiturier.

V. *Avis de l'arrivée des marchandises.*

1753. Le voiturier n'est pas tenu de prévenir par une lettre d'avis le destinataire de l'arrivée des marchandises. Cela a été appliqué notamment aux compagnies de chemins de fer [4].

Le voiturier n'est donc pas responsable du dommage causé au destinataire par cette omission [5].

Il en est ainsi même si, dans l'usage, le voiturier donne avis au destinataire de l'arrivée des marchandises [6], à plus

(1) Trib. civ. Le Havre, 14 janv. 1886, *Rec. du Havre*, 86. 1. 7. — Trib. civ. Le Havre, 20 déc. 1886, *Rec. du Havre*, 87. 1. 5. — Trib. civ. Le Havre, 10 janv. 1888, *Rec. du Havre*, 88. 1. 32. — Trib. civ. Le Havre, 13 mars 1888, *Rec. du Havre*, 88. 1. 84. — Trib. civ. Marseille, 5 mars 1890, *Rec. de Marseille*, 90. 1. 145. — Trib. civ. Le Havre, 15 fév. 1892, *Rec. du Havre*, 92. 1. 75. — Levillain, *loc. cit.*

(2) Levillain, *loc. cit.*

(3) Levillain, *loc. cit.*

(4) Cass., 23 fév. 1881, S., 81. 1. 179. — Cass. civ., 8 juin 1886, D., 86. 5. 61. — Cass. civ., 14 déc. 1892, S., 93. 1. 149, D., 93. 1. 452. — Rennes, 7 mars 1890, *Rec. de Nantes*, 91. 1. 132. — Trib. com. Seine, 9 nov. 1889, *Journ. trib. com.*, 91. 36. — Trib. com. Seine, 5 déc. 1889, *Journ. trib. com.*, 91. 49. — Féraud-Giraud, *Code des transports par chemins de fer*, 2e édit., I, n. 191. — *Contra* Trib. paix Paris (IXe arrond.), 27 juin 1894, *Gaz. Pal.*, 94. 2. 308. — De même pour les colis postaux livrables en gare. — Riom, 10 fév. 1894, *Rec. de Riom*, 1894, p. 264.

(5) Cass., 23 fév. 1881, précité. — Cass. civ., 8 juin 1886, précité. — Cass. civ., 14 déc. 1892, précité. — Féraud-Giraud, *loc. cit.*

(6) Cass. civ., 14 déc. 1892, précité.

forte raison si cet avis est donné pour établir le droit du voiturier à une taxe de magasinage [1].

Si, par exemple, la marchandise est livrable en gare, il est d'usage que la compagnie de chemins de fer prévienne de son arrivée le destinataire, afin de faire courir les droits de magasinage, mais elle n'y est pas obligée [2].

SECTION VI

OBLIGATIONS DE L'EXPÉDITEUR ET DU DESTINATAIRE

§ I. *Paiement du prix.*

1754. L'expéditeur seul est tenu de payer le prix du transport; le destinataire, à moins d'avoir contracté un engagement en ce sens, n'y est pas obligé.

Il en est ainsi même si le destinataire a pris livraison des marchandises.

Cependant on admet que le destinataire de marchandises transportées par mer est tenu, solidairement avec l'affréteur, de payer le fret [3].

1755. En principe, le prix est librement fixé par les parties. A défaut de convention, le prix du transport est fixé par l'usage des lieux [4].

Toutefois, les tarifs des compagnies de chemins de fer, homologués par le gouvernement, ont une véritable autorité législative et les parties ne peuvent y déroger.

Les compagnies de chemins de fer n'ont donc pas le droit de se contenter, pour certaines expéditions, de prix réduits [5].

Elles ne peuvent pas davantage exiger ou accepter un prix supérieur au tarif.

1756. En général, le prix fixé pour le transport ne comprend pas les taxes de toute nature que le voiturier est forcé

[1] Cass. civ., 14 déc. 1892, précité.

[2] Trib. com. Seine, 20 juil. 1892, *Gaz. Pal.*, 92. 2. 258. — Trib. civ. Clermont, 5 mai 1893, *Droit*, 26 mai 1893.

[3] Aix, 31 mai 1875, D., 75. 5. 57. — Rennes, 18 avril 1893, D., 93. 2. 333. — Desjardins, *Tr. de dr. com. maritime*, III, n. 836.

[4] Trib. sup. com. allemand, 10 sept. 1871, *Entsch.*, III, p. 136.

[5] Cass. civ., 29 déc. 1890, S., 92. 1. 28.

de payer à raison des marchandises; il peut donc réclamer aux parties le remboursement de ces taxes.

Il en est ainsi des frais de pesage (1), des frais de passage sur un pont ou sur un fleuve (2).

1757. Si le voyage est interrompu ou entravé par la volonté du voyageur, du destinataire ou de l'expéditeur, le prix du transport est dû en entier (3).

Il en est autrement si c'est un cas fortuit qui empêche le voyageur de se mettre en route ou l'oblige à interrompre son voyage; car en présence d'un cas fortuit, il est de droit commun qu'aucune des parties n'est tenue d'accomplir ses engagements et que celle qui les a accomplis peut répéter la prestation fournie.

On décide cependant que le prix du transport de personnes est acquis au voiturier lors même qu'un cas fortuit empêche le voyageur d'user du billet d'aller et retour ou du billet circulaire, ou d'en user complètement dans le délai fixé, l'obligation d'en user dans un certain délai étant la compensation de la réduction de prix (4).

En vertu des mêmes principes, le voyageur, qui par sa faute a fait un trajet supérieur à celui auquel il avait droit, par exemple pour s'être endormi en route, doit un prix supplémentaire (5). Il en est autrement si un cas fortuit (par exemple l'investissement d'un pont par les ennemis qui empêche le train de s'arrêter à l'endroit fixé) l'a obligé à prolonger le trajet.

1758. En principe, le prix du transport des marchandises n'est pas dû si la chose transportée n'arrive pas, par suite d'un cas fortuit, à destination (6) (quant au cas où il y a faute du voiturier, nous savons que ce dernier doit une indemnité). Il est, en effet, de règle, comme nous venons de le dire, que

(1) Trib. com. Saint-Pétersbourg, 8 oct. 1873, *Journ. dr. int.*, III, 1876, p. 73.

(2) Trib. com. Saint-Pétersbourg, 8 oct. 1873, précité.

(3) Trib. comm. Saint-Pétersbourg, 7 janv. 1875, *Journ. dr. int.*, V, 1878, p. 302.

(4) C. just. civ. Genève. 11 nov. 1893, S., 95. 4. 23 (maladie du voyageur).

(5) Toulouse, 5 déc. 1893, D., 94. 2. 412 (mais pas de pénalité).

(6) Boistel, *Précis de dr. com.*, n. 1264; Danjon, *Rev. intern. dr. marit.*, 1886-1887, p. 631; D., 94. 1. 49.

le cas fortuit tombe à la charge de tous les contractants et qu'aucun d'eux ne peut être tenu d'exécuter ses engagements. On ne saurait objecter que, jusqu'au moment où le cas fortuit s'est produit, le voiturier avait commencé d'opérer le transport; car le voyage effectué jusqu'alors n'a, si les marchandises n'arrivent pas à destination, aucune utilité pour leur propriétaire; en opérant une partie du transport, le voiturier n'a pas rempli, même partiellement, son obligation; cette obligation n'était pas de transporter les marchandises, mais bien de les faire arriver à destination.

Telle était déjà la solution du droit romain (1).

Elle a été, pour les transports maritimes, traditionnellement admise (2), et se trouve aujourd'hui consacrée par l'art. 302 C. com.

Il suit encore de là que si le prix de transport a été payé en tout ou en partie, il doit être restitué (3) et c'est encore ce qui résulte de l'art. 302.

Pour les mêmes raisons, le prix du transport n'est dû qu'en partie si la perte est partielle (4).

1759. Mais il peut être stipulé que le prix sera dû même en cas de perte fortuite des marchandises. Cette solution a été notamment appliquée au transport maritime (5).

En vain dit-on que cette clause favorise la négligence du

(1) L. 15, § 6, D., *loc. cond.*

(2) Consulat de la mer, ch. C., 551. — Guidon de la mer, ch. VI, art. 2. — Ord. 1681, liv. III, tit. III, art. 18.

(3) Danjou, *loc. cit.*

(4) Cass. civ., 15 fév. 1893, S., 93. 1. 456 (pour le transport maritime). — *Contra* C. suprême Angleterre (chambre de l'échiquier), *Journ. dr. int.*, I, 1874, p. 203. — Ribot, *Journ. dr. int.*, I, 1874, p. 204.

(5) Cass. civ., 25 janv. 1892 (5 arrêts), S., 92. 1. 153, D., 94. 1. 49. — Cass. civ., 15 fév. 1893, S., 94. 1. 456. — Rouen, 13 déc. 1886, S., 87. 2. 73 et sous Cass., D., 87. 1. 149. — Rouen, 27 nov. 1889, *Rec. Marseille*, 90. 2. 189. — Orléans, 28 déc. 1892, S., 94. 2. 63, D., 94. 2. 29, *Ann. dr. com.*, VII, 1893, *Jurisp.*, p. 31. — Pardessus, 6e éd., III, n. 716; de Valroger, *Dr. marit.*, II, n. 888; Desjardins, *ibid.*, III, n. 847; Alauzet, *C. com.*, IV, n. 1429; Bravard et Demangeat, *Dr. com.*, IV, p. 468; Lyon-Caen, *Note*, S., 87. 2. 73, et *Rev. crit.*, XV, 1886, p. 347; XX, 1891, p. 408; XXII, 1893, p. 263; Danjon, *Rev. int. dr. marit.*, 1886-87, p. 632 s. et *Elém. de dr. marit.*, n. 270; Pic, *Note, Ann. dr. com.*, 1892. *Jurisp.*, p. 114 et 1893, *Doctr.*, p. 433; Laurin, *Précis de dr. marit.*, n. 211; Desjardins, *Concl.*, S., 92. 1. 155. — *Contra* Aix, 15 nov. 1886, S., 87. 2. 73 et sous Cass., D., 87. 1. 149. — Trib. com. Marseille, 26 oct. 1885, *Rev. int. dr. marit.*, 85-86. 382.

voiturier; cela importe peu, car la faute du voiturier l'obligera à des dommages-intérêts; du reste, l'argument n'est probant que dans le cas fort rare où, en dehors des marchandises au sujet desquelles intervient la clause en question, le voiturier n'a rien à transporter. Il n'est pas plus exact de dire que cette clause enlève à l'obligation de l'expéditeur sa cause : la cause subsiste; c'est, comme dans tout contrat synallagmatique, l'obligation du cocontractant, c'est-à-dire l'obligation de remettre la chose à destination. En disposant, comme nous allons le voir, que le fret perçu peut être déclaré non-restituable, l'art. 302 C. com. paraît disposer implicitement, pour les transports maritimes, que le fret non perçu peut être déclaré exigible; il y a contradiction à rejeter cette dernière solution quand on est forcé d'admettre la première. En vain objecte-t-on que dans le premier cas le transporteur a pu dépenser le fret perçu d'avance; ce n'est pas une raison pour le préférer à l'expéditeur et, du reste, l'objection tombe devant cette considération que les transporteurs maritimes sont toujours de puissantes compagnies.

Il faut ajouter que cette solution était considérée comme certaine dans l'ancien droit, au moins pour les transports maritimes [1].

1759 *bis*. Or il n'existe aucune raison de distinguer entre les transports maritimes et les transports terrestres.

On ne voit pas quel principe d'ordre public est blessé par cette solution; l'expéditeur y gagne de payer pour le transport un prix moins élevé et on peut dire que la diminution qu'il obtient est le prix d'une assurance qu'il consent au profit du voiturier. On peut également considérer cette clause comme mettant les risques à la charge de l'expéditeur, et ceci encore n'a rien de contraire à l'ordre public.

Il s'agit ici, nous le répétons, d'un contrat aléatoire; la cause de l'obligation de l'expéditeur est la diminution du prix que lui fait obtenir la clause spéciale à laquelle il a consenti. Du reste ne pourrait-on pas dire aussi que si le vendeur

[1] Ord. 1681, liv. III, tit. III, art. 18. — Pothier, *Tr. des cont. de louage marit.*, n. 15; Emérigon, *Tr. des assur.*, ch. VIII, sect. VIII, § 1, *i. f.* — V. cep. Valin, *Comment. sur l'ord. de la marine*, liv. III, tit. III, art. 18.

stipule la non-garantie de l'éviction, l'obligation que contracte l'acheteur de payer le prix est sans cause? on sait cependant que cette stipulation est validée par la loi.

L'obligation de l'expéditeur a, dit-on encore, une cause illicite. Nous répétons que si cette objection était fondée, elle vicierait également l'obligation de l'acheteur en cas de stipulation de non-garantie. Mais où voir une cause illicite? Il n'y aurait cause illicite que si l'ordre public s'opposait à ce que l'expéditeur dût le prix du transport d'une marchandise périe; or nous avons montré que les bénéfices procurés à l'expéditeur par cette convention la rendent très profitable pour lui et empêchent de le considérer comme étant soumis à l'influence excessive du voiturier. Le voiturier, continue-t-on, n'aura plus aucun intérêt à veiller sur la marchandise. C'est oublier que s'il omet d'y veiller il commet une faute et en est responsable; le cas fortuit est essentiellement indépendant de la volonté du voiturier et il n'y a dès lors aucun danger à stipuler que ce dernier n'en souffrira aucun préjudice.

1759 *ter.* A plus forte raison peut-on convenir que si le prix du transport a été payé d'avance en tout et en partie, la perte fortuite de la chose ne rend pas ce prix restituable. Cette solution est, pour les transports maritimes, textuellement consacrée par l'art. 302 C. com.

1760. Le voiturier peut retenir la marchandise transportée jusqu'au payement du prix du transport (1).

1761. La détaxe du prix du transport peut être demandée par un mandataire; la preuve de ce mandat résulte-t-elle de la détention du récépissé? Cette question rentre dans le titre du *mandat* (2).

§ II. *Responsabilité envers le voiturier.*

1762. L'expéditeur est responsable du dommage causé par

(1) Lyon-Caen, *Rev. crit.*, XIV, 1883, p. 407. — En matière de transport maritime, il en est autrement, le capitaine du navire peut seulement demander au tribunal l'autorisation de déposer la marchandise entre les mains d'un tiers (C. com., art. 306). — V. Cass., 5 mars 1884, S., 85. 1. 124.

(2) V. notre *Tr. du mandat.*

un objet dangereux au voiturier ([1]), c'est l'application de l'art. 1385 C. civ.

Il en est ainsi même si l'objet s'est enflammé de lui-même ([2]); c'est bien un cas fortuit, mais il est causé par la faute de l'expéditeur.

La responsabilité disparaît-elle si le voiturier a été prévenu du caractère dangereux de l'objet? L'affirmative est admise ([3]) : l'expéditeur prévenu devait prendre ses précautions pour que son matériel ne subît aucun dommage.

§ III. *Obligation de prendre livraison des marchandises et autres obligations.*

1763. Nous avons, à propos des obligations du voiturier, signalé l'obligation imposée aux parties de prendre livraison des marchandises et les conséquences de l'inexécution de cette obligation ([4]).

1764. Si le voyageur le désire, il peut cesser le voyage avant son arrivée à la destination fixée, pourvu qu'il ait acquitté le prix de la convention, c'est-à-dire le montant du transport jusqu'à la destination fixée ; le voiturier n'a aucun intérêt à le retenir jusqu'à cette destination, et on ne peut dès lors supposer qu'il se soit réservé le droit de le faire.

Par suite le voyageur qui a pris un billet de chemin de fer pour une destination déterminée et voyage dans un train où ne sont admis que les voyageurs (ou les voyageurs de la classe à laquelle donne droit le billet acquis) qui font un trajet d'une longueur déterminée peut cesser son voyage avant que cette distance soit franchie, pourvu que la destination plus éloignée pour laquelle il a pris son billet soit à cette même distance ([5]).

([1]) Cass. civ., 4 juil. 1894, S., 95. 1. 287, D., 94. 1. 448. — Trib. com. Seine, 7 juin 1893, *Gaz. Trib.*, 5 juil. 1893. — Guillouard, II, n. 752.

([2]) Cass., 8 mai 1883, D., 83. 1. 446. — Cass. civ., 20 mars 1893, D., 93. 1. 354. — Guillouard, II, n. 752.

([3]) Cass. civ., 20 mars 1893, D., 93. 1. 354. — Trib. com. Seine, 7 juin 1893, précité (motifs). — Trib. empire Allemagne, 14 déc. 1887, *Journ. dr. int.*, XVII, 1890, p. 497. — Guillouard, II, n. 752.

([4]) V. *supra*, n. 1739 s.

([5]) Cass. crim., 20 mai 1892, S., 93. 1. 332, D., 93. 1. 47 (billets circulaires). — Angers, 10 mai 1873, S., 74. 2. 4, D., 73. 2. 125. — Poitiers, 4 mars 1891, S., 91.

Comme cette solution repose sur une interprétation de volonté, les stipulations qui seraient formellement conçues en sens contraire devraient être observées [1].

1765. Le voiturier ne peut en principe (et sauf l'ordre de l'expéditeur) exiger du destinataire la restitution du récépissé fourni à l'expéditeur [2].

1766. Si le destinataire refuse la marchandise envoyée, le voiturier n'est pas tenu d'en aviser l'expéditeur; ce dernier ne peut donc réclamer des dommages-intérêts au voiturier sous le prétexte que le refus a été porté trop tard à sa connaissance [3].

SECTION VII

PRESCRIPTION DES ACTIONS

1767. Les art. 105 et 108 C. co., modifiés tous deux par la loi du 11 avril 1888, restreignent au profit tant du voiturier que de l'expéditeur la durée ordinaire de la prescription du C. co.

Aux termes du nouvel art. 105 C. co. : « *La réception des* » *objets transportés et le paiement du prix de la voiture éteignent toute action contre le voiturier pour avarie ou perte* » *partielle, si, dans les trois jours, non compris les jours fériés,* » *qui suivent celui de cette réception et de ce paiement, le*

2. 53 (billets circulaires). — Féraud-Giraud, III, n. 223. — *Contra* Poulle, *Loi*, 25 mars 1891.

(1) Trib. civ. Bagnères-de-Bigorre, 28 déc. 1878, S., 79. 2. 122, D., 79. 3. 88.

(2) Cass. req., 15 nov. 1893, D., 94. 1. 273 (impl.) — Sarrut, *Note*, D., 94. 1. 273. — *Contra* Féraud-Giraud, I, n. 217 s.; Lyon-Caen et Renault, *Traité*, II, n. 584; Picard, *op. cit.*, IV, n. 11 et 12, p. 685 s.

(3) Cass. civ., 13 avril 1892, S., 93. 1. 259, D., 92. 1. 575. (On a nié à tort la portée de cet arrêt en soutenant qu'il dispense simplement le voiturier de prévenir immédiatement l'expéditeur; dans l'espèce le tribunal avait considéré comme une faute du voiturier d'avoir prévenu l'expéditeur seulement à temps pour qu'il empêchât la détérioration des marchandises, et la Cour de cassation répond qu'aucune disposition réglementaire ne lui imposait un délai quelconque à l'effet de prévenir l'expéditeur). — Trib. com. Marseille, 11 oct. 1892, *Rec. de Marseille*, 93. 1. 11. — L'opinion générale est contraire. — Cass., 22 janv. 1873, S., 73. 1. 417. — Cass., 21 avril 1874, S., 76. 1. 268. — Rennes, 25 janv. 1894, *Rec. Nantes*, 94. 1. 124. — Duverdy, n. 26; Bédarride, *Des ch. de fer*, II, n. 419; Sarrut, n. 566; Féraud-Giraud, I, n. 236. — En tout cas les compagnies ne sont pas tenues de prévenir par télégramme; Féraud-Giraud, *loc. cit.*

» *destinataire n'a pas notifié au voiturier par acte extra-* » *judiciaire ou par lettre recommandée sa protestation moti-* » *vée. Toutes stipulations contraires sont nulles et de nul* » *effet. Cette dernière disposition n'est pas applicable aux* » *transports internationaux* ». D'après l'ancien art. 105 C. co., la réception du colis par le destinataire et le paiement du prix de la voiture éteignaient toute action contre le voiturier. Aujourd'hui il n'en est plus ainsi. Seulement la situation du destinataire est empirée par la réception du colis et le paiement du prix de la voiture, en ce sens que les avaries ou pertes partielles ne sont plus présumées imputables à faute au voiturier. Elles peuvent, en effet, être dues au fait du destinataire, en la possession duquel le colis est resté pendant un certain temps. Le destinataire a donc intérêt, même depuis la loi nouvelle, à s'assurer avant la prise de possession qu'il n'y a pas d'avaries ou de pertes partielles, et il en a le droit comme nous l'avons montré [1].

De son côté, l'art. 108 C. co. dispose :

« *Les actions pour avaries, pertes ou retard, auxquelles* » *peut donner lieu contre le voiturier le contrat de transport,* » *sont prescrites dans le délai d'un an, sans préjudice du cas* » *de fraude ou d'infidélité.*

» *Toutes les autres actions auxquelles ce contrat peut donner lieu, tant contre le voiturier ou le commissionnaire que* » *contre l'expéditeur ou le destinataire, aussi bien que celles* » *qui naissent des dispositions de l'art. 541 C. proc. civ., sont* » *prescrites dans le délai de cinq ans.*

» *Le délai de ces prescriptions est compté, dans le cas de* » *perte totale, du jour où la remise de la marchandise aurait* » *dû être effectuée, et dans tous les autres cas, du jour où la* » *marchandise aura été remise ou offerte au destinataire.*

» *Le délai pour intenter chaque action récursoire est d'un* » *mois. Cette prescription ne court que du jour de l'exercice* » *de l'action contre le garant.*

» *Dans le cas de transports faits pour le compte de l'Etat,* » *la prescription ne commence à courir que du jour de la no-*

[1] V. *supra*, n. 1737 *ter*.

» *tification de la décision ministérielle emportant liquidation* » *ou ordonnancement définitif* ».

§ I. *Prescription de l'art. 105 C. com.*

1768. Le but de la modification subie par l'art. 105 C. co. a été de mettre la loi en harmonie avec les usages, les transports étant aujourd'hui trop nombreux et les livraisons trop rapides pour qu'un examen contradictoire des marchandises puisse être fait.

Les conditions suivantes sont, aux termes du texte même ou en raison de son esprit, nécessaires à son application.

1° Qu'il s'agisse d'une action pour avarie ou perte partielle ;

2° Qu'il s'agisse d'une action formée après réception des marchandises ;

3° Qu'il s'agisse d'une action formée contre un voiturier ;

4° Qu'il s'agisse d'objets transportés ;

5° Que le voiturier soit commerçant ;

6° Qu'il n'y ait pas eu de protestations faites dans une forme déterminée.

Il faut enfin ajouter que l'art. 105 annule toute convention contraire.

1769. 1° Il faut que la perte soit partielle ou qu'il y ait une simple avarie.

L'art. 105 s'applique au cas où, une expédition comprenant plusieurs colis, certains d'entre eux sont perdus [1]. Il y a bien là une perte partielle et non une perte totale. Car une expédition unique forme une unité ; du reste le silence inexplicable du destinataire qui a reçu sans se plaindre une partie des marchandises qu'il attendait, sert de fondement à l'art. 105 C. com. et ce motif s'applique certainement à notre hypothèse.

L'art. 105 s'applique également au cas où un colis a été substitué à un autre [2]. En vain dit-on que la marchandise

(1) Cass. req., 25 mai 1891 (impl.), S., 91. 1. 345. — Cass. civ., 8 nov. 1893, S., 94. 1. 188. — Lyon-Caen, *Note*, S., 91. 1. 345.

(2) Cass. civ., 1er juil. 1896, S., 97. 1. 96. — Trib. com. Le Havre, 29 nov. 1893, *Rec. du Havre*, 94. 1. 24. — Lyon-Caen, *Note*, S., 91. 1. 346. — *Contra* Lyon, 10 mars 1883, S., 84. 2. 112. — Bédarride, *Des commissionnaires*, n. 372.

n'a pas été remise, elle l'a été quoique le destinataire n'ait pas reçu celle qu'il attendait, et, d'ailleurs, le motif dont s'est inspiré l'art. 105 commande d'étendre sa solution à cette hypothèse.

Même si les avaries sont apparentes, le destinataire jouit du délai de trois jours (1).

La déchéance de l'art. 105 s'applique à l'action en détaxe fondée sur ce qu'une compagnie de chemin de fer n'aurait pas appliqué le tarif légal mais un autre tarif (2). Sous l'empire de l'ancien art. 105, on décidait que l'action basée sur une erreur de calcul ou de tarif ne tombait pas sous l'art. 105 (3), mais qu'il en était autrement de l'action basée sur un tarif appliqué inexactement par suite d'un changement d'itinéraire (4).

1770. Mais l'art. 105 C. com. ne s'applique pas en cas de retard dans le transport; aucune fin de non-recevoir ne peut être opposée au destinataire qui a pris livraison des marchandises (5).

(1) Péronne, *Les nouveaux art. 105 et 108 C. com., Ann. dr. com.*, II, 1888, p. 128.

(2) *Contra* Trib. com. Bordeaux, 3 mars 1890, *Rec. Bordeaux*, 90. 2. 53. — Trib. com. Seine, 30 avril 1890, *Journ. trib. com.*, 91. 1. 93. — Péronne, *op. cit.*, p. 132; César Bru, *Ann. dr. com.*, VI, 1892, *Jurispr.*, p. 141; Pic, *Ann. dr. com.*, VII, 1893, *Doctr.*, p. 423. — Cpr. Trib. com. Seine, 18 avril 1892, *Ann. dr. com.*, VI, 1892, *Jurispr.*, p. 141 (l'art. 105 est applicable s'il y a faute du voiturier, mais non s'il y a emploi d'un tarif à la place d'un autre).

(3) Cass., 2 août 1887, S., 88. 1. 85. — Cass. civ., 22 oct. 1888, S., 89. 1. 229, D., 89. 1. 136. — Cass. civ., 26 déc. 1888, S., 89. 1. 229, D., 89. 1. 110. — Cass. civ., 16 fév. 1891, S., 91. 1. 267, D., 91. 1. 133.

(4) Cass., ch. réun., 10 mai 1886, S., 86. 1. 478, D., 87. 1. 29.

(5) Cass. req., 27 fév. 1894, S., 94. 1. 509, D., 94. 1. 180. — Trib. com. Seine, 29 mars 1894, *Gaz. Pal.*, 94. 1. 591. — Lyon-Caen et Renault, III, n. 664 et 667; Duparcq, *Comment. de la loi du 11 avril 1888, Lois nouvelles*, 1888, p. 294, n. 43 s.; Poulle, *Comment. théor. et prat. de la l. du 11 avril 1888*, n. 136, 138 et 142; Péronne, *Les nouveaux art. 105 et 108 C. com., Ann. de dr. comm.*, II, 1888, p. 132; Carpentier et Maury, n. 4074. — On décidait le contraire avant la loi de 1888. — Cass., 3 fév. 1875 (motifs), S., 75. 1. 127. — Cass., 1er fév. 1882, S., 82. 1. 477, D., 82. 1. 215. — Cass., 10 juill. 1883, S., 83. 1. 475, D., 84. 5. 86. — Aujourd'hui il n'y a pas de doute, *Exposé des motifs, Journ. Off.*, déc. 1881, Chamb., doc. parlem, *Annexes*, n. 147, p. 1869, 1re col. *in fine* et 2e col. — Rapport Bisseuil, *Journ. Off.*, juill. 1884, Chamb., doc. parlem., *Annexes*, n. 2741, p. 635, 639. — Et peu importe la nature du préjudice causé par le retard. — Cass. req., 27 fév. 1894, précité.

L'art. 105 ne s'applique pas davantage à l'action en répétion de l'indû dirigée contre le voiturier à raison de droits indûment perçus [1].

Il ne s'applique pas si la livraison n'a pas été effectuée, quoique les écritures qui généralement accompagnent cette livraison aient été faites et notamment que le destinataire ait signé une déclaration par laquelle il reconnaissait avoir reçu les colis [2].

Réciproquement, l'art. 105 s'applique si la livraison était effective et quoique ces formalités n'aient pas été accomplies [3].

1770 *bis.* Ce ne sont pas seulement les actions directement intentées contre le voiturier qui sont visées par l'art. 105, ce sont tous les moyens de droit qu'emploient le destinataire ou l'expéditeur pour agir contre lui; un recours en garantie dans le cours d'une instance [4], ou une exception tombent donc sous l'application de cette disposition.

1771. 2° La prescription de l'art. 105 peut être opposée non seulement au destinataire véritable, mais encore à toute personne chargée de recevoir les marchandises pour le compte du destinataire [5].

Elle peut être opposée notamment à un voiturier ou camionneur chargé de recevoir les colis et de les livrer au destinataire [6]. Ce voiturier ne peut objecter que l'art. 108 C. com. accorde un délai d'un an pour les actions récursoires entre voituriers.

1772. Elle peut être opposée à l'expéditeur qui réclame les marchandises [7].

1773. La fin de non-recevoir de l'art. 105 C. com. ne peut

(1) Trib. com. Seine, 30 avril 1890, *Journ. trib. com.*, 91. 187.

(2) Cass., 13 janv. 1875, S., 76. 1. 34. — Cass., 6 nov. 1878, S., 79. 1. 227. — Toulouse, 15 nov. 1893, D., 94. 2. 413. — Carpentier et Maury, II, n. 4094.

(3) Cass. civ., 8 nov. 1893, S., 94. 1. 188.

(4) Cass. civ., 16 avril 1896, S., 96. 1. 412.

(5) Cass., 13 juin 1877, S., 78. 1. 178. — Paris, 24 oct. 1892, S., 93. 2. 37, D., 94. 2. 372. — Féraud-Giraud, II, n. 914; Poulle, n. 32.

(6) Mêmes autorités.

(7) Cpr. Trib. Hambourg, 4 juill. 1885, *Journ. dr. int.*, XIV, 1887, p. 491.

être opposée à l'expéditeur ou au destinataire en cas de fraude du voiturier ou de ses agents [1].

Il en est autrement si le voiturier ou ses agents ont seulement commis une faute [2].

1774. 3° L'art. 105 ne peut être opposé entre voituriers qui recourent l'un contre l'autre [3].

1775. L'art. 105 peut être invoqué par tout voiturier, notamment par l'entrepreneur de déménagements, sauf dans le cas où il n'est pas un voiturier [4].

Toutefois l'art. 105 C. com., étant placé dans un titre où il n'est question que du commerce terrestre, n'est pas applicable en cas de transports maritimes; les art. 435 s. C. com. règlent les prescriptions en matière de transports maritimes.

Lorsque les marchandises ont été transportées successivement par terre et par mer, on doit appliquer les fins de non-recevoir édictées pour la partie du voyage pendant laquelle l'avarie s'est produite [5]. Dans une autre opinion, c'est la nature du transport effectué en dernier lieu (c'est-à-dire au moment où les avaries sont constatées) qui détermine la fin de non-recevoir applicable [6].

1776. 4° L'art. 105 s'applique non seulement aux expéditions en port dû, mais encore aux expéditions en port payé [7].

[1] Cass., 11 mars 1874, S., 74. 1. 278. — Cass. civ., 8 nov. 1893, S., 94. 1. 188, D., 94. 1. 167 (impl.). — Besançon, 7 nov. 1894 (motifs), S., 95. 2. 8. — Bédarride, *Des chemins de fer*, II, n. 605; Sarrut, n. 864; Duverdy, n. 96 s.; Féraud-Giraud, II, n. 928; Ruben de Couder, v° *Chemins de fer*, n. 375; Carpentier et Maury, II, n. 4087.

[2] Cass. civ., 8 nov. 1893, précité.

[3] Aix, 19 déc. 1892 sous Cass., 30 janv. 1895, D., 96. 1. 61.

[4] Trib. paix Paris (XVII° arrond.), 22 juin 1892, *Gaz. Pal.*, 92. 2. *Suppl.*, 24. — V. *supra*, n. 1638.

[5] Aix, 19 nov. 1892, D., 95. 2. 202, *Ann. dr. comm.*, 94. 1. 57, — Denisse, *Note*, *Ann. dr. com.*, 94. 1. 59; Lyon-Caen, *Rev. crit.*, XXIII, 1894, p. 497 et *Note*, S., 97. 1. 209.

[6] Cass. civ., 24 janv. 1870, S., 70. 1. 148. — Cass. (ch. réunies), 22 juil. 1873, S., 73. 1. 401, D., 74. 1. 207. — Cass. civ., 2 déc. 1896, S., 97. 1. 209. — Trib. com. Marseille, *Journ. de Marseille*, 75. 1. 292.

[7] Cass., 25 mai 1891 (impl.), S., 91. 1. 345. — Paris, 24 oct. 1892, S., 93. 2. 37, D., 94. 2. 372. — Bourges, 13 nov. 1893, S., 94. 2. 228, D., 94. 2. 372 (au moins si l'expéditeur est en même temps le destinataire, parce qu'alors la présomption de renonciation a plus de force que dans le cas contraire). — Féraud-Giraud, II, n. 927; Lyon-Caen, *Note*, S., 91. 1. 345 et *Droit*, 9 déc. 1888; Poulle, n. 87 s.; Lyon-Caen et Renault, *Traité*, III, n. 652; Carpentier et Maury, n. 4120 s.

La jurisprudence interprétait différemment l'ancien art. 105 [1], mais le texte aujourd'hui ne distingue pas.

Comme l'ancien art. 105 C. com. était restreint à l'hypothèse où le transport des marchandises avait lieu en port dû, il était inapplicable aux bagages transportés en même temps que le voyageur [2].

Aujourd'hui, au contraire, l'art. 105, étant étendu aux marchandises transportées en port payé, est également applicable aux bagages [3].

1777. L'art. 105 s'applique alors même que le prix du transport n'a pas été payé [4].

1778. 5° L'art. 105 peut être invoqué même par un voiturier non commerçant [5]. La place de l'art. 105 semblerait montrer le contraire. Mais la loi ne fait et on ne comprendrait aucune distinction. D'ailleurs c'est la solution généralement admise à propos de l'art. 108 [6].

En tout cas, il est applicable même si l'expéditeur n'est pas commerçant [7], car ses termes sont généraux; et l'expression de *marchandises,* qu'on pouvait invoquer en sens contraire à propos de l'ancien art. 108, ne peut être invoquée ici, puisque dans l'art. 105 il est parlé d'*objets transportés.* Les motifs auxquels a obéi le législateur interdisent également toute distinction, car on a voulu faciliter les entreprises de transport en évitant les réclamations tardives.

1779. 6° L'art. 105 C. com. exige que les protestations soient faites dans la forme qu'il détermine; cette forme est de rigueur [8]; elles sont donc nulles si elles sont verbales ou

[1] Cass., 12 nov. 1867, S., 67. 1. 420. — Cass., 4 déc. 1871, S., 72. 1. 67. — Cass., 13 janv. 1876, S., 76. 1. 34. — Boistel, *Précis de dr. com.*, n. 573; Lyon-Caen et Renault, *loc. cit.*

[2] Cass., 12 mars 1873, S., 73. 1. 111. — Lyon-Caen, *Note*, S., 91. 1. 345.

[3] Cass. req., 25 mai 1891, S., 91. 1. 345 (pour un motif différent). — Lyon-Caen, *Note*, S., 91. 1. 345.

[4] Amiens, 30 juin 1894, *Rec. d'Amiens*, 95, 124.

[5] *Contra* Guillouard, II, n. 764.

[6] V. *infra*, n. 1785.

[7] Rennes, 25 mars 1852, S., 52. 2. 174. — Trib. com. Poitiers, 16 oct. 1893, *Lois nouvelles*, 94. 2. 55. — Duvergier, II, n. 332; Aubry et Rau, IV, p. 524, § 373, note 23; Guillouard, II, n. 764. — *Contra* Troplong, II, n. 928.

[8] Bourges, 13 nov. 1893, S., 94. 2. 228, D., 94. 2. 372 (n'y supplée pas le fait

faites par lettre ou télégramme [1], alors même que le voiturier reconnaît les réclamations [2].

Le texte est, en effet, catégorique ; on ne s'expliquerait pas qu'il eût indiqué certaines formes, si des formes quelconques étaient suffisantes. D'ailleurs le caractère limitatif de l'art. 105 se justifie par l'idée que les formes énumérées par cet article offrent un caractère de certitude tout particulier. On trouve choquant que l'aveu du voiturier ne tienne pas lieu d'une protestation en forme; cela n'a pourtant rien que de légitime; avouer avoir reçu une protestation, ce n'est pas reconnaître qu'on tient cette protestation pour régulière.

La prescription n'est pas davantage interrompue au profit du destinataire par les démarches que fait le voiturier auprès de la personne à laquelle l'objet transporté a été remis par erreur [3].

A plus forte raison, la connaissance de l'avarie par le voiturier ne tient-elle pas lieu de protestation [4].

Toutefois il suffit d'une protestation formelle lors de la réception de la marchandise [5], par exemple sur le reçu [6], ou sur un registre tenu à la gare [7].

1780. Il ne suffit pas que la lettre recommandée soit en-

que les avaries sont apparentes, ni que le voiturier les connaissait lors de la livraison). — Trib. com. Lille, 29 janv. 1892, *Loi*, 5 mars 1892 (n'y supplée pas la remise des factures du poids manquant dans les trois jours).

(1) Cass. civ., 23 déc. 1891, S., 92. 1. 90. — Cass. civ., 8 nov. 1893, S., 94. 1. 36, D., 94. 1. 167. — Cass. civ., 16 avril 1896, S., 96. 1. 363, D., 96. 1. 404. — Cass. civ., 23 mars 1897, S., 97. 1. 283. — Besançon, 7 nov. 1894, S., 95. 2. 8. — Trib. civ. Trévoux, 4 janv. 1894, *Mon. jud. Lyon*, 6 fév. 1894. — Trib. paix Paris, 22 juin 1892, *Gaz. Pal.*, 92. 2, *Suppl.* 24. — Pic, *Ann. dr. comm.*, VI, 1892, *Doctr.*, p. 229. — *Contra* Huvelin, *Ann. dr. comm.*, 94. 1. 53.

(2) Cass. civ., 8 nov. 1893, S., 94. 1. 188. — *Contra* Trib. com. Seine, 5 sept. 1891, *Gaz. Trib.*, 25 sept. 1891. — Trib. com. Seine, 8 août 1895, *Droit*, 12 sept. 1895, *Loi*, 12 sept. 1895. — Trib. com. Rouen, 11 mars 1891, *Gaz. Pal.*, 91. 1. *Suppl.* 42. — Huvelin, *Ann. dr. com.*, 94. 1. 53.

(3) Cass. civ., 16 nov. 1892, D., 93. 1. 294.

(4) Cass. civ., 25 fév. 1896, S., 96. 1. 363, D., 96. 1. 404. — Bourges, 13 nov. 1893, précité.

(5) Cass. req., 16 juill. 1891, S., 91. 1. 478. — Pic, *Ann. dr. com.*, VI, 1892, *Doctr.*, p. 229.

(6) Cass., 16 juill. 1891, précité.

(7) Trib. com. Seine, 17 sept. 1893, *Gaz. Pal.*, 93. 2. 420. — Trib. civ. Tarascon, 29 janv. 1894, sous Cass., 29 janvier 1896, D., 96. 1. 216.

voyée dans les trois jours, il faut qu'elle soit parvenue dans ce délai [1]; jusqu'à ce moment, il n'y a pas notification de la protestation. D'ailleurs l'assimilation de la lettre à l'exploit exige cette condition.

Le délai de trois jours n'est pas un délai franc, il est équivalent au délai franc de deux jours dont parlait le texte voté par la Chambre. Ainsi la protestation doit être faite dans la journée du 4, si les colis ont été reçus le 1er [2].

Le délai court de la *réception et du payement*, c'est-à-dire du dernier de ces deux faits [3]; en matière de transport maritime le délai court en toute hypothèse de la réception des marchandises (C. com. 436). La solution de l'art. 105 est plus juste : le destinataire qui ne paye pas son prix doit être considéré comme ayant réservé ses droits [4].

C'est au demandeur qu'il appartient de prouver que sa protestation a été régulière [5]. Si elle a été faite par acte extrajudiciaire, la production de l'original de l'exploit suffira [6].

Si elle a été faite par lettre chargée, le reçu de la poste ne suffit pas [7], car il prouve simplement qu'une lettre a été envoyée. Mais il sera facile au demandeur d'exiger du défendeur la production de la lettre [8].

1781. Le destinataire qui, après avoir reçu la marchandise, intente contre le voiturier une action dans les trois jours, est obligé de démontrer que l'avarie est antérieure à la réception du colis [9]. Cette solution, conforme à la théorie générale des preuves (C. civ., art. 1315), a été donnée dans les travaux préparatoires du nouvel art. 105 C. com. [10].

(1) Péronne, *op. cit.*, p. 126.
(2) Péronne, *op. cit.*, p. 127.
(3) Péronne, *op. cit.*, p. 127.
(4) Cpr. Péronne, *loc. cit.*
(5) Péronne, *op. cit.*, p. 126.
(6) Péronne, *loc. cit.*
(7) Péronne, *loc. cit.*
(8) Péronne, *loc. cit.*
(9) Aix, 4 fév. 1889, S., 89. 2. 169, D., 90. 2. 65. — Trib. com. Nantes, 19 mai 1894, *Rec. Nantes*, 94. 1. 289. — Bonfils, *Rev. crit.*, XIX, 1890, p. 687 ; Péronne, *op. cit.*, p. 128 ; Féraud-Giraud, II, n. 927.
(10) Exposé des motifs, Chambre, *Journ. Off.*, mai 1886, p. 380. — Un amendement Paris, qui disposait en ce sens, a été écarté par le Sénat comme inutile. Séance du 16 fév. 1888, *Journ. Off.* du 17, p. 138.

Cette preuve est, en général, très difficile à faire (¹). Pour la rendre plus facile, le destinataire peut obliger le transporteur à une vérification immédiate (²). Ce droit, en effet, lui appartenait, d'après une jurisprudence constante, avant la loi de 1888 (³); la solution contraire serait fort injuste pour le voyageur.

1782. 7° Le nouvel art. 105 porte : « *Toutes stipulations » contraires sont nulles et de nul effet* ».

Ainsi il est défendu :

aux particuliers de renoncer au délai de trois jours (⁴);

au transporteur de renoncer à la fin de non-recevoir qui lui est accordée au bout de trois jours (⁵).

§ II. *Prescription de l'art. 108 C. com.*

1783. L'art. 108, dont nous avons donné le texte plus haut (⁶), s'applique en particulier dans l'hypothèse où l'objet transporté a été remis, par erreur, à une personne autre que le destinataire (⁷), ou dans celle où, sans qu'aucun avis ait été adressé à l'expéditeur, ce dernier agit contre le voiturier pour avaries aux marchandises, plus d'un an après que ces marchandises ont été mises à la disposition du destinataire, alors même que ce dernier ne les a pas acceptées (⁸).

1784. Comme l'art. 105, l'art. 108 ne s'applique qu'entre le voiturier et l'expéditeur ou le destinataire; il ne peut être invoqué que par un voiturier (⁹).

(¹) Péronne, *op. cit.*, p. 129.

(²) Aix, 4 fév. 1889, S., 89. 2. 169, D., 90. 2. 65. — V. *supra*, n. 1737 *ter*.

(³) Cass., 20 nov. 1860, S., 61. 1. 451. — Cass., 14 août 1861, S., 62. 1. 45. — Bourges, 1ᵉʳ avril 1854, S., 54. 2. 592. — Lyon, 30 juin 1864, S., 65. 2. 72. — Paris, 18 juin 1869, S., 69. 2. 318.

(⁴) Péronne, *op. cit.*, p. 131. — Décidé cependant avec raison qu'il peut vérifier de suite et cela même sans payer préalablement le prix du transport. — Aix, 4 fév. 1889, S., 89. 2. 169, D., 90. 2. 65. — Duparcq, *Comment. de la loi sur les transports*, p. 32; Sarrut, *Note*, D., 90. 2. 65; Thaller, *Ann. dr. comm.*, IV, 1890, *Doct.*, p. 204. — V. *supra*, n. 1737 *ter*.

(⁵) Péronne, *loc. cit.*

(⁶) V. *supra*, n. 1767.

(⁷) Cass. civ., 16 nov. 1892, S., 93. 1. 204, D., 93. 1. 294.

(⁸) Cass. civ., 4 mars 1890, D., 90. 1. 371. — Thaller, *Ann. dr. com.*, V, 1891, *Doct.*, p. 196.

(⁹) V. *supra*, n. 1774.

Ainsi il ne s'applique pas à l'action en répétition d'une somme payée au destinataire par le voiturier, au nom de l'expéditeur [1].

1785. L'art. 108 s'applique même si le voiturier n'est pas commerçant. Cela était admis avant la modification que ce texte a subie en 1888 [2], et le doute qui, à cet égard, pouvait naître de l'emploi du mot « marchandise » ne saurait plus s'élever aujourd'hui que ce mot a disparu de l'art. 108.

A plus forte raison est-il applicable quoique l'expéditeur et le destinataire ne soient pas commerçants [3].

1786. La prescription de l'art. 108 C. com. n'est pas applicable aux transports par mer, que régissent des principes spéciaux [4].

Les art. 435 s. règlent les fins de non-recevoir en matière de transports maritimes [5].

1787. Il a été décidé que la prescription de l'art. 108 s'applique non seulement si la responsabilité du voiturier est invoquée par voie d'action, mais encore si elle est invoquée par voie d'exception à la demande en paiement du prix du transport [6]. La question dépend exclusivement du point de savoir si la maxime *Quæ temporalia sunt ad agendum,*

(1) Trib. com. Seine, 12 avril 1893, *Gaz. Trib.*, 17 mai 1893.

(2) Cass. civ., 27 mai 1889, S., 90. 1. 77, D., 90. 1. 184. — Rennes, 25 juil. 1820, S. chr. — Rennes, 25 mars 1852, S., 52. 2. 174. — Pardessus, *Dr. com.*, II, n. 554; Alauzet, *Comment. du C. com.*, III, n. 1214; Demangeat sur Bravard, *Tr. de dr. com.*, II, p. 384, note; Boistel, *Précis de dr. com.*, n. 575; Rivière, *Répét. sur le C. com.*, p. 304; Bédarride, *Des commissionnaires*, n. 456 et 457; Persil et Croissant, *ibid.*, p. 267; Palaa, *Dict. des ch. de f.*, v° *Prescr.*; Ruben de Couder, *Dict. de dr. com.*, v° *Commiss. de transport*, n. 326; Pouget, *Du transport*, II, n. 294; Duverdy, n. 111; Emion, *Manuel de l'exploit. des ch. de f.*, n. 282; Sarrut, n. 869; Féraud-Giraud, II, n. 940; Aubry et Rau, IV, p. 524, § 374, note 23. — *Contra* Cass., 4 juil. 1816, S. chr. — Guillouard, II, n. 764.

(3) Cass. civ., 27 mai 1889, S., 90. 1. 77, D., 90. 1. 184. — V. à propos de l'art. 105, *supra*, n. 1778.

(4) Cass. civ., 23 août 1869, S., 69. 1. 399, D., 69. 1. 464. — Cass., 13 mai 1889, S., 90. 1. 21. — Cass. civ., 25 mai 1891, S., 93. 1. 411. — Rennes, 7 janv. 1873 (impl.), S., 73. 2. 273. — Rennes, 18 avril 1893, D., 93. 2. 333.

(5) V. *supra*, n. 1775.

(6) Besançon, 24 nov. 1886, S., 87. 2. 225 — *Contra* Bédarride, *Des chemins de fer*, II, n. 707 s.; Sarrut, n. 896 s.; Boistel, *Précis de dr. com.*, I, n. 577; Laurin, *Cours de dr. com.*, p. 241; Lyon-Caen et Renault, *Précis de dr. com.*, I, n. 933; Lyon-Caen, *Note*, S., 87. 2. 225.

perpetualia sunt ad excipiendum est encore en vigueur.

En tous cas, l'art. 108 est applicable à l'excédant des dommages-intérêts réclamés au voiturier sur le prix du transport [1].

1788. La prescription de l'art. 108 n'est interrompue que par le mode ordinaire d'interruption des prescriptions; des pourparlers ne suffiraient pas [2].

Il en est de même de la demande en nomination d'experts faite conformément à l'art. 106 C. civ. [3].

Une convention passée entre le voiturier et les parties peut abréger la prescription de l'art. 108 [4]. Tel est, en effet, le droit commun, l'art. 2220 n'interdisant que la renonciation à la prescription, c'est-à-dire les actes préjudiciables non pas au créancier, mais au débiteur.

SECTION VIII

RESPONSABILITÉ DES TIERS A L'OCCASION DU CONTRAT DE TRANSPORT

1789. Si l'accident est causé par un tiers et que le voiturier en soit responsable, la victime a un recours *in solidum* contre le voiturier et l'auteur de l'accident [5].

1790. Le voiturier, en outre, qui a payé le montant d'un objet volé, détruit ou détérioré, a le droit d'agir, à l'exclusion du propriétaire, contre l'auteur de ce méfait, en paiement d'une indemnité ou en restitution de l'objet. En effet, le propriétaire, indemnisé une première fois, ne peut exiger

(1) L'arrêt précité de Besançon dit avec raison qu'il n'y a pas là une véritable exception, mais une action.

(2) Cass., 29 déc. 1874, S., 75. 1. 448. — Cass., 11 juin 1877, S., 78. 1. 180. — Cass., 16 nov. 1892, S., 93. 1. 204. — Cass. civ., 19 juin 1895 (2 arrêts), S., 96. 1. 44, D., 96. 1. 171. — Carpentier et Maury, II, n. 4150, 4157 s. — Au contraire, une lettre missive peut interrompre la prescription. Cass. req., 25 juin 1896, D., 97. 1. 79.

(3) Besançon, 24 nov. 1886, S., 87. 2. 225. — Lyon-Caen, *Note*, S., 87. 2. 225.

(4) Cass. civ., 4 déc. 1895, S., 96. 1. 113. — Lyon-Caen, *Note*, S., 96. 1. 113. — *Contra* Desjardins, *Tr. de dr. comm. marit.*, V, n. 1702; Lyon-Caen et Renault, III, n. 686. — Le contraire a été affirmé dans les travaux préparatoires (v. Lyon-Caen, *loc. cit.*), mais les principes sont certains.

(5) Trib. com. Seine, 21 juin 1893, *Droit*, 19 juil. 1893 (ce jugement dit même qu'il y a recours *solidaire*).

une seconde indemnité : le contrat de transport ne peut être pour lui la source d'un profit, et, d'un autre côté, l'action en indemnité suppose l'existence d'un préjudice qui n'existe pas. Enfin c'est le voiturier qui subit un préjudice et qui, par suite, se trouve dans les conditions où l'art. 1382 ouvre un droit à l'indemnité.

L'art. 6 de la loi du 4 juin 1859 dispose en ce sens que « l'administration des postes, lorsqu'elle a remboursé le montant des valeurs déclarées non parvenues à destination, est subrogée à tous les droits du propriétaire ».

1791. Mais il peut arriver que le propriétaire ne soit pas complètement indemnisé par le voiturier. C'est ce qui se produira si le voiturier avait limité sa responsabilité à une somme inférieure à la valeur de l'objet volé, ou si l'expéditeur avait déclaré une valeur inférieure à la valeur réelle. Il va sans dire qu'alors, conformément à l'art. 1382, le propriétaire agira valablement, pour le montant de la valeur dont il n'aura pas été indemnisé, contre le voleur [1].

1792. Il pourra en résulter un conflit entre le propriétaire et le voiturier, si le voleur n'est pas en situation de rembourser intégralement ce qui est dû à l'un et à l'autre. Par exemple (cette espèce est empruntée à la jurisprudence) [2], une lettre chargée contenant 10,000 fr. et déclarée pour 100 fr. est volée. On trouve le voleur qui n'est plus en possession que de 3,000 fr. Le propriétaire, indemnisé de 100 fr. par l'administration des postes, recourra pour le surplus contre le voleur ; viendra-t-il, avec l'administration des postes, en concours pour ce qui leur est dû à chacun, 9900 fr. au propriétaire, 100 fr. à l'administration ? Le premier est-il préféré à la seconde, ou la seconde au premier ?

On pourrait être tenté d'invoquer l'art. 1252, d'après lequel le subrogeant passe avant le subrogé ; cet article doit être écarté [3]. D'abord si la loi de 1859 fonde sur une subrogation l'action de l'administration des postes contre le voleur,

(1) *Sic* pour le deuxième cas, Cass. civ., 31 janv. 1893, S., 93. 1. 305, D., 93. 1. 249 (impl.).

(2) Cass., 31 janv. 1893, précité.

(3) Paris, 22 juin 1888, sous Cass., 31 janv. 1893, précité.

cette action se justifie, comme nous l'avons vu, indépendamment de cette idée, et le droit commun fournit à cette administration une action directe, qui la soustrait à l'application de l'art. 1252 ; du reste, ce droit commun seul sert de base à l'action d'un transporteur autre que l'administration des postes, et qui ne peut invoquer un texte spécial. Ensuite, l'art. 1252 concerne uniquement, par ses termes formels, la subrogation aux droits d'un créancier hypothécaire ou privilégié.

On a proposé, en sens inverse, de donner la préférence au transporteur (¹) ; jusqu'à concurrence, a-t-on dit, de la somme payée par le voiturier au propriétaire, ce dernier a été indemnisé pour partie, il lui reste une créance qu'on ne peut l'empêcher d'exercer dans les conditions ordinaires et, d'autre part, si le propriétaire a cédé une partie de ses droits au cessionnaire, aucun texte ne permet au cessionnaire de passer avant le cédant.

Dans l'espèce où le vol portait sur une lettre chargée, la cour de cassation a cependant fait passer l'administration des postes avant le propriétaire de la lettre, mais en se fondant sur l'art. 6 de la loi du 4 juin 1859, d'après lequel l'administration est subrogée à *tous les droits* du propriétaire (²). Ce texte nous paraît loin d'être décisif. Tout ce qu'il dit, c'est que l'administration des postes remplace le propriétaire pour le montant de la somme qu'elle lui a payée, et, du reste, les rédacteurs de la loi se sont défendus de déroger au droit commun.

Or le droit commun est celui-ci, et si on admet que l'art. 6 de la loi de 1859 a un sens différent, il faudra reconnaître que les autres voituriers ne peuvent échapper aux principes : le propriétaire et le voiturier viennent en concours, car ce sont deux créanciers chirographaires, et il est de principe que les créanciers chirographaires se répartissent au marc le franc les valeurs soumises à leur gage ; on ne peut pas plus donner de préférence au voiturier qu'au propriétaire, car les privilèges supposent un texte évident qui les crée.

(¹) S., 93. 1. 305.
(²) Cass. civ., 31 janv. 1893, précité.

1793. Le propriétaire d'objets volés à main armée ne peut exercer de recours contre le propriétaire des objets arrivés à destination, même si le voiturier a dû abandonner les premiers pour sauver les derniers [1]. En effet, la responsabilité des propriétaires des objets sauvés ne dérive ni de la convention, — ils n'ont passé aucun contrat avec le propriétaire des objets volés —, ni d'un délit, — ils n'ont commis aucune faute envers ce dernier et ce ne sont même pas eux qui lui ont causé un préjudice. En vain se prévaudrait-on en sens contraire des art. 416 s. C. co., d'après lesquels, au cas où des objets sont jetés à la mer pour alléger le navire, les propriétaires des objets laissés à bord doivent contribuer à la perte des objets jetés. C'est là une disposition exceptionnelle ; du reste le C. com. organise toute une procédure destinée à autoriser le jet, et règle les conditions de ce jet ainsi que le montant de l'indemnité à payer à chacun. Or, ces dispositions sont arbitraires, on ne peut donc les appliquer au cas de vol et on ne peut davantage les remplacer par d'autres dispositions qui seraient également arbitraires. — Nous avons vu que le propriétaire des objets volés ne peut pas davantage exercer une action en indemnité contre le voiturier [2].

1794. En cas d'accident causé par un tiers à une personne transportée, le voiturier qui a indemnisé cette personne a également un recours contre l'auteur de l'accident [3].

SECTION IX

COMPÉTENCE EN MATIÈRE DE TRANSPORTS

1795. Aux termes de l'art. 2, § 2 de la loi du 25 mai 1838, « les juges de paix prononcent, sans appel jusqu'à la valeur de 100 fr., et à charge d'appel jusqu'au taux de la compétence en dernier ressort des tribunaux de première instance, sur les contestations entre les voyageurs et les voituriers ou bate-

[1] Cass., 4 mars 1863, S., 63. 1. 389, D., 63. 1. 399. — Paris, 15 janv. 1862, S., 63. 1. 389, D., 62. 2. 30. — Guillouard, II, n. 748.

[2] V. *supra*, n. 1680.

[3] Trib. com. Seine, 21 juin 1893, *Droit*, 19 juil. 1893.

liers pour retards, frais de route, perte ou avarie des effets accompagnant le voyageur ».

Ce texte ne concerne que les hypothèses où, d'après les principes qui suivent, le tribunal de commerce n'est pas compétent [1], car, d'après ses termes, il détache, pour les attribuer aux juges de paix, certaines actions de la compétence des tribunaux de première instance; d'autre part, les *effets* désignent dans le langage courant les objets à l'usage personnel du voyageur et le transport de ces objets n'a pas le caractère commercial. Il faudrait, d'ailleurs, un texte formel pour que des affaires commerciales fussent déférées au juge de paix. Ajoutons que si la solution contraire l'emportait, l'appel des décisions rendues en matière commerciale par le juge de paix serait porté devant le tribunal de commerce et, en aucun cas, dans notre droit, le tribunal de commerce n'est juge d'appel.

On entend par *effets* non seulement les vêtements du voyageur, mais tous les objets qui voyagent avec lui [2].

1796. Le contrat de transport fait avec une personne qui n'exerce pas la profession habituelle de voiturier est civil [3] et doit être porté devant les tribunaux civils, hors des limites de la compétence des juges de paix.

Si le voiturier est voiturier de profession, le contrat est commercial de sa part [4], mais il est civil de la part de son cocontractant si ce dernier ne fait pas acte de commerce [5]. Par suite, conformément à l'opinion consacrée par la jurisprudence sur les contrats qui ne sont commerciaux que d'une

[1] Cass., 4 nov. 1863, S., 64. 1. 132, D., 63. 1. 473. — Angers, 3 mai 1855, S., 55. 2. 331, D., 55. 2. 205. — Poitiers, 12 fév. 1861, S., 61. 2. 332, D., 61. 2. 59. — Metz, 28 mars 1867, S., 67. 2. 238. — Bruneau, *Rev. crit.*, XXXIII, 1868, p. 310, et *Rev. prat.*, 1862, p. 195 s.; Lyon-Caen et Renault, *Tr. dr. com.*, I, n. 372. — *Contra* Limoges, 2 mai 1862, S., 62. 2. 195, D., 62. 2. 137. — Paris, 30 juin 1863, S., 63. 2. 163, D., 63. 2. 177. — Paris, 13 fév. 1864, S., 64. 2. 68. — Paris, 9 déc. 1864, S., 65. 2. 111. — Paris, 6 nov. 1866, S., 67. 2. 290.

[2] Trib. paix Longjumeau, 30 oct. 1895, *Gaz. Pal.*, 95. 2. 694 (voitures, chevaux, bicyclettes).

[3] Bruneau, *Rev. crit.*, XXXIII, 1868, p. 291, note 1; Lyon-Caen et Renault, *op. cit.*, I, n. 139.

[4] Bruneau, *op. cit.*, p. 292; Lyon-Caen et Renault, *loc. cit.*

[5] Bruneau, *op. cit.*, p. 292.

seule part, l'expéditeur ou le voyageur peut, à son choix, actionner le voiturier devant le tribunal de commerce ou la juridiction civile (1). L'action intentée contre l'expéditeur ou voyageur doit être portée devant le tribunal civil (2).

Il en est ainsi même pour l'action du voyageur dans l'opinion qui considère la responsabilité du voiturier envers le voyageur comme délictuelle (3), car on admet que le commerçant peut être actionné devant le tribunal de commerce pour les délits ou quasi-délits commis à l'occasion de sa profession.

Si les deux parties font acte de commerce, toutes les actions doivent être portées devant le tribunal de commerce (4).

1797. La jurisprudence décide que les contestations qui s'élèvent entre les compagnies chargées du transport des colis postaux et les expéditeurs ou destinataires sont de la compétence des tribunaux administratifs (5) (arg. convention 4 nov. 1880, art. 10, approuvée par la loi du 3 mars 1881).

Cependant si le transport a été fait successivement par colis postal et par colis ordinaire, et que l'action soit relative à un fait produit pendant le transport par colis ordinaire, les tribunaux ordinaires sont compétents (6).

1798. Si le contrat passé entre l'expéditeur et le transporteur modifie, pour toutes les actions résultant du contrat de transport, les règles de la compétence *ratione personæ*, cette modification est opposable au destinataire (7), car, étant l'ayant cause de l'expéditeur qui a agi pour son compte, il doit obéir aux stipulations passées par cet expéditeur.

(1) Trib. civ. Alger, 25 oct. 1887, *Rev. algér.*, 87. 469. — Bruneau, *op. cit.*, p. 293 et 294.
(2) Paris, 27 juil. 1892, *Gaz. Pal.*, 92. 2. 295. — Bruneau, *op. cit.*, p. 294.
(3) Paris, 27 juil. 1892, précité.
(4) Bruneau, *op. cit.*, p. 294.
(5) Cass., 11 fév. 1884, S., 84. 1. 385. — Wallon, *Rev. crit.*, XIV, 1885, p. 1. — *Contra* Cons. préf. Ille-et-Vilaine, 22 fév. 1884, *Droit*, 7 mai 1884 (Compétence des trib. de commerce).
(6) Trib. com. Seine, 7 nov. 1893, *Gaz. Pal.*, 94. 1. 98.
(7) Cass. civ., 19 oct. 1891, S., 92. 1. 275, D., 93. 1. 10. — Cass. civ., 30 nov. 1891, S., 92. 1. 275, D., 93. 1. 10.

SECTION X

DU CAS OU LA MARCHANDISE EST TRANSPORTÉE SUCCESSIVEMENT PAR PLUSIEURS VOITURIERS

1799. L'hypothèse, très fréquente en matière de transport par chemins de fer, où la marchandise est transportée successivement par plusieurs voituriers, ne soulève des difficultés spéciales que si le contrat est passé avec l'un des voituriers, celui qui opèrera sur ses propres voitures le transport initial, avec mission de prendre soin du transport total, c'est-à-dire de s'adresser à d'autres voituriers pour la partie du transport qu'il n'effectuera pas lui-même. Le premier voiturier est alors, suivant le langage des art. 96 s. C. com., commissionnaire de transport.

1800. En France, les compagnies de chemins de fer sont tenues d'accepter les marchandises ou les personnes même pour une localité située sur un réseau autre que le leur propre, à la condition qu'il n'y ait aucune solution de continuité entre les deux réseaux (1).

Comme nous le verrons, aucune obligation de ce genre n'existe pour les réseaux étrangers.

1801. Si la marchandise est confiée successivement à plusieurs transporteurs, chacun d'eux n'est responsable que des pertes et avaries qui se produisent pendant que les marchandises étaient sous sa garde (2). Cela est évident.

Cependant, comme nous le verrons, il faut faire exception pour le premier voiturier, du moins dans la plupart des cas.

1802. Des difficultés de preuve peuvent s'élever.

En principe, c'est au propriétaire des marchandises qu'il appartient de prouver, non pas sans doute la faute du voiturier auquel il impute la détérioration, mais au moins que cette perte ou cette détérioration se sont produites pendant que les

(1) Cass., 24 fév. 1875, S., 75. 1. 230. — Cass., 20 juill. 1875, S., 75. 1. 426. — Lyon-Caen et Renault, *Tr. de dr. com.*, IV, n. 772; Arthuys, *Du transport au point de vue international, Rev. crit.*, XXII, 1893, p. 280. — *Contra* Sarrut, n. 377.

(2) Levillain, *Note*, D., 93. 1. 98; Denisse, *Note*, *Ann. dr. com.*, 94. 1. 58. — V. cep. Toulouse, 15 nov. 1893, D., 94. 2. 413.

marchandises étaient entre ses mains [1]. L'expéditeur n'a pas contracté avec les voituriers intermédiaires. D'autre part, le temps accordé aux voituriers intermédiaires qui reçoivent les marchandises pour en vérifier l'état étant très court, on doit supposer qu'il a été entendu qu'ils ne seraient pas présumés avoir reçu les marchandises en bon état. C'est l'application du droit commun. Cette solution est appliquée aux avaries non apparentes.

Mais si les avaries sont apparentes, ou si la chose est perdue, on doit, jusqu'à preuve du contraire, en imputer la responsabilité au dernier voiturier [2], car, si elles avaient existé au moment où il a pris les marchandises en charge, il devait les signaler au voiturier précédent et le fait de les recevoir sans protestation fait présumer qu'elles étaient en bon état. C'est dire que cette présomption tombe si le voiturier a, lors de sa prise en charge, spécifié dans son récépissé ou dans toute autre pièce l'état des marchandises [3].

Le dernier voiturier n'a pas, dans ce cas, de recours contre les voituriers antérieurs [4].

Si au contraire les avaries ne sont pas apparentes, elles doivent en principe être imputées au premier voiturier, qui pouvait ouvrir les colis [5].

1803. Mais, en principe, le dernier voiturier n'est pas

(1) Cass. civ., 29 janv. 1896, S., 96. 1. 363, D., 96. 1. 406. — Lespinasse, *Rev. crit.*, II, 1872-73, p. 194 et 197. — V. cep. Cass. Berne, 27 mai 1875, *Gaz. des Trib. suisses*, 1875, p. 399, *Anal. Journ. dr. int.*, III, 1876, p. 515. — Nîmes, 18 nov. 1865, S., 66. 2. 236.

(2) Trib. com. Rouen, 5 janv. 1882, *Loi*, 5 fév. 1882. — Trib. com. Le Havre, 20 oct. 1885, *Rec. du Havre*, 87. 1. 38. — Trib. com. Rouen, 22 nov. 1886, *Rec. du Havre*, 87. 2. 91. — Trib. com. Le Havre, 13 mars 1886, sous Cass. req., 10 juin 1890 (2e esp.), D., 93. 2. 98. — Trib. com. Lille, 24 juin 1892, *Rec. du Havre*, 92. 2. 197. — Levillain, *Note*, D., 93. 1. 98; Denisse, *Note*, *Ann. dr. comm.*, 94. 1. 59; Lespinasse, *Rev. crit.*, II, 1872-73, p. 195. — Décidé même qu'on peut agir pour toutes avaries contre ce dernier voiturier, alors même qu'il a été stipulé que chaque voiturier ne répondrait que des avaries faites pendant que les marchandises lui avaient été confiées, sans avoir à prouver la faute de ce voiturier. Anvers, 23 juin 1893, *Pasicr.*, 95. 2. 91.

(3) Trib. com. Le Havre, 7 déc. 1879, *Rec. du Havre*, 80. 1. 75. — Levillain, *Note*, D., 93. 1. 98.

(4) Trib. com. Lille, 24 juin 1892, *Rec. du Havre*, 92. 2. 197.

(5) Toulouse, 28 janv. 1892, *Gaz. Trib. Midi*, 14 fév. 1892.

responsable des fautes des voituriers antérieurs [1], sauf la clause contraire, qui est permise [2].

Ainsi le dernier voiturier n'est pas responsable du retard si ce retard existait déjà au moment où les marchandises lui ont été confiées [3].

1804. Le dernier voiturier est considéré comme ayant reçu implicitement le mandat de toucher et régler le prix intégral du transport [4], ou de rectifier des erreurs commises dans l'application des tarifs [5].

De même l'action en détaxe pour exagération du prix peut être intentée contre le dernier voiturier [6].

On conclut de là que le dernier voiturier peut opposer en compensation à la totalité des droits perçus en trop les créances qu'il peut avoir contre le destinataire [7].

1805. Le dernier voiturier n'est pas mandataire des autres pour fixer les responsabilités des avaries et ne peut engager ces derniers par ses déclarations [8]; les intérêts de divers voituriers étant, à ce point de vue, opposés, on ne doit pas supposer que l'un d'eux ait obtenu des autres un pareil mandat.

1806. La clause du contrat qui décharge le voiturier de la responsabilité peut être invoquée non seulement par le preneur voiturier, mais par les voituriers ultérieurs [9].

1807. Donc, si le transport a été fait sous l'empire d'une clause qui renverse la charge de la preuve, le dernier voitu-

(1) Cass. civ., 31 mars 1886, S., 87. 1. 322 (il n'est pas responsable de la marchandise qu'il n'a pas reçue). — Cass. civ., 21 avril 1891, S., 91. 1. 348. — Cass. civ., 29 janv. 1896, S., 96. 1. 363, D., 96. 1. 406.

(2) Cass. civ., 21 avril 1891, précité.

(3) Paris, 11 déc. 1891, *Gaz. Pal.*, 92. 1. 84.

(4) Cass. civ., 16 mars 1881, S., 81. 1. 224, D., 81. 1. 383. — Cass. civ., 14 mars 1894, S., 94. 1. 461, D., 94. 1. 389. — Aix, 19 déc. 1892, sous Cass., 30 janv. 1895, D., 96. 1. 61. — Pau, 21 mai 1894, S., 94. 1. 277 (impl.). — Carpentier et Maury, II, n. 4040.

(5) Aix, 19 déc. 1892, précité.

(6) Cass., 2 juill. 1879, S., 79. 1. 380. — Pau, 21 mai 1894, S., 94. 2. 277. — Carpentier et Maury, II, n. 4067.

(7) Pau, 21 mai 1894, S., 94. 2. 277.

(8) Cass. civ., 14 mars 1894, S., 94. 1. 461, D., 94. 1. 389.

(9) Cass. req., 28 nov. 1876, *Jour. dr. int.*, III, 1876, p. 454. — Von Bar, *Int. Privatrecht*, II, p. 146, n. 297.

rier n'est responsable des avaries même apparentes que si sa faute est démontrée [1].

1808. En somme, chaque voiturier intermédiaire n'est pas responsable du fait des voituriers subséquents ou antérieurs [2].

1809. Mais le commissionnaire de transport ou le voiturier qui a touché le prix et a été chargé de tout le transport, est responsable du fait de tous les voituriers. Cela résulte de l'art. 99 C. com. Il ne peut donc pas se dégager en prouvant la faute de l'un de ces derniers [3].

Par exemple, si un voiturier s'est engagé à remettre les marchandises à destination, ce qui est le cas le plus usuel, il est responsable de ce qu'un voiturier ultérieur a remis la chose à un faux destinataire [4], car ce voiturier n'est que son préposé.

1810. Mais le voiturier peut stipuler qu'il ne sera responsable que des accidents arrivés pendant le transport qu'il effectue lui-même [5].

[1] Trib. com. Seine, 12 avril 1893, *Gaz. Trib.*, 17 mai 1893.

[2] Cass. civ., 6 août 1888, S., 89. 1. 181. — Lyon, 22 août 1873, S., 73. 2. 247. — *Contra* Cass. belge, 17 juil. 1873, *Pasicr.*, 73. 1. 302. — Cass. belge, 30 janv. 1879, *Pasicr.*, 79. 1. 103, *Anal. journ. dr. int.*, IX, 1882, p. 561.

[3] Cass., 24 avril 1872, S., 72. 1. 303. — Cass., 9 juill. 1872, S., 72. 1. 303. — Cass. civ., 28 oct. 1885, S., 89. 1. 29. — Cass. req., 3 juill. 1894, D., 94. 1. 488. — Cass. civ., 29 janv. 1896, D., 96. 1. 406. — Lyon, 12 fév. 1894, *Journ. Trib. alg.*, 14 mars 1894. — Cass. belge, 30 janv. 1879, *Pas.*, 79. 1. 103, *Journ. dr. int.*, IX, 1882, p. 560. — Trib. com. Seine, 8 sept. 1892, *Gaz. Trib.*, 28 sept. 1892. — Trib. com. Seine, 31 juill. 1895, *Droit*, 22 août 1895, *Loi*, 22 août 1895. — Trib. com., Saint-Pétersbourg, 18 mars 1874, *Journ. dr. int.*, III, 1876, p. 72. — Lespinasse, *Rev. crit.*, II, 1872-1873, p. 194; Delamarre et Lepoitvin, *Tr. de dr. com.*, II, n. 203; Bravard, II, p. 363 et 364; Alauzet, III, n. 1176; Domenget, *du Mandat*, II, n. 1170 s.; Duverdy, n. 126; Sarrut, n. 739; Ruben de Couder, *Dict. de dr. comm.*, v° *Comm. de transp.*, n. 139; Boistel, n. 567; Bédarride, *Des Commis*, n. 275.

[4] Cass., 24 avril 1872, S., 72. 1. 303. — Cass., 9 juill. 1872, S., 72. 1. 303. — Trib. com. Havre, 14 nov. 1893, *Rec. du Havre*, 93. 1. 227 (et cela même si la lettre de voiture ou le connaissement stipule que les différentes compagnies ne seront responsables des avaries que pendant le trajet qu'elles ont fait effectuer; car cette clause ne règle que les rapports des transporteurs entre eux). — Bédarride, *Des ch. de fer*, II, n. 590; Duverdy, n. 121; Sarrut, n. 655; Féraud-Giraud, 2e éd., II, 816; Carpentier et Maury, II, n. 3932. — V. aussi les décisions citées, *infra*, n. 1820 s., pour le cas où certains voituriers sont étrangers.

[5] Trib. com. Marseille, 16 juin 1875, *Journ. dr. int.*, III, 1876, p. 364. — V. cep. Trib. com. Havre, 14 nov. 1893, précité.

1811. D'un autre côté, le premier voiturier qui n'a touché que le prix du transport qu'il opère, n'est pas responsable de la faute des voituriers subséquents [1].

Il en est ainsi même s'il connaissait la destination des marchandises et a indiqué le prix total du transport [2].

De même encore, si le voiturier intermédiaire a été désigné par l'expéditeur, le premier voiturier n'est pas responsable de ses faits [3].

1812. Il peut être stipulé explicitement ou implicitement que les différents voituriers seront solidairement responsables des avaries et des pertes.

C'est le cas d'un tarif international établissant entre tous les transporteurs un mandat substitué [4].

Mais, même en ce cas, les voituriers échappent à toute responsabilité en justifiant que les objets transportés ne leur ont pas été remis [5].

SECTION XI

DU CONTRAT DE TRANSPORT EN DROIT INTERNATIONAL

1813. Nous avons vu que les compagnies de chemins de fer sont tenues de transporter les personnes et les marchandises au delà de la fin de leur propre réseau, si le second réseau est situé en France. Au contraire, rien ne force une compagnie à transporter des marchandises à l'étranger, en dehors de son propre réseau [6].

1814. Le contrat de transport, sauf dans le cas où les deux contractants ont la même nationalité (il faut alors, conformé-

(1) C. circuit Etat-Unis, Missouri, 1er oct. 1880, *Journ. dr. int.*, VIII, 1880, p. 280. — De même s'il a touché le prix des transports ultérieurs mais pour le compte des voituriers ultérieurs et en délivrant des billets séparés. — C. district Orégon, 1884, *Journ. dr. int.*, XII, 1885, p. 578.

(2) C. circuit Etats-Unis, 1er oct. 1880, précité.

(3) Cpr. Cass. civ., 28 oct. 1885, S., 89. 1. 29 (motifs). — Bravard, *loc. cit.*; Delamarre et Lepoitvin, *loc. cit.*; Domenget, *loc. cit.*; Bédarride, *op. cit.*, n. 277 s. — *Contra* Cass., 29 déc. 1845, S., 46. 1. 230.

(4) Cass. civ., 31 mai 1886, S., 87. 1. 322, D., 87. 1. 123.

(5) Cass. civ., 31 mai 1886, précité.

(6) Arthuys, *Du transport au point de vue international*, *Rev. crit.*, XXII, 1893, p. 280.

ment aux principes, appliquer leur loi nationale) (1), est régi par les lois en vigueur au lieu où il est passé (2).

Si donc cette loi est une loi étrangère, elle peut être invoquée même devant les tribunaux français (3).

Cependant il en est autrement si la loi étrangère blesse un principe d'ordre public en France (4).

1815. Une loi également unique, celle du lieu où le contrat de transport est passé, régit, outre ce contrat de transport, les contrats de commission qui obligent le voiturier à veiller au transport dans les autres pays ; il n'y a pas lieu de décider qu'au contraire le transport dans chaque pays sera réglé par la loi de ce pays (5).

(1) *Contra* Alb. Rolin, *Princ. du dr. int. privé*, III, n. 1242.

(2) Cass. civ., 15 déc. 1886, S., 87. 1. 485, D., 87. 1. 385. — Lyon, 26 mars 1884, S., 86. 2. 45. — Besançon, 18 mai 1892, S., 93. 2. 73, D., 93. 2. 77. — Paris, 15 nov. 1894, *Rec. Havre*, 95. 2. 79. — C. d'appel New-York, 16 nov. 1880, *Alb. law journ.*, XXIII, p. 46, *Anal. journ. dr. int.*, VIII, 1881, p. 270; Féraud-Giraud, II, n. 1072, 1118, 1119 s.; Carpentier et Maury, II, n. 7967 s. ; Von Bar, *Th. und Praxis des internat. Privatrechts*, 2e éd., 1889, II, p. 142, n. 295; Thaller, *Ann. dr. com.*, I, 1886-87, *Doctr.*, p. 304 s. ; Wharton, *Treat. on the conflict of laws*, 2e éd., Philadelphie, 1881, § 471, note 7 ; Brocher, *Cours de dr. int.*, II, n. 206; Sarrut, *Note*, D., 87. 1. 385 ; Alb. Rolin, *op. cit.*, III, n. 1242 ; Jettel, *Handbuch des internationalen Privatrechtes* (Vienne et Leipzig, 1893), p. 111, § 33. — Cela est particulièment vrai du transport maritime. — Trib. supr. allemand, 16 avril 1881, *Entsch.*, IV, n. 27, p. 87 s. — Autres décisions citées par Wagner, *Handbuch des Seerechts*, I (Leipzig, 1884), p. 136, note 16 ; Von Bar, II, p. 219, n. 330. — Cependant on applique quelquefois la loi du lieu de destination. — Trib. d'appel Lubeck, 26 mars 1861 et 30 juin 1870, Seuffert, *Archiv*, XV, n. 183, et XXIV, n. 268. — Asser et Rivier, *Dr. int. pr.*, n. 111 ; Wagner, p. 141, — ou les lois des différents pays traversés, chacune en ce qui concerne le transport effectué dans le pays où elle est en vigueur. — Caen, 4 mars 1890, *Journ. dr. int.*, XVIII, 1891, p. 977.

(3) Besançon, 18 mai 1892, précité.

(4) Besançon, 18 mai 1892, précité.

(5) Trib. com. Seine, 18 mars 1875, *Journ. trib. com.*, 1876, p. 272, *Anal. journ. dr. int.*, III, 1876, p. 258. — Cass. belge, 30 janv. 1879, *Pasicr.*, 79. 1. 183, *Anal. journ. dr. int.*, VIII, 1881, p. 72. — Trib. supr. Berlin, 29 juin 1869, Striethorst, *Archiv*, LXXV, p. 214, Eger, *loc. cit. infra*. — Trib. supr. com. allemand, 17 mars 1874, *Entsch.*, XIII, p. 317. — C. supr. Etats-Unis, 5 mars 1889, *Alb. law journ.*, XXXIX, p. 373, *Anal. journ. dr. int.*, XVII, 1890, p. 153. — Lyon-Caen et Renault, *Traité de dr. comm.*, IV, n. 838 s.; Thaller, *Ann. de dr. comm.*, 1886-87, p. 304 s.; von Bar, *Theorie und Praxis des intern. Privatrechts*, 2e éd., II, n. 295, p. 143; Eger, *Das deutsche Frachtrecht*, II, 1882, p. 47 ; Alb. Rolin, *op. cit.*, III, n. 1243. — *Contra* Arthuys, *op. cit.*, p. 282. — Notre solution est donnée par le C. com. allemand (art. 401), pour les transports opérés dans les divers pays de l'Empire. — Décidé que la charte-partie est régie par la loi du

En effet, dans l'esprit des parties, les différents contrats sont indivisibles; pour mieux dire, elles n'ont voulu faire qu'une seule convention et obliger le voiturier à transporter la marchandise ou la personne jusqu'au lieu fixé; c'est l'impossibilité matérielle qu'éprouve le voiturier à opérer un transport dans un pays où il n'a personnellement aucun moyen de transport, qui aboutit à la décomposition de la convention en plusieurs conventions. L'intention des parties est donc certaine; or, c'est l'intention des parties qui donne lieu à la règle d'après laquelle la loi du lieu où a été passé un contrat règle les conséquences de ce contrat. Il peut paraître, à la vérité, assez singulier que les voituriers étrangers soient liés par cette même convention, mais comme la convention a été tacitement passée entre l'expéditeur et le voiturier qui s'engage à faire opérer le transport dans les pays étrangers par d'autres voituriers, ces derniers s'approprient cette convention en acceptant de faire le transport.

1816. Comme cette unité de législation dérive de la volonté des parties, les parties peuvent évidemment s'y soustraire. La convention passée entre l'expéditeur et le voiturier peut établir, par exemple, que les divers contrats seront régis par la loi du lieu de leur formation [1] ou que le transport aura lieu conformément aux lois et règlements en vigueur dans chaque territoire [2].

De même les voituriers qui ont à faire des transports dans les pays étrangers peuvent, par une réserve expresse, déclarer qu'ils entendent que tout transport soit régi par la loi du lieu où se forme chaque contrat, et si les marchandises leur sont

pavillon. — Haute-Cour Angleterre, chancellerie, 28 fév. 1888, *Law Times Rep.*, LVIII, N. S., 377, *Anal. journ. dr. int.*, VI, 1887, p. 126.

[1] Trib sup. com. allemand, 11 oct. 1876, *Entsch.*, XXI, p. 57 et autres décisions allemandes citées par Eger, *op. cit.*, II. p. 48 et 49 et dans la *Zeitsch. f. Handelsrecht*, XII, p. 597. — Von Bar, *op. cit.*, p. 144; G. de Seigneur, *Du projet de convention internationale sur le transport des marchandises par chemins de fer*, Paris, 1878.

[2] Cass., 14 août 1876, S., 76. 1. 478. — Cass. civ., 4 déc. 1894, S., 95, 1. 142 (en ce cas le forfait établi pour le cas de perte dans l'un des pays intermédiaires est opposable aux parties).

confiées, cette proposition est implicitement acceptée par leur cocontractant (1).

1817. En vertu de ce principe, si les parties empruntent une clause à l'usage d'un pays et si la formule est dans la langue de ce pays, c'est la législation du même pays qui doit servir à interpréter la clause (2), car les parties sont censées s'être tacitement référées à la loi de ce pays.

1818. Par application du principe général que nous avons indiqué, en ce qui concerne sa forme le contrat est régi tout entier par la loi du lieu où il est passé (3).

Il en est de même en ce qui concerne sa preuve (4).

1819. En ce qui concerne la capacité, le contrat est, conformément aux principes, régi par la loi du pays des parties. Il en est ainsi pour la capacité de l'action en restitution des objets transportés (5).

1820. Il en est de même encore en ce qui concerne la responsabilité (6).

Le partage de la responsabilité entre les différents voituriers est donc régi par la loi du lieu de l'expédition et il en est ainsi de la question de savoir si chacun des voituriers est responsable des fautes commises pendant l'un des transports auxquels il n'a pas concouru (7).

Par suite, chacun des voituriers est tenu des avaries survenues pendant les transports confiés aux autres voituriers dans les limites de la loi qui régit le contrat tout entier et non dans les limites fixées par la loi du pays où l'avarie a eu lieu (8).

(1) Von Bar, *loc. cit.* et les autorités précitées.

(2) Aix, 24 déc. 1891 (2 arrêts), *Journ. dr. int.*, XIX, 1892, p. 922. — Trib. appel Hambourg, 7 janv. 1887, *Journ. dr. int.*, XV, 1888, p. 272.

(3) *Contra* Arthuys, *op. cit.*, p. 286.

(4) *Contra* Arthuys, *op. cit.*, p. 286.

(5) *Journ. dr. int.*, XIX, 1892, p. 1143. — *Contra* Trib. com. Havre, 9 nov. 1891, *Journ. dr. int.*, XIX, 1892, p. 1141 (loi du lieu de l'exécution).

(6) Cass. belge, 30 janv. 1879, précité. — C. appel New-York, 16 nov. 1880, précité. — Trib. Empire Allemagne, 5 déc. 1887, *Ann. dr. com.*, III, 1889, *Doctr.*, p. 123. — Von Bar, II, p. 143, n. 295; Jettel, *loc. cit.;* Lyon-Caen, *Note*, S., 95. 1. 161. — V. *supra*, n. 1815.

(7) Thaller, *op. cit.*, p. 307.

(8) Thaller, *op. cit.*, p. 307 ; Lyon-Caen et Renault, IV, n. 847 *bis ;* Von Bar, *op. cit.*, p. 144, n. 295.

Cependant, d'après certaines autorités, la responsabilité de chacun des voituriers est jugée d'après la loi au lieu où s'est produit le fait donnant lieu à cette responsabilité [1]. D'une part, dit-on en ce sens, on peut supposer *a priori* que le voiturier a entendu se soumettre à cette loi. D'autre part, la responsabilité est en relations intimes avec les tarifs, lesquels sont fixés par la loi du lieu où s'opère le transport.

Cette solution est exacte dans l'opinion qui considère le contrat de transport international comme étant composé de plusieurs contrats indépendants [2]. Mais elle ne l'est pas dans le système contraire ; un seul contrat s'est formé et, par suite, les effets de ce contrat, en quelque lieu qu'ils se produisent, sont régis par la même loi.

Dans cette opinion, si l'accident se produit dans un pays où est valable la clause qui décharge le voiturier de toute responsabilité et qu'en fait cette clause ait été convenue, les tribunaux français doivent l'appliquer [3], quoiqu'elle soit nulle d'après la jurisprudence française. On a décidé cependant le contraire, par la raison qu'une clause de ce genre est contraire à l'ordre public [4].

Il a été décidé — et c'est là une troisième opinion — que la loi française doit seule régir la responsabilité du voiturier, quand l'action est intentée devant un tribunal français par un Français [5]. Mais cette solution est contraire à tous les principes.

1821. On décide exceptionnellement que la responsabilité délictuelle de l'armateur et du capitaine de navire est réglée, à raison de la faute du capitaine, par la loi *du pavillon*, c'est-à-dire par la loi du pays dans lequel a été conféré le mandat

(1) Trib. com. Anvers, 14 janv. 1892, *Journ. dr. int.*, XX, 1893, p. 949. — Arthuys, *op. cit.*, p. 295 ; Rolin, *op. cit.*, III, n. 1246 ; Thaller, *Ann. dr. com.*, I, 1886-87, *Doctr.*, p. 304 (en ce qui concerne les compagnies de chemins de fer seulement et non les autres voituriers, cet auteur se fonde sur ce que les compagnies ne veulent obéir qu'à leurs tarifs). — *Contra* Von Bar, p. 146, n. 297.

(2) Arthuys, *op. cit.*, p. 288.

(3) Arthuys, *op. cit.*, p. 290. — Lyon-Caen et Renault, *Traité*, IV, n. 847.

(4) Cass., 31 mars 1874, S., 74. 1. 385. — V. *infra*, n. 182.

(5) Douai, 16 juin 1891, *Journ. dr. int.*, XXI, 1894, p. 95. — *Contra* Besançon, 18 mai 1892, précité.

du capitaine (¹), par ce que la contestation est relative aux conséquences du mandat.

1822. De ce que le contrat de transport régit les relations des parties avec tous les voituriers, on conclut que le dernier voiturier est quelquefois responsable en droit international, comme en droit national, des accidents causés par la faute des voituriers précédents (²).

De même le voiturier qui s'est engagé à conduire les marchandises à destination, est responsable des accidents causés pendant le trajet confié, dans un pays étranger, à d'autres voituriers (³); les raisons sont les mêmes que pour le cas où le trajet confié à divers voituriers s'accomplit dans le même pays.

Cette solution a été appliquée au transport de personnes (⁴).

1823. Il est d'ailleurs permis aux parties de stipuler que la responsabilité sera régie par la loi du pays qu'elles désignent (⁵).

1824. La valeur de la clause qui écarte la responsabilité est déterminée, dans notre système, non par la loi du pays où s'effectue le transport, mais par celle du pays où le contrat est passé (⁶).

Toutefois, on admet que la clause qui limite la responsabilité

(¹) Cass. civ., 4 nov. 1891, S., 92. 1. 69 (abandon du navire en cas d'abordage). — Rennes, 21 déc. 1887, S., 88. 2. 25 (id.). — Trib. com. Rouen, 6 juil. 1892, *Journ. dr. int.*, 1892, p. 1130. — Lyon-Caen, *Note*, S., 88. 2. 25 et *Ex. doctr. de la jurispr. marit.*, *Rev. crit.*, XXII, 1893, p. 257 et 259; Desjardins, *Concl.*, S., 92. 1. 70. — Décision anglaise citée par Foote, *Treat. on priv. intern. jurispr.* (Lond., 1878), p. 372 s. — *Contra* Von Bar, II, p. 219, n. 330, note 82.

(²) Trib. sup. com. allemand, 17 mars 1874, précité. — Von Bar, p. 144, n. 295. — V. *supra*, n. 1802.

(³) Cass. req., 3 juill. 1894, S., 94. 1. 420.

(⁴) Trib. com. Seine, 8 sept. 1892, *Gaz. Pal.*, 92. 2. 438.

(⁵) Cass. civ., 12 juin 1894, S., 95. 1. 161. — V. *supra*, n. 1816.

(⁶) C. sup. Etats-Unis, 5 mars 1889, *Journ. dr. int.*, XVII, 1890, p. 153 (navire). — *Contra* Appel New-York, 10 fév. 1888, *Journ. dr. int.*, XV, 1888, p. 692, et diverses décisions anglaises citées dans l'arrêt précité du 5 mars 1889. — En matière de charte-partie, on décide que la clause d'irresponsabilité est régie par la loi du pavillon. — Haute-Cour Angleterre, chancellerie, 28 fév. 1888, *Journ. dr. int.*, XVI, 1889, p. 126. — C. d'appel Angleterre, 2 mai 1889, *Journ. dr. int.*, XVIII, 1891, p. 258. — V. *supra*, n. 1820.

ne peut, comme telle, si même elle est valable d'après cette loi, être opposée dans un autre pays où, comme en France, les clauses de ce genre sont réputées contraires à l'ordre public [1]. L'opinion contraire a cependant été soutenue avec plus de raison [2]; il ne s'agit ici que d'ordre public interne, car la clause de non-responsabilité n'est pas contraire à la morale absolue ou l'organisation sociale.

En tout cas, elle peut être opposée en France avec le sens que la jurisprudence française donne aux clauses d'irresponsabilité [3].

1825. En principe, le prix du transport est également régi par la loi du lieu où a été passé le contrat.

Cependant, au point de vue des tarifs des chemins de fer, il y a lieu d'appliquer les lois des divers pays que la marchandise a traversés [4], car ces tarifs sont publiés, ils sont uniformes, et on ne peut supposer que les parties n'en aient pas connaissance.

D'ailleurs, ces tarifs sont souvent imposés par l'autorité publique, et alors les contractants ne peuvent y déroger.

1826. Les délais de transport imposés à chaque voiturier sont les siens propres; on ne doit pas supposer que les

[1] Cass., 4 fév. 1874, S., 74. 1. 273. — Cass., 31 mars 1874, S., 74. 1. 385. — Cass. civ., 12 juin 1894, S., 95. 1. 461. — Paris, 3 mai 1879, S., 81. 2. 82. — Féraud-Giraud, II, n. 787; Laurent, *Dr. civ. intern.*, VIII, n. 174; Von Bar, II, p. 147, n. 297. — *Contra* Lyon-Caen, *Note*, S., 95. 1. 161; Lyon-Caen et Renault, IV, n. 847 et 849.

[2] Cass., 23 fév. 1864, S., 64. 1. 385.

[3] Cpr. Besançon, 18 mai 1892, précité (si la compagnie étrangère admet deux modes de transport et que le choix de l'un de ces modes emporte, d'après ces règlements, décharge de la responsabilité, cette clause est opposable en France, *à moins d'une faute prouvée* de la compagnie. On ne voit pas si cet arrêt admet notre solution, ou s'il interprète le règlement étranger (allemand) comme ayant pour effet non pas de décharger le voiturier de toute responsabilité, mais de renverser la preuve).

[4] Cass., 25 mars 1885, S., 86. 1. 78. — Caen, 4 mars 1890, *Journ. dr. int.*, XVIII, 1891, p. 977. — Thaller, *Ann. dr. comm.*, 1887, *Doctr.*, p. 307; Arthuys, *op. cit.*, p. 286. — Décidé cependant que si une compagnie a dénoncé un tarif international, les marchandises confiées à cette compagnie ne sont pas soumises à ce tarif, même pour les pays qui n'ont pas dénoncé le même tarif et qui continuent à l'appliquer. Cass. civ., 15 déc. 1886, S., 87. 1. 485. — Cet arrêt invoque l'indivisibilité des tarifs de chemins de fer. — *Contra* Von Bar, p. 143, n. 295; Jettel, *loc. cit.*

parties aient entendu lui imposer une célérité toute particulière (1).

Du reste, si l'un des voituriers a dépassé le délai qui lui était imparti, l'expéditeur n'a aucune réclamation à faire, pourvu que le transport total soit effectué dans le délai stipulé (2).

1827. Dans toutes les opinions, les questions relatives à la livraison des marchandises sont tranchées par la loi du lieu où la livraison doit être effectuée, car ces questions rentrent dans la procédure (3).

Parmi ces questions figurent :

La procédure à suivre au cas où le destinataire refuse la marchandise (4) ;

La fin de non-recevoir ou la prescription à opposer par le voiturier relativement aux avaries (5), ainsi que la renonciation du destinataire au droit d'agir contre le voiturier pour avaries (6).

L'art. 105 C. co. n'étant pas, d'après son texte même, applicable aux transports internationaux, les parties stipulent valablement une déchéance différente de celle de l'art. 105 (7).

Cette stipulation est permise non seulement pour augmenter, mais encore pour diminuer le délai (8).

La question de savoir à qui, de l'expéditeur ou du destina-

(1) Cass., 24 juin 1872, S., 72. 1. 302. — Cass., 2 mai 1882, S., 83. 1. 324. — Lyon, 26 mars 1884, S., 86. 2. 49. — Caen, 4 mars 1890, *Journ. dr int.*, XVIII, 1891, p. 977. — Poinsard, *Journ. dr. int.*, 1892, p. 42 ; Arthuys, *op. cit.*, p. 286 ; Féraud-Giraud, I, n. 322. — *Contra* Von Bar, p. 142, n. 295.

(2) Cass., 24 juin 1872, S., 72. 1. 302. — Caen, 4 mars 1890, précité. — Arthuys, *op. cit.*, p. 287.

(3) Nîmes, 9 juil. 1881, *Journ. dr. int.*, IX, 1882, p. 216. — Lyon-Caen et Renault, *Traité*, IV, n. 849 et 850 ; Thaller, *op. cit.*, p. 313 ; Arthuys, *op. cit.*, p. 293 ; Brocher, II, p. 222 ; Von Bar, II, p. 143, n. 295 ; Jettel, *loc. cit.*

(4) Arthuys, *loc. cit.* ; Thaller, *op. cit.*, p. 312.

(5) Nîmes, 9 juil. 1881, *Journ. dr. int.*, IX, 1882, p. 216. — Trib. com. Seine, 22 mai 1889, *Journ. trib. com.*, 90. 207. — Thaller, *op. cit.*, p. 313 et *Ann. dr. com.*, IV, 1890, *Doct.*, p. 205 ; Lyon-Caen et Renault, *Traité*, IV, n. 851 ; Arthuys, *op. cit.*, p. 293 ; Renault, *Rev. crit.*, XI, 1882, p. 706 ; Von Bar, II, p. 143, n. 295.

(6) Von Bar, *loc. cit.*

(7) Cass. civ., 7 nov. 1893, S., 94. 1. 93, D., 94. 1. 105. — Sarrut, *Note*, D., 94. 1. 105.

(8) Cass. civ., 7 nov 1893, précité. — Sarrut, *loc. cit.*

taire, l'action en remise est accordée est également réglée par la loi du lieu de l'expédition [1].

Il en est de même du droit de rétention du voiturier [2].

Les obligations du destinataire relativement au payement du prix sont aussi réglées par la loi du pays où s'opère la remise [3]. Cependant le contraire peut résulter du contrat [4].

1828. Une convention a été conclue à Berne le 14 octobre 1890 entre la France, l'Allemagne, l'Autriche-Hongrie, la Belgique, l'Italie, les Pays-Bas, le Luxembourg, la Russie et la Suisse, pour trancher les conflits de lois occasionnés par des transports effectués par chemins de fer, et pour établir des règles uniformes en matière de transports par chemins de fer. Cette convention comprend 80 articles, et son commentaire exigerait des développements que nous ne pouvons donner ici. Elle ne concerne que les marchandises, à l'exclusion des voyageurs et de leurs bagages [5].

CHAPITRE IV

DES DEVIS ET DES MARCHÉS, OU DU CONTRAT PASSÉ AVEC UN ARCHITECTE OU ENTREPRENEUR

SECTION PREMIÈRE

DÉFINITION DU LOUAGE D'ENTREPRENEUR. — ACTES QUI LE CONSTITUENT

1829. Le législateur s'occupe ici, sous le nom de « devis et marchés », de la troisième espèce de louage d'ouvrage annoncée par l'art. 1779-3° : « Celui des entrepreneurs d'ou-» vrage par suite de devis ou marchés ».

(1) Thaller, *op. cit.*, p. 308.
(2) Von Bar, *loc. cit.*
(3) Von Bar, II, p. 143, n. 295; Jettel, *loc. cit.*
(4) Von Bar, *loc. cit.*
(5) V. Lyon-Caen, *La Convention du 14 octobre 1890 sur le transport international des marchandises par chemins de fer*, *Journ. dr. int.*, XX, 1893, p. 465, XXI, 1894, p. 435, 641 ; Poinsard, *Des transports intern. par chemins de fer*, *Journ. dr. int.*, XIX, 1892, p. 33 et dans *Etudes de dr. int. conv.*, I, 1894, p. 119 s. ; N. Droz, *L'union intern. des chemins de fer*, *Rev. gén. de dr. int. public*, II, 1895, p. 169 s.

Le *devis* est un état détaillé des travaux à faire et des matériaux à employer, avec indication du prix des matériaux et de la main-d'œuvre. Le devis a pour but de renseigner le maître qui veut faire exécuter un travail, de l'éclairer et de lui permettre d'arrêter les bases du *marché*, c'est-à-dire de la convention qu'il se propose de passer avec l'entrepreneur ou l'architecte.

On le voit, le devis est un préliminaire du marché, quoiqu'il ne soit pas indispensable : la plupart des marchés se font *sur devis*. Il y a donc une corrélation étroite entre ces deux choses : ce qui explique, d'une part, que, dans la pratique, on désigne quelquefois sous le nom de *devis* les *marchés sur devis* et, d'autre part, que la loi paraisse, dans plusieurs textes, considérer comme synonymes les expressions *devis* et *marché*. Voyez notamment art. 1779-3°.

1830. La plupart des marchés sont passés *à prix fait* ou *à forfait*, c'est-à-dire moyennant une somme fixe qui ne variera pas suivant l'importance des travaux à faire (importance qu'il est difficile quelquefois d'apprécier rigoureusement à l'avance, surtout pour les constructions) et qui sera également indépendante des variations dans le prix de la main-d'œuvre et des matériaux. Mais cette condition n'est pas essentielle. Fréquemment les marchés, surtout ceux passés avec les architectes ou les entrepreneurs de constructions, ne sont pas à prix fait et c'est à tort que l'art. 1711 donne le *prix fait* comme synonyme de marché. Ainsi un entrepreneur s'engagera à construire une maison conformément aux plans et devis acceptés par un propriétaire et en stipulant que celui-ci paiera toutes les dépenses et donnera en outre à l'entrepreneur une bonification de tant pour cent. Généralement, en pareil cas, on indique le prix des différentes matières qui doivent entrer dans le travail; c'est le marché *par série de prix*. Le prix fait ou forfait n'est donc qu'un accident du marché et on a tort, par conséquent, de présenter la rubrique de notre section comme incomplète, parce qu'elle ne parle pas du prix fait. Nous aurions même préféré qu'elle ne fît pas mention des devis et qu'elle portât tout simplement : *Des marchés*. Toutefois, cette expression aurait peut-être l'inconvénient d'être trop compréhensive, car, dans le langage courant, les ventes sont des marchés.

1831. La loi s'est d'ailleurs placée à un point de vue beaucoup trop étroit en mentionnant ici uniquement les devis et marchés. Dans leur nature juridique, les contrats de ce genre ne diffèrent pas de tous les autres contrats où une personne s'engage à accomplir un travail déterminé vis-à-vis d'une autre à laquelle elle n'est pas subordonnée. Nous parlerons, dans le chapitre suivant, de quelques-uns de ces contrats.

1832. Le louage des entrepreneurs d'ouvrage diffère de celui des gens de travail. Les gens de travail louent seulement leurs services pour un certain temps ou pour une entreprise déterminée et ont droit au salaire convenu, quel que soit le résultat de leur travail; tandis que l'entrepreneur s'engage à confectionner un ouvrage déterminé et stipule un prix proportionné à la valeur de cet ouvrage, quelle que soit la somme de travail qu'il faudra y consacrer.

La question de savoir si celui qui fait un travail l'accomplit comme ouvrier ou comme entrepreneur présente principalement de l'importance sous les points de vue suivants : 1° Celui qui agit comme entrepreneur promet un ouvrage; donc il n'a le droit de réclamer son salaire que lorsque l'ouvrage ou une portion de l'ouvrage a été vérifiée et agréée ou lorsque le maître est en demeure de faire cette vérification, de sorte que si la chose confectionnée périt, l'entrepreneur perd son salaire et aussi la matière qu'il aurait fournie (art. 1788 s.). Nous reviendrons sur ce point. — Au contraire, celui qui travaille comme ouvrier promet son travail, donc il ne supporte jamais les risques : il est payé pour son travail, sans avoir à se préoccuper des événements qui pourront en faire disparaître l'utilité (1); 2° L'action des ouvriers et gens de travail pour le paiement de leurs journées, fournitures et salaires se prescrit par six mois, tandis que l'action des entrepreneurs ne se prescrit que par trente ans (arg. art. 2262) (2); 3° Les entrepreneurs et architectes ont un privilège (art. 2103 et 2109)

(1) Laurent, XXVI, n. 2; Guillouard, II, n. 769.
(2) Laurent, XXVI, n. 3; Guillouard, II, n. 769.

que les gens de travail n'ont pas; 4° Les règles de compétence ne sont pas les mêmes.

1833. Le critérium suivant sert à distinguer le louage de gens de travail du louage d'entrepreneurs d'ouvrages. Dans le premier, comme le supposent la définition du code et les textes, le maître a la direction du travail; le domestique, l'ouvrier ou l'employé a engagé son activité et se trouve vis-à-vis du maître dans un lien de subordination. Dans le second, au contraire, le maître a simplement commandé un travail déterminé que l'entrepreneur fait sans aucune direction et qu'il remet une fois terminé [1].

Ce n'est donc pas une question de profession. Tout dépend des termes du marché qui règle les conditions du travail; le plus humble ouvrier peut devenir entrepreneur quand il travaille *à l'entreprise*. On en trouve la preuve dans l'art. 1799: « *Les maçons, charpentiers, serruriers et autres ouvriers qui* « *font directement des marchés à prix fait, sont astreints aux* « *règles prescrites dans la présente section: ils sont entrepre-* « *neurs dans la partie qu'ils traitent* ».

Ainsi l'ouvrier qui travaille pour le compte d'un patron n'est pas un entrepreneur, si important que soit l'ouvrage [2].

Réciproquement le tâcheron qui prend pour son compte une partie du travail d'un entrepreneur est un véritable entrepreneur d'ouvrage [3].

1834. Le contrat passé entre un éditeur et un imprimeur et par lequel le premier s'engage à ne faire imprimer les ouvrages qu'il édite que par cet imprimeur sur clichés est un louage d'ouvrage ou un marché; ce traité est valable [4].

La raison de cette validité est qu'il s'agit d'une entreprise déterminée, valable quelle que soit sa durée.

Les auteurs qui n'admettent pas la validité du contrat rela-

(1) Sauzet, *Le livret obligatoire des ouvriers*, *Rev. crit.*, XIX, 1890, p. 26, n. 51, note 17. — Le chef machiniste d'un théâtre n'est donc pas un entrepreneur mais un préposé. — Trib. civ. Lyon, 18 nov. 1892, *Mon. jud. Lyon*, 13 janv. 1893.

(2) Cass., 27 janv. 1851, S., 51. 1. 247, D., 51. 1. 166. — Cass., 12 avril 1853, S., 53. 1. 257, D., 53. 1. 141. — Leroux de Bretagne, *Tr. de la prescr.*, n. 1295 et 1296; Guillouard, II, n. 771.

(3) *Contra* Trib. civ. Bruxelles, 27 fév. 1895, *Pasicr.*, 95. 3. 144.

(4) Paris, 19 déc. 1866, S., 67. 2. 180, D., 68. 2. 156. — Guillouard, II, n. 766.

tif à une entreprise déterminée et fait à perpétuité, devraient annuler la convention dont nous parlons.

Ils la valident cependant. Ils disent que la durée du contrat est limitée soit par la durée des clichés, qui finissent par s'user, soit par l'intérêt de l'éditeur à ne pas reproduire des œuvres oubliées [1].

Cela est peu probant; car les conventions dont nous parlons obligent non pas seulement à user des clichés existants mais aussi des clichés, qui, après usure, remplaceront les premiers; d'un autre côté, si les œuvres peuvent perdre leurs lecteurs (si même, comme on le prétend, cela arrive très fréquemment), il n'en est pas moins vrai que, normalement, elles sont destinées à être réimprimées d'une manière constante, et de l'avis général c'est la durée *normale* de la convention qui seule doit être considérée pour l'application de l'art. 1781 [2].

1835. Il est à peine utile de dire que l'architecte est un locateur d'ouvrage et non pas un mandataire salarié [3]. Cela résulte de la place même où le code examine la situation de l'architecte. Cela résulte aussi et surtout du caractère même qu'ont ses fonctions ; l'architecte ne représente pas le propriétaire vis-à-vis des tiers (ce qui est pourtant essentiel pour qu'il y ait mandat), il fournit son travail au propriétaire.

Des décisions ont été rendues en sens contraire [4], elles sont sans autorité [5].

(1) Guillouard, *loc. cit.*

(2) V. *supra*, n. 1453 s.

(3) Guillouard, *Tr. du Mandat*, n. 28.

(4) Cass. req., 11 nov. 1885, S., 86. 1. 303. — Aix, 6 déc. 1888, *Rec. d'Aix*, 89. 1. 48. — Paris, 17 mars 1891, *France jud.*, 91. 176. — Paris, 7 nov. 1891, *Pand. franç.*, 92. 2. 238. — Trib. civ. Seine, 3 août 1887, *Loi*, 26 oct. 1887. — Amiens, 3 juill. 1889, *Rec. d'Amiens*, 89. 196. — Trib. civ. Versailles, 4 juill. 1890, *Gaz. Pal.*, 90. 2. 160. — Trib. civ. Seine, 19 juill. 1893, *Gaz. Pal.*, 94. 1, *Suppl.*, 6.

(5) La dernière n'avait qu'un but : parvenir à réduire les honoraires de l'architecte qui, en fait, avaient été établis sur le montant brut des devis estimatifs, quelle que dût être la valeur du taux réel des travaux. — V. *infra*, n. 1920. — Or, on sait qu'à la différence du prix de louage, le salaire du mandataire est, d'après la jurisprudence, réductible. — Quant à la décision de Paris, 7 nov. 1891, elle avait pour but de permettre la révocation de l'architecte *ad nutum*. — V. *infra*. Enfin l'arrêt de cassation dit simplement que la responsabilité de l'architecte est subordonnée au préjudice causé, ce qui est certain. — Les autres décisions fixent

1836. Le louage d'ouvrage se mêle quelquefois à la vente. C'est ce qui arrive notamment si le vendeur d'un objet s'oblige à le poser dans un endroit déterminé.

Il est important, à certains égards, de déterminer le caractère dominant du contrat.

Cela importe d'abord au point de vue de la capacité.

Cela importe aussi au point de vue de la compétence, s'il s'agit de marchés administratifs : la compétence en matière de marchés de travaux publics appartient au conseil de préfecture (L. 28 pluv. an VIII, art. 4), la compétence en matière de marchés de fournitures appartient au conseil d'Etat, si le marché est passé avec l'Etat (Déc. 11 juin 1806, art 13), aux tribunaux judiciaires s'il est passé avec un département, une commune ou un établissement public.

Cela importe encore au point de vue du privilège.

On considère avec raison que l'opération est indivisible [1]. Elle est une vente ou un louage d'ouvrage suivant que les fournitures sont plus importantes que les travaux ou réciproquement [2].

Le louage d'industrie peut être cependant joint à une vente.

Ainsi le contrat par lequel une personne s'engage envers un directeur de théâtre à lui fournir les rôles, la musique et les ballets est une vente jointe à un louage [3].

la responsabilité de l'architecte par application des principes communs à tous les contrats. Elles sont également insignifiantes.

[1] Arrêts cités à la note suivante. — Brémond, *Rev. crit.*, XXII, 1893, p. 335.

[2] Sont des *marchés de travaux publics*, ceux qui ont les objets suivants : fourniture et pose de calorifères. — Cons. d'Et., 11 août 1859, D., 60. 3. 67, — ou de cloches — Cons. d'Et., 13 juin 1860, D., 60. 3. 67. — Cons. d'Et., 26 déc. 1867, D., 68. 3. 90. — Entretien d'une route. — Cass., 13 juin 1866, S., 66. 1. 259, D., 66. 1. 427. — Cons. d'Et., 26 déc. 1890, D., 92. 3. 64. — Sont *des marchés de fournitures*, ceux qui ont les objets suivants : fourniture et pose d'une horloge. — Cons. d'Et., 28 fév. 1859, D., 61. 3. 14. — Cons. d'Et., 7 sept. 1869, D., 70. 3. 112. — Fourniture de pierres avec travail peu important. — Trib. confl., 7 mai 1881, S., 82. 3. 84, D., 82. 3. 106. — Fourniture et pose d'une pompe et d'un moteur à vent pour élever les eaux. — Cons. d'Et., 12 juill. 1889, S., 91. 3. 85, D., 91. 3. 18. — Livraison d'une conduite d'eau, qui doit être posée par la commune. — Alger, 11 avril 1882, *Rev. algér.*, 92. 241.

[3] Lyon, 12 avril 1892, D., 93. 2. 324. — Décidé qu'il y a louage joint à une vente quand un propriétaire livre à un pépiniériste des greffons ou sarments destinés à

1837. Le louage d'entrepreneur peut présenter deux variantes, suivant que la matière est fournie par le maître ou par l'entrepreneur : « *Lorsqu'on charge quelqu'un de faire* » *un ouvrage, on peut convenir qu'il fournira seulement son* » *travail ou son industrie, ou bien qu'il fournira aussi la ma-* » *tière* », dit l'art. 1787.

Premier cas. *La matière est fournie par l'entrepreneur.* Ainsi je conviens avec un menuisier qu'il me confectionnera, moyennant une somme de..., avec du bois par lui fourni, une table dont nous arrêtons la forme et les dimensions. Cette convention constitue une vente bien plutôt qu'un louage [1]. C'est une vente d'une chose *une fois faite*, comme le disait une disposition du projet, qui n'a été supprimée que comme étant de pure doctrine [2] et dont il reste d'ailleurs encore des traces dans l'art. 1711, où il est dit : « Les devis, marché ou » prix fait, par l'entreprise d'un ouvrage, moyennant un prix » déterminé, sont aussi un louage, *lorsque la matière est four-* » *nie par celui pour qui l'ouvrage se fait* » : ce qui donne bien à entendre que la convention n'est plus un louage, si la matière est fournie par l'entrepreneur. Aussi voyons-nous

être greffés avec des porte-tiges fournis par ce dernier, lequel livrera, moyennant salaire, après s'être servi des greffons, une certaine quantité de greffes et les plantera dans les vignes du propriétaire. — Dijon, 29 juin 1894, *Gaz. Trib.*, 31 août 1895, — qui en conclut que si les greffes périssent par cas fortuit, le pépiniériste n'a à livrer que ce qui subsiste.

[1] Cass. req., 22 juill. 1874, S., 75. 1. 403, D., 75. 1. 303. — Cass. civ., 20 mars 1872, S., 72. 1. 101, D., 72. 1. 140. — Cass., 17 mai 1876, S., 77. 1. 337. — Cass., 20 fév. 1883, S., 83. 1. 313 — Cass. req., 10 juill. 1888, S., 88. 1. 430 (navire). — Rennes, 27 janv. 1870, S., 70. 2. 320, D., 71. 1. 140. — Rennes, 22 juill. 1874, D., 74. 2. 303. — Rennes, 27 avril 1877, S., 78. 2. 70. — Rennes, 4 mars 1880, S., 81. 2. 265. — Amiens, 28 mars 1889, *Gaz. Pal.*, 89. 2. 74 (navire). — Gand, 16 janv. 1886, D., 87. 2. 157. — Troplong, II, n. 962 s.; Laurent, XXVI, n. 5; Colmet de Santerre, VII, n. 241 *bis*, 1, 2 et 13; Lyon-Caen, *Note*, S., 77. 1. 337; Boistel, *Précis de dr. comm.*, n. 1134; Lyon-Caen et Renault, *Précis*, II, n. 2460; Guillouard, II, n. 772 et 814 et *Tr. de la vente*, I, n. 66; Planiol, *Note*, D., 97. 1. 89; Desjardins, *Dr. marit.*, I, n. 146; de Valroger, *ibid.*, I, n. 48. — *Contra* Lyon, 23 déc. 1892, D., 93. 2. 229. — Duranton, XVII, n. 250; Duvergier, II, n. 335. — En Suisse il a été décidé que le contrat est une vente si les parties ont en vue un produit achevé et un louage d'ouvrage si le travail est l'objet du contrat; la fourniture de produits fongibles tels que des pièces d'étoffe a été en conséquence considérée comme vente. — Trib. féd., 15 fév. 1895, *Ann. dr. comm.*, X, 1896, p. 44.

[2] Fenet, XIV, p. 289.

l'art. 1788 appliquer ici les principes de la vente : « *Si, dans » le cas où l'ouvrier fournit la matière, la chose vient à périr » de quelque manière que ce soit, avant d'être livrée, la perte » en est pour l'ouvrier, à moins que le maître ne fût en » demeure de recevoir la chose* ».

Cette solution était déjà celle du droit romain [1]. Elle était également admise dans l'ancien droit [2]. Enfin elle est donnée par Mouricault dans son rapport au tribunat [3].

En vain dit-on que l'ouvrier s'engage à faire un travail : il s'engage exclusivement à vendre son travail terminé.

Il est, en tout cas, impossible d'accepter une opinion [4] qui considère le contrat comme un louage d'ouvrage jusqu'à la réception et comme une vente à partir de cette époque; un contrat ne peut changer de nature par son exécution et sa nature doit être appréciée au moment où il se forme.

Ces solutions ont été notamment appliquées à la construction des navires [5].

1838. Mais il est incontestable que si un entrepreneur s'engage à élever avec ses propres matériaux une construction sur le terrain d'autrui, il fait un louage d'ouvrage [6] : en effet, la construction étant l'accessoire du sol, c'est ce dernier qui constitue la matière principale et il n'est pas fourni par l'entrepreneur. C'était déjà la solution de Pothier [7].

Il en est de même, comme le disait Pothier [8], toutes les fois que l'entrepreneur fournit la partie la moins importante des matériaux. Ainsi en est-il du tailleur auquel on remet une étoffe pour en faire un vêtement et qui fournit les boutons, le fil, les doublures et les galons.

1839. La propriété, si la matière est fournie par l'ouvrier, n'est transférée qu'après l'achèvement de l'ouvrage; elle est

(1) Inst., liv. III, tit. XXV, § 4.
(2) Pothier, n. 394.
(3) Fenet, XIV, p. 340.
(4) Aubry et Rau, IV, p. 255, § 374, note 2.
(5) Guillouard, II, n. 784 et les arrêts précités.
(6) Cass., 20 fév. 1883, S., 83. 1. 313. — Guillouard, II, n. 775, *Tr. de vente*, I, n. 66.
(7) N. 394.
(8) N. 394.

transférée immédiatement après et non pas seulement par la livraison [1].

A plus forte raison le transfert de la propriété n'est-il pas subordonné à la condition que la chose soit acceptée par le maître, si elle est conforme aux conditions fixées [2].

1840. Deuxième cas. La matière est fournie par le maître. Il s'agit alors d'un véritable louage d'ouvrage et, comme nous le verrons, l'ouvrier n'est tenu que de sa faute [3].

1841. Au point de vue de la responsabilité, le louage des ouvriers ou entrepreneurs se subdivise, comme nous le dirons, en plusieurs catégories [4].

1842. Il y a louage de services entre deux personnes dont l'une fabrique des cigarettes pour le compte de l'autre avec du tabac fourni par ce dernier [5]. Il y a vente si le tabac est fourni par celui qui fabrique les cigarettes [6].

Les art. 172 et 222 de la loi du 28 avril 1816 interdisent et punissent la fabrication, le colportage et la vente du tabac. Il n'y a pas fabrication du tabac dans le fait d'une personne qui, moyennant rétribution et à l'aide de moules mécaniques, fabrique des cigarettes pour le compte de tiers en employant le tabac vendu par l'Etat [7].

SECTION II

FORME ET PREUVE DU CONTRAT

1843. La loi ne règle pas la forme du louage d'entrepreneur ; il peut donc être fait par écrit ou verbalement. Souvent il résulte d'une offre acceptée, et plus spécialement, en matière de marché administratif, d'un cahier des charges suivi de la soumission d'un entrepreneur.

(1) *Contra* Gand, 16 janv. 1886, D., 87. 2. 157.
(2) Gand, 16 janv. 1886, précité.
(3) V. *infra*, n. 1861 s.
(4) V. *infra*, n. 1872 s.
(5) Toulouse, 29 janv. 1892, S., 92. 2. 79.
(6) Toulouse, 29 janv. 1892, précité.
(7) Cass. crim , 4 mai 1894, S., 94. 1. 300. — Rennes, 3 juin 1891, S., 91. 2. 249. — Paris, 10 juin 1891, S., 91. 2. 249. — Paris, 29 janv. 1894, S., 94. 2. 134. — Toulouse, 29 janv. 1892, précité.

1844. Une fois les soumissions décachetées, le marché qui a omis de fixer un maximum ne peut les rejeter comme trop onéreuses [1].

1845. Dans le cas où les travaux publics doivent faire l'objet d'une adjudication, leur concession amiable n'est pas nulle [2]; l'entrepreneur a donc droit à une indemnité si la résiliation du marché est prononcée par l'administration à raison de cette irrégularité [3].

1846. La preuve du contrat passé pour les devis et marchés est soumise au droit commun [4].

Donc la preuve par témoins n'est permise, pour établir l'existence du contrat, que jusqu'à 150 francs [5].

1847. La prestation de services faite sans convention antérieure est un fait matériel qui, quel qu'en soit le chiffre, peut être prouvé par témoins [6].

1848. L'aveu peut prouver l'existence de la convention.

Mais l'aveu est indivisible. Ainsi le paiement de travaux ne peut être exigé du propriétaire qui reconnaît l'existence de ces travaux, mais soutient ou qu'il les a payés ou qu'ils ont été faits sur l'ordre d'un locataire [7].

1849. Lorsque la convention est commerciale, la preuve peut en être faite par tous les moyens [8].

1850. Ainsi que nous le montrerons plus loin, les changements ou modifications doivent être, dans le marché à forfait, convenus par écrit [9].

1851. Nous étudions plus loin, à propos de l'augmentation du prix, la forme et la preuve du plan [10].

[1] Trib. civ. Seine, 14 mars 1895, *Droit*, 26 mars 1895.
[2] Cons. d'Et., 14 mai 1886, S., 88. 3. 14.
[3] Cons d'Et., 14 mai 1886, précité.
[4] Guillouard, II, n. 779 et 815.
[5] Guillouard, II, n. 779.
[6] Cass. civ., 3 prair. an IX, S. chr., D. *Rép.*, v° *Obligations*, n. 4885. — Trib. civ. Lombez, 5 août 1891, D., 93. 2. 491.
[7] Cass., 25 août 1862, S., 62. 1. 1030, D., 62. 1. 345. — Cass., 19 janv. 1874, S., 74. 1. 357. — Guillouard, II, n. 779.
[8] Sur les cas où le contrat est commercial, v. *infra*.
[9] V. *infra*, n. 1946 et s.
[10] V. *infra*, n. 1955.

SECTION III

OBLIGATIONS DU LOCATEUR

§ I. *Délai dans lequel le travail doit être achevé.*

1852. Les travaux doivent être terminés dans le délai fixé par la convention ([1]).

L'ouvrier qui n'a pas terminé le travail dans le délai fixé doit une indemnité. Il en est ainsi même s'il était matériellement impossible d'achever le travail dans ce délai.

Si une indemnité a été fixée, elle est due ([2]), et cela encore si le travail ne pouvait être achevé dans le délai fixé ([3]).

1853. A défaut de convention, la durée du travail est déterminée par le temps nécessaire à la confection des travaux ([4]).

1854. Conformément aux principes, le retard provoqué par un cas fortuit n'entraîne ni la résiliation de la convention ni des dommages-intérêts ([5]).

Il faut considérer comme tel un éboulement qui oblige à refaire les fondations ([6]).

Mais les difficultés d'exécution ne constituent pas le cas fortuit ([7]).

Ainsi le fait que la rigueur de la température a entraîné l'interruption des travaux n'est pas un cas fortuit ([8]).

Il en est de même du fait que l'entrepreneur n'a pas pu obtenir à temps une machine dont il avait promis de se servir ([9]).

La grève des ouvriers de l'entrepreneur ou des ouv[illegible]ers entre lesquels il pouvait choisir ses auxiliaires est un cas f[illegible]uit qui

([1]) Guillouard, II, n. 816.
([2]) Argou, liv. III, ch. XXVII, II, p. 299 (il dit qu'à tort on admettait dans la pratique que les peines étaient comminatoires).
([3]) *Contra* Argou, *loc. cit.*
([4]) Guillouard, II, n. 816.
([5]) Cass. civ., 3 juil. 1893, S., 96. 1. 67. — Guillouard, II, n. 816.
([6]) Guillouard, II, n. 816.
([7]) Paris, 10 mai 1854, S., 54. 2. 363, D., 55. 2. 15. — Guillouard, II, n. 811.
([8]) Rennes, 5 juin 1871, S., 71. 2. 176. — Guillouard, II, n. 811.
([9]) Rennes, 5 juin 1871, précité. — Guillouard, II, n. 811.

le relève de ses obligations [1]; on ne peut objecter qu'il pouvait faire faire des travaux par un tiers, car rien ne l'oblige à céder son marché.

1855. Le cas fortuit causé par la faute de l'ouvrier ne diminue pas sa responsabilité [2].

1856. A défaut de convention, les dommages-intérêts sont calculés suivant le préjudice [3].

S'il y a pour partie cas fortuit et pour partie faute de l'entrepreneur, il n'est tenu des dommages-intérêts que dans la mesure de sa faute [4].

En outre, le maître peut faire faire les travaux par un autre entrepreneur aux frais de celui qui a manqué à ses obligations [5], mais il est obligé de demander l'autorisation de justice [6].

1857. Conformément au droit commun, les dommages-intérêts résultant de la responsabilité de l'entrepreneur ne commencent à courir que du jour où il est mis en demeure [7].

1858. Le juge des référés ne peut donner au maître, si l'entrepreneur est en retard, l'autorisation de commander les travaux à un autre entrepreneur [8], car il ne ferait autre chose ainsi que prononcer la résolution du contrat, c'est-à-dire statuer sur le fond.

§ II. *Responsabilité du locateur.*

I. *Responsabilité relativement à la perte ou à la détérioration de la chose avant la livraison.*

1859. Aux termes de l'art. 1788, dont nous avons donné

[1] Rennes, 28 juin 1894, S., 95. 2. 108, D., 95. 2. 214, *Ann. dr. comm.*, 1895, *Doctr.*, p. 154.

[2] Cass. civ., 3 juil. 1893, S., 96. 1. 67 (autorisation administrative refusée à un entrepreneur parce qu'il avait en même temps demandé une subvention de l'Etat).

[3] Fremy Ligneville et Perriquet, *Tr. de la législ. des bâtiments*, I, n. 12; Guillouard, II, n. 816.

[4] Cass., 29 juin 1853, S., 55. 1. 495, D., 54. 1. 288. — Guillouard, II, n. 816.

[5] Guillouard, II, n. 816.

[6] Guillouard, II, n. 816.

[7] Guillouard, II, n. 816.

[8] *Contra* Guillouard, II, n. 816.

le texte ([1]), lorsque la matière est fournie par l'ouvrier, la perte de la chose avant la demeure du maître ou la livraison est à la charge de l'ouvrier, même si elle a lieu par cas fortuit. La convention par laquelle l'ouvrier fournit la matière ([2]) est en effet la vente d'une chose à faire ; donc la vente d'une chose future, par conséquent une vente conditionnelle. La vente est faite sous la condition que la chose qui sera présentée par l'ouvrier sera bien confectionnée.

1860. Cette condition sera considérée comme remplie, lorsque la chose aura été vérifiée et agréée par le maître. A dater de ce moment, les risques seront pour son compte ; jusque là ils demeurent au compte de l'ouvrier.

Nous plaçons le point de départ du déplacement des risques à compter du moment où la chose a été vérifiée et agréée par le maître ([3]), quoiqu'elle n'ait pas encore été livrée, tandis que l'art. 1788 paraît avoir égard à la livraison. Ici comme ailleurs, la loi se place en face du cas le plus usuel ; la plupart du temps, c'est au moment même de la tradition que la chose sera vérifiée et agréée par le maître, et le législateur a pu se trouver ainsi conduit à confondre la vérification avec la tradition. C'est par la même raison que l'art. 1585 met à partir de la livraison les risques de la chose vendue à la charge de l'acquéreur; l'ouvrier à partir de la réception détient pour le compte du maître.

Notre article a raison d'ajouter que les risques passent à la charge du maître avant la livraison, s'il est en demeure de recevoir la chose. C'est une application du principe que la condition est réputée accomplie, quand le débiteur obligé sous cette condition en a empêché l'accomplissement par son fait (art. 1178).

Lorsque la chose périt avant d'avoir été vérifiée et agréée, l'ouvrier perd, non seulement sa matière, mais encore le prix de son travail. Ces principes ne cesseraient pas de s'appliquer, si le maître avait choisi chez l'ouvrier la matière avec laquelle celui-ci a travaillé ; la loi ne distingue pas.

([1-2]) V. *supra*, n. 1837.

([3]) Guillouard, II, n. 791 (V. cep. n. 781). — *Contra* Colmet de Santerre, VII, n. 241 *bis*, II et III ; Laurent, XXVI, n. 6.

1861. Si la matière est fournie par le maître, le contrat est, comme nous l'avons dit, un pur louage [1].

Les règles à appliquer au point de vue des risques dérivent de ce que la matière appartient au maître.

Donc, en vertu de la règle *res perit domino*, le cas fortuit est à la charge du maître, mais celui-ci ne peut être tenu de payer le travail dont il n'a pas profité [2]. « Ils sont demeurés, disait Mouricault, dans son rapport au Tribunat, propriétaires à part, l'un du travail et l'autre de la chose » [3].

C'est ce qui résulte des art. 1789 et 1790.

ART. 1789. « *Dans le cas où l'ouvrier fournit seulement son* » *travail ou son industrie, si la chose vient à périr, l'ouvrier* » *n'est tenu que de sa faute* ».

ART. 1790. « *Si, dans le cas de l'article précédent, la chose* » *vient à périr, quoique sans aucune faute de la part de l'ou-* » *vrier, avant que l'ouvrage ait été reçu, et sans que le maître* » *fût en demeure de le vérifier, l'ouvrier n'a point de salaire* » *à réclamer, à moins que la chose n'ait péri par le vice de la* » *matière* ».

La loi prévoit trois hypothèses : perte par la faute de l'ouvrier, perte par cas fortuit, perte par le vice de la chose.

a. — La chose périt par la faute de l'ouvrier. Celui-ci en doit la valeur au maître, et peut même être condamné en outre à des dommages et intérêts.

b. — La chose périt par cas fortuit. A quelque époque que la perte survienne, le maître perd la matière qu'il avait confiée à l'ouvrier. *Debitor certæ speciei ejus interitu liberatur.*

Ainsi la perte fortuite, causée par un incendie, de bois livré à une scierie pour être débité n'entraîne pas la responsabilité de l'usinier [4].

c. — La chose périt par son propre vice. Les auteurs citent à titre d'exemple le cas où une pierre se brise pendant le travail de l'ouvrier, parce qu'elle a une *veine*. Alors le maître

(1) V. *supra*, n. 1840.
(2) V. *supra*, n. 1837.
(3) Fenet, XIV, p. 340.
(4) Bordeaux, 29 fév. 1888, *Rec. Bordeaux*, 88. 203.

perd sa matière ; mais l'ouvrier ne perd pas le prix de son travail ; il a le droit d'en exiger le paiement.

Et toutefois il faut excepter le cas où l'ouvrier serait en faute, ayant connu [1] ou ayant dû, à raison de sa profession, connaître le vice de la matière [2] et n'en ayant pas informé le maître qui l'ignorait. Alors, non seulement il ne pourrait pas réclamer le prix de son travail, mais il serait même passible de dommages et intérêts.

Dans le cas où la chose périt par ses vices, l'ouvrier a quelquefois le droit de réclamer des dommages-intérêts [3].

1862. L'ouvrier peut-il réclamer le prix du travail qu'il avait accompli au moment où la perte de la chose est survenue ? Oui, si l'accident s'est produit après que le maître a *reçu*, c'est-à-dire vérifié et accepté l'ouvrage, ou après qu'il a été mis en demeure de le vérifier. Non, si la perte est survenue auparavant. Cette décision rigoureuse de l'art. 1790 peut cependant s'expliquer par cette considération que l'ouvrier n'a droit à son salaire qu'autant que l'ouvrage est bien fait ; or la vérification de cette condition devient impossible, lorsque la chose est périe [4].

D'un autre côté, on peut considérer, avec le tribun Mouricault, cette solution comme une application de la règle *res perit domino*. En vain objecte-t-on [5] que le travail s'incorpore à la chose du maître ; nous avons dit déjà que les matériaux, quand ils sont fournis par l'entrepreneur, ne s'incorporent que conditionnellement à la chose ; il en est de même du travail.

On peut encore justifier l'art. 1790 par l'idée que, comme dans le louage de choses, le locateur (l'ouvrier) ne peut réclamer le prix que s'il fournit effectivement son travail, c'est-à-dire s'il en fait profiter le maître [6]. Il n'a, objecte-t-on [7],

(1) Duranton, XVII, n. 251 ; Duvergier, II, n. 342 ; Aubry et Rau, IV, p. 527, § 374, note 8 ; Guillouard, II, n. 790.

(2) Mêmes auteurs.

(3) V. *infra*, n. 1968.

(4) Duranton, XVII, n. 250 ; Lepage, *Lois des bâtiments*, II, p. 74 s. ; Laurent, XXVI, n. 7 ; Guillouard, II, n. 788.

(5) Guillouard, *loc. cit.*

(6) Colmet de Santerre, VII, n. 243 *bis*, 2.

(7) Guillouard, II, n. 788.

promis que son travail; c'est une erreur; il a promis de faire recevoir son travail, c'est-à-dire de le livrer au maître.

L'art. 1790 se justifie donc, et on comprend que le code civil ait rompu avec la tradition; le droit romain [1] et Pothier [2] donnaient la solution contraire.

1863. La volonté des parties peut mettre la chose aux risques du maître, même avant l'achèvement de la construction.

Il arrive, en effet, que les constructions partiellement achevées sont agréées, en ce qui concerne les travaux déjà faits par le maître; il arrive même que le maître agrée les travaux au fur et à mesure de leur édification. Dans ces cas, les parties agréées deviennent la propriété du maître et sont à ses risques [3].

Il en est de même dans l'hypothèse, très fréquente pour la construction des navires [4], où les matériaux sont acceptés d'avance par l'armateur, munis d'un écriteau qui indique la destination avec le nom de l'armateur pour le compte duquel les travaux sont faits, où, la carcasse une fois esquissée, des écriteaux analogues sont placés sur le chantier avec le nom du navire de l'armateur, et où les travaux sont contrôlés par un préposé de l'armateur [5]. Dans ce cas encore, les travaux sont agréés d'une manière continuelle et pendant qu'ils se poursuivent.

Nous étudierons plus loin l'influence de la faillite de l'entrepreneur sur l'action du maître [6].

1864. D'après le droit commun, tout détenteur de la chose d'autrui est tenu de la perte, à moins qu'*il ne prouve le cas fortuit* (C. civ. 1302 et 1315). Donc, l'ouvrier doit prouver le cas fortuit qu'il invoque à l'appui de sa libération, sauf ensuite au maître à démontrer que le cas fortuit a été occasionné par une faute de l'ouvrier, auquel cas celui-ci doit être déclaré responsable de la perte [7].

(1) L. 59, D., *loc. cond.*, 19. 2.
(2) N. 434.
(3) Guillouard, II, n. 784.
(4) Levillain, *Rev. gén.*, I, p. 586.
(5) Levillain, *Rev. gén.*, I, p. 586; Guillouard, II, n. 784.
(6) V. *infra.*
(7) Cass., 14 juin 1827, S. chr. — Cass. req., 19 mai 1886, S., 86. 1. 264, D., 86.

Ainsi, dans le cas où la perte provient d'un incendie, l'ouvrier doit prouver que l'incendie provient d'un cas fortuit, et, en tout cas, n'a pas été allumé par sa faute [1]. L'incendie, en effet, n'est pas par lui-même un cas fortuit.

C'est également à l'ouvrier qu'il appartient de prouver le vice de la chose [2].

1865. Les art. 1788 à 1790 s'appliquent même aux personnes désignées et dans les hypothèses indiquées par l'art. 1792 [3], c'est-à-dire aux architectes et entrepreneurs, et par exemple s'il s'agit de gros ouvrages et si les travaux ont été faits par des architectes et des entrepreneurs [4]. L'art. 1792 ne s'occupe en effet que de la responsabilité provenant de défectuosités postérieures à la réception des travaux.

Par suite, en cas de perte par la faute de l'entrepreneur ou de l'architecte, ils sont tenus de dommages-intérêts [5].

En cas de perte fortuite, l'architecte perd ses honoraires et l'entrepreneur ses matériaux [6].

1866. L'art. 1790 est notamment applicable à l'entrepreneur de constructions sur le terrain d'autrui. Les risques sont à la charge de l'entrepreneur jusqu'à la réception des travaux, s'il fournit les matériaux [7]. Il n'y a aucune raison

1. 409. — Lyon, 14 mai 1849, S., 50. 2. 523, D., 52. 2. 75. — Grenoble, 18 juin 1869, S., 70. 2. 67, D., 70. 2. 149. — Lyon, 23 déc. 1892, D., 93. 2. 229. — Trib. com. Nantes, 29 mars 1890, *Rec. de Nantes*, 90. 1. 147. — Boileux, VI, p. 179; Troplong, II, n. 987; Duvergier, II, n. 341; Laurent, XXVI, n. 9 et 10; Colmet de Santerre, VI, n. 243 *bis*; Guillouard, II, n. 787; Sauzet, *Rev. crit.*, XII, 1883, p. 613, n. 31.

[1] Cass., 1er août 1866, S., 66. 1. 436. — Cass., 3 mars 1869, S., 69. 1. 300, D., 69. 1. 334. — Cass., 21 mars 1882, S., 82. 1. 320, D., 82. 1. 361. — Cass. req., 19 mai 1886, S., 86. 1. 264, D., 86. 1. 409. — Lyon, 26 fév. 1855, D., 56. 2. 54. — Douai, 27 janv. 1879, S., 81. 2. 191, D., 81. 2. 155. — Trib. com. Bordeaux, 8 nov. 1886, *Loi*, 13 janv. 1888. — Trib. civ. Seine, 5 janv. 1895, *Rec. des assur.*, 95. 229. — Cass. belge, 18 fév. 1892, S., 92. 4. 31, D., 93. 2. 131. — Guillouard, II, n. 787. — *Contra* Cass., 22 avril 1872, S., 72. 1. 685, D., 73. 1. 119.

[2] Lyon, 23 déc. 1892, précité.

[3] Guillouard, II, n. 833.

[4] V. *infra*, n. 1872 s.

[5] Frémy Ligneville et Perriquet, I, n. 65; Guillouard, II, n. 883.

[6] Cass., 11 mars 1839, S., 39. 1. 180. — Guillouard, II, n. 833.

[7] Cass., 11 mars 1839, S., 39. 1. 180. — Cass. req., 4 janv. 1888, S., 91. 1. 290. — Aubry et Rau, IV, p. 527, § 374, note 4; Laurent, XXVI, n. 7; Guillouard, II, n. 782 (c'est à tort que cet auteur parle de l'art. 1788). — *Contra* Cass., 13 août

de distinguer; l'art. 1790 s'exprime en termes généraux, et de ce qu'il parle de *l'ouvrier*, on ne peut conclure qu'il laisse l'entrepreneur en dehors de ses dispositions, car nous avons montré que l'ouvrier et l'entrepreneur remplissent au point de vue juridique le même rôle.

Du reste, il importe peu qu'on écarte l'art. 1788, car le droit commun, auquel il faudra dès lors recourir, impose la même solution. En vain objecte-t-on que l'art. 1792 règle la responsabilité de l'entrepreneur et déroge au droit commun; l'art. 1792 a trait uniquement à la durée de la responsabilité, il ne s'occupe de son étendue qu'accessoirement.

En vain encore objecte-t-on que les matériaux, s'incorporant au sol et appartenant ainsi immédiatement au propriétaire du sol, sont, suivant la règle *res perit domino*, aux risques de ce dernier. Il ne suffit peut-être pas de répondre, comme le font certains auteurs [1], que l'incorporation ne se fait pas ici suivant les règles de l'accession, car il n'y a aucune raison de s'écarter de ces règles. Mais les principes de l'accession, loin de contredire notre solution, la rendent plus certaine; car l'accession ne se fait pas contre le gré du propriétaire et, jusqu'à ce qu'il ait manifesté sa volonté d'acquérir les constructions, elles ne sont que conditionnellement sa propriété et ne peuvent être à ses risques.

1867. Les solutions que nous avons avons données relativement aux risques sont applicables même si l'entrepreneur est un commerçant, la loi ne fait aucune distinction. Cela est exact soit de l'art. 1788 [2] soit de l'art. 1789 [3].

1868. Tout ce que nous avons dit de la perte est également applicale à la détérioration.

1869. En outre, l'entrepreneur et l'architecte, étant responsables des conséquences des vices du sol ou du plan après la livraison, en sont également responsables et à plus forte raison

1860, S., 61. 1. 522, D., 61. 1. 105. — Cass., 19 juill. 1870, S., 71. 1. 216. — On voit que la cour de cassation, après avoir adopté notre système, l'a rejeté, puis y est revenue.

[1] Guillouard, *loc. cit.*

[2] Guillouard, II, n. 783.

[3] Cass., 1er août 1866, S., 66. 1. 436. — Guillouard, II, n. 783.

si elles se produisent antérieurement à la livraison. En un mot, toutes les solutions qui seront données au sujet de l'étendue de la responsabilité de l'architecte et de l'entrepreneur après la réception des travaux sont également applicables avant la réception, sauf en ce qui concerne les matériaux, ces matériaux étant, dans l'hypothèse visée par les art. 1788 s., fournis par le maître. La loi, en effet, ne fait, dans les règles qu'elle pose au sujet de la responsabilité pour les faits postérieurs aux travaux, qu'étendre la durée de la responsabilité pour certains objets, sans modifier en aucune manière l'étendue de cette responsabilité.

1870. Il résulte de là que pour agir en responsabilité contre l'architecte ou l'entrepreneur le maître n'a pas à attendre l'achèvement ou la réception des travaux ; il peut agir dès que la faute lui apparaît (1).

1871. Le locateur d'ouvrage n'est pas tenu d'assurer contre l'incendie les objets qui lui sont confiés (2). Les différentes solutions que nous donnerons ailleurs au sujet de l'assurance contractée par le dépositaire (3) sont applicables.

Mais l'ouvrier ou entrepreneur est dans son droit en assurant les marchandises ou autres objets du maître contre l'incendie (4).

II. *Responsabilité relativement à la perte ou à la détérioration de la chose après la livraison.*

1872. L'art. 1792 C. civ. est le seul texte qui indique les faits engageant la responsabilité du locateur après la livraison ; il porte que « *si l'édifice construit à prix fait périt en » tout ou en partie par le vice de la construction, même par » le vice du sol, les architectes et entrepreneurs en sont res- » ponsables pendant dix ans* ». Il n'a donc trait qu'au marché relatif à la construction d'un édifice et seulement au cas où

(1) Cass. civ., 3 déc. 1890, S., 94. 1. 343. — Cons. d'Etat., 5 juin 1891, S., 93. 3. 61.

(2) Lyon, 15 mai 1895, D., 96. 2. 139.

(3) V. notre *Tr. du dépôt.*

(4) Trib. civ. Seine, 5 janv. 1895, *Rec. des assur.*, 95. 229 (l'ouvrier agirait comme gérant d'affaires ou en vertu de l'art. 1121 C. civ.). — V. notre *Tr. du dépôt.*

ce marché est fait à forfait. Encore faut-il ajouter que l'étendue de la responsabilité n'y figure qu'incidemment; le but de cette disposition est exclusivement d'indiquer la durée de la responsabilité. C'est donc à peu près uniquement aux principes généraux qu'il faut faire appel.

A. *Personnes responsables en vertu de l'art. 1792.*

1873. L'art. 1792 vise deux sortes de personnes, l'architecte et l'entrepreneur. Il est, en outre, applicable aux « maçons, charpentiers, serruriers et autres ouvriers qui font directement des marchés à prix fait », car l'art. 1799 qui mentionne ces ouvriers dit que les règles édictées par les entrepreneurs leur sont applicables.

1874. L'art. 1799 s'applique notamment au cas où le propriétaire, au lieu de traiter avec un entrepreneur unique pour un ouvrage complexe, comme la construction d'une maison, s'adresse à différents entrepreneurs dont chacun fera l'ouvrage pour lequel il est compétent (serrurerie, charpente, etc.), mais avec la réserve, bien entendu, que cette responsabilité existe seulement pour la partie de l'ouvrage faite par cet entrepreneur [1].

Il en est de même de simples ouvriers qui ont une tâche déterminée pour un prix fait [2].

Nous verrons, au contraire, que l'art. 1792 ne s'applique pas aux ouvriers qui ne travaillent pas à prix fait [3].

1875. L'art. 1792 n'est pas applicable à l'architecte qui, gratuitement, dresse un plan sans diriger les travaux [4], ou même qui, en outre, dirige gratuitement les travaux; il n'est pas, en effet, un locateur d'ouvrage, puisqu'il ne contracte pas à titre onéreux. Il est cependant responsable, comme toute personne, de son dol ou de sa faute lourde; mais il

[1] Cass., 24 juin 1874, S., 74. 1. 464, D., 76. 1. 398. — Aix, 18 janv. 1841, D. *Rép.*, v° *Louage d'ouvrage*, n. 159-7°. — Poitiers, 1er mars 1844, D. *Rép.*, v° *Louage d'ouvrage*, n. 159-6°. — Trib. com. Nantes, 29 avril 1891, *Rec. Nantes*, 91. 1. 424. — Guillouard, II, n. 861.

[2] V. cep. Guillouard, II, n. 863. — V. *infra*, n. 1885.

[3] V. *infra*, n. 1904.

[4] Alger, 25 janv. 1893, *Gaz. Pal.*, 93. 2, 2e p., 10.

n'est pas responsable de sa faute légère, un donateur n'étant pas tenu à garantie.

1876. L'architecte municipal, même s'il ne touche qu'un traitement fixe, est responsable dans les termes de l'art. 1792, car il était libre de stipuler des honoraires proportionnels (1).

Cependant on admet quelquefois que l'architecte municipal qui touche un traitement fixe n'est responsable que de sa faute lourde (2).

On décide d'autre part que l'architecte municipal n'est responsable des malfaçons de l'entrepreneur que si ce dernier est insolvable (3).

Toutefois il en est autrement s'il a exercé une surveillance insuffisante (4).

1877. L'architecte départemental a également une responsabilité inférieure à celle du droit commun si, dans les conditions où il a été chargé de la direction des travaux, il ne pouvait pas exercer une surveillance continue (5).

1878. La responsabilité de l'architecte s'applique à tous ceux qui en font les fonctions.

Ainsi elle s'aplique à l'ingénieur des ponts et chaussées qui se charge de travaux communaux (6).

Mais en dehors de cette hypothèse, l'ingénieur des ponts et chaussées ne peut être assimilé à l'architecte (7); ce n'est

(1) Cons. d'Etat, 13 juin 1890, S., 92. 3. 116. — *Contra* Cons préfecture Alpes-Maritimes, 29 avril 1892, *Gaz. Pal.*, 92. 2. *Suppl.* 36.

(2) Cons. d'Etat, 20 nov. 1891, S., 93. 3. 109 (pas de responsabilité à raison d'un examen insuffisant du décompte qu'il est chargé de vérifier et de l'approbation à certaines modifications en cours d'exécution, s'il n'y a pas faute lourde).

(3) Cons. d'Etat, 8 mars 1889, S., 91. 3. 28. — Cons. d'Etat, 13 juin 1890, S., 92. 3. 116.

(4) Cons. d'Etat, 13 juin 1891, précité.

(5) Cons. d'Etat, 24 mars 1894, D., 94. 3. 43 (il n'est pas, en ce cas, responsable du mauvais bois employé contrairement à ses prescriptions; la responsabilité se partage entre l'entrepreneur et le département).

(6) On applique cette solution au cas où il s'en charge moyennant les honoraires ordinaires des architectes. — Cons. d'Et., 5 juin 1891, S., 93. 3. 61. — Mais on décide le contraire s'il s'en charge dans les conditions ordinaires de ses fonctions avec l'autorisation de ses supérieurs et moyennant les honoraires réduits que lui alloue un décret du 10 mai 1854. — Cons. d'Et., 20 fév. 1880, S., 81. 3. 58, D., 80. 3. 113. — Cons. d'Et., 11 nov. 1881, S., 83. 3. 32.

(7) Guillouard, II, n. 858.

pas, comme on l'a dit (¹), parce que ses honoraires sont beaucoup plus faibles (il faudrait alors en dire autant d'un architecte départemental ou communal), mais parce que ses fonctions sont toutes différentes.

1879. Nous parlons plus loin de l'entrepreneur des travaux publics (²).

B. *Faits entraînant la responsabilité de l'art. 1792.*

1880. L'art. **1792** vise deux catégories de faits entraînant la responsabilité des architectes et entrepreneurs, les vices de la construction et les vices du sol. Mais à ce point de vue il est très incomplet.

Quoique, en effet, l'art. **1792** ne parle que de la perte ou de la dégradation de l'édifice, il est applicable à tous les cas où les erreurs de l'architecte ou de l'entrepreneur compromettent la conservation de l'édifice (³).

Cependant on décide que les dégradations postérieures à la réception des travaux et qui ne compromettent pas la solidité des constructions ne donnent pas lieu à une action en dommages-intérêts (⁴).

1881. L'architecte qui a fourni le plan et dirigé l'exécution est responsable des fautes commises dans l'exécution. Cette solution est donnée par l'art. **1792**.

Si l'architecte a rédigé le plan et dirigé les travaux, il est responsable des vices du plan (⁵), des vices du sol (⁶), des défauts de la construction (⁷), de l'emploi de matériaux de mauvaise qualité (⁸).

S'il a seulement dressé les plans, il n'est responsable que

(¹) Guillouard, *loc. cit.*
(²) V. *infra*, n. 1884.
(³) Cass., 3 déc. 1834, S., 35. 1. 216. — Cass. req., 16 juil. 1889, S., 92. 1. 350.
(⁴) Cass., 24 nov. 1875, S., 77. 1. 311. — Cons. d'Etat, 4 mars 1892, S., 94. 3. 19. — Pau, 29 juil. 1879, S., 79. 2. 317.
(⁵) Guillouard, II, n. 849.
(⁶) Guillouard, II, n. 849.
(⁷) Guillouard, II, n. 849.
(⁸) *Contra* (pour les travaux communaux) Cons. d'Et., 5 juin 1891, précité.

des vices du plan [1]. Mais il n'est pas responsable des défauts d'exécution [2].

S'il a dirigé les travaux, en suivant le plan d'un autre, il est responsable des vices du plan [3], car il se l'est approprié.

L'architecte qui n'est chargé que de dresser le plan et non pas de surveiller les travaux n'est pas responsable des malfaçons contraires au plan [4].

Il en est autrement dans le cas contraire [5], sauf son recours, comme nous le verrons, contre l'entrepreneur.

L'architecte est responsable d'un glissement du terrain [6], car c'est un vice du sol.

Toutefois il n'a aucune responsabilité si un examen attentif ne pouvait révéler le vice du sol [7].

L'architecte est responsable pour n'avoir pas observé les règlements sur la sécurité publique [8].

On admet que dans les travaux publics l'architecte n'est pas responsable de la mauvaise qualité des matériaux employés par l'entrepreneur [9]. L'emploi par l'entrepreneur de mauvais matériaux n'entraîne donc que subsidiairement la responsabilité de l'architecte, il ne peut être actionné que pour l'avoir insuffisamment surveillé et si l'entrepreneur est solvable [10].

1882. En tout cas l'architecte condamné pour des malfaçons commises par l'entrepreneur de travaux dont il avait la direction, et contraires au plan qu'il a dressé, a un recours

[1] Cass., 20 nov. 1817, S. chr. — Cons. d'Et., 5 avril 1851, S., 51. 2. 449, D., 51. 3. 34. — Guillouard, II, n. 850; Duvergier, II, n. 354; Troplong, II, n. 1002; Frémy-Ligneville et Perriquet, I, n. 96 et 101.

[2] Cass., 5 fév. 1872, S., 72. 1. 127, D., 72. 1. 246. — Guillouard, II, n. 850. — V. cep. Trib. civ. Bruxelles, 27 mars 1895, *Pasicr.*, 95. 2. 236.

[3] Paris, 11 janv. 1845 et 17 nov. 1849, S., 51. 1. 97, D., 50. 2. 206. — Frémy-Ligneville et Perriquet, I, n. 96 et 101; Guillouard, II, n. 851.

[4] Cass., 5 fév. 1872, S., 72. 1. 127, D., 72. 1. 246. — Guillouard, II, n. 854.

[5] Trib. civ. Seine, 31 oct. 1891, *Droit*, 19 nov. 1891. — Guillouard, II, n. 855. — *Contra* (pour les travaux communaux) Cons. d'Et., 5 juin 1891, S., 93. 3. 61.

[6] *Contra* Paris, 17 nov. 1893, D., 94. 2. 522.

[7] Frémy-Ligneville et Perriquet, I, n. 107; Guillouard, II, n. 844.

[8] Paris, 27 mars 1893, *Gaz. Pal.*, 93. 2. 2e p., 7.

[9] Cons. d'Et., 12 nov. 1886, *Rec. des arr. du Cons. d'Et.*, 86. 752. — Cons. d'Et, 13 déc. 1889, S., 92. 3. 31.

[10] Cons. d'Et., 23 déc. 1892, *Gaz. des Trib.*, 24 déc. 1892.

contre l'entrepreneur [1]; ce dernier est le véritable auteur du dommage.

1883. Si l'entrepreneur est sous les ordres d'un architecte, les vices du plan n'entraînent pas la responsabilité de l'entrepreneur [2]; l'architecte seul doit s'imputer les défectuosités qui, par suite de ces vices, se sont produites dans la construction; l'entrepreneur ne peut être déclaré responsable pour avoir suivi les indications d'un plan qui s'imposait à lui.

Cependant on décide le contraire pour le cas où l'entrepreneur aurait reconnu la faute commise dans le plan [3], et pour celui où la faute serait si grossière qu'un entrepreneur expérimenté aurait dû refuser d'exécuter les travaux [4].

L'entrepreneur qui travaille sur le plan d'un architecte est responsable des malfaçons contraires au plan [5]. Peu importe que l'architecte soit aussi chargé de surveiller les travaux [6].

Il en est ainsi même s'il s'agit de travaux sortant de la spécialité de l'entrepreneur [7].

Peu importe aussi que l'architecte lui ait donné des ordres, si ce dernier n'était pas chargé de surveiller les travaux [8]. L'entrepreneur n'avait pas à obéir à ces ordres.

Mais il en est autrement si l'architecte qui a donné les ordres avait la direction des travaux [9].

[1] Cons. d'Et., 9 juil. 1853, S., 54. 2. 222, D., 54. 3. 9. — Cons. d'Et., 3 mars 1854, D., 54. 3. 61. — Cons. d'Et., 12 juil. 1855, S., 56. 2. 254, D., 56. 3. 6. — Guillouard, II, n. 855.

[2] Cons. d'Et., 11 mai 1854, D., 54. 3. 61. — Cons. d'Et., 5 fév. 1857, S., 57. 2. 779, D., 58. 3. 45. — Cons. d'Et., 23 déc. 1892, *Gaz. Trib.*, 24 déc. 1892. — Paris, 17 nov. 1849, D., 50. 2. 206. — Rennes, 9 avril 1870, D., 72. 2. 110. — Lyon, 26 déc. 1895, *Mon. jud. Lyon*, 30 avril 1895. — Trib. civ. Bruxelles, 27 mars 1895, *Pasicr.*, 95. 3. 236. — Trib. civ. Versailles, 14 fév. 1895, *Mon. jud. Lyon*, 27 avril 1895. — Guillouard, II, n. 854.

[3] Cons. d'Et., 13 juil. 1872, D., 72. 3. 45. — Cons. d'Et., 16 juin 1882, D., 83. 3. 123. — Trib. civ. Bruxelles, 27 mars 1895, précité. — Guillouard, II, n. 856.

[4] Trib. civ. Versailles, 14 fév. 1895, *Mon. jud. Lyon*, 27 avril 1895.

[5] Cass., 5 fév. 1872, S., 72. 1. 127, D., 72. 1. 246. — Guillouard, II, n. 854.

[6] Guillouard, II, n. 855.

[7] Trib. civ. Seine, 4 sept. 1862, D., 63. 3. 80. — Guillouard, II, n. 854.

[8] *Contra* Lyon, 6 juin 1874, D., 75. 2. 119. — Guillouard, II, n. 854.

[9] Trib. civ. Seine, 31 oct. 1891, *Droit*, 19 nov. 1891. — Cons. d'Et, 23 janv. 1891, S., 93. 3. 40.

L'entrepreneur est responsable de la qualité des matériaux employés [1].

L'entrepreneur ne doit pas nuire, au-delà de la mesure nécessaire, à l'immeuble sur lequel il construit [2].

1884. L'entrepreneur de travaux publics est responsable dans les mêmes conditions que tout entrepreneur [3].

Toutefois on admet qu'il n'est jamais responsable des vices du sol [4], parce que les travaux publics sont dirigés par des hommes spéciaux et qui ne se conformeraient pas aux objections de l'entrepreneur.

Mais l'entrepreneur de travaux publics est responsable de la défectuosité des matériaux qu'il emploie [5].

1884 *bis.* Le fait que l'entrepreneur travaille à bas prix n'atténue pas sa responsabilité [6].

1885. L'ouvrier à façon est tenu dans les mêmes conditions que l'entrepreneur; ainsi il est tenu de réparer les dommages causés au maître par la mauvaise qualité des matériaux employés [7].

1886. Si l'entrepreneur est chargé de faire la construction sans l'intermédiaire d'un architecte, il est responsable dans les mêmes conditions qu'un architecte [8]; car il en exerce les fonctions. Tel est le cas s'il dresse les plans [9]. En vain dit-on que l'entrepreneur n'est pas obligé d'avoir les connaissances professionnelles d'un architecte. On exigerait évidemment ces connaissances de celui qui remplirait le rôle d'un architecte sans avoir la compétence nécessaire; or, c'est

(1) Décidé que la maladie des bois de plancher, connue sous le nom de carie sèche, n'est pas un vice de construction, mais un accident restant à la charge du maître. — Trib. civ. Marseille, 4 juin 1891, *Rec. d'Aix*, 91. 1. 232.

(2) Guillouard, II, n. 817.

(3) Cons. d'Et., 7 juil. 1853, S., 54. 2. 277, D., 54. 3. 55. — Cons. d'Ét., 12 juil. 1855, S., 56. 2. 254, D., 56. 3. 6. — Cons. d'Et., 10 janv. 1867, D., 68. 3. 12. — Aucoc, *Confér. de dr. admin.*, II, n. 662; Guillouard, II, n. 858.

(4) Aucoc, II, n. 662; Guillouard, II, n. 858.

(5) Cons. d'Et., 3 juin 1892, S., 94. 3. 53.

(6) Lyon, 9 mai 1895, *Mon. jud. Lyon*, 25 juin 1895.

(7) Lyon, 25 déc. 1892, *Gaz. Pal.*, 93. 1. 2e p. 30 (mauvaise odeur des étoffes teintes par un teinturier). — V. *supra*, n. 1874.

(8) Cons. d'Et., 2 fév. 1894, S., 96. 3. 6. — *Contra* Guillouard, II, n. 853.

(9) Cons. d'Et., 2 fév. 1894, précité.

précisément la situation de l'entrepreneur. L'opinion contraire conduirait à décider que l'entrepreneur n'est pas responsable des travaux qui sortent de sa spécialité et c'est ce que personne n'admet.

Ainsi (et ceci est incontestable) l'entrepreneur est tenu des vices de la construction [1], mais il est également tenu des vices du plan [2] et des vices du sol [3]. On admet en tout cas qu'il est tenu de ces deux dernières sortes de vices s'ils sont faciles à reconnaître [4].

C. *Sanction de la responsabilité.*

1887. L'architecte et l'entrepreneur doivent réparer le préjudice causé par leur faute [5]. Il ne leur suffit pas de payer des dommages-intérêts [6].

Le travail défectueux peut donc être recommencé aux frais de l'entrepreneur [7].

Il peut même se faire que cette réfection entraîne la modification d'autres ouvrages. Ainsi l'emploi de matériaux de mauvaise qualité entraîne la réfection de toute la construction si le simple remplacement de ces matériaux par d'autres est de nature à compromettre la solidité de la construction [8]. Mais il en est autrement dans le cas contraire [9].

1888. On décide que l'entrepreneur et l'architecte ne peuvent jamais être condamnés à remettre les lieux dans l'état primitif [10]; cela nous paraît douteux : l'inexécution d'une obligation peut être sanctionnée par la résolution du contrat, et la résolution a précisément pour effet d'obliger l'entrepre-

[1] Guillouard, *loc. cit.*
[2] *Contra* Guillouard, *loc. cit.*
[3] Trib. com. Nantes, 29 août 1891, *Rec. Nantes*, 91. 1. 424. — *Contra* Guillouard, *loc. cit.*
[4] Guillouard, *loc. cit.*
[5] Guillouard, II, n. 833.
[6] Cass. civ., 3 déc. 1890, S., 94. 1. 343, D., 91. 1. 151.
[7] Guillouard, II, n. 859.
[8] Cons. d'Et., 12 juil. 1855, S., 56. 2. 254, D., 56. 3. 6. — Cons. d'Et., 17 juil. 1892, D., 93. 3. 7 (pour les travaux publics). — Guillouard, II, n. 859.
[9] Cons. d'Et., 17 juil. 1892, précité. — Guillouard, II, n. 859.
[10] Lyon, 6 juin 1879, *Fr. jud.*, 1879-80, p. 121. — Guillouard, II, n. 859.

neur ou l'architecte à remettre les lieux dans leur état primitif.

1889. En cas de malfaçon, le juge doit ordonner non seulement la réfection des désordres constatés, mais toutes les réparations nécessaires pour empêcher tout désordre à l'avenir (1).

1890. La jurisprudence administrative n'applique pas rigoureusement les principes de la responsabilité dans les marchés de travaux publics.

On admet que la résiliation de ces marchés ne peut être prononcée, malgré l'inexécution des clauses du marché, si cette inexécution ne cause aucun préjudice à l'Etat ou au département qui ont conclu le marché.

Cela a été décidé notamment pour les entreprises de fourniture du gaz (2).

D. *Nature de la responsabilité fixée par l'art. 1792 C. civ. Preuve et clauses contraires.*

1891. Jusqu'à preuve du contraire, le dommage causé est réputé être causé par la faute de l'architecte, entrepreneur ou ouvrier (3), d'après la jurisprudence, qui voit dans l'art. 1792 une présomption de faute (4). L'art. 1792 ne dit pas cependant que l'architecte et l'entrepreneur soient présumés en faute, c'est-à-dire que le dégât causé au bâtiment soit réputé être dû à un vice du sol ou de la construction. Il dit simplement que si ce vice existe, l'architecte et l'entrepreneur en sont responsables. Il appartient donc au maître, semble-t-il, de démontrer, conformément au droit commun, la cause du dégât.

1892. La responsabilité de l'architecte ou de l'entrepre-

(1) Cass. civ., 3 déc. 1890, S., 94. 1. 343, D., 91. 1. 151.

(2) Cons. d'Et., 18 mars 1892, D., 93. 3. 59 (abaissement du tarif minimum fixé pour la fourniture aux particuliers). — Cons. d'Et., 8 mars 1889 (ville de Nantes) (augmentation du capital de la compagnie, fourniture du gaz à une autre commune malgré les clauses du traité, abaissement des tarifs).

(3) Cass., 24 nov. 1875, S., 77. 1. 311, D., 77. 1. 30. — Trib. civ. Amiens, 23 janv. 1891, *Rec. d'Amiens*, 91. 92 (accident à un cheval confié à un maréchal pour le ferrer). — V. Baudry-Lacantinerie et Tissier, *Tr. de la prescr.*, n. 701 et s.

(4) Cass. req , 16 juill. 1889, S., 92. 1. 350.

neur peut-elle être écartée ou diminuée par la convention ?

C'est une question dont la solution est fournie par le droit commun : un contractant ne peut se dégager de la responsabilité résultant de son dol ou de sa faute lourde, mais il en est autrement pour celle qui résulte de sa faute légère.

Ces principes doivent être appliqués à l'architecte et à l'entrepreneur (1).

1893. Dans tous les cas où une faute commune est relevée contre l'architecte et l'entrepreneur, il peut intervenir contre eux une condamnation *in solidum,* c'est-à-dire que chacun d'eux peut être condamné pour le tout (2). Mais il n'y a pas solidarité entre eux, puisque la solidarité ne se présume pas dans les obligations contractuelles (3). (C. civ., art. 1202).

Par suite, la poursuite intentée contre l'un d'eux n'interrompt pas la prescription contre l'autre (4).

E. *Durée de l'action en responsabilité.*

1894. Aux termes de l'art. 1792 : « *Si l'édifice construit à » prix fait, périt en tout ou en partie par le vice de la cons- » truction, même par le vice du sol, les architectes et entrepre- » neurs en sont responsables pendant dix ans* ».

Ce texte déroge du droit commun qui, comme nous le montrerons, ne libèrerait l'ouvrier, l'architecte et l'entrepreneur de toute responsabilité que trente ans après la réception de l'ouvrage ; l'art. 1792 soumet à une prescription de dix ans l'action du maître pour les défectuosités qui se manifestent après la réception.

Il doit être combiné avec l'art. 2270, au titre de la *prescription,* d'après lequel : « *Après dix ans, l'architecte et les en-*

(1) Décidé que, bien que la responsabilité de l'architecte soit d'ordre public (?), il peut être valablement convenu que, le propriétaire ne voulant pas faire exécuter les travaux nécessaires pour assurer la parfaite stabilité des constructions, la responsabilité de l'architecte et de l'entrepreneur est limitée à la bonne exécution des travaux adoptés. — Paris, 17 nov. 1893, *Gaz. Pal.*, 93. 2. 648.

(2) Lyon, 26 mai 1883, D., 84. 2. 132. — Guillouard, II, n. 857.

(3) Paris, 17 nov. 1849, D., 50. 2. 206. — Guillouard, *loc. cit.* — *Contra* Cons. d'Et., 11 mai 1854, D., 54. 3. 61.

(4) Guillouard, *loc. cit.*

» *trepreneurs sont déchargés de la garantie des gros ouvrages* » *qu'ils ont faits ou dirigés* ».

De très grandes difficultés naissent de ces deux textes et de leur combinaison ; elles trouvent leur place naturelle dans le commentaire du titre de la *Prescription* (1).

1895. Les art. 1792 et 2270 ne concernent que les immeubles.

De là la question de savoir par quel laps de temps l'ouvrier ou l'entrepreneur est déchargé des vices de ses travaux relatifs aux meubles.

La solution la plus conforme aux principes est celle qui permettrait au propriétaire d'agir pendant trente ans ; c'est en effet la prescription applicable dans toutes les hypothèses dont la loi ne s'est pas expressément occupée.

Cette solution est inadmissible. Les inconvénients auxquels ont voulu remédier les art. 1792 et 2270, en abrégeant la durée de la prescription, sont ici beaucoup plus sérieux : les meubles sont exposés à un dépérissement plus rapide que les immeubles; il est donc, au bout d'un laps de temps très court, impossible de rechercher en quoi les travaux étaient défectueux; d'un autre côté, il n'est pas possible de laisser peser sur un ouvrier, généralement peu fortuné, une longue responsabilité.

Du reste, il ressort formellement des travaux préparatoires que la durée de l'action du propriétaire est moins longue en matière mobilière qu'en matière immobilière. « M. Bérenger dit que l'art. 113 (1790) se rapporte à tout ouvrage quelconque, au lieu que l'art. 115 (1792) établit une règle particulière pour les ouvrages dirigés par un architecte. Cette distinction est nécessaire; on peut facilement vérifier si un meuble est conditionné comme il doit l'être ; ainsi, dès qu'il est reçu, il est juste que l'ouvrier soit déchargé de toute responsabilité, mais il n'en est pas de même d'un édifice; il peut avoir toutes les apparences de la solidité, et cependant être affecté de vices cachés qui le fassent tomber après un laps de temps. L'architecte doit donc en répondre pendant un délai suffisant pour

(1) Baudry-Lacantinerie et Tissier, *Tr. de la prescription*, n. 702 s.

qu'il devienne certain que la construction est solide » [1].

Ainsi ni la prescription de trente ans ni celle de dix ans ne sauraient être admises. En partant de cette idée et du silence de la loi, on a prétendu que le juge devait fixer lui-même, suivant les circonstances, le délai de la prescription, à la seule condition de n'admettre qu'un « bref délai » [2].

Il nous paraît préférable de décider que dès le moment de la réception de l'ouvrage, l'ouvrier est déchargé des malfaçons [3]. Il est, en effet, à remarquer que le silence de la loi ne prouve rien en faveur de la doctrine que nous venons de signaler, car il conduirait à admettre la prescription de trente ans. Le juge ne peut avoir de pouvoir en dehors d'un texte et l'art. 1648 qui lui donne le droit de fixer la durée de l'action rédhibitoire dans la vente a un caractère exceptionnel qui en interdit l'extension.

Le passage précité des travaux préparatoires montre que les rédacteurs du code civil n'ont pas songé un seul instant que la libération immédiate de l'ouvrier pût être contestée. Cela résulte également du rapprochement de l'art. 1790 avec l'art. 1792; le premier texte établit simplement une responsabilité, le second la prolonge pendant dix ans.

On ne peut objecter l'ancien droit; il était alors admis que l'action du maître durait trois ans et ce délai fut postérieurement réduit à un an [4], or il est certain que le code n'a pas admis cette solution.

Dans tous les cas, il est évident que si les vices sont apparents, la réception des travaux permet désormais d'opposer une fin de non-recevoir à l'action du maître [5].

1896. Il n'est pas moins certain que si une fraude de l'ouvrier a empêché le maître d'apercevoir la malfaçon, il peut agir contre l'ouvrier après la découverte du dol [6]. Son action

(1) Fenet, XIV, p. 261.

(2) Lyon, 23 déc. 1892, D., 93. 2. 229 (vice caché résultant de la mauvaise odeur de marchandises données à un teinturier). — Aubry et Rau, IV, p. 528, § 374.

(3) Metz, 17 oct. 1843, S., 44. 2. 173. — Duvergier, II, n. 347; Troplong, II, n. 991; Laurent, XXVI, n. 16; Guillouard, II, n. 793 et 806.

(4) Ferrière, *Cout. de Paris*, art. 113, n. 23.

(5) Guillouard, II, n. 793.

(6) Guillouard, II, n. 794.

ne sera pas fondée sur la malfaçon, mais sur la fraude de l'ouvrier, laquelle est la cause d'une action en dommages-intérêts (art. 1382).

Aussi faut-il décider que cette action, comme toute action en dommages-intérêts, durera trente ans (1).

Mais le juge peut faire découler de l'expiration d'un délai moindre, après la connaissance que le maître aura eue du vice, la preuve d'une renonciation tacite (2).

1897. S'il s'agit d'un ouvrage dont la matière a été fournie par l'ouvrier, on applique les principes de la vente, c'est-à-dire les art. 1641 s. L'action doit donc être intentée dans un bref délai; mais, à moins qu'il ne s'agisse de vices apparents, la livraison n'y met pas obstacle (3).

1898. Il faut considérer comme meubles les immeubles par destination (4), car, tant qu'ils n'ont pas été attachés au fonds, ils ont le caractère d'objets mobiliers.

Ainsi la fabrication d'un pressoir ne peut donner lieu, après la réception, à aucune responsabilité (5).

F. *Conditions d'application de l'art. 1792.*

1899. Le fait que les travaux ont été faits avec le consentement du propriétaire ne modifie pas la responsabilité de l'architecte et de l'entrepreneur (6). Il en est de même si les travaux sont faits sur les ordres et sur les plans du propriétaire (7).

(1) Guillouard, II, n. 794.
(2) Guillouard, II, n. 794.
(3) Comp. Lyon, 23 déc. 1892, précité.
(4) Guillouard, II, n. 866.
(5) Metz, 17 oct. 1843, S., 44. 2. 173. — Guillouard, II, n. 866.
(6) Bourges, 13 avril 1841, S., 42. 2. 73. — Paris, 17 nov. 1849, D., 50. 2. 206. — Bastia, 7 mars 1854, S., 54. 2. 165, D., 54. 2. 117. — Paris, 5 mars 1863, S., 63. 2. 92, D., 63. 5. 239. — Bordeaux, 21 avril 1864, S., 64. 2. 219, D., 65. 2. 39. — Metz, 30 nov. 1865, S., 66. 2. 187, D., 66. 5. 234. — Paris, 25 fév. 1868, D., 68. 2. 160. — Trib. com. Marseille, 13 nov. 1891, *Rec. Marseille*, 92. 1. 46. — Duvergier, II, n. 351; Aubry et Rau, IV, p. 532, § 374, notes 27 et 28; Laurent, XXVI, n. 51 s.; Frémy-Ligneville et Perriquet, I, n. 124; Guillouard, II, n. 875 et 876; Fraissingea, *Respons. des arch.*, n. 106; Pezons, *Devis et marchés*, n. 84 et 85. — Cpr. Cons. d'Et., 2 avr. 1886, S., 88. 3. 4.
(7) Cass. civ., 23 oct. 1888, S., 88. 1. 472. — Cass. req., 16 juill. 1889, S., 92. 1. 350. — Lyon, 9 mai 1895, *Mon. jud. Lyon*, 25 juin 1895. — Trib. civ. Chambéry,

C'est ce que dit expressément Tronchet, dans le cours de la discussion au conseil d'État (¹).

On admet cependant le contraire si les connaissances spéciales du propriétaire, au moins égales à celles de l'architecte ou de l'entrepreneur, devaient le mettre en garde contre les défectuosités du travail (²).

La présence du propriétaire sur les lieux ne modifie pas davantage l'étendue de la responsabilité (³).

Mais en tout cas il n'y a pas de responsabilité complète si le maître a connu les dangers et a déclaré passer outre (⁴).

1900. Dans cette hypothèse et dans toutes celles où le propriétaire a commis une faute commune avec l'architecte et l'entrepreneur ou avec l'un d'eux, il va sans dire qu'il supportera une partie du dommage (⁵).

On a même décidé qu'en pareille hypothèse la responsabilité de l'architecte peut être réduite à la perte de ses honoraires (⁶). C'est, selon nous, une erreur, car la perte des honoraires est la conséquence du cas fortuit antérieur à la réception ; or on ne peut assimiler la faute constatée de l'architecte au cas fortuit.

1901. Si la faute de l'architecte provient de ce que les indications du devis, d'ailleurs fidèlement observées, étaient fâcheuses, par exemple si des pièces de dimension trop restreinte devaient être employées, on décide que le maître est obligé de payer la différence entre les matériaux employés d'après le devis et les matériaux nouveaux qui doivent être employés (⁷). Cette solution nous paraît inexacte ; l'architecte doit réparer les conséquences de la faute commise dans la

7 fév. 1889, *France jud.*, 89. 121 (entrepreneurs). — Mêmes auteurs. — *Contra* Liège, 1er mars 1876, *Pasicr.*, 77. 2. 19, *Journ. dr. int.*, IV, 1877, p. 568.

(¹) Fenet, XIV, p. 263.

(²) Cass., 4 juill. 1838, S., 38. 1. 726. — Paris, 12 fév. 1848, D., 48. 2. 64. — Guillouard, II, n. 875.

(³) Trib. civ. Seine, 3 août 1887, *Loi*, 26 oct. 1887.

(⁴) Trib. com. Seine, 5 avril 1892, *Loi*, 13 mai 1892.

(⁵) Cass., 8 déc. 1852, D., 54. 5. 653. — Guillouard, II, n. 859. — V. cep. Cass. req., 24 mai 1894, cité *infra*, qui ne semble admettre cette solution que si les travaux ne sont pas exécutés à prix fait.

(⁶) Cass., 8 déc. 1852, précité. — Guillouard, *loc. cit.*

(⁷) Cons. d'Et., 12 juill. 1855, S., 56. 2. 254, D., 56. 3. 6. — Guillouard, II, n. 859.

rédaction du devis; il ne peut obliger le propriétaire à payer des frais auxquels il ne s'était pas attendu. Du reste l'opinion contraire nous paraît contrarier l'art. 1793.

1902. La faute de l'architecte ne donne lieu à aucune responsabilité si elle ne fait pas souffrir de préjudice au maître (1). Les principes du mandat et ceux du louage d'ouvrage conduisent à cette solution.

1903. Les règles de la responsabilité des architectes et entrepreneurs s'appliquent même si ces derniers fournissent à la fois le sol et les matériaux (2), quoiqu'il s'agisse d'une vente.

1904. L'art. 1792 règle la responsabilité des architectes et entrepreneurs en cas de travail à *prix fait*. Dans le cas contraire, l'art. 1792 est inapplicable et le droit commun reprend son empire. La jurisprudence est constante (3), mais c'est à tort qu'elle fait appel aux art. 1382 et 1383 : ces textes ne concernent que la responsabilité délictuelle et il s'agit ici d'une responsabilité contractuelle; néanmoins la jurisprudence a raison en ce qu'elle décide que le maître doit prouver la faute de l'architecte ou de l'entrepreneur, car c'est lui qui est demandeur (4).

Ainsi l'art. 1792 est inapplicable quand il a été convenu que le prix des travaux serait déterminé d'après un devis et en suite de leur achèvement (5).

De même la responsabilité des art. 1792 et suiv. ne s'applique pas à l'ouvrier qui travaille sans prix fait, par exemple à

(1) Cass. req., 11 nov. 1885, S., 86. 1. 303 (si l'architecte chargé de rédiger une série de prix pour la mise en adjudication de travaux de reconstruction donne une estimation trop élevée à certains matériaux, mais aussi une estimation trop faible à d'autres, de sorte que le total n'est pas exagéré; si l'architecte chargé de régler un mémoire commet dans l'évaluation des travaux une erreur insignifiante).

(2) Aubry et Rau, IV, p. 529, § 374, note 17; Laurent, XXVI, n. 34; Guillouard, II n. 880. — Pour la prescription, v. *supra*, n. 1897.

(3) Cass. req., 12 nov. 1844, S., 45. 1. 180, D., 45. 1. 8. — Cass. req., 12 fév. 1850, S., 51. 1. 97, D., 50. 1. 311. — Cass. req., 15 juin 1863, S., 63. 1. 409, D., 63. 1. 121. — Cass. req., 1er déc. 1868, S., 69. 1. 97, D., 72. 1. 65. — Cass. req., 29 mars 1893, S., 94. 1. 483, D., 93. 1. 289. — Cass. req., 24 mai 1894, S., 94. 1. 448, D., 94. 1. 451. — Amiens, 25 mai 1888, *Rec. d'Amiens*, 88. 242. — Orléans, 26 oct. 1889, *Gaz. Pal.*, 89. 2. 554.

(4) Mêmes arrêts.

(5) Cass. req., 29 mars 1893, précité.

la journée [1]. Outre que les textes n'autorisent pas la solution contraire, elle serait injuste, puisque le maître, quand il n'est pas lié par un marché ferme, peut imposer à l'ouvrier des actes préjudiciables dont il viendrait ensuite demander la réparation.

Toutefois il va sans dire que l'ouvrier est responsable de sa faute [2].

1905. La responsabilité se divise, en dehors d'un prix fait, entre le maître, l'architecte et l'entrepreneur proportionnellement à la faute de chacun [3].

En dehors donc d'un prix fait, il n'existe aucune solidarité entre l'entrepreneur et l'architecte pour les fautes imputables à l'un deux [4].

Il en est autrement, conformément à la théorie généralement admise dans l'interprétation de l'art. 1382 C. civ., si la faute est commune [5].

C'est aux juges du fond qu'il appartient de déterminer si la faute est commune ou non [6].

1906. S'il n'y a pas *prix fait*, l'entrepreneur n'est pas responsable des malfaçons ordonnées par le propriétaire [7], car si l'entrepreneur à prix fait travaille sur ses propres plans sans ordre du propriétaire, il en est autrement quand il n'y a pas prix fait. On peut invoquer à l'appui de cette solution la

(1) Cass., 4 juil. 1838, S., 38. 1. 726. — Cass., 12 fév. 1868, S., 68. 1. 208, D., 68. 1. 502. — Cass., 20 janv. 1880, S., 80. 1. 412, D., 80. 1. 252. — Dijon, 30 juin 1879, *Fr. jud.*, 79-80, p. 231. — Rennes, 18 juil. 1882, S., 83. 2. 248. — Aubry et Rau, IV, p. 534, § 374, note 33; Laurent, XXVI, n. 36 et 37; Frémy-Ligneville et Perriquet, I, n. 142 et 143; Guillouard, II, n. 863.

(2) Frémy-Ligneville et Perriquet, *loc. cit.;* Guillouard, *loc. cit.*

(3) Cass. req., 24 mai 1894, S., 94. 1. 448, D., 94. 1. 451.

(4) Cons. d'Et., 23 déc. 1892, *Gaz. des trib.*, 24 déc. 1892. — Cass. req., 2 juil. 1888, S., 90. 1. 501 (faute commise par l'architecte dans la rédaction du plan et la surveillance de son exécution, l'arrêt en conclut que l'architecte ne peut se prévaloir d'une transaction passée entre le maître et l'entrepreneur). — Paris, 17 nov. 1849, D., 50. 2. 206.

(5) Cons. d'Et., 6 fév. 1891, *Rev. du cont. des trav. publ.*, 91. 411. — Cass., 25 mars 1874, S., 74. 1. 220. — Paris, 3 nov. 1887, *France jud.*, 88. 21,

(6) Cass. req., 2 juil. 1888, précité.

(7) Cass. req., 1er déc. 1868, S., 69. 1. 97, D., 72. 1. 65. — Cass. req., 29 mars 1893, S., 94. 1. 483, D., 93. 1. 289 (dans l'espèce le propriétaire était « notoirement expert en matière de bâtiment » et avait dirigé les travaux ; l'arrêt conclut de là que les vices de construction étaient ordonnés par le propriétaire).

théorie qui, en cas de prix fait, écarte la responsabilité de l'entrepreneur pour les défectuosités provenant d'un vice du plan dressé par l'architecte.

1906 *bis*. L'action en responsabilité appartient à celui qui souffre de la faute commise, c'est-à-dire à celui qui détient l'immeuble au moment où l'action est intentée. Si donc l'immeuble est vendu depuis que la faute a été commise, l'acquéreur seul a l'action en responsabilité. Si même il n'est vendu qu'après que la faute s'est déclarée, l'action n'appartient qu'à l'acquéreur, qui seul souffre du vice de la chose (¹). Cependant si le vendeur était actionné en garantie par l'acquéreur, il aurait un recours contre l'architecte ou l'entrepreneur (²).

III. *Responsabilité du fait des préposés et sous-traitants.*

1907. Celui qui s'est chargé d'un travail à l'entreprise répond du fait des ouvriers qu'il emploie pour son exécution. « *L'entrepreneur répond du fait des personnes qu'il emploie* », dit l'art. 1797.

C'est une application de l'art. 1384.

1908. En général, l'entrepreneur n'est pas responsable des engagements du sous-traitant (³), car ce dernier est son cessionnaire et non pas son préposé.

Si l'entrepreneur s'est réservé un droit de surveillance sur le sous-traitant, il est responsable des délits de ce dernier, dont il est alors le commettant, conformément à l'art. 1384 al. 3.

De même si l'entrepreneur s'est réservé la surveillance de certains actes du sous-traitant, il est responsable des délits commis dans l'exercice de ces actes.

Ces solutions ont été souvent appliquées aux travaux publics (⁴).

(¹) Trib. civ. Bruxelles, 21 avr. 1896, *Pasicr.*, 96. 3. 196 (même si cette faute a obligé le propriétaire à vendre à perte).

(²) Trib. civ. Bruxelles, 21 avr. 1896, précité.

(³) Limoges, 24 fév. 1888, *Rev. du cont.*, 88. 282. — Trib. com. Havre, 27 juin 1888, *Rev. Havre*, 88. 161. — V. *infra*, n. 2006 s.

(⁴) Cass. crim., 20 août 1847, S., 47. 1. 855, D., 47. 4. 421. — Cass. req., 17 mai 1865, S., 65. 1. 326, D., 65. 1. 373. — Cass. req., 10 nov. 1868, S., 69. 1. 127, D.,

1909. Mais vis-à-vis du maître, l'entrepreneur qui a confié une partie de l'ouvrage à un sous-traitant est responsable des malfaçons de celui-ci ([1]). Nous montrerons, en effet, plus tard, en étudiant la cession du marché, que le cédant conserve toutes ses obligations vis-à-vis du maître, et qu'il continue à être responsable de l'exécution du marché.

Mais il en est autrement, ces motifs cessant de s'appliquer, si la cession a été faite avec le consentement du maître, et si ce dernier a abdiqué ses droits contre l'entrepreneur.

1910. Le propriétaire n'a contre les sous-entrepreneurs avec lesquels a traité l'entrepreneur principal aucune action directe en responsabilité ([2]), à moins qu'il ne puisse être réputé, par les termes de son consentement à la cession, avoir considéré le sous-traitant comme son entrepreneur direct.

1911. Il va sans dire que les sous-entrepreneurs sont responsables de leur faute envers l'entrepreneur principal. Mais cette responsabilité ne dérive pas des art. 1792 et 2170 ([3]), qui ne s'appliquent ni par leur texte ni par leur esprit.

1912. Pour les entreprises des travaux publics, l'art. 9 du cahier des clauses et conditions générales du 16 nov. 1866, décide que, si l'entrepreneur s'est substitué au sous-traitant, les ouvriers et les tiers ont le droit d'agir directement contre l'entrepreneur pour les obligations du sous-traitant. L'art. 13 des clauses des conditions générales du 25 nov. 1876, pour les travaux du génie, reproduit la même disposition.

Ces textes sont généraux ; la responsabilité de l'entrepreneur devrait donc être engagée non seulement pour les obligations contractuelles du sous-traitant (comme celles qui concernent les fournitures et les salaires), mais encore pour ses obliga-

69. 1. 133. — Cass. civ., 9 août 1892, D., 92. 1. 567. — Orléans, 18 juil. 1867, D., 67. 2. 136. — Angers, 25 janv. 1892, D., 92. 2. 465. — Paris, 27 fév. 1892, D., 92. 2. 465. — Poitiers, 22 mars 1892, D., 92. 2. 493 (mort d'ouvriers par une explosion de dynamite alors que l'entrepreneur s'était réservé le droit de veiller aux précautions à prendre dans l'emploi des explosifs). — Sourdat, *Tr. de la respons.*, 2e éd., II, n. 890. — V. *infra*, n. 1912.

([1]) Trib. com. Lyon, 6 mai 1891, *Mon. jud. Lyon*, 21 mai 1891.

([2]) Guillouard, II, n. 862.

([3]) Cass., 12 fév. 1868, S., 68. 1. 208, D., 68. 1. 562. — Cass., 3 août 1868, S., 68. 1. 447. — Guillouard, II, n. 862. — *Contra* Frémy-Ligneville et Perriquet, I, n. 141.

tions délictuelles. On peut ajouter en ce sens que la responsabilité de l'entrepreneur est fondée sur la surveillance qu'il est tenu d'exercer sur son sous-traitant ; or cette surveillance, si elle est étroite, empêchera plus facilement encore les délits qu'elle n'obligera le sous-traitant à exécuter ses engagements.

Malgré ces raisons, qui nous paraissent décisives, l'opinion contraire est admise [1]; on la fonde sur l'idée que les dispositions précitées ont eu pour but de confirmer la jurisprudence, laquelle limitait l'obligation de l'entrepreneur à l'exécution des engagements contractuels du sous-traitant [2]. On dit encore (et cela est évidemment peu sérieux, car un pareil raisonnement conduirait à nier la responsabilité du commettant en cas de faute du préposé) que, dans l'opinion que nous avons soutenue, la tâche de l'entrepreneur deviendrait impossible.

La responsabilité de l'entrepreneur des travaux publics s'étend en tous les cas, comme nous l'avons dit, aux délits commis par le sous-traitant dans l'exercice d'une fonction dont l'entrepreneur avait gardé la surveillance.

§ III. *Obligation de restituer les objets appartenant au propriétaire.*

1913. L'architecte, une fois qu'il a été payé de ses honoraires, doit restituer les plans et mémoires et autres pièces appartenant au propriétaire [3].

§ IV. *Obligations envers les tiers.*

1914. L'entrepreneur n'est pas seulement responsable de ses fautes vis-à-vis du maître, il encourt également une responsabilité envers les propriétaires d'immeubles voisins s'il cause un dommage à ces immeubles [4], ce dommage fût-il

(1) Poitiers, 22 mars 1892, D., 93. 2. 493.

(2) Cass. req., 7 juin 1846, S., 46. 1. 863, D., 46. 1. 334. — Cass. civ., 7 fév. 1866, S., 66. 1. 220, D., 66. 1. 334. — Cass. req., 2 janv. 1867, S., 67. 1. 79, D., 67. 1. 108.

(3) Trib. Seine, 19 juill. 1893, *Gaz. Pal.*, 94. 1. *Suppl.*, 6. — V. *infra*, sur le droit de rétention, n. 1965.

(4) Guillouard, II, n. 817.

la conséquence indispensable des travaux [1]. La responsabilité à l'égard du voisin est fondée sur les principes de l'action délictuelle.

En outre, l'entrepreneur a une responsabilité vis-à-vis de ses ouvriers ; cette responsabilité est fondée sur le louage de services [2].

1915. L'entrepreneur est responsable envers les tiers du fait de ses préposés agissant dans l'exercice de leurs fonctions. L'art. 1797 [3] contient sur ce point une disposition générale, et, à supposer que ce texte ait exclusivement pour objet les rapports de l'entrepreneur avec le maître, l'art. 1384 suffit à justifier notre solution.

Mais, pas plus envers les tiers qu'envers le maître l'entrepreneur n'est responsable des faits du sous-traitant qui est son cessionnaire et son préposé [4].

On a décidé cependant que l'entrepreneur est tenu de payer les fournitures faites au sous-traitant dans l'intérêt de l'entreprise [5]. Mais cette solution ne peut se justifier.

1916. A supposer que l'art. 1792 édicte une présomption de faute, c'est-à-dire que, contrairement au droit commun, il déplace la preuve, il n'est pas applicable dans les rapports de l'architecte ou entrepreneur avec les tiers [6].

SECTION IV

OBLIGATIONS DU MAITRE

§ I. *Obligations relatives au travail et à sa vérification.*

1917. Le maître doit, suivant le langage de Pothier, faire tout ce qui dépend de lui pour mettre le locateur en pouvoir de faire l'ouvrage [7].

Il doit donc :

[1] V. cep. Guillouard, II, n. 817.
[2] V. *supra*, n. 1276 s.
[3] V. *supra*, n. 1907.
[4] Comp. *supra*, n. 1912.
[5] Trib. com. Seine, 18 déc. 1890, *Journ. trib. com.*, 92. 148.
[6] Trib. civ. Bruxelles, 27 fév. 1895, *Pasicr.*, 95. 3. 144.
[7] Guillouard, II, n. 820.

Fournir les matériaux à l'époque fixée [1];

Acquérir la mitoyenneté d'un mur voisin si cela est nécessaire [2];

Obtenir les autorisations administratives nécessaires [3], par exemple un arrêté d'alignement [4].

Cette obligation, comme toutes celles d'un contrat synallagmatique, est sanctionnée par des dommages-intérêts et, au besoin, par la résolution de la convention [5].

1918. On a vu que l'ouvrier, soit qu'il fournisse la matière, soit qu'il ne la fournisse pas, n'est complètement à l'abri des cas fortuits qu'autant que l'ouvrage a été *reçu*, c'est-à-dire vérifié et agréé par le maître. L'ouvrier a donc intérêt à ce que la vérification soit faite le plus promptement possible. Aux termes de l'art. 1791 : « *S'il s'agit d'un ouvrage à plusieurs pièces ou à la mesure, la vérification peut s'en faire par parties : elle est censée faite pour toutes les parties payées, si le maître paie l'ouvrier en proportion de l'ouvrage fait* ».

Il suit de ce texte que le simple payement d'acomptes, non proportionnés à l'ouvrage fait, n'emporte en aucun cas réception de l'ouvrage [6]. On peut justifier cette solution par l'idée qu'en pareil cas le maître prétend simplement faire une avance à l'ouvrier, sans entrer encore dans l'examen du travail.

1919. L'ouvrier a-t-il le droit de forcer le maître à vérifier l'ouvrage?

Il le peut certainement après que l'ouvrage est terminé; car l'ouvrier a accompli dès lors ses obligations et le maître doit accomplir les siennes en recevant la chose et en payant le prix convenu.

L'ouvrier peut-il également obliger, après l'achèvement d'une partie de l'ouvrage, le maître à vérifier la partie terminée?

(1) Guillouard, II, n. 820.
(2) Guillouard, II, n. 820.
(3) Guillouard, II, n. 820.
(4) Guillouard, II, n, 820.
(5) Guillouard, II, n. 820.
(6) Duranton, XVII, n. 254; Duvergier, II, n. 345; Aubry et Rau, IV, p. 527, § 374, note 8; Guillouard, II, n. 792. — V. *supra*, n. 1863.

Il le peut s'il s'agit d'un ouvrage à plusieurs pièces ou à la mesure (1). C'était la solution de Pothier (2) et du droit romain (3), et elle résulte clairement de l'art. 1791. En disant que la vérification de ces sortes d'ouvrages peut se faire par parties, l'art. 1791 n'a pas voulu simplement permettre au maître et à l'ouvrier de procéder, par un commun accord, à la vérification partielle. Car le droit commun suffisait à leur concéder ce droit et, du reste, ils le peuvent tout aussi bien si l'ouvrage est convenu en bloc. L'art. 1791 ne peut vouloir dire qu'une chose, c'est que l'auteur d'un travail à la pièce ou à la mesure peut, dans le cours de son travail, forcer le maître à vérifier les portions terminées.

Et cela se justifie en raison ; les parties ont évidemment envisagé chaque portion de l'ouvrage comme distincte du surplus.

Au contraire, si l'ouvrage est convenu en bloc, la solution opposée était donnée par Pothier (4) et par le droit romain (5). Elle est encore exacte (6), car elle résulte implicitement de l'art. 1791, et elle est seule conforme à l'intention des parties.

§ II. *Payement des honoraires ou salaires.*

I. *Montant et fixation des honoraires ou salaires.*

1920. Les parties fixent comme elles l'entendent les honoraires de l'ouvrier, architecte ou entrepreneur.

De ce que, selon une partie de la jurisprudence, l'architecte est un mandataire, on devrait, ce semble, conclure que ses honoraires, fixés entre les parties, peuvent être réduits par les tribunaux. Mais, comme nous l'avons montré, cette solution est inexacte, et, d'ailleurs la jurisprudence paraît n'attacher aucune importance sérieuse à la formule qu'elle emploie (7).

(1) Delvincourt, III, p. 215; Duvergier, II, n. 346; Guillouard, II, n. 795.
(2) N. 436.
(3) L. 36, D., *loc. cond.*, 19. 2.
(4) N. 436.
(5) L. 36, D., *loc. cond.*, 19. 2.
(6) Delvincourt, *loc. cit.;* Duvergier, *loc. cit.;* Guillouard, *loc. cit.*
(7) V. *supra*, n. 1837.

1921. Si le prix du louage d'ouvrage n'est pas déterminé par le contrat, il n'en résulte pas que le contrat soit gratuit. Les parties entendent se référer à l'usage des lieux (¹), ou, s'il n'y a pas d'usage des lieux, elles veulent que le prix soit fixé ultérieurement eu égard au travail fait.

Pothier citait comme exemple l'envoi d'étoffes chez un tailleur pour faire un vêtement, sans fixation de prix; le prix doit être fixé par l'usage des lieux (²).

1922. Les circonstances peuvent conduire cependant à décider que l'architecte n'a pas le droit de réclamer d'honoraires.

Ainsi l'architecte ne peut réclamer d'honoraires pour avoir dressé un plan en vue de l'obtention d'un emploi, si d'ailleurs il a obtenu cet emploi (³); on peut considérer que l'architecte est suffisamment rétribué par l'emploi qui lui est accordé.

De même, les tribunaux peuvent décider que l'architecte a dressé un plan dans le simple espoir d'être chargé de surveiller la construction, et, alors même que cette dernière mission ne lui a pas été accordée, lui refuser des honoraires (⁴).

1923. Un architecte n'a pas droit à des honoraires pour un plan qu'il a dressé sans en avoir reçu l'ordre.

Il en est ainsi d'un architecte communal qui a dressé un plan, même au vu et au su du maire et sans que ce dernier s'y soit opposé (⁵).

1924. Les honoraires des architectes sont fixés, pour les travaux publics, par un avis du conseil des bâtiments civils, du 12 pluv. an VIII, de la manière suivante :

1 1/2 p. 100 pour la confection des plans;

(¹) Pothier, n. 397; Chorier, *La Jurispr. de Guy-Pape*, 2ᵉ éd., 1669, liv. IV, sect. VI, art. 4, p. 144 (il dit que s'il y a plusieurs prix on doit prendre le plus bas; mais son annotateur prétend avec raison prendre le prix moyen). — Guillouard, II, n. 689.

(²) N. 397. — Guillouard, II, n. 689.

(³) Cons. d'Et., 4 août 1882, D., 84. 3. 3. — Guillouard, II, n. 827.

(⁴) Trib. civ. Bordeaux, 5 nov. 1890, *Rec. Bordeaux*, 91. 3. 61. — C. supr. Michigain, 20 avril 1885, *Alb. law. journ.*, XXXI, p. 402, *Anal. journ. dr. int.*, XIII, 1886 p. 485.

(⁵) Cons. d'Et., 20 janv. 1882, *Fr. jud.*, 81-82. 496. — Guillouard, II, n. 827.

1 1/2 p. 100 pour la conduite des ouvrages;

2 p. 100 pour le règlement des ouvriers.

Soit en tout 5 p. 100 si l'architecte accomplit ces trois opérations.

Les honoraires sont portés au double lorsqu'ils sont projetés et exécutés à plus de 5 kilomètres de distance du lieu de la résidence ordinaire de l'architecte, et que les frais de voyage et de séjour sont à la charge de celui-ci.

Si les constructions exigent des dessins ou modèles et occasionnent des dépenses extraordinaires, ces dessins ou modèles doivent être estimés séparément.

Toutefois l'établissement de séries de prix rentre dans les plans (1).

En matière de travaux de l'État, l'avis de pluviôse an VIII a été abrogé par deux arrêtés ministériels des 10 mars 1834 et 15 avril 1838, qui fixent des honoraires plus réduits (2).

1925. Le tarif de 5 p. 100 n'est pas applicable pour des services autres que des travaux (3).

Il en est ainsi des avant-projets, pour lesquels l'architecte fait des études et évaluations préparatoires, destinées à mettre le maître à même d'apprécier s'il y a lieu de faire faire les travaux (4).

1926. Pour les mémoires établis en demande, la réduction d'un cinquième est de droit (5).

1927. Les honoraires applicables aux réparations de constructions doivent être de plus de 5 p. 100 (6). Le tarif de 5 p. 100 ne rémunérerait pas suffisamment l'architecte de son travail, car la proportion e difficulté des plans relativement à la valeur de l'ouvrage à effectuer est plus grande en matière de réparations qu'en matière de constructions neuves.

(1) Cons. d'Etat, 6 août 1886, S., 88. 3. 33.

(2) Frémy-Ligneville et Perriquet, I, n. 207 et 208. — Guillouard, II, n. 825.

(3) Paris, 16 avril 1894, *Gaz. Pal., Table*, 1er sem. 1894, v° *Louage d'ouvrage*, n. 17 et 18.

(4) Paris, 12 avril 1894, *Gaz. Pal., Table*, 1er sem. 1894, v° *Louage d'ouvrage*, n. 19 et 21.

(5) Paris, 18 janv. 1894, *Gaz. Pal.*, 94. 1. 297.

(6) Trib. civ. Lyon, 15 juil. 1889, *Mon. jud. Lyon*, 30 oct. 1889 (pour les travaux de restaurations et de sous-œuvres, les honoraires ordinaires doivent être doublés). — Frémy-Ligneville et Perriquet, I, n. 211; Guillouard, II, n. 824.

1928. Les architectes des départements et des communes touchent souvent un traitement fixe ; ils ne peuvent alors réclamer les honoraires de 5 p. 100 [1].

Ces observations enlèvent à l'avis de pluviôse an VIII une grande partie de sa portée.

Cependant il arrive que l'architecte communal est chargé d'un travail comme architecte et non comme employé de la commune [2].

1929. En ce qui concerne les travaux particuliers, si le montant des honoraires dus à l'architecte n'est pas établi par la convention, il doit, conformément aux principes, être fixé par le tribunal [3].

Toutefois l'usage est d'appliquer le tarif adopté par l'avis de pluviôse an VIII [4].

Mais cette solution ne s'impose pas aux tribunaux [5] ; d'autre part, elle subit des exceptions.

Ainsi les honoraires sont moindres si l'architecte a été chargé de construire une cité ouvrière composée de plusieurs maisons dont le modèle est uniforme [6] ou s'il n'a pas dressé de plans [7].

Ils peuvent être de plus de 5 p. 100 s'il s'agit de travaux artistiques ou si les travaux exigent des déplacements [8].

(1) Cons. d'Et., 27 janv. 1888, *Gaz. Trib.*, 8 fév. 1888. — Guillouard, II, n. 825.

(2) V. *supra*, n. 1876. — Dans ce cas et quoique les communes puissent révoquer leurs employés sans indemnité, l'architecte qui a dressé le plan et qui voit, sans avoir commis aucune faute, l'exécution confiée à un autre architecte, a droit à des dommages-intérêts. — Cons. d'Et., 8 août 1892, S., 94. 3. 80.

(3) Cass., 26 mars 1876, S., 79. 1. 453, D., 77. 1. 16. — Cass. req., 18 avril 1888, S., 88. 1. 169. — Cass. req., 30 avril 1895, S., 95. 1. 259, D., 95. 1. 416. — Dijon, 21 mai 1844, D. *Rép.*, v° *Architecte*, n. 10. — Paris, 26 juin 1844, D. *Rép.*, v° *Louage d'ouvrage*, n. 112. — Paris, 29 déc. 1859, D., 60. 2. 37. — Lyon, 31 mars 1881, S., 81. 2. 142. — Bordeaux, 30 juill. 1886, S., 87. 2. 30. — Paris, 20 mars 1893, *Gaz. Pal.*, 93. 1. 2e p., 68. — Paris, 16 janv. 1894, *Gaz. Pal.*, 94. 1. 297. — Guillouard, II, n. 824; Frémy-Ligneville et Perriquet, I, n. 211.

(4) Paris, 6 déc. 1883, S., 85. 2. 59. — Bordeaux, 30 juillet 1886 (motifs), S., 87. 2. 30. — Rouen, 22 fév. 1889, *Rec. Rouen*, 89. 1. 132 (qui constate en ce sens les usages de Rouen). — Paris, 16 janv. 1894, précité. — Guillouard, II, n. 823 et 824; Frémy-Ligneville et Perriquet, *Traité de la législ. des bâtiments*, I, n. 211.

(5) Cass., 27 mars 1876, précité. — Cass. req., 30 avril 1895, précité. — Lyon, 31 mars 1881, S., 81. 2. 142. — Bordeaux, 30 juillet 1886, S., 87. 2. 30.

(6) Paris, 29 déc. 1859, D., 60. 2. 37. — Guillouard, II, n. 824.

(7) Cass. req., 18 avril 1888, précité. — Bordeaux, 30 juillet 1886, précité.

(8) Trib. civ. Melun, 28 juin 1888, *Gaz. Pal.*, 88. 2. 54 (ce jugement fixe les

Le tribunal peut aussi ordonner une expertise [1].

1930. En ce qui concerne les ouvriers visés par l'art. 1799, le tribunal n'est pas forcé de se référer aux tarifs officiels ou syndicaux, ces tarifs n'étant pas acceptés par le maître et ne tenant, d'ailleurs, aucun compte de la valeur individuelle de l'ouvrier [2].

1931. En tous cas, l'évaluation du tribunal échappe à la censure de la cour de cassation [3].

1932. Lorsque, même par cas fortuit, l'architecte est empêché d'exécuter les travaux dont il a dressé les plans, ses honoraires ne doivent pas être calculés au tarif fixé par la convention; il ne touchera des honoraires que pour la rédaction du plan, au tarif applicable pour l'hypothèse où aucune convention n'a réglé les honoraires [4].

1933. On ne peut ajouter aux honoraires stipulés les frais de voyage [5], sauf si le voyage a été sollicité par le maître dans son intérêt [6].

1934. Nous avons dit que les devis dressés par un entrepreneur ou un architecte avant d'avoir obtenu la commande et pour l'obtenir ne donnent pas lieu à des honoraires [7].

Mais si, après avoir annoncé que les travaux seraient adjugés à l'entrepreneur qui offrirait les meilleures conditions, le maître traite à l'amiable avec un tiers, il doit une indemnité à tous ceux qui auraient, avant ce traité, préparé des devis [8].

1935. L'architecte ne peut pas exiger d'honoraires pour la remise des plans qu'il a dressés [9].

honoraires à 5 p. 100 pour des travaux situés à 40 kilomètres de la résidence de l'architecte).

[1] Cpr. Paris, 19 janvier 1894, *Gaz. Pal.*, 94. 1. 297 (si le temps écoulé depuis les travaux est long, il est inutile d'ordonner une expertise dont les résultats seraient incertains).

[2] Trib. com. Seine, 2 mars 1893, *Loi*, 5 juin 1893.

[3] Cass., 18 avril 1888, précité. — Cass. req., 30 avril 1895, précité.

[4] Paris, 20 mars 1893, *Gaz. Pal.*, 93. 1, 2e p., 68.

[5] Cons. d'Etat, 15 juil. 1887, S., 89. 3. 40.

[6] Cons. d'Etat, 15 juil. 1887, précité.

[7] V. *supra*, n. 1922.

[8] Trib. civ. Versailles, 5 juin 1894, *Gaz. Pal.*, 94. 2, *Suppl.*, 3.

[9] Bordeaux, 29 nov. 1848, S., 49. 2. 341, D., 49. 2. 177. — Frémy-Ligneville et Perriquet, I, n. 211; Guillouard, II, n. 830.

1936. Les honoraires sont dus pour la fixation des plans réclamés par le maître, même si les travaux ne sont pas exécutés [1] ou le sont sur d'autres plans [2], à moins que ce ne soit en raison de l'insuffisance des plans [3], ou de leur défaut de conformité avec les indications du maître [4], ou du retard dans leur remise [5].

Ils sont dus, dans ce cas même, et à défaut de convention, au taux de 1/2 p. 100 fixé par l'avis de l'an VIII [6]. Car, d'une part, la fixation du prix est basée sur une convention présumée, et, la convention précédant les travaux, les parties n'ont pu envisager l'éventualité où ces travaux ne seraient pas effectués. D'autre part, l'architecte a proportionné sa peine à l'importance des travaux.

On ne peut donc accepter l'opinion [7] d'après laquelle les plans non suivis d'exécution ne donneraient lieu qu'à des honoraires fixes. Cette opinion se fonde à tort sur l'idée que l'architecte n'a, en ce cas, aucune responsabilité.

[1] Cons. d'Et., 18 déc. 1856, S., 57. 2. 631, D., 57. 3. 49. — Cons. d'Et., 6 août 1886, *Rev. du cont. des trav. publ.*, 87. 114. — Cons. d'Et., 15 juil. 1887, S., 89. 3. 40. — Cons. d'Et., 26 déc. 1890, *Rev. du cont. des trav. publ.*, 91. 366. — Cons. d'Et., 24 avril 1891, *Gaz. Pal.*, 91. 2. 58. — Cons. d'Et., 4 mars 1892, *Rev. du cont. des trav. publ.*, 92. 483. — Cons. d'Et., 23 déc. 1892, S., 94. 3. 108 (ingénieur qui a dressé un projet pour une commune). — Cons. préf. Seine, 1er mai 1883, *Fr. jud.*, 82-83, p. 588. — Paris, 7 nov. 1891, *Gaz. Trib.*, 13 déc. 1891. — Rouen, 30 janv. 1895, *Gaz. Trib.*, 8 mai 1895. — Trib. paix Bordeaux, 13 août 1889, *Gaz. Pal.*, 89. 2. 448. — Frémy-Ligneville et Perriquet, I, n. 211; Guillouard, II, n. 826. — Pour les entrepreneurs, la solution contraire a été donnée, par le motif que les plans n'ont pas pour but de leur assurer un profit, qu'ils trouvent uniquement dans la confection des travaux. Trib. paix Bordeaux, 13 août 1889, précité. — Cela n'est guère soutenable.

[2] Rouen, 22 fév. 1889, *Rec. Rouen*, 89. 132.

[3] Cons. d'Et., 4 mars 1892, précité (plans trop coûteux). — Cons. d'Et., 27 mai 1887, *Rev. du cont. des trav. publ.*, 88. 64. — Décidé cependant qu'il peut avoir droit à des honoraires réduits. Cons. d'Et., 16 mai 1890, *Rev. du cont. des trav. publ.*, 91. 85.

[4] Cons. d'Et., 15 mai 1891, *Rev. du cont. des trav. publ.*, 91. 85. — Encore y a-t-il lieu à des honoraires réduits si le plan est utilisé dans un travail ultérieur. Cons. d'Et., 14 mars 1890, *Rev. du cont. des trav. publ.*, 90. 480.

[5] Cons. d'Et., 27 mai 1887, précité.

[6] Cons. d'Et., 15 juil. 1887, précité. — Dijon, 21 mai 1844, D., *Rép.*, v° *Architecte*, n. 10. — Rouen, 22 fév. 1889, précité. — Guillouard, *loc. cit.* — Il ne peut rien demander de plus même s'il avait été désigné pour diriger les travaux par une délibération du conseil municipal, qui n'a pas été exécutée. Cons. d'Et., 15 juil. 1887, précité.

[7] Frémy-Ligneville et Perriquet, *loc. cit.*

Mais il n'est dû que des honoraires fixes si le plan a été dressé non pas pour servir à une construction, mais à titre de renseignement (1).

1937. L'architecte ou l'entrepreneur stipulent quelquefois à leur profit une prime si les travaux sont achevés avant un délai déterminé ; c'est là un supplément d'honoraires (2).

La prime n'est pas acquise si les travaux sont inachevés à l'expiration du délai, et cela quoique le retard provienne d'un cas fortuit ou d'une force majeure (3). Le payement de la prime était, en effet, subordonné à une condition qui ne s'est pas réalisée.

1938. Les honoraires de l'architecte peuvent être réclamés par l'entrepreneur qui en fait les fonctions, c'est-à-dire qui dresse les plans et devis (4).

1939. Le prix des plans que l'entrepreneur a pu être obligé de faire pour faciliter son travail n'est pas, cependant, si une convention n'a pas été faite en ce sens, à la charge du propriétaire (5). Les plans ne rentrent pas, en effet, dans les travaux demandés par le propriétaire.

1940. Les honoraires fixés par la loi ou la convention à une quote part du montant des travaux ne sont calculés que sur le prix réel de ces travaux, en tenant comptedes rabais consentis par les entrepreneurs chargés de l'exécution des travaux (6).

Ainsi, dans le cas où les travaux ont été soumissionnés au rabais par des entrepreneurs, ce n'est pas sur les devis, mais seulement sur le montant des soumissions que doivent être calculés les honoraires à 5 0/0 des architectes (7).

(1) Cons. d'Et., 26 juin 1869, D., 71. 3. 9. — Guillouard, II, n. 827.

(2) *Contra* Guillouard, II, n. 829.

(3) Lyon, 3 fév. 1872, D., 73. 2. 34. — Aix, 19 mai 1872, D., 74. 1. 420. — Guillouard, II, n. 829.

(4) Cons. d'Et., 2 fév. 1894, S., 96. 3. 6.

(5) Frémy-Ligneville et Perriquet, I, n. 37; Guillouard, II, n. 822. — Cpr Bordeaux, 29 nov. 1848, S., 49. 2. 341, D., 49. 2. 177.

(6) Paris, 6 déc. 1883, S., 85. 2. 59, D., 85. 2. 207. — Paris, 18 avril 1889, *Gaz. Pal.*, 89. 1. 806. — Paris, 2 avril 1890, *Pand. franç.*, 90. 2. 207. — Trib. civ. Saint-Nazaire, 22 fév. 1895, *Droit*, 26 fév. 1895, *Pand. franç.*, 95. 2. 339.

(7) Paris, 6 déc. 1883, S., 85. 2. 59, D., 85. 2. 207. — Rouen, 22 fév. 1889, *Rec. de Rouen*, 89. 1. 132. — Trib. civ. Seine, 3 août 1887, *Loi*, 26 oct. 1887. — *Contra*

1941. Les parties peuvent convenir que les honoraires seront calculés sur le montant brut du devis estimatif, quel que soit le montant exact des travaux. Cependant le contraire a été jugé (1), mais par cette raison, dont la fausseté a déjà été démontrée (2), que l'architecte est un mandataire salarié, dont les honoraires peuvent être réduits par les tribunaux. On a, en outre, pensé qu'il y avait quelque chose d'immoral à faire dépendre les honoraires d'un chiffre que l'architecte avait, dès lors, intérêt à enfler démesurément. Il nous est impossible de voir là rien de choquant. L'architecte n'a évidemment pas d'intérêt à faire prévoir au propriétaire une dépense trop élevée, car il pourrait de cette manière détourner ce dernier de faire faire les travaux projetés. D'autre part, il est beaucoup moins grave pour le propriétaire de se trouver en face d'un devis exagéré que de voir l'architecte, —ce qui peut arriver quand les honoraires se calculent suivant le procédé ordinaire, c'est-à-dire sur le montant des travaux, — exagérer le prix des travaux eux-mêmes. Enfin les tribunaux ont toujours la ressource de déclarer que l'architecte a produit un devis exagéré dans le seul but d'obtenir des honoraires trop élevés.

1942. Nous avons examiné plus haut si, en cas de perte de la chose avant la livraison, sans la faute de l'ouvrier, ce dernier peut réclamer le prix de son travail (3).

Nous étudierons ultérieurement le montant des honoraires du locateur révoqué avant la fin des travaux (4).

1943. Les honoraires peuvent être diminués, à titre de dommages-intérêts, en raison d'une faute commise par l'architecte (5).

1944. Les honoraires de l'architecte et ceux de l'entrepreneur sont distincts les uns des autres; aussi la réduction

Masselin, *Tr. des honor. des architectes*, n. 17; *Loi*, 9 fév. 1884 (qui cite une décision du conseil municipal de Paris).

(1) Trib. civ. Seine, 19 juil. 1893, *Gaz. Pal.*, 94. 1, *Suppl.*, 6.

(2) V. *supra*, n. 1835.

(3) V. *supra*, n. 1859 s.

(4) V. *infra*, n. 2038.

(5) Trib. civ. Seine, 29 juil. 1887, *Loi*, 2 août 1887.

acceptée par l'un d'eux n'est-elle pas de plein droit imposée aux autres [1].

1945. Lorsque des honoraires exagérés ont été payés, on peut répéter ce qui a été payé en trop [2].

Si donc le maître paie les honoraires avant d'avoir fait vérifier l'ouvrage, il peut, après vérification, répéter la somme payée en trop [3].

II. *Des hypothèses dans lesquelles les honoraires convenus peuvent être augmentés.*

1946. « *Lorsqu'un architecte ou un entrepreneur s'est chargé* » *de la construction à forfait d'un bâtiment, d'après un plan* » *arrêté et convenu avec le propriétaire du sol, il ne peut* » *demander aucune augmentation de prix, ni sous le prétexte* » *de l'augmentation de la main-d'œuvre ou des matériaux, ni* » *sous celui de changements ou d'augmentations faits sur ce* » *plan, si ces changements ou augmentations n'ont pas été* » *autorisés par écrit et le prix convenu avec le propriétaire* » (art. 1793).

La première partie de ce texte, qui ne permet pas à l'architecte ou à l'entrepreneur, lié par un marché à forfait, de demander une augmentation de prix sous prétexte d'élévation du prix de la main-d'œuvre ou des matériaux, n'avait pas besoin d'être consacrée par un texte spécial de loi.

De même, l'entrepreneur ne peut demander une augmentation de prix en se basant sur un cas fortuit qui a rendu les travaux plus difficiles, par exemple sur une épidémie qui a tué une partie de ses ouvriers [4].

1947. L'entrepreneur peut-il demander une augmentation de prix si la nature des terrains rend l'entreprise plus difficile?

Il ne le peut certainement pas s'il a pu apprécier, lors du traité, la nature des terrains [5].

[1] Paris, 18 fév. 1893, *Gaz. Trib.*, 26 mai 1893.
[2] Trib. civ. Seine, 3 déc. 1895, *Gaz. Pal.*, 96. 1. 57.
[3] Trib. civ. Versailles, 13 fév. 1896, *Gaz. Pal.*, 96. 1. 640.
[4] Cass., 19 juin 1877, S., 77. 1. 292. — Guillouard, II, n. 883.
[5] Cass., 20 avril 1874, S., 75. 1. 56. — Paris, 30 juin 1866, S., 75. 1. 56, D., 74. 2. 183. — Guillouard, II, n. 893.

En sens inverse, il n'est pas sans action si la nature du terrain a été indiquée dans l'acte et que l'entrepreneur se trouve, à un moment donné, en face d'un terrain où le travail est plus difficile [1].

Nous ne pouvons pas admettre, comme on l'a décidé quelquefois, que l'entrepreneur puisse réclamer un supplément de prix s'il rencontre un terrain plus difficile que celui qu'il prévoyait [2]. Ces solutions sont évidemment, quoi qu'on ait dit, en contradiction avec celle que nous avons donnée. Y a-t-il, comme on l'a prétendu, une erreur de l'entrepreneur? [3] L'erreur ne porte que sur les difficultés du travail. Or cette catégorie d'erreurs n'est pas de celles qui autorisent la résiliation.

On a prétendu que si le terrain est d'une nature autre que celle indiquée au contrat, et que le travail donne ainsi lieu à plus de difficultés, l'entrepreneur a droit à une augmentation du prix [4]. Il serait plus exact de dire que l'entrepreneur peut demander la résiliation de son marché.

En tout cas, si l'entrepreneur fait les travaux supplémentaires sans prévenir le propriétaire, il est censé avoir renoncé à son droit et ne peut demander une augmentation de prix [5]. Mais c'est à tort qu'on a invoqué en ce sens l'art. 1793. Il est étranger à la question.

Si le prix est stipulé et payé à raison de l'étendue du terrain sur lequel les travaux sont faits (par exemple tant par mètre cube), l'entrepreneur ne peut se plaindre que le terrain soit plus dur qu'on n'avait pu le prévoir [6].

1948. Dans le prix fixé rentrent les indemnités payées aux tiers pour occupations de terrains ou pour dégâts ; l'entrepreneur ne peut donc les répéter contre le maître [7].

[1] Guillouard, II, n. 893.

[2] Cass., 18 déc. 1866, S., 68. 1. 81, D., 67. 1. 427. — Cass., 23 juin 1873, S., 73. 1. 330, D., 74. 1. 332. — Cass., 20 fév. 1874, D., 74. 1. 329. — Cons. d'Etat, 31 mars et 13 mai 1883, D., 83. 3. 92. — Paris, 13 mai 1865, D., 74. 2. 182. — Rouen, 29 janv. 1868, D., 74. 2. 182. — Guillouard, II, n. 893.

[3] Guillouard, *loc. cit.*

[4] Guillouard, II, n. 893.

[5] Frémy-Ligneville et Perriquet, I, n. 26; Guillouard, II, n. 893.

[6] Cons. d'Et., 29 avril 1892, S., 94. 3. 37 (entrepreneurs de travaux publics, terrassements).

[7] Trib. civ. Nancy, 20 mai 1891, *Rec. Nancy*, 92. 86.

Il en est autrement de sommes qu'il a fallu payer aux tiers à raison de la construction elle-même, telles que le prix d'une mitoyenneté (1) ou les droits de voirie (2).

1949. La seconde solution donnée par l'art. 1793 refuse à l'architecte ou à l'entrepreneur toute augmentation de prix, sous prétexte « de changements ou d'augmentations » faits sur le plan, si ces changements ou augmentations n'ont » pas été autorisés par écrit et le prix convenu avec le pro- » priétaire ». Cette dernière disposition a eu pour but de protéger les propriétaires, qui traitent à forfait pour la construction d'un édifice, contre une supercherie dont ils étaient fréquemment victimes. L'architecte, après avoir commencé ses travaux, se trouvait aux prises avec des difficultés imprévues qui nécessitaient de fortes dépenses : par exemple la nature du sol l'obligeait, contrairement à ses prévisions, à enfouir des sommes considérables dans les fondations. Menacé de perdre tout son bénéfice, peut-être même de subir une perte, l'architecte proposait alors au propriétaire, sous un prétexte ou sous un autre, une modification dans le plan; puis, quand cette modification avait été acceptée, il soutenait que le marché *à forfait* était annulé, et le propriétaire se trouvait engagé dans des dépenses dépassant de beaucoup ses prévisions. L'art. 1793 *in fine* garantit le propriétaire dans la mesure du possible contre les surprises de ce genre, en décidant que son consentement aux changements ou augmentations ne le liera qu'autant qu'il aura été donné par écrit et que le prix aura été convenu.

Ces considérations ont été développées dans le cours des travaux préparatoires (3).

1950. En sa qualité de disposition exceptionnelle, cette deuxième partie de l'art. 1793 doit être interprétée restrictivement (4).

Ainsi, l'art. 1793, exigeant que le marché soit *à forfait,*

(1) Trib. civ. Nancy, 20 mai 1891, précité.
(2) Trib. civ. Nancy, 20 mai 1891, précité.
(3) Fenet, XIV, p. 265 (Tronchet) et 326 (Jaubert).
(4) Guillouard, II, n. 884.

n'est plus applicable s'il ne s'agit pas d'un marché à forfait (1).

Il ne l'est pas davantage si les parties modifient par des stipulations spéciales le caractère du forfait qu'elles ont adopté (2). Cette modification, qui est une convention, ne peut être établie que par les modes ordinaires de preuve (3).

L'art. 1793 n'est pas applicable à plus forte raison si le marché est fait à la série de prix (4).

Du reste, toutes ces solutions se justifient; le maître doit, quand le marché n'est pas à forfait, être plus facilement réputé avoir consenti à des modifications, et son consentement peut être prouvé d'après le droit commun.

C'est le juge du fait qui détermine si le marché est ou non à forfait (5).

1951. Si le propriétaire s'est réservé dans le contrat le droit de faire des modifications dans le cours des travaux, l'autorisation postérieure, accordée à l'entrepreneur ou à l'architecte de faire une modification, peut être prouvée suivant le droit commun. Il ne s'agit plus ici d'un marché à forfait pur et simple (6).

On admet même que la preuve peut être faite par témoins, quelle que soit la valeur de la modification (7); la clause du contrat est, dit-on, un commencement de preuve par écrit.

1952. Pour qu'un supplément de prix puisse être exigé dans le marché à forfait, diverses conditions sont nécessaires : que la preuve écrite de l'autorisation du propriétaire relativement au changement ou à l'augmentation soit pro-

(1) Cass., 20 mai 1824, D. *Rép.*, v° *Louage d'ouvrages*, n. 109. — Guillouard, II, n. 886.

(2) Cass., 6 mars 1860, S., 60. 1. 401, D., 60. 1. 266. — Guillouard, II, n. 886.

(3) Jugé qu'elle résulte de ce que le maître a versé à l'entrepreneur des sommes supérieures au prix stipulé. — Trib. civ. Narbonne, 11 déc. 1894, *Gaz. Trib.*, 13 juin 1895.

(4) Duranton, XVII, n. 256; Troplong, II, n. 1021; Frémy-Ligneville et Perriquet, I, n. 28; Guillouard, II, n. 885.

(5) Cass., 20 mai 1824, précité. — Guillouard, II, n. 886.

(6) Trib. civ. Seine, 22 avril 1893, *Loi*, 20 juillet 1893.

(7) Cass., 6 mars 1860, S., 60. 1. 401, D., 60. 1. 266. — Cass., 10 mars 1880, S., 80. 1. 248, D., 80. 1. 386. — Cass., 16 janv. 1882, S., 82. 1. 104. — Guillouard, II, n. 892.

duite ; que la preuve d'une convention relative au supplément de prix soit également fournie.

L'autorisation doit être, nous le répétons, écrite; toute autre preuve de l'autorisation est donc interdite [1]. Il en est ainsi des témoins, même s'il y a un commencement de preuve par écrit [2], de l'interrogatoire sur faits et articles [3], du serment [4].

L'autorisation écrite doit, en principe, émaner du propriétaire.

L'architecte n'est pas qualifié pour la donner à l'entrepreneur [5], car sa mission n'implique pas le droit de modifier les stipulations faites.

Mais le propriétaire peut déléguer à l'architecte le droit de donner l'autorisation [6].

1953. La seconde condition exigée pour que l'entrepreneur ait droit à une augmentation de prix est que le supplément de prix ait été convenu. Le but de cette solution est d'éviter que l'entrepreneur ne puisse profiter de l'inexpérience du propriétaire pour cacher la valeur des travaux à effectuer.

Le texte de l'art. 1793 n'exige pas expressément que la preuve de cette convention soit écrite. Aussi admet-on généralement (cela est incontestable) que toutes les preuves de droit commun sont admises. Ainsi on pourra établir cette convention :

Par le serment;

Par l'interrogatoire sur faits et articles;

Par les témoins avec commencement de preuve par écrit;

Par écrit;

Par les témoins en matière commerciale [7].

(1) Cass., 4 janv. 1870, D., 70. 1. 246. — Douai, 20 avril 1831, S., 31. 2. 337. — Caen, 29 janv. 1845, D., 45. 4. 417. — Caen, 16 janv. 1850, *Rec. Caen*, 1850, p. 100. — Caen, 8 fév. 1854, *Rec. Caen*, 1854, p. 118. — Rouen, 21 fév. 1881, *Rec. Rouen*, 1881, p. 164. — Lyon, 18 mars 1891, *Mon. jud. Lyon*, 24 déc. 1891. — Trib. civ. Nancy, 20 mai 1891, *Rec. Nancy*, 92. 86. — Guillouard, II, n. 890.

(2) Cass., 6 mars 1860, S., 60. 1. 401, D., 60. 1. 266. — Guillouard, II, n. 890.

(3) Douai, 20 avril 1831, S., 31. 2. 337. — Guillouard, II, n. 890.

(4) Troplong, II, n. 1018; Duvergier, II, n. 366; Guillouard, II, n. 890.

(5) Cass., 5 mars 1872, S., 72. 1. 105. — Guillouard, II, n. 892.

(6) Trib. civ. Seine, 25 janv. 1895, *Droit*, 7 avril 1895.

(7) Cass., 13 août 1860, S., 61. 1. 522, D., 61. 1. 105. — Duvergier, II, n. 367 et

1954. Si l'entrepreneur ou l'architecte a agi sans autorisation écrite ou sans convention relative au prix des changements et augmentations, il ne peut, d'après le langage de l'art. 1793, demander « aucune augmentation de prix ».

Mais l'art. 1793 n'interdit pas à l'entrepreneur de demander une indemnité égale à l'enrichissement du propriétaire; il a contre ce dernier l'action *de in rem verso* que le droit commun accorde à celui qui, par son travail ou son fait, a enrichi autrui ([1]). Cette action n'étant pas enlevée à l'entrepreneur par l'art. 1793, on ne peut la lui refuser.

En vain dit-on que, de cette manière, l'entrepreneur éludera l'art. 1793 en invoquant un prétendu enrichissement; si l'enrichissement est réel, il serait injuste de n'accorder à l'entrepreneur aucune compensation et ce dernier ne trouvera pas dans l'action qu'il intentera un moyen d'éluder l'art. 1793, car on sait que, très généralement, la plus-value apportée à un immeuble par des constructions est très inférieure à la dépense faite.

1955. L'art. 1793 exige, comme condition de son application, qu'un plan ait été convenu et arrêté entre les parties; donc, à défaut de plan arrêté et le marché fût-il conclu à forfait, le consentement du propriétaire peut être établi conformément au droit commun ([2]).

La loi ne détermine pas la forme du plan; la seule condition exigée est qu'il soit approuvé des deux parties; il peut être verbal ([3]). Il peut aussi dériver des énonciations de la convention ([4]).

Ce plan doit contenir, pour que l'art. 1793 soit applicable,

368; Troplong, II, n. 1019; Aubry et Rau, IV, p. 535, § 374, note 37; Laurent, XXVI, n. 68; Frémy-Ligneville et Perriquet, I, n. 27; Guillouard, II, n. 894.

([1]) Cass., 28 janv. 1846, S., 46. 1. 635, D., 46. 1. 245. — *Contra* Frémy-Ligneville et Perriquet, I, n. 25; Guillouard, II, n. 891.

([2]) Cass., 13 août 1860, S., 61. 1. 522, D., 61. 1. 105. — Cass. req., 4 janv. 1870, D., 70. 1. 246. — Cass. req., 27 fév. 1882, D., 83. 1. 207. — Cass. req., 18 oct. 1893, S., 96. 1. 79, D., 93. 1. 600. — Trib. civ. Narbonne, 11 déc. 1894, *Gaz. Trib.*, 13 juin 1895. — Trib. civ. Châlon-sur-Saône, 19 mars 1895, *Droit*, 27 juill. 1895, *Loi*, 1er août 1895, *Gaz. Trib.*, 11 mai 1895. — Laurent, XXVI, n. 71; Guillouard, II, n. 887; Aubry et Rau, IV, p. 535, § 374, note 38.

([3]) Guillouard, II, n. 887.

([4]) Lyon, 4 juin 1886, *Mon. jud. Lyon*, 20 mai 1887.

les éléments nécessaires pour que l'étendue de l'engagement en ressorte (1), notamment au sujet des dimensions de la construction (2) ou de la qualité des matériaux (3).

La preuve du plan est faite suivant le droit commun.

Ainsi le tribunal peut trouver dans les énonciations de la convention un commencement de preuve par écrit qui autorise à prouver par témoins ou par présomptions la preuve du plan (4).

1956. Enfin l'art. 1793 n'est applicable que s'il s'agit d'un *bâtiment* (5); le texte est en effet formel, et nous ne pouvons accepter l'opinion de certains auteurs qui appliquent l'art. 1793 à des « travaux quelconques » (6).

Cette opinion se fonde et sur l'identité de motifs et sur le rapprochement de l'art. 1793 avec les art. 1792 et 1794, qui ont trait à toute espèce de travaux.

Aucune de ces considérations n'est déterminante.

D'une part, on comprend que la loi n'ait voulu déroger au droit commun que pour les bâtiments, car c'est seulement en ce qui les concerne que l'entrepreneur peut faire des dépenses illimitées; il est clair que l'entrepreneur enflera beaucoup plus difficilement les dépenses d'un chemin de fer, d'un canal, d'une armoire, etc.

D'autre part, la place de l'art. 1793, loin de fournir un argument contre notre opinion, lui est favorable; car il s'exprime dans un langage tout autre que les art. 1792 et 1794 et la différence des termes ne peut être qu'intentionnelle chez le législateur. Au reste, comment peut-on dire que l'art. 1793 doit s'appliquer aux mêmes travaux que les art. 1792 et 1794, alors que l'art. 1792 et l'art. 1794 ont un champ d'application tout différent l'un de l'autre? On sait en

(1) Trib. civ. Châlon-sur-Saône, 19 mars 1895, *Droit*, 27 juil. 1895, *Loi*, 1er août 1895, *Gaz. Trib.*, 11 mai 1895.

(2) Trib. civ. Châlon-sur-Saône, 19 mars 1895, précité.

(3) Trib. civ. Châlon-sur-Saône, 19 mars 1895.

(4) Cass., 13 août 1860, S., 61. 1. 522, D., 61. 1. 105. — Cass., 27 fév. 1882, D., 83. 1. 207. — Guillouard, II, n. 887.

(5) Laurent, XXVI, n. 70.

(6) Cass., 28 janv. 1846, S., 46. 1. 635, D., 46. 1. 225 (canal). — Aubry et Rau, IV, p. 534, § 374, note 34; Guillouard, II, n. 887.

effet que l'art. 1792 concerne exclusivement les travaux sur les immeubles et que l'art. 1794 s'étend aux travaux sur les meubles.

1957. Mais l'art. 1793 est applicable non pas seulement si l'entrepreneur a travaillé avec les matériaux du propriétaire, mais encore s'il a travaillé avec ses propres matériaux [1]. Le caractère exceptionnel de l'art. 1793 a servi mal à propos d'objection à cette théorie; car l'art. 1793 s'applique d'après ses propres termes « lorsqu'un architecte ou un entrepreneur s'est chargé de la construction à forfait d'un bâtiment... »; il ne fait donc aucune distinction; or, si exceptionnel que soit ce texte, il doit avant tout être interprété par ses termes.

Il importe donc peu que le contrat qui impose à l'entrepreneur la fourniture des matériaux soit une vente et non pas un louage d'ouvrage; du reste, nous avons vu que cette convention est soumise par la loi et par les interprètes à la plupart des règles édictées pour le louage d'ouvrage.

Enfin nous ajouterons qu'une distinction serait injustifiable; car la fraude de l'entrepreneur, qu'ont redoutée les rédacteurs de l'art. 1793, est tout autant à craindre dans l'une que dans l'autre des hypothèses que nous avons signalées.

1958. L'art. 1793 s'applique en matière de travaux publics [2].

1959. Dans les hypothèses de marché à forfait où l'art. 1793 n'est pas applicable, la preuve du consentement du maître se fait conformément au droit commun.

Donc les témoins ne sont admis que jusqu'à 150 fr., ou s'il y a un commencement de preuve par écrit [3].

1960. Si l'architecte a, en dehors même du cas visé par l'art. 1793, obtenu le consentement de son client par des fraudes, notamment en le trompant intentionnellement sur le

(1) Duvergier, II, n. 369; Frémy-Ligneville et Perriquet, I, n. 34. — *Contra* Troplong, II, n. 1022; Guillouard, II, n. 889.

(2) Cons. d'Et., 10 janv. 1873, D., 74. 1. 300. — Cons. d'Et., 14 janv. 1881, D., 82. 3. 31. — Nîmes, 25 mars 1873, S., 75. 1. 56 (sous Cass.), D., 74. 1. 330. — Guillouard, II, n. 893.

(3) Guillouard, II, n. 884 *in fine*.

prix des travaux à faire, les tribunaux peuvent le condamner à des dommages-intérêts [1].

III. *Intérêts du prix.*

1961. En principe le prix ne porte intérêts qu'à partir de la demande en justice (C. civ., 1153).

Cependant, si l'entrepreneur a fourni les matériaux, on soutient que le prix qui lui est dû porte intérêts dès le jour de la livraison des travaux, quoique la réception n'ait pas encore eu lieu [2]. Telle est, dit-on, la solution donnée en matière de vente par l'art. 1652, et nous savons qu'il s'agit ici d'une vente.

Cette solution est inexacte [3] : les art. 1788 et 1790 ne permettent de réclamer le prix qu'à partir de la réception, et, à ce point de vue, assimilent la convention dont nous parlons à un véritable louage d'ouvrage ; or le prix ne peut, sans un texte formel, porter intérêts avant d'être dû. Du reste, nous avons vu que, sur la plupart des points, la loi assimile la vente dont parle l'art. 1788 à un louage d'ouvrage.

En tout cas, ces considérations ne s'appliquent plus au cas où l'entrepreneur n'a pas fourni les matériaux [4]; le prix ne porte donc intérêts qu'à partir de la demande en justice. On a affirmé le contraire [5], mais évidemment par inadvertance.

IV. *Epoque du payement du prix.*

1962. Le prix, s'il n'a rien été convenu à cet égard, ne peut être exigé qu'après la fin des travaux et leur réception [6].

V. *Personnes tenues du payement du prix.*

1963. Les honoraires ne peuvent être réclamés qu'à celui qui a commandé les travaux et non à celui qui en a profité,

(1) Paris, 17 mars 1891, *France jud.*, 91. 176.
(2) Cass., 19 juil. 1870, S., 71. 1. 216, D., 72. 1. 18 (impl.). — Guillouard, II, n. 814 et 821.
(3) Laurent, XXVI, n. 15.
(4) Cass., 19 juill. 1870, précité.
(5) Guillouard, II, n. 821.
(6) Guillouard, II, n. 821.

par exemple au véritable propriétaire de l'immeuble (1).

L'architecte peut cependant exercer, en vertu de l'art. 1166 C. civ., contre ce dernier, les actions appartenant à celui qui lui a commandé les travaux, sur le fondement, par exemple, de l'art. 555 C. civ. (2).

S'il y a plusieurs maîtres, ils ne sont pas solidaires des honoraires; l'art. 2002, qui donne la solution contraire en matière de mandat, ne s'applique pas au louage d'ouvrage (3).

1964. Si l'architecte n'a pas traité à forfait avec le maître, l'entrepreneur peut agir directement contre le maître dont il est le préposé (4). Il n'est pas forcé de s'adresser à l'architecte, il n'a même pas le droit de s'adresser à lui.

Il en est ainsi même si l'entrepreneur a été choisi par l'architecte, car celui-ci n'a alors agi que comme mandataire du maître (5).

Au contraire, en cas de marché à forfait, l'architecte est seul obligé vis-à-vis de l'entrepreneur; l'entrepreneur n'est que le préposé de l'architecte et ne peut agir que contre ce dernier.

VI. *Garanties du payement du prix.*

1965. De ce que le contrat dans lequel l'ouvrier fournit la matière est une vente, il résulte que l'entrepreneur peut, conformément à l'art. 1612, exercer jusqu'au paiement du prix le droit de rétention sur la chose vendue (6), même si on ne reconnaît pas l'existence de ce droit de rétention dans le louage d'ouvrage.

L'ouvrier qui ne fournit pas la matière peut-il, jusqu'au

(1) Ainsi l'entrepreneur qui a traité avec l'acquéreur sous condition résolutoire, n'a pas d'action *de in rem verso* contre le vendeur qui a repris son immeuble. — Trib. civ. Valence, 6 janv. 1888, *Rec. Grenoble*, 88. 74. — L'entrepreneur qui a traité avec le mari n'a pas d'action, en dehors des cas où le mari a agi dans la limite de ses pouvoirs, même *de in rem verso*, contre la femme. — *Contra* Paris, 27 nov. 1886, *Droit*, 15 sept. 1887.

(2) Trib. civ. Valence, 6 janv. 1888, précité.

(3) Paris, 30 janv. 1893, *Gaz. Pal.*, 93. 1. 2e p., 47.

(4) Paris, 27 janv. 1894, *Gaz. Pal.*, *Table*, 1er sem. 1894, vo *Louage d'ouvrage*, n. 22.

(5) Paris, 27 janv. 1894, précité.

(6) Glasson, *Du dr. de rétention*, p. 58; Guillouard, II, n. 776.

payement du prix, exercer le droit de rétention sur la chose qu'il a travaillée? La loi ne lui accorde pas ce droit; il existe dans l'opinion des auteurs qui accordent le droit de rétention à tout créancier sur la chose à propos de laquelle est née sa créance (1), mais il n'existe pas dans l'opinion contraire.

Ainsi l'architecte ne peut, dans cette dernière opinion, retenir les plans qu'il a dressés jusqu'au payement de ses honoraires (2).

Dans l'opinion contraire, l'ouvrier, qui s'est dessaisi d'une partie des objets sans être payé d'aucune portion de ses salaires, a le droit de retenir le súrplus des objets pour la totalité des salaires (3). Le droit de rétention est, en effet, indivisible.

Mais il en est autrement au cas de marchés successifs; chaque objet ne peut être retenu que pour le prix du marché dont il fait partie (4).

De même l'ouvrier, qui, après avoir rendu un objet, le reprend pour une nouvelle réparation, ne peut le retenir en garantie du payement du premier salaire (5).

1966. On admet que le droit de rétention ne peut être exercé si les objets qui ont donné lieu au contrat appartiennent à une administration publique (6). La volonté des parties doit être, dit-on, d'écarter ici le droit de rétention, car la remise immédiate est nécessaire au fonctionnement des services publics.

Ainsi un architecte départemental ne pourrait pas retenir

(1) Trib. com. Marseille, 18 mars 1892, *Rec. Marseille*, 92. 1. 191. — Trib. com. Marseille, 20 nov. 1893, *Rec. Marseille*, 94. 1. 28. — Guillouard, II, 776 et *Tr. du dr. de rétention*, n. 83.

(2) *Contra* Paris, 14 déc. 1869, S., 70. 2. 83, D., 71. 2. 83. — Trib. civ. Corbeil, 9 juillet 1890, *Loi*, 21 oct. 1890. — Guillouard, II, n. 830.

(3) Cass., 9 déc. 1840, S., 41. 1. 33. — Caen, 31 janv. 1860, sous Cass., 13 mai 1861, S., 61. 1. 865, D., 61. 1. 328. — Lyon, 25 mars 1871, S., 71. 2. 145. — Douai, 17 déc. 1877, D., 78. 5. 412. — Glasson, *Du dr. de rétention*, p. 134; Aubry et Rau, III, p. 118, § 256 *bis*, note 19; Guillouard, II, n. 777 et *Tr. du dr. de rétention*, n. 26.

(4) Lyon, 29 avril 1891, *Mon. jud. Lyon*, 19 oct. 1891. — Troplong, *Tr. des priv. et hyp.*, I, n. 176 et 259; Glasson, *op. cit.*, p. 134; Guillouard, *loc. cit.*

(5) Caen, 6 mars 1860, S., 61. 2. 551. — Guillouard, *Tr. du dr. de rétention*, *loc. cit.*

(6) Guillouard, II, n. 778.

ses plans et devis jusqu'au payement des honoraires que lui doit le département (1).

Mais cette opinion est fort douteuse.

1966 *bis*. L'architecte et l'entrepreneur ont en outre un privilège sur la plus-value donnée par leurs travaux à l'immeuble (C. civ., 2103, 2109). L'ouvrier qui a fait des travaux pour la conservation d'un objet mobilier a également un privilège sur cet objet (C. civ., 2102-3°).

§ III. *Responsabilité du maître pour les dommages causés.*

1967. Celui qui fait faire les travaux est responsable envers l'entrepreneur de la diminution, par son fait, des travaux à faire.

Ainsi l'entrepreneur de travaux sur les routes départementales a droit à une indemnité si, par suite du classement de ces routes comme chemins vicinaux de grande communication, on a pu faire une partie des travaux à l'aide de prestations en nature et, par suite, diminuer les bénéfices sur lesquels l'entrepreneur pouvait compter (2).

1968. Les dommages causés à l'ouvrier par les vices propres de la chose fournie par le maître (par exemple d'un objet donné à réparer) obligent ce dernier à des dommages intérêts (3) ; on peut invoquer en faveur de cette solution, directement ou par analogie, l'art. 1386 C. civ.

En dehors de ce cas, le maître n'est pas responsable de l'accident causé à l'entrepreneur.

Il en est de même pour l'accident causé à un simple ouvrier qui travaille à l'entreprise (4).

Le maître n'est pas davantage responsable des accidents causés aux ouvriers de l'entrepreneur (5).

Toutefois il en est autrement si, en fait, l'ouvrier peut être

(1) Paris, 14 déc. 1869, S., 70. 2. 83, D., 71. 2. 83. — Guillouard, II, n. 778.
(2) Cons. d'Et., 18 déc. 1891, S., 93. 3. 125, D., 93. 3. 30.
(3) Paris, 19 mai 1893, *Gaz. Pal.*, 93. 2. 2e p., 8 (machine).
(4) Trib. civ. Gien, 16 juill. 1895, *Gaz. Pal.*, 95. 2. 578.
(5) Riom, 2 juill. 1895, *Rec. Riom*, 95. 444.

considéré comme ayant été embauché par le maître ou comme étant son préposé.

Ainsi quand l'ouvrier est embauché par un tâcheron, travaillant pour le compte de l'Etat ou d'une commune, la commune et l'Etat sont solidairement responsables avec l'entrepreneur des accidents causés à l'ouvrier [1], car l'ouvrier est à la fois sous leurs ordres et sous ceux de l'entrepreneur, qui dirige seulement les ouvriers et ne fixe pas le travail.

§ IV. *De l'action des ouvriers de l'entrepreneur contre le maître.*

I. *Nature de cette action.*

1969. L'art. 1798 dispose : « *Les maçons, charpentiers et » autres ouvriers qui ont été employés à la construction d'un » bâtiment ou d'autres ouvrages faits à l'entreprise, n'ont » d'action contre celui pour lequel les ouvrages ont été faits, » que jusqu'à concurrence de ce dont il se trouve débiteur en- » vers l'entrepreneur, au moment où leur action est intentée* ».

Si cet article a voulu dire que les ouvriers employés par l'entrepreneur, et par suite créanciers de celui-ci pour le montant de leurs salaires, peuvent agir *du chef de l'entrepreneur* contre le maître, dans la mesure de ce que ce dernier doit au premier, il n'a fait que consacrer une application pure et simple du principe général formulé par l'art. 1166, et sa disposition est inutile. En partant de cette observation, on décide généralement que notre disposition accorde aux ouvriers employés par l'entrepreneur une action directe contre le maître, dans la mesure de ce que celui-ci doit à l'entrepreneur [2]. C'est une dérogation aux principes ; car les

[1] Cons. d'Et., 24 juin 1892, S., 94. 3. 49. — Cons. d'Et., 11 mai 1894, S., 96. 3. 1. — Hauriou, *Notes*, S., 94. 3. 49, et S., 96. 3. 1.

[2] Montpellier, 22 août 1850, S., 53. 2. 685, D., 54. 2. 153. — Paris, 9 août 1859, S., 59. 2. 589. — Nancy, 21 fév. 1861, S., 61. 2. 218, D. *Rép., Suppl.*, v° *Priv. et Hyp.*, n. 240. — Besançon, 16 juin 1863, S., 63. 2. 206, D., 63. 2. 103. — Paris, 12 avril 1866, S., 66. 2. 252, D., 66. 5. 291. — Paris, 27 juill. 1867, S., 68. 2. 280. — Persil, *Priv. et hyp.*, art. 2103, § 4, n. 3 ; Pont, *Tr. des priv. et hyp.*, I, n. 210 ; Demolombe, XXV, n. 138 ; Thézard, *Du nant., des priv. et hyp.*, n. 292 ; Laurent, XXX, n. 45 ; Guillouard, II, n. 897 ; Colmet de Santerre, IX, n. 55 *bis*, 2 ;

ouvriers ne sont pas créanciers du maître, avec lequel ils n'ont pas traité, et ils ne devraient pas par suite pouvoir agir directement contre lui.

En supposant que tel soit le sens de l'art. 1798, quel est le but de sa disposition? Lorsque les ouvriers employés par l'entrepreneur songent à agir contre le maître, l'entrepreneur est presque toujours en faillite ou en déconfiture. En pareil cas, si les ouvriers en avaient été réduits à l'action indirecte de l'art. 1166, le profit de cette action ne leur aurait pas appartenu exclusivement; ils auraient dû subir le concours des autres créanciers de l'entrepreneur et n'auraient ainsi obtenu le plus souvent qu'un faible dividende: ce qui eût été injuste, puisque la créance de l'entrepreneur contre le maître n'est que la contre-valeur du travail des ouvriers. Voilà pourquoi, dit-on, la loi a accordé aux ouvriers une action directe [1].

1970. L'existence de cette action directe peut être contestée; il faudrait pour qu'elle fût certaine, un texte plus formel que l'art. 1798, qui se contente de limiter le montant de l'action de l'ouvrier contre le maître. En somme, le seul argument de la doctrine généralement admise est que, dans l'opinion contraire, l'art. 1798 est une simple reproduction du droit commun. Cela est vrai, mais n'y a-t-il pas dans le code une multitude de dispositions qui sont l'application du droit commun? Du reste, l'art. 1798, interprété comme une simple application du droit commun, peut encore s'expliquer : peut-être a-t-on voulu empêcher les ouvriers de se considérer comme créanciers personnels du maître sous le prétexte que l'entrepreneur était le mandataire de ce dernier.

La théorie de l'action directe a un autre inconvénient. Elle peut conduire à des difficultés qui paraissent insolubles, si l'on suppose qu'au même instant les ouvriers exercent contre le maître l'action directe de l'art. 1798, et d'autres créanciers de l'entrepreneur l'action indirecte de l'art. 1166. Le maître ne peut pas être obligé de payer deux fois; c'est bien évident.

Trencart, *De l'action directe accordée aux ouvriers par l'art. 1798 C. civ., Rev. crit.*, II, 1872-73, p. 411 s.; Baudry-Lacantinerie et de Loynes, *Tr. du nantiss., des priv. et hyp.*, I, n. 631. — *Contra* Delvincourt, III, p. 216.

[1] Autorités précitées.

Mais alors comment se règleront les droits respectifs des intéressés? Si la loi voulait venir ici au secours des ouvriers, il n'y avait, à notre avis, qu'un moyen à employer : c'était de leur accorder un privilège sur la créance de l'entrepreneur contre le maître.

En vain dit-on que l'action directe dérive du principe de la gestion d'affaires [1]; les ouvriers ne sont pas les gérants d'affaires du maître, car la gestion suppose que le gérant a voulu agir pour le maître; du reste, ce fondement conduirait à munir les ouvriers, vis-à-vis du maître, d'une action distincte de celle qui leur est accordée contre l'entrepreneur et indépendante de l'extinction de cette dernière.

1971. Dans une certaine opinion [2], le privilège auquel nous venons de faire allusion existe.

On le fait dériver surtout de l'idée que les ouvriers ont par leur travail donné naissance à la créance de l'entrepreneur; il est donc juste, dit-on, que cette créance leur soit attribuée par préférence aux autres créanciers de l'entrepreneur.

Cette considération est évidemment très puissante, mais l'équité n'est pas le droit, et c'est surtout en matière de privilèges qu'il est interdit de raisonner sans texte.

On tire encore argument de la loi du 26 pluviôse an II, qui donne un privilège aux ouvriers des entrepreneurs de travaux publics, mais la loi du 26 pluviôse an II est conçue en termes tout autres et beaucoup plus catégoriques que ceux de l'art. 1798. On comprend, du reste, à la rigueur que la loi ait voulu favoriser les ouvriers qui travaillent pour le compte de l'Etat. La preuve que la loi de l'an II est plus large que l'art. 1798, c'est qu'elle accorde également un privilège aux fournisseurs de matériaux.

1972. Certains auteurs vont plus loin encore et pensent que la dette du maître est contractée envers les ouvriers seuls, jusqu'à concurrence de la créance de ces derniers contre

(1) Demolombe, *loc. cit.*

(2) Besançon, 16 juin 1863, précité. — Laurent, XXVI, n. 81; Labbé, *Des priv. spéciaux sur les créances, Rev. crit.*, 1876, p. 573 s., n. 3 s. — Cpr. Cass., 11 nov. 1867, S., 67. 1. 429 (motifs).

l'entrepreneur [1]. Mais cette solution est contraire aux principes des conventions; le maître s'est engagé envers l'entrepreneur, il est donc son débiteur.

II. *Effets de l'action de l'art. 1798.*

1973. Dans la doctrine qui confère aux ouvriers un privilège, ils peuvent évidemment se faire payer avant les autres créanciers de l'entrepreneur.

Il ne le peuvent pas, au contraire, dans notre opinion, qui les assimile entièrement aux autres créanciers de l'entrepreneur.

Les arrêts et auteurs qui donnent aux ouvriers une action directe leur accordent un droit de préférence vis-à-vis des autres créanciers de l'entrepreneur [2]. En effet, disent-ils, ils agissent de leur propre chef. Ce raisonnement, si répandu qu'il soit, n'a qu'une très faible valeur. Car en admettant même que les ouvriers agissent en vertu d'un droit personnel, les autres créanciers de l'entrepreneur exercent les droits de ce dernier; or l'entrepreneur a des droits égaux à ceux de l'ouvrier, car il est créancier direct du maître.

1974. En cas de faillite de l'entrepreneur, la doctrine de l'action directe décide également et très logiquement que les ouvriers passent avant les autres créanciers de l'entrepreneur [3]; ils ne font pas, en effet, dans cette opinion, partie de la masse et exercent un droit qui leur est propre.

Il va sans dire que, dans notre opinion, ce droit leur est refusé.

1975. Les sommes attribuées aux ouvriers se partagent,

[1] Trencart, *loc. cit.*

[2] Douai, 30 mars 1833, S., 33. 2. 536. — Douai, 13 avril 1833, S., 33. 2. 536. — Lyon, 21 janv. 1846, S., 46. 2. 262. — Montpellier, 22 août 1850, S., 53. 2. 685. — Duranton, XVII, n. 262; Troplong, II, n. 1048; Duvergier, II, n. 381; Aubry et Rau, IV, p. 536, § 374, note 42; Laurent XXVI, n. 76; Colmet de Santerre, VII, n. 251 *bis*; Guillouard, II, n. 898. — *Contra* Delvincourt, III, p. 246.

[3] Paris, 9 août 1859, S., 59. 1. 589. — Besançon, 16 juin 1863, S., 63. 2. 206, D., 63. 1. 103. — Paris, 12 avril 1866, S., 66. 2. 252, D., 66. 5. 291. — Paris, 27 juil. 1867, S., 68. 2. 280. — Trib. civ. Seine, 30 août 1866, D., 71. 5. 250. — Guillouard, II, n. 899.

dans l'opinion qui leur donne une action directe, entre eux au marc le franc [1].

III. *Des fins de non-recevoir qui peuvent être opposées à l'ouvrier.*

1976. Il résulte de l'art. 1798 que le paiement de tout ou partie du prix permet au maître d'opposer à l'ouvrier une fin de non-recevoir, absolue dans le premier cas et jusqu'à concurrence de la somme payée dans le second cas.

1977. Ce paiement peut être opposé, quoique le maître ait su qu'il était exposé à l'action des ouvriers. Cela nous paraît incontestable : le maître a deux créanciers ; il peut s'acquitter, comme tout débiteur, entre les mains de l'un ou de l'autre. Certains auteurs, en exigeant que le paiement soit fait « de bonne foi » [2], n'acceptent peut-être pas cette solution.

1978. Le paiement est opposable aux ouvriers même s'il a été fait par anticipation [3] ; d'abord un usage constant permet de considérer ces paiements en quelque sorte comme normaux ; en outre, il est de principe qu'un débiteur peut acquitter sa dette avant l'échéance ; enfin, l'entrepreneur étant souvent dépourvu des capitaux qui lui sont nécessaires pour mener l'entreprise à bonne fin, on nuirait à l'exécution des travaux et on méconnaîtrait l'intention des parties en entravant les paiements par anticipation. L'art. 1753 interdit, il est vrai, les paiements anticipés, mais on ne peut étendre cette disposition exceptionnelle.

1979. Le paiement est opposable aux ouvriers, même si la quittance qui le constate n'a pas date certaine [4]. D'une part, il est admis que la règle d'après laquelle les actes ayant date certaine sont seuls opposables aux tiers, n'est pas applicable aux quittances. D'autre part, les ouvriers ne sont même pas des tiers ; dans notre opinion, ils n'agissent que comme créan-

(1) Nancy, 21 fév. 1861, S., 61. 2. 218. — Guillouard, II, n. 898.
(2) Guillouard, II, n. 905.
(3) Frémy-Ligneville et Perriquet, I, n. 229 ; Guillouard, II, n. 905.
(4) Cass., 16 déc. 1873, S., 76. 1. 264. — Trib. paix Agen, 28 sept. 1869, D., 71. 5. 250. — Duranton, XVII, n. 262 ; Troplong, II, n. 1051 ; Duvergier, II, n. 382 ; Frémy-Ligneville et Perriquet, I, n. 229 ; Guillouard, II, n. 905.

ciers de l'entrepreneur et par l'action de l'art. 1166; pour les auteurs qui donnent aux ouvriers une action directe, les ouvriers ne sont encore que les créanciers de l'entrepreneur et, quoiqu'ils aient un droit personnel, c'est en cette qualité de créanciers qu'ils agissent.

1980. Aussi faut-il aller plus loin et dire que le paiement leur est opposable même s'il n'est pas constaté par une quittance et pourvu qu'il soit démontré [1].

1981. Après que l'ouvrier a introduit une demande en justice contre le maître, les paiements faits à l'entrepreneur ne lui sont plus opposables.

1982. Mais comme les paiements antérieurs, même non constatés par une quittance, sont opposables à l'ouvrier, il va sans dire que la quittance donnée après la demande pour un paiement antérieur lui est également opposable [2].

1983. Le transport consenti par l'entrepreneur des sommes qui lui sont dues est opposable à l'ouvrier et empêche ce dernier, dans les limites de la cession, d'agir contre le maître, car désormais le maître n'est plus créancier de l'entrepreneur, et c'est uniquement, on le sait, comme créancier de l'entrepreneur qu'il était soumis à l'action des ouvriers.

1984. Cette solution est applicable même si la cession est antérieure à l'achèvement des travaux [3]; il n'y a aucun raison de distinguer. Sans doute l'entrepreneur trouve dans cette solution un moyen commode d'échapper au concours des ouvriers sur la somme qui lui est due; mais c'est à tort qu'on a tiré de cette considération une objection contre notre doc-

(1) Cass., 16 déc. 1873, précité (impl.).

(2) Cass., 16 déc. 1873, S., 76. 1. 264. — Guillouard, II, n. 905.

(3) Cass., 18 janv. 1854, S., 54. 1. 441. — Cass., 11 juin 1861, S., 61. 1. 878, D., 61. 1. 262. — Lyon, 21 janv. 1846, S., 46. 2. 262, D., 46. 2. 157. — Poitiers, 9 juill. 1863, S., 63. 2. 259, D., 63. 2. 151. — Paris, 17 août 1863, S., 63. 2. 258, D., 63. 2. 150. — Douai, 13 août 1866, S., 67. 2. 292. — Grenoble, 7 fév. 1868, S., 68. 2. 80, D., 69. 2. 115. — Limoges, 30 avril 1875, S., 75. 2. 264. — Guillouard, I, n. 906; Laurent, XXVI, n. 81; Baudry-Lacantinerie et de Loynes, *op. cit.*, I, n. 631. — *Contra* Montpellier, 24 déc. 1852, S., 53. 2. 687. — Frémy-Ligneville et Perriquet, I, n. 226; Trencart, *loc. cit.*; Labbé, *op. cit.*, p. 578, n. 28 (cet auteur prétend qu'il en est ainsi, non seulement dans la doctrine du privilège qu'il adopte, mais dans celle de l'action directe).

trine pour adopter la solution contraire; cette solution heurte les principes.

1985. Mais la cession du marché emportant cession de la créance, on pourrait croire que les ouvriers ne peuvent plus désormais agir contre le maître. Ce serait une erreur : le cessionnaire du marché devient entrepreneur.

1986. La cession de sa créance faite par l'entrepreneur est opposable aux ouvriers alors même qu'on ferait dériver de l'art. 1798 un privilège à leur profit et qu'on admettrait (ce qui est discutable) que les privilèges sur les créances sont pourvus du droit de suite, car l'art. 1798 ne fait porter le droit des ouvriers que sur les sommes dues à l'entrepreneur [1].

1987. Pour être opposable à l'ouvrier, la cession de créance n'a besoin ni d'être signifiée, ni d'avoir date certaine. Nous nous référons sur ce point aux arguments que nous avons donnés à propos de la quittance.

Mais le transport n'est pas opposable aux ouvriers s'il est postérieur à une saisie-arrêt pratiquée par eux [2]; la saisie-arrêt, on le sait, a pour effet d'empêcher la cession de la créance cédée.

1988. Une saisie-arrêt pratiquée par un tiers et validée avant la saisie-arrêt des ouvriers enlève à ces derniers toute action contre le maître [3]. On sait, en effet, que, d'après la théorie généralement admise, la validation de la saisie-arrêt a pour effet de transporter au saisissant la créance saisie.

1989. Le maître peut-il, par une convention passée avec l'entrepreneur, stipuler que les ouvriers ne pourront exercer contre lui soit l'action directe, soit l'action oblique? Cette clause est, comme nous le verrons, très fréquente dans les contrats d'entreprise passés entre les compagnies de chemins de fer et les entrepreneurs de construction des réseaux. Elle nous paraît être nulle; car les ouvriers puisent leur droit dans un texte, et ce n'est pas une convention passée entre des

[1] *Contra* Labbé, *loc. cit.*

[2] Lyon, 18 déc. 1878, S., 81. 2. 59, D., 79. 2. 113. — Guillouard, II, n. 906.

[3] Bordeaux, 31 mai 1854, S., 54. 2. 702. — Poitiers, 9 juil. 1863, S., 63. 2. 259, D., 63. 2. 151. — Paris, 12 avril 1866, S., 66. 2. 252, D., 66. 5. 291. — Cpr. Guillouard, II, n. 907. — *Contra* Trencart, *loc. cit.*

tiers et à laquelle ils sont étrangers, qui peut leur enlever ce droit.

1990. L'ouvrier qui a agi contre l'entrepreneur, et même qui a produit à sa faillite, n'est pas déchu du droit d'agir contre le maître. Cela est reconnu par les partisans de l'action directe ([1]). Cela n'est pas moins vrai dans notre opinion.

Réciproquement l'ouvrier qui a agi contre le maître peut encore agir, pour ce qui lui reste dû, contre l'entrepreneur ([2]).

IV. *A qui est donnée l'action de l'art. 1798.*

1991. L'art. 1798 doit, au point de vue des personnes qui en bénéficient, être interprété restrictivement dans la doctrine de l'action directe ([3]) ou du privilège, car il déroge au droit commun. Au contraire, dans notre opinion, il n'est que l'application du droit commun et une action est accordée à tous les créanciers de l'entrepreneur, quels qu'ils soient.

Pour ceux qui n'interprètent pas l'art. 1798 de cette manière, le privilège ou l'action directe ne sont pas accordés aux personnes qui ne sont pas des ouvriers, c'est-à-dire qui ne fournissent pas un travail manuel pour le compte de l'entrepreneur ([4]). Notamment ils n'appartiennent pas aux fournisseurs de matériaux ([5]).

Mais il en est autrement d'un ouvrier qui, accessoirement, fournit des matériaux, par exemple d'un serrurier chargé de fournir le fer ou d'un maçon chargé de fournir la pierre; on admet alors que ses prestations sont indivisibles et qu'il a l'action directe non seulement pour le prix de son travail,

([1]) Paris, 17 août 1863, S., 63. 2. 258, D., 63. 2. 150. — Guillouard, II, n. 899.

([2]) Guillouard, II, n. 899.

([3]) Guillouard, II. n, 900.

([4]) Trib. civ. Marseille, 15 fév. 1889, *Rec. Marseille*, 89. 2. 258.

([5]) Cass., 12 fév. 1866, S., 66. 1. 94, D., 66. 1. 57. — Cass., 12 fév. 1880, S., 80. 1. 416. — Lyon, 21 janv. 1846, S., 46. 2. 262, D., 46. 2. 257. — Bordeaux, 30 nov. 1858, S., 59. 2. 517, D., 60. 2. 32. — Besançon, 16 juin 1863, S., 63. 2. 206, D., 63. 2. 103. — Poitiers, 9 juil. 1863, S., 64. 2. 259. — Aix, 9 août 1877, S., 78. 2. 151. — Trib. com. Marseille, 1er avril 1887, *Rec. Marseille*, 87. 176 (locateur d'appareils). — Troplong, I, n. 1052; Aubry et Rau, IV, p. 537, § 374, note 47; Frémy-Ligneville et Perriquet, I, n. 223; Laurent, XXVI, n. 76; Guillouard, II, n. 901; Labbé, *op. cit.*, p. 582, n. 12.

mais encore pour le prix de ses fournitures [1], à condition que les fournitures ne soient que l'accessoire [2]. La raison assez singulière qu'on invoque est que la loi a voulu assurer le paiement du travail manuel.

Il va sans dire que l'ouvrier qui transporte les matériaux est pourvu de l'action directe [3].

1992. L'art. 1798 ne s'étend pas aux commis et employés de l'entrepreneur [4], car ils ne fournissent pas un travail manuel.

Il s'applique aux contre-maîtres [5].

Les ouvriers peuvent l'invoquer quel que soit leur mode d'engagement [6] ou de rémunération [7].

1993. L'action de l'art. 1798 n'appartient pas au sous-entrepreneur ou sous-traitant qui, dans une vue de spéculation, s'est chargé d'exécuter pour un prix fixe une partie des travaux à faire [8]. On ne peut, en effet, le qualifier d'ouvrier et, d'autre part, il agit dans un but de spéculation et dispose de certains capitaux; c'est une double raison pour le traiter moins favorablement que l'ouvrier.

On objecte que le sous-entrepreneur apporte dans l'entreprise son expérience, ses capitaux et son crédit, et y coopère

(1) Bordeaux, 8 juil. 1862, S., 63. 2. 13. — Montpellier, 22 août 1850, S., 53. 2. 685. — Montpellier, 24 déc. 1852, S., 53. 2. 687. — Paris, 9 août 1859, précité. — Aubry et Rau, *loc. cit.*; Frémy-Ligneville et Perriquet, *loc. cit.*; Guillouard, *loc. cit.*; Trencart, *op. cit.*, p. 419.

(2) Trencart, *loc. cit.*

(3) Bordeaux, 31 mars 1854, S., 54. 2. 702, D., 57. 2. 35. — Guillouard, II, n. 901.

(4) Besançon, 16 juin 1863, S., 63. 2. 206, D., 63. 2. 103. — Guillouard, II, n. 902.

(5) Labbé, *op. cit.*, p. 584, n. 14.

(6) Trib. civ. Lyon, 5 fév. 1892, *Mon. jud. Lyon*, 6 avril 1892.

(7) Trib. civ. Lyon, 5 fév. 1892, précité.

(8) Cass., 12 fév. 1866, S., 66. 1. 94, D., 66. 1. 57. — Cass., 11 nov. 1867, S., 67. 1. 429, D., 67. 1. 444. — Cass., 28 janv. 1880, S., 80. 1. 416, D., 80. 1. 254. — Paris, 27 juillet 1867, S., 68. 2. 280, D., 67. 2. 167. — Aix, 9 août 1877, S., 78. 2. 151. — Lyon, 18 déc. 1878, S., 81. 2. 59, D., 79. 2. 113. — Caen, 15 mai 1882, *Rec. Caen*, 1882, p. 268. — Aix, 5 fév. 1891, *Rec. d'Aix*, 91. 1. 79. — Alger, 2 juillet 1891, *Rev. algér.*, 91. 445. — Trib. com. Seine, 20 oct. 1887, *Gaz. Trib.*, 6 nov. 1887. — Trencart, *op. cit.*, p. 420; Guillouard, II, n. 902. — *Contra* Montpellier, 24 déc. 1852, S., 53. 2. 687. — Rouen, 21 fév. 1861, S., 61. 2. 218. — Bordeaux, 8 juillet 1862, S., 63. 2. 13. — Besançon, 16 juin 1863, S., 63. 2. 206, D., 63. 2. 103. — Frémy-Ligneville et Perriquet, I, n. 222; Labbé, *op. cit.*, p. 584, n. 14.

ainsi d'une manière plus réelle et plus active que l'ouvrier. Cela est vrai, mais c'est sur l'humanité et non sur les services rendus qu'est fondé l'art. 1798.

Toutefois le *tâcheron*, c'est-à-dire le sous-traitant qui prend à sa charge, par une convention passée entre l'entrepreneur principal, une partie de l'entreprise, et qui fournit son travail manuel, outre celui des ouvriers qu'il a engagés, bénéficie de l'art. **1798** (¹), car il est un véritable ouvrier.

1994. Le maître peut convenir qu'il sera tenu directement envers tels créanciers du sous-traitant; ces derniers, en vertu de l'art. **1121** C. civ., pourront se prévaloir de cette clause (²).

V. *Contre qui et sur quelles créances est accordée l'action de l'art. 1798.*

1995. L'action directe n'appartient pas aux ouvriers engagés par un sous-traitant contre l'entrepreneur qui a cédé à ce dernier une partie de ses droits (³); c'est en effet seulement contre le maître que l'action directe est donnée, et l'art. 1798, interprété dans un sens dérogatoire au droit commun, ne peut être étendu.

1996. Mais souvent (et notamment dans les cahiers des charges des entreprises relatives à la construction d'un chemin de fer) il est stipulé que si l'entrepreneur cède une partie du marché, il devra payer directement le salaire des ouvriers qu'emploieront les cessionnaires.

Cette clause a été interprétée tantôt comme déchargeant simplement le maître vis-à-vis de l'ouvrier (décharge dont, au surplus, la validité est contestable) (⁴), tantôt comme étant,

(¹) Cass., 12 fév. 1866, S., 66. 1. 94, D., 66. 1. 57. — Paris, 9 août 1859, S., 59. 2. 589. — Paris, 27 juillet 1867, S., 68. 2. 280, D., 67. 2. 167. — Guillouard, II, n. 903; Labbé, *op. cit.*, p. 584, n. 14. — *Contra* Cass., 11 nov. 1867, S., 67. 1. 429, D., 67. 1. 444.

(²) Cass., 7 fév. 1866, S., 66. 1. 220. — Cass., 2 janv. 1867, S., 67. 1. 79. — Cass., 28 janv. 1868, S., 68. 1. 216. — Cass., 5 mars 1872, S., 73. 1. 136. — Cass. req., 13 juill. 1886 (3 arrêts), S., 87. 1. 172.

(³) *Contra* Labbé, *op. cit.*, p. 583, n. 13.

(⁴) Cass., 31 juillet 1867, S., 67. 1. 383, D., 67. 1. 108. — Cass., 28 janv. 1880, S., 80. 1. 416, D., 80. 1. 254. — Paris, 14 nov. 1881, D., 82. 2. 181.

en même temps, édictée dans l'intérêt des ouvriers du sous-traitant et donnant à ces ouvriers une action directe contre l'entrepreneur ([1]); cette dernière convention serait, ainsi que nous le verrons, incontestablement valable.

Certains auteurs ([2]), tout en admettant que ces deux interprétations sont possibles, préfèrent la seconde.

La première nous paraît devoir, en principe, l'emporter. Il est, en effet, à supposer que le maître ne s'est préoccupé que de ses intérêts et n'a pas songé à ceux des ouvriers, lesquels lui sont indifférents.

1997. Il est en tout cas certain que le maître peut stipuler que les ouvriers des sous-traitants auront un droit d'action contre l'entrepreneur principal. Il est, en effet, permis de stipuler pour autrui, quand cette stipulation est la conséquence d'une autre stipulation que l'on fait pour soi-même (C. civ., art. 1121) ([3]).

1998. L'entrepreneur ainsi engagé avec les ouvriers peut se dégager par une convention passée avec eux.

Mais il ne peut se dégager par des avis imprimés manifestant son intention de ne pas être tenu ([4]).

1999. L'action directe ou indirecte n'est pas donnée aux ouvriers contre les cessionnaires de l'entreprise ou contre les sous-traitants.

La première de ces deux solutions est admise sans difficulté par les partisans de l'action directe ([5]) : le cessionnaire de l'entreprise n'est pas visé par l'art. 1798.

2000. L'action de l'ouvrier, d'après l'art. 1798, s'étend à tout ce qui reste dû à l'entrepreneur, même aux sommes qui ne sont pas dues à raison des travaux de l'ouvrier.

Cela est certain dans notre opinion, car l'ouvrier agit

([1]) Cass., 17 juin 1846, S., 46. 1. 863, D., 46. 1. 334. — Cass., 7 fév. 1866, S., 66. 1. 220, D., 66. 1. 83. — Cass., 2 janv. 1867, S., 67. 1. 79, D., 67. 1. 109. — Cass., 28 janv. 1868, S., 68. 1. 216, D., 68. 1. 108. — Besançon, 18 fév. 1882, D., 83. 2. 19.

([2]) Guillouard, II, n. 903.

([3]) V. *supra*, n. 1994.

([4]) Cass., 17 juin 1846, S., 46. 1. 863, D., 46. 1. 334. — Cass., 7 fév. 1866, S., 66. 1. 220, D., 66. 1. 83. — Guillouard, II, n. 903.

([5]) Cass., 12 août 1862, S., 62. 1. 958. — Guillouard, II, n. 899.

comme créancier de l'entrepreneur et les créanciers peuvent réclamer tout ce qui est dû à leur débiteur.

Mais les auteurs qui adoptent la théorie de l'action directe donnent la même solution [1], à raison des termes généraux de l'art. 1798.

VI. *Procédure de l'action directe.*

2001. Dans l'action contre le maître, l'ouvrier n'a pas à mettre l'entrepreneur en cause. Cela nous paraît évident dans la doctrine de l'action directe, car l'ouvrier agit contre le maître sans se préoccuper de l'entrepreneur. Cela n'est pas moins certain dans la doctrine contraire, qui est la nôtre, car les créanciers, agissant au nom de leur débiteur, n'ont pas à mettre ce dernier en cause.

De même, si l'entrepreneur est en faillite, l'ouvrier n'a pas à mettre en cause le syndic de la faillite.

Sur ce dernier point, on admet généralement l'opinion contraire [2], sans donner aucun motif à son appui.

VII. *Privilège des ouvriers en matière de travaux publics.*

2002. Le décret du 26 pluviôse an II, en autorisant les ouvriers et fournisseurs de matériaux à faire saisie-arrêt des sommes dues à l'entrepreneur des travaux de l'Etat (art. 3), et en défendant aux tiers de faire saisie-arrêt sur la même somme qu'après la réception des travaux (art. 2), et seulement sur ce qui restera dû alors après acquittement des sommes dues aux ouvriers et fournisseurs (art. 4), confère à ces derniers un véritable privilège [3]. Ce décret a été étendu par l'art. 1er de la loi du 25 juillet 1891 à tous les travaux publics.

2003. Avant la réception des travaux, le privilège est pourvu du droit de suite ; en d'autres termes, la cession est inoppo-

(1) Besançon, 16 juin 1863, S., 63. 2. 206, D., 63. 2. 103. — Guillouard, II, n. 898.

(2) Trib. civ. Seine, 31 août 1866, S., 68. 2. 280, D., 67. 2. 167. — Guillouard, II, n. 908.

(3) Cass. req., 20 août 1862, S., 63. 1. 386. — Guillouard, II, n. 897 ; Labbé, *op. cit.*, p. 575, n. 4. — V. sur ce privilège, Baudry-Lacantinerie et de Loynes, *op. cit.*, I, n. 723 s.

sable aux ouvriers [1], car la cession produit les effets d'une saisie-arrêt, en défendant de payer, et on admet qu'en général l'insaisissabilité d'une créance, étant une défense de transmission au profit des créanciers, entraîne l'incessibilité. Du reste, l'insaisissabilité est ici édictée pour faciliter les travaux et peut-être aussi pour éviter aux agents du Trésor une responsabilité, et ces motifs s'appliquent à l'incessibilité.

Il en est ainsi même si la cession est consentie à l'un des créanciers munis du privilège [2]; il est vrai que ces derniers ont le droit de faire opposition, mais c'est en leur qualité de créanciers privilégiés, et s'ils se prévalaient d'une cession, ils agiraient en qualité d'acquéreurs.

2004. Après la réception des travaux, l'art. 4 autorise la saisie pourvu que les dettes des ouvriers et fournisseurs aient été acquittées. Il est clair que la saisie est valable avant le payement, et que les ouvriers et fournisseurs sont seulement préférés au saisissant.

La cession est également possible, puisqu'elle n'était nulle avant la réception qu'à raison de l'insaisissabilité de la créance.

Mais, comme la saisie, elle ne produit ses effets qu'après que les ouvriers et fournisseurs ont été satisfaits [3].

2005. On décide que les ouvriers et fournisseurs de matériaux du sous-traitant ont une action directe contre l'entrepreneur de travaux publics [4].

SECTION V

DE LA CESSION DU MARCHÉ, ET DES SOUS-TRAITANTS

2006. L'entrepreneur a le droit de céder son marché, car tout droit, à moins d'une interdiction formelle, est cessible [5].

(1) Alger, 17 juil. 1850, S., 51. 2. 255.
(2) Cass., 22 janv. 1868, S., 68. 1. 177. — Rouen, 19 mai 1866, S., 67. 2. 148. — *Contra* Christophle, *Tr. des travaux publics*, I, n. 538.
(3) Cass., 9 juin 1880, S., 80. 1. 369. — Cass., 25 fév. 1885, S., 85. 1. 493. — V. cep. Cass., 21 mars 1855, S., 56. 1. 735.
(4) Paris, 16 janv. 1892, *Gaz. Trib.*, 2 avril 1892.
(5) Larombière, I, art. 1122, n. 17 et 18.

Pothier, du reste, décidait déjà en ce sens (¹). Il n'y a lieu de faire exception, comme le voulait Pothier, que pour les « ouvrages de génie », c'est-à-dire ceux où entre en considération le talent de l'ouvrier (²), comme la peinture d'un plafond ou d'un portrait (³).

Certains auteurs n'admettent pas que l'entrepreneur puisse même céder les autres travaux, à moins « qu'il ne s'agisse d'un ouvrage tellement ordinaire qu'il puisse être indifféremment fait par l'un ou l'autre » (⁴). C'est là une distinction bien vague et dont l'application sera pleine de difficultés. Ainsi on pourrait croire que la construction d'une maison sur les plans fournis par un architecte, peut être aussi bien faite « par l'un ou par l'autre ». Et cependant les auteurs dont nous parlons n'admettent pas que le marché de l'entrepreneur puisse être cédé (⁵).

On dit en faveur de cette distinction que le maître a agi en considération de l'habileté et de l'*honnêteté* de l'entrepreneur; si cet argument était sérieux, il interdirait la cession de toute espèce de marché, même de celui qui aurait pour objet l'ouvrage le plus ordinaire. Mais, dans les ouvrages qui n'exigent pas un talent personnel, le maître n'a le droit d'exiger qu'une chose, c'est que le travail soit bien fait; l'habileté de l'entrepreneur a pu entrer dans son esprit en ligne de compte, mais, comme l'entrepreneur est responsable du travail du cessionnaire, le maître recueillera toujours les fruits de cette habileté. A raison de cette même responsabilité, il bénéficiera également de l'honnêteté de l'entrepreneur avec lequel il a contracté. On a donc oublié, en proposant la distinction que nous rejetons, que l'entrepreneur est responsable des actes de son cessionnaire.

On pourrait également, en faveur de la personnalité du marché, tirer argument de l'art. 1795, d'après lequel le marché finit par la mort de l'ouvrier. Cette considération (qui,

(¹) N. 420 et 421.
(²) *Loc. cit.* — Larombière, art. 1122, n. 17.
(³) Pothier, *loc. cit.*; Larombière, *loc. cit.*
(⁴) Frémy-Ligneville et Perriquet, I, n. 15; Guillouard, II, n. 818.
(⁵) Guillouard, II, n. 818.

du reste, conduirait, elle aussi, à interdire la cession du marché même le plus ordinaire), serait sans valeur; si la mort de l'ouvrier laissait le marché intact, le maître serait forcé d'accepter le travail des héritiers, qui peuvent n'avoir aucune aptitude à le faire. Au contraire, nous avons rappelé que la cession du marché par l'entrepreneur maintient dans leur intégrité les obligations de ce dernier.

Il faut ajouter qu'il n'existe pas une corrélation absolue entre la transmissibilité par décès et la transmissibilité par cession; un certain nombre de droits qui ne se transmettent pas aux héritiers peuvent être cédés (usufruit).

2007. Le cessionnaire du marché prend généralement le nom de sous-traitant, lorsque du moins le maître n'a pas participé à la cession et n'a pas renoncé à ses droits contre l'entrepreneur; cependant on réserve souvent ce nom de sous-traitant au cessionnaire d'une partie des travaux.

2008. En cas de cession du marché, le cessionnaire a tous les droits du cédant, ces droits lui ayant été cédés; nous nous sommes demandé plus haut s'il a, ainsi que ses ouvriers, une action directe contre le maître [1].

Il ne peut être congédié que pour les motifs qui auraient permis la résiliation vis-à-vis du cédant [2].

2009. L'entrepreneur principal n'a plus aucun droit contre le maître. Mais il n'est pas déchargé de ses obligations envers celui-ci, à moins que le maître n'ait formellement consenti à la cession et que les termes de son consentement n'impliquent une abdication de ses droits vis-à-vis de l'entrepreneur principal, car il est de règle qu'un débiteur ne peut être déchargé de ses obligations sans le consentement du créancier; en dehors donc de cette dernière hypothèse, le maître a deux obligés : l'entrepreneur et le cessionnaire; son action est directe aussi bien contre ce dernier que contre le premier, la cession ayant cet effet que le cessionnaire s'est engagé, envers l'entrepreneur, agissant en son nom et au nom du maître, à remplir ses obligations vis-à-vis du maître.

[1] V. *supra*, n. 1993.

[2] Cons. d'Ét., 13 janv. 1893, D., 94. 3. 27 (pour le cas où l'entrepreneur d'un marché communal était autorisé par la commune à céder).

2010. La question de savoir dans quelle mesure l'entrepreneur est responsable des faits du cessionnaire et du sous-traitant a déjà été étudiée [1].

2011. Le prix de la cession est fixé librement par les parties; elles peuvent stipuler ou que le cessionnaire payera une somme au cédant ou, qu'au contraire, ce dernier, se déchargeant d'un marché onéreux, paiera une somme au cessionnaire.

A défaut de prix convenu, on doit, en général, supposer que la cession totale du marché est faite sans prix, c'est-à-dire constitue une simple substitution d'un entrepreneur à l'autre.

2012. Quant à la cession partielle, les tribunaux, à défaut de convention, en fixeront les conditions [2].

2013. L'art. 1793, d'après lequel le prix convenu ne peut, dans le marché à forfait, être augmenté en raison de changements dans le plan non convenus par écrit, ne s'applique pas dans les rapports entre l'entrepreneur principal et les sous-traitants ou les ouvriers auxquels il a confié l'exécution de tout ou partie de l'ouvrage [3], car l'art. 1793 ne parle que du *propriétaire;* du reste, cette disposition a eu pour but de protéger le propriétaire contre le dol de l'entrepreneur, et il va sans dire qu'on renverserait les rôles en accordant la même protection à l'entrepreneur.

2013 *bis*. Nous avons parlé plus haut de la responsabilité du sous-traitant vis-à-vis de l'entrepreneur [4].

SECTION VI

FIN DU LOUAGE D'ENTREPRENEUR

§ I. *Mort des parties.*

2014. « *Le contrat de louage d'ouvrage est dissous par la* » *mort de l'ouvrier, de l'architecte ou de l'entrepreneur* » (art.

[1] V. *supra*, n. 1907 s., 1915.

[2] Décidé que, selon l'usage, à défaut de clause, le sous-traitant doit faire un rabais d'au moins 15 p. 100 à l'entrepreneur principal pour que le marché de ce dernier lui laisse un bénéfice. Paris, 27 avril 1894, *Gaz. Pal.*, *Table*, 1er sem. 1894, vo *Louage d'ouvrage*, n. 29 à 31.

[3] Cass., 3 août 1868, S., 68. 1. 447, D., 69. 1. 228. — Guillouard, II, n. 888.

[4] V. *supra*, n. 1911.

1795), car c'est son aptitude personnelle qui a déterminé le contrat, et cette aptitude n'est pas héréditairement transmissible. Certains travaux, il est vrai, sont assez peu importants ou assez communs pour pouvoir être facilement accomplis par un autre locateur. Néanmoins, même pour ces derniers et contrairement à la solution de l'ancien droit [1], l'art. 1795 trouve son application [2]. Le texte s'exprime en termes généraux, et Mouricault, dans son rapport au Tribunat [3], disait également, après avoir rappelé la distinction de l'ancien droit : « Il est mieux de ne faire aucune distinction, parce que la confiance aux talents, aux soins, à la probité du locateur entre toujours plus ou moins en considération dans le louage d'ouvrage, et que c'est toujours, en définitive, l'obligation d'un fait personnel que le locataire y contracte ».

2015. Mais les parties peuvent déroger à l'art. 1795 par une convention formelle [4] ou par une intention évidente [5].

2016. L'art. 1795 s'applique non seulement au cas d'un louage d'ouvrage dont le prix consiste en argent, mais encore si un ouvrage doit être fait moyennant un prix en denrées ou en une prestation quelconque [6] ; à supposer qu'il ne s'agisse pas alors d'un véritable louage, l'art. 1795 est applicable par analogie.

2017. La mort de l'ouvrier met fin même à la convention dans laquelle l'ouvrier s'était engagé à fournir tous les matériaux de l'ouvrage à entreprendre. Cela est certain dans l'opinion qui considère ce contrat comme un louage d'ouvrage, soit d'une manière absolue, soit jusque à la réception [7]. Mais cela n'est pas moins vrai dans notre système, d'après lequel cette convention est une vente [8]. Car l'art. 1795

(1) Pothier, n. 453 s.
(2) Toullier, VI, n. 408 ; Troplong, II, n. 1034 ; Guillouard, II, n. 792 ; Larombière, art. 1122, n. 13.
(3) Fenet, XIV, p. 342.
(4) Larombière, art. 1122, n. 16.
(5) V. cep. Larombière, *loc. cit.*
(6) Larombière, art. 1122, n. 15.
(7) Duranton, XVII, n. 258 ; Duvergier, II, n. 335 ; Aubry et Rau, IV, p. 528, § 374.
(8) Laurent, XXVI, n. 21 ; Guillouard, II, n. 800. — *Contra* Troplong, II, n. 1044. — D'après Larombière (art. 1122, n. 20), la solution dépend des circonstances.

s'exprime en termes généraux et s'applique, par conséquent, à toutes les conventions dont se sont occupés les articles précédents et notamment à celle de l'art. 1788. D'autre part, il est impossible de ne pas reconnaître que toutes les considérations sur lesquelles est fondé l'art. 1795 s'appliquent à cette hypothèse.

2018. Il en est de même de la vente dont le prix consiste dans un travail ([1]).

2019. La dissolution du contrat par la mort de l'ouvrier peut être invoquée, non seulement par le maître, mais encore par les héritiers de l'ouvrier ([2]). C'est d'une manière absolue que l'art. 1795 prononce la cessation du contrat, et, du reste, les héritiers pourraient rencontrer un embarras sérieux à exécuter la promesse de leur auteur.

2020. L'art. 1796 ajoute : « *Mais le propriétaire est tenu » de payer en proportion du prix porté par la convention, à » leur succession, la valeur des ouvrages faits et celle des » matériaux préparés, lors seulement que ces travaux ou ces » matériaux peuvent lui être utiles* ». Autrement le maître s'enrichirait au détriment de la succession de l'entrepreneur ou de l'architecte, ce que l'équité ne permet pas.

2021. Il est évident que l'*utilité* dont parle l'art. 1796 doit s'apprécier eu égard à la convention conclue avec l'ouvrier décédé. Ainsi les matériaux et travaux sont utiles s'ils peuvent être employés par un autre ouvrier qui exécutera la convention primitive telle qu'elle a été conclue ([3]).

Il suit de là que le maître ne peut soutenir que les travaux accomplis lui sont inutiles en tout ou en partie, soit parce qu'il réduit les proportions de l'ouvrage ([4]), soit parce qu'il renonce à l'un des éléments de l'ouvrage, cet élément fût-il de luxe ([5]).

([1]) Larombière, art. 1122, n. 20, résout cette question suivant les circonstances.

([2]) Toullier, *loc. cit.*; Duranton, XVII, n. 258; Troplong, II, n. 1035; Duvergier, II, n. 377; Demolombe, XXIV, n. 267; Larombière, art. 1122, n. 13 et 14; Guillouard, II, n. 799.

([3]) Laurent, XXVI, n. 24; Colmet de Santerre, VII, n. 249 *bis*, 1; Guillouard, II, n. 801.

([4]) Guillouard, II, n. 801.

([5]) Laurent, *loc. cit.*; Colmet de Santerre, *loc cit.*; Guillouard, *loc. cit.*

Au contraire, la partie achevée et les matériaux sont inutiles si, aucun autre ouvrier n'étant capable d'exécuter le travail, le maître est forcé d'y renoncer.

2022. En général, les matériaux et travaux utiles doivent être payés non pas à raison de la valeur qu'ils peuvent avoir, mais à raison de leur valeur comparée au prix total (1). Ainsi, un prix fixe ayant été convenu, la moitié de ce prix devra être payée si l'entreprise est achevée à moitié.

Que si des matériaux seulement ont été achetés, sans que les travaux aient été commencés, la valeur de ces matériaux devra être payée, mais il s'agit de la valeur qu'ils avaient quand ils ont été acquis et non pas de leur valeur actuelle (2).

§ II. *Faillite des parties.*

2023. Comme tout contrat (3), le louage d'ouvrage se maintient malgré la faillite de l'une des parties (4).

Par suite, si le syndic de la faillite du maître n'exécute pas le marché, il est tenu de dommages-intérêts (5).

2024. La faillite de l'entrepreneur ne met pas davantage fin au contrat (6); elle autorise même, comme celle du maître, une demande en dommages-intérêts si la faillite entraîne l'inexécution (7).

Si l'entrepreneur tombe en faillite avant la réception de l'ouvrage dont il a fourni les matériaux (8), la chose fabriquée est soumise à l'action de ses créanciers, car nous avons montré qu'elle lui appartient.

(1) Guillouard, II, n. 801.
(2) V. cep. Guillouard, II, n. 801.
(3) Cass., 5 août 1889, S., 92. 1. 492. — Paris, 17 fév. 1892, S., 94. 2. 179.
(4) Paris, 17 fév. 1892, précité. — *Contra* Paris, 19 mai 1892, S., 95. 2. 198 (pour la cession de marché).
(5) Rouen, 24 janv. 1826, S. chr. — Caen, 20 fév. 1827, S. chr. — Paris, 17 fév. 1892, précité. — Rennes, 24 janv. 1870, S., 70. 2. 320. — *Contra* Paris, 19 mai 1892, précité. — Trib. com. Seine, 10 oct. 1895, *Gaz. Pal.*, 95. 2. 543.
(6) Guillouard, II, n. 811.
(7) *Contra* Trib. com. Seine, 10 oct. 1895, précité.
(8) M. Guillouard, II, n. 784, dit: « Avant l'achèvement de la construction ». Mais l'achèvement ne change pas les termes de la question, puisque la situation respective de l'entrepreneur et du maître reste la même jusqu'à la livraison, et, selon nous, jusqu'à la réception.

Donc :

Le maître ne peut revendiquer la chose, et cela même s'il a payé d'avance des acomptes [1] ou même la totalité du prix.

Les créanciers du failli peuvent faire valoir leurs privilèges sur la chose. Notamment les vendeurs de matériaux ont le privilège du vendeur, lequel ne s'éteindra que par la revente [2].

§ III. *Résiliation par la volonté des parties.*

2025. La résiliation du louage d'ouvrage n'est valable que si les deux parties contractantes y ont régulièrement consenti. Le maître peut, sans doute, révoquer le contrat, mais, comme nous le dirons, à la charge de payer une indemnité à l'entrepreneur.

Ainsi l'entrepreneur doit continuer les travaux qu'il a commencés pour une commune, quoique la résiliation ait été consentie par lui et par la commune, si cette dernière n'était pas autorisée à résilier; à plus forte raison l'entrepreneur a-t-il alors le droit de continuer les travaux et d'en réclamer le montant [3].

§ IV. *Cas fortuit empêchant l'exécution. Inexécution des obligations.*

2026. Nous avons déjà parlé du cas fortuit qui cause un retard dans l'exécution des travaux [4].

Quant au cas fortuit qui empêche l'exécution, il est une cause de résiliation, conformément au droit commun (art. 1302).

Si les travaux sont soumis à une autorisation administrative, le défaut d'autorisation constitue une impossibilité fortuite d'exécution [5].

(1) Guillouard, II, n. 784.
(2) Guillouard, II, n. 784.
(3) Cons. d'Et., 13 mai 1892, D., 93. 3. 97.
(4) V. *supra*, n. 1854.
(5) Cass. civ., 3 juill. 1893, D., 93. 1. 594 (impl.).

2027. Conformément au droit commun, le cas fortuit n'entraîne pas la résolution du contrat, s'il est provoqué par la faute de la partie qui l'invoque.

Ainsi l'entrepreneur ne peut refuser de faire les travaux promis sous prétexte que l'autorisation administrative lui a été refusée, si le refus d'autorisation provient de ce que l'entrepreneur demandait d'une manière indivisible l'autorisation et une subvention (1).

2028. L'inexécution des obligations que la convention met à la charge des parties peut entraîner la résolution du contrat sur la demande de l'autre partie.

Ainsi l'architecte peut être révoqué s'il n'exécute pas ses obligations, par exemple s'il construit sur un plan différent du plan fixé (2).

2029. De même le maître ne doit aucune indemnité si la résiliation a pour cause une faute de l'entrepreneur, par exemple s'il a abandonné le chantier pendant longtemps (3).

A plus forte raison n'est-il dû aucune indemnité si c'est l'entrepreneur qui suspend l'exécution du travail (4).

Au contraire le maître peut, dans ces hypothèses, réclamer une indemnité.

2030. Si l'entrepreneur de travaux publics n'exécute pas ses obligations, l'art. 35 du règlement du 16 nov. 1866 autorise contre lui la réadjudication sur folle enchère.

L'ancien entrepreneur sera, conformément au droit commun, tenu de payer la différence entre le prix des deux marchés, afin que l'administration ne souffre aucun préjudice. Si, par exemple, la nouvelle adjudication est faite pour un rabais inférieur à la première, l'entrepreneur est tenu de la différence.

Mais il n'a pas à verser cette différence immédiatement; comme le dommage subi ne sera connu qu'à la fin des travaux, la créance de l'administration contre l'ancien entrepre-

(1) Cass. civ., 3 juill. 1893, D., 93. 1. 594.
(2) Cons. d'Et., 3 fév. 1893, S., 94. 3. 132.
(3) Bordeaux, 23 janv. 1894, *Rec. de Bordeaux*, 94. 1. 121.
(4) Cass. req., 22 oct. 1894, D., 95. 1. 252 (par exemple à raison de ses doutes sur la solvabilité du maître).

neur n'est liquide et exigible qu'à ce moment [1]. Sans doute ce retard pourra rendre impossible le recouvrement de la créance, mais cette solution est imposée par les principes.

2031. Par cela même que le premier entrepreneur est responsable de la différence, la seconde adjudication ne peut être faite à des conditions plus onéreuses que la première : car des conditions plus onéreuses pourraient éloigner les enchérisseurs et par là même entraîner, par la diminution de la concurrence, l'élévation du prix de l'adjudication [2].

2032. L'architecte révoqué, même par sa faute, a droit aux honoraires des plans qu'il a dressés [3], mais il y a lieu d'en déduire les frais des travaux nécessités par cette faute [4]. L'architecte n'a pas davantage droit à des honoraires pour les travaux qu'il a dû faire pour réparer sa faute [5].

§ V. *Révocation du contrat par le maître.*

I. *Cas où la révocation est permise.*

2033. « *Le maître peut résilier, par sa seule volonté, le » marché à forfait, quoique l'ouvrage soit déjà commencé, » en dédommageant l'entrepreneur de toutes ses dépenses, de » tous ses travaux et de tout ce qu'il aurait pu gagner dans » cette entreprise* » (art. **1794**). C'est, quoi qu'on ait dit [6], une exception au principe que les conventions ne peuvent être révoquées que d'un commun accord; mais l'exception est facile à justifier, puisque celui contre la volonté duquel la résiliation a lieu, non seulement est indemnisé de toute la

(1) Brémond, *Rev. crit.*, XX, 1891, p. 145. — *Contra* Cons. d'Et., 31 mai 1889, *Rec. des arr. du Cons. d'Etat*, 1889, p. 687.

(2) Brémond, *Rev. crit.*, XX, 1891, p. 144. — Décidé que, les cahiers des charges portant que l'entrepreneur peut, si l'administration y consent, fournir une promesse de verser le cautionnement au lieu de le verser immédiatement, la seconde adjudication peut être faite avec l'obligation pour l'adjudicataire de verser le cautionnement; car cela revient à déclarer que l'administration ne se contentera en aucun cas d'une simple promesse. — Cons. d'Et., 31 mai 1889, précité.

(3) Cons. d'Et., 6 août 1886, S., 88. 3. 33. — Cons. d'Et., 3 fév. 1893, S., 94. 3. 132.

(4) Cons. d'Et., 6 août 1886, précité.

(5) Cons. d'Et., 6 août 1886, précité.

(6) Colmet de Santerre, VII, n. 247 *bis*, II.

perte que lui cause l'inexécution du contrat, mais obtient en outre tout le bénéfice que lui aurait procuré l'exécution [1].

Aussi cette dérogation au droit commun était-elle admise déjà dans l'ancien droit [2].

2034. L'art. 1794 s'applique non pas seulement au cas où la matière est fournie par le maître, mais encore à celui où elle est fournie par l'ouvrier [3]. Il importe peu que, dans ce dernier cas, la convention constitue une vente, car l'art. 1794 parle du « marché à forfait », sans exiger que ce marché constitue un louage d'ouvrage ; sa place même montre qu'il s'applique à tous les contrats dont il est parlé dans les articles précédents ; enfin les considérations auxquelles a obéi l'art. 1794 sont également opposées à toute distinction.

2035. Mais l'art. 1794 ne s'applique pas au marché à la pièce ou à la série de prix [4], car ce marché est directement l'opposé du marché à forfait dont parle l'art. 1794. S'il s'agissait d'une disposition conforme au droit commun, on devrait l'étendre ; mais elle est, nous l'avons dit, exceptionnelle. Qu'il n'y ait pas de raison sérieuse pour limiter ainsi l'art. 1794, cela est certain ; mais en l'étendant à des marchés autres que ceux dont il parle, on méconnaît les règles les plus certaines de l'interprétation juridique.

On invoque encore en ce sens l'autorité de Pothier [5] ; mais Pothier ne s'expliquait pas sur la question ; il se contentait de poser pour le cas de « marché », sans indiquer ce qu'il entendait par ce terme, la solution plus tard reproduite par l'art. 1794. Au surplus, l'autorité de Pothier ne saurait prévaloir contre les considérations que nous avons indiquées.

On conclut de là qu'en dehors du marché à forfait, le maître

[1] Guillouard, II, n. 803.

[2] Pothier, n. 440 ; Argou, III, ch. XXVII, p. 298.

[3] Cass. civ., 5 janv. 1897, S., 97. 1. 73, D., 97. 1. 89. — Duvergier, II, n. 335 ; Aubry et Rau, IV, p. 528, § 374, note 11 ; Laurent, XXVI, n. 19 ; Colmet de Santerre, VII, n. 247 *bis*, I à III ; Frémy-Ligneville et Perriquet, I, n. 47 ; Guillouard, II, n. 805. — Cpr. Cass., 27 avril 1870, S., 72. 1. 81, D., 71. 1. 286. — *Contra* Troplong, II, n. 1030 ; Planiol, *Note*, D., 97. 1. 89.

[4] Rouen, 22 fév. 1889, *Rec. Rouen*, 89. 132. — Laurent, XXVI, n. 18. — *Contra* Guillouard, II, n. 804.

[5] N. 440.

ne doit payer à l'architecte que ses honoraires pour les travaux déjà faits ([1]) ; il est préférable d'annuler la révocation.

2036. L'art. 1794 s'applique à l'architecte comme à l'entrepreneur. L'art. 1794 ne fait, en effet, aucune distinction; il dit que le maître peut résilier « le marché à forfait »; à la vérité il ajoute « en dédommageant l'*entrepreneur* », mais cette dernière partie du texte, qui a pour but simplement d'indiquer les effets de la révocation, ne peut déroger à la première partie. Du reste, il est d'autres articles qui parlent exclusivement de l'entrepreneur et qui sont cependant étendus sans difficulté à l'architecte (art. 1791, 1797).

L'architecte chargé de faire les plans, de surveiller l'exécution des travaux, ne peut donc être révoqué sans indemnité ([2]); on n'a pu soutenir le contraire qu'en considérant faussement l'architecte comme un mandataire salarié.

Mais, moyennant indemnité, il peut être révoqué ([3]).

De même l'art. 1794 s'applique aux ouvriers dont parle l'art. 1799.

Mais, quoiqu'on ne voie aucune raison de distinguer, nous avons dit que l'art. 1794 se restreint par son texte aux marchés à forfait. Donc, dans les autres marchés, l'architecte, l'entrepreneur ou l'ouvrier peut exiger qu'on lui laisse terminer les travaux ([4]).

2036 *bis*. Le maître peut manifester sa volonté à l'époque qui lui convient, et par conséquent quoique les travaux ne soient pas avancés ([5]); toute restriction serait opposée au texte et à l'esprit de la loi.

On admet cependant quelquefois que si quelques travaux nécessaires à la conservation de l'objet restent à faire, le maître ne peut plus résilier le contrat ([6]). Il en serait ainsi,

([1]) Rouen, 22 fév. 1889, précité. — En outre, le maître doit des dommages-intérêts s'il a révoqué l'architecte dans le but de lui nuire. — Rouen, 22 fév. 1889, précité.

([2]) Guillouard, *Tr. du mandat*, n. 28. — *Contra* Paris, 7 nov. 1891, *Pand. franç.*, 92. 2. 238.

([3]) *Contra* Trib. civ. Corbeil, 9 juil. 1890, *Loi*, 21 oct. 1890.

([4]) V. *supra*, n. 2035, *in fine*.

([5]) Bastia, 26 mars 1838, S., 38. 2. 342. — Guillouard, II, n. 807.

([6]) Guillouard, II, n. 807.

par exemple, s'il restait seulement à faire la couverture de l'immeuble (1). Ces solutions nous paraissent impossibles à justifier.

II. *Personnes qui peuvent exercer la révocation.*

2037. La faculté de résilier se transmet aux héritiers du maître, comme tous les droits du patrimoine.

Si les héritiers ne sont pas d'accord, le tribunal décidera quel est le parti à prendre (2); car c'est aux tribunaux qu'il appartient de trancher les contestations de toute espèce. On ne peut appliquer les art. 1670 et 1685 C. civ., qui, pour l'exercice du réméré ou de l'action en rescision pour cause de lésion, exigent l'unanimité. Ce sont des textes exceptionnels. Ajoutons que notre solution était déjà donnée par Pothier (3).

Une autre opinion (4) veut que le droit de céder appartienne à la majorité des héritiers, par analogie de l'art. 826. Mais ce texte, lui aussi, est exceptionnel. On reproche à notre opinion de donner une « espèce de haute tutelle » aux tribunaux; cela est inexact.

Pothier voulait que le parti le plus utile fût recherché par des arbitres que nommerait le tribunal (5). Cette désignation d'experts n'est plus, en l'absence de texte, obligatoire pour le tribunal.

2037 *bis*. Au maître seul appartient la faculté de résilier; elle n'est pas accordée à l'entrepreneur (6). Le texte est formel et son caractère exceptionnel empêche de l'étendre. Cette solution est, du reste, difficile à justifier; on a prétendu l'expliquer en disant que les travaux ne peuvent être pour l'entrepreneur une cause de perte (7). C'est une erreur certaine : l'entrepreneur a pu mal calculer ses dépenses, se tromper

(1) Guillouard, II, n. 807.
(2) Duranton, XVII, n. 257; Troplong, II, n. 1029; Frémy-Ligneville et Perriquet, I, n. 46.
(3) N. 446.
(4) Guillouard, II, n. 809.
(5) *Loc. cit.*
(6) Guillouard, II, n. 806.
(7) Guillouard, II, n. 806.

sur la nature du terrain ou des matériaux; il peut se trouver en face d'une hausse imprévue des prix des matériaux, etc.

III. *Calcul de l'indemnité de révocation.*

2038. Avant tout, l'entrepreneur ou architecte doit être remboursé de ses dépenses [1]; elles doivent lui être payées pour la totalité. C'est ce que disait Pothier [2].

En outre, on lui remboursera tout le profit qu'il aurait pu tirer de l'entreprise s'il l'avait achevée. C'est la seule manière de l'indemniser entièrement et de répondre au vœu de l'art. 1794. Pothier [3] donnait une solution différente; il voulait que le maître payât à l'entrepreneur « le profit qu'il aurait pu faire sur d'autres marchés que celui dont on demande la résolution lui a fait refuser ». Ce mode d'opérer peut indemniser l'entrepreneur ou d'une manière exagérée ou, plus fréquemment, d'une manière insuffisante [4].

L'architecte révoqué au cours des travaux a droit à des honoraires pour la rédaction du plan et la surveillance des travaux [5].

2039. On a quelquefois permis à l'architecte de réclamer, outre l'indemnité fixée par l'art. 1794, des dommages-intérêts pour le préjudice moral qui lui a été causé [6].

2039 *bis*. L'obligation d'indemniser l'architecte ou l'entrepreneur révoqué de ses fonctions est imposée même à la ville ou à l'Etat qui exerce cette révocation [7]. On ne peut opposer à cette solution la jurisprudence d'après laquelle un employé administratif peut être révoqué sans indemnité; ici, en effet, l'employé est chargé d'un travail non pas en sa qualité d'employé, puisqu'il touche pour ce travail des honoraires spéciaux, mais en vertu de ses aptitudes et indépendamment de sa qualité d'employé.

[1] Guillouard, II, n. 810.
[2] N. 440.
[3] N. 440.
[4] Guillouard, II, n. 810.
[5] Cons. d'Et., 27 fév. 1891, S., 93. 3. 33.
[6] Trib. civ. Dax, 29 déc. 1887, *Gaz. Pal.*, 88. 1. 558.
[7] Cons. d'Et., 18 nov. 1869 (aff. Castex). — Cons. d'Et., 8 août 1892, D., 93. 3. 111.

§ VI. *Cessation ou cession du commerce.*

2040. Pas plus que la faillite, la cessation du commerce ou de l'industrie résultant d'autres motifs ne rompt le contrat; peu importe qu'il s'agisse du commerce ou de l'industrie du maître ou de ceux de l'entrepreneur; nous avons donné cette solution à propos du louage de services (1); elle s'applique également au louage d'entrepreneur.

De même la cession du commerce ou de l'industrie ne met pas fin au contrat; c'est encore ce que nous avons dit à propos du louage de services (2).

La personne qui a cédé son entreprise reste donc tenue du marché, de même qu'elle peut en exiger l'exécution; son successeur n'est ni forcé à l'exécuter, ni autorisé à en exiger l'exécution (3).

Ainsi les marchés passés par un directeur de théâtre ne s'imposent pas de plein droit à son successeur.

Il en est ainsi soit des marchés de fournitures ou de travaux (4), soit des marchés passés avec les auteurs.

De même le directeur n'a pas le droit de représenter les pièces que son prédécesseur avait l'autorisation de représenter (5).

Mais ce droit de représentation lui appartient s'il lui a été conféré par son prédécesseur aux termes de son acte d'acquisition (6).

SECTION VII

COMPÉTENCE EN MATIÈRE DE LOUAGE D'ENTREPRENEUR

2041. Les contestations dirigées par l'entrepreneur ou l'architecte contre le maître sont de la compétence du tribu-

(1) V. *supra*, n. 1476 et 1485.
(2) V. *supra*, n. 1481 s.
(3) V. *supra*, n. 1481 s.
(4) Cass. req., 16 juill. 1889, S., 92. 1. 119 (éclairage).
(5) Trib. sup. comm. Empire d'Allemagne, 4 sept. 1872, *Journ. dr. int.*, II, 1875, p. 373. — Règles adoptées par la Société allemande des auteurs et compositeurs dramatiques, *Zeitsch. f. Handelsrecht*, 1874-75, p. 545.
(6) Trib. sup. comm. Empire Allemagne, 4 sept. 1872, précité.

nal civil (1), car le contrat ne rentre pas dans ceux que le C. com. considère comme commerciaux.

Cependant on admet que le tribunal de commerce est compétent si le contrat est fait de la part du maître dans l'intention d'utiliser en vue du commerce l'objet sur lequel porte le travail de l'architecte ou de l'entrepreneur ; c'est une conséquence de la théorie de l'accessoire (2).

Le contrat n'est pas commercial de la part du maître, même s'il fait élever ses bâtiments pour les vendre (3). On sait que l'achat d'immeubles pour les revendre n'est pas, d'après l'opinion générale, un acte de commerce.

Mais il en est autrement si le maître fait fabriquer des meubles pour les vendre.

Celui qui fait élever des constructions pour y exercer un commerce ou une industrie fait également un acte de commerce (4). Mais il en est autrement si le bâtiment est élevé pour le compte d'un commerçant dans un tout autre but (5).

2041 *bis*. L'architecte est un commerçant (6).

(1) Bourges, 17 juillet 1837, S., 38. 2. 120, D. *Rép.*, v° *Compétence com.*, n. 24. — Dijon, 15 avril 1879, S., 79. 2. 290. — Trib. civ. Roanne, 21 nov. 1888, *Mon. jud. Lyon*, 19 déc. 1888. — Trib. com. Nantes, 4 juin 1890, *Rec. Nantes*, 90. 1. 260 (motifs). — Trib. com. Anvers, 23 août 1881, S., 82. 4. 16. — Bruxelles, 12 juin 1882, S., 84. 4. 3. — Trib. com. Seine, 6 juil. 1892, *Gaz. Pal.*, 92. 2. 219 (demande en résiliation ou en payement d'honoraires). — Guillouard, II, n. 816 et 831 ; Lyon-Caen et Renault, *Tr. de dr. com.*, I, n. 137 *bis* et p. 151, note 1. — *Contra* Garsonnet, *Rev. crit.*, XXXV, 1869, p. 360, n. 26.

(2) Guillouard, II, n. 815 ; Lyon-Caen et Renault, *op. cit.*, n. 140. — Notamment si la construction porte sur un bâtiment commercial ou industriel. — Rouen, 14 janv. 1887, *Rec. Rouen*, 87. 114. — Aix, 6 déc. 1888, *Rec. d'Aix*, 89. 1. 48 (usine). — Décidé que si les honoraires réclamés portent sur la construction de deux bâtiments destinés l'un au commerce, l'autre, plus important, à l'habitation, la demande de l'architecte, qui est indivisible, doit être formée tout entière devant le tribunal de commerce. — Rouen, 14 janv. 1887, précité.

(3) *Contra* Guillouard, II, n. 815.

(4) Cass., 3 fév. 1869, S., 69. 1. 217, D., 69. 1. 160. — Cass., 10 juin 1872, S., 72. 1. 280, D., 72. 1. 263. — Cass., 28 janv. 1878, S., 79. 1. 289, D., 78. 1. 461. — Lyon, 8 déc. 1870, D., 71. 2. 143. — Paris, 11 août 1874, D., 75. 2. 38. — Paris, 1er août 1889, *Gaz. Trib.*, 29 oct. 1889. — Frémy-Ligneville et Perriquet, I, n. 38 ; Guillouard, II, n. 815 et 831. — V. *supra*, note 2.

(5) Nancy, 5 fév. 1889, *Rec. Nancy*, 89. 190.

(6) Trib. civ. Termonde, 9 fév. 1878, *Pasicr.*, 78. 3. 238, *Journ. dr. int.*, IX, 1882, p. 436 (par application de l'art. 2 de la loi belge du 15 septembre 1872 qui répute acte de commerce *l'entreprise de travaux publics ou privés*). — *Contra*

L'entrepreneur est également un commerçant (1).

L'artisan ou le tâcheron n'est pas un commerçant (2).

Par suite, les actions formées contre les deux premiers par le maître peuvent être, à son choix, portées devant le tribunal civil ou le tribunal de commerce. Les actions formées contre le dernier doivent être portées devant le tribunal civil.

En ce qui concerne les travaux de construction d'immeubles, l'entrepreneur qui les fait ne fait pas acte de commerce (3), cela résulte des travaux préparatoires (4). Il en est toutefois autrement si l'entrepreneur fournit les matériaux (5).

2042. L'action que l'art. 1798 accorde aux ouvriers de l'entrepreneur contre le maître est de la compétence des tribunaux civils (6).

Il en est ainsi même si l'entrepreneur est commerçant et même encore s'il tombe en faillite (7). Ce n'est pas, comme on le prétend (8), parce que l'ouvrier agit par une action directe contre le maître, car cet argument, dont nous ne saisissons d'ailleurs pas exactement le sens, conduirait à admettre la compétence du tribunal de commerce dans la doctrine, qui est la nôtre, d'après laquelle les ouvriers sont réduits à une action indirecte; c'est, au contraire, parce que, dans les actions dirigées contre un non-commerçant, les tribunaux civils sont compétents.

2043. Le conseil de prud'hommes n'est pas compétent pour

Trib. com. Nantes, 15 sept. 1888, *Rec. Nantes,* 88. 343 (sauf s'il fait le métier d'entrepreneur).

(1) Trib. com. Nantes, 14 sept. 1888, précité.

(2) Trib. com. Nantes, 8 nov. 1890, *Rec. Nantes,* 90. 1. 357.

(3) Chambéry, 14 mars 1863, D., 63. 5. 6. — Nancy, 22 mars 1876, D., 77. 2. 172. — Lyon-Caen et Renault, *op. cit.,* I, n. 137. — *Contra* Merlin, *Rép.,* v° *Acte de commerce,* § 6, n. 3.

(4) Locré, VIII, p. 292.

(5) Cass. civ., 6 juil. 1868, S., 68. 1. 396. — Cass. req., 2 fév. 1869, S., 69. 1. 220, D., 69. 1. 270. — Aix, 5 août 1868, S., 68. 2. 334. — Lyon-Caen et Renault, *loc. cit.*

(6) Trib. civ. Seine, 31 août 1866, S., 68. 2. 280, D., 67. 2. 167. — Frémy-Ligneville et Perriquet, I, n. 237 ; Guillouard, II, n. 908.

(7) Trib. civ. Seine, 31 août 1866, précité. — Frémy-Ligneville, *loc. cit.;* Guillouard, *loc. cit.*

(8) Guillouard, *loc. cit.*

trancher l'action directe de l'art. 1798 (1), car il n'est appelé à connaître que des actions entre les ouvriers et leurs patrons immédiats.

Il ne l'est pas davantage pour trancher les difficultés entre l'entrepreneur et le sous-traitant (2), leur solution appartient au tribunal civil (3).

Enfin il n'a pas à s'occuper des contestations entre l'entrepreneur et les ouvriers engagés par le sous-traitant (4).

L'instance entre le maître et un entrepreneur n'est pas de la compétence du conseil des prud'hommes, alors même que cet entrepreneur n'est qu'un ouvrier, au sens large du mot (5).

2044. D'après l'art. 4, § 2 de la loi du 28 pluviôse an VIII, le conseil de préfecture prononce sur les difficultés entre l'entrepreneur de travaux publics et l'administration, concernant le sens ou l'exécution de leurs marchés.

On applique cette disposition au cas même où l'entrepreneur est en faillite (6), quoique, d'après l'art. 635 C. com., les actions intentées contre les syndics et procédant de la faillite soient du ressort des tribunaux de commerce.

Mais lorsque l'Etat n'est pas partie au litige, qui s'élève, par exemple, entre l'entrepreneur et un sous-traitant, cette interprétation appartient aux tribunaux civils (7).

2044 *bis*. L'action en garantie dirigée contre l'Etat par un agent employé à des travaux en régie et qui a été condamné à une indemnité pour dommage causé à un ouvrier, doit être portée devant le conseil de préfecture et non devant le conseil d'Etat (8), car l'action se rattache aux travaux publics.

(1) Trib. com. Seine, 10 janv. 1890 (motifs), *Journ. trib. com.*, 91. 70, *Gaz. Pal.*, 90. 1. 260. — Trib. com. Seine, 9 janv. 1891, *Journ. trib. com.*, 92. 181.

(2) Trib. com. Versailles, 26 déc. 1888, *Rev. du content. des trav. publ.*, 89. 331 (tâcheron). — Trib. com. Seine, 9 août 1892, *Droit*, 31 août 1892.

(3) Trib. com. Seine, 9 août 1892, précité.

(4) Trib. com. Seine, 31 juil. 1888, *Gaz. Pal.*, 88. 2, *Supp.*, 45. — Trib. com. Seine, 10 janv. 1890, précité.

(5) Trib. com. Seine, 14 oct. 1886, *Journ. trib. com.*, 88. 101. — Trib. com. Seine, 18 juin 1887, *Gaz. Pal.*, 87. 2. 67. — *Contra* Trib. com. Alger, 5 oct. 1887, *Rev. algér.*, 88. 255.

(6) Cass. req., 15 juin 1887, S., 88. 1. 209. — Chavegrin, *Note*, S., 88. 1. 209.

(7) Cass. req., 13 juil. 1886 (1er et 2e arrêts), S., 87. 1. 177. — Cass. req., 23 mars 1896, S., 96. 1. 311.

(8) Cons. d'Et., 8 août 1892, S., 94. 3. 79. — Romieu, *Concl.*, S., 94. 3. 79.

2044 *ter*. Même s'il s'agit des travaux publics, le tribunal des conflits décide que l'action de l'ouvrier contre l'entrepreneur doit être intentée devant les tribunaux civils quand elle résulte de l'inexécution du contrat de louage [1] et devant les tribunaux administratifs quand l'ouvrier est blessé comme aurait pu l'être un passant [2]. La jurisprudence du conseil d'Etat et la majorité des auteurs sont en sens contraire. L'action, selon eux, est toujours portée devant les tribunaux administratifs [3]. D'autres pensent que l'action de l'ouvrier en réparation d'une faute de l'entrepreneur ou de ses agents est toujours de la compétence des tribunaux civils [4].

Les concessionnaires doivent être traités comme des entrepreneurs [5].

2045. Il y a accord pour admettre la compétence du conseil de préfecture dans les actions formées par l'ouvrier contre l'Etat à raison de travaux en régie [6].

2046. Dans les colonies, « le conseil privé connaît, comme conseil du contentieux administratif, de toutes les contestations qui peuvent s'élever entre l'administration et les entrepreneurs de fournitures et de travaux publics, ou tous autres qui auraient passé des marchés avec le gouvernement, concernant le sens ou l'exécution des clauses de leurs marchés » [7].

[1] Trib. conflits, 15 mai 1886, S., 88. 3. 14, D., 87. 3. 97. — Trib. conflits 5 juin 1886, D., 87. 3. 97. — Levavasseur de Précourt, *Rev. gén. d'administ.*, 1886, p. 301; Brémond, *Rev. crit.*, XVII, 1888, p. 89.

[2] Trib. conflits, 15 mai 1886, précité. — Levavasseur de Précourt, *loc. cit.*

[3] Cons. d'Et., 7 août 1886, S., 88. 3. 36, D., 87. 3. 90. — Cons. d'Et., 11 janv. 1889, S., 91. 3. 15, D., 90. 3. 31. — Cons. d'Et., 9 mars 1894, S., 95. 3. 105. — Cons. d'Et., 11 mai 1894, S., 96. 3. 1. — Romieu, *Concl.* sous Cons. d'Et., 24 juin 1892, S., 94. 3. 50, D., 93. 3. 89; Brémond, *loc. cit.* (pour le cas où la contestation porte sur les conditions du travail, parce qu'alors on critique les faits de l'administration); Hauriou, *Notes*, S., 95. 3. 105 et S., 96. 3. 1.

[4] Chambéry, 22 fév. 1886, S., 87. 2. 148.

[5] Brémond, *op. cit.*, p. 90.

[6] V. *supra*, n. 1599.

[7] Ord. 21 août 1825, art. 160, § 2 (Réunion); 9 février 1827, art. 176, § 2 (Antilles); 27 août 1828, art. 165, § 2 (Guyane); 23 juill. 1840, art. 108, § 2 (Inde); 7 sept. 1840, art. 113, § 2 (Sénégal et dépendances); 18 sept. 1844, art. 105, § 2 et Décret 12 déc. 1874, art. 168 (Nouvelle-Calédonie); Décret 21 août 1869, art. 4 (Cochinchine); 28 déc. 1885, art. 131, § 1 (Océanie). — Jugé que ces textes s'appliquent aux actions relatives à des avaries survenues en cours de route. — Cass. civ., 1er juin 1893, S., 94. 1. 165.

CHAPITRE V

DE QUELQUES AUTRES LOUAGES D'OUVRAGE

2047. Nous avons dit (¹) que l'expression *devis* et *marchés* employée par la loi est beaucoup trop étroite et que, juridiquement, les contrats dont elle parle sous cette rubrique, c'est-à-dire les contrats passés avec un entrepreneur ou un architecte, ne diffèrent aucunement des autres contrats par lesquels une personne, sans travailler sous les ordres d'une autre, s'engage à faire quelque chose pour cette dernière moyennant un contrat.

C'est de quelques-uns de ces contrats qu'il va être question ici.

SECTION PREMIÈRE

CONCESSION D'UN MONOPOLE PUBLIC

2048. La concession à un particulier d'un monopole public moyennant un prix à payer à l'Etat ou à la ville qui le lui concède n'est pas en général un louage d'ouvrage, parce que, si la ville ou l'Etat reçoit un prix, c'est l'entrepreneur qui fournit le travail et non pas qui le paye. Cette concession est ordinairement un louage de choses (²).

2049. Une commune pouvant concéder le monopole de l'éclairage public sur son territoire, — et c'est là, selon nous, un bail, — doit, au cas où elle méconnaîtrait cette concession, des dommages-intérêts au concessionnaire.

2050. Il en est ainsi dans le cas où le nouveau concessionnaire s'engage à procurer un éclairage de même nature que le concessionnaire primitif ; mais il en est de même dans le cas contraire, par exemple si la première concession porte sur l'éclairage au gaz et la seconde sur l'éclairage à l'électricité (³).

(¹) V. *supra*, n. 1831.

(²) V. *supra*, n. 34.

(³) Cons. d'Et., 26 déc. 1891, S., 94. 3. 1, D., 93. 3. 25 (2 arrêts). — Cons. préf.

Ainsi le traité passé entre une ville et une compagnie d'éclairage, par exemple au gaz, et aux termes duquel la première concède à la seconde le service exclusif de l'éclairage dans la ville avec le droit exclusif de se servir des voies publiques, met obstacle non seulement à ce que la commune concède la jouissance des rues à une compagnie pour un éclairage de même nature, mais encore pour un éclairage de nature différente applicable aux seuls particuliers (par exemple l'éclairage électrique) (1). En effet, il est d'abord incontestable que la commune a le droit de s'interdire vis-à-vis de la compagnie concessionnaire de concéder la jouissance de la voie publique à une compagnie destinée à faire concurrence à la première, ce n'est là en somme qu'une clause de garantie. Cela étant, non seulement il est à supposer que la commune a pris à sa charge cette obligation de garantie, mais elle est de plein droit, car la concession est un contrat à titre onéreux et, par conséquent, oblige le concédant à ne pas diminuer, par son fait, le produit de la concession. On a objecté que les monopoles sont de droit étroit; cela est vrai, mais est-ce une raison pour restreindre la portée naturelle des conventions? On objecte encore que la commune, comme puissance publique, « s'engage et se lie le moins possible par les actes qu'elle fait ». Mais si la commune agit comme puissance publique, elle agit aussi comme contractant et est, par conséquent, tenue de toutes les obligations d'un contractant; on reconnaît, en effet, que la commune est liée par ses contrats comme un simple particulier.

2051. Un traité pour l'éclairage d'une ville ne peut être résilié à raison d'irrégularités dans l'administration de la compagnie concessionnaire (2) ni à raison de l'abaissement du tarif prévu par le traité (3).

Ardennes, 22 juil. 1891 et Cons. préf. Calvados, 5 juill. 1892, cités D., 93. 3. 25. — Valabrègue, *Concl.* sous Cons. d'Etat, 26 déc. 1891 (1er arrêt), précité.

(1) Cons. d'Et., 26 déc. 1891 (2e arrêt), S., 94. 3. 1, D., 93. 3. 25. — Cons. préfect. Seine-et-Marne, 29 déc. 1893, *Gaz. Pal.*, 94. 1. 169. — Valabrègue, *Concl.* sous Cons. d'Et., 26 déc. 1891 (1er arrêt), précité. — *Contra* Hauriou, *Note*, S., 94. 3. 1.

(2) Cons. d'Et., 18 mars 1892, S., 94. 3. 20.

(3) Cons. d'Et., 18 mars 1892, S., 94. 3. 20.

2052. Le traité par lequel une ville concède à une compagnie de transports le droit de faire circuler des voitures sur la voie publique, avec faculté de stationnement, moyennant le payement d'une redevance, est un louage de choses et non un louage d'ouvrage (¹).

2053. La concession du monopole de l'enlèvement des boues et vidanges dans une ville est un louage d'ouvrage si la ville paie un prix au concessionnaire (²) et un bail si un prix est payé par le concessionnaire (³).

2054. On discute très vivement la question de savoir s'il y a louage d'ouvrage dans le contrat par lequel un entrepreneur de spectacles reçoit d'une ville le droit d'exploiter un théâtre à ses risques et périls, moyennant une subvention en argent, la location gratuite de la salle de spectacles, ou d'autres avantages, et s'engage de son côté à diverses obligations, en ce qui concerne notamment le genre de spectacles, le recrutement des acteurs, le prix des places, la communication des écritures, les représentations gratuites. Cette question s'est surtout présentée en matière fiscale où elle a une importance considérable (⁴). Certaines autorités admettent qu'il n'y a pas là un louage d'ouvrage (⁵), d'autres sont d'avis

(¹) Paris, 19 fév. 1889, sous Cass. req., 18 nov. 1890, S., 92. 1. 553 (comp. générale des omnibus à Paris). — V. *supra*, n. 34.

(²) Cass., 28 nov. 1860 (1re esp.), S., 61. 1. 186. — Wahl, *Note*, S., 95. 2. 247.

(³) Cass., 28 nov. 1860 (1re et 2e esp.), S., 61. 1. 186. — Wahl, *loc. cit.*

(⁴) L'art. 78 de la loi du 15 mai 1818 assujettit à l'enregistrement dans le délai de 20 jours, parmi les actes administratifs : « 1° les actes portant transmission de propriété, d'usage et de jouissance, les adjudications ou marchés ; 2° les cautionnements relatifs à ces actes ». Les autres actes sont « exempts d'enregistrement » (Même loi, art. 80). D'un autre côté, le marché est passible du droit de 1 p. 100 (L. 28 avril 1816, art. 51, n. 35). Au contraire, les actes exempts d'enregistrement ne sont, quand ils sont soumis à l'enregistrement, passibles d'aucun droit. C'est, du moins, ce qui nous paraît certain. V. en ce sens, Wahl, *Notes*, S., 91. 2. 177, S., 93. 1. 157, et S., 94. 2. 25. — Il a été cependant décidé que le marché relatif à une entreprise théâtrale est passible du droit d'indemnité de 50 centimes p. 100 (Cass., 16 nov. 1847, S., 48. 1. 41. — Championnière et Rigaud, *Tr. d'enreg.*, VI, n. 240), ou du droit d'obligation à 1 p. 100. — Trib. civ. Lyon, 5 juillet 1882, S., 91. 2. 177 (sous-note). — Ces opinions sont inexactes. Wahl, *loc. cit.*

(⁵) Trib. civ. Marseille, 12 août 1875, *Rép. périod. de l'Enreg.*, 1876, art. 4476. — Trib. civ. Lyon, 5 juil. 1882, S., 91. 2. 177 (en note). — Trib. civ. Rouen, 28 fév. 1889, S., 91. 2. 177. — Trib. civ. Marseille, 12 juin 1890, S., 91. 2. 177. — Dict.

contraire [1]. Nous admettons la première solution. En effet, les traits caractéristiques du louage d'ouvrage sont, d'après l'art. 1710 C. civ., les suivants : l'une des parties s'engage à faire quelque chose pour l'autre moyennant un prix. Or, l'entrepreneur ne fait rien pour la ville, il n'est pas dans la situation de celui qui s'engage à fournir des marchandises ou à bâtir des édifices qui appartiendront à la ville; celle-ci ne retire aucun bénéfice personnel du contrat. Dira-t-on qu'elle s'identifie avec ses habitants? Cela n'est pas exact et, du reste, la ville, en fait, ne stipule pas plus dans l'intérêt de ses habitants que dans le sien. Elle stipule dans un intérêt immatériel, elle recherche les jouissances intellectuelles de tous ceux, habitants ou non, qui s'intéressent à l'art. D'autre part, la subvention n'est pas un prix, elle est destinée à encourager l'entrepreneur, elle constitue une récompense.

Le contrat, dans l'espèce, est donc un contrat innommé.

Certains auteurs ont admis qu'il y a dans le contrat dont nous parlons un louage de choses : la ville, dit-on, loue la salle, moyennant les obligations contractées par l'entrepreneur, lesquelles constituent le prix de la location [2]. Cette solution est opposée à la nature des choses; l'engagement de la ville ne consiste pas seulement à faire jouir l'entrepreneur de la salle louée, il consiste également à lui fournir une subvention qui doit, au même degré que la jouissance de la salle, servir à caractériser le contrat; or cette subvention est une somme d'argent et il est de principe que, lorsqu'une somme est promise en retour d'une autre chose ou d'un fait, c'est toujours la prestation pécuniaire qui forme le prix de la convention (Cpr. C. civ., art. 1582).

2055. Que si la ville exploite le théâtre à ses risques et périls et que l'entrepreneur soit un gérant chargé de fonctions de surveillance et de perception, rémunéré au moyen

de l'enreg., v° *Marché*, n. 30 s. et 166; Wahl, *Notes*, S., 91. 2. 177, et S., 94. 2. 25, et *Rev. crit.*, 1892, p. 207.

[1] Bordeaux, 8 fév. 1893, S., 94. 2. 25. — Trib. civ. Amiens, 24 juil. 1886, *Rép. périod. de l'Enreg.*, 1889, art. 7273. — Trib. civ. Toulouse, 27 mai 1889, S., 91. 2. 177. — Trib. civ. Rennes, 30 avril 1890, S., 91. 2. 177.

[2] Garnier, *Rép. périod. de l'enreg.*, 1876, p. 556.

d'un traitement fixe ou d'une part déterminée dans les bénéfices, il se forme évidemment un louage d'ouvrage (1).

SECTION II

CONCESSION DU DROIT D'ASSISTER A UN SPECTACLE

2056. Le contrat passé entre une entreprise de théâtre ou de spectacle et l'acheteur d'un billet donnant droit à l'entrée de ce théâtre est un louage d'ouvrage (2). En effet, le directeur du théâtre promet une représentation théâtrale, c'est-à-dire de faire quelque chose pour l'acheteur du billet, et ce dernier promet de payer le prix du service.

2057. Le directeur du théâtre doit au porteur du billet, vis-à-vis duquel il n'exécute pas ses engagements, le remboursement du billet (3).

Il lui doit également des dommages-intérêts si cette inexécution provient d'une faute du directeur (4), mais non pas dans le cas contraire (5).

On admet même que la réparation doit, si le refus a été public, être également publique (6).

2058. Mais le directeur d'un spectacle public peut refuser arbitrairement soit un billet d'entrée, soit l'entrée moyennant le paiement du prix habituel (7).

Cependant, s'il s'agit d'un monopole concédé par une ville dans un intérêt général, l'entrepreneur ne peut refuser à personne l'entrée du spectacle (8), par la raison qu'il est tenu

(1) Trib. civ. Lyon, 5 juill. 1882 (motifs), S., 91. 2. 177 (en note). — Trib. civ. Rouen, 28 fév. 1889 (motifs), S., 91. 2. 177. — Wahl, *Note*, S., 91. 2. 177.

(2) Autriche, C. supr., 6 juill. 1892, *Journ. dr. int.*, XX, 1893, p. 939. — Wahl, *Journ. dr. int.*, XX, 1893, p. 940.

(3) Trib. paix Paris (IXe arrond.), 13 janv. 1893, S., 93. 2. 193. — Trib. com. Bruges, 25 déc. 1891, S., 93. 4. 23 (concert-gala dans un casino). — Wahl, *Journ. dr. int.*, XX, 1893, p. 940; Lacan et Paulmier, *Tr. de la législ. des théâtres*, II, n. 479 et 480; Labbé, *Note*, S., 93. 2. 193. — *Contra* Aix, 16 juill. 1894, S., 95. 2. 207 (motifs). — Trib. com. Nice, 2 janv. 1893, S., 93. 2. 193.

(4) Wahl, *loc. cit.*

(5) Wahl, *loc. cit.*

(6) Trib. com. Bruges, 25 déc. 1891, précité.

(7) Trib. civ. Cognac, 29 mai 1895, *Gaz. Pal.*, 95. 2. 522 (bal public).

(8) Cass. req., 19 fév. 1896, S., 96. 1. 144, D., 96. 1. 449. — Aix, 16 juil. 1894,

aux plus grands égards envers les habitants de la ville sous l'autorité de laquelle le spectacle a lieu.

Il en est autrement cependant pour les personnes qui troubleraient l'ordre [1].

En tout cas, l'entrepreneur d'un cercle, d'un casino ou de tout autre lieu de plaisirs qui n'annonce pas d'avance et n'ouvre pas au public tout entier son spectacle, peut recevoir qui il lui convient [2].

2059. Le billet de théâtre est un titre au porteur et peut être cédé. A Rome il était déjà tel [3]. Mais la règle contraire peut être imposée par une mention mise sur le billet.

Ainsi le directeur de théâtre qui délivre gratuitement des billets de faveur peut stipuler qu'ils ne pourront être cédés ou vendus, et la vente est alors nulle [4].

Mais il est nécessaire qu'une mention sur le titre s'oppose à la vente [5].

L'administration du théâtre peut alors refuser l'entrée du théâtre à l'acheteur [6].

L'acheteur qui n'a pas fait usage du billet illicitement vendu peut demander au vendeur le remboursement du prix qu'il a payé, soit qu'il n'ait pas voulu en faire usage [7], soit qu'il en ait été empêché.

2060. Le directeur de théâtre doit délivrer des places du genre de celles qui ont été promises [8], et, si des

précité. — Trib. com. Nice, 2 janv. 1893, précité (même à un musicien révoqué du casino). — Labbé, *loc. cit.*

(1) Aix, 16 juil. 1894, précité.

(2) Trib. civ. Pont-Lévêque, 25 juil. 1878, S., 79. 2. 188. — Trib. civ. Saint-Gaudens, 24 août 1881, S., 81. 2. 220. — Labbé, *loc. cit.*

(3) V. Wahl, *Tr. th. et prat. des titres au porteur*, I, n. 24 et p. 21, note 8.

(4) Trib. paix Paris (Xe arr.), 31 avril 1892, S., 93. 2. 62. — Lacan et Paulmier, *Tr. de la législ. des théâtres*, II, p. 9; Constant, *Code des théâtres*, p. 208.

(5) Lacan et Paulmier, *loc. cit.*

(6) Lacan et Paulmier, *loc. cit.*

(7) Trib. paix Paris, 31 avril 1892, précité.

(8) Trib. civ. Seine, 25 janv. 1884, S., 85. 2. 166. — Trib. com. Paris, *Droit*, 5 janv. 1839. — Trib. com. Nantes, 29 mars 1890, S., 91. 2. 72. — C. sup. Autriche, 6 juill. 1892, précité. — Lacan et Paulmier, *op. cit.*, II, n. 483; Constant, *op. cit.*, p. 208; Ruben de Couder, v° *Théâtres*, n. 29. — Le premier occupant d'une loge peut choisir la place qui lui convient; il peut donc, s'il a loué deux places, occuper les deux places de devant, alors même que l'usage est de réserver les

places numérotées ont été acquises, ces places mêmes [1].

Il ne peut exiger que l'acquéreur des billets accepte des places équivalentes à celles auxquelles il a droit [2], ni même des places d'une valeur supérieure [3], ni des places quelconques avec un rabais [4].

Des dommages-intérêts sont dus non pas seulement, comme on le soutient [5], selon les circonstances, mais en toute hypothèse; car le directeur doit connaître le nombre des places de son théâtre, et ne doit pas en distribuer un plus grand nombre [6].

2061. Le directeur ne peut obliger l'acheteur à assister à une représentation autre que la représentation promise [7].

Il doit même des dommages-intérêts si le changement lui est imputable [8].

Cependant, le directeur qui a des raisons sérieuses et justifiées de craindre que la représentation ne soit troublée, se trouve en face d'un cas de force majeure qui excuse la suppression de la représentation [9]. C'est à tort qu'on objecte que la force majeure est ici éventuelle; elle est actuelle, puisqu'il y a certitude, ou peu s'en faut, que la représentation est impossible.

2062. Le directeur d'un théâtre est responsable envers les spectateurs d'un accident causé par les acteurs [10].

places de devant aux dames, à moins d'un règlement ou d'une convention contraires. Trib. com. Seine, 3 nov. 1893, S., 94. 2. 253, D., 94. 2. 283.

(1) Paris, 26 août 1884, *Gaz. Pal.*, 85. 1, *Suppl.* 79. — Trib. civ. Seine, 17 mars 1882, *Gaz. Pal.*, 82-83. 2. 350. — Trib. civ. Seine, 28 mars 1884, *Gaz. Pal.*, 84. 1. *Suppl.* 75. — Lacan et Paulmier, *loc. cit.;* Wahl, *Journ. dr. int.*, XX, 1893, p. 940.

(2) Trib. com. Nantes, 29 mars 1890, précité. — Lacan et Paulmier, *loc. cit.;* Constant, *loc. cit.;* Ruben de Couder, *loc. cit.*

(3) Lacan et Paulmier, *loc. cit.*

(4) Wahl, *loc. cit.*

(5) Lacan et Paulmier, *loc. cit.;* Constant, *loc. cit.;* Ruben de Couder, *loc. cit.*

(6) Trib. civ. Seine, 25 janv. 1884, S., 85. 2. 166. — Wahl, *loc. cit.*, p. 940.

(7) C. sup. Autriche, 6 juill. 1892, précité. — Wahl, *loc. cit.*, p. 941.

(8) Wahl, *loc. cit.*

(9) Cass. req., 3 déc. 1890, S., 94. 1. 315, D., 92. 1. 127 (cet arrêt est relatif aux rapports entre le directeur de théâtre et son associé en participation, mais les motifs sur lesquels il se fonde sont généraux). — *Contra* Planiol, *Rev. crit.*, XXII, 1893, p. 203.

(10) Trib. civ. Marseille, 10 juin 1891, *Rec. d'Aix*, 91. 2. 219 (coup de feu). — Il en

2062 *bis*. Il doit donner la pièce sans coupures [1].

Il doit, en principe, donner la représentation avec les acteurs même indiqués sur l'affiche, et la restitution du prix du billet est due même si l'absence de l'acteur n'est pas imputable au directeur [2]. On objecte que si certains spectateurs tiennent aux acteurs promis, d'autres s'en désintéressent. Cela est puéril : l'acheteur d'un billet n'a à consulter que ses préférences propres. On dit encore que notre solution rend la situation d'un directeur difficile; mais il peut y remédier par les avis publics dont nous parlerons.

Toutefois, comme la convention doit être interprétée dans un sens raisonnable, il n'y a pas lieu à la restitution du prix du billet, si l'acteur absent était dépourvu de notoriété ou jouait un rôle insignifiant.

2063. Des avis publics peuvent modifier ces règles [4].

2064. Dans ces diverses hypothèses, la prescription est de trente ans [5].

On peut stipuler que le remboursement du billet devra être demandé dans un délai déterminé [6].

est ainsi, même si le directeur avait loué la salle à une troupe de passage. — Trib. civ. Marseille, 10 juin 1891, précité.

(1) Trib. civ. Seine, 7 déc. 1853, cité par Constant, *op. cit.*, p. 210. — Guichard, *Législ. du théâtre*, n. 164; Constant, *loc. cit.;* Wahl, *loc. cit.*, p. 941. — Il en est autrement pour les coupures consacrées par l'usage et que, par conséquent, l'acheteur a dû prévoir. — Paris, 4 mars 1882, S., 82. 2. 75. — Wahl, *loc. cit.*

(2) Lacan et Paulmier, *op. cit.*, II, n. 490; Simonet, *Tr. de la pol. administ. des théâtres de Paris*, n. 51; Wahl, *loc. cit.*, p. 941. — V. cep. Trib. civ. Seine, 28 nov. 1877, S., 77. 2. 377. — Trib. civ. Seine, 14 déc. 1877, S., 78. 2. 53.

(3) Wahl, *op. cit.*, p. 941.

(4) Ainsi le directeur peut annoncer par une affiche le changement de spectacle et l'acheteur du billet ne peut faire de réclamation s'il y assiste néanmoins. — Trib. com. Seine, 10 oct. 1843, *Droit*, 11 oct. 1843. — Trib. com. Seine, 14 fév. 1845, *Droit*, 15 fév. 1845. — Wahl, *loc. cit.*, p. 941. — Ou s'il a acheté son billet après l'annonce de la modification. Wahl, *loc. cit.*, p. 942.

(5) Wahl, *loc. cit.*, p. 941.

(6) C. supr. Autriche, 6 juillet 1892, précité (par exemple le jour de la représentation avant 6 heures du soir). Wahl, *loc. cit.* — La clause peut résulter d'une affiche apposée sur la montée du théâtre et d'une suscription sur les billets. — C. supr. Autriche, 6 juil. 1892, précité. Wahl, *loc. cit.*, — ou d'un avis dans les journaux. Wahl, *loc. cit.*

SECTION III

CONTRAT PASSÉ AVEC UN AGENT D'AFFAIRES

§ I. *Nature et validité du contrat.*

2065. L'acte par lequel une personne s'engage à payer une somme d'argent à un agent d'affaires pour la rémunération d'un service quelconque, est un louage d'ouvrage et non un mandat [1]. En effet, le mandat suppose que le mandataire agit pour le compte du mandant en le représentant devant les tiers; or, telle n'est pas la situation de l'agent d'affaires. D'autre part, le mandat, même salarié, n'est pas un contrat réellement à titre onéreux, le mandataire veut rendre un service au mandant; telle encore n'est pas la situation de l'agent d'affaires. La jurisprudence est en sens contraire.

Ainsi, la promesse qui émane d'un artiste dramatique et est faite en échange d'un emploi qui lui est procuré, est un louage d'ouvrage [2].

Le directeur d'un bureau de placement est également un locateur d'ouvrage et non pas un mandataire [3].

L'acte par lequel un agent d'affaires s'engage à diriger une instance est un louage d'ouvrage et non un mandat [4].

Il en est de même du contrat par lequel il s'engage à recouvrer une somme [5] ou à vendre des immeubles ou des produits [6] (tel le courtier de marchandises) [7], du contrat

[1] Lyon-Caen et Renault, *Tr. de dr. com.*, I, n. 140 *bis*. — Souvent on décide que c'est un mandat salarié. — Trib. civ. Seine, 14 mars 1895, *Loi*, 28 mars 1895. — Trib. com. Seine, 2 nov. 1889, *Gaz. Pal.*, 89. 2. 576. — Trib. com. Seine, 19 avril 1890, *Ann. dr. com.*, IV, 1890, *Jurispr.*, p. 164 (mandat de vendre). — Trib. civ. Seine, 4 janv. 1893, *Gaz. Pal*, 93. 1. 692 (mandat de recouvrer).

[2] Cpr. Paris, 11 déc. 1894, *Gaz. Pal.*, 95. 1. 164. — Trib. civ. Seine, 28 juin 1895, *Gaz. Pal.*, 95. 2. 182.

[3] Paris, 17 juillet 1885, S., 86. 2. 104.

[4] *Contra* Aix, 6 déc. 1888, *Rec. d'Aix*, 89. 1. 48. — Sol. Régie, 29 avril 1893, *Rép. périod. de l'Enreg.*, n. 8562.

[5] *Contra* Orléans, 25 fév. 1891, *Loi*, 6 mars 1891. — Douai, 20 avril 1891, *Droit*, 8 sept. 1891. — Trib. civ. Seine, 4 janv. 1893, précité.

[6] *Contra* Paris, 3 nov. 1887, *Droit*, 29 nov. 1887. — Riom, 15 juin 1891, *Gaz. Trib.*, 1er oct. 1891. — Trib. com. Seine, 19 avril 1890, précité.

[7] *Contra* Amiens, 21 mars 1891, *Rec. d'Amiens*, 91. 206.

entre une agence de renseignements et son client [1], ou entre un courtier matrimonial et son client [2].

2066. L'agent d'affaires qui est chargé de faire les démarches nécessaires pour établir les droits héréditaires de son client et mettre ce dernier en possession de la succession, n'est pas un mandataire, mais bien un locateur d'industrie [3].

Le contrat par lequel un agent d'affaires s'engage à établir les droits de son client à une hérédité et à le mettre en possession de ces droits, moyennant l'abandon, en cas de succès, d'une part de l'hérédité, et, en cas d'insuccès, la charge des frais, est donc un louage d'ouvrage [4].

2067. L'agent d'affaires chargé de faire le nécessaire pour obtenir une indemnité en cas d'expropriation pour cause d'utilité publique n'est pas un mandataire, mais un locateur d'ouvrage [5].

2068. On décide quelquefois que l'agent d'affaires peut, en même temps qu'un locateur d'ouvrage, être un mandataire [6].

2069. Le contrat passé avec l'agent d'affaires est valable ou nul suivant que les services à rendre sont conformes ou contraires à la morale.

(1) *Contra* Trib. com. Seine, 3 nov. 1891, D., 93. 2. 99 (sous note).

(2) *Contra* Trib. com. Seine, 3 mars 1891, *Gaz. Pal.*, 91. 2. 527.

(3) Décidé que le contrat est *sui generis*. — Bruxelles, 26 juin 1895, *Pasicr.*, 96. 2. 163.

(4) Décidé que c'est un contrat *sui generis*. — Paris, 12 mars 1894, S., 94. 2. 193, D., 94. 2. 484. — En tout cas, ce n'est ni un mandat ni une gestion d'affaires. — Paris, 12 mars 1894, précité. — Trib. civ. Montauban, 17 mars 1894, S., 94. 2. 150. — Trib. civ. Courtrai, 22 juillet 1892, S., 93. 4. 21. — Turin, 29 déc. 1880, S., 81. 4. 22. — D'après M. Guillouard (*Tr. du mandat*, n. 166), ce serait un mandat.

(5) *Contra* Lyon, 6 juin 1893, *Gaz. Pal.*, 93. 2. 627. — Paris, 27 déc. 1894, *Mon. jud. Lyon*, 8 mars 1895. — Trib. civ. Lyon, 24 déc. 1891, *Mon. jud. Lyon*, 14 mars 1892. — Trib. civ. Lyon, 9 août 1890, *Mon. jud. Lyon*, 27 oct. 1890. — Trib. civ. Lyon, 19 janv. 1892, *Gaz. Pal.*, 92. 1. 352. — Trib. civ. Lyon, 10 mars 1892, *Mon. jud. Lyon*, 10 août 1892 (donc les salaires peuvent être réduits). — Trib. civ. Lyon, 3 juin 1892, *Loi*, 26 nov. 1892 (id.). — Trib. civ. Lyon, 13 déc. 1893, *Gaz. Pal.*, 94. 1. 102. — Trib. civ. Seine, 4 nov. 1892, *Gaz. Pal.*, 92. 2. 511. — Décidé que le contrat tient à la fois du mandat et du louage d'ouvrage. Lyon, 9 mars 1892, *Droit*, 25 oct. 1892. — Lyon, 15 mars 1893, *Gaz. Pal.*, 93. 2. 220.

(6) Si, par exemple, l'agent d'affaires est chargé, non seulement de trouver un acquéreur, mais de consentir à la vente au nom du client, il est, de ce dernier chef, un mandataire. Trib. civ. Seine, 31 oct. 1893, *Droit*, 22 déc. 1893.

Ainsi la promesse d'argent faite à un agent d'affaires par un artiste dramatique, en échange d'un emploi qui lui est procuré, est valable [1].

2070. La convention par laquelle un agent d'affaires s'engage à établir les droits de son client à une hérédité moyennant une part de l'hérédité est également licite [2]. Elle n'est illicite que de la part de l'avoué (C. civ., art. 1596).

2071. La convention est illicite s'il est à supposer que par une autre voie la succession aurait été portée à la connaissance de l'intéressé ; car alors l'objet de la convention, lequel est la révélation d'un *objet secret,* fait défaut [3]. L'agent d'affaires a cependant droit à une indemnité, que fixeront les tribunaux, pour ses soins et ses dépenses [4].

2072. On a déclaré illicite le traité passé entre un huissier et l'adjudicataire de créances et par lequel le premier s'engage à recouvrer ces créances pour une quote part de l'actif [5], mais c'est à tort.

2073. Est illicite le contrat par lequel une personne s'engage à trafiquer de son influence auprès d'un gouvernement ou d'une administration pour laisser passer des marchés avec une autre personne [6].

De même le louage des services de toute autre nature que

[1] Paris, 11 déc. 1894, *Gaz. Pal.,* 95. 1. 164. — Trib. civ. Seine, 28 juin 1895, *Gaz. Pal.*, 95. 2. 182.

[2] Paris, 28 juil. 1879, S., 80. 2. 262. — Paris, 12 août 1880, S., 81. 2. 87. — Paris, 12 mars 1894, précité. — Trib. civ. Seine, 24 mars 1891, *Droit,* 9 avril 1891. — Trib. civ. Montauban, 17 mars 1894, S., 94. 2. 150. — Trib. civ. Bordeaux, 9 mars 1896, *Gaz. Pal.*, 96. 1, *Suppl.*, 34. — Cass. belge, 12 juil. 1894, D., 96. 2. 4. — Liège, 12 juil. 1893, D., 94. 2. 381, *Pasicr.*, 94. 2. 26. — Trib. civ. Courtrai, 22 juil. 1892, précité. — Trib. civ. Liège, 25 mars 1893, S., 93. 4. 21. — Cass. Turin, 9 mai 1882, S., 82. 4. 33. — Turin, 29 déc. 1880, S., 81. 4. 22. — Guillouard, *Tr. de la vente,* I, n. 139. — Décidé même que le contrat est opposable aux autres héritiers qui profitent des démarches faites par l'agent d'affaires. Trib. civ. Bordeaux, 9 mars 1896, précité.

[3] Paris, 28 juil. 1879, S., 80. 2. 262. — Agen, 30 nov. 1885, *Rec. d'Agen,* 85. 309. — Paris, 12 mars 1894, précité (motifs). — Trib. civ. Beauvais, 10 août 1895, *Gaz. Pal.,* 95. 2. 284. — Trib. civ. Liège, 25 mars 1893, précité. — Guillouard, *Tr. du mandat,* n. 166.

[4] Trib. civ. Beauvais, 10 août 1895, précité.

[5] Cass., 10 janv. 1865, S., 65. 1. 110, D., 65. 1. 290. — Guillouard, *Tr. du contrat de soc.*, n. 45 (ces autorités voient dans cette convention une société).

[6] C. supr. Etats-Unis, 26 avril 1886, *Journ. dr. int.*, IX, 1882, p. 445.

le locateur peut rendre à raison de la situation influente qu'il occupe, et qui consistent à peser sur les décisions des pouvoirs publics, est nul comme ayant une cause illicite.

Il en est ainsi d'une promesse d'obtenir l'autorisation d'une émission d'obligations à lots [1].

2074. A également une cause illicite le contrat par lequel un journaliste s'engage à défendre, moyennant finances, la candidature d'une personne à une fonction [2].

Le contrat passé entre une société et un particulier pour mener une campagne en vue d'amener la souscription aux titres de la société est encore illicite [3].

On considère aussi comme illicite le contrat passé entre un directeur de théâtre et un entrepreneur de succès dramatiques et par lequel un certain nombre de places sont mises à la disposition du service de la claque, moyennant un prix payé par l'entrepreneur au directeur ou par le directeur à l'entrepreneur [4].

2075. On décide, en général, que l'obligation de payer une somme à titre de commission pour la négociation d'un mariage, dans le cas où ce mariage doit réussir (commission ordinairement proportionnelle à la dot), est nulle [5]. On

[1] Trib. civ. Seine, 26 juill. 1894, *Gaz. Pal.*, 94. 2. 285, *Pand. franç.*, 95. 2. 282.

[2] Trib. civ. Rodez, 6 déc. 1894, *Gaz. Pal.*, 95. 1. 63.

[3] Trib. civ. Seine, 12 juin 1895, *Gaz. Pal.*, 95. 2. 41 (ce jugement admet la répétition des sommes payées en exécution du contrat).

[4] Trib. com. Seine, 27 juin 1896, S., 96. 2. 286.

[5] Cass. civ., 1er mai 1855, S., 55. 1. 337, D., 55. 1. 147. — Paris, 3 fév. 1859, S., 59. 2. 285, D., 59. 2. 112. — Paris, 8 fév. 1862, S., 62. 2. 377, D., 62. 2. 377. — Nîmes, 22 juin 1868, S., 68. 2. 270, D., 69. 2. 58. — Paris, 24 août 1868, S., 68. 2. 270. — Nîmes, 18 mars 1884, S., 84. 2. 100, D. *Rép., Suppl.*, v° *Obligat.*, n. 179. — Aix, 19 oct. 1886, *Rec. d'Aix*, 86. 127. — Paris, 29 juin 1891, *Gaz. Pal.*, 91. 2. 523 (la cession est nulle). — Paris, 27 oct. 1892, S., 93. 2. 24, D., 93. 2. 171 (et la nullité est opposable au tiers porteur de traites tirées en exécution de la promesse, si ce tiers porteur connaissait la nullité). — Besançon, 6 mars 1895, S., 95. 2. 196, D., 95. 2. 223 (la nullité est opposable au cessionnaire qui a connu la cause illicite et ce dernier ne peut demander des dommages-intérêts au souscripteur de l'obligation : il peut seulement demander au cédant le remboursement du prix de la cession). — Trib. civ. Louviers, 12 juil. 1888, *Gaz. Pal.*, 88. 2, *Suppl.*, 71. — Trib. civ. Annecy, 2 août 1888, *Loi*, 30 sept. 1888. — Trib. com. Seine, 3 mars 1891, *Gaz. Pal.*, 91. 2. 527 (les billets sont nuls). — Trib. civ. Seine, 18 mars 1891, *Gaz. Pal.*, 91. 2. 525 (les billets souscrits sont nuls). — Trib. civ. Saint-Dié, 24 avril

invoque en ce sens la dignité du mariage, le danger que l'intermédiaire ne pèse sur la liberté des personnes dont dépend l'union.

Mais le tiers doit être indemnisé de ses soins et démarches [1], soit qu'une rémunération exagérée lui ait été promise [2], soit dans le cas où aucune rémunération ne lui a été promise [3].

2076. A raison de la jurisprudence aujourd'hui dominante et qui rejette la maxime *In pari causa turpitudinis melior est causa possidentis,* les sommes payées comme prix d'un louage de services illicite peuvent être répétées [4].

Dans l'ancien droit cependant on décidait qu'en cas de simonie, la somme payée ne pouvait être répétée, même si la tentative de simonie n'avait pas abouti, à raison de la maxime *in pari turpitudine melior est causa possidentis* [5].

§ II. *Obligations du client.*

2077. Le client de l'agent d'affaires [6] doit lui payer un salaire; il le doit, alors même qu'un salaire n'a pas été stipulé, car c'est la solution admise pour tous les louages d'ouvrage. Si au contraire on considère l'agent d'affaires comme

1891, *Gaz. Pal.*, 91. 2. 59. — Daguin, *Journ. dr. int.*, IX, 1882, p. 349; Aubry et Rau, IV, p. 323, § 345; Demolombe, XXIV, n. 335; Laurent, XVI, n. 151. — Allemagne : Le C. civ. saxon, art. 1259, admet la nullité. Il en est de même dans l'électorat de Hesse (Ord. 20 août 1800 et arrêtés du Cons. privé, 27 mars et 29 mai 1804). — V. Trib. Emp. Allemagne, 8 fév. 1881, *Journ. dr. int.*, IX, 1882, p. 349. — Belgique : Jugé que le contrat est valable. Trib. Anvers, 14 mars 1894, *Pasicr.*, 94. 3. 171. — Etats-Unis : Décidé que, de l'avis général, le contrat est nul. Appel Kentucky, 20 sept. 1883, *Journ. dr. int.*, XI, 1884, p. 534 (cet arrêt est en tous cas inexact, car il qualifie de contrat de courtage matrimonial la remise de dette faite en considération de services rendus à l'occasion d'un mariage par une personne qui n'avait pas été entremetteuse).

[1] C'est dire que s'il ne justifie pas de soins et démarches, il n'a droit à aucune indemnité. — Besançon, 6 mars 1895, précité.

[2] Nîmes, 22 juin 1868 et 18 mars 1884, précités. — Aix, 19 oct. 1886, précité. — *Contra* Trib. civ. Louviers, 12 juill. 1888, précité. — Laurent, *loc. cit.*

[3] Caen, 13 avril 1866, S., 67. 2. 56.

[4] Besançon, 6 mars 1895, précité. — Trib. civ. Seine, 26 juill. 1894, *Gaz. Pal.*, 94. 2. 285. — *Contra* Trib. com. Seine, 27 juin 1896, S., 96. 2. 286.

[5] Chorier, *La jurispr. de Guy Pape*, 2e éd., 1769, liv. I, ch., VIII, sect. X, quest. 587, p. 56.

[6] Pour la responsabilité, v. *infra*, n. 2087.

un mandataire, la solution contraire doit l'emporter, le mandataire n'ayant pas droit au salaire sans une stipulation expresse.

A défaut de convention, le tribunal fixe les honoraires de l'agent d'affaires [1].

2078. Mais la rémunération suppose essentiellement que les services de l'agent d'affaires ont été rendus en vertu d'une convention passée avec son client.

Ainsi l'intermédiaire qui, de lui-même, présente un client à un fournisseur, ne peut réclamer une commission à ce dernier s'il n'a rien été stipulé [2].

De même le journaliste qui a, sans convention, soutenu les intérêts d'un particulier, n'a aucune action en payement, la vente du journal constituant une rémunération suffisante de son travail [3].

2079. Aucun lien contractuel ne s'établissant entre l'agence de location et l'individu auquel elle a indiqué un appartement, l'agence, qui représente le propriétaire, ne peut pas réclamer d'honoraires au locataire [4].

2080. Le salaire de l'agent d'affaires ne peut être réduit [5], puisqu'il ne s'agit pas d'un mandat, mais bien d'une convention synallagmatique librement consentie.

Si, au contraire, le contrat était considéré comme un mandat, le salaire pourrait être réduit [6].

[1] Trib. civ. Bordeaux, 5 mars 1891, *Rec. Bordeaux*, 94. 3. 88 (d'après ce jugement, le courtier pour vente d'immeubles a, dans l'usage, droit à 2 p. 100 d'honoraires).

[2] Trib. com. Seine, 1er mai 1894, *Droit*, 19 mai 1894.

[3] Trib. civ. Seine, 19 mai 1893, *Loi*, 14 juin 1893.

[4] Trib. com. Marseille, 18 oct. 1889, *Rec. Marseille*, 90. 1. 32.

[5] Cass., 7 mai 1866, S., 66. 1. 273. — Paris, 12 avril 1880, précité. — Paris, 13 déc. 1894, S., 97. 2. 214, D., 95. 2. 445 (intermédiaire entre artiste et directeur de théâtre). — Paris, 12 mars 1894, précité. — Trib. civ. Montauban, 17 mars 1894, précité. — Cass. belge, 12 juil. 1894, D., 96. 2. 4. (révélation de succession). — Bruxelles, 26 juin 1895, *Pasicr.*, 96. 2. 163 (révélation de succession). — Trib. civ. Courtrai, 22 juil. 1892, précité. — Lèbre, *Tr. des fonds de commerce*, n. 182. — V. cep. Turin, 29 déc. 1880, précité (motifs).

[6] Cass., 7 fév. 1855, S., 55. 1. 530, D., 55. 1. 206. — Cass., 18 avril 1855, S., 55. 1. 527, D., 55. 1. 206. — Paris, 17 avril 1885 (motifs), S., 87. 2. 147. — Rouen, 12 déc. 1881, S., 82. 2. 227. — Paris, 4 déc. 1888, *Droit*, 6 déc. 1888. — Paris,

En tout cas le salaire ne peut pas être réduit s'il est stipulé après l'accomplissement de la mission de l'agent d'affaires, car telle est la règle admise en matière de mandat [1].

2081. Si l'agent d'affaires est un mandataire, il peut retenir les objets qu'il détient pour le compte du mandant jusqu'au payement de ses avances. Mais il ne peut les retenir jusqu'au payement de ses honoraires [2].

Si l'agent d'affaires est un locateur d'ouvrage, la question de savoir si le droit de rétention lui appartient doit être résolue par les principes généraux du louage d'ouvrage [3].

§ III. *Obligations de l'agent d'affaires.*

2082. L'agent d'affaires est tenu à des dommages-intérêts s'il a commis une faute dans l'exécution de sa mission [4].

Ainsi le directeur d'un bureau de placement est responsable des renseignements erronés qu'il donne sur les patrons ou sur les employés [5] ou de tout autre dommage causé par sa faute [6].

20 nov. 1894, D., 95. 2. 445. — Trib. civ. Bordeaux, 14 janv. 1891, *Rec. Bordeaux*, 91. 2. 34. — Trib. civ. Lyon, 24 déc. 1891, *Mon. jud. Lyon*, 14 mars 1892 (agent d'expropriation). — Trib. com. Seine, 5 oct. 1886, *Journ. trib. com.*, 88. 83. — Trib. civ. Nantes, 26 mars et 12 avril 1890, *Rec. Nantes*, 90. 2. 168 (agent d'affaires chargé d'une vente). — Trib. civ. Seine, 2 avril 1890, *Loi*, 3 avril 1890. — Trib. civ. Lyon, 9 août 1890, *Mon. jud. Lyon*, 27 oct. 1890 (agent d'expropriation). — Trib. civ. Lyon, 19 janv. 1892, *Gaz. Pal.*, 92. 1. 352 (*id.*). — Trib. civ. Agen, 17 déc. 1887, *Rec. d'Agen*, 88. 61 (agent de vente). — Paris, 3 nov. 1887, *Loi*, 25 nov. 1887. — Trib. com. Havre, 7 juin 1886, *Rec. du Havre*, 86. 132 (agent de vente. — Trib. civ. Lille, 23 mars 1894, *Gaz. Pal.*, 95. 2, *Suppl.* 4 (pour la poursuite d'une affaire devant un tribunal). — Trib. paix Châlons-sur-Marne, 5 fév. 1889, *Loi*, 7 fév. 1889. — Liège, 12 juil. 1893, précité (au moins dans le cas où le secret d'une succes- aurait été facile à découvrir et était consigné sur des registres publics). — Guillouard, *Tr. du mandat*, n. 166.

[1] Paris, 13 déc. 1894, S., 97. 2. 214, D., 95. 2. 445.

[2] Ainsi il ne peut retenir sur un prix versé entre ses mains le montant de ses honoraires. Trib. com. Le Havre, 22 oct. 1888, *Rec. du Havre*, 88. 1. 254.

[3] V. *supra*, n. 1965.

[4] Par exemple, s'il a laissé prendre, contre son client, qu'il était chargé de représenter en justice, un jugement par défaut devenu définitif. — Trib. civ. Seine, 14 mars 1895, *Loi*, 28 mars 1895.

[5] Paris, 17 juil. 1885, S., 86. 2. 104.

[6] Par exemple envers la nourrice à laquelle il a confié un enfant atteint d'une maladie contagieuse. Lyon, 14 janv. 1853, S., 53. 2. 473.

2083. Mais la responsabilité de l'agent d'affaires suppose un préjudice [1].

2084. D'autre part, l'agent d'affaires qui a contribué à la formation d'un contrat n'est pas responsable des faits postérieurs à cette formation.

Ainsi l'intermédiaire qui a procuré un emploi à une personne, n'est pas responsable envers cette dernière de l'inexécution des engagements du patron [2].

De même l'agent de location n'est pas responsable envers le propriétaire du non-paiement du loyer, s'il a loué à une personne solvable [3].

Il a été décidé dans le même sens que l'agence de location qui met en rapport un locataire avec un sous-locataire n'est pas responsable de l'expulsion de ce dernier si elle ne lui a pas réclamé d'honoraires et n'a pas connu les causes d'expulsion [4].

L'agent de location n'est pas responsable davantage envers le locataire de ce que l'immeuble a été antérieurement habité par une personne atteinte de maladie contagieuse [5], à moins qu'il n'ait connu ce fait [6].

En principe, un agent ou un bureau de placement n'est pas responsable des défauts de l'employé ou domestique placé [7].

2085. Le traité entre une *agence de renseignements* et un tiers, par lequel la première s'engage à fournir au second, moyennant un prix déterminé, des renseignements sur la solvabilité ou l'honorabilité des personnes qui lui sont désignées, donne lieu à des questions de responsabilité très délicates.

(1) Décidé cependant que l'agent d'affaires qui a laissé prendre contre son client un jugement par défaut est responsable même s'il est établi que le résultat d'une instance contradictoire aurait été le même. Trib. civ. Seine, 14 mars 1895, *Loi*, 28 mars.

(2) Lyon, 13 juin 1894, D., 95. 2. 292.

(3) Trib. civ. Bordeaux, 3 déc. 1894, *Rec. Bordeaux*, 95. 2. 24.

(4) Trib. civ. Seine, 2 nov. 1893, *Loi*, 6 déc. 1893.

(5) Trib. civ. Bordeaux, 3 déc. 1894, *Rec. de Bordeaux*, 95. 2. 24.

(6) Trib. civ. Bordeaux, 3 déc. 1894, précité.

(7) En tout cas le bureau de placement n'est pas responsable pour avoir procuré une nourrice dépourvue de lait, s'il a été autorisé par la préfecture de police à placer la nourrice et si cette dernière a été choisie par le maître avec l'assistance de son médecin. Trib. com. Seine, 17 juin 1892, *Gaz. Pal.*, 92. 2. 138.

Celui auquel les renseignements sont fournis peut-il, si ces renseignements, trop favorables, l'ont induit en erreur et lui ont fait subir des pertes, agir en responsabilité contre l'agence?

Il le peut, soit si l'agence est de mauvaise foi (1), soit même si elle a commis une faute lourde (2) ou même légère (3). L'agence n'est pas, en effet, dans la situation de la personne qui donne les renseignements gratuitement et à titre de conseil, elle s'est obligée à les fournir et, comme tout locateur de services, elle est responsable de sa faute. Nous verrons si elle peut se dégager de cette responsabilité par une convention faite d'avance.

Mais on décide que l'agence de renseignements n'encourt aucune responsabilité envers l'abonné si elle n'a commis ni faute ni imprudence et s'est entourée de toutes les garanties (4), par exemple, si, à défaut d'adresse exacte, elle a confondu le négociant sur le compte duquel les renseignements étaient demandés avec un de ses homonymes (5).

Ces solutions sont encore l'application du droit commun. Aucun débiteur n'est responsable du cas fortuit.

Même en cas de faute, l'agence n'encourt aucune responsabilité si elle n'a causé aucun préjudice, par exemple si ses renseignements n'ont pas déterminé le prêt qui cause un préjudice à celui qui a demandé les renseignements (6).

(1) Trib. com. Seine, 23 sept. 1880, *Journ. des trib. de comm.*, 1881, p. 22.

(2) Lyon, 3 nov. 1886, S., 87. 2. 229 (confusion de nom). — Trib. civ. Nîmes, 21 août 1886, *Rec. Nantes*, 87. 66. — Trib. com. Marseille, 15 octobre 1886, *Rec. Marseille*, 87. 8. — Trib. com. Seine, 15 juillet 1890, *Gaz. Pal.*, 90. 2. 640.

(3) Lyon, 3 nov. 1886, S., 87. 2. 229. — Trib. com. Seine, 14 mars 1884, *Journ. des trib. de comm.*, 1884, p. 572. — Trib. com. Seine, 24 juin 1884, *ibid.*, 1885, p. 47. — Trib. civ. Bordeaux, 17 mars 1891, *Rec. Bordeaux*, 91. 2. 103. — Trib. com. Seine, 15 juillet 1891, *Loi* du 1er avril 1892. — Trib. com. Seine, 3 nov. 1891, D., 93. 2. 99 (sous note).— *Contra* Trib. civ. Nantes, 21 août 1886, précité. — Trib. com. Marseille, 15 oct. 1886, précité. — Cpr. aussi Lyon, 3 nov. 1886, précité.

(4) Toulouse, 28 janv. 1895, *Gaz. Midi*, 10 mars 1895. — Trib. com. Seine, 20 juin 1866, *Journ des trib. de com.*, 1866, p. 379. — Trib. com. Seine, 27 nov. 1891, D., 93. 2. 99 (sous note). — Trib. Bruxelles, 16 nov. 1868, *Jurisp. des trib.* (belges), XIX, p. 505. — Trib. civ. Anvers, 4 sept. 1893, *Pasicr.*, 94. 3. 252. — D., 93. 2. 97.

(5) Trib. com. Seine, 27 nov. 1891, précité.

(6) Toulouse, 28 janv. 1895, précité. — Trib. civ. Seine, 1er juill. 1893, *Gaz. Trib.*, 29 août 1893, *Loi*, 19 déc. 1893.

L'abonné doit démontrer la faute de l'agence ([1]) et le préjudice qui en est résulté ([2]).

2086. On a décidé qu'une agence de renseignements ne peut, par une clause de non-garantie, se dégager des conséquences de sa faute même légère ([3]). Mais cette solution ne paraît pas exacte, car, dans tout contrat, on peut se dégager de sa faute.

Ce qui est certain, c'est que la stipulation ne saurait s'appliquer à la faute lourde ([4]) ou au dol.

2087. De son côté, l'abonné qui divulgue les renseignements confidentiels donnés sur le compte d'un tiers par une agence de renseignements (et cette divulgation ne lui fût-elle pas expressément interdite, car l'interdiction résulte de ce que les renseignements étaient confidentiels), commet une faute, car il nuit par son fait volontaire à l'agence; si donc cette dernière a été condamnée à des dommages-intérêts envers le tiers sur lequel les renseignements ont été donnés, l'abonné doit le remboursement de ces dommages-intérêts ([5]).

Il en est ainsi même si les renseignements inexacts ont été donnés de mauvaise foi par l'agence ([6]). En vain dirait-on que la divulgation est la suite de la faute ; elle n'en est pas la suite directe. En vain aussi soutiendrait-on que, de son côté, l'abonné a une action en dommages-intérêts contre l'agence à raison de la fausseté des renseignements. D'abord cette action n'existe pas dans tous les cas, puisqu'elle suppose que l'abonné a agi conformément aux renseignements donnés.

([1]) Toulouse, 28 janv. 1895, précité.

([2]) Toulouse, 28 janv. 1895, précité.

([3]) Montpellier, 5 déc. 1892, D., 94. 2. 451. — Trib. comm. Seine, 3 nov. 1891, D., 93. 2. 99 (sous note). — D., 93. 2. 97.

([4]) Montpellier, 5 déc. 1892, précité (renseignements donnés sur un homonyme d'une personne dont la désignation était précise).

([5]) Paris, 21 juil. 1892, S., 94. 2. 162, D., 93. 2. 97. — Trib. civ. Lyon, 16 juil. 1886, *Mon. jud. Lyon*, 13 oct. 1886. — *Contra* Paris, 10 mars 1864, S., 94. 2. 163 (sous note), D., 93. 2. 100 (sous note) (cet arrêt se base sur ce que les renseignements donnés par une agence, n'étant pas gratuits, n'ont rien de confidentiel). — Trib. com. Seine, 18 avril 1883, *Journ. des Trib. de comm.*, 1883, p. 488. — Trib. com. Seine, 4 juin 1889, *Gaz. Pal.*, 89. 2. 115. — A plus raison si la divulgation lui est interdite. — Trib. com. Seine, 16 juil. 1891, *Gaz. Pal.*, 91. 2. 256.

([6]) *Contra* D., 93. 2. 97.

Ensuite, quand l'action existe, la responsabilité de l'abonné envers l'agence peut au moins diminuer le montant des dommages-intérêts auxquels il a droit.

Les questions que nous venons de traiter ne se posent évidemment que si les renseignements sont inexacts, car, s'ils sont exacts, l'agence n'encourt aucune responsabilité envers la personne sur laquelle elle a donné des renseignements.

2088. L'agence de renseignements est tenue des dommages-intérêts envers le tiers sur la situation duquel elle a donné des renseignements inexacts ([1]); elle ne peut objecter le caractère confidentiel des renseignements, si même ces renseignements ne sont pas mis à la disposition de tous ses clients et ne sont donnés qu'à un seul ([2]). Il faut pour cela une faute de l'agence ([3]), mais une faute légère suffit ([4]); ainsi le fait d'avoir accueilli sans contrôle le renseignement constitue la faute ([5]).

2089. L'agence de renseignements, condamnée à des dommages-intérêts envers le tiers sur la situation duquel elle a donné des renseignements inexacts, peut recourir contre celui qui lui a donné de mauvaise foi ces renseignements ([6]).

2090. Le tiers qui donne gratuitement des renseignements sur une personne n'encourt aucune responsabilité envers

([1]) Rouen, 18 juin 1881 sous Cass., 5 déc. 1881, S., 83. 1. 457. — Paris, 14 déc. 1884, S., 85. 2. 163. — Paris, 6 mai 1886, S., 87. 2. 229, D., 93. 2. 101 (note). — Paris, 23 mars 1893, *Gaz. Pal.*, 93. 1. 467. — Paris, 15 juin 1893, *Gaz. Pal.*, 93. 2, 2e p., 10. — Trib. com. Seine, 4 juin 1889, *Gaz. Pal.*, 89. 2. 115. — Trib. civ. Bordeaux, 17 mars 1891, S., 92. 2. 260. — Trib. com. Seine, 14 déc. 1892, *Gaz. Pal.*, 93. 1. 80. — Trib. com. Seine, 27 juin 1895, *Ann. dr. comm.*, 1896-97, p. 102. — Trib. civ. Seine, 18 déc. 1895, *Droit*, 18 janv. 1896. — Liège, 16 nov. 1883, S., 85. 4. 12. — Si le renseignement a été publié, les tribunaux peuvent ordonner une publicité réparatrice dans les journaux. — Trib. com. Seine, 14 déc. 1892, précité.

([2]) Mêmes décisions.

([3]) Mêmes décisions.

([4]) Paris, 23 oct. 1890, *Gaz. Pal.*, 91. 1, *Suppl.*, 17. — Trib. com. Seine, 28 juil. 1888, *Gaz. Pal.*, 88. 2. 374. — Trib. com. Seine, 19 nov. 1890, *Gaz. Pal.*, 91. 1. 96. — Trib. com. Seine, 27 juin 1895, précité. — Trib. com. Verviers (Belgique), 29 mars 1888, *Gaz. Pal.*, 88. 1. 563. — *Contra* Trib. com. Seine, 15 sept. 1891, *Droit*, 30 sept. 1891.

([5]) Trib. com. Seine, 14 déc. 1892, précité.

([6]) Trib. civ. Bordeaux, 17 mars 1891, S., 92. 2. 260.

celui à qui les renseignements sont donnés ([1]), à moins qu'il ne les ait volontairement donné inexacts ([2]) ou qu'il n'ait commis une faute lourde ([3]).

§ IV. *Fin du contrat.*

2091. Les causes de cessation du contrat sont empruntées, suivant le caractère du contrat, aux règles du mandat ou du louage d'entrepreneur.

Si l'agent d'affaires est un mandataire, il peut être révoqué dans les conditions indiqués par l'art. 2004 ([4]). Comme locateur d'ouvrage, il peut être également révoqué, conformément à l'art. 1794, si le marché est à forfait.

Les effets de la révocation du mandat adressé à un agent d'affaires dépendent du caractère du contrat.

Si c'est un mandat, on appliquera les principes du mandat.

Si c'est un louage d'ouvrage, on se réfèrera à l'art. 1794.

Les tribunaux, d'après lesquels le contrat passé avec l'agent d'affaires participe du mandat et du louage, lui permettent d'exiger, à son choix, l'application des principes du mandat ou de l'art. 1794 ([5]).

2092. Le mandat confié à un agent d'affaires se transmet-il de plein droit à son successeur? L'affirmative a été décidée ([6]). Elle est contraire aux principes non pas seulement du louage d'ouvrage, mais de tout contrat ([7]).

§ V. *Compétence.*

2093. L'agent d'affaires est un commerçant ([8]).

([1]) Caen, 23 mai 1887, *Rec. de Rouen*, 88. 2. 37 (banque). — Paris, 6 août 1889, *Gaz. Pal.*, 89. 2. 332. — Montpellier, 20 déc. 1889, *Gaz. Pal.*, 90. 1. 390. — Lyon, 25 mars 1891, *Mon. jud. Lyon*, 20 avril 1891.

([2]) Paris, 6 août 1889, précité. — Montpellier, 20 déc. 1889, précité.

([3]) Caen, 23 mai 1887, précité.

([4]) Trib. civ. Lyon, 9 août 1890, *Mon. jud. Lyon*, 27 oct. 1890. — Il a donc droit à une indemnité pour ses soins et démarches. Même jugement.

([5]) Lyon, 9 mars 1892, *Droit*, 25 oct. 1892.

([6]) Trib. civ. Seine, 4 janv. 1893, *Gaz. Pal.*, 93. 1. 692 (mandat de recouvrer).

([7]) V. *supra*, n. 2040.

([8]) Lyon, 1er oct. 1885, *Bull. de la taxe*, 87. 78. — Aix, 20 avril 1887, *Bull. d'Aix*, 88. 58. — Paris, 20 nov. 1894, S., 97. 2. 214, D., 95. 2. 445. — Lyon-Caen et Renault, *Tr. de dr. com.*, I, n. 140 *bis*.

Le contrat passé avec l'agent d'affaires est, de la part du client de ce dernier, civil ou commercial suivant les circonstances [1].

Par suite, l'agent d'affaires peut toujours être actionné devant le tribunal de commerce, il peut aussi l'être devant les tribunaux civils si le contrat est civil de la part du client; ce dernier doit, si le contrat est civil de sa part, être actionné devant les tribunaux civils; dans le cas contraire, il doit l'être devant les tribunaux de commerce.

SECTION IV

CONTRAT RELATIF AU SAUVETAGE D'UN NAVIRE

2094. L'assistance prêtée par un navire à un autre navire en péril, sur l'appel de ce dernier, constitue une véritable convention de louage d'ouvrage [2]; on ne peut y voir un simple quasi-contrat [3]. Il importe peu qu'aucun prix n'ait été fixé; les tribunaux auront pour rôle de le déterminer.

Ce contrat peut être résilié s'il a été arraché par la violence [4]. Il n'y a pas violence si, le navire étant échoué sans aucun danger, le capitaine pouvait, soit attendre, soit réclamer les secours d'un autre navire [5].

Mais, dans le cas même de violence, une indemnité doit être allouée [6].

2095. Le contrat étant un louage d'ouvrage, celui des

[1] Poitiers, 20 oct. 1893, *Gaz. Pal.*, 93. 2. 492 (le mandat donné par un commerçant de recouvrer ses créances commerciales est commercial, mais le mandat donné par sa veuve pour le même objet, après la cessation du commerce, est civil). — Paris, 20 nov. 1894, précité (la mission de représenter devant le jury d'expropriation, a un caractère civil, même si elle est conférée par un commerçant). — Trib. civ. Lyon, 31 mars 1892, *Mon. jud. Lyon*, 13 mai 1892 (le mandat de recouvrer une créance litigieuse et civile).

[2] Bruxelles, 23 déc. 1872, *Pasicr.*, 73. 2. 75. — Trib. com. Anvers, 11 mai 1872, *Jurispr. du port d'Anvers*, 72. 1. 69.

[3] V. cep. Paris, 18 mai 1893, D., 93. 2. 384 (ce serait un quasi-contrat de gestion d'affaires).

[4] Aix, 30 janv 1890, *Rev. int. dr. marit.*, 89-90, p. 405. — Lyon-Caen, *Rev. crit.*, XX, 1891, p. 406, XXI, 1892, p. 356.

[5] Aix, 5 août 1892, *Rec. Marseille*, 93. 1. 58.

[6] Aix, 30 janv. 1890, précité. — Lyon-Caen, *Rev. crit.*, XX, 1891, p. 406.

navires qui porte assistance à l'autre a droit à une rémunération [1]. En cas de sauvetage, il a droit à un tiers des effets sauvés en nature ou en argent (ord. 1681, liv. IV, tit. IX, art. 28). Il n'y a sauvetage que si le navire était abandonné par son équipage [2]. En dehors même d'un sauvetage, une rémunération est due [3].

2096. Les prestations de services peuvent avoir été fournies en dehors d'une convention; elles constituent alors un quasi-contrat; elles donnent lieu à une indemnité [4].

Il en est ainsi du sauvetage d'un navire accompli par un autre navire sans convention préalable [5].

SECTION V

CONTRAT D'ÉDITION

2097. Le contrat d'édition, par lequel un auteur s'engage à remettre un manuscrit à un éditeur, qui s'engage à le publier, n'est pas une vente [6].

C'est un louage d'ouvrage si l'auteur doit toucher une somme fixe.

C'est une société, si les bénéfices doivent être partagés [7].

L'éditeur ne peut refuser d'éditer le manuscrit qui lui est livré en exécution du contrat [8].

Cependant il peut refuser le manuscrit qui, après décès de l'auteur, a été terminé par ses héritiers ou un tiers même com-

(1) Paris, 18 mai 1893, précité. — Lyon-Caen, *Rev. crit.*, XXI, 1892, p. 358.

(2) Aix, 28 juil. 1891, *Journ. de Marseille*, 91. 1. 216. — Lyon-Caen, *Rev. crit.*, XXI, 1892, p. 359.

(3) *Note*, *Ann. dr. comm.*, 94. 1. 64.

(4) Cass. civ., 3 prair. an IX, D. *Rép.*, v° *Obligation*, n. 4885. — Trib. civ. Lombez, 5 août 1891, D., 93. 2. 491.

(5) Paris, 18 mai 1893, D., 93. 2. 384 (mais cet arrêt dit à tort qu'il y a quasi-contrat dans le cas où le sauvetage est opéré sur la demande du navire en péril; il se forme alors, selon nous, un contrat de louage d'ouvrage). — V. *supra*, n. 2094.

(6) Appert, *Note*, S., 95. 2. 41.

(7) Appert, *loc. cit.*

(8) Renouard, *Droits d'auteur*, II, n. 186; Nion, *Droits civils des auteurs*, p. 292; Pouillet, *Propr. littér.*, 2e éd., n. 308; Appert, *loc. cit.*

pétent [1], à moins que ce tiers ne se soit contenté d'ordonner des matériaux [2].

2098. S'il y a société, la mort, soit de l'auteur soit de l'éditeur, à quelque moment qu'elle se produise, entraîne la dissolution de la société [3]. Cependant on décide quelquefois que c'est une question de fait [4].

2099. S'il y a louage d'ouvrage, on décide que l'éditeur peut, avant que le manuscrit lui soit livré, céder à son successeur le droit de publication [5] parce qu'en principe, les contrats se transmettent aux ayants cause (C. civ. 1122). A plus forte raison peut-il céder l'ouvrage une fois imprimé [6].

Nous ne voyons aucune raison, si cette opinion est exacte, de ne pas permettre également la cession à un tiers, autre que le successeur, du droit de publier l'ouvrage [7]. En vain dit-on que, si la personne de l'éditeur est de peu d'importance pour l'auteur, il en est autrement de la maison qui édite.

2100. Sur ces divers points, les tribunaux, en tout cas, peuvent, en se fondant sur l'intention des parties, décider le contraire [8].

2101. Il ne se produit pas un louage d'ouvrage mais une *vente au comptant*, quand, sans convention antérieure, un journaliste livre, moyennant un payement immédiat, un article (notamment une nouvelle à la main ou un article de reportage) au directeur d'un journal [9]; c'est, en effet, son article terminé et non pas son travail que livre le journaliste.

[1] Pouillet, *op. cit.*, n. 303; Nion, *op. cit.*, p. 293; Appert, *loc. cit.*

[2] Mêmes auteurs.

[3] Appert, *Note*, S., 95. 2. 41.

[4] Paris, 20 avril 1894, S., 95. 2. 41.

[5] Nîmes, 30 déc. 1868, *Ann. propr. indust.*, 1870, p. 151. — Nion, *op. cit.*, p. 293; Rendu et Delorme, *Dr. industr.*, n. 794; Pouillet, *op. cit.*, n. 347; Lardeur, *Du contr. d'édition*, p. 212; Eisenmann, *Le contr. d'édit.*, p. 72; Appert, *loc. cit.* — *Contra* Trib. civ. Seine, 12 mars 1834, *Gaz. Trib.*, 14 mars 1834. — Trib. civ. Seine, 26 août 1834, *Gaz. Trib.*, 27 août 1834. — Trib. civ. Seine, 13 avril 1893, *Droit*, 22 juin 1893.

[6] Renouard, *loc. cit.*; Appert, *loc. cit.*

[7] Nion, *op. cit.*, p. 293; Pouillet, *op. cit.*, n. 349; Eisenmann, *op. cit.*, p. 51. — *Contra* Lardeur, *op. cit.*, p. 84; Appert, *loc. cit.*

[8] Paris, 20 avril 1894, S., 95. 2. 41 (motifs).

[9] Trib. civ. Seine, 20 août 1879; 8 fév. 1881; 8 nov. 1887, D., 93. 2. 289 (en sous-note). — Trib. civ. Seine, 30 mai 1894 (motifs), *Gaz. Pal.*, 94. 1. 744.

SECTION VI

AUTRES CONTRATS DE LOUAGE D'OUVRAGE

2102. Le contrat de publicité passé entre un directeur de journal et un commerçant est un louage d'ouvrage et non pas un mandat [1].

2103. Le contrat par lequel, moyennant un salaire, un commerçant ou un industriel s'engage à garder un objet, est un louage de services. Nous l'étudierons à propos du dépôt, ainsi que les relations des deux parties avec un assureur.

2104. Le bail à nourriture, par lequel une personne s'engage à entretenir et nourrir une autre personne moyennant une prestation, généralement périodique, est également un louage d'ouvrage.

Telle est la convention passée avec une nourrice qui s'engage à élever chez elle le jeune enfant qui lui est confié.

Comme tous les louages d'ouvrage, celui-ci ne s'impose pas aux héritiers des parties [2].

2105. L'acte par lequel une compagnie de chemins de fer s'oblige, moyennant une indemnité, à laisser passer sur son réseau les convois d'une autre compagnie est une vente ou une location suivant que l'engagement est perpétuel ou temporaire, et non pas un louage d'ouvrage [3].

2106. Le contrat par lequel un médecin s'engage, moyennant un prix déterminé, à faire ses efforts pour procurer sa clientèle à un autre médecin qui s'établit est un louage d'ouvrage.

Il est valable [4], quoique la vente de la clientèle d'un médecin soit nulle.

[1] Trib. civ. Bruxelles, 25 mars 1896 (donc il faut appliquer l'art. 1794 et non l'art. 1984).

[2] Si le contraire a été décidé pour l'engagement pris par un particulier d'élever un enfant de l'assistance publique (Caen, 2 juil. 1894, *Gaz. Pal.*, 94. 2. *Suppl.*, 26), c'est qu'on s'est contenté d'invoquer la solution donnée pour la généralité des conventions par l'art. 1122, sans analyser la nature du contrat.

[3] Cass. civ., 13 avril 1891, S., 92. 1. 458 (qui en conclut que le contrat peut être cédé).

[4] Paris, 29 avril 1865, S., 65. 2. 113. — Paris, 25 juin 1884, S., 84. 2. 176. —

2107. A propos des contrats d'entreprise, nous avons indiqué d'autres exemples de louages d'ouvrage [1].

TITRE III

DU BAIL A CHEPTEL

2108. Le mot *cheptel,* d'après l'opinion générale, dérive de *capitale, captale, catallum,* qui, dans la basse latinité du moyen-âge, désignait toutes sortes de biens meubles, et spécialement le gros et le menu bétail, et d'où provient l'ancien mot *cattel* qui avait le même sens [2].

D'autres pensent que le mot *cheptel* vient du terme celtique *chatal,* qui s'appliquait aux troupeaux de bêtes [3].

2109. « *Le bail à cheptel est un contrat par lequel l'une* » *des parties donne à l'autre un fonds de bétail pour le gar-* » *der, le nourrir et le soigner, sous les conditions convenues* » *entre elles* » (art. 1800).

Le bail à cheptel est donc le bail d'un *fonds de bétail,* expression qui désigne une collection d'animaux constituant l'*universalité* connue sous le nom de *troupeau.* Le bail portant sur quelques animaux isolés ne constituerait pas à proprement parler un cheptel (art. 1802).

Le mot *cheptel* est pris pour désigner, tantôt le bail ayant pour objet des animaux (v. notamment art. 1815 et 1818), tantôt les animaux eux-mêmes, objet du bail (art. 1805 et 1806).

« *On peut donner à cheptel toute espèce d'animaux suscep-* » *tibles de croît ou de profit pour l'agriculture ou le com-* » *merce* » (art. 1802).

Riom, 13 mars 1894, S., 95. 2. 43 (quoiqu'il soit qualifié de cession de clientèle). — Demolombe, XXIV, n. 342; Aubry et Rau, IV, p. 316, § 344, note 10; Laurent, XXIV, n. 96; Dubrac, *Tr. de jurispr. médicale,* n. 503; Léchopié et Floquet, *Code des médecins,* p. 238; Roland, *Les médecins et la loi du 30 nov. 1892,* n. 168; Pabon, *Manuel jurid. des médecins,* n. 210 s.

[1] V. *supra,* n. 1834 s.

[2] Troplong, II, n. 1054; Aubry et Rau, IV, p. 537, § 375, note 1.

[3] Colmet de Santerre, VII, n. 253.

2110. « *Il y a plusieurs sortes de cheptels : Le cheptel sim-*
» *ple ou ordinaire, le cheptel à moitié, le cheptel donné au*
» *fermier ou colon partiaire. Il y a encore une quatrième es-*
» *pèce de contrat improprement appelé cheptel* » (art. 1801).

« *A défaut de conventions particulières, ces contrats se rè-*
» *glent par les principes qui suivent* » (art. 1803).

CHAPITRE PREMIER

DU CHEPTEL SIMPLE OU ORDINAIRE

SECTION PREMIÈRE

NATURE DU CONTRAT

2111. « *Le bail à cheptel simple est un contrat par lequel*
» *on donne à un autre des bestiaux à garder, nourrir et soi-*
» *gner, à condition que le preneur profitera de la moitié du*
» *croît, et qu'il supportera aussi la moitié de la perte* » (art. 1804).

2112. Le cheptel simple, d'après certains auteurs (1), est un louage de choses; le propriétaire des animaux, qui est le bailleur, les confie au fermier, qui est le preneur.

Cette opinion nous paraît inexacte. Sans doute le prix du bail peut être stipulé en nature, mais, dans le bail, c'est, on le sait, le bailleur qui touche le prix et le preneur qui paye ce prix; or, c'est précisément le contraire qui se produit dans le cheptel; celui qu'on qualifie de preneur touche, sous la forme de participation au croît, le prix des soins qu'il donne. Il est vrai que le tribun Mouricault paraît, dans son rapport au Tribunat, considérer le cheptel simple comme un bail de choses, mais il le fait en des termes qui font parfaitement ressortir notre objection : « Il est évident, dit-il, que l'association n'est ici qu'un contrat secondaire; *que le contrat principal est un bail, celui par lequel le preneur promet et se fait payer ses soins;* que le troupeau n'entre point dans la société,

(1) Guillouard, II, n. 909 et 915 et *Tr. du contr. de société*, n. 13; Eck, Holtzendorff's *Rechtslexikon*, v° *Eisern-Viehvertrag*.

que le bailleur est resté propriétaire; qu'enfin, l'association au profit et à la perte n'est qu'un supplément au prix du bail ». Aussi voyons-nous les auteurs (¹), après avoir déclaré que le fermier du cheptel est le preneur, ajouter : « Nous y voyons tous les éléments d'un louage de meubles, une chose dont la jouissance est temporairement concédée au preneur, *et un prix à payer par celui-ci* », ce qui est inexact.

Suivant Pothier (²), le cheptel simple est un contrat innommé, se rapprochant du bail et de la société et tenant plutôt du premier. Cette opinion ne serait exacte que si le cheptel ne pouvait rentrer dans aucun contrat défini; or, il n'en est rien, comme nous allons le voir.

On pourrait être tenté de regarder le cheptel simple comme un louage d'ouvrage, où le fermier du cheptel fournit ses soins, moyennant l'abandon d'une moitié du croît. Le fermier du cheptel serait le bailleur, le propriétaire serait le preneur. Cette conception nous paraîtrait bien supérieure aux précédentes; elle ne serait cependant pas encore satisfaisante, car elle ne se concilierait pas avec le système adopté par l'art. 1804 au sujet de la répartition des pertes.

Cette répartition nous paraît devoir conduire nécessairement à l'assimilation du cheptel avec le contrat de société (³). C'était la solution de Cujas et elle ne soulève aucune critique sérieuse. On trouve, en effet, dans le cheptel tous les éléments du contrat de société : apport par le propriétaire de ses animaux, apport par le fermier de son industrie, partage des bénéfices, répartition des pertes.

Les objections que nous avons vu le tribun Mouricault adresser à cette doctrine sont presque puériles : « Le troupeau, dit-il, n'entre pas en société ». Est-il donc nécessaire, pour qu'il y ait société, que l'apport de l'un des associés porte sur la *propriété* même des objets apportés? L'apport de jouissance n'est-il pas, au contraire, très fréquent?

(¹) Guillouard, *loc. cit.*

(²) *Tr. des cheptels*, n. 4; Argou, liv. III, ch. XXVII, p. 296. — V. dans le même sens Agen, 7 juin 1893, S., 94. 2. 92, D., 94. 2. 114 (motifs).

(³) Troplong, II, n. 1062 et 1063; Schroeder, Holtzendorff's *Rechtslexikon*, v° *Viehvertrag*.

« L'association au profit et à la perte, ajoute-t-on, *n'est qu'un supplément du prix du bail* ». Une association qui est un supplément de prix, cela est déjà assez bizarre. Mais quel est donc le prix auquel s'ajoute l'association comme supplément? C'est ce qu'il n'est pas facile de déterminer.

SECTION II

FORME ET PREUVE

2113. Le bail à cheptel n'est soumis à aucune forme déterminée.

2114. La preuve de ce bail se fait également par application du droit commun ([1]). Les art. **1715** et **1716** ne sont pas applicables au cheptel, à raison de leur caractère exceptionnel; du reste, on reconnaît que ces textes sont étrangers au louage de meubles, et le cheptel porte nécessairement sur des meubles. Cette solution est plus certaine encore dans l'opinion qui assimile le cheptel à la société.

Toutefois, si le contrat de cheptel est l'annexe d'un bail à ferme, on admet que sa preuve, comme celle du bail lui-même, est soumise aux art. **1715** et **1716** ([2]). L'opinion contraire nous paraît préférable, car le bail à cheptel forme juridiquement une convention distincte de celle à laquelle il se trouve lié.

2115. « *Lorsque le cheptel est donné au fermier d'autrui,* » *il doit être notifié au propriétaire de qui ce fermier tient;* » *sans quoi il peut le saisir et le faire vendre pour ce que son* » *fermier lui doit* » (art. **1813**).

Le bailleur d'un fonds rural a privilège sur tout ce qui garnit la ferme pour le paiement des fermages (C. civ., art. **2102**). Parmi les objets garnissant la ferme figurent les bestiaux qui y ont été introduits par le fermier, non seulement ceux qui lui appartiennent, mais aussi ceux qui lui ont été donnés à cheptel par un tiers. Le bailleur de la ferme est

([1]) Cass. crim., 8 déc. 1893, D., 97. 1. 266. — Agen, 7 juin 1893, S., 94. 2. 92, D., 94. 2. 114. — Guillouard, II, n. 912.

([2]) Troplong, II, n. 1070; Guillouard, II, n. 912.

donc autorisé à considérer ces derniers, aussi bien que les premiers, comme compris dans son droit de gage, à moins que le propriétaire des animaux ne lui ait adressé la notification dont parle l'art. 1813.

Cette disposition n'est donc que l'application du droit commun formulé par l'art. 2102 (1).

Aussi le bailleur de la ferme n'a-t-il aucun droit sur les animaux donnés à cheptel s'il a su que ces animaux appartenaient à autrui, quoique le cheptel ne lui ait pas été notifié (2). On ne peut objecter que cette solution ajoute à la loi, car l'interprétation extensive doit être recommandée dans toutes les hypothèses où il s'agit de restreindre la portée d'un privilège. Il serait, du reste, inique de donner au bailleur un droit sur les meubles qu'il sait ne pas appartenir à son fermier et cette solution serait, en outre, inexplicable, car on ne voit pas pourquoi le propriétaire d'animaux donnés à cheptel serait plus mal traité que le propriétaire de tous les autres meubles apportés sur l'immeuble loué.

SECTION III

OBJETS SUSCEPTIBLES D'ÊTRE DONNÉS A CHEPTEL

2116. On peut donner à cheptel toutes sortes d'animaux susceptibles de croît ou de profit : bœufs, vaches, chevaux, juments, moutons, chèvres (3).

Dans l'ancien droit, le cheptel des porcs n'était pas possible. La raison donnée par Pothier (4) était que la « nourriture de ces animaux, dont on charge le preneur, étant très coûteuse, et la moitié des croîts qu'on lui donne étant en conséquence à peine suffisante pour le récompenser des frais de garde et de nourriture, cette moitié du croît ne peut plus payer le pre-

(1) Guillouard, II, n. 913.

(2) Cass., 7 mars 1843, S., 43. 1. 285. — Troplong, II, n. 1161 ; Aubry et Rau, III, p. 142, p. 261, note 22; Guillouard, II, n. 913. — *Contra* Laurent, XXVI n. 103.

(3) Guillouard, II, n. 910. — « Moutons et brebis, bœufs et vaches » disait Argou *op. cit.*, p. 296. — V. *supra*, n. 2109.

(4) *Tr. des cheptels*, n. 21.

neur du prix du risque de la perte du cheptel par cas fortuit, dont on le chargerait pour moitié ». On faisait exception soit pour le cas où le preneur aurait plus de la moitié du croît, soit pour le cas où le bailleur fournirait plus de la moitié de la nourriture, soit enfin pour le cas où le cheptel était l'annonce d'un bail à métairie.

Il va sans dire qu'aujourd'hui, en présence des termes généraux de l'art. 1802, le cheptel des porcs est permis sans restriction [1].

Les volailles domestiques peuvent faire également l'objet d'un bail à cheptel [2], quoique l'acquisition de ces volailles soit, en général, trop peu coûteuse pour que leur location puisse être fréquente.

SECTION IV

EFFETS DU CONTRAT

2117. Le bailleur demeure propriétaire du cheptel, même lorsqu'il a été estimé au commencement du bail ; l'estimation n'emporte pas vente au profit du cheptelier. C'est déjà ce qu'on décidait dans l'ancien droit [3]. Alors à quoi sert-elle ? L'art. 1805 le dit : « *L'estimation donnée au cheptel dans » le bail n'en transporte pas la propriété au preneur ; elle » n'a d'autre objet que de fixer la perte ou le profit qui » pourra se trouver à l'expiration du bail* ». Cette disposition est complétée par celle de l'art. 1817, qui s'exprime ainsi : « *A la fin du bail, ou lors de sa résolution, il se fait une nou- » velle estimation du cheptel. — Le bailleur peut prélever des » bêtes de chaque espèce jusqu'à concurrence de la première » estimation : l'excédent se partage. — S'il n'existe pas assez » de bêtes pour remplir la première estimation, le bailleur » prend ce qui reste, et les parties se font raison de la perte* ».

Dans l'ancien droit, l'estimation avait une autre utilité, le

(1) Guillouard, II, n. 910.
(2) Guillouard, II, n. 911.
(3) Guy Coquille, *Cout. de Nivernais*, tit. XXI, art. 1 ; Argou, p. 296.

bailleur ne restait propriétaire que jusqu'à concurrence de l'estimation [1].

La double estimation dont parlent ces deux articles permet d'évaluer à la fin du bail le bénéfice ou la perte dont le partage doit s'effectuer entre le bailleur et le preneur. Exemple : l'estimation faite au commencement du bail a fixé la valeur du fonds de bétail à la somme de **1,000** francs; il ne vaut plus que **800** francs d'après l'estimation faite à la fin du bail; il y a donc **200** francs de perte. Le bailleur prendra le fonds de bétail tout entier, et le cheptelier lui devra **100** francs représentant sa moitié dans la perte. Si, au contraire, dans notre espèce, l'estimation faite à la fin du bail porte le prix du cheptel à **1,200** francs, il y a **200** francs de bénéfice; le bailleur prélèvera des animaux de chaque espèce jusqu'à concurrence d'une valeur de **1,000** francs, somme égale au montant de la première estimation, et le surplus, représentant une valeur de **200** francs, se partagera par moitié entre le bailleur et le preneur.

On décide que si les deux experts, choisis par le bailleur et par le preneur, ne s'entendent pas, le troisième estimateur sera forcé de prendre l'une ou l'autre des deux évaluations faites [2].

2118. L'art. **1804** oblige la personne à qui le cheptel est confié de « garder, nourrir et soigner » le bétail.

Cela l'oblige à fournir les logements nécessaires au bétail, si le climat l'exige [3].

2119. Aux termes de l'art. **1806** : « *Le preneur doit les soins* » *d'un bon père de famille à la conservation du cheptel* ». Le preneur répond donc de sa faute légère (*culpa levis in abstracto*) [4]. Mais il ne répond pas de sa faute très légère [5]; à plus forte raison il ne répond pas des cas fortuits [6], à l'exception cependant de ceux auxquels le cheptel s'est trouvé

[1] Argou, p. 296.
[2] Limoges, 17 juillet 1878, S., 78. 2. 296. — Guillouard, II, n. 937.
[3] Troplong, II, n. 1072; Guillouard, II, n. 918.
[4] Argou, p. 296.
[5] Troplong, II, n. 1078; Guillouard, II, n. 918. — *Contra* Duvergier, II, n. 293 et 394.
[6] Argou, p. 296.

soumis par sa faute, comme s'il a imprudemment exposé les animaux à une inondation facile à prévoir et dans laquelle ils ont péri. C'est ce que dit l'art. **1807** : « *Il* [le preneur] *n'est » tenu du cas fortuit que lorsqu'il a été précédé de quelque » faute de sa part, sans laquelle la perte ne serait pas arrivée* ».

Le preneur est, conformément à l'art. **1384**, tenu de la faute de ceux qu'il emploie [1].

Il est donc tenu des accidents arrivés par la faute d'un domestique qui a laissé les bestiaux s'échapper [2] ou s'estropier [3].

2120. L'art. 1809 ajoute : « *Le preneur qui est déchargé » par le cas fortuit, est toujours tenu de rendre compte des » peaux de bêtes* ».

Cela ne signifie pas que le cheptelier devra nécessairement représenter les peaux ou en payer la valeur. Ainsi le preneur aura satisfait à l'obligation, que la loi lui impose, de rendre compte des peaux, s'il justifie qu'il a été obligé de les enfouir en exécution d'un règlement de police.

2121. « *En cas de contestation, le preneur est tenu de prou» ver le cas fortuit, et le bailleur est tenu de prouver la faute » qu'il impute au preneur* » (art. **1808**). C'est le droit commun (art. **1302**). Cependant la question était, au témoignage de Pothier [4], très controversée dans l'ancien droit : dans le Berry, le cas fortuit était présumé parce que la maladie est la cause la plus ordinaire de la perte des bêtes et que, le preneur étant particulièrement intéressé à conserver les bêtes, dont il a en partie le profit, sa faute ne saurait être présumée.

Cette solution avait été adoptée par le projet du code ; elle fut modifiée sur les observations de certaines cours d'appel [5].

2122. Le preneur doit prouver le cas fortuit, ce qui l'oblige à démontrer à la fois l'évènement qui a causé la perte [6], et le caractère fortuit de cet évènement [7].

(1) Guillouard, II, n. 917.
(2) Guillouard, II, n. 919.
(3) Guillouard, II, n. 919.
(4) N. 52.
(5) Fenet, IV, p. 209.
(6) Troplong, II, n. 1092 ; Guillouard, II, n. 920.
(7) Guillouard, II, n. 920. — *Contra* Troplong, II, n. 1092.

Ainsi le preneur ne peut se contenter de prouver que la perte ne provient pas de sa faute [1].

2123. Si le preneur ne répond pas des cas fortuits qui font périr le cheptel en tout ou en partie, il en subit quelquefois les conséquences comme le maître lui-même, en ce sens qu'il supporte la moitié de la perte qui en résulte. La loi distingue à cet égard si la perte est totale ou partielle : « *Si le cheptel » périt en entier sans la faute du preneur, la perte en est pour » le bailleur. — S'il n'en périt qu'une partie, la perte est sup- » portée en commun, d'après le prix de l'estimation originaire » et celui de l'estimation à l'expiration du cheptel* » (art. 1810).

D'après Pothier [2], le preneur supportait pour moitié la perte totale comme la perte partielle. C'était logique. Notre législateur a maintenu la solution de Pothier pour le cas de perte partielle et l'a répudiée pour le cas de perte totale. Cette innovation peut avoir pour résultat de mettre le preneur entre son devoir et son intérêt et, dans ce conflit, il est à craindre que le devoir ne soit sacrifié ; en effet, pour se dispenser de contribuer à une perte partielle du cheptel, qu'il ne peut conjurer, le cheptelier sera intéressé à en provoquer la perte totale. En d'autres termes, le cheptelier qui se voit dans l'impossibilité de sauver le troupeau tout entier de la perte dont il est menacé sera tenté de ne faire aucun effort pour en sauver une partie, puisque, pour prix de sa peine, il aurait à supporter sa part dans la perte des animaux qu'il a été impossible de sauver, tandis que, s'il laisse périr le cheptel tout entier, il sera déchargé de toute contribution à la perte. On a même vu des chepteliers faire périr volontairement les animaux épargnés et transformer ainsi une perte partielle en une perte totale pour jouir de l'immunité accordée au cas de perte totale. Il eût été préférable, à notre avis, de ne faire contribuer le cheptelier ni à la perte totale ni à la perte partielle [3]. Cette solution découlait tout naturellement du principe que le bailleur demeure propriétaire du cheptel et de la règle *Debitor rei certæ rei interitu liberatur.*

[1] Guillouard, II, n. 920. — *Contra* Troplong, II, n. 1092.
[2] N. 10.
[3] Guillouard, II, n. 921.

Il est vrai que le preneur se serait trouvé ainsi associé pour le profit sans l'être pour la perte; mais cette faveur n'aurait pas fait disparate dans le système admis par notre législateur qui se montre sympathique aux chepteliers, parce qu'ils sont ordinairement fort pauvres. D'ailleurs, la situation que l'on aurait ainsi faite aux chepteliers n'aurait pas été en opposition avec les principes essentiels du contrat de société, l'art. 1855 al. 2 prohibant seulement « la stipulation qui affranchirait de toute contribution aux pertes les sommes ou effets *mis dans le fonds de la société* par un ou plusieurs des associés ». Or, dans le cheptel simple, le preneur ne met aucune somme ou effet dans le fonds de la société, puisque le fonds de bétail tout entier appartient au bailleur; il n'apporte que son industrie et il en perd le profit en tout ou en partie lorsque le cheptel périt. Il ne demeure donc pas complètement étranger à la perte; il y contribue dans la mesure de son apport.

2124. L'art. 1804 indique d'une manière incomplète les droits du cheptelier, en disant qu'il profitera de la moitié du croît. Il a droit en outre : 1° à la moitié de laine, et, pour qu'il ne fasse pas sa part trop importante, l'art. 1814 dispose que « *Le preneur ne pourra tondre sans en prévenir le bail-* » *leur* »; aucun mode d'avertissement spécial n'est édicté, l'avertissement peut donc être verbal [1]; 2° à la moitié de la plus-value que le fonds de bétail se trouve avoir acquise à la fin du bail. De plus, il profite seul des laitages, du fumier et du travail des animaux (art. 1811, al. 6 et 7) [2].

Le croît consiste dans le part des animaux, conformément à l'art. 616 [3].

La laine s'entend de tous les produits provenant de la tonte des animaux. Elle comprend donc le poil et le crin [4].

2125. On entend par laitages, non seulement le lait, mais tous les produits qui sont fabriqués avec le lait : beurre, crême et fromages [5].

(1) Guillouard, I, n. 923.
(2) Argou, p. 296. — V. *infra*, n. 2131.
(3) Guillouard, II, n. 923.
(4) Guillouard, II, n. 923.
(5) Guillouard, II, n. 922.

Le travail des animaux consiste dans les labours et les charrois faits par eux [1].

2126. La plus-value qui doit être partagée est celle qui provient soit d'un cas fortuit, soit des soins donnés aux animaux [2]. C'est déjà ce que disait Guy Coquille [3].

2127. La propriété du cheptel reste au bailleur; le preneur ne peut donc, sans son consentement, disposer d'aucune bête du troupeau. Le bailleur, de son côté, ne peut, par une aliénation faite sans le consentement du preneur, priver celui-ci en tout ou en partie du droit de jouissance qu'il lui a promis sur le troupeau. Quant au croît, il devient commun entre le bailleur et le preneur, et par conséquent l'un ne peut en disposer sans le consentement de l'autre. Toutes ces solutions résultent de l'art. 1812, ainsi conçu : « *Le preneur ne peut » disposer d'aucune bête du troupeau, soit du fonds, soit du » croît, sans le consentement du bailleur, qui ne peut lui-» même en disposer sans le consentement du preneur* ».

Remarquons que ce texte ne fait pas obstacle à l'application de l'art. 2279 au profit du tiers qui, ayant acquis de bonne foi, soit du bailleur soit du preneur, une ou plusieurs têtes ou même la totalité du troupeau, se trouverait actuellement en possession [4]. On sait, en effet, que l'acquéreur de bonne foi d'un meuble devient propriétaire, d'après l'art. 2279, dès son entrée en possession, même si le vendeur a commis un abus de confiance. Le projet de code civil accordait au bailleur le droit de revendiquer les animaux entre les mains de celui au profit duquel le preneur les avait aliénés, mais cette disposition fut supprimée comme étant en contradiction avec l'art. 2279 [5]. L'acquéreur n'a même pas à respecter le bail, sauf, et conformément à l'art. 1743, s'il tient ses droits du bailleur.

Mais si le preneur vend et livre le cheptel, il est passible

[1] Guillouard, II, n. 922.

[2] Troplong, II, n. 1122; Guillouard, II, n. 923.

[3] Cout. de Nivernais, tit. XXI, art. 1er.

[4] Cass., 5 oct. 1820, S. chr. — Duranton, XVII, n. 282; Duvergier, II, n. 414; Troplong, II, n. 1148; Aubry et Rau, IV, p. 539, § 376, note 7; Laurent, XXVI, n. 98; Guillouard, II, n. 925.

[5] Fenet, II, p. 363.

de dommages-intérêts à cause du préjudice qu'il a fait subir au bailleur (art. 1382) [1]; de plus, la résolution peut être prononcée contre lui, parce qu'il a manqué à ses obligations [2] (art. 1816). Enfin il est, comme coupable d'abus de confiance, passible de poursuites correctionnelles [3].

2128. Le contrat peut permettre au preneur de vendre les animaux à la charge de les remplacer [4].

Dans ce cas, la vente est valable et l'acquéreur est à l'abri de toute action du bailleur même s'il a su que la chose appartenait à ce dernier; il n'a pas à se préoccuper du remplacement, car c'est là une obligation que le bail n'impose pas et ne peut pas imposer à des tiers.

Quant au preneur, s'il n'opère pas le remplacement, il peut être condamné à des dommages-intérêts et la résolution peut être prononcée contre lui comme dans le cas précédent.

Mais il ne peut être poursuivi en police correctionnelle pour abus de confiance [5], car la vente des animaux est valable.

2129. Si l'une des parties, sans motifs légitimes, refuse de consentir à la vente d'un ou de plusieurs animaux faisant partie soit du fonds de bétail, soit du croît, l'autre peut obtenir de la justice l'autorisation de faire procéder à la vente [6], sans préjudice des dommages et intérêts, s'il y a lieu.

Cette solution, en effet, peut être avantageuse aux deux parties et il appartient aux tribunaux de remplir leur rôle ordinaire, qui est de trancher les contestations. On objecte à tort que cela porte atteinte au droit des parties; le jugement qui ordonne la vente ne porte pas atteinte au droit des parties, il se contente de régler un différend relatif au mode de jouissance. Du reste, la tradition en ce sens est attestée par Pothier [7].

[1] Guillouard, II, n. 924.
[2] Guillouard, II, n. 924.
[3] Cass., 20 août 1880, S., 81. 1. 42. — Dijon, 18 juin 1879, S., 79. 2. 227. — Guillouard, II, n. 924.
[4] Guillouard, II, n. 924.
[5] Caen, 28 août 1878, S., 79. 2. 227. — Guillouard, II, n. 924.
[6] Duranton, XVII, n. 283; Duvergier, II. n. 413; Aubry et Rau, IV, p. 539, § 376, note 6; Guillouard, II, n. 927. — *Contra* Troplong, II, n. 1140; Laurent, XXVI, n. 101.
[7] N. 36.

2130. Le preneur ne peut louer les animaux qui lui sont donnés à cheptel (¹). On fonde cette solution sur l'idée (très contestable) que l'usufruitier ne peut louer les animaux soumis à son usufruit. La véritable raison de décider est que le cheptel constitue une société. Or il n'appartient pas à l'un des associés de louer à des tiers l'objet dont l'exploitation est le but même de la société. Aussi pensons-nous que, dans l'opinion qui considère le cheptel comme un bail, le preneur doit pouvoir souslouer les animaux, à moins d'une défense formelle, conformément à l'art. 1717.

2131. — « *On ne peut stipuler, — Que le preneur supportera la perte totale du cheptel, quoique arrivée par cas fortuit et sans sa faute, — Ou qu'il supportera, dans la perte, une part plus grande que dans le profit, — Ou que le bailleur prélèvera, à la fin du bail, quelque chose de plus que le cheptel qu'il a fourni. — Toute convention semblable est nulle. — Le preneur profite seul des laitages, du fumier et du travail des animaux donnés à cheptel. — La laine et le croît se partagent* » (art. 1811).

A raison même de la place qu'ils occupent, les mots qui forment l'alinéa 5 : *Toute convention semblable est nulle,* ne se réfèrent qu'aux prohibitions contenues dans les alinéas qui précèdent, et non aux dispositions des alinéas qui suivent. En d'autres termes, l'alinéa 5 de notre article ne prohibe que les conventions contraires aux dispositions contenues dans les alinéas 2, 3 et 4, et non celles contraires aux dispositions des alinéas 6 et 7. D'ailleurs, si le législateur avait voulu viser ces deux derniers alinéas, outre qu'il aurait rejeté la phrase qui forme l'alinéa 5 à la fin de l'article, il aurait dit : « *Toute convention* CONTRAIRE *est nulle* », et non : « *Toute convention* SEMBLABLE... ». On pourrait donc valablement convenir, soit que le bailleur aura sa part des menus profits (laitage, fumier et travail des animaux), soit qu'il aura droit à plus de la moitié de la laine (²). L'argument, qu'on a tiré

(¹) Troplong, II, n. 1120; Guillouard, II, n. 922.

(²) Duvergier, II, n. 408; Laurent, XXVI, n. 96; Colmet de Santerre, VII, n. 265 *bis*. — *Contra* Duranton, XVII, n. 277; Troplong, II, n. 1127 s.; Aubry et Rau, IV, p. 539, § 376, note 3; Guillouard, II, n. 931.

en faveur de la solution contraire, des art. 1819 et 1820. est loin d'être péremptoire à notre avis.

L'opinion contraire était, il est vrai, admise dans l'ancien droit (1) ; mais l'art. 1811 y a dérogé.

Les parties peuvent également décider que le preneur aura plus ou moins de la moitié dans la perte et dans le profit (2).

2132. Si l'art. 1811 défend de mettre à la charge du preneur la perte totale, il ne défend pas de mettre la perte partielle à la charge du bailleur (3). C'est seulement le preneur qu'on a voulu protéger, parce qu'il est généralement à la merci du bailleur.

2133. En cas de contravention à l'art. 1811, la clause illicite est seule frappée de nullité (4). Il est difficile de déterminer pourquoi la loi a dérogé au principe général posé par l'art. 1172 et d'après lequel une clause illicite entraîne la nullité de la convention tout entière. Dans l'ancien droit, la coutume du Berry (5) annulait également la convention.

2134. Les créanciers du preneur ne peuvent évidemment pas saisir les animaux (6), car ils n'appartiennent pas à leur débiteur.

Quant aux créanciers du bailleur, ils peuvent saisir les animaux (7), qui appartiennent à leur débiteur. Mais ils doivent obliger l'adjudicataire à entretenir le bail (8); car le preneur, en sa qualité de possesseur de meubles, peut opposer à l'adjudicataire la règle *en fait de meubles possession vaut titre*. L'adjudicataire ne saurait objecter le caractère précaire de la possession : il serait obligé de se fonder sur le bail, d'où

(1) Guy Coquille, *Cout. de Nivernais*, tit. XXI, art. 4; Pothier, n. 28.

(2) Duvergier, II, n. 405; Aubry et Rau, IV, p. 539, § 376, note 4; Laurent, XXVI, n. 94; Guillouard, II, n. 930. — *Contra* Delvincourt, III, p. 206; Duranton, XVII, n. 276.

(3) Duranton, XVII, n. 276; Troplong, II, n. 1115; Duvergier, II, n. 404; Guillouard, II, n. 929.

(4) Guillouard, II, n. 932.

(5) Tit. XVII, art. 11.

(6) Guillouard, II, n. 924.

(7) Guillouard, II, n. 926.

(8) Duranton, XVII, n. 281; Troplong, II, n. 1152 s.; Duvergier, II, n. 416; Aubry et Rau, IV, p. 540, § 376, note 8; Guillouard, II, n. 926.

résulte la précarité, et par cela même en reconnaîtrait l'existence.

Ce raisonnement conduit même à décider que le bail est opposable à l'adjudicataire quoique les créanciers n'en aient pas appris l'existence à ce dernier et ne l'aient pas forcé à le respecter.

Il conduit également à décider que le bail est opposable à l'acquéreur quoique n'ayant pas date certaine [1]; les conditions indiquées dans l'art. 1743 ne sont donc pas applicables.

SECTION V

FIN DU CONTRAT

2135. Le contrat de cheptel simple prend fin par l'expiration du temps fixé par la convention.

2136. Il prend encore fin au bout de trois ans, si les parties ne se sont pas expliquées sur sa durée. La loi fixe ce délai par interprétation de leur volonté commune; c'est ce qui ressort de l'art. 1815 : « *S'il n'y a pas de temps fixé par la convention pour la durée du cheptel, il est censé fait pour trois ans* ».

2137. Le cheptel prend également fin par la mort du preneur, si on voit dans le cheptel, comme nous l'avons fait nous-mêmes, un contrat de société (art. 1865) [2]. Au contraire, pour ceux qui y voient un louage de choses, la mort du preneur n'y met pas fin [3], par application du droit commun. La première de ces deux solutions est évidemment plus logique : car le preneur a été choisi à raison de ses aptitudes personnelles et de la confiance qu'il inspirait au bailleur. Pothier adoptait la seconde [4], mais nous savons qu'il considérait à tort le cheptel comme un louage de choses.

De même, la mort du bailleur, qui, pour les partisans de la seconde opinion, ne met pas fin au cheptel [5], y met fin dans

[1] Guillouard, II, n. 926.
[2] Troplong, II, n. 1186.
[3] Guillouard, II, n. 936.
[4] N. 3.
[5] Guillouard, II, n. 936.

notre opinion. On a cependant décidé le contraire ([1]), par la raison que la personne du bailleur n'est pas entrée en considération. Cela est possible, mais comme le cheptel est fondé sur une confiance réciproque, on peut supposer que l'intention des parties n'a pas été de laisser continuer le bail après la mort du bailleur, la confiance pouvant ne pas exister entre le preneur et les héritiers du bailleur. Au surplus, l'art. 1865 s'exprimant en termes généraux, on ne peut, sans manquer de logique, considérer le cheptel comme une société et ne pas admettre que la mort de l'une ou de l'autre des parties y mette fin.

2138. Le bail à cheptel cesse par la résolution du contrat prononcée sur la demande de l'une des parties pour inexécution des obligations que le contrat impose à l'autre. Arg. art. 1184. Presque toujours, dans la pratique, c'est le preneur qui subit les effets de la condition résolutoire tacite, et cela explique que le législateur ne se soit préoccupé que de cette hypothèse dans l'art. 1816, ainsi conçu : « *Le bailleur peut en demander plus tôt la résolution, si le preneur ne remplit pas* » *ses obligations* ».

Nous rappelons le principe que nous avons formulé à propos du louage, et qui permet au juge de ne pas prononcer la résolution sollicitée par l'une des parties ([2]).

2139. Il peut être stipulé que le cheptel prendra fin par la volonté de l'une ou l'autre des parties ([3]). Nous renvoyons, pour la justification de cette solution, aux développements que nous avons donnés à propos du louage de choses.

Il peut être également stipulé que le cheptel prendra fin par la volonté du preneur.

Il peut être enfin stipulé qu'il prendra fin par la volonté du bailleur ([4]). Cette dernière clause peut seule prêter à quelque difficulté, l'art. 1811 montrant que le législateur a cherché à éviter toute exagération de droits ou de prérogatives en faveur du bailleur.

([1]) Troplong, II, n. 1186.
([2]) Guillouard, II, n. 935.
([3]) Troplong, II, n. 1171 s.; Guillouard, II, n. 933.
([4]) Troplong, *loc. cit.*; Guillouard, *loc. cit.*

Toutefois, comme l'art. 1811 ne s'occupe pas de cette clause, et qu'elle ne heurte aucun principe du droit commun, on doit la déclarer valable.

2140. Comme la fin du cheptel est suivie d'un partage du croît, aucune des parties ne peut user de son droit de résiliation à une époque de l'année où le partage entraînerait pour l'autre partie des conséquences préjudiciables [1].

2141. Le bail prenant fin de plein droit à l'expiration du temps fixé par les parties, ou, à défaut d'indication, au bout de trois ans, si le preneur reste et est laissé en jouissance il s'opère une tacite reconduction [2].

Cette tacite reconduction est soumise aux conditions du cheptel primitif; il faut ici appliquer les solutions données par la loi à propos du louage des choses et qui s'inspirent du bon sens.

2142. Quant à la durée du nouveau bail, il est de trois ans [3], non pas seulement parce que l'art. 1776 fixe la durée du bail à ferme conclu par tacite reconduction à celle d'un bail conclu sans indication de durée, mais parce que cette décision de l'art. 1776 s'inspire de considérations également vraies pour le cheptel : la durée du cheptel conclu sans indication de durée est fixée à raison des besoins présumés d'une exploitation agricole; ces besoins doivent conduire à adopter la même durée pour la tacite reconduction.

Dans une autre opinion, la durée du nouveau cheptel est égale à la durée du cheptel primitif [4].

Enfin certains auteurs renvoient aux usages locaux [5]. Ces deux opinions se réfutent par les considérations sur lesquelles nous avons appuyé notre propre système.

[1] Troplong, *loc. cit.*; Guillouard, *loc. cit.*

[2] Duranton, XVII, n. 286; Troplong, II, n. 1180; Duvergier, II, n. 424; Laurent, XXVI, n. 106; Aubry et Rau, IV, p. 540, § 376, note 11; Guillouard, II, n. 934.

[3] Duvergier, *loc. cit.*; Troplong, *loc. cit.*; Laurent, *loc. cit.*; Guillouard, *loc. cit.*

[4] Duranton, *loc. cit.*

[5] Aubry et Rau, *loc. cit.*

CHAPITRE II

DU CHEPTEL A MOITIÉ

2143. « *Le cheptel à moitié est une société dans laquelle » chacun des contractants fournit la moitié des bestiaux, qui » demeurent communs pour le profit ou pour la perte* » (art. 1818).

Cette convention paraît être peu fréquente.

Elle est quelquefois formée par une modification du cheptel simple, résultant de ce qu'en vertu du contrat le preneur s'abstient de prélever la part du croît à laquelle il a droit jusqu'à ce que cette part soit d'une importance égale à celle des bestiaux donnés à cheptel simple ; à ce moment, le cheptel simple se transforme en cheptel à moitié (1).

Il résulte de l'art. 1818 que cette sorte de cheptel est une véritable société ; Mouricault, dans son rapport au Tribunat (2), exprime la même idée et justifie la place des dispositions relatives au cheptel à moitié en disant que les règles du cheptel simple lui sont en général applicables.

Il va sans dire que la proportion dans laquelle les parties apportent les animaux peut être autre que la moitié (3). Seulement la répartition des profits doit être faite dans la proportion des apports (4).

2144. Dans le cheptel à moitié, la perte totale elle-même est supportée en commun par les deux parties. Nous savons qu'il en est autrement dans le cheptel simple.

Ce n'est pas la seule différence qui existe entre le cheptel simple et le cheptel à moitié ; l'art. 1819 nous en révèle une autre.

ART. 1819. *Le preneur profite seul, comme dans le cheptel simple, des laitages, du fumier et des travaux des bêtes. — Le bailleur n'a droit qu'à la moitié des laines et du croît. —*

(1) Troplong, II, n. 1197.
(2) Fenet, XIV, p. 346.
(3) Guillouard, II, n. 939.
(4) Guillouard, II, n. 940.

Toute convention contraire est nulle, à moins que le bailleur ne soit propriétaire de la métairie dont le preneur est fermier ou colon partiaire.

Précisons bien la différence qui résulte de ce texte.

Dans le cheptel simple, le bailleur apporte le fonds de bétail en totalité ; le preneur fournit seulement, outre son industrie, le logement et la nourriture des animaux. Or il se peut que l'un de ces apports contrebalance exactement l'autre, et même que l'apport fait par le bailleur représente une valeur supérieure à celui que fait le preneur. La convention, qui donne au bailleur une moitié de tous les profits, grands et petits, et même une part supérieure à la moitié, peut donc n'être pas *léonine ;* elle peut respecter, en fait, le principe de la proportionnalité des bénéfices aux mises, qui est fondamental en matière de société.

Au contraire, dans le cheptel à moitié, le cheptelier, le preneur comme la loi l'appelle, fait un apport en bestiaux égal à celui du bailleur, et il fournit de plus que celui-ci son industrie et le logement ainsi que la nourriture des animaux. Son apport étant plus considérable, sa part dans les profits doit être plus forte, et voilà pourquoi la loi proscrit la convention qui lui donnerait une part inférieure à la moitié de la laine et du croît, comme aussi celle qui lui enlèverait une partie des petits profits. Aussi peut-on s'étonner qu'à défaut de convention, le cheptelier n'ait pas une part du croît plus forte que dans le cheptel simple ; cela s'explique cependant quand on considère que ce cheptelier ne prend soin, pour le compte du bailleur, que d'une partie du troupeau [1].

Et toutefois la loi autorise exceptionnellement l'une ou l'autre de ces clauses, lorsque le cheptel à moitié intervient entre un propriétaire et son fermier ou son colon partiaire. La raison en est visible : le fermier ou le colon partiaire peut trouver, dans les avantages que lui assure le bail de la métairie, la compensation du préjudice qu'il souffre dans le bail à cheptel qui n'en est qu'un accessoire. Sans compter que le bailleur fournit ici le logement des bestiaux, et qu'en outre il

[1] Troplong, II, n. 1199.

fournit la moitié de leur nourriture, au cas particulier où il traite avec un colon partiaire.

A part ces deux différences, le cheptel à moitié est régi par les mêmes règles que le cheptel simple.

Art. 1820. *Toutes les autres règles du cheptel simple s'appliquent au cheptel à moitié.*

2145. Il résulte de là notamment que la mort des parties met fin au cheptel; mais cela est exact, pensons-nous, même dans l'opinion qui adopte la solution contraire en matière de cheptel simple, car cette opinion se fonde sur l'assimilation entre le cheptel simple et le louage de choses; le cheptel à moitié est une société et obéit ainsi à la règle de l'art. 1865. Cependant on refuse d'appliquer l'art. 1865 et on décide que la mort des parties ne dissout pas le cheptel à moitié [1], par la raison que l'art. 1820 applique au cheptel à moitié les règles du cheptel simple. Cette raison est sans valeur, car l'art. 1820 ne concerne évidemment que les règles posées par la loi et non pas celles qu'ont établies les interprètes.

CHAPITRE III

DU CHEPTEL DONNÉ PAR LE PROPRIÉTAIRE A SON FERMIER OU COLON PARTIAIRE

SECTION PREMIÈRE

DU CHEPTEL DONNÉ AU FERMIER

2146. « *Ce cheptel* (*aussi appelé* cheptel de fer) *est celui » par lequel le propriétaire d'une métairie la donne à ferme, » à la charge qu'à l'expiration du bail, le fermier laissera des » bestiaux d'une valeur égale au prix de l'estimation de ceux » qu'il aura reçus* » (art. 1821). Il y a donc ici deux baux confondus en un seul : le bail de la métairie et le bail des animaux destinés à son exploitation. Les bestiaux qui font l'objet de ce bail accessoire sont *attachés* au fonds, dit l'art. 522, et c'est peut-être pour désigner la solidité de ce lien qu'on

[1] Guillouard, II, n. 941.

désigne soit les animaux eux-mêmes, soit le bail dont ils sont l'objet sous le nom de *cheptel de fer*. Telle est, du moins, l'étymologie que donne Mouricault dans son rapport au Tribunat ([1]).

Mais, d'après Beaumanoir ([2]), le cheptel de fer est ainsi appelé parce que les risques ne sont pas à la charge du propriétaire : « bestes de fer parce qu'elles ne peuvent mourir à leur seigneur ».

2147. On sait que le cheptel de fer est un immeuble par destination (art. 522).

2148. Quoique le cheptel de fer soit aux risques du fermier, celui-ci ne peut en disposer ([3]), car l'art. 1821 spécifie que le cheptel continue à appartenir au propriétaire. S'il en dispose, il est coupable d'abus de confiance (C. pén., 408) ([4]).

Cependant, d'après la jurisprudence et la majeure partie de la doctrine, le cheptelier pourrait disposer des bestiaux, à charge de les remplacer ([5]). Le défaut de remplacement seul et non la vente en elle-même pourrait donner lieu à la résolution pour cause d'inexécution des conditions ([6]). On fonde cette solution sur l'idée que, d'après l'art 1826, le fermier laissera des bestiaux *d'une valeur égale au prix de l'estimation*. Mais s'il résultait de là, comme on le prétend, que le fermier est comptable seulement de la valeur du cheptel, il faudrait dire aussi qu'il peut, à l'expiration du bail, s'approprier les animaux en les remplaçant par d'autres animaux d'une valeur égale, et c'est ce que personne n'admet.

En vain dit-on encore que le preneur puise dans son droit d'administration le pouvoir d'aliéner. Jamais un droit d'administration n'a entraîné la faculté d'aliéner.

([1]) Fenet, XIV, p. 347.

([2]) *Cout. de Beauvoisis*, ch. LXVI.

([3]) Bourges, 17 déc. 1868, S., 69. 2. 150, D., 69. 2. 47. — Laurent, XXVI, n. 118.

([4]) Bourges, 17 déc. 1868, précité. — Trib. correct. Angoulême, 25 mars 1890, *Rec. Bordeaux*, 90. 2. 57.

([5]) Cass., 6 mai 1835, S., 36. 1. 677. — Bordeaux, 20 fév. 1845, S., 45. 2. 367. — Trib. civ. Chambéry, 14 déc. 1883, *Droit*, 4 juin 1884. — Aubry et Rau, IV, p. 541, § 376, note 15; Guillouard, II, n. 943.

([6]) Guillouard, II, n. 943.

Donc, à notre avis, la vente du cheptel de fer produit les mêmes effets que la vente du cheptel simple.

Le bailleur, de son côté, ne peut disposer du cheptel [1], car il doit respecter les droits qu'il a consentis.

2149. Aux termes de l'art. **1822** : « *L'estimation du cheptel donné au fermier ne lui en transfère pas la propriété, mais néanmoins le met à ses risques* ». Cette disposition est complétée par celle de l'art. **1825** : « *La perte, même totale et par cas fortuit, est en entier pour le fermier, s'il n'y a convention contraire* ». Ordinairement les risques sont pour le propriétaire, *res perit domino*. Mais cette règle n'est pas absolue ; elle reçoit ici exception en vertu d'une convention présumée des parties : le bailleur demeure propriétaire des bestiaux, et cependant c'est le preneur qui en supporte les risques. C'est une compensation de la disposition qui attribue au fermier la plus-value du cheptel [2]. Si les parties ont une volonté contraire à celle que la loi leur suppose, il faut qu'elles l'expriment.

Cette convention est évidemment valable [3].

Elle peut même être inutile en présence d'un usage local certain [4].

2150. « *A la fin du bail, le fermier ne peut retenir le cheptel en en payant l'estimation originaire; il doit en laisser un de valeur pareille à celui qu'il a reçu. — S'il y a du déficit, il doit le payer; et c'est seulement l'excédant qui lui appartient* » (art. **1826**). Le fermier a droit, d'ailleurs, aussi bien à la plus-value provenant de circonstances accidentelles qu'à celle qui est produite par ses soins [5].

« *Tous les profits appartiennent au fermier pendant la durée de son bail, s'il n'y a convention contraire* » (art. **1823**).

« *Dans les cheptels donnés au fermier, le fumier n'est point*

[1] Guillouard, II, n. 943.
[2] Guillouard, II, n. 944.
[3] Guillouard, II, n. 944.
[4] *Contra* Cass., 12 nov. 1856, S., 57. 1. 294, D., 56. 1. 395. — Guillouard, II, n. 944.
[5] Lyon, 11 juin 1874, S., 74. 2. 308. — Guillouard, II, n. 946.

» *dans les profits personnels des preneurs, mais appartient à* » *la métairie, à l'exploitation de laquelle il doit être unique-* » *ment employé* » (art. 1824).

2151. De ce que l'excédent de la valeur du cheptel lors de l'expiration du bail sur sa valeur lors de l'entrée en jouissance appartient au fermier, on conclut généralement que les créanciers du fermier peuvent, au cours du bail, saisir la partie du cheptel reçue en entrant [1].

Cela est, à notre avis, absolument inadmissible : le cheptel appartient au propriétaire; les créanciers du preneur ne peuvent donc le saisir. En vain dit-on que le cheptelier n'est comptable que d'une valeur déterminée; c'est seulement à la fin du bail — l'art. 1826 a soin de le dire —, que le cheptelier peut retenir cet excédent; jusque là, ses créanciers ne sauraient avoir plus de droits que lui.

Quant aux créanciers du bailleur, ils ne peuvent évidemment, comme dans le cheptel simple, saisir le cheptel, qu'à la condition que l'adjudicataire respecte le cheptel [2].

SECTION II

DU CHEPTEL DONNÉ AU COLON PARTIAIRE

2152. Ce cheptel est un accessoire du bail à métairie, de même que le précédent (cheptel de fer) est un accessoire du bail à ferme.

Les produits du troupeau se partagent. C'est une différence avec le cheptel de fer, dans lequel ils appartiennent pour le tout au fermier. Il y a une autre différence. L'estimation du cheptel de fer le met aux risques du fermier qui supporte même la perte totale; il en est autrement lorsque le cheptel est donné au colon partiaire. On lit, en effet, dans l'art. 1827 : « *Si le cheptel périt en entier sans la faute du colon, la perte* » *est pour le bailleur* ». Le colon supporte seulement la perte partielle (arg. art. 1810 et 1830).

(1) Cass., 8 déc. 1806, S. chr. — Duvergier, II, n. 443 s.; Aubry et Rau, IV, p. 541, § 376, note 16; Guillouard, II, n. 943.

(2) Troplong, II, n. 1225; Guillouard, II, n. 943.

On le voit, la loi, en ce qui concerne les risques, assimile le cheptel donné au colon partiaire au cheptel simple. Ce n'est qu'une application particulière de la règle générale qu'elle établit dans le dernier article de la section : « *Il* [ce » cheptel] *est d'ailleurs soumis à toutes les règles du cheptel » simple* » (art. 1830).

2153. On peut cependant signaler quelques différences entre ces deux cheptels :

1° Le cheptel simple est censé fait pour trois ans, quand les parties n'en ont pas fixé la durée par une convention expresse (art. 1815); au contraire, le cheptel donné au colon partiaire « *finit avec le bail à métairie* » dont il est un accessoire (art. 1829);

2° Aux termes de l'art. 1828 : « *On peut stipuler que le » colon délaissera au bailleur sa part de la toison à un prix » inférieur à la valeur ordinaire; — Que le bailleur aura une » plus grande part du profit; — Qu'il aura la moitié des lai- » tages; — Mais on ne peut pas stipuler que le colon sera » tenu de toute la perte* ». La loi autorise donc, dans le cheptel donné au colon partiaire, certaines clauses, défavorables au preneur, qui seraient peut-être proscrites dans le cheptel simple (cpr. art. 1811). Cela peut paraître surprenant au premier abord. Mais il ne faut pas oublier que le cheptel qui nous occupe est un accessoire du bail à métairie et que le colon peut trouver dans les avantages que lui procure le bail principal la compensation des clauses onéreuses du bail à cheptel. C'est déjà la considération qu'invoquait Pothier [1].

2154. Le métayer qui vend des bestiaux donnés à cheptel et en achète d'autres pour un prix inférieur, commet, s'il ne tient pas compte de la différence au propriétaire, un abus de confiance [2].

2155. L'art. 5 de la loi du 18 juillet 1889 donnant au bailleur la direction générale de l'exploitation, notamment pour l'achat et la vente des bestiaux, le colon partiaire ne

[1] N. 28; Guillouard, II, n. 948.
[2] Cass., 20 août 1880, S., 81. 1. 42. — Cass. crim., 12 juin 1890, S., 91. 1. 94.

peut vendre les animaux faisant partie du cheptel sans l'autorisation du bailleur [1].

Ce dernier peut donc revendiquer entre les mains des tiers les animaux indûment aliénés [2], sauf l'application, en cas de bonne foi, de l'art. 2279 C. civ.

CHAPITRE IV

DU CONTRAT IMPROPREMENT APPELÉ CHEPTEL

2156. « *Lorsqu'une ou plusieurs vaches sont données pour* » *les loger et les nourrir, le bailleur en conserve la propriété;* » *il a seulement le profit des veaux qui en naissent* » (art. 1831).

La section de législation du Tribunat [3] avait proposé la suppression de ce texte qu'elle considérait avec raison comme inutile.

Le contrat improprement appelé cheptel est un louage de services [4].

L'obligation du preneur étant seulement de loger et nourrir les animaux, le bailleur doit payer les soins en cas de maladie [5]. C'est déjà ce que disait Pothier [6].

Les veaux appartenant seuls au bailleur, le laitage et le fumier sont au preneur [7].

Les veaux doivent et peuvent être remis au bailleur dès leur naissance. D'après Pothier [8], l'usage est que le preneur doit les conserver jusqu'à ce qu'ils soient assez forts pour être retirés, c'est-à-dire pendant trois ou quatre jours, et les

(1) Trib. com. Bourganeuf, 3 août 1894, *Gaz. Pal.*, 94. 2. 352.
(2) Trib. com. Bourganeuf, 3 août 1894, précité.
(3) Fenet, XIV, p. 292.
(4) Schrœder, Holtzendorff's *Rechtslexikon*, v° *Viehverstellung* (cet auteur pense qu'il peut s'y mêler, selon les circonstances, le louage de l'étable, c'est-à-dire un louage de choses).
(5) Guillouard, II, n. 950.
(6) N. 74.
(7) Guillouard, II, n. 950.
(8) N. 72.

nourrir jusque là. Cette solution est reproduite par les auteurs modernes [1].

2157. Le bailleur étant propriétaire, les risques sont à sa charge [2].

2158. Lorsque la durée du contrat improprement appelé cheptel n'a pas été fixée par les parties, chacune d'elles peut y mettre fin au moment où elle le juge convenable [3].

Seulement elle ne peut le faire qu'à un moment opportun [4]

(1) **Guillouard**, II, n. 950.
(2) **Guillouard**, II, n. 950.
(3) **Guillouard**, II, n. 950.
(4) **Guillouard**, *loc. cit.*

FIN DU TOME DEUXIÈME ET DERNIER

TABLE DES MATIÈRES

CONTENUES DANS LE TOME II

CHAPITRE XVI

DE LA SITUATION DU PRENEUR QUI RESTE EN POSSESSION APRÈS L'EXPIRATION DU BAIL ET DE LA TACITE RECONDUCTION

SECTION PREMIÈRE

SITUATION DU PRENEUR QUI RESTE EN POSSESSION APRÈS L'EXPIRATION DU BAIL

N°s		Pages.
1053.	Du délai accordé au locataire pour le déménagement. Le locataire qui déménage avant l'expiration de ce délai ne peut garder les clefs. Loyer dû pendant ce délai	1
1054.	Le preneur ne peut rester en jouissance jusqu'au règlement de son compte	1
1055.	Le preneur qui reste en jouissance peut-il être expulsé, ou condamné à des dommages-intérêts?	1
1056.	Du loyer dû par le preneur qui reste en jouissance	2

SECTION II

DE LA TACITE RECONDUCTION

§ I. *Principes. Baux dans lesquels la tacite reconduction est possible.*

1057.	Caractères de la tacite reconduction. Baux à loyer. Baux de biens ruraux	3
1058.	Bail à colonage partiaire	5
1059.	Baux de biens domaniaux	5
1060.	Baux de meubles	5
1061.	Baux écrits ou verbaux	6
1062.	Historique de la tacite reconduction	6

§ II. *Conditions nécessaires pour qu'il y ait tacite reconduction.*

1063.	Il faut que le bail soit terminé. Du bail terminé autrement que par l'expiration de sa durée. Du bail sans durée déterminée.	6
1064.	Il faut que le preneur reste en possession	7
1065.	Il faut que le bailleur ait consenti à son maintien en possession. Exemples	7
1066.	L'intention de ne pas continuer le bail peut-elle résulter d'actes auxquels les deux parties ne concourent pas?	8

(Nos) Pages.
1067. Le congé empêche la tacite reconduction. Différence entre ce congé et le congé qui met fin au bail sans durée déterminée. 9
1068. Malgré le congé, y a-t-il tacite reconduction si le bailleur change de volonté ? . . . 10
1069. Remboursement des dépenses faites par le preneur sur la chose louée après le congé . . . 10
1070. De l'époque à laquelle doit être donné le congé . . . 11
1071. Forme et preuve du congé . . . 12
1072. Indemnité due au bailleur si le preneur reste en possession après le congé . . . 12

§ III. *Entre quelles personnes peut avoir lieu la tacite reconduction.*

1073. Elle ne peut avoir lieu qu'entre les anciens contractants ou leurs représentants. Héritier. Acquéreur. Cessionnaire du bail et sous-locataire. Tacite reconduction avec l'un des bailleurs ou preneurs . . . 12
1074. Proportion dans laquelle les héritiers du preneur sont tenus . . . 14
1075. Persistance de la solidarité entre les preneurs . . . 14
1076. Capacité des parties . . . 15
1077. La tacite reconduction est-elle possible quand le bail l'interdit? . 15

§ IV. *Durée et effets de la tacite reconduction.*

1078. La durée est celle des baux sans durée déterminée. Clause contraire . . . 16
1079. Pour les baux à loyer, le nouveau contrat ne peut prendre fin que par un congé. Baux à ferme. Baux à colonage partiaire . . . 16
1080. Baux des meubles . . . 17
1081. Pour les autres conditions on applique les conventions primitives. Prix; pot-de-vin. Prix des baux de meubles et marchandises. 17
1082. Obligations des parties. Constructions. Cas de résiliation . . . 18
1083. La caution ne s'étend pas au nouveau contrat. Hypothèque . . . 18
1083 *bis*. Si l'hypothèque subsiste, quel est son rang?. . . . 19

CHAPITRE XVII

PRESCRIPTION DES ACTIONS DU BAILLEUR ET DU PRENEUR

1084. Application du droit commun. Exception pour le bail à colonage. 20

CHAPITRE XVIII

DES RÈGLES PARTICULIÈRES AUX BAUX A LOYER OU A FERME. DES BAUX A MÉTAYAGE OU A COLONAGE PARTIAIRE

1085. Renvois pour les règles particulières aux baux à ferme et aux baux à loyer . . . 20
1086. Quels baux sont à ferme ou à loyer . . . 21
1087. Des règles applicables aux baux qui sont à la fois à ferme et à loyer . . . 22

(Nos) Pages.
1088. Des règles particulières au bail à colonage. Renvoi 22
1089. Personnes qui peuvent consentir des baux à colonage. 23
1090. Nature du contrat 24
1091. Suite 27
1092. Conséquences de cette nature. 27
1093. L. 10 juil. 1889. Rétroactivité de cette loi. 28

CHAPITRE XIX

DE QUELQUES BAUX SPÉCIAUX A DURÉE PERPÉTUELLE

SECTION PREMIÈRE

BAUX HÉRÉDITAIRES ET PERPÉTUELS. EMPHYTÉOSE

1094. Renvoi 28

SECTION II

BAIL A CONVENANT OU A DOMAINE CONGÉABLE

§ I. *Historique et nature du bail à convenant.*

1095. Définition. 28
1096. Historique 29
1097. Utilité du bail à convenant 30
1098. Nature juridique du bail à convenant. 31
1099. Stipulations permises ou interdites. 32

§ II. *Capacité en matière de bail à convenant.*

1100. Capacité du bailleur en ce qui concerne le bail ou la cession du bail ou le congément. 32
1101. Capacité du domanier 33

§ III. *Forme du bail à convenant.*

1102. Le bail doit être rédigé par écrit. Forme. Sanction 33

§ IV. *Droits et obligations des parties.*

1103. Propriété des bois et des arbres. 33
1104. Obligations du fermier quant au sol. Nature de la jouissance. Défense d'ouvrir des carrières, de détruire les vignes 34
1105. Suite. Droits relativement à la mesure des terres. Défrichement. Dessèchement 34
1106. Suite. Droit d'émonder les arbres. 34
1107. Edifices et superfices. Ce qu'ils comprennent. 35
1108. Droits du domanier sur les édifices et superfices. 35
1109. Droits du bailleur relativement aux arbres. 36
1110. Destruction des modifications faites par le preneur. Lettres de non-préjudice 37
1111. Rente convenancière 37
1112. Paiement de redevances ou prestations. 37
1113. Commission ou nouveauté. 38

(Nos) Pages.
1114. Charge de l'impôt foncier 38
1115. Divisibilité du prix et des redevances. 38
1116. Lieu où doivent être payées la rente ou les redevances 38
1117. Prescription des arrérages de la rente 39
1118. Sanction des obligations du preneur. Entretien des édifices et superfices. 39
1119. Suite. Saisie de meubles, grains et denrées. Exponse. 39

§ V. *Durée du bail à convenant.*

1120. A défaut de convention cette durée est fixée par l'usage. Baillée d'assurance. Congément 39
1121. Renonciation au congément. 40
1122. Remboursement des édifices avant la rentrée en jouissance du bailleur. Fixation du montant du remboursement 41
1123. Frais de la prisée et de la revue 42
1124. De la renonciation par le domanier au droit d'exiger le remboursement en cas de congément 42
1125. De l'exponse. Loi du 8 février 1897. 43
1126. Suite 45

§ VI. *De la tacite reconduction.*

1127. Cas où elle s'opère. Durée. Baillée de renouvellement ou d'assurance. 45
1128. Prix de la tacite reconduction. 45

SECTION III

BAIL A COMPLANT

1129. Historique. But 46
1130. Ses caractères dans l'ancien droit. 46
1131. Conditions de validité 46
1132. Définition. 46
1133. Nature juridique. 47
1134. Obligation des parties. Charge de l'impôt foncier. Le complanteur est-il tenu par une action personnelle ou comme tiers détenteur ? A-t-il un droit réel sur la chose ? 47
1135. Entretien des chemins d'exploitation. Attribution des produits. . 49
1136. Cession des droits du preneur. Le preneur ne peut changer le mode de culture. 49
1137. Paiement d'une redevance. 49
1138. Durée du bail. 49
1139. Fin du bail par la perte de la chose. Phylloxéra 49
1140. Le complantaire peut délaisser la chose. 49
1141. Le preneur peut racheter le bail 49
1142. Action en garantie du preneur. 50

SECTION IV

BAIL A RENTE PERPÉTUELLE

1143. Définition 50

SECTION V

CHAMPART

(N°ˢ) Pages.

1144. Définition. Caractères. 50

SECTION VI

BAIL A COLONAGE PERPÉTUEL OU A MÉTAIRIE PERPÉTUELLE

1145. Caractères de ce bail. 51

SECTION VII

BAIL A LOCATAIRERIE PERPÉTUELLE. BAIL A CULTURE PERPÉTUELLE

1146. Historique. 52
1147. Caractères 52

CHAPITRE XX

COMPÉTENCE EN MATIÈRE DE BAIL

SECTION PREMIÈRE

COMPÉTENCE « RATIONE MATERIÆ »

§ I. *Compétence des tribunaux administratifs.*

1148. Les difficultés nées d'un bail domanial sont à la compétence des tribunaux civils et non des tribunaux administratifs. Applications et exceptions. 53
1149. Action dirigée par le preneur contre l'administration pour les dommages causés par l'exécution des travaux publics. 54
1150. Questions relatives à la responsabilité du bailleur pour les contributions du preneur. 54
1151. Action du preneur contre le bailleur à raison d'un trouble causé par un acte administratif ou d'une expropriation pour cause d'utilité publique. Cas où le bailleur appelle l'administration en garantie. 54
1152. Clause qui attribue compétence aux tribunaux administratifs pour les baux domaniaux. 55
1153. Cas où le bail est l'accessoire d'un contrat dont l'interprétation appartient aux tribunaux administratifs. 55

§ II. *Compétence des tribunaux répressifs.*

1154. Les tribunaux répressifs ne sont compétents que pour apprécier un fait prévu par la loi criminelle. Préjudice causé par la chasse. 55
1155. Action du preneur contre les tiers pour un trouble de fait. Action relative à un dommage aux champs, fruits ou récoltes. Action en réintégrande. 55

§ III. *Compétence des tribunaux de commerce.*

1156. Le bail d'immeubles n'a jamais le caractère d'un acte de commerce,

(Nos) Pages.

il ne peut donc être soumis au tribunal de commerce. Cas d'une cession de bail ou d'un sous-bail joints à une cession de fonds de commerce 56
1157. Action formée contre le syndic d'une faillite. 57
1158. Bail de meubles. 57

§ IV. *Compétence du juge de paix et des tribunaux civils.*

1159. Application du droit commun. Action relative aux dégradations ou aux détournements d'objets. Actions relatives aux baux de meubles. Cas d'une jouissance sans droit. Action relative à l'expulsion d'une maison de tolérance. 58
1160. Compétence du juge de paix pour les baux n'excédant pas 400 fr. Manière de calculer le prix du bail. 58
1161. Suite. Compétence du juge de paix pour les demandes en résiliation, en payement de loyer, ou en validité de congés. 60
1162. Suite. Les demandes peuvent-elle être soumises au juge de paix, dans les limites de sa compétence ordinaire, si le bail excède 400 fr. ? 62
1163. Compétence du juge de paix pour les contestations entre hôteliers ou logeurs en garni et voyageurs ou locataires. 63
1164. Compétence du juge de paix pour indemnité de non-jouissance, dégradations et pertes. Sens du mot *dégradation* 63
1165. Suite. Conditions dans lesquelles le juge de paix est compétent sur les actions relatives au défaut de jouissance. 64
1166. Compétence du juge de paix pour les réparations locatives ou autres. 64
1167. Le juge de paix peut-il interpréter le bail ? 66
1168. Le juge de paix est-il compétent sur les contestations relatives à l'état des lieux ? 66
1169. Sur les baux qui sont de sa compétence, le juge de paix peut ordonner les mesures provisoires. 66
1170. La compétence exceptionnelle du juge de paix s'applique aux baux de meubles, aux baux à colonage partiaire 66
1171. Compétence du juge de paix sur les comptes d'exploitation entre le bailleur et le colon partiaire. 67

§ V. *Compétence du juge des référés.*

1172. Le juge des référés peut prendre des mesures urgentes et provisoires, à condition de ne pas préjuger le fond. Mesures relatives à la conservation de la chose, à la constatation des dégradations, à l'expulsion du locataire, aux réparations urgentes, etc. 67
1173. Le juge des référés peut-il expulser le locataire pour défaut de payement des loyers ? 69
1174. Suite. En tout cas, il peut le faire en cas de clause de résiliation de plein droit ou si le bail lui confère le pouvoir. 70
1175. Suite. Opinion qui distingue entre le bail verbal et le bail écrit. . 70
1176. Suite. Le juge peut-il encore ordonner l'expulsion du locataire si le tribunal est saisi d'une demande en paiement ou en résiliation ? 70

(Nos) Pages.
1177. Le juge des référés peut-il ordonner l'expulsion du locataire après l'expiration du bail ? 71
1178. Suite. Le peut-il encore si les faits sont contestés ? 71
1179. Le juge des référés ne peut interpréter le contrat ou expulser le locataire pour inexécution d'une obligation dont il prétend avoir été déchargé. 71
1180. Le juge des référés peut expulser une personne qui jouit d'un immeuble illicitement 71
1181. Peut il expulser le fermier qui ne garnit pas suffisamment la ferme ? 72
1182. Peut-il autoriser le preneur à déménager ? 72
1183. Peut-il statuer sur la nature de l'acte et la tacite reconduction ? 72
1184. Il n'a aucune compétence si le prix du bail est inférieur à 400 fr. 72
1185. Peut-il ordonner le séquestre des meubles du locataire ? Nommer un expert ? Procédure à employer pour les réparations. . . . 73
1186. Peut-il ordonner une expertise pour s'assurer si l'immeuble est suffisamment garni ? Pour déterminer les récoltes perdues ? 73
1186 *bis*. Peut-il ordonner la vente des meubles du locataire ? 73

SECTION II

COMPÉTENCE « RATIONE PERSONÆ ».

1187. Cette compétence dépend de la nature du droit du preneur . . . 74
1187 *bis*. Exemples. 75
1887 *ter*. Application au colonage partiaire 75
1188. Compétence *ratione personæ* du juge des référés 75
1188 *bis*. Compétence *ratione personæ* en matière de saisie-gagerie 75
1188 *ter*. Compétence *ratione personæ* pour les demandes incidentes en garantie du bailleur contre son preneur 76

CHAPITRE XXI

DU LOUAGE DE CHOSES EN DROIT INTERNATIONAL

1189. Capacité des parties et questions qui s'y rattachent. Limites des pouvoirs du tuteur et du mari 76
1190. Objets qui peuvent être loués. 76
1191. Forme du bail. 77
1192. Moyens de preuve. 78
1193. Effets du contrat. 79
1194. Suite. Réfutation de l'opinion qui se réfère à la loi du lieu où sont situés les immeubles 79
1195. Suite. Baux de meubles. 79
1195 *bis*. Obligations du bailleur et du preneur. 80
1196. Conditions de la réduction du prix du fermage. 80
1197. Conditions de validité des cessions de bail et sous-locations. . . . 80
1198. Effets des cessions de bail et sous-locations. 81
1199. Modes d'extinction du contrat. 81
1200. Suite. Conditions et effets du congé. 81
1201. Conditions et effets de la tacite reconduction. 82
1202. Tribunal compétent. 82
1203. Disposition particulière du traité franco-suisse. 82

TITRE II

DU LOUAGE D'OUVRAGE OU D'INDUSTRIE

CHAPITRE PREMIER

DÉFINITION. DISTINCTION AVEC D'AUTRES CONTRATS. DIVERSES ESPÈCES DE LOUAGES D'OUVRAGES

(N°s)		Pages.
1204.	Définition du louage d'ouvrage. Personnes qui y jouent le rôle de locateur et de locataire	83
1205.	Distinction avec le louage de choses, avec la société. Contrat passé avec un employé intéressé	83
1206.	Distinction avec le dépôt. Contrat relatif à la garde d'un animal.	83
1207.	Distinction avec le commodat. Contrat relatif au logement d'un domestique ou employé	84
1208.	Distinction avec le mandat. Agent d'affaires, employé de commerce ou de chemins de fer. Personnes exerçant une profession libérale.	84
1209.	Diverses espèces de louages d'ouvrages	85

CHAPITRE II

DU LOUAGE DE SERVICES OU LOUAGE DES DOMESTIQUES, OUVRIERS ET EMPLOYÉS

SECTION PREMIÈRE

DES CAS OU IL Y A LOUAGE DE SERVICES

1210.	En quoi ce contrat se distingue des autres louages d'ouvrages . .	85
1211.	Ce qu'il faut entendre par domestiques, employés et ouvriers. . .	86
1212.	Le contrat par lequel un État ou une commune confère un emploi est-il un louage de services ?	86
1213.	Suite. Importance de la question	86
1214.	Importance de la distinction entre les domestiques, les employés et les ouvriers.	87
1215.	Définition des domestiques et des ouvriers.	88
1216.	Définition des employés	88
1217.	Le contrat entre un entrepreneur de voitures et un cocher qui reçoit un salaire fixe est un louage de services.	89
1218.	Il en est ainsi même si le cocher est engagé à la moyenne	89

SECTION II

CARACTÈRES, FORME, PREUVE, CONDITIONS D'EXISTENCE ET DE VALIDITÉ DU CONTRAT

§ I. *Caractères, formes et preuve du louage de services*

1219.	Ce contrat est synallagmatique, à titre onéreux et consensuel . .	90
1220.	Il peut être fait par écrit ou verbalement. S'il est sous-seing privé, il doit être fait double	90
1220 *bis*.	La preuve ne peut être faite par témoins que jusqu'à 150 fr.,	

(Nos) Pages.

sauf s'il y a un commencement de preuve par écrit. Comment se détermine le chiffre de la contestation 90
1220 *ter*. Effets des arrhes sur la preuve et la formation du contrat 91
1221. Preuve de la quotité du salaire et de son payement 91
1222. Appréciation de la disposition de l'art. 1781 sur ce point 93
1223. Forme du louage des ouvriers 94

§ II. *Capacité des parties.*

1224. Capacité du maître 94
1225. Capacité du salarié 94
1226. Suite. Stipulation d'un dédit 95
1227. Suite. Engagement d'un instituteur 95
1228. Suite. Mineur émancipé 96
1229. Suite. Femme mariée 96
1230. Suite. Application des règles de la capacité de la femme mariée à l'engagement théâtral 97
1231. Suite. Capacité de la femme mariée de contracter un engagement pour ses besoins et ceux de ses enfants 98
1232. Lois de police restreignant le louage d'ouvrage entre certaines personnes. Etrangers 98
1233. Débitants condamnés 98
1234. Propositions interdisant l'emploi d'ouvriers étrangers ou en limitant le nombre 98
1235. Emploi des enfants dans les ateliers 99
1236. Un patron ne peut prendre les employés ayant appartenu à un autre patron, dans un but de concurrence déloyale 99
1237. Suppression de la défense de prendre un ouvrier qui n'aurait pas satisfait à ses engagements vis-à-vis de son ancien patron . . 99

§ III. *Consentement et vices du consentement.*

1238. Absence de consentement. Dol 100
1239. Violence 100
1240. Erreur 100

§ IV. *Objet du contrat.*

1241. L'objet doit être licite. Services dans une maison de tolérance. Contrat passé entre une agence de paris et ses employés . . . 101
1242. Gérance d'une officine de pharmacien 101
1243. Gérance d'un office ministériel 101

SECTION III

MODALITÉS DU CONTRAT

1244. Stipulation d'un travail à l'essai 102
1245. Application à l'acteur 102

SECTION IV

OBLIGATIONS DES PARTIES

1246. Elles résultent des principes. Conditions d'application des règlements d'atelier 102

(Nos) Pages.

§ I. *Obligations du domestique, ouvrier ou employé.*

1247. Division 103

I. *Obligations pendant la durée de l'engagement.*

1248. Il doit obéir aux ordres du maître. Sanction 103
1249. Cependant il n'est pas tenu d'obéir aux ordres immoraux ou illégaux 104
1250. L'ouvrier engagé pour un salaire mensuel peut être néanmoins forcé de travailler aux pièces 104
1251. Responsabilité des dégâts et malfaçons 104
1252. Responsabilité des salariés chargés de la surveillance d'autres salariés 104
1253. Responsabilité des agissements d'un tiers, causés par l'imprudence de l'employé. Vol 104
1254. Les art. 1792 et 1799 ne sont pas applicables au salarié 104
1255. Le salarié ne peut révéler les procédés de fabrication de la maison. Sanctions 105
1256. Il ne peut user des secrets de fabrique. Sanctions 105
1256 *bis*. Obligations spéciales de l'employé intéressé. Renvoi 105

II. *Obligations après la fin de l'engagement.*

1257. Principes limitant la liberté du salaire 105
1258. L'employé peut participer à un commerce similaire de celui de l'ex-patron 106
1259. Peut-il user des procédés et innovations qui lui ont été appris dans la maison? Secrets de fabrication. Brevets d'invention . . . 106
1260. Dans quelles limites peut-il faire part au public de sa situation ancienne? 106
1261. Suite. Il ne peut rapporter inexactement les faits, provoquer une confusion entre les maisons, ou attirer la suspicion sur son ancien patron 108
1262. Suite. Il peut s'engager à ne pas dévoiler son ancienne qualité, etc. 109
1263. L'ex-employé peut s'établir où il lui convient. Clauses contraires. 109
1264. Suite. Clause par laquelle l'employé s'engage à indemniser le patron s'il s'engage dans une maison similaire 110
1265. Suite. Clause l'obligeant à restituer une somme qui lui est remise par une caisse de prévoyance 110
1266. Suite. Clause lui interdisant de s'établir dans un rayon ou pour un temps déterminés 111
1267. Suite. Ces clauses sont valables même si le patron s'est réservé de rompre le contrat à son gré 112
1268. Interprétation restrictive des clauses limitant la liberté de l'employé 112
1269. Sanction de ces clauses 113
1270. Clause que l'employé n'exercera aucune profession dans un rayon déterminé 113
1271. Sort des clauses limitant la liberté de l'employé quand elles sont subordonnées à une condition qui ne s'est pas réalisée 113
1272. L'employé peut méconnaître ses obligations si le patron n'exécute pas les siennes 113

(Nos) Pages.

1273. Les clauses limitant la liberté de l'employé peuvent-elles être invoquées par le successeur du patron? 113
1274. L'employé qui méconnaît la clause l'empêchant de s'établir, peut céder son fonds à un tiers. 114
1275. L'employé doit restituer au patron ce qui lui a été confié par ce dernier. 114
1275 *bis*. Stipulations relatives au montant et au mode de paiement des indemnités dues par l'ouvrier. 114

§ II. *Obligations du patron.*

1276. Elles sont l'application du droit commun. 114

I. *Obligations relatives au travail de l'ouvrier, domestique ou employé.*

1277. Le patron ne peut demander à l'employé un service autre que celui pour lequel il est engagé. Application aux acteurs. . . . 114
1278. Le patron ne peut donner à un autre l'ouvrage promis au salarié. Application aux acteurs 115
1279. Il doit fournir du travail. 116
1280. Quelles sortes de travaux peut-il imposer à l'employé? Remplacement du travail à la journée par le travail aux pièces et réciproquement 116
1280 *bis*. Obligations spéciales relativement à l'employé intéressé. Renvoi. 116

II. *Responsabilité du patron relativement aux outils et effets de l'ouvrier, domestique ou employé.*

1281. Le patron est responsable des outils et effets déposés chez lui, à moins qu'il ne prouve le cas fortuit On ne peut assimiler le patron à l'aubergiste ou à un dépositaire nécessaire. 116
1282. Clause écartant la responsabilité du patron. 117
1283. Effets et outils laissés par l'ouvrier en vertu de la tolérance du patron 117
1283 *bis*. Détérioration des effets et outils de l'ouvrier pendant qu'il en fait usage 117

III. *Responsabilité du patron relativement à la personne du préposé.*

1284. Division. 117

A. Hypothèses dans lesquelles la responsabilité du patron est engagée.

1285. Le fondement de la responsabilité n'influe pas sur cette question, sauf pour la faute par omission 118
1286. Le patron est responsable de sa faute ou de sa négligence 119
1287. Il ne répond pas du cas fortuit. Exemples 119
1288. Application à l'ouvrier. 120
1289. Eboulement dans une mine 120
1290. Maladie ou infirmité de l'ouvrier 120
1290 *bis*. Suite. Exception pour l'entrepreneur de travaux publics 120
1291. Suite. Convention par laquelle l'entrepreneur de travaux publics se dégage de son obligation spéciale 121
1292. Le patron est responsable du cas fortuit causé par sa faute 121
1293. Il est responsable de l'accident causé par ses préposés 122

(Nos) Pages.

1294. Le patron doit prendre les mesures de sécurité habituelles. . . . 122
1295. Il est responsable s'il ne les prend pas, alors même que l'employé sait que les précautions ont été négligées, mais non pas si le patron n'a pu connaître le danger. 123
1296. Surveillance que doit exercer le patron 124
1297. Accident causé par l'inexpérience ou l'infirmité de l'ouvrier . . . 124
1298. Accident dû à la défectuosité ou à l'insuffisance des instruments de travail ou de l'outillage. 125
1299. Suite. Cas où le patron n'a pu connaître cette défectuosité. . . . 125
1300. Suite. L'ouvrier n'a pas à vérifier l'outillage 126
1301. Suite. Le patron n'est pas responsable des défauts des outils appartenant à l'ouvrier ou d'un maniement maladroit de ces outils. 126
1302. Le patron est responsable de l'accident causé par la défectuosité des lieux 126
1302 *bis*. Le fait que le patron a observé l'usage ne le décharge pas. . . . 128
1303. Accident causé par une installation défectueuse du logement de l'ouvrier 128
1304. Accident causé par une contravention aux lois et règlements. . . 128
1305. Accident qui se produit par l'absence d'une précaution non imposée par les règlements. 129
1306. Accident qui se produit hors de l'atelier ou au cours d'un travail que l'ouvrier n'était pas chargé de faire 129
1307. Accidents causés par la faute ou l'imprudence de l'ouvrier 130
1308. Suite. Travail qu'il avait été défendu à l'ouvrier de faire 131
1309. Accident causé en partie par la faute de l'ouvrier 132
1310. Ouvrier qui n'use pas de moyens de sécurité indiqués par le patron 133
1311. Imprudence ou faute provenant du surmenage, de l'ivresse, de l'inexpérience, etc 133
1312. Le patron doit s'assurer que l'ouvrier prend les mesures nécessaires à sa sécurité. 133

B. Des personnes responsables en qualité de patrons.

1313. Le patron est responsable même s'il a engagé l'ouvrier pour un travail déterminé. Mais les mêmes règles ne s'appliquent pas vis-à-vis de l'entrepreneur ou ouvrier travaillant sous sa propre responsabilité 134
1314. Le patron reste responsable envers les ouvriers qu'il a temporairement confiés à un tiers 135
1315. L'Etat est responsable vis-à-vis de ses ouvriers 135
1316. Suite. Cas où les travaux sont exécutés pour le compte de l'Etat soit par un entrepreneur, soit en régie. 135
1317. Solidarité des entrepreneurs 135

C. Des personnes auxquelles est due l'indemnité en cas d'accident.

1318. Si l'ouvrier meurt des suites de l'accident, l'action appartient à ses héritiers. Ont-ils une action de leur chef? 135
1319. Le patron est également responsable envers ceux auxquels la mort de l'ouvrier cause un préjudice matériel ou moral. . . . 136

(Nos) Pages.

D. Montant de l'indemnité. Clauses excluant ou limitant l'indemnité.

1320. L'indemnité peut consister en une somme d'argent ou en une rente viagère. Garanties du service de la rente 137
1321. L'indemnité d'assurances doit-elle venir en déduction de l'indemnité? Renvoi 137
1322. En tout cas le paiement de cette indemnité ne décharge pas toujours le patron d'une manière complète 137
1323. Solutions spéciales de l'art. 262 C. com., relativement au matelot ou au capitaine blessé ou tombé malade au service du navire. 137
1324. Le juge ne peut, comme condition de l'indemnité, forcer l'ouvrier à travailler toute sa vie pour le patron 137
1325. Clause qu'il ne sera dû aucune indemnité en cas d'accident. . . . 137
1326. Convention par laquelle l'entrepreneur de travaux publics se décharge de l'obligation de soigner les ouvriers 137
1326 *bis*. Clause que l'ouvrier se contentera de l'indemnité d'assurance. . 138
1327. Suite. Forme de cette clause 139
1328. Suite. 139
1329. Le patron peut prendre à sa charge le cas fortuit 139

E. Fondement de la responsabilité du patron. Preuve.

1330. La responsabilité du patron est contractuelle et non pas délictuelle. Système contraire de la jurisprudence 139
1331. Par suite les art. 1385 et 1386 C. civ. ne sont pas applicables. . . 141
1332. En cas d'accident, on doit supposer que l'ouvrier a agi sur les ordres du patron 141
1333. Dans le système de la responsabilité délictuelle, l'ouvrier doit prouver la faute du patron 142
1334. Exception dans le cas des art. 1385 et 1386 142
1335. Dans le système de la responsabilité contractuelle le patron est responsable s'il ne prouve pas qu'il n'est pas en faute 143
1336. Suite. Réfutation de l'opinion contraire. 143
1337. L'ouvrier doit prouver que sa maladie ou sa blessure a pris naissance dans le cours du travail. 144
1338. Le patron doit prouver que les mesures de préservation ont été prises 144

F. Prescription de l'action en responsabilité pour cause d'accident.

1339. La prescription est de 30 ans. 144

G. Propositions de détermination législative de la responsabilité du patron.

1340. Indication sommaire de ces propositions. 145

IV. *Obligations du patron en cas d'assurance collective des ouvriers contre les accidents.*

1341. But de l'assurance des ouvriers. 146
1342. Pourquoi cette assurance est collective 147
1343. Inconvénients de ce système 147

A. Nature juridique de l'assurance collective.

1344. D'après la jurisprudence, le patron est le gérant d'affaires des ouvriers 147

(Nos) Pages.
1345. Système d'après lequel un quasi-contrat se forme entre l'assureur et l'ouvrier 148
1346. Système d'après lequel il y a stipulation pour autrui 148
1347. Le meilleur système est celui de la gestion d'affaires 149
1348. Système d'après lequel le patron est mandataire des ouvriers . . 150
1348 *bis*. Système d'après lequel l'assureur n'a aucun rapport avec les ouvriers 150
1349. L'ouvrier est égalemen juridiquement lié avec le patron 151
1349 *bis*. D'après les uns, le patron est mandataire des ouvriers. 151
1350. Dans une autre opinion, il est leur assureur 151
1351. D'après d'autres, il n'est obligé que de procurer l'assurance aux ouvriers. 151
1352. Le patron est obligé par une convention accessoire au louage de services 152
1353. Situation juridique des parties lorsque le patron paye de ses deniers les primes d'assurances 152

B. Moment où se forme le contrat.

1354. Il se forme au moment de la retenue des primes sur le salaire ou du paiement des salaires 153

C. Des ouvriers compris dans l'assurance et des causes de déchéance.

1355. Tous les ouvriers soumis aux mêmes risques et eux seuls sont compris dans l'assurance. Ouvriers qui ne sont pas aux risques du patron. 153
1356. Le patron est-il, en cas d'omission d'ouvriers, déchu même s'il est de bonne foi ? 154
1357. Clause que le patron sera déchu s'il occupe plus d'ouvriers qu'il n'en déclare. 154
1358. Les déchéances sont opposables à l'ouvrier, sauf son recours contre le patron 154
1359. La déchéance de l'assurance de la responsabilité du patron n'entraîne pas la déchéance de l'assurance collective. 154

D. Des accidents garantis par l'assurance.

1360. L'assurance ne comprend que les accidents dont les ouvriers sont victimes et non ceux dont ils sont les auteurs. Elle ne comprend pas les accidents causés par une contravention aux lois et règlements. L'assureur doit prouver cette contravention 155
1361. L'assureur peut renoncer à l'exclusion de certaines causes d'accidents 155
1362. L'assureur n'est pas tenu des accidents causés par la faute lourde de l'assuré. S'agit-il de la faute lourde du patron ou de celle de l'ouvrier ?. 155
1363. Suite. Le patron peut-il s'assurer contre son dol ? 156
1364. Suite. Il peut assurer sa responsabilité contre le dol de ses ouvriers 156
1365. Suite. Il a même droit à indemnité, malgré le dol de ses ouvriers 156
1366. Jusqu'à preuve du contraire, l'accident est-il réputé fortuit? . . . 156

(Nos) Pages.
1367. Effets du suicide de l'assuré. Charge de la preuve du suicide. . . 156
1367 *bis*. Charge de la preuve que le suicide était volontaire 158
1368. Modes de preuve. 158
1369. Clause que le suicide, quelle qu'en soit la cause, emportera déchéance 159

E. Action de l'ouvrier contre l'assureur en cas d'accident.

1370. L'ouvrier a une action directe contre l'assureur dans certaines opinions. Clause contraire 159
1371. Opinions qui ne lui donnent qu'une action indirecte 160
1372. L'action directe appartient-elle à l'ouvrier, même s'il n'a subi aucune retenue sur son salaire? Renvoi. 160
1373. L'ouvrier doit-il prouver qu'il a action contre son patron? Est-il soumis aux exceptions nées du chef du patron? Compensation de l'indemnité avec les primes 161
1374. L'ouvrier est-il, sur l'indemnité, préféré aux autres créanciers du patron? 161
1375. Action de l'ouvrier, du chef de l'assurance de la responsabilité du patron. 161
1376. L'assurance est réputée être contractée à la fois pour l'ouvrier et le patron 161
1377. Action directe de l'ouvrier contre l'assureur lorsque l'assurance est faite sans retenue sur les salaires 162

F. Action de l'ouvrier contre le patron.

1378. L'ouvrier peut-il agir directement contre le patron? 163
1379. Le patron est-il tenu, même en cas de nullité ou de déchéance de l'assurance? 163
1380. Situation du patron qui n'emploie qu'une partie de la retenue ou n'emploie aucune partie de cette retenue à assurer les ouvriers. 163
1381. Responsabilité du patron qui a encouru une déchéance ou a égaré la police 165
1382. Le patron est-il responsable de la faillite de l'assureur? 165
1383. Action de l'ouvrier contre le patron en cas d'assurance faite sans retenue sur les salaires. 166
1383 *bis*. Suite. 166
1384. Cas où le patron n'a pas donné connaissance de l'assurance à l'ouvrier 166

G. Montant de l'indemnité. Cumul des indemnités.

1385. L'assureur peut limiter le risque garanti. A défaut de limitation, l'ouvrier peut obtenir la réparation entière du dommage. . . 167
1386. Si le patron tombe en faillite, l'assureur doit néanmoins verser la totalité de l'indemnité 167
1387. L'ouvrier ne peut cumuler l'indemnité de l'assureur avec celle du patron, ni avec celle due par un tiers. 167
1388. Clause que l'ouvrier sera déchu vis-à-vis du patron s'il agit d'abord contre l'assureur ou vis-à-vis de l'assureur s'il agit d'abord contre le patron 168

(Nos) Pages.

1389. Suite 168
1390. Suite 169
1391. L'assureur peut se charger par la police de remplacer le patron dans les procès avec l'ouvrier. 169
1391 *bis*. Dans l'opinion qui permet à l'assureur d'opposer à l'ouvrier les exceptions nées du chef du patron, l'assureur peut-il opposer à l'ouvrier la clause d'option? 169
1392. Cette clause limite-t-elle la responsabilité du patron à l'indemnité promise par l'assureur? 170

H. Durée de l'action en indemnité.

1393. La clause limitant cette durée est valable 170
1394. Elle comprend le cas où l'action de l'ouvrier contre le patron n'est intentée qu'après le délai fixé. 170
1395. On peut convenir que le patron n'aura aucun recours contre l'assureur en cas d'actions intentées contre lui par l'ouvrier après le délai fixé. 171

J. Recours de l'assureur.

1396. L'assureur peut agir contre l'auteur de l'accident 171

K. Réglementation législative de l'assurance contre les accidents.

1397. Indication des projets 171

V. *Obligation de payer le prix ou le salaire.*

A. Nécessité du prix.

1398. Le prix est de l'essence du louage du contrat. Nature du contrat quand il n'y a pas de prix stipulé 172
1399. Nature du contrat quand le salaire consiste en pourboires versés directement par les clients 173

B. Du denier à Dieu.

1400. Cas dans lesquels il est donné. Ses caractères 173

C. Montant du prix.

1401. La convention ne peut être rescindée pour vileté du prix. Le prix non fixé par la convention est déterminé suivant les mêmes règles que dans le louage de choses. 173
1402. Proposition de fixation législative du minimum des salaires. . . . 174

D. Nature du prix.

1403. Il peut consister en une partie des bénéfices. Le contrat ne devient pas alors une société 174
1404. Application au contrat attribuant une part des bénéfices au clerc d'un officier ministériel. Validité de cette convention 175
1405. Cas où il est stipulé que l'employé recevra un prélèvement mensuel en l'absence de bénéfices. 176
1406. Mode de calcul des bénéfices 176
1407. La part de bénéfices touchée par l'employé lui est acquise même si la période suivante se solde par un déficit. Même solution pour le prélèvement mensuel 176

(Nos) Pages.

1408. Le patron garde la direction de la maison. Conséquences. 176
1409. Contrôle des tribunaux sur les agissements du patron. 178
1410. Révision des comptes arrêtés par les parties 178
1411. Communication et représentation des livres du patron 179
1412. Convention qui fait également participer l'employé aux pertes . . 179
1413. Le juge du fait apprécie si l'employé doit participer aux pertes. . 180
1414. Propositions encourageant la participation des employés aux bénéfices. 180
1415. Caractère du contrat où l'employé est rémunéré au moyen d'une commission proportionnelle à son travail 181
1416. Suite. Privilège de cet employé en cas de faillite du patron . . . 181

E. Retenue et compensation des salaires. Remboursement des avances du patron.

1417. Le patron, sous le code civil, pouvait retenir sur les salaires le montant des avances faites à l'ouvrier 182
1417 *bis*. Inconvénients de cette solution. 182
1418. Dispositions de la loi du 12 janvier 1895 sur l'imputation des avances 182
1419. Suite. Obligation autrefois imposée à l'ouvrier de travailler jusqu'au remboursement des avances 183

F. De la réduction des salaires.

1420. Force majeure : intempérie. L'employé a-t-il droit à ses salaires pendant un congé, une maladie ou son service militaire ? Absence sans autorisation 184

G. Epoques et lieux de payement des salaires.

1421. L'époque du payement dépend de la convention. Proposition de loi rendant obligatoire le payement par semaines ou par quinzaines 184
1422. Ancien droit 185
1423. Dispositions spéciales relatives aux matelots de la marine marchande. Sanction 185
1423 *bis*. Lieu de paiement des salaires. Propositions de loi. 186

H. Mode de payement des salaires.

1424. Payement en marchandises 186
1425. Suite. Propositions de loi défendant ce mode de payement. . . . 186
1426. Suite. Législations étrangères. 187
1427. Suite. A défaut de convention ou du consentement de l'ouvrier, le paiement doit avoir lieu en argent. 188
1428. Paiement en jetons ou bons. Il ne peut être imposé à l'ouvrier sauf un usage contraire 188
1429. ...ou sauf une convention contraire 188
1430. Suite. Législations étrangères. 189
1431. Suite. Fréquence du paiement en bons ou jetons. 189
1432. Suite. En législation ce système est fâcheux. 189

J. Emploi et saisissabilité des salaires.

1433. Législation interdisant les clauses qui obligent l'ouvrier à dépenser ses salaires dans des endroits déterminés. 189

(N°s) Pages.

1434. Les salaires peuvent être saisis 190
1435. Il en est ainsi même des salaires à échoir. 190
1436. Mais les tribunaux peuvent limiter cette saisie. 190
1437. Loi du 12 janvier 1895 limitant la saisissabilité des salaires. . . . 190
1438. Dispositions sur la saisie des salaires des gens de mer. 192
1439. Saisie des salaires pour le paiement de dettes alimentaires. . . . 193

K. Preuve du payement des salaires.

1440. Renvoi 194

L. Service de retraites ou de pensions.

1441. Le droit à une pension ou à une retraite n'existe qu'en cas de convention 194
1442. Loi du 29 juin 1894 organisant les caisses de retraite des ouvriers mineurs. 194
1443. Dispositions de la même loi sur les sociétés de secours des ouvriers mineurs. 195
1444. Loi du 27 décembre 1895 sur les sommes affectées aux institutions de retraites et de prévoyance. 195
1445. La caisse de secours n'est pas une personne morale. 196
1446. Les ouvriers n'avaient donc aucun droit privatif sur les sommes qu'elle comprenait. Disposition contraire de la loi de 1895 . . 196

VI. *Délivrance de certificats au salarié et renseignements sur son compte. Circulaire annonçant la cessation des services.*

1447. Le maître n'a pas à donner au salarié un certificat de probité et de moralité, mais un certificat attestant la durée et la nature de ses services. 196
1448. Suite. Loi du 2 juillet 1890, art. 3. 198
1449. Suite. Ce certificat doit-il énoncer l'emploi de l'ouvrier? 198
1449 *bis*. Renseignements que le patron peut donner sur le salarié. Responsabilité du tiers qui communique ces renseignements au salarié. 198
1450. Le patron peut informer sa clientèle et ses employés du renvoi de l'employé. 199

SECTION V

DURÉE ET FIN DU CONTRAT

§ I. *Du louage de services fait à terme.*

I. *Cas dans lesquels le louage de services est fait à terme.*

1451. La durée du contrat peut dériver de la nature des services. Ouvrier engagé pour une récolte. Apprentissage. Usage des lieux. Loi du 9 juillet 1889, pour le louage des ouvriers ruraux. La fixation des appointements par mois ou par an prouve-t-elle un engagement à terme ? Engagement à la journée 199

II. *Conditions de validité du louage de services fait à terme.*

1452. Le terme peut être certain ou incertain. Engagement fait pour

(Nos) Pages.

la durée d'une société. Engagement d'un capitaine de navire. Engagement d'un ouvrier. 200
1453. Nullité de l'engagement perpétuel. Cette nullité s'applique à l'engagement de tous salariés. Conventions équivalentes à l'engagement perpétuel 201
1454. Suite. Contrat pour une durée supérieure à la durée probable de l'existence du salarié, ou pour une entreprise qui doit se prolonger pendant plusieurs générations. 202
1455. Suite. Engagement pour la vie d'un maître plus jeune ou plus âgé que le domestique 202
1456. Suite. Contrat à durée illimitée, d'où on ne peut se retirer qu'en payant des dommages-intérêts 203
1457. Suite. Stipulation que l'employé qui se retirera perdra tout droit à une retraite 203
1458. Suite. Engagement pris par un médecin de soigner une personne toute sa vie 204
1459. Suite. Dans quels cas l'engagement pour une entreprise déterminée est-il réputé perpétuel ? 204
1459 *bis*. Législations étrangères 204
1459 *ter*. La nullité de l'engagement perpétuel peut être invoquée par les deux parties. 205
1460. Et celle qui invoque cette nullité ne doit pas de dommages-intérêts. Mais le salarié doit être indemnisé de son travail. Montant de l'indemnité. 205

III. *Fin de louage de services fait à terme.*

A. Arrivée du terme fixé.

1461. Le louage cesse de plein droit au terme fixé. La partie qui refuse de le renouveler ne doit pas de dommages-intérêts 206

B. Volonté unilatérale des parties.

1462. Aucune des parties ne peut mettre fin au contrat par sa seule volonté, même si elle invoque un motif qui justifierait la rupture du contrat sans durée limitée. Affiliation à un syndicat, saisie-arrêt des appointements. 206
1463. La partie qui met fin au contrat doit des dommages-intérêts, mais ne peut être contrainte à remplir ses engagements 207
1464. Par exception, le propriétaire du navire peut toujours renvoyer le capitaine. Portée et effets de cette règle. 207
1465. Calcul des dommages-intérêts. 208
1466. Clauses excluant ou fixant les dommages-intérêts 208
1467. Suite. Conditions de validité de la clause pénale imposée à un mineur 208
1468. Abrogation du droit attribué au patron de retenir le livret jusqu'à l'exécution des engagements de l'ouvrier. 209
1469. Conventions permettant aux parties de mettre fin au contrat . . . 209
1470. Le patron, par exemple, peut s'accorder ce droit. 209
1471. Application au directeur de théâtre 210
1472. On peut renoncer à cette clause. 210

(N°s) Pages.

C. Mort des parties.

1473. La mort des parties met fin au contrat. Calcul des salaires. Dissolution d'une société 210

D. Inexécution des obligations.

1474. Hypothèses dans lesquelles cette cause de cessation du contrat opère 211
1475. La résolution ne peut être prononcée que par les tribunaux. Dommages-intérêts 212

E. Impossibilité d'exécution.

1476. Les faits qui rendent excusable celui qui veut mettre fin au contrat, mais sans constituer un cas fortuit, ou une force majeure, ne mettent pas fin au contrat. Exemples. Faillite, etc. 212
1477. Suite. Engagement militaire. 213
1478. Suite. Fraude contre le patron ou immoralité. Une indemnité est-elle due alors, soit si elle a été convenue, soit dans le cas contraire? 213
1479. Impossibilité fortuite d'exécution. Exemples. 214
1480. Maladie temporaire. 214

F. Cession ou cessation de l'entreprise.

1481. L'exécution des engagements n'est pas imposée au successeur du patron. 215
1482. L'employé n'est pas tenu de servir le successeur du patron. . . . 215
1483 Mais l'employé peut s'engager à servir le successeur 215
1484. Le patron peut s'engager à faire agréer l'employé par son successeur. Effets de cette clause 215
1485. Effets de la dissolution d'une société 215

§ II. *Du louage de services fait sans terme.*

1486. Ce louage peut se terminer par la volonté de chacune des parties. C'est une application du droit commun. 216
1487. La partie peut-elle être condamnée à des dommages-intérêts? Jurisprudence antérieure au nouvel art. 1780. Disposition de cet article. 216
1488. Les dommages-intérêts dus suivant l'art. 1780 dérivent d'une responsabilité contractuelle et non d'une responsabilité délictuelle 218
1489. Suite. 219
1490. Critiques adressées au nouvel art. 1780. 219
1491. Division. 219

I. *Conditions dans lesquelles la rupture est autorisée.*

1492. Le droit de mettre fin au contrat appartient au maître et au salarié, même si ce dernier est un domestique attaché à la personne 220
1493. Intérêts de la distinction entre l'employé révoqué et l'employé démissionnaire 221
1494. Bases de cette distinction 221

(Nos) Pages.

1495. Division 221

A. Des causes légitimes de rupture de contrat.

1496. On a voulu consacrer la jurisprudence antérieure. 221
1497. L'absence de motifs légitimes entraîne donc seule des dommages-intérêts. 224
1498. Définition du motif légitime. 224
1499. Divers cas de motifs légitimes : 1° Faits entachant l'honorabilité. 225
1500. Exemples : condamnation, renvoi devant une cour d'assises, saisie-arrêt des appointements, soupçon de grossesse 225
1501. Suite. Atteinte à la considération du conjoint ou d'un parent. . . 225
1502. 2° Relâchement dans l'exécution des obligations ; absence, participation à une grève, affiliation à un syndicat professionnel, défauts du caractère 226
1503. Suite. Négligence ou insuffisance. Dénonciations calomnieuses. Indiscipline. Concurrence déloyale 227
1503 *bis*. Suite. Le motif légitime ne suppose pas nécessairement une faute volontaire. 228
1504. 3° Désavantages du contrat pour l'une des parties. Suppression d'emploi ou impossibilité de donner du travail, cession d'entreprise, changement de résidence 228
1505. 4° Renvoi imposé par l'autorité 228
1506. Réciproquement, l'ouvrier peut quitter le patron pour faire son service militaire. 229
1507. L'ouvrier peut-il rompre le contrat en raison d'une grève décidée ? 229
1508. En un mot, il suffit que l'une des parties ait intérêt à la rupture. Mais il faut que cet intérêt ne soit pas immoral 230
1509. Le renvoi d'un ouvrier parce qu'il ne convient pas au patron n'est pas légitime. 230
1510. Suite. 230
1511. Absence causée par une maladie. 230

B. Preuve et constatation du motif légitime.

1512. La partie qui réclame des dommages-intérêts doit prouver l'absence de motifs légitimes 230
1513. Elle peut faire cette preuve indirectement en démontrant qu'elle n'a donné lieu à aucun reproche 231
1514. Le juge du fait décide si les motifs sont légitimes. 231

C. Des délais de congé.

1515. Il y a des délais à observer, même si les motifs de rupture sont légitimes 232
1516. Il en est autrement en cas de faute du patron ou du salarié. . . . 233
1517. On ne peut considérer comme une faute une courte absence, des malfaçons ou la situation des affaires. 234
1518. Les délais doivent-ils être observés même si la rupture est imposée par une force majeure ? 234
1519. Les délais doivent-ils être observés, même si le cautionnement de l'employé est absorbé par une indemnité due à sa faute ? . . . 234
1520. Les délais varient suivant l'usage des lieux. 234

(N°s) Pages.
1521. ..... ou suivant la nature des emplois 234
1522. Délais pour l'employé payé à l'année. 234
1523. Suite. 235
1524. Délais pour les employés payés au mois, pour les domestiques des ouvriers mineurs 235
1525. Devoir du tribunal quand l'usage des lieux est muet 236
1526. L'usage peut autoriser le congé sans délai. Constatation de cet usage. 236
1527. Les délais peuvent-ils être modifiés par la convention? 236

D. Preuve en matière de délais.

1528. A qui incombe la charge de la preuve? 236
1529. Charge de la preuve d'une faute qui a rendu inutile l'observation des délais. 236
1530. Le juge doit appliquer les usages qu'il constate 237

E. De l'observation des délais d'usage en dehors d'une cause légitime.

1531. Le congé sans motifs légitimes donne lieu à des dommages-intérêts, même si les délais sont observés. 237
1532. Suite 238

II. *Sanction de la rupture illégale du contrat.*

1533. Il y a lieu de distinguer la rupture sans cause légitime, et la rupture sans l'observation des délais 238
1534. Observations communes aux deux hypothèses : la personne qui rompt le contrat ne peut être contrainte de l'observer matériellement. 238
1535. Suite. Les indemnités sont dues, même par les parties qui rompent le contrat avant son exécution et cela quoiqu'elles aient donné congé dans le délai d'usage. 238

A. Sanction de la rupture sans cause légitime.

1536. Texte. 239
1537. Le juge peut observer l'usage du pays où le contrat est fait . . . 239
1538. Le juge peut cependant observer l'usage des lieux d'autres localités 239
1539. Il n'est pas forcé de tenir compte de l'usage des lieux 239
1540. Usage des lieux pour les employés de chemins de fer. 240
1541. On doit tenir compte de la nature des services. 240
1542. Notamment on doit tenir compte des services rendus lors de la formation de l'entreprise. 240
1543. On doit tenir compte du temps écoulé. 240
1544. Il y a lieu aussi de tenir compte des retenues opérées et des versements effectués en vue d'une pension de retraite. 240
1545. Il résulte de là que la retenue n'est pas par elle-même sujette à restitution. 240
1546. Les versements, même faits par le patron, doivent entrer en ligne de compte. 241
1547. L'existence d'une caisse de prévoyance fondée par le patron à titre de libéralité donne-t-elle lieu à une action de l'ouvrier? 242

(Nos) Pages.

1548. L'ouvrier a-t-il droit au remboursement des retenues faites pour une caisse de secours, servant ou non, accessoirement, des pensions de retraite? 242
1549. A-t-il droit aux versements faits pour alimenter une caisse de secours en cas de maladie? 242
1550. Le juge peut encore tenir compte d'autres éléments, notamment de la situation quittée par l'employé. 242
1551. Ce sont les règles de la responsabilité contractuelle qu'il faut appliquer. 243
1552. Les juges ne peuvent refuser des dommages-intérêts tout en niant l'existence de motifs légitimes. 243
1553. Jusqu'au paiement de l'indemnité, le salarié peut-il retenir les livres du maître? 243

B. Sanction de la rupture sans l'observation des délais.

1554. Le juge du fait fixera les dommages-intérêts comme il l'entend, en appliquant les règles de la responsabilité contractuelle. . . 243
1555. En principe, les dommages-intérêts sont moins importants qu'en cas de rupture sans cause légitime. 243
1556. Indemnité due par le patron qui observe une partie des délais. . 244

III. *Effets d'une rupture légitime.*

1557. Aucune indemnité n'est alors due. L'ouvrier peut-il cependant réclamer les versements qu'il a faits à une caisse des retraites? 244
1558. L'employé qui est révoqué pour avoir refusé de se rendre à son poste n'a pas droit à son salaire depuis la cessation de ses fonctions antérieures. 245
1559. Si le renvoi de l'ouvrier est causé par sa faute, le patron peut demander des dommages-intérêts. 245
1560. La révocation n'a pas d'effet rétroactif. 245
1561. Le congé n'atteint pas le conjoint d'un salarié. 245

IV. *Modifications conventionnelles aux conditions de la rupture.*

1562. 1° Rupture faite dans les délais et avec cause légitime. La convention peut déroger à la loi. 246
1563. 2° Rupture sans l'observation des délais. On peut également déroger à la loi, en modifiant la durée des délais 246
1564. Suite. On peut fixer les dommages-intérêts ou renoncer à toute indemnité. 246
1565. 3° Rupture sans cause légitime. On ne peut renoncer au droit de demander des dommages-intérêts. 247
1566. Suite. Il importe peu que les usages de la région soient contraires. 247
1567. Suite..... ou que le patron s'engage par compensation à donner congé un certain temps à l'avance. 247
1568. Suite..... mais les parties peuvent fixer d'avance le chiffre des dommages-intérêts. 248
1569. Suite. Toutefois la clause pénale peu sérieuse est nulle. Pouvoirs du juge du fait. 249
1570. Après la résiliation on peut renoncer aux dommages-intérêts ou transiger 249

(Nos) Pages.

V. *A quels contrats s'applique le nouvel art. 1780 C. civ.*

1571. Sens de la question 249
1572. Le nouvel art. 1780 s'applique à tous les louages de service sans détermination de durée 250
1573. Indication des sortes de locateurs visées par ce texte. 250
1574. Le nouvel art. 1780 ne s'applique pas aux personnes engagées pour un terme déterminé, à moins de fraude. Employés au mois . 250
1575. Employés à l'heure ou à la journée. Contrat fait pour un nombre d'années déterminé ou pour une entreprise déterminée. . . 251
1576. Ouvriers payés à la tâche 251
1577. Membres des communautés religieuses. 251
1578. Contrats où la rémunération est fixée en nature. 251
1579. Emploi concédé en payement d'une dette. 252
1580. Mandataire salarié. Agent d'assurances. 252
1581. Agent administratif 252
1582. Suite. Cas où une convention est intervenue entre l'Etat ou la commune et l'agent 253
1583. Suite. Rôle du conseil d'Etat en cette matière 253
1584. Suite. Employés des chemins de fer de l'Etat 253
1585. Suite. Employés des établissements d'utilité publique 254

VI. *Effet rétroactif du nouvel art. 1780 C. civ.*

1586. La loi, étant d'ordre public, rétroagit. 254
1587. Effets sur les contrats antérieurs à la loi 255
1588. Entrepreneur qui a soumissionné une entreprise postérieurement à la loi, si le cahier des charges est antérieur. Congé antérieur à la loi. 255

VI. *A quels contrats s'applique l'obligation d'observer les délais.*

1589. Elle s'applique à tous les contrats de louage de services sans durée déterminée. Exemples 256
1590. Application aux agents administratifs. 257
1591. Employé engagé à titre d'essai 257
1592. Locateur logé par son maître. Concierge, domestique. 257

SECTION VI

DE LA TACITE RECONDUCTION DU LOUAGE DE SERVICES

1593. Le louage de services peut continuer par tacite reconduction . . 257
1594. Conditions du contrat et de sa rupture 258
1595. Stipulations relatives à la tacite reconduction 258

SECTION VII

COMPÉTENCE ET PROCÉDURE EN MATIÈRE DE LOUAGE DE SERVICES

§ I. *Compétence.*

1596. Les règles de compétence dérivent du droit commun. 258

I. *Compétence des tribunaux administratifs.*

1597. Révocation d'un fonctionnaire. 259

(Nos) Pages.
1598. Action de l'ouvrier, en cas de travaux de l'Etat confiés à un entrepreneur, contre l'Etat ou l'entrepreneur 260
1599. Action de l'ouvrier contre l'Etat si les travaux sont en régie. . . 260
1600. Action de l'ouvrier contre un fonctionnaire 260
1601. Action de l'ouvrier contre l'Etat pour un accident causé par un autre ouvrier 260

II. *Compétence du tribunal de commerce.*

1602. Les actions des commerçants contre leurs employés sont de la compétence des tribunaux de commerce 260
1603. Parmi les employés, faut-il ranger les domestiques et hommes de peine? 261
1604. Action du directeur de théâtre contre les acteurs 261
1605. Action du commis contre le patron. 261
1606. Suite. Actions des employés de commerce et des marins. 262
1607. Application aux actions en payement de salaires ou en dommages-intérêts pour renvoi 262
1608. Action de l'acteur contre le directeur du théâtre 262
1609. Action de l'ouvrier. 262
1610. Application. 263
1611. Action dérivant du contrat d'apprentissage. 263

III. *Compétence du juge de paix.*

1612. Le juge de paix est compétent sur les actions relatives aux engaments des gens de travail, domestiques, ouvriers ou apprentis. Ce qu'il faut entendre par là 263
1612 *bis.* Ouvrier payé aux pièces. 265
1612 *ter.* Gages reconnus dans des comptes et portant intérêts. 265
1612 *quater.* Action en dommages-intérêts, action relative au certificat de services 265
1613. Employé de commerce 265
1614. Actions entre le patron et ouvrier qui ne sont pas fondées sur le contre le louage 265
1615. Actions entre patrons et ouvriers dans les lieux où existent des conseils de prud'hommes. 266
1616. Appel des décisions du juge de paix. 266

IV. *Compétence du conseil de prud'hommes.*

1617. Actions relatives au contrat d'apprentissage 266
1618. Actions entre patrons et ouvriers. Ce qu'il faut entendre par patrons. 266
1619. Les conseils de prud'hommes sont incompétents sur les actions entre patrons et commis 267
1620. ... ou entre maîtres et domestiques. Ce qu'il faut entendre par ouvriers. 267
1621. Actions étrangères au travail de l'ouvrier. Exemples d'actions relatives au travail 267
1622. Contestations relatives à une caisse de prévoyance 268
1623. La juridiction du conseil de prud'hommes est facultative. 268

(Nos) Pages.

V. *Compétence du juge des référés.*

1624. Le juge des référés peut prendre les mesures urgentes qui n'engagent pas le fond. Il peut ordonner l'expulsion de l'employé ou domestique logé chez le maître 269
1625. Il en est ainsi même si le congé du maître est contesté 269
1626. Il ne peut prononcer la résiliation d'un contrat avant l'expiration de sa durée 269

VI. *Compétence du comité d'arbitrage.*

1627. Loi du 27 déc. 1892 270

§ II. *Procédure.*

1628. Application du droit commun. Exception pour les difficultés relatives à l'application du nouvel art. 1780 270

SECTION VIII

DU LOUAGE DE SERVICES EN DROIT INTERNATIONAL

1629. Responsabilité du patron 271
1630. Application de l'interdiction des engagements perpétuels. 271

CHAPITRE III

DU CONTRAT DE TRANSPORT. DES VOITURIERS PAR TERRE ET PAR EAU

1631. Le code civil doit être, pour les règles de ce contrat, complété par le code de commerce 271

SECTION PREMIÈRE

NATURE DU CONTRAT DE TRANSPORT

1632. Le contrat de transport est un louage d'ouvrage. 272
1633. Il doit cependant être distingué des autres louages d'ouvrages. Intérêts de la distinction 272
1634. Le contrat de transport est-il réel ou consensuel ? Intérêts de la question 272

SECTION II

ACTES QUI CONSTITUENT DES CONTRATS DE TRANSPORT

1635. Indication de ces cas. 273
1636. Suite. Contrat avec un loueur de voitures 274
1637. Suite. Contrat avec un entrepreneur de remorquage 274
1638. Suite. Contrat avec un entrepreneur de déménagements 275
1639. Suite. Contrat avec un commissionnaire de transports 275
1640. Suite. Contrat avec un courtier de transport. 276
1641. Distinction entre le transport maritime et le transport terrestre. 276
1642. Distinction du contrat de transport avec le dépôt. Compagnie des wagons-lits 276

SECTION III

FORME ET PREUVE DU CONTRAT DE TRANSPORT. ÉPOQUE DE LA FORMATION DU CONTRAT

(N°s) Pages.
1643. Le transport n'est soumis à aucune forme. Contrat tacite. 277
1644. Epoque où se forme le contrat. 278
1645. Au point de vue de la preuve le transport ne peut être assimilé au contrat avec l'aubergiste. Modes de preuve 278
1646. Preuve par l'inscription sur le registre. Preuve contraire 279

SECTION IV

ENTRE QUELLES PERSONNES SE FORME LE CONTRAT

1647. Le destinataire devient créancier et débiteur aussi bien que l'expéditeur. Conséquences 279
1648. Le véritable propriétaire des marchandises peut agir comme le voyageur. 280

SECTION V

OBLIGATIONS DES VOITURIERS

1649. Le voiturier est responsable même s'i n'a pas inscrit les marchandises sur un registre 281
1650. Règlements particuliers auxquels renvoie le code civil 281
1651. Enumération des obligations des voituriers vis-à-vis de l'expéditeur et du destinataire 281

§ I. *Acceptation des marchandises ou des voyageurs.*

652 Le voiturier doit accepter les marchandises indiquées par ses affiches et prospectus. Mais en cas de refus sa responsabilité est délictuelle. Les voituriers qui ont un monopole ne peuvent refuser les marchandises. Compagnies de chemins de fer. . . 282
1653. L'emballage est à la charge de l'expéditeur; le voiturier peut-il refuser les marchandises mal emballées ou sujettes à coulage? Bulletin de non-garantie 282
1654. Le voiturier qui accepte les objets mal emballés est-il tenu de leur donner des soins particuliers? La marchandise est-elle censée avoir été bien emballée? Preuve contraire. 283
1655. Le voiturier doit transporter les voyageurs dans des voitures en bon état. Wagons de type nouveau. Le voyageur doit être transporté dans une voiture de la classe portée sur le billet. 283
1656. Le voiturier a-t-il le droit de faire le transport par une voiture autre que la voiture désignée? 284

§ II. *Responsabilité du voiturier.*

I. *Du temps pendant lequel le voiturier est responsable.*

1657. La responsabilité commence dès que le voiturier prend livraison de la marchandise. Endroit où doit être faite la remise. . . . 284
1658. Il n'est pas nécessaire que les objets aient été enregistrés. Dépôt

(N°°) Pages.

dans la salle des bagages. Objets confiés à un employé. Objets déposés à la consigne. 285
1659. La responsabilité du voiturier cesse à la livraison 286

II. *Responsabilité des voituriers quant aux choses qui leur sont confiées.*

1660. Assimilation du voiturier à l'aubergiste. Dispositions du code civil. 286
1661. Dispositions du code de commerce 286

A. Preuve en matière de responsabilité.

1662. Les parties n'ont pas à prouver la faute du voiturier. Le voiturier est présumé en faute. 287
1663. La preuve du cas fortuit peut être faite par témoins. 287
1664. En reconnaissant l'avarie, le voiturier ne reconnaît pas sa faute. 288
1665. Le voiturier peut se contenter de prouver qu'il n'est pas en faute. 288
1666. La perte des marchandises ou des bagages doit être prouvée par les réclamants. Elle résulte de la détention de la lettre de voiture. Preuve contraire. Preuve que les marchandises étaient bien emballées. 288
1667. Les intéressés doivent prouver qu'un préjudice leur a été causé et en établir le montant 288
1668. Preuve de la valeur de la chose. 289
1669. Ces règles sont applicables aux bagages confiés momentanément au voiturier 289
1670. Elles sont applicables au transport maritime. 289
1671. Elles sont applicables au remorquage. 290

B. Des cas où est engagée la responsabilité du voiturier.

1672. Le voiturier est tenu de sa faute légère. Il est tenu de la faute de ses préposés. Il n'est pas tenu du cas fortuit; clause contraire. Il n'est pas tenu de la faute des parties. 290
1673. Avaries résultant d'un choc, d'un matériel en mauvais état, d'une marche trop précipitée, de l'insuffisance du combustible, etc. 291
1674. Le voiturier est responsable du cas fortuit provenant de sa faute. Naufrage, neige, etc. 292
1675. Obligation de mettre les marchandises en sûreté. Vol. Pillage. Installation maladroite. 293
1676. Déchargement opéré sans prévenir les parties. Réexpédition immédiate des voitures. 294
1677. Cas où la voiture était accompagnée par l'expéditeur ou son préposé. 294
1678. Le voiturier n'a pas à donner de soins exceptionnels aux marchandises 295
1679. Retard causé par les réparations. 295
1680. Vol à main armée, vol par les préposés du voiturier, agression, neige, gelée, tempête, etc.; grève, incendie, éboulement, etc. 296
1681. Fait du prince, mesures sanitaires, réquisition et pillage. . . . 297
1681 *bis*. Avarie qui est la conséquence du mode de transport accepté par les parties. 298
1682. Vices propres. Emballage défectueux 298

(N°°) Pages.

1683. Mise en vente d'objets égarés 300

1684. Retard causé par un fait que le voiturier connaissait ou pouvait prévoir. Absence des ouvriers, encombrement 300

1685. Le voiturier doit-il faire les dépenses nécessaires pour éviter la détérioration de la chose? Transport maritime 300

1686. Déclarations aux douanes ou aux contributions indirectes 301

II. *Responsabilité du voiturier en ce qui concerne les voyageurs et les bagages du voyageur.*

A. Charge de la preuve et conséquences qui en dérivent.

1687. La charge de la preuve incombe au voiturier. Jurisprudence contraire 302

1688. Cas où l'accident cause la mort du voyageur 304

1689. Le voyageur doit prouver que sa blessure vient d'un accident de transport 306

1690. Cas où le voyageur se trouvait involontairement dans une voiture sans avoir payé le prix du transport ou après l'expiration de son trajet 306

1691. Cas où le voyageur se trouvait volontairement dans le train sans billet 307

1692. Voyageur blessé en rejoignant son train 307

1693. Voyageur reçu gratuitement par le cocher 307

1694. Bagages du voyageur 308

B. Cas où la responsabilité du voiturier est engagée.

1695. e voiturier n'est responsable que de sa faute ou de celle de ses préposés 309

1696. Accident à un voyageur qui descend du train en marche ou avant la station par la faute d'un agent. Mauvais état du sol 310

1697. Accident à un voyageur qui n'a pas pris les précautions nécessaires 311

1698. Cas où la place occupée par un voyageur lui fait courir un danger plus grand 312

1699. Accident causé par la faute du voyageur, alors que le voiturier a lui-même commis une faute. Infraction aux règlements . . . 312

1700. Défaut d'enregistrement des bagages par suite de l'encombrement 312

1701. Renvoi pour d'autres cas 313

III. *Montant des dommages-intérêts dus par le voiturier.*

702. Cette indemnité comprend la valeur de la perte ou la détérioration et la réparation des suites de la faute 313

A. Cas de perte ou d'avarie.

703. Le voiturier doit rembourser la valeur de la perte ou de la détérioration 313

04. Calcul de la valeur quand elle n'a pas été déclarée. Cas où, pour payer un prix moindre, l'expéditeur a déclaré une valeur inexacte 313

705. Le voiturier doit-il rembourser la valeur intégrale des bijoux, effets précieux et sommes contenus dans les bagages ? 314

(Nos) Pages.

1706. En tout cas, il doit le faire si la forme des bagages indiquait leur contenance 316
1707. Malgré la déclaration de valeur, il doit rembourser la valeur intégrale en cas de dol 316
1708. Mais en principe, la valeur déclarée doit seule être remboursée, sauf si la déclaration de valeur n'était pas exigée. 316
1709. Le tribunal peut-il décider que les dommages-intérêts seront réduits si les marchandises sont retrouvées ? 316
1710. Lieu où doit être calculée la valeur de la chose. 316
1711. Les dommages-intérêts comprennent encore les gains dont l'expéditeur a été privé. Perte d'une caisse d'échantillons. Gains résultant d'un jeu prohibé 317
1712. Le voiturier n'est tenu que des suites directes de la perte. Exemples 318
1713. Perte d'une lettre chargée ou recommandée. 319
1714. Suite. Cas où la lettre est soustraite par un agent de l'administration 319

B. Cas d'un retard dans le transport des marchandises.

1715. Calcul de l'indemnité. 320

C. Cas d'un dommage personnel causé à un voyageur.

1716. La réparation varie suivant la condition sociale du voyageur. . . 321
1717. En cas de mort, faut-il déduire de l'indemnité l'indemnité d'assurance ou la pension allouée aux héritiers? 321
1818. En cas de retard, l'indemnité ne porte que sur le préjudice. Exemples. 322
1719. Suite. Gain dont le voyageur a été privé 322

IV. *Mode de payement de l'indemnité.*

1720. Le payement de l'indemnité doit avoir lieu en argent. Cependant le voiturier peut remplacer ou réparer l'objet. Du laissé pour compte 323
1721. Suite. Conditions du laissé pour compte 323

V. *Clauses limitant ou excluant la responsabilité du voiturier.*

A. Clauses limitant la responsabilité.

1722. Ces clauses sont valables 324
1723. Validité du bulletin imprimé qui limite la responsabilité 324
1723 *bis.* Applications. 325
1724. Le voiturier peut-il invoquer ces clauses en cas de faute ou de dol? 325
1725. Ces clauses sont-elles licites pour les compagnies de chemins de fer? 326
1726. Renonciation à ces clauses. 326

B. Clauses excluant la responsabilité.

1727. D'après la jurisprudence, ces clauses sont nulles, mais renversent la preuve. Réfutation 326
1728. Application de la question aux bagages 329
1729. Application au transport maritime 329

(Nos) Pages.

1730. Jurisprudences étrangères 329

1731. Clause que l'entrepreneur est chargé des soins à donner en cours de route 330

1732. Interprétation de la clause de non-garantie. L'application d'un tarif réduit renverse-t-elle la charge de la preuve? 330

1732 *bis*. Pour qu'une clause de ce genre produise effet, il faut qu'elle soit acceptée des intéressés. Forme de la clause 331

1733. En cas de clause de non garantie, le voiturier n'a pas à vérifier l'état des marchandises 331

1734. Le voiturier ne peut stipuler qu'il ne répondra pas de son dol ou de sa faute, ou de ceux de ses préposés. Exemples 332

1734 *bis*. Le voiturier peut renoncer aux clauses excluant sa responsabilité. 332

§ III. *Restitution des marchandises.*

I. *A qui doivent être remises les marchandises.*

1735. Les marchandises doivent être remises au destinataire. Ordre contraire de l'expéditeur. 333

1735 *bis*. Le voiturier doit obéir à cet ordre, même si le délai de transport est expiré et si le destinataire est informé de l'arrivée des marchandises. Cas où le destinataire a accepté le contrat. Preuve 334

1736. Responsabilité du transporteur qui remet les objets à un tiers ou dépose les marchandises sur le quai. En cas de difficultés, les tribunaux décident qui est le destinataire. 334

1736 *bis*. Suite. Remise de lettres missives. 335

II. *Etat dans lequel les marchandises doivent être remises.*

1737. Dans quels cas le destinataire peut-il être contraint de ne recevoir qu'une partie des marchandises ?. 335

1737 *bis*. Les marchandises doivent être remises non détériorées. 335

1737 *ter*. Le destinataire peut vérifier les marchandises avant d'en prendre livraison, ou prendre livraison sous réserve. Réexpédition à l'expéditeur 335

1738. Le voiturier n'a pas à représenter une quantité de marchandises égale à la valeur déclarée 336

1739. En cas de refus ou contestation, l'état est vérifié par des experts. Il peut n'être nommé qu'un seul expert. Faut-il appeler les parties à l'expertise ? 336

1740. L'expertise peut être ordonnée tant que le voiturier ne s'est pas dessaisi, mais seulement jusque là. 337

1741. Peut-elle être ordonnée dans une contestation entre l'expéditeur et le voiturier ? 337

1742. Elle ne peut être ordonnée que dans le contrat de transport. Peut-elle l'être dans l'entreprise de déménagement ? 338

1743. Le transport dans un dépôt public peut être également ordonné. Le voiturier peut faire le dépôt sans autorisation 338

1744. Il peut garder les marchandises dans ses magasins et peut alors exiger des droits de magasinage, qui peuvent être réclamés aux deux parties. 338

(Nos) Pages

1745. Enfin le voiturier peut faire vendre les marchandises, à condition d'y être autorisé. Effets de la vente sans autorisation. 339

III. *Lieu de la livraison.*

1746. Les marchandises doivent être livrées au lieu fixé. Exception. . . 339

IV. *Epoque de la livraison.*

1747. La livraison doit être faite à l'époque fixée par le contrat, l'usage des lieux ou le tribunal. Responsabilité du voiturier en cas de retard. Le voiturier peut-il renoncer au bénéfices des délais fixés ? 339

1748. Le voiturier n'est pas tenu de prévenir les parties du retard causé par cas fortuit 340

1749. Délai du déchargement 340

1750. Dommages-intérêts dus en cas de retard dans le déchargement. Autres mesures qui peuvent être prises. 340

1751. Clause qu'en cas de retard dans la réclamation des marchandises elles peuvent être déposées sur la voie publique 340

1751 *bis*. Clause que dans le même cas les marchandises peuvent être déposées dans un entrepôt ou entre les mains d'un tiers 341

1752. Suite. Les frais de la remise sont à la charge du destinataire. Exception. 342

V. *Avis de l'arrivée des marchandises.*

1753. Le voiturier n'est pas tenu de prévenir le destinataire de l'arrivée des marchandises. 342

SECTION VI

OBLIGATIONS DE L'EXPÉDITEUR ET DU DESTINATAIRE

§ I. *Payement du prix.*

1754. L'expéditeur est seul tenu de payer le prix du transport si le destinataire ne s'y est pas engagé. Transports maritimes. 343

1755. Le prix est fixé par les parties ou par l'usage des lieux. Exception pour les compagnies de chemins de fer. 343

1756. En outre, le voiturier a droit au remboursement des taxes avancées par lui 343

1757. Le prix est-il acquis en entier, même si le voyage est interrompu ou entravé soit par la volonté des parties, soit par cas fortuit? Billet d'aller et retour. Billet circulaire. Cas où le voyageur a fait un trajet supérieur au trajet convenu 344

1758. Le prix n'est pas dû si un cas fortuit empêche la chose d'arriver à destination et si le prix a été payé il doit être restitué. En cas de perte partielle, le prix n'est dû qu'en partie 344

1759. Il peut être stipulé que le prix sera dû malgré la perte fortuite. Transports terrestres 345

1759 *bis*. Suite. Transports maritimes 346

1759 *ter*. On peut également stipuler que la perte fortuite ne rendra pas le prix restituable 347

1760. Le voiturier peut retenir la marchandise jusqu'au paiement du prix 347

(Nos) Pages.

1761. La détaxe du prix du transport peut être demandée par un mandataire. 347

§ II. *Responsabilité envers le voiturier.*

1762. Responsabilité du dommage causé par un objet dangereux, notamment un objet qui s'est enflammé de lui-même. *Quid* si le voiturier a été prévenu du caractère dangereux de l'objet?. . . . 347

§ III. *Obligation de prendre livraison des marchandises et autres obligations.*

1763. Renvoi pour l'obligation de prendre livraison. 348

1764. Le voyageur peut cesser son voyage avant d'être arrivé à destination s'il a payé son prix. Voyageur qui voyage dans un train où ne sont admis que les voyageurs faisant un trajet déterminé. Clauses contraires. 348

1765. Le voiturier ne peut exiger la restitution du récipissé. 349

1766. Il n'est pas tenu d'aviser l'expéditeur du refus des marchandises par le destinataire. 349

SECTION VII

PRESCRIPTION DES ACTIONS

1767. Texte des art. 105 et 108 C. com. 349

§ I. *Prescription de l'art. 105 C. com.*

1768. But de l'art. 105 C. com. Conditions de son application. 351

1769. 1° Il faut que la perte soit partielle ou qu'il y ait simple avarie. L'art. 105 s'applique au cas où certains des colis d'une expédition sont perdus, ainsi qu'à celui où un colis est substitué à un autre. Peu importe aussi que l'avarie soit apparente. L'art. 105 s'applique aussi à une erreur de tarif. 351

1770. Il ne s'applique ni au retard, ni à la répétition de l'indû, ni si la livraison n'a pas été effective, mais il s'applique quoique les écritures nécessaires n'aient pas été faites. 352

1770 *bis*. Un recours en garantie ou une exception tombent sous l'application de l'art. 105 aussi bien qu'une action. 353

1771. 2° La prescription de l'art. 105 peut être opposée au destinataire, ainsi qu'à toutes personnes autorisées à recevoir pour lui, comme un voiturier ou un commissionnaire. 353

1772. Elle peut être opposée à l'expéditeur. 353

1773. Elle ne peut être opposée en cas de fraude ou de dol, mais elle peut l'être en cas de faute. 353

1774. 3° L'art. 105 ne peut être opposé par un voiturier à un autre. . . 354

1775. Il peut être invoqué par l'entrepreneur de déménagement quand il est voiturier. Il ne peut l'être par le transporteur maritime. Cas où les marchandises sont transportées successivement par terre ou par mer. 354

1776. 4° L'art. 105 s'applique aux expéditions non seulement en port dû, mais encore en port payé. Il s'applique aux bagages. . . . 354

(Nos) Pages.
1777. Il s'applique même si le prix du transport n'est pas payé 355
1778. 5° Il ne peut être invoqué par un voiturier non commerçant, ou contre un expéditeur non commerçant 355
1779. 6° Forme des protestations 355
1780. Il faut qu'elles soient non seulement envoyées, mais parvenues dans les trois jours. Calcul du délai de trois jours. Preuve de la régularité de la protestation 356
1781. Le destinataire doit prouver que l'avarie est antérieure à la réception du colis. Il peut obliger le voiturier à une vérification immédiate 357
1782. Nullité des stipulations contraires 358

§ II. *Prescription de l'art. 108 C. com.*

1783. L'art. 108 s'applique notamment au cas où la marchandise a été remise à un autre qu'au destinataire, et au cas où l'expéditeur agit après la remise des marchandises au destinataire, quoique celui-ci ne les ait pas acceptées 358
1784. Il ne s'applique qu'entre le voiturier et les parties. Il ne s'applique pas à la répétition d'une somme payée par le voiturier au destinataire 358
1785. Il s'applique même entre non commerçants 359
1786. Transports par mer 359
1787. Cas où la responsabilité du voiturier est invoquée par voie d'exception. Excédant des dommages-intérêts réclamés au voiturier sur le prix du transport 359
1788. Interruption et abréviation de la prescription 360

SECTION VIII

RESPONSABILITÉ DES TIERS A L'OCCASION DU CONTRAT DE TRANSPORT

1789. Recours *in solidum* pour l'accident dont le voiturier et un tiers sont responsables 360
1790. Le voiturier qui a réparé l'accident peut seul agir contre l'auteur de l'accident. Application à l'administration des postes 360
1791. Il en est autrement si les parties ne sont pas complètement indemnisées par le voiturier 361
1792. Conflit entre le propriétaire et le voiturier si l'auteur de l'accident ne peut fournir qu'une réparation partielle 361
1793. Le propriétaire d'objets abandonnés à des voleurs pour sauver d'autres objets ne peut agir contre le propriétaire de ces derniers 364
1794. En cas d'accident causé à la personne par un tiers, le voiturier qui a réparé l'accident a un recours contre celui-ci 364

SECTION IX

COMPÉTENCE EN MATIÈRE DE TRANSPORTS

1795. En dehors des questions commerciales, les juges de paix sont compétents pour diverses actions 364
1796. Le contrat est-il civil ou commercial ? 364

(N^os) Pages.

1797. **Expéditions par colis postaux** 365

1798. **La stipulation qui modifie les règles de la compétence *ratione personæ* est opposable au destinataire** 365

SECTION X

DU CAS OU LA MARCHANDISE EST TRANSPORTÉE SUCCESSIVEMENT PAR PLUSIEURS VOITURES

1799. Il n'y a de difficultés que si le contrat est passé avec un seul des voituriers, qui est le commissionnaire de transports. 366

1800. Les compagnies de chemins de fer sont tenues d'accepter les personnes et les choses dans ces conditions 366

1801. En principe, chaque voiturier n'a de responsabilité que pour le transport opéré par lui 366

1802. La partie qui agit contre un voiturier doit prouver que l'accident est arrivé pendant que la marchandise était entre les mains de ce dernier. Cependant la perte ou les avaries apparentes doivent être imputées au dernier voiturier, sans recours contre les voituriers antérieurs. L'avarie non apparente doit être imputée au premier voiturier 366

1803. Le dernier voiturier n'est pas responsable des voituriers antérieurs, sauf clause contraire. 367

1804. Le dernier voiturier a un mandat implicite de toucher et régler le prix ou régler les erreurs de tarifs. L'action en détaxe peut être formée contre lui. Il peut opposer en compensation ses créances. 368

1805. Le dernier voiturier n'a pas qualité pour fixer la responsabilité des voituriers antérieurs. 368

1806. Tous les voituriers peuvent invoquer les clauses modifiant la responsabilité 368

1807. Suite. Clause qui renverse la preuve. 368

1808. Chaque voiturier intermédiaire n'est tenu que de sa faute 369

1809. Mais le commissionnaire de transports est responsable du fait des autres voituriers 369

1810. ..... sauf clause contraire 369

1811. ..... ou sauf s'il n'a touché que le prix de son transport, ou si le voiturier intermédiaire a été désigné par l'expéditeur. 370

1812. On peut stipuler la responsabilité solidaire des voituriers. Elle n'est pas applicable aux voituriers qui justifient n'avoir pas reçu la marchandise. 370

SECTION XI

DU CONTRAT DE TRANSPORT EN DROIT INTERNATIONAL

1813. Rien ne force un voiturier à transporter des marchandises à l'étranger 370

1814. Loi qui régit le contrat de transport. Loi étrangère blessant l'ordre public 370

1815. Loi qui régit le contrat de commission 371

1816. Clauses contraires 372

(N°s) Pages.
1817. Loi applicable à l'interprétation d'une clause écrite en langue étrangère. 373
1818. Loi qui régit la forme et la preuve du contrat 373
1819. Loi qui régit la capacité 373
1820. Loi qui régit la responsabilité 373
1821. Suite. Armateur et capitaine de navire. 374
1822. Suite. Situation du premier et du dernier voituriers 375
1823. Suite. Clause contraire 375
1824. Suite. Clause écartant la responsabilité. 375
1825. Loi qui régit le prix du transport. 376
1826. Loi qui régit le délai du transport 376
1827. Loi qui régit la livraison des marchandises et les questions qui s'y rattachent 377
1828. Convention de Berne. 378

CHAPITRE IV

DES DEVIS ET DES MARCHÉS OU DU CONTRAT PASSÉ AVEC UN ARCHITECTE OU ENTREPRENEUR

SECTION PREMIÈRE

DÉFINITION DU LOUAGE D'ENTREPRENEUR. ACTES QUI LE CONSTITUENT

1829. Inexactitude de l'expression « devis et marchés » employée par la loi. 378
1230. Marchés à prix fait et marchés par série de prix. 379
1831. Identité de la nature juridique des devis et marchés et de celle d'autres contrats. 380
1832. Intérêts de la distinction entre le louage d'entrepreneur et celui des gens de service. 381
1833. Critérium de cette distinction. 381
1834. Contrat par lequel un éditeur s'engage à faire imprimer chez un imprimeur tous les ouvrages qu'il édite. 381
1835. L'architecte est-il un locateur d'ouvrage ou un mandataire? . . . 382
1836. Caractère du louage mêlé à une vente. Intérêts de la détermination de ce caractère. Exemples. 383
1837. Deux espèces de louages d'entrepreneur. Nature du contrat dans le cas où la matière est fournie par l'entrepreneur. 384
1838. Suite. Construction sur le terrain d'autrui. Cas où l'entrepreneur ne fournit que la partie la moins importante des matériaux. . 385
1839. Suite. Epoque du transfert de la propriété. 385
1840. Nature du contrat où la matière est fournie par le maître. 386
1841. Division du louage d'entrepreneur au point de vue de la responsabilité. Renvoi. 386
1842. Nature du contrat entre personnes dont l'une fabrique des cigarettes pour l'autre. 386

SECTION II

FORME ET PREUVE DU CONTRAT

1843. Le contrat peut être écrit ou verbal. Il peut résulter d'une offre acceptée ou d'une soumission. 387

(Nos) Pages.
1844. Il ne peut plus dès lors être annulé 387
1845. Effets d'une concession amiable de travaux publics qui doivent être l'objet d'une adjudication 387
1846. Preuve du contrat, notamment par témoins. 387
1847. Preuve par témoins de la prestation de services faite en dehors d'une convention. 387
1848. Preuve par l'aveu. Indivisibilité de l'aveu. 387
1849. Preuve de la convention quand elle est commerciale. 387
1850. Preuve des changements et modifications. Renvoi. 387
1851. Forme et preuve du plan. Renvoi.. 387

SECTION III

OBLIGATIONS DU LOCATEUR

§ I. *Délai dans lequel le travail doit être achevé.*

1852. Si les travaux ne sont pas achevés dans le délai fixé, il est dû une indemnité quoique le délai fût insuffisant. Cas où le montant de l'indemnité est fixé par la convention 388
1853. A défaut de convention, le délai dépend des circonstances. . . . 388
1854. Retard causé par un cas fortuit. Exemples. 388
1855. Du cas fortuit provenant de la faute de l'ouvrier. 389
1856. Calcul des dommages-intérêts. Cas où le retard provient à la fois du cas fortuit et d'une faute. Autres sanctions 389
1857. La sanction de la responsabilité de l'entrepreneur ne prend date qu'au jour de sa demeure. 389
1858. Le juge des référés ne peut permettre de commander les travaux à un autre entrepreneur. 389

§ II. *Responsabilité du locateur.*

I. *Responsabilité relativement à la perte ou à la détérioration de la chose avant la livraison.*

1859. Quant la matière est fournie par l'ouvrier, la perte, même fortuite, antérieurement à la demeure du maître ou à la livraison, est à la charge de l'ouvrier 389
1860. A la livraison, il faut assimiler la vérification et l'agrément par le maître; jusque là l'ouvrier perd sa matière et le prix de son travail. 390
1861. Si la matière appartient au maître, il faut distinguer suivant que la chose périt par la faute de l'ouvrier, par cas fortuit ou par son propre vice 391
1862. L'ouvrier peut-il réclamer le prix du travail accompli avant la perte?. 392
1863. La convention peut mettre la chose aux risques du maître. Cas où la chose est agréée par parties. Cas où les matériaux sont acceptés d'avance. 393
1864. L'ouvrier doit prouver le cas fortuit, mais le maître peut prouver que le cas fortuit provient de la faute de l'ouvrier. Incendie. L'ouvrier doit aussi prouver le vice de la chose 393

(Nos) Pages.

1865. Personnes auxquelles s'appliquent ces règles. Architectes et entrepreneurs . . . 394
1866. Suite. Entrepreneur de constructions sur le terrain d'autrui . . . 394
1867. Cas où l'entrepreneur est un commerçant . . . 395
1868. A la perte il faut assimiler la détérioration . . . 395
1869. Les architectes et entrepreneurs sont aussi responsables du sol et du plan. Renvoi aux règles de la responsabilité après livraison . . . 395
1870. Le maître peut agir dès qu'il connaît la faute . . . 395
1871. Le locateur n'est pas obligé d'assurer les objets contre l'incendie mais il peut le faire . . . 396

II. *Responsabilité relativement à la perte ou à la détérioration de la chose après la livraison.*

1872. L'art. 1792 qui règle cette responsabilité n'a qu'une portée très limitée . . . 396

A. Personnes responsables en vertu de l'art. 1792.

1873. L'art. 1792 s'applique aux architectes, aux entrepreneurs et aux ouvriers qui font des marchés à prix fait . . . 397
1874. Cas où le propriétaire s'adresse pour les divers éléments d'une construction à différents ouvriers. Ouvriers travaillant ou ne travaillant pas à prix fait . . . 397
1875. Architecte qui remplit gratuitement ses fonctions . . . 397
1876. Architecte communal . . . 397
1877. Architecte départemental . . . 397
1878. Autres personnes exerçant les fonctions d'architecte. Ingénieur des ponts et chaussées . . . 398
1879. Entrepreneur de travaux publics . . . 399

B. Faits entraînant la responsabilité de l'art. 1792.

1880. L'art. 1792 parle des vices de la construction du sol. Il est incomplet. Dégradation . . . 399
1881. Responsabilité de l'architecte qui a fourni le plan et dirigé l'exécution, ou qui a seulement fourni le plan, ou a seulement dirigé les travaux . . . 399
1882. L'architecte responsable des malfaçons de l'entrepreneur a un recours contre ce dernier . . . 400
1883. Responsabilité de l'entrepreneur qui travaille sous les ordres et sur le plan d'un architecte . . . 401
1884. Responsabilité de l'entrepreneur de travaux publics . . . 402
1884 *bis*. La responsabilité de l'entrepreneur qui travaille à bas prix n'est pas atténuée . . . 402
1885. Responsabilité de l'ouvrier à façon . . . 402
1886. Responsabilité de l'entrepreneur qui fait en même temps fonction d'architecte . . . 402

C. Sanction de la responsabilité.

1887. L'architecte et l'entrepreneur doivent réparer le préjudice. Il ne leur suffit pas de payer des dommages-intérêts. Réfection des ouvrages et d'ouvrages en dépendant . . . 403

(N°s) Pages.
1888. L'entrepreneur et l'architecte peuvent-ils quelquefois être condamnés à remettre les lieux en l'état primitif? 403
1889. Réparations à faire en cas de malfaçons 404
1890. Sanction de la responsabilité en matière de travaux publics. . . . 404

D. Nature de la responsabilité fixée par l'art. 1792 C. civ. Preuve et clause contraire.

1891. L'architecte et l'entrepreneur sont-ils présumés en faute? 404
1892. Une convention peut-elle modifier la responsabilité 404
1893. Condamnation *in solidum* en cas de faute commune. Il n'y a pas de véritable solidarité. Conséquences 405

E. Durée de l'action en responsabilité ?

1894. Les architectes et entrepreneurs sont responsables pendant dix ans 405
1895. Pendant combien de temps sont-ils responsables en matière de meubles?. 406
1896. Suite. Cas où une fraude de l'ouvrier a empêché le maître de voir la malfaçon 407
1897. Suite. Cas où la matière a été fournie par l'ouvrier 408
1898. Durée de la responsabilité en matière d'immeubles par destination. 408

F. Conditions d'application de l'art. 1792.

1899. Le fait que les travaux ont été faits avec le consentement du maître ne modifie pas la responsabilité. *Quid* cependant si le propriétaire a des connaissances spéciales? Présence du propriétaire sur les lieux. Cas où le propriétaire a connu les dangers 408
1900. Diminution de la responsabilité en cas de faute commune 409
1901. De la faute provenant d'une rédaction défectueuse des devis. . . 409
1902. L'architecte n'est responsable que si sa faute cause un préjudice au maître 410
1903. Les règles de la responsabilité s'appliquent même si l'architecte fournit à la fois le sol et les matériaux 410
1904. L'art. 1792 ne s'applique qu'au prix fait. Règles qui gouvernent la responsabilité dans le cas contraire. Cas où il est convenu que le prix sera fixé après l'achèvement. Travail à la journée. 410
1905. Division de la responsabilité entre l'architecte et l'entrepreneur en dehors d'un prix fait. Hypothèse d'une faute commune . . 411
1906. En dehors du prix fait, l'entrepreneur n'est pas responsable des malfaçons ordonnées par le propriétaire 411
1906 *bis*. A qui appartient l'action en responsabilité ? 412

III. *Responsabilité du fait des préposés et sous-traitants.*

1907. L'entrepreneur répond de ses ouvriers. 412
1908. En principe, il n'est pas responsable du sous-traitant. Exception pour le cas où il s'est réservé de le surveiller 412
1909. Responsabilité des malfaçons provenant du sous-traitant 413
1910. Le maître a-t-il une action directe contre le sous-traitant? . . . 413
1911. Les sous-entrepreneurs sont responsables envers l'entrepreneur principal. L'art. 1792 n'est pas applicable 413

(Nos) Pages.

1912. Responsabilité de l'entrepreneur pour les faits du sous-traitant en matière de travaux publics. 413

§ III. *Obligation de restituer les objets appartenant au propriétaire.*

1913. Toutes les pièces doivent être restituées après le paiement de l'entrepreneur 414

§ IV. *Obligations envers les tiers.*

1914. L'entrepreneur est responsable vis-à-vis des propriétaires voisins et de ses ouvriers 414
1915. Il est responsable de ses préposés vis-à-vis des tiers; il n'est pas responsable des sous-traitants 415
1916. L'art. 1792 est-il applicable à cette hypothèse ? 415

SECTION IV

OBLIGATIONS DU MAÎTRE

§ I. *Obligations relatives au travail et à sa vérification.*

1917. Le maître doit faire tout ce qui est nécessaire pour que le locateur puisse faire son ouvrage. Exemples. Sanction 415
1918. Vérification de l'ouvrage en tout ou par partie. 416
1919. Dans quelles conditions l'ouvrier peut-il forcer le maître à vérifier l'ouvrage? 416

§ II. *Payement des honoraires ou salaires.*

I. *Montant et fixation des honoraires ou salaires.*

1920. Les honoraires sont librement fixés par les parties. Peuvent-ils être réduits par les juges ?. 417
1921. Si les honoraires ne sont pas fixés, le contrat néanmoins n'est pas gratuit. Mode de détermination des honoraires 418
1922. Cas exceptionnels où l'architecte, en dehors d'une convention, ne peut pas réclamer d'honoraires : plan dressé en vue de l'obtention d'un emploi 418
1923. Suite. Plans dressés sans ordre reçu. 418
1924. Honoraires des architectes pour les travaux publics 418
1925. Le tarif établi sur ce point n'est pas applicable aux services autres que les travaux. Avant-projets 419
1926. Mémoires établis en demande. 419
1927. Honoraires applicables aux réparations. 419
1928. Honoraires des architectes communaux et départementaux. . . . 420
1929. Honoraires pour les travaux particuliers. 420
1930. Honoraires des ouvriers travaillant à l'entreprise 421
1931. L'appréciation du tribunal ne peut être modifiée par la cour de cassation 421
1932. Réduction des honoraires en cas d'inexécution des travaux. . . 421
1933. Frais de voyage. 421
1934. Devis dressés avant la commande. Cas où ils donnent par exception lieu à des honoraires. 421

(Nos) Pages.

1935. Il n'est pas dû d'honoraires pour la remise des plans. 421
1936. Honoraires de la rédaction des plans si les travaux ne sont pas exécutés 422
1937. Prime stipulée pour le cas où le travail est terminé dans un délai déterminé. La prime est-elle due en cas de retard provenant d'un cas fortuit ? 423
1938. Les honoraires de l'architecte peuvent être réclamés par un entrepreneur qui en fait les fonctions. 423
1939. Suite. Plans faits par l'entrepreneur pour faciliter son travail. . . 423
1940. Le calcul des honoraires ne se fait qu'en tenant compte des rabais consentis. 423
1941. Cependant on peut convenir du contraire 424
1942. Les honoraires sont-ils dus en cas de révocation ? 424
1943. Les honoraires peuvent être réduits à titre de dommages-intérêts. 424
1944. La réduction consentie par l'architecte ne s'étend pas à l'entrepreneur et réciproquement 424
1945. Les honoraires payés en trop peuvent être répétés, notamment après vérification. 425

II. *Des hypothèses dans lesquelles les honoraires convenus peuvent être augmentés.*

1946. Une élévation du prix de la main d'œuvre ou des matériaux, une épidémie, etc., ne peuvent entraîner un supplément d'honoraires. 425
1947. En est-il de même si la nature des terrains rend l'entreprise plus difficile ? 425
1948. Les indemnités pour occupations de terrains ou de dégâts ne peuvent être répétées contre le maître. Il en est autrement du prix d'une mitoyenneté ou des droits de voirie. 426
1949. Des changements ou augmentations ne donnent lieu à l'augmentation des honoraires qu'en cas d'autorisation écrite du maître ou du prix convenu avec lui. 427
1950. Cette règle doit être interprétée restrictivement. Elle n'est applicable qu'au marché à forfait. Si le caractère du forfait est modifié, elle n'est pas applicable. Elle n'est pas applicable au marché à série de prix. 427
1951. Si le propriétaire s'est réservé de faire des modifications, l'autorisation de les faire peut être prouvée suivant le droit commun. Preuve par témoins 428
1952. L'autorisation dans le marché à forfait devant être écrite, toute autre preuve est interdite. L'autorisation doit émaner du propriétaire, non de l'architecte, à moins de délégation du propriétaire 428
1953. Il faut, en outre, que le montant du supplément de prix ait été convenu. La convention peut être prouvée par toutes preuves 429
1954. Si ces conditions ne sont pas remplies, le maître est cependant passible de l'action *de in rem verso*. 430
1955. Il faut, pour que l'art. 1793 s'applique, qu'un plan ait été convenu entre les parties. Preuve et forme du plan 430

(Nos) Pages.

1956. Enfin l'art. 1793 n'est applicable que s'il s'agit d'un bâtiment. . . 431
1957. Mais il est applicable même si l'entrepreneur a travaillé avec ses propres matériaux. 432
1958. Il s'applique aux travaux publics. 432
1959. Preuve du consentement du maître en dehors de l'art. 1793 . . . 432
1960. Si le consentement a été obtenu frauduleusement, des dommages-intérêts sont dus. 432

III. *Intérêts du prix.*

1961. Les intérêts ne courent que de la demande en justice. En est-il ainsi même si l'entrepreneur fournit les matériaux?. 433

IV. *Epoque du paiement du prix.*

1962. Le prix ne peut être réclamé qu'après la réception des travaux. . 433

V. *Personnes tenues du paiement du prix.*

1963. Le propriétaire ou celui qui profite des travaux est seul tenu du prix. Les autres personnes ne peuvent en être tenues que par une action indirecte. S'il y a plusieurs maîtres, ils ne sont pas solidaires. 433
1964. L'entrepreneur qui a traité avec un architecte peut-il agir contre le maître ? 434

VI. *Garanties du paiement du prix.*

1965. Droit de rétention. 434
1966. Ce droit peut-il être exercé contre une administration publique? 435
1966 *bis*. Privilège. 436

§ III. *Responsabilité du maître pour les dommages causés.*

1967. Le maître est responsable envers l'entrepreneur de la diminution des travaux à faire 436
1968. Il est responsable du dommage causé par les vices propres de la chose. Il n'est pas responsable du dommage causé par cas fortuit. Est-il responsable des accidents causés aux ouvriers de l'entrepreneur ? 436

§ IV. *De l'action des ouvriers de l'entrepreneur contre le maître.*

I. *Nature de cette action.*

1969. L'art. 1798 donne-t-il aux ouvriers de l'entrepreneur une action directe contre le maître?. 437
1970. Réfutation de l'opinion affirmative 338
1971. Système d'après lequel les ouvriers ont une action privilégiée contre le maître 439
1972. Système d'après lequel la dette du maître est réputée contractée envers l'ouvrier 439

II. *Effets de l'action de l'art. 1798.*

1973. Les ouvriers sont-ils préférés aux autres créanciers? 440
1974. Situation des ouvriers en cas de faillite. 440
1975. Répartition des sommes attribuées aux ouvriers 440

(N°s) Pages

III. *Des fins de non recevoir qui peuvent être opposées à l'ouvrier.*

1976. Le payement du prix permet au maître d'opposer une fin de non recevoir aux ouvriers . . . 441
1977. Il en est ainsi même si le maître se savait exposé à l'action des ouvriers . . . 441
1978. Peu importe aussi que le payement soit fait par anticipation . . . 441
1979. ...ou que la quittance n'ait pas date certaine . . . 441
1980. ...ou qu'il ne soit pas constaté par une quittance . . . 442
1981. Les payements postérieurs à la demande en justice de l'ouvrier ne lui sont pas opposables . . . 442
1982. Mais les quittances portant sur des payements antérieurs lui sont opposables . . . 442
1983. La cession de la créance du maître est opposable à l'ouvrier . . . 442
1984. Peu importe qu'elle soit antérieure à l'achèvement des travaux . . 442
1985. La cession du marché ne met pas obstacle à l'action des ouvriers. 443
1986. La cession de la créance est opposable aux ouvriers, même si on leur donne un privilège . . . 443
1987. Elle leur est opposable alors même qu'elle n'a pas date certaine, mais non pas si elle est postérieure aux saisies-arrêts pratiquées par eux . . . 443
1988. La saisie-arrêt d'un tiers empêche l'action de l'ouvrier . . . 443
1989. Le maître peut-il empêcher cette action par une convention avec l'entrepreneur? . . . 443
1990. L'ouvrier qui a agi contre l'entrepreneur peut encore agir contre le maître et réciproquement . . . 444

IV. *A qui est donnée l'action de l'art. 1798.*

1991. L'interprétation de ce texte est différente suivant l'opinion qu'on adopte sur la nature de l'action . . . 444
1991 *bis*. Fournisseur de matériaux. Ouvrier qui fournit accessoirement des matériaux. Ouvrier qui transporte des matériaux . . . 444
1992. Commis et employés. Contre-maître. Il n'y a pas à distinguer suivant le mode d'engagement ou de rémunération . . . 445
1993. Sous-entrepreneur et sous-traitant. Tâcheron . . . 445
1994. Clauses contraires . . . 446

V. *Contre qui et sur quelles créances est accordée l'action de l'art. 1798.*

1995. Elle n'appartient pas aux ouvriers d'un sous-traitant contre l'entrepreneur . . . 446
1996. Clauses contraires . . . 446
1997. Stipulation contraire faite par le maître . . . 447
1998. Stipulations dégageant l'entrepreneur . . . 447
1999. Action des ouvriers de l'entrepreneur contre les cessionnaires et sous-traitants . . . 447
2000. L'action de l'ouvrier porte même sur les sommes qui ne sont pas dues à raison des travaux de l'ouvrier . . . 447

VI. *Procédure de l'action directe.*

2001. Il n'y a lieu de mettre en cause ni l'entrepreneur ni le syndic de sa faillite . . . 448

(N°°) Pages.

VII. *Privilège des ouvriers en matière de travaux publics.*

2002. Ce privilège a été établi par le décret du 26 pluv. an II. Il s'applique aujourd'hui à tous les travaux publics 448
2003. La cession antérieure à la réception est-elle opposable aux ouvriers? 448
2004. Saisie et cession postérieures à la réception 449
2005. Action des ouvriers et fournisseurs du sous-traitant. 449

SECTION V

DE LA CESSION DU MARCHÉ, ET DES SOUS-TRAITANTS

2006. L'entrepreneur peut céder son marché 449
2007. Du sous-traitant 451
2008. Droits du cessionnaire 451
2009. Droits de l'entrepreneur qui a cédé son marché 451
2010. Obligations de cet entrepreneur du fait du cessionnaire. 452
2011. Prix de la cession 452
2012. Cession partielle. 452
2013. Conditions de l'augmentation du prix de la cession 452
2013 *bis*. Responsabilité du sous-traitant vis-à-vis de l'entrepreneur 452

SECTION VI

FIN DU LOUAGE D'ENTREPRENEUR

§ I. *Mort des parties.*

2014. La mort du locateur met fin au contrat. Motifs. 452
2015. Clauses ou intentions contraires. 453
2016. La mort du locateur met-elle fin au contrat même si le prix du marché ne consiste pas en argent ?. 453
2017. Y met-elle fin si l'ouvrier doit fournir les matériaux ? 453
2018. La vente dont le prix consiste en un travail est-elle résolue par la mort de l'ouvrier? 454
2019. Personnes qui peuvent invoquer la fin du contrat par la mort de l'ouvrier. 454
2020. Obligation pour le maître de payer les travaux faits et les matériaux 454
2021. Cette obligation est subordonnée à l'*utilité* que le maître retire des travaux et matériaux. Sens de cette expression 454
2022. Fixation du prix. 455

§ II. *Faillite des parties.*

2023. Le contrat doit être exécuté malgré la faillite des parties, sous peine de dommages-intérêts. Faillite du maître. 455
2024. Faillite de l'entrepreneur 455

§ III. *Résiliation par la volonté des parties.*

2025. Le consentement des deux parties dûment capables est nécessaire pour cette résiliation. 456

§ IV. *Cas fortuit empêchant l'exécution. Inexécution des obligations.*

(Nos) Pages.
2026. Le cas fortuit est une cause de résiliation. Refus d'autorisation administrative 456
2027. Du cas fortuit provoqué par les parties. Refus d'autorisation dû à la faute de l'entrepreneur 457
2028. Inexécution des obligations. Abandon du plan fixé 457
2029. Faute de l'entrepreneur. Abandon du chantier 457
2030. Inexécution des obligations de l'entrepreneur de travaux publics. Adjudication sur folle enchère. Obligation du premier entrepreneur, relativement à la différence des prix 457
2031. Suite. La seconde adjudication ne peut être faite à des conditions plus onéreuses que la première 458
2032. Honoraires de l'architecte révoqué par sa faute 458

§ V. *Révocation du contrat par le maître.*

I. *Cas où la révocation est permise.*

2033. Le maître peut résilier le contrat sans raison. Motifs 458
2034. Ce droit lui est accordé même si la matière est fournie par l'ouvrier 459
2035. Il n'existe que pour le marché à forfait 459
2036. Il peut être exercé contre l'architecte comme contre l'entrepreneur; une indemnité est due à tous deux. Il peut être exercé contre les ouvriers travaillant à forfait 460
2036 *bis*. Le maître peut exercer ce droit à toute époque 460

II. *Personnes qui peuvent exercer la révocation.*

2037. Ce droit passe aux héritiers du maître. *Quid* s'ils sont en désaccord? 461
2037 *bis*. Le droit de révocation n'appartient pas à l'entrepreneur 461

III. *Calcul de l'indemnité de révocation.*

2038. Remboursement des dépenses. Remboursement du profit éventuel. Paiement d'honoraires 462
2039. Indemnité pour le préjudice moral 462
2039 *bis* L'indemnité est due même si la révocation émane d'une ville ou de l'État 462

§ VI. *Cessation ou cession du commerce.*

2040. La cessation du commerce ou de l'industrie du maître ou de l'entrepreneur ne rompt pas le contrat. Il en est de même de la cession. Application aux entreprises de spectacles 463

SECTION VII

COMPÉTENCE EN MATIÈRE DE LOUAGE D'ENTREPRENEUR

2041. Les actions dirigées contre le maître doivent être portées devant le tribunal civil. Exception pour le cas où l'objet doit être utilisé pour le commerce. Du cas où le maître fait élever des constructions pour y exercer un commerce 463

(N°s) Pages.
2041 *bis*. Tribunal compétent pour les actions contre l'architecte ou l'entrepreneur. 464
2042. Tribunal compétent pour les actions des ouvriers de l'entrepreneur contre le maître. 465
2043. Compétence du conseil de prud'hommes 465
2044. Compétence du conseil de préfecture sur les contestations entre l'entrepreneur et l'administration, entre l'entrepreneur et le sous-traitant. 466
2044 *bis*. Action en garantie contre l'État par un agent employé à des travaux en régie. 466
2044 *ter*. Action de l'ouvrier contre l'entrepreneur de travaux publics . . 467
2045. Action de l'ouvrier contre l'Etat en cas de travaux en régie. . . . 467
2046. Action entre l'administration et un entrepreneur dans les colonies. 467

CHAPITRE V

DE QUELQUES AUTRES LOUAGES D'OUVRAGE

2047. Application à d'autres contrats des règles posées par la loi pour les louages d'entrepreneurs 468

SECTION PREMIÈRE

CONCESSION D'UN MONOPOLE PUBLIC

2048. Cette concession est un louage de choses, et non un louage d'ouvrage. 468
2049. La commune qui méconnaît la concession de l'éclairage public par elle faite doit des dommages-intérêts 468
2050. Cas dans lesquels la commune est réputée méconnaître cette concession 468
2051. Causes de résiliation de la concession. 469
2052. Concession du droit de faire circuler des voitures sur la voie publique 470
2053. Concession de l'enlèvement des boues et vidanges 470
2054. Concession du droit d'exploiter un théâtre aux risques et périls de l'entrepreneur. 470
2055. Concession du droit d'exploiter un théâtre aux risques de la commune 471

SECTION II

CONCESSION DU DROIT D'ASSISTER A UN SPECTACLE

2056. Ce contrat est un louage d'ouvrage 472
2057. Conséquences de l'inexécution 472
2058. Le directeur peut refuser arbitrairement l'entrée ou un billet d'entrée. Exception pour le cas d'un monopole et sauf l'hypothèse où l'ordre pourrait être troublé. 472
2059. Le billet de théâtre peut être cédé. Clause contraire 473
2060. Le directeur doit délivrer des places du genre de celles promises. 473
2061. Il ne peut changer la représentation ni la supprimer. Exception . . 474

(Nos) Pages.
2062. Responsabilité d'un accident causé par les acteurs. 475
2062 *bis*. Les pièces doivent être données sans coupures et avec les acteurs promis. Exception 475
2063. Avis publics modifiant ces règles 475
2064. Prescription des actions 475

SECTION III

CONTRAT PASSÉ AVEC UN AGENT D'AFFAIRES

§ I. *Nature et validité du contrat.*

2065. Ce contrat est un louage d'ouvrage et non un mandat. Rémunération à un agent d'affaires qui a procuré un emploi. Bureau de placement, etc. 476
2066. Contrat avec un agent d'affaires pour le recouvrement d'une succession 477
2067. Promesse de recouvrer une indemnité d'expropriation 477
2068. Opinion d'après laquelle l'agent d'affaires peut être à la fois un locateur et un mandataire 477
2069. Le contrat est valable s'il n'est pas contraire à la morale. Promesse en échange d'un emploi 477
2070. Suite. Contrat relatif au recouvrement d'une succession. 478
2071. Suite. Cas où les droits à la succession auraient été connus autrement de l'héritier 478
2072. Suite. Contrat relatif au recouvrement d'une créance moyennant une quote-part de cette créance 478
2073. Suite. Contrat relatif au trafic d'influence 478
2074. Suite. Contrat relatif à la défense d'une candidature, à des manœuvres destinées à assurer une souscription. Entreprise de succès dramatiques. 479
2075. Suite. Contrat relatif à la négociation d'un mariage 479
2076. Dans un contrat illicite, les sommes payées peuvent-elles être répétées? 480

§ II. *Obligations du client.*

2077. Le client doit payer un salaire, même s'il n'en a pas été stipulé. Fixation du salaire dans ce dernier cas. 480
2078. Les services rendus sans convention ne donnent pas droit à un salaire. 481
2079. Le locataire ne doit pas de salaire à l'agent d'affaires du propriétaire qui lui a indiqué un appartement 481
2080. Le salaire peut-il être réduit?. 481
2081. L'agent d'affaires peut-il, jusqu'au paiement du salaire, retenir les objets qu'il détient pour le client?. 482

§ III. *Obligations de l'agent d'affaires.*

2082. L'agent d'affaires doit des dommages-intérêts en cas de faute. Renseignements erronés donnés par un bureau de placement 482
2083. Les dommages-intérêts supposent un préjudice 483
2084. L'agent d'affaires n'est pas responsable des fautes postérieures

(N°s) Pages.

au contrat qu'il a contribué à former : employé congédié, locataire insolvable, etc 483
2085. Celui auquel une agence a fourni des renseignements a-t-il une action contre l'agence, si ces renseignements sont erronés ? . 483
2086. Suite. Clause contraire 484
2087. L'abonné qui divulgue ces renseignements doit-il des dommages-intérêts? 485
2088. L'agence de renseignements doit-elle des dommages intérêts au tiers sur lequel elle a fourni de faux renseignements?. 486
2089. Peut-elle recourir contre celui qui lui a donné les renseignements?. 486
2090. Responsabilité de la personne qui a fourni gratuitement des renseignements. 386

§ IV. *Fin du contrat.*

2091. Application des principes. Révocation 487
2092. Le contrat se transmet-il au successeur de l'agent d'affaires? . . 487

§ V. *Compétence.*

2093. Elle dépend du point de savoir si le contrat est civil ou commercial 487

SECTION IV

CONTRAT RELATIF AU SAUVETAGE D'UN NAVIRE

2094. Le contrat est un louage de services. Causes de nullité. 488
2095. Rémunération 488
2096. Sauvetage d'un navire en dehors d'une convention 489

SECTION V

CONTRAT D'ÉDITION

2097. Le contrat est tantôt un louage d'ouvrage, tantôt une société. L'éditeur peut-il refuser le manuscrit? 489
2098. Dissolution du contrat par la mort des parties s'il y a société . 490
2099. Le contrat se transmet-il au successeur de l'éditeur? 490
2100. Pouvoirs des tribunaux 490
2101. Contrat relatif à la livraison d'un article de journal. 490

SECTION VI

AUTRES CONTRATS DE LOUAGES D'OUVRAGE

2102. Contrat de publicité 491
2103 Contrat relatif à la garde d'un objet 491
2104. Bail à nourriture 491
2105. Contrat relatif au passage des trains d'une compagnie de chemins de fer sur un autre réseau. 491
2106. Contrat relatif à la clientèle. 491
2107. Autres contrats. Renvoi. 492

TITRE III

DU BAIL A CHEPTEL

(N°) Pages.

2108. Origine du mot. 492
2109. Définition. 492
2110. Division 493

CHAPITRE PREMIER

DU CHEPTEL SIMPLE OU ORDINAIRE

SECTION PREMIÈRE

NATURE DU CONTRAT

2111. Définition du cheptel simple. 493
2112. Sa nature 493

SECTION II

FORME ET PREUVE

2113. Le cheptel simple n'est soumis à aucune forme. 495
2114. Preuve du contrat 495
2115. Notification au bailleur de l'immeuble. Sanction de cette formalité 495

SECTION III

OBJETS SUSCEPTIBLES D'ÊTRE DONNÉS A CHEPTEL

2116. Indication de ces objets 496

SECTION IV

EFFETS DU CONTRAT

2117. Le bailleur reste propriétaire même en cas d'estimation. Mais l'estimation fixe le sort de la perte et du profit 497
2118. Obligations du fermier relativement aux soins et à la nourriture. 498
2119. Fautes dont répond le fermier. 498
2120. Restitution des peaux en cas de perte fortuite. 499
2121. Preuve de la faute et du cas fortuit. 499
2122. En quoi consiste la preuve du cas fortuit. 499
2123. Effets du cas fortuit 500
2124. Droits du preneur sur le croît, la laine et la plus-value. Obligation relative à la tonte. 501
2125. Laitage. Travail des animaux 501
2126. En quoi consiste la plus-value à partager. 502
2127. Le preneur ne peut disposer du cheptel ou du croît. Effet de la vente faite par le preneur 502
2128. Clause contraire. 503
2129. Droit de vente conféré par le tribunal 503
2130. Le preneur ne peut donner les animaux à bail 504
2131. Conventions relatives au cheptel que la loi frappe de nullité . . . 504
2132. Suite. Perte mise à la charge du bailleur. 505

(Nos) Pages.
2133. Effets de la nullité 505
2134. Droits des créanciers des parties 505

SECTION V

FIN DU CONTRAT

2135. Le cheptel prend fin par l'arrivée du terme. 506
2136. Il se termine au bout de trois ans 506
2137. Se termine-t-il par la mort des parties? 506
2138. Inexécution des obligations 507
2139. Clause permettant à l'une des parties de mettre fin au contrat. . . 507
2140. A quelle époque de l'année les parties peuvent-elles alors mettre fin au contrat? 508
2141. Tacite reconduction. Ses conditions 508
2142. Suite. Durée du nouveau bail 508

CHAPITRE II

DU CHEPTEL A MOITIÉ

2143. Cas dans lesquels ce contrat intervient. Nature du contrat 509
2144. Effets du contrat 509
2145. Fin du contrat. 511

CHAPITRE III

DU CHEPTEL DONNÉ PAR LE PROPRIÉTAIRE A SON FERMIER OU COLON PARTIAIRE

SECTION PREMIÈRE

DU CHEPTEL DONNÉ AU FERMIER

2146. Définitions 511
2147. Le cheptel de fer est un immeuble par destination 512
2148. Le fermier ne peut en disposer. 512
2149. Effets de l'estimation 513
2150. Suite. Sort des produits 513
2151. Droits des créanciers. 514

SECTION II

DU CHEPTEL DONNÉ AU COLON PARTIAIRE

2152. Effets du contrat. 514
2153. Différences avec le cheptel simple. 515
2154. Le métayer ne peut vendre et acheter sans tenir compte de la différence 515
2155. On ne peut même pas vendre le cheptel 515

CHAPITRE IV

DU CONTRAT IMPROPREMENT APPELÉ CHEPTEL

2156. Définitions. Effets 516
2157. Risques. 517
2158. Durée. 517

TABLE

DES TEXTES DE LOIS

EXPLIQUÉS DANS LE TOME II

I. CODE CIVIL

Articles	Numéros.
1738	1057 à 1083. V. aussi t. I.
1739	1067 à 1072.
1740	1083 et 1083 *bis*.
1741 à 1758	V. t. I.
1759	1057 à 1083.
1760 à 1775	V. t. II.
1776	1057 à 1083.
1777-1778	V. t. I.
1779	1209 à 1218, 1829, 1830.
1780	1453 à 1460, 1466, 1486 à 1592, 1596, 1597, 1628.
1781	1221 et 1222, 1408, 1630.
1782	1645, 1660.
1783	1643, 1657 et 1658.
1784	1660 à 1734.
1785	1649.
1786	1650.
1787	1837 à 1839.
1788	1837, 1859, 1860, 1865, 1867
1789	1861, 1865, 1867.
1790	1861, 1862, 1863, 1865, 1866
1791	1918, 1919.
1792	1872 à 1906 *bis*, 1916.
1793	1946 à 1964, 2013.
1794	2033 à 2039, 2091.
1795	2014 à 2019.
1796	2020 à 2022.
1797	1907 à 1912, 1915.
1798	1969 à 2001, 2042, 2043.
1799	1833, 1885, 2036.
1800	2109.
1801	2110.

Articles	Numéros.
1802	2109, 2116.
1803	2110.
1804	2111, 2112, 2118, 2124, 2126
1805	2117.
1806	2119.
1807	2119.
1808	2121, 2122.
1809	2120.
1810	2123.
1811	2124, 2125, 2131 à 2133, 2139.
1812	2127.
1813	2115.
1814	2124.
1815	2136.
1816	2138.
1817	2117.
1818	2143.
1819	2144.
1820	2144, 2145.
1821	2146 à 2148.
1822	2149.
1823	2150.
1824	2150.
1825	2149.
1826	2150, 2151.
1827	2152.
1828	2153.
1829	2153.
1830	2152.
1831	2156 à 2158.

II. CODE DE PROCÉDURE CIVILE

Article	Numéro
541	1410.

III. CODE DE COMMERCE

Articles	Numéros
14 et 15	1464.
96	1639, 1799 à 1812.
99	1809 à 1812.
103	1654, 1661.
104	1661.
105	1767 à 1782, 1827.
106	1739 à 1745.
108	1767, 1783 à 1788.
109	1668.
218	1464.
262	1323.
302	1758 à 1759.
348	1356.
353	1365.
435	1775, 1786.
549	1416.
634	1602.

IV. CODE PÉNAL

Article	Numéro
379	1255.
418	1255, 1256.

V. LOIS SPÉCIALES

	Numéros
Ordonnance 18 décembre 1729 (Marine marchande)	1128
Ordonnance 17 novembre 1745 (Marine marchande)	1423, 1428
L. 18-29 décembre 1790 (Baux perpétuels)	1144, 1146
Décret 7 juin-6 août 1791 (Bail à convenant)	
art. 2	1099
art. 3	1099
art. 4	1099, 1115
art. 8	1112
art. 9	1103
art. 11	1108
art. 12	1125
art. 13	1128
art. 14	1099
art. 15	1102, 1127
art. 16	1099
art. 17 à 21	1098, 1121
art. 22	1121
art. 23	1120
art. 24 à 26	1123
Décret 27 août-7 septembre 1792 (Bail à convenant)	1119
Décret 23-24 juillet 1793 (Messageries nationales)	1096
Décret 26 pluviôse an II (Travaux publics)	1703
L. 9 brumaire an VI (Bail à convenant)	2002 à 2005
L. 28 pluviôse an VIII (Compétence des Conseils de préfecture)	1096
art. 4	1836, 2044 et 2045
Arrêté Consuls 3 floréal an VIII (Baux d'établissements thermaux)	1148
Avis Conseil d'Etat 4 thermidor an VIII (Bail à complant)	1134, 1141
Avis Conseil d'Etat 13 messidor an X (Bail à complant)	1134
L. 22 germinal an XI (Louage des ouvriers)	
art. 12 et 13	1237
art. 15	1452

Numéros
Règlement 9 frimaire an XI (Livrets d'ouvriers), art. 7 à 9. 1419
Décret 11 juin 1806 (Marchés de fournitures). 1836
Décret 17 mai 1809 (Octrois), art. 9 1148
Décret 20 février 1810 (Conseil de prud'hommes). . . . . 1618 à 1623
L. 28 avril 1816 (Transmission des offices), art. 91. 1243
L. 15 avril 1829 (Baux de pêche), art. 4. 1148
Ordonnance 29 octobre 1833 (Marine marchande), art. 30 1423
L. 25 mai 1838 (Compétence du juge de paix)
art. 2. . . . . 1163, 1795
art. 3. . . . . 1160 à 1162
art. 4. . . . . 1164, 1165
art. 5 . . . . 1166 à 1169, 1612 à 1616
L. 25 juin 1841 (Transmission des offices). 1243
Arrêté ministre travaux publics, 15 octobre 1848 . . . . 1290 *bis*
L. 22 février 1851 (Louage des ouvriers)
art. 2. 1419
art. 3. 1468
art. 18. 1617
L. 4 juin 1859 (Postes), art. 6. . . . . 1713, 1714, 1790 à 1792
Décret 2 juillet 1866 (Instituteurs), art. 14 et 17. 1227
L. 25 janvier 1873 (Postes), art. 4. . . . . 1713, 1714
L. 7 juillet 1880 (Débitants de boissons), art. 7. 1233
L. 10 juillet 1889 (Bail à colonage partiaire)
art. 1er. . . . . 1089 à 1092
art. 5. 2155
art. 11 1171
art. 12 1084
L. 2 juillet 1890 (Suppression des livrets d'ouvriers)
art. 2 . . . . 1223, 1237, 1419, 1468
art. 3. . . . . 1448, 1449
Convention 14 oct. 1890 (Transports). 1828
L. 2 novembre 1890 (Travail des enfants), art. 2. 1235
L. 27 décembre 1890 (modifiant l'art. 1780 C. civ.) . . . . V. art. 1780
L. 25 juillet 1891 (Travaux publics), art. 1er. 2002
L. 27 décembre 1892 (Comités d'arbitrage) 1627
Décret 13 mai 1893 (Travail des enfants) 1235
L. 8 août 1893 (Séjour des étrangers), art. 2 1232
L. 29 juin 1894 (Caisses de retraites des ouvriers mineurs). 1442, 1443
L. 12 janvier 1895 (Saisie-arrêt des salaires)
art. 1er. 1437
art. 2. 1437
art. 3. . . . . 1437, 1439
art. 4. 1418
art. 5. 1419
art. 6 et s. 1437
L. 6 février 1895 (Privilège des employés) 1416
L. 27 déc. 1895 (Institutions de retraite et de prévoyance), art. 1 à 4. 1444 à 1446
L. 8 février 1897 (Bail à convenant). 1125, 1126

21,502. — Bordeaux, Y. Cadoret, impr., rue Montméjan, 17.

www.ingramcontent.com/pod-product-compliance
Lightning Source LLC
Chambersburg PA
CBHW031737210326
41599CB00018B/2610
* 9 7 8 2 3 2 9 2 8 4 2 3 1 *